事案分析 要件事実
―主張整理の基礎

編著
高須 順一
木納 敏和
大中 有信

弘文堂

はしがき

　これまで司法研修所を中心として行われてきた要件事実教育が，法科大学院へと軸足を移して，既に10年が経過しようとしている。民事訴訟における当事者の主張内容を論理的に整理するというトレーニングが民事法学教育において果たす大きな役割については，もはや多言を要しないし，殊に法科大学院のスタートとともに要件事実についての基礎的な理解は法学教育の現場においても大きく進展した。

　ところで，これまでの要件事実教育においては，比較的簡潔で，しかも適用される実体法の解釈については大きな問題のない事案を例にとって，そこに現れる当事者の言い分を典型的な請求原因・抗弁に整理し，それによって要件事実の基礎的な考え方を理解させることに主眼が置かれてきた。こうした手法が初学者にとって必要不可欠であることは言うまでもないし，また要件事実に特徴的な考え方や，記載の仕方を明確に理解することそれ自体そう簡単というわけでもないから，大変重要な意義を持っている。ただ，いわゆる要件事実教育が，典型的な事案についての典型的な請求原因と抗弁を整理することに終始するだけであれば，ややもするとこれを機械的に暗記してこなすという弊に陥る危険性もある。

　しかし，要件事実についてのトレーニングがこれにつきるわけではない。本来，要件事実論による主張整理は，複雑な具体的事実を法的規範に包摂して法的結論を導き出すという一連の過程の中で，定立すべき規範を事実との関係で選び出し，再び選択された規範に照らして，当事者の主張する事実を整理し，当事者，代理人である弁護士，そして広くその記録を読む他の法律家に伝達するための技法であり，法的なコミュニケーションのための技術である。

　そうすると実体法上の要件と，その主張・証明責任の所在を論理的に考えれば，複雑な事案や法律問題であっても，これに要件事実についての基本的な考え方を適用することで，事実整理が出来るはずである。ところが，基本的な考え方や典型例を学んだだけで，ただちに複雑な事案にそれを適用するということが誰にでも出来るわけではないことも明らかであろう。そのためには当然相応の訓練が必要になる。そして，こうしたトレーニング抜きでは，複雑に生起する民事事件を明確に法的に整理し，書面化するという，法実務家にとって最も重要かつ基本的な能力を涵養することはできない。

　そこで我々は，単に暗記に頼ることでは解答の筋道が見えない問題，つまり実体法の解釈という点でも複数のとらえ方が可能であったり，あるいはいまだ十分な検

討が為されていなかったりする事案，あるいは民法の学習においても一定程度歯ごたえがあると思われる事案を用意し，そこにあらわれてくる当事者の主張を，実体法についての一定の解釈を採用しつつ，要件事実的な観点から，どのように主張を整理すべきか検討することを要求する演習書が必要であると考えて，本書を編むことにした。そのような演習書が，現に法科大学院で要件事実の初歩を学んでいる学生のみならず，従来の司法修習に比べると著しい時間的制約の下でしか要件事実的事案分析のトレーニングを受ける機会のない司法修習生，さらには若手実務家の方々にとって，必要不可欠の道案内を提供するものになると確信したからである。本書がねらい通りの役割を果たすものとなっているかどうかは，もはや本書を手に取られる方々の評価に委ねるほかないが，本書がそうした方々の事実分析的な法的思考のトレーニングの一助となることを願ってやまない。

　最後に，本書はその企画の段階から異例とも言うべき長い時間をかけて，今日ようやく成果として結実した。その間，要件事実の細部についての我々の長い議論につきあい，時にははげまし，また時には叱咤して，本書の完成まで，辛抱強くずっと伴走を続けてくださった弘文堂編集部の高岡俊英氏には感謝の言葉を知らない。ここに記して，衷心より感謝申し上げる。

　　　　2015年1月

　　　　　　　　　　　　　　　　　　　　　　　編著者　高須順一
　　　　　　　　　　　　　　　　　　　　　　　　　　　木納敏和
　　　　　　　　　　　　　　　　　　　　　　　　　　　大中有信

CONTENTS

はしがき　*i*
凡例　*v*

本書の使い方
・・・1

第1問　売　買
　　　　　大中有信・・・・・・・・・・・・・・・・・・・・・・・・・・・・・・・・・・・5

第2問　準消費貸借に基づく貸金返還請求
　　　　　德増誠一・・・・・・・・・・・・・・・・・・・・・・・・・・・・・・・・・・28

第3問　消費貸借・相殺等
　　　　　本間佳子・・・・・・・・・・・・・・・・・・・・・・・・・・・・・・・・・・50

第4問　代　理（有権代理・表見代理）
　　　　　武川幸嗣・・・・・・・・・・・・・・・・・・・・・・・・・・・・・・・・・・69

第5問　賃料請求
　　　　　大中有信・・・・・・・・・・・・・・・・・・・・・・・・・・・・・・・・・・82

第6問　請　負
　　　　　高須順一・・・・・・・・・・・・・・・・・・・・・・・・・・・・・・・・・103

第7問　賃貸借
　　　　　小山泰史・・・・・・・・・・・・・・・・・・・・・・・・・・・・・・・・・123

第8問　保　証
　　　　　本多智子・・・・・・・・・・・・・・・・・・・・・・・・・・・・・・・・・148

第9問　所有権に基づく明渡請求
　　　　　德増誠一・・・・・・・・・・・・・・・・・・・・・・・・・・・・・・・・・167

第10問　建物明渡請求
　　　　　木納敏和・・・・・・・・・・・・・・・・・・・・・・・・・・・・・・・・・186

第11問	**物権的請求権**（建物明渡・消滅時効の援用） 小山泰史・・・・・・・・・・・・・・・・・・・・・・・・・・・・・・・・・・・・207
第12問	**所有権に基づく移転登記請求** 倉地真寿美・・・・・・・・・・・・・・・・・・・・・・・・・・・・・・・・・225
第13問	**抵当権に基づく抹消登記請求** 田村伸子・・・・・・・・・・・・・・・・・・・・・・・・・・・・・・・・・・・250
第14問	**登記抹消**（虚偽表示） 武川幸嗣・・・・・・・・・・・・・・・・・・・・・・・・・・・・・・・・・・・272
第15問	**時効取得と登記** 石田　剛・・・・・・・・・・・・・・・・・・・・・・・・・・・・・・・・・・・289
第16問	**債権譲渡**（1） 流矢大士・・・・・・・・・・・・・・・・・・・・・・・・・・・・・・・・・・・311
第17問	**債権譲渡**（2） 流矢大士・・・・・・・・・・・・・・・・・・・・・・・・・・・・・・・・・・・337
第18問	**債権者代位権** 山田八千子・・・・・・・・・・・・・・・・・・・・・・・・・・・・・・・・368
第19問	**詐害行為取消権** 高須順一・・・・・・・・・・・・・・・・・・・・・・・・・・・・・・・・・・・392
第20問	**不法行為**（交通事故） 流矢大士・・・・・・・・・・・・・・・・・・・・・・・・・・・・・・・・・・・417
第21問	**不法行為**（名誉毀損） 山田八千子・・・・・・・・・・・・・・・・・・・・・・・・・・・・・・・・448
第22問	**不法行為**（説明義務違反） 大中有信・・・・・・・・・・・・・・・・・・・・・・・・・・・・・・・・・・・467
第23問	**財産分与請求権** 本多智子・・・・・・・・・・・・・・・・・・・・・・・・・・・・・・・・・・・481

巻末　事項索引

凡　例

一審解説	司法研修所監修『4訂　民事訴訟第一審手続の解説－事件記録に基づいて』(法曹会・2001)
起案の手引	司法研修所編『10訂　民事判決起案の手引』(法曹会・2006)
新問研	司法研修所編『新問題研究　要件事実』(法曹会・2011)
問題研究	司法研修所編『改訂　問題研究要件事実－言い分方式による設例15題』(法曹会・2006)
類型別	司法研修所編『改訂　紛争類型別の要件事実』(法曹会・2006)
要件事実(1)	司法研修所編『増補　民事訴訟における要件事実１』(法曹会・1986)
30講	村田渉・山野目章夫編著『要件事実論30講〔第3版〕』(弘文堂・2012)
伊藤	伊藤眞『民事訴訟法〔第4版補訂版〕』(有斐閣・2014)
内田Ⅰ・Ⅱ・Ⅲ	内田貴『民法Ⅰ　総則・物権総論〔第4版〕』・『民法Ⅱ　債権各論〔第3版〕』・『民法Ⅲ　債権総論・担保物権〔第3版〕』(東京大学出版会・2008・2011・2005)
大塚=後藤=山野目	大塚直=後藤巻則=山野目章夫編著『要件事実論と民法学との対話』(商事法務・2005)
大村Ⅰ・Ⅱ・Ⅲ	大村敦志『基本民法1　総則・物権総論〔第3版〕』・『基本民法2　債権各論〔第2版〕』・『基本民法3　債権総論・担保物権〔第2版〕』(有斐閣・2007・2005・2005)
奥田	奥田昌道『債権総論〔増補版〕』(悠々社・1992)
加藤(雅)・大系Ⅱ・Ⅲ・Ⅳ	加藤雅信『新民法大系Ⅱ　物権法〔第2版〕』・『新民法大系Ⅲ　債権総論』・『新民法大系Ⅳ　契約法』(有斐閣・2005・2005・2007)
加藤=細野	加藤新太郎=細野敦『要件事実の考え方と実務〔第2版〕』(民事法研究会・2006)
川井・概論Ⅰ・Ⅱ・Ⅲ・Ⅳ	川井健『民法概論Ⅰ　民法総則〔第4版〕』・『民法概論Ⅱ　物権〔第2版〕』・『民法概論Ⅲ　債権総論〔第2版補訂版〕』・『民法概論Ⅳ　債権各論〔補訂版〕』(有斐閣・2008・2005・2009・2010)

倉田〔債権総論〕・〔上〕・〔下〕	倉田卓次監修『要件事実の証明責任〔債権総論〕』・『要件事実の証明責任〔契約法上巻〕』・『要件事実の証明責任〔契約法下巻〕』（西神田編集室・1986・1993・1998）
後藤	後藤巻則『契約法講義〔第3版〕』（弘文堂・2013）
後藤＝山野目	後藤巻則＝山野目章夫『民法総則』〔新・論点講義シリーズ〕（弘文堂・2008）
潮見・総論Ⅰ・Ⅱ	潮見佳男『債権総論Ⅰ〔第2版〕』・『債権総論Ⅱ〔第3版〕』（信山社・2003・2005）
四宮＝能見	四宮和夫＝能見善久『民法総則〔第8版〕』（弘文堂・2010）
新堂	新堂幸司『新民事訴訟法〔第5版〕』（弘文堂・2011）
高橋〔上〕	高橋宏志『重点講義民事訴訟法(上)〔第2版補訂版〕』（有斐閣・2013）
中田	中田裕康『債権総論〔第3版〕』（岩波書店・2013）
中野	中野貞一郎『民事手続の現在問題』（判例タイムズ社・1989）
山野目	山野目章夫『物権法〔第5版〕』（日本評論社・2012）
山本Ⅰ・Ⅳ-1	山本敬三『民法講義Ⅰ　総則〔第3版〕』・『民法講義Ⅳ－1　契約』（有斐閣・2011・2005）
我妻Ⅰ・Ⅲ・Ⅳ・V₁・V₂・V₃	我妻栄『新訂　民法総則』〔民法講義Ⅰ〕・『新訂　担保物権法』〔民法講義Ⅲ〕・『新訂　債権総論』〔民法講義Ⅳ〕・『債権各論上巻』〔民法講義V₁〕・『債権各論中巻（一）』〔民法講義V₂〕・『債権各論中巻（二）』〔民法講義V₃〕（岩波書店・1965・1968・1964・1954・1957・1962）
民法Ⅰ・Ⅱ・Ⅲ・Ⅳ	山田卓生＝安永正昭＝河内宏＝松久三四彦『民法Ⅰ　総則〔第3版補訂〕』・淡路剛久＝鎌田薫＝原田純孝＝生熊長幸『民法Ⅱ　物権〔第3版補訂〕』・野村豊弘＝栗田哲男＝池田真朗＝永田眞三郎『民法Ⅲ　債権総論〔第3版補訂〕』・藤岡康宏＝磯村保＝浦川道太郎＝松本恒雄『民法Ⅳ　債権各論〔第3版補訂〕』〔有斐閣Ｓシリーズ〕（有斐閣・2007・2010・2012・2009）
旧版注釈(4)・(9)・(11)・(13)	於保不二雄＝奥田昌道編『新版注釈民法4　総則4　法律行為(2)』・柚木馨編『注釈民法9〔増補再訂版〕』・西村信雄編『注釈民法11』・谷口安平編『注釈民法13』（有斐閣・1967・1982・1965・1966）
新版注釈(6)・(15)	舟橋諄一＝徳本鎭編『新版注釈民法6　物権1　物権総則〔補訂版〕』・幾代通＝広中俊雄編『新版注釈民法15　債権6　消費貸借・使用貸借・賃貸借〔増補版〕』（有斐閣・2009・1996）

民録	大審院民事判決録
民集	最高裁判所民事判例集
高民	高等裁判所民事判例集
下民	下級裁判所民事判例集
集民	最高裁判所裁判集民事
東高民時報	東京高等裁判所(民事)判決時報
行集	行政事件裁判例集
家月	家庭裁判月報
判時	判例時報(判例時報社)
判タ	判例タイムズ(判例タイムズ社)
金判	金融・商事判例(経済法令研究社)
金融法務	金融法務事情(きんざい)
ジュリ	ジュリスト(有斐閣)
争点	民事訴訟法の争点(有斐閣)
法教	法学教室(有斐閣)
法セ	法学セミナー(日本評論社)
法時	法律時報(日本評論社)
民商	民商法雑誌(有斐閣)

本書の使い方

1 本書の目的

　本書は，主として法科大学院生，司法修習生及び若手法律実務家の方々を対象に，民事訴訟等の民事紛争解決手続において重要な役割を担う法律実務家（弁護士・裁判官）がその役割を果たすために必要な基本的能力の習得を目的としている。特に，民事紛争解決に携わる法律実務家は，紛争当事者の具体的な言い分から紛争の全体像を把握する。そして，民事実体法の解釈を含む法的知識を前提とした法律要件の理解を前提に，民事紛争に関する事実関係を法的に分析し，当事者が主張しようとする権利または法律関係の存否の確定に必要となる法律要件に該当する具体的事実（要件事実）を的確に主張（特定）する。その上で，要件事実のうち証拠によってその存否を判断すべき争点事実を確定し，争点に関して提出が予想される証拠内容の検討を踏まえて紛争解決の方法及び解決内容を判断することによって民事紛争の解決を図る重大な職責を負っている。本書は，このような法律実務家の職責と民事紛争解決のプロセスを念頭に置き，紛争類型に応じて問題を整理して，前記職責を果たすために必要となる実体法の解釈を含む法的知識，法的分析能力，争点確定能力及び事実認定能力などの法律実務家にとって必要な基本的能力の習得に資するための有用な教材を提供することを目的とするものである。

　本書の各問題で扱っている紛争事例は，その目的の下に厳選して取り上げたものであるが，実際の裁判例等を参考に，実際の紛争として生起することが考えられるものとして選択している。教科書的な事例ではない生きた紛争事例に対し，法律実務家としてどのように争点を整理し，解決の見通しを立てていけばよいのかということを考えながら，本書の問題に取り組んでいただければと考える。そうした取組を重ねることによって，法律実務家として必要な基本的能力が身に付くものである。

2 本書の構成と使用方法

　本書は，紛争類型に基づいて問題を整理し，「紛争当事者の言い分」と「問題」を記載した後に，問題に対する解説と解答例を記載するという構成になっている。

　問題のレベルは，基本的なものから難易度の高いものまで幅をもって出題されている。初学者にとっては難しい問題も多数含まれているものと思われるが，できるだけ「紛争当事者の言い分」を読んで，その主張を正確に理解し，紛争の全体像をしっかりと把握することから始めていただきたい。そのためには，「紛争当事者の言い分」を読みながら，当事者関係図を作成し，「当事者の言い分」の中から重要と

考える事実を付記するとともに，必要に応じて時系列表などを記載して整理することが，紛争の全体像や当事者の主張の正確な把握に役立つと思われる。なお，本書では，「問題」の後に，当事者関係図及び時系列表を記載しているが，これは1つの参考例であり，これらの記載から当事者の主張等を把握するような利用の仕方ではなく，自分で，事案の把握に必要となる事実が何かを考えながら「当事者の言い分」を読み，当事者関係図等を作成することが法律実務家として必要な力を養う上で重要なことであるということを銘記しておきたい。

　解説では，冒頭に「問題の所在」を記載し，問題の順番に従って，解答に至る考え方の過程を，法的知識や事案分析の結果をどのように用いるのかを示しながら説明した上で，最後に「解答例」をまとめて記載している。特に，前記1で記載した本書の目的のために本書を活用していただけるように，原告の言い分から訴訟が提起された場合の請求内容と訴訟物を指摘し（処分権主義），請求原因や抗弁等について，実体法の解釈を前提に法律要件を検討した上で，当事者の言い分から法律要件に該当する具体的事実が何かを考えて整理する過程を分かりやすく説明している（弁論主義）。実体法の解釈が異なれば，当事者が主張すべき法律要件の内容も異なるものである。初学者が陥りがちである法律要件を暗記するという誤りをしないように，実体法の解釈を通じて法律要件が何かを考えるという姿勢を身に付けることが法的分析能力を高めるための大切なポイントであるとの考えから，実体法の解釈の違いがどのように法律要件の違いを生むのかについてもできるだけ丁寧に記述している。また，法律実務家にとって，当事者の言い分から法律要件に該当する具体的事実を的確に拾い上げ，立証責任を負わない相手方の認否を踏まえて証拠によって立証しなければならない争点事実が何かを確定する作業は，民事訴訟を含む紛争解決手続における紛争解決の方法及びその内容を判断するための前提となる重要なものである。本書を活用することによって，その能力を高めていただきたいと考える。

　ところで，当事者の言い分に基づいて請求内容及び訴訟物を特定し，当事者が主張する要件事実を整理して争点を確定するという作業の結果は，当事者の言い分の合理的解釈の仕方，その主張に適用される実体法規の捉え方，実体法の解釈に関する考え方などによって細かい点においては変わりうるものである。したがって，本書に記載された「解答例」は，参考にすべきものではあるが，解説者の考え方に基づいて提示する解答例の1つにすぎないもので，これだけが唯一の解答であるという理解をしないでいただきたいと思っている。法律実務家にとって必要なことは，どのような紛争に対しても，自分自身の法的知識や実体法の解釈を通じて，適切に法的分析を行い，争点事実が何かを確定する能力・考え方を身に付けるということであって，この問題に対する解答を覚えることではないということである。

さて，本書に記載された「紛争当事者の言い分」は，「問題」に対する解答を考える上では当然の前提としなければならないものである。しかし，実際の紛争においては，その言い分の中に顕れた事実がすべてではない。実際には，当事者が敢えて主張しない「隠されている事実」や，客観的な真実とは異なる事実が混在しているものである。そういう観点で見れば，本書は，弁護士の立場で，紛争当事者の言い分には顕れていない事実として重要な事実がないかどうか，その選択に係る訴訟物が適切なものであるのかどうかという視点で考える素材としても用いることができると考えている。

　本書は，法科大学院における授業・ゼミのほか，司法修習生の共同研究・自習教材として，あるいは若手実務家が実際の民事紛争を取り扱う場合における参考資料としての役割を果たすことができると考えている。本書が，民事紛争実務に携わろうとする多くの方々にとって，有用なものとして活用されることを期待するものである。

3　参考文献

　本書は，「要件事実論30講」（弘文堂）を参考文献としており，その中の「第1部　要件事実論の基礎」等の記載内容を理解している方にとっては，より深い教材として利用できると思われる。

第1問
売　買

次のようなＸ法人の代表者，及びＹの言い分を読んで，後記問題に答えなさい。

《Ｘ法人の代表者の言い分》

1　福岡県の農業法人Ｘは，東京都で果実卸売業を営むＹとの間で，平成22年11月2日に，Ｘ法人の生産するイチゴとよのか１ｔ（以下「本件イチゴ」という。）を200万円で売却する契約を締結しました（以下「本件売買契約」という。）。

2　本件イチゴはＹの取引先である製菓業者Ｚがクリスマスケーキの製造に使用することになっていたため，遅くとも12月中旬には必要になることがわかっていましたが，ケーキの予約数によって必要数をＺが判断し，その指示があり次第ＹがＺに納入する必要がありました。そこで，ＸＹ間では本件イチゴの引渡期日を同年12月12日までにＹが指定するものとし，期日の３日前に，ＹはＸ法人に対して，ファックスで引渡期日を連絡することを約定しました。また売買代金については引渡後，平成22年12月25日までにＹがＸ法人の口座に振り込むことにしました。

3　本件売買契約によってＸ法人がＹに引き渡すべき本件イチゴは，Ｘ法人が生産するとよのかで，売買契約締結後から引渡の日までに収穫したもののうち福岡県Ａ農業組合がその品質を「秀」と認定したものとしました。またＸ法人は本件イチゴを，東京都汐留で倉庫業を営む株式会社Ｗの所有する冷蔵倉庫Ｂに搬入して，Ｙの指定する期日にＹの用意するトラックにＹの従業員２名が積み込んで引き渡すことも約束しました。

4　私は，平成22年11月15日にＷ社とＢ倉庫に本件イチゴを保管するために，使用期間を同年11月15日から12月15日までとして，その期間の使用料金12万円，使用期間終了後，こちらの事情で保管を延長する場合には，１日あたり１万円とする内容の寄託契約をあらかじめ締結しました。またあわせてＸＷのいずれの責めにも帰すことのできない事情で保管物が滅失棄損した場合に備えて，私どもとしては保険会社Ｕとの間で損害保険契約を締結しておいて，使用料金の12万円と保険料２万５千円をそれぞれＷとＵに支払いました。

5　Ｘ法人は11月中旬からとよのかの収穫を開始し，平成22年12月4日にはすべてのイチゴの収穫を終えました。その後，Ａ農業組合の検品を経て「秀」の等級を得たとよのか３ｔあまりのうち１ｔについては，同年12月5日に，年明けに売却するもくろみで，福岡県内にＸ法人が所有する冷蔵倉庫に保管するとともに，12月6日

までに残る2tあまりをすべて倉庫Bに搬入しました。同年12月7日になって，担当者が本件売買契約の本件イチゴについてすべて倉庫に搬入を終えた旨，Yに電子メールで通知し，Yの担当者からも了承したとの返信が来ております。

6　その後平成22年12月8日を過ぎて，B倉庫内の本件イチゴは当初の2tあまりから予定通り他の業者に売却したものを差し引いて，Yに引き渡す予定の1tのみになりました。この時点でもYから期日の指定がなされないため，私どもはYに対して，再度本件イチゴの引渡の準備が完了していることを伝えるとともに，期日指定がいつごろになるか見込みについて問い合わせました。これに対してYは，Zの経営状態がよくないようで注文が確定しないため，はっきりしたことはいえないと繰り返すばかりでした。期日指定の期限である同年12月12日を経過してもYから期日指定はなされないままだったので，同月15日に，再びうちの担当者がYに連絡を取り，12日からは引渡の確認作業のためにX法人の従業員1名が倉庫近くに待機していることを伝えましたが，YからZが不渡りを出したため取引停止となり，イチゴが不要になってしまったこと，現在新たな取引先を探している最中なので，本件イチゴの納品についてはもう少し待ってほしいとの連絡が来ました。これに対してX法人の担当者は，イチゴの品質の劣化を考えると，これ以上は待てないと返答しました。

7　平成22年12月25日になっても，Yからの期日指定はありませんでした。ところが同日，中程度の地震が起きたため，B倉庫付近の変電設備が故障してB倉庫が停電状態となり，倉庫内の温度が急速に上昇したため，倉庫内の本件イチゴが変質して食用に適さない状態となりました。私は，急遽東京に駆けつけ，12月26日に本件イチゴの状態を確認して，U社との間で，保険金の支払いについて協議を始めました。保管品の劣化が地震を原因とするもので，XW双方に責めに帰すべき事情がないこと，本件イチゴ1tが通常の生産者価格で150万円程度であることについて合意して，平成23年3月に，保険金の支払いの手続きをとることについて確認しました。

8　平成22年12月27日になって，YからX法人に対して，正月用のイチゴとして納品先V社を見付け，V社との間で本件イチゴを230万円で転売する旨の契約を締結したとの連絡があり，同年12月30日に本件とよのかを引き取りたいとの申し入れが来ました。うちとしては12月26日のU社との協議後，ただちに倉庫内のイチゴを廃棄処分していたため，これに応ずることはできないと回答するとともに，平成23年1月25日までに本件売買契約の代金および遅延損害金の支払い並びに，平成22年12月16日から25日までに要した倉庫費用10万円とその遅延損害金を支払うよう要求したいと考えています。

《Yの言い分》

X法人の言い分のうち1～6までについては認めます。

地震によって，B倉庫内のイチゴは廃棄処分となったようですが，これについて当然当方には責任がないものと考えています。X法人は福岡県内に，まだ1t分のとよのかイチゴを在庫として確保しているのだから，これをB倉庫に搬入のうえ，引渡しに応じて欲しい。そもそもこの契約では，X法人が先にイチゴを引き渡すことになっていたのだから，本件イチゴの引渡しがあるまでは代金の支払いに応じることもできないし，遅延損害金の支払いに応ずることもできません。

本件イチゴの引渡しが認められないとして，代金の支払いにも応ずる必要があるとしたら，X法人が保険金を受け取ることは不当だと考えています。そこでU社からX法人が受けるはずの保険金の支払いを請求したいと考えています。

■■■

【基本・発展問題】

(1) YからXに対して，本件売買契約に基づく本件イチゴの引渡請求訴訟が提起された場合，Yの主張すべき請求原因事実と，それに対するXの抗弁を記載しなさい。

(2) XからYに対して，本件売買契約に基づく代金請求および遅延損害金，倉庫費用10万円の支払請求訴訟が提起された場合，訴訟物は何か。また，Xが請求原因事実として主張すべき要件事実を摘示しなさい。またこれに対して，Yが主張する抗弁事実を整理しなさい。

(3) YがXを被告として，本件イチゴの滅失につきUからXに支払われるべき保険金を，民事訴訟において請求する場合，その訴訟物は何か。また，その場合にXが請求原因事実として主張すべき要件事実を記載しなさい。

【発展問題】

Xにより倉庫Bに搬入されたイチゴが，平成22年12月25日ではなく，12月30日に発生した地震によって食用に適さない状態となり，同年12月31日に破棄した場合，上記【基本・発展問題】(2)の請求の内容を，どのように構成すべきかを検討しなさい。

```
X法人 ◄──── 損害保険契約 ────► U
 ▲
 │
 │         平成22年11月2日締結      平成22年12月4日
 │                                    イチゴの収穫終了
 │         契約内容                 同年12月6日
 │         ・X法人が生産するとよのかで、  倉庫Bへイチゴ2tを搬入
 │          売買契約締結後から引渡の日  同年12月7日
 │          までに収穫したもののうち福岡県  倉庫への搬入完了をメールでYに通知
 │          A農業組合がその品質を「秀」  同年12月8日
 │          と認定したもの1t        倉庫BのイチゴはYへの引渡し分のみ
 │         ・代金200万円            となり、その旨通知するとともに引渡し
売買契約    ・Wの所有する冷蔵倉庫Bに    期日の連絡を催促
 │          搬入して、Yの指定する期日に  同年12月12日
 │          Yの用意するトラックにYの    B倉庫にX法人の従業員が待機
 │          従業員2名が積み込んで引き渡  同年12月15日
 │          す                     引渡しを催告、Y引取を拒絶
 │         ・引渡期日を同年12月12日ま  同年12月25日
 │          でにYが指定するものとし、    地震により倉庫B内のイチゴが腐敗、翌
 │          期日の3日前に、YはXに対   日イチゴを廃棄、Uと保険金150万円の
 │          して、ファックスで引渡期日を  支払いにつき協議
 │          連絡する                同年12月27日
 │         ・代金は、同年12月25日に支   YがXに対してイチゴの引渡しを請求
 ▼          払い
 Y
```

解　説

1　問題の所在

　本問では、種類売買における売買目的物の引渡請求と代金請求等が問題とされている。売買目的物は、「X法人が生産するとよのかで、売買契約締結後から引渡の日までに収穫したもののうち福岡県A農業組合がその品質を「秀」と認定したもの」と約定されているから、単なる種類物ではなく、いわゆる制限種類物である。制限種類物とは、同一種類の範囲を当事者の特約でさらに限定したものをいうが、上記約定がそれに該当すると考えられるからである。

(1)　売買目的物引渡義務の帰趨

　売主であるX法人は、いったん目的物を冷蔵倉庫Bに集め、履行の準備を行って

いたが，地震の影響によって滅失している。制限種類に属する目的物はなお残存しているから，履行そのものは物理的には可能である。しかし，もし目的物が既に特定したと考えられるなら，事後は特定物と同様に考えることになるから，売主X法人の引渡債務も不能によって消滅することになる。そうすると，目的物の引渡請求を履行不能の抗弁によって排斥できることができるか否かは，種類物が特定したと言えるかどうかによって決まることになる。種類物が特定したのであれば，売主は自らなすべきことは行ったと言えるから，それが滅失したとしても新たに別の物を調達する義務（調達義務）は消滅するからである（給付危険を負担しない）。したがって，引渡義務の対象である目的物が特定したと言えるためには，どのような要件が必要となるかが問題となる。

(2) 売買代金の請求

仮に，種類物が特定したと考えられる場合，売買目的物の引渡債務は履行不能によって消滅し，本問の場合履行不能について売主の帰責事由は存在しないと考えられるが，それと牽連関係に立つ売買代金はどうか。これは対価危険を誰が負うか，すなわちいわゆる危険負担の問題である。民法534条2項は，「不特定物に関する契約については，第401条第2項の規定によりその物が確定した時から」，債権者主義による危険負担の規律が適用されることを規定している。

この規定をそのまま適用すべきかどうかについては，学説上さまざまな構成が提唱されている。本問の場合，これらの立場の相違によってどのように事実整理が変化するのか考察する必要があろう。

(3) 増加保管費用

X法人は，さらに保管費用の増加分を請求している。本来履行に要する費用は特段の合意がなければ，債務者が負担すべきであるが，増加保管費用はYの受領遅滞によって生じており，伝統的通説によれば遅滞した債権者が負担すべきものである。

2 【問題(1)】Yの売買目的物引渡請求と抗弁

(1) 売買契約に基づく請求の趣旨と訴訟物

請求の趣旨は，本件売買契約上の目的物の引渡しである。訴訟費用についても，民訴67条1項により終局判決においては，必ず言い渡さなければならないから，これも記載することになる。

> 請求の趣旨
> 1 被告は，原告に対し，被告が生産するとよのかで，平成22年11月2日以降に収穫したもののうち，訴外福岡県A農業組合がその品質を「秀」と認定した

もの，1tを引き渡せ。
2　訴訟費用は被告の負担とする。

　訴訟物は，複数の物の引き渡しを求める場合であっても，契約の個数が1個であれば1個である。したがって，本問のように量によって目的物を定めた場合も，訴訟物は1個となる。契約に基づく請求の訴訟物の個数は，契約の個数によって規定される。当事者で争われる実体的な法律関係は，契約の存否とその内容であるから，争いの対象は引渡しの対象となる目的物ではなく，法的根拠である契約によって決まる。

訴訟物
売買契約に基づく売買目的物引渡請求権　1個

(2)　請求原因事実

　契約に基づく履行請求権の要件事実については，その基本的な考え方について見解が分かれている状況にあるが，要件事実論の通説的理解は，いわゆる冒頭規定説に立っている（30講101頁以下）。冒頭規定説は，契約のような，当事者の約定に基づく権利の発生原因であっても，当事者の約定が法規に包摂されることによって初めて権利としての法的根拠が与えられるとする考え方であるから，典型契約である売買契約の場合には，民法の定める売買の定義規定，すなわち冒頭規定の定める要件を満たす場合に権利を根拠づけると考える。

　売買契約に基づいて売買目的物の引渡しを請求する場合も，上記冒頭規定説に立って考えるなら，民法555条にしたがって請求原因を記載することになる。すなわち，同条の定める売買契約の要素は，次の通りである。
① 　売買目的物の財産権を売主が買い主に移転することを約したこと
② 　買主はこれに対して代金を支払うことを約したこと
以上が，冒頭規定の定める要件であり，これに該当する具体的事実が，要件事実であるから，原告はこれを請求原因事実として主張すればよい。

請求原因
1　原告は，被告との間で，平成22年11月2日，被告が生産するとよのかで，売買契約締結後から引渡の日までに収穫したもののうち訴外福岡県A農業組合がその品質を「秀」と認定したもの1t（以下「本件イチゴ」という。）を，代金200万円で買った（以下「本件売買契約」という。）。

> 2　よって，原告は，被告に対して，本件売買契約に基づき本件イチゴの引渡しを求める。

(3)　X法人の抗弁

　Yの主張に対して，X法人は既に調達した本件イチゴが滅失したことによって，新たに目的物を調達する義務が消滅したことを主張しているが，この関係はどのように整理すべきだろうか。

　民法534条2項は，不特定物に関する契約についても，不特定物の特定以降は民法534条1項が適用されることを規定している。民法534条1項は，いわゆる対価危険について債権者がこれを負担することを定めた規定であるから，当然債務者の目的物調達義務は消滅し，給付危険が債権者に移転することが前提とされている。対価危険の問題は，履行不能によって債務者の義務が消滅した場合に，それにともなって対価すなわち反対給付が消滅するか否かの問題であり，本問で言えば，イチゴの引渡債務が消滅したのにともなって，売主であるX法人の代金請求権が消滅するかどうかという問題である。そうすると，民法534条2項は，種類物の特定によって給付危険が移転することを前提としているのだから，X法人としては，売買目的物の引渡請求に対して種類物が特定した後に，滅失したことを主張すればよいと言うことになる。

　(ア)　持参債務・取立債務・送付債務　民法401条2項前段は，債務者が「物の給付をするのに必要な行為を完了したとき」に特定が生ずると規定している。具体的にはどのような場合に，必要な行為が完了したといえるかについて，伝統的に履行の場所がどこであるかによって，これを3つの場合に分けて，考察してきた。

　上記通説は，給付を行うべき場所（履行地）として，債権者の住所地，債務者の住所地，それ以外の第三の場所を考える。債権者の住所地が履行すべき場所であるならば，債務者は給付目的物を届けなければならないことになるからその種類債務は持参債務と呼ばれ，債務者の住所地で履行することができるのなら債権者が給付目的物を取りに行く形になるから取立債務，それ以外の場所である場合には送付債務と呼ばれる。

　本問における目的物引渡債務は，このうちのどれに該当するだろうか。X法人が負う債務は，X法人の賃借する倉庫BまでYが訪れて，本件イチゴを受領することを契約の内容としているから，いわゆる取立債務である。倉庫Bは，X法人が賃貸借によって直接占有しているのだから，少なくとも本件売買契約に関する限り，X法人の住所地と見ることができるからである。

　(イ)　取立債務における特定の要件と給付危険　通説は，持参債務・送付債務

については，現実に提供しなければ，種類物は特定しないと考えている。それでは，取立債務についてはどうか。判例は，取立債務の場合「言語上の提供をしたからと云って，物の給付を為すに必要な行為を完了したことにならないことは明らかであろう」として，口頭の提供をしただけでは種類物は特定しないと述べるにとどまっている（最判昭和30年10月18日民集9巻11号1642頁）。

　通説は，この判決からさらに一歩を進め，種類物を現実の提供のために分離ないし分別した上で，その旨を債権者に通知する場合に，債務者は民法401条2項の規定する「必要な行為」を行ったと評価することができるとして，分離したうえで通知することを特定の要件としてきた。

　民法は，民法401条の特定があれば，民法534条2項によって対価危険まで移転することを規定しているから，このような通説の解釈は，種類物の場合は特定があれば対価危険も債権者に移転するという意味にほかならない。しかし，こうした見解については，次の2点で根本的な疑問が提出されている。

　第1に，民法534条1項の規定する債権者主義については，そもそも立法論的妥当性に疑問が投げかけられている。そして通説的解釈によれば，細部について議論はあるものの，実質的支配が債権者に移転して初めて対価危険の移転を認める。つまり民法534条1項の適用範囲は厳格に解されている。

　ところが，先ほど検討した取立債務に関する通説の要件は，種類物について口頭の提供のみによって対価危険の移転まで認めるものであるから，特定物における対価危険の移転についての通説的解釈における評価と矛盾を来している。

　第2に，給付危険が移転する決定基準としては，債務者自身の可能な範囲で必要な行為を行ったと言えることで十分であるが，対価危険が移転するか否かについては，引渡しを受ける債権者の事情を考慮しないで決めてしまうことは妥当でないという点である。先ほどみた通説の立場に立って，種類物の分離と口頭の提供によって，給付危険のみならず対価危険の移転を認めるなら，債権者側の事情とりわけ，債権者の客観的な受領可能性の有無を無視して対価危険の移転を承認することになる（以上については，潮見・総論166頁以下に詳細な検討がある）。

　このように考えると，民法が規定するように，種類物の「特定」によって，給付危険の移転のみならず対価危険の移転まで認めてしまうことには問題があると言えそうである。そこで，批判説は給付危険の移転と対価危険の移転とを切り離して考えることを提唱する。給付危険の移転は，本問で言えば売主がさらなる調達義務を負うかどうか，すなわち売主の免責要件であるから，もっぱら売主として何をすれば足りるのかという観点から考察して，売主が売買目的物を他の物から分離することによって目的物は特定し，当該特定した物が滅失した場合，売主は調達義務から

免責される（給付危険が債権者＝買主に移転する）と解することになる（分離説）。この見解は通説の特定の要件のうち「通知」を不要とみる。

　(ウ)　**抗弁の内容**　　通説によると、Ｙの履行請求に対して、Ｘ法人としては、給付危険が債権者であるＹに移転したことを示せばよいのだから、その内容は①種類物が特定したこと、②①の特定後それが滅失したことを主張すればよい。

　種類物の特定の要件は、民法401条2項のいう「物の給付に必要な行為を完了し」たことであり、この具体的な内容は取立債務の場合、通説によれば目的物の分離とそのことを債権者に通知したことであった。したがって、債務者であるＸ法人としては、①本件売買契約上の引渡債務が取立債務であることと、②目的物を分離したことならびにこれを債権者に通知したこと、③その後分離した目的物が滅失したことを主張することになる。

　これに対して、分離説によると給付危険の移転に必要とされるのは、目的物の分離だけである。したがって、①本件売買契約上の引渡債務が取立債務であることと、②目的物を分離したこと、③その後分離した目的物が滅失したことを主張することになろう。

　以上を、本問の具体的事実に即して整理すれば、次の通りである。

抗弁
1(1)　原告は、被告との間で、本件売買契約において、原告が被告の賃借する倉庫Ｂに出向いて、本件イチゴを引き取ることを合意した。
　(2)　被告は、平成22年12月8日、倉庫Ｂに原告に引き渡す本件イチゴ1ｔを分離した。
　(3)　被告は、平成22年12月8日、上記(2)について、原告に通知した。
2　上記倉庫Ｂに分離した本件イチゴは、平成22年12月25日、滅失した。

---

*　以上の整理は、通説の理解に基づくものである。分離説に立って主張を整理する場合には、抗弁のうち、1(3)の主張は、不要と解することになる。

3　【問題(2)】　Ｘ法人の売買代金・遅延損害金・増加保管費用の請求
(1)　売買代金請求と抗弁

　売買代金請求の請求原因事実は、既に売買目的物の引渡請求について検討したように冒頭規定説に従って考えれば、売買契約の成立を民法555条の定める要件にしたがって主張すればよい。

　これに対してＹは、Ｘ法人の本件イチゴの引渡しと引換えにしか代金の支払いには応じられない旨主張している。このＹの主張は、どのように理解すべきだろうか。

本件売買契約は，X法人の履行期をYの指定する期日で，遅くとも平成22年12月15日までであると合意し，これに対するYの売買代金支払の履行期を同年12月25日とする双務契約であった。そうすると，YはX法人が先履行義務を負っていることを主張することで，自らの代金支払義務の抗弁とすることができそうであるが，そのためには双方の履行期を示す必要がある。ところが本問の場合，Y自身の履行期も既に到来している。
　ところで先履行義務の履行期が経過した後に，自らの履行期が到来した場合，通説は双方の履行義務は事後同時履行関係にたつことを肯定している。結局のところ，いずれの債務も履行される必要があるからである。この理解を前提とすると，Yは，履行期に言及することなく，同時履行の抗弁権の権利主張をすることができる。なお，本件売買契約が双務契約であることは，X法人の請求原因事実の中にあらわれているから，抗弁の中で主張する必要は無い。
　そして，Yの同時履行の抗弁権の主張に対して，X法人は目的物の滅失によって自らの履行義務が消滅したことを再抗弁として提出することができるだろう。その内容は，先に売買目的物引渡請求に対するX法人の抗弁として述べたことが妥当する。
　以上を具体的な事実に即して整理すれば，次のようになる。

> **Yの抗弁Ⅰ**（同時履行の抗弁権）
> 　被告は，原告が本件イチゴを引き渡すまで，上記代金の支払いを拒絶する。

> **Yの抗弁Ⅰに対するX法人の再抗弁**
> 1(1)　被告は，原告との間で，本件売買契約において，被告が原告の賃借する倉庫Bに出向いて，本件イチゴを引き取ることを合意した。
> 　(2)　原告は，平成22年12月8日，倉庫Bに被告に引き渡す本件イチゴ1tを分離した。
> 　(3)　原告は，平成22年12月8日，上記(2)について，被告に通知した。
> 2　上記倉庫Bに分離した本件イチゴは，平成22年12月25日，滅失した。

(2)　売買代金請求について目的物の滅失を抗弁とすることができるか

　Yは，売買代金請求に対して，目的物が滅失したことによって売主の目的物引渡義務が消滅したことにともなって代金支払義務が消滅することを理由としてこれを免れることができるだろうか。いわゆる対価危険の問題である。Yはこれを主張していないが，参考のために以下議論を整理しておく。

(ア)　**通説における抗弁の可能性**　既に詳しく述べたように（2(3)(イ)を参照），種類物の特定に関する通説は，本問のような取立債務の場合，目的物の分離と通知を民法402条1項前段の「必要な行為」であると解し，さらに民法534条2項を適用して，この分離と通知によって買主への対価危険の移転（債権者主義）を認めるものであった。そうすると，この通説の立場を前提とする場合，目的物引渡義務の消滅によって代金請求権も消滅するという牽連性原則はとられないのだから，目的物の滅失を理由とする代金請求に対する抗弁は存在しないことになる。

　取立債務につき売買代金請求がなされた場合，被告としてはこれを免れようとするなら，牽連性原則によるほかない。この主張は，売買目的物の滅失によって引渡請求権が消滅し，それと牽連して代金請求権も消滅したと主張することにほかならないから，被告は売買目的物の滅失を主張せざるを得ない。そのために，被告が目的物の滅失による引渡請求権の消滅を基礎づけようとするならば，通説によると取立債務の場合，種類物の分離と通知が行われたことを主張することになる。

　ところがこのことを主張すると，被告は，対価危険が自らに移転したことも同時に主張することになる。通説は，民法534条2項の文理にしたがい，特定の要件と対価危険の移転とを区別しないからである。したがって，通説による限り，目的物の滅失を理由とする代金請求に対する抗弁は考えられないのである（山本IV-1契約137頁注87-88）。

　(イ)　**分離説における抗弁の可能性**　それでは，給付危険の移転については目的物の分離のみでよいとし，対価危険の移転については別に考察する立場に立つ場合はどうだろうか。この見解に立つ場合，そもそもどのような要件によって対価危険が買主に移転するかを考察しなければならない。

　分離説の通説批判のポイントの1つは，売買目的物の「特定」によってただちに債権者主義が適用される点にあった。民法534条1項が規定する債権者主義に対して行われる批判と同様に，債権者の支配下にない物の滅失について，その危険を債権者に負わせることは問題だからである。そうすると，仮に現実の提供まで行われていれば，実質的な支配も債権者に移転しているのだから，対価危険の移転を認めて問題ないことになろう。

　しかし，本問のように，目的物の分離後，引渡しをするために債権者である買主の協力行為が必要である場合には，買主が引取を拒絶しているときには，売主は現実に引き渡すことはできない。そこで，引渡しがなされていない状況においても，債権者が受領遅滞におちいっていれば，受領遅滞の効果として対価危険の移転を認めることができるだろう。

　逆にこの要件を充たさない場合は，対価危険が買主に移転しないと考えることが

できるから，買主は代金請求に対する抗弁として，特定された物が滅失したことを主張できることになる（目的物滅失の抗弁）。

　支配が移転する以前に，特定された物が滅失するとなぜ代金を支払わなくてよくなるのか。この問題については，2つの考え方がある。ひとつは，民法534条1項の債権者主義が適用される要件として，「その物の支配が移転した後に滅失した」ことを付加するものと考え，この要件を満たさない限り牽連性原則が適用されて，代金請求権も消滅すると考える立場である。この様に考える場合には，買主は種類物が分離されて特定された後，その物が滅失したことを主張さえすれば，牽連性原則が適用されるから代金債務を免れることになる。したがって，買主が抗弁として主張すべき事実は，①種類物が分離されたこと，②当該分離された目的物が滅失したことである。

　いまひとつの考え方は，売主が引渡しを終えるともはや履行の対象たる目的物は存在しなくなる以上，牽連性の問題も生じないから，上記のような考え方もできないとする。そのうえで，牽連性原則が適用されるのは，引渡しの前に特定された物が滅失した場合であるから，危険負担の抗弁としては，①種類物が分離されたこと，②当該分離された目的物が引渡しの前に滅失したこととなる。

　　(ウ)　**X法人の再抗弁**　　以上のようなYの抗弁を認める場合，X法人はこれに対する再抗弁として，買主の受領遅滞による対価危険の移転によって，買主の代金支払義務が存続することを主張ことができる。受領遅滞の要件は，①債務の本旨にしたがって提供をしたこと，②債権者が受領を拒絶したことの2つである。

　履行の提供は，民法492条の履行の提供と同一である。受領遅滞を主張する場合，要件事実は次の通りである。

　①　債務の履行にYの行為を要すること
　②　弁済の準備をしたこと
　③　これを通知して受領を催告したこと
　④　弁済の準備が債務の本旨に従うものであること
　⑤　当該債務についてなされたこと

⑤の要件事実は，一般の弁済の抗弁と同じく給付が，当該債務の弁済以外の行為であることは理由付否認と解するのが自然であり，判例も，弁済の抗弁について⑤の主張がないときこれを排斥している（最判昭和30年7月15日民集9巻9号1058頁）。

　以上を，本問の事実に即して具体的に整理すれば次のようになる。

> **Yの抗弁Ⅱ**（目的物滅失の抗弁）
> 1　原告は，平成22年12月8日，倉庫Bに被告に引き渡す本件イチゴ1tを分離した。
> 2　上記倉庫Bに分離した本件イチゴは，平成22年12月25日，被告への引渡前に滅失した。

＊　以上の抗弁は，牽連性原則を厳格に適用すべきとするふたつめの見解によった場合である。

これに対する，X法人の再抗弁は，次のようになる。

> **原告の再抗弁**（受領遅滞中の履行不能）
> 1(1)　被告は，原告との間で，本件売買契約において，被告が原告の賃借する倉庫Bに出向いて，本件イチゴを引き取ることを合意した。
> 　(2)　原告は，平成22年12月8日，倉庫Bに被告に引き渡す本件イチゴ1tを分離し，同年12月12日以降，係員を配置し，平成22年12月15日，被告に通知し，本件イチゴの引取を催告した。
> 2　被告は，上記催告を拒絶した。

(3)　代金請求権の遅延損害金

　X法人は，代金請求に加えて，代金の遅延損害金をあわせて請求している。これは主たる請求である代金請求と同じ事実関係から生じた「果実，損害賠償，違約金または費用」（民訴9条2項）を同一の訴えで請求する場合の請求であるから，いわゆる附帯請求にあたる。もっともその訴訟物は，代金請求権とは別個である。

　(ア)　売買代金についての民法575条　売買代金請求にともなう遅延損害金の請求については，民法575条の規律の意義を確定しておく必要がある。同条は，第1項で引渡前の売買目的物について売主に果実収取権を認め，第2項は，買主が引渡しの日から代金の利息を支払う義務を定めている。すなわち，575条によれば，売主は目的物を引き渡さない限り（単に提供したのでは足りない），2項の定める「利息」を請求することができない。この利息の法的性質については，見解が分かれている。

　多数説は，この利息を代金支払の履行遅滞に基づく損害賠償請求権であるとしたうえで，売買については，売主は代金の遅延損害金を請求するために，売買目的物を買主に引き渡さなければならず，他の履行遅滞に基づく損害賠償請求の要件を充たしていたとしても，遅延損害金を請求できないと趣旨である解している。同条1項が，売主の果実収取権を認めているため，代金の遅延損害金と果実とを二重に収受することを排除するためである。

これに対して、575条2項の利息を法定利息だと解する見解がある。この見解によれば、575条は代金の支払いについて履行遅滞による責任が生じているかどうかとは無関係に認められる利息である。売買契約によって、売買目的物の所有権は買い主に移転するから本来買主は売買契約締結時以降の果実を収受できる地位にあるが、575条1項によって売主に果実を収受することが認められており、さらに売主に引渡前に履行遅滞による損害金を請求することまで認めると、果実と利息の二重取りが可能となる。そこで、目的物が引き渡され買主が果実の収受が認められると、いまだ代金を払っていない買主は、売主に対して不当利得として代金の利息の返還が認められると解するのである。

　この見解によるときは、買主が代金債権について履行遅滞に陥っている場合、遅延損害金と法定利息との関係をどのように考えるかも問題となるが、この点については、請求権競合を認める見解と法定利息のみの請求を認める見解とに分かれている。

　(イ)　**目的物が滅失した場合**　それでは、本問のように代金請求の段階で、既に目的物が滅失している場合はどのように解すべきであろうか。多数説である遅延損害金説に立つ場合も、法的利息説に立つ場合も、民法575条の趣旨は引渡しまで買主には目的物の果実収取権がある以上、代金についての遅延損害金ないし利息まで請求できるとするということであったから、目的物が滅失して果実収取の可能性がなくなった以上、民法575条の適用はないというべきであろう。売買についての特則の適用がない以上、買主が代金請求権について履行遅滞に陥っていれば、売主は原則に戻って履行遅滞に基づく損害賠償請求権を行使できると考えることになる。

　(ウ)　**履行遅滞に基づく損害賠償請求権の要件事実**　本問のように、双務契約から生じた期限の定めのある債務の履行遅滞に基づく損害賠償請求の一般的な請求原因は、次の通りである。

①　履行すべき債務の発生原因事実
②　弁済期が経過したこと
③　自己の債務の履行または提供
④　損害の発生とその数額

①は民法415条に基づく損害賠償の前提であるから主張を要する。②は、履行遅滞の発生要件事実であり当然に必要であり、確定期限の合意がある場合にはその期限の経過が履行遅滞を基礎づける（民413条2項）。なお、「履行期に履行がないこと」については、要件事実論の通説的理解によれば請求原因ではなく、相手方の抗弁（弁済の抗弁）にまわると解されている（30講178頁参照）。

　問題は③の要件である。①の発生原因事実を示すと、本問の場合それは売買契約

であるから，双務契約である。そうすると，売買代金請求権と目的物の引渡請求権は同時履行の関係に立つことがわかる。通説・判例は，同時履行関係がある場合，履行期が到来しても，双方の債務は当然には履行遅滞とならないと解している。いわゆる同時履行の存在効果である（最判昭和29年7月27日民集8巻7号1455頁）。③の主張は本来，履行請求に対して，同時履行の抗弁権を援用するとの主張がなされた場合に再抗弁として主張されるが，双務契約の場合は，同時履行の関係あることが明白であるから，これをせり上げて整理することになる。

このように，履行遅滞の違法性を基礎づけるために，自己の債務の履行または提供を主張するが，履行請求に対する同時履行の抗弁権を失わせる場合（行使効果）とは異なって，提供の継続は必要なく，一度でも提供すればよいと考えられている。

本問においては，もともと売主は先履行義務を負っていたが，代金請求の時点においては，両請求は同時履行関係にたつものと考えてよい（3(1)参照）。そうすると同時履行の抗弁権が付着したままでは，履行遅滞の違法性が阻却され，損害賠償請求権も生じない以上，抗弁権の消滅を基礎づける必要がある。通常とは異なり，本問のように目的物の滅失がある場合は，引渡債務が不能によって消滅し，その結果同時履行の抗弁権の基礎が失われ，また売買目的物からの果実収取も不可能となるために，民法575条の定める損害賠償請求権ないし法定利息を請求するのではなく，一般の債務不履行責任を問うことになる場合には，請求原因事実において，③の事実に代えて目的物が滅失したことを主張すべきである。これによって，同時履行の抗弁権の存在効果が阻却されると同時に，民法575条の適用が排除されることが主張の上であらわれるからである。

なお，民法575条によって利息を請求する場合には，同条が売買目的物の引渡しを要件としているから，このことを主張する必要があるために，履行の提供については別途主張する必要は無くなる。

④は，金銭債務の不履行の場合，特約がなければ法定利率による。本問の場合はいわゆる絶対的商行為に該当するから（商501条1号）その旨主張するか，当事者のいずれかが商人であること（商503条）を主張すればよく，その割合は年6歩である。

代金請求及び附帯請求として損害賠償請求を訴求する場合の請求の趣旨，訴訟物，請求原因事実を，本問の具体的事実との関係で整理すれば，次のとおりである。

請求の趣旨

被告は，原告に対し，200万円及びこれに対する平成22年12月25日から支払い済みまで年6歩の割合による金員を払え。

次いで訴訟物であるが，附帯請求であっても，別個の訴訟物である。

訴訟物
売買契約に基づく代金支払請求権　1個
履行遅滞に基づく損害賠償請求権　1個
合計2個　単純併合

代金請求権及び代金請求権の遅延損害金の請求原因事実
1　原告は，被告に対し，平成22年11月2日，原告が生産するとよのかで，売買契約締結後から引渡の日までに収穫したもののうち訴外福岡県A農業組合がその品質を「秀」と認定したもの1t（以下「本件イチゴ」という。）を，代金200万円，支払期日は同年12月25日との約定で売った（以下「本件売買契約」という。）。
2　平成22年12月25日は経過した。
3(1)　被告は，原告との間で，本件売買契約において，被告が原告の賃借する倉庫Bに出向いて，本件イチゴを引き取ることを合意した。
　(2)　原告は，平成22年12月8日，倉庫Bに被告に引き渡す本件イチゴ1tを分離した。
　(3)　原告は，平成22年12月8日，上記(2)について，被告に通知した。
　(4)　上記倉庫Bに分離した本件イチゴは，平成22年12月25日，滅失した。
4　被告は，本件売買契約締結当時，商人であった。
5　よって，被告は，原告に対し，本件売買契約に基づいて，代金200万円及びこれに対する平成22年12月25日から支払済みまで年6歩の割合による遅延損害金の支払を求める。

＊　特定の要件としては，通説にしたがい，種類物の特定に分離と通知を必要とする見解ならびに種類物の特定によってただちに対価危険が買い主に移転するとの理解を前提としている。この場合，被告の抗弁は考えられないことについては，先に述べた。

(4)　増加費用償還請求
さらに，X法人は，本件イチゴを倉庫Bに費用を支出して保管していたが，履行期後の増加した保管費用の償還を求めている。増加費用の償還請求について，民法上明文の規定はない。しかし，民法485条はその本文で，弁済にかかる費用については債務者が負担することを定め，同条ただし書が債権者の住所移転等によって弁済の費用が増加した場合，債権者がこの増加費用を負担すべきことを定めている。そこで，通説は，同条ただし書の法意から，債権者に受領遅滞があり，そのために

履行期経過以降，弁済の費用が増加した場合に，受領遅滞の効果として，この費用の償還請求を認める。

そうすると，X法人がこの費用を償還請求するための要件は，Yに受領遅滞があったことと，履行期以降，保管費用を支出したこと，ならびにその数額を主張する必要がある。

これを本問の具体的事実との関係で整理すると，次のようになる。

> **増加費用償還請求の請求原因事実**
> 1 (1) 原告は，被告に対し，平成22年11月2日，原告が生産するとよのかで，売買契約締結後から引渡の日までに収穫したもののうち福岡県A農業組合がその品質を「秀」と認定したもの1t (以下「本件イチゴ」という。) を，引渡期日を遅くとも同年12月15日とし，代金200万円で売った (以下「本件売買契約」という。)。
> (2) 被告は，原告との間で，本件売買契約において，被告が原告の賃借する倉庫Bに出向いて，本件イチゴを引き取ることを合意した。
> (3) 原告は，平成22年12月8日，倉庫Bに被告に引き渡す本件イチゴ1tを分離し，同年12月12日以降，係員を配置して，平成22年12月15日，被告に通知し，本件イチゴの引取を催告した。
> (4) 被告は，上記催告を拒絶した。
> 2 倉庫Bに保管する本件イチゴの保管費用として，原告は10万円を支出した。

4 【問題(3)】代償請求

(1) 代償請求権の意義と要件

履行不能によってX法人が引渡債務を免れるとしても，Yは代償請求権を行使することができないか問題となる。X法人は保険会社Uとの間で，損害保険契約を締結し，冷蔵倉庫B内で滅失したイチゴの代償として180万円を受け取る旨，平成22年12月26日の時点で，すでに合意している。

代償請求権とは，債務者が履行不能によって受け取った物の引渡しもしくは債務者が持つ請求権の譲渡を請求する権利である。民法典は代償請求権について規定を持たないが，通説はドイツ民法旧規定にならってこれを承認している。判例も，目的物の建物が焼失して履行不能となった場合につき，「一般に履行不能を生ぜしめたのと同一の原因によって，債務者が履行の目的物の代償と考えられる利益を取得した場合には，公平の観念にもとづき，債権者において債務者に対し，右履行不能により債権者が蒙りたる損害の限度において，その利益の償還を請求する権利を認

めるのが相当であり，民法536条2項但書の規定は，この法理のあらわれである」（最判昭和41年12月23日民集20巻10号2211頁）と述べて，債務者の受け取った火災保険金について代償請求権を認めている。

損害保険金請求権は保険料の対価であって，代償ではないとの考えも成り立ち得ないではないが，民法学の通説は，担保物権における物上代位におけると同じく代償請求権の目的物と解すべきだとしている。

したがって，YはX法人に対して，X法人がU社に対して有する保険金請求権の譲渡を請求することができる。なお本問とは直接関わらないが，物上代位とは異なり，仮にUがX法人に対して，保険金180万円の払い渡しを終えていた場合にも，代償請求権は，同額の金銭請求権として存続すると解すべきである（通説）。

なお，債権法改正の中間試案は，代償請求権に関する判例・通説に従い，債権譲渡構成と金銭請求権構成を併存させる形で，これを明文化することを提案している。ただ，上記判例と異なり代償請求権の実体法上の要件として，債務者が債務不履行責任を免責されること（「契約による債務の不履行が，当該契約の趣旨に照らして債務者の責めに帰することのできない事由によるものであるとき」中間試案第10 1(2)）を付加している。これは代償請求を，債権者が損害賠償請求が行えない場合に限定する趣旨で，代償請求権に補充的性質を認めたためである。本問の場合は，地震によって目的物の滅失が生じており，X法人は，中間試案によっても損害賠償責任につき免責されるものと考えられるから，代償請求権が発生することになる。

以上から明らかなように，判例・通説が代償請求権の要件とするのは，①履行不能によって目的物が滅失したこと，②①によって債務者が滅失した目的物の代償たる権利または利益を取得したこと，③②によって債権者に損害が生じたことである。

(2) 代償請求権の請求原因事実

それでは，YがX法人に対して，代償請求を行う場合の請求原因事実は，どのようなものとなるか。上述の実体法上の要件からすれば，債権者は，①債務者の負う債務の発生原因事実，②①によって債務者が負う債務が目的物の滅失によって履行不能となったこと，③②によって債務者が権利を得たこと，④②によって債権者が損害を受けたこと及びその数額を主張すべきである。

本問の訴訟物は，代償請求権（1個）であるが，請求の趣旨はどのように記載すべきか。本問においては，X法人はいまだ保険金を受領していないから，X法人に帰属する保険金請求権をYに譲渡することが請求の内容となる。そうすると，請求の趣旨としては，次のように記載することになろう。

請求の趣旨
　被告は，原告に対し，平成22年11月15日に被告が訴外U社との間で締結した損害保険契約に基づいて取得した保険金請求権を譲渡せよ。

以上を，本問の具体的事実について整理すれば次のとおりである。

請求原因事実
1　原告は，被告から，平成22年11月2日，被告が生産するとよのかで，売買契約締結後から引渡の日までに収穫したもののうち福岡県A農業組合がその品質を「秀」と認定したもの1t（以下「本件イチゴ」という。）を，代金200万円で買った（以下「本件売買契約」という。）。
2(1)　原告は，被告との間で，本件売買契約において，原告が被告の賃借する倉庫Bに出向いて，本件イチゴを引き取ることを合意した。
　(2)　被告は，平成22年12月8日，倉庫Bに被告に引き渡す本件イチゴ1tを分離した。
　(3)　被告は，平成22年12月8日，上記(2)について，原告に通知した。
　(4)　上記倉庫Bに分離した本件イチゴは，平成22年12月25日，地震による停電を原因として滅失した。
3　被告は，被告が訴外U社との間で，平成22年11月15日に，保険契約者を原告，保険者を訴外U社，保険金受取人を原告とする損害保険契約を締結し（以下「本件損害保険契約」という。），同年12月26日，上記2(4)により発生した損害150万円につき，訴外U社に対して本件損害保険契約に基づく保険金請求権を取得した。
4　原告は，上記2(4)による目的物の滅失により，本件売買契約上の代金200万円損害を受けた。
5　よって，被告は，原告に対し，上記3記載のU社に対する保険金請求権を原告に譲渡するよう求める。

5　【発展問題】
　本問においては，もともと約定されていた売買代金の支払期日に売買目的物の滅失が生じた。そのため，民法575条の適用はその限りで排斥されることとなった。しかし，仮に代金支払期日の平成22年12月25日ではなく，同年12月30日に発生した地震によって食用に適さない状態となり，同年12月31日に破棄した場合，先に検討した代金請求と遅延損害金の請求原因事実はどのように変化するだろうか。

民法575条2項は，多数説である遅延損害利息説によれば，目的物の引渡しがあるまでは，遅延損害金を請求できないものと解されるから，代金の支払期日を過ぎても，なお目的物の引渡しが可能な状態であれば目的物を引き渡さない限り，損害金の請求はできないことになる。

しかし，目的物が滅失して以降は，遅延損害金を請求することができるようになるのは，既に述べたとおりである。そうすると，遅延損害金の発生日が変化することになる。具体的には，請求原因事実は次のように変化する。

代金請求権及び代金請求権の遅延損害金の請求原因事実

1 原告は，被告に対し，平成22年11月2日，原告が生産するとよのかで，売買契約締結後から引渡の日までに収穫したもののうち福岡県A農業組合がその品質を「秀」と認定したもの1t（以下「本件イチゴ」という。）を，代金200万円，支払期日は同年12月25日との約定で売った（以下「本件売買契約」という。）。

2 平成22年12月25日は経過した。

3(1) 被告は，原告との間で，本件売買契約において，被告が原告の賃借する倉庫Bに出向いて，本件イチゴを引き取ることを合意した。

(2) 原告は，平成22年12月8日，倉庫Bに被告に引き渡す本件イチゴ1tを分離した。

(3) 原告は，平成22年12月8日，上記(2)について，被告に通知した。

(4) 上記倉庫Bに分離した本件イチゴは，平成22年12月30日，滅失した。

4 被告は，本件売買契約締結当時，商人であった。

5 よって，被告は，原告に対し，本件売買契約に基づいて，代金200万円及びこれに対する平成22年12月30日から支払済みまで年6歩の割合による遅延損害金の支払を求める。

---

6 債権法改正審議との関係

新たに公表された「民法（債権関係）の改正に関する要綱仮案」は，まず受領拒絶・受領不能を要件とする受領遅滞について，現行民法413条を削除した上で，保存義務の軽減（第14-2），履行費用の債権者負担（第14-3），両者共に責めに帰することのできない履行不能について債権者の責に帰すべき事由によるものとみなす旨の規律をおくことを提案している。

このような提案は，既に述べた現在の通説的見解に沿った内容であり，改正が行われたとしても，内容上大きな変化は生じないものと考えられる。

また，売買については「要綱仮案」の第30の10(2)が，「売主が契約の内容に適合

する目的物の引渡しを提供したにもかかわらず買主が受領しない場合において，その提供があった時以後に，その目的物が売主の責めに帰することができない事由によって滅失し，又は損傷したときも」買主には解除権・損害賠償請求権・代金減額請求権が発生せず，代金支払を拒むこともできない旨規定しているから，現行法の解釈による解決と異なるところがない。

さらに，代償請求については第11の5において，「債務の履行が不能となったのと同一の原因により債務者がその債務の目的物の代償である権利又は利益を取得したときは，債権者は，その受けた損害の額の限度で，債務者に対し，当該権利の移転又は当該利益の償還を請求することができる。」との規定を提案して，判例・通説によって認められる内容を追認している。

【解答例】

◎Yの売買目的物引渡請求訴訟

1　訴訟物

売買契約に基づく売買目的物引渡請求権　1個

2　請求の趣旨

1　被告は，原告に対し，被告が生産するとよのかで，平成22年11月2日以降に収穫したもののうち，訴外福岡県A農業組合がその品質を「秀」と認定したもの，1tを引き渡せ。 2　訴訟費用は被告の負担とする。

3　請求原因

1　原告は，被告から，平成22年11月2日，被告が生産するとよのかで，売買契約締結後から引渡の日までに収穫したもののうち訴外福岡県A農業組合がその品質を「秀」と認定したもの1t（以下「本件イチゴ」という。）を，代金200万円で買った（以下「本件売買契約」という。）。	○
2　よって，原告は，被告に対して，本件売買契約に基づき本件イチゴの引渡しを求める。	争

4　抗弁

1(1)　原告は，被告との間で，本件売買契約において，原告が被告の賃借する倉庫Bに出向いて，本件イチゴを引き取ることを合意した。	○
(2)　被告は，平成22年12月8日，倉庫Bに原告に引き渡す本件イチゴ1tを分離した。	○
(3)　被告は，平成22年12月8日，上記(2)について，原告に通知した。	○
2　上記倉庫Bに分離した本件イチゴは，平成22年12月25日，滅失した。	○

◎X法人からYに対する売買代金請求及び遅延損害金請求訴訟

1　訴訟物

売買契約に基づく代金支払請求権　1個 履行遅滞に基づく損害賠償請求権　1個

2　請求の趣旨

被告は，原告に対し，200万円及びこれに対する平成22年12月25日から支払い済みまで年6歩の割合による金員を払え。

3　請求原因

1　原告は，被告に対し，平成22年11月2日，原告が生産するとよのかで，売買契約締結後から引渡の日までに収穫したもののうち訴外福岡県A農業組合がその品質を「秀」と認定したもの1t（以下「本件イチゴ」という。）を，代金200万円，支払期日は同年12月25日との約定で売った（以下「本件売買契約」という。）。	○
2　平成22年12月25日は経過した。	顕
3(1)　被告は，原告との間で，本件売買契約において，被告が原告の賃借する倉庫Bに出向いて，本件イチゴを引き取ることを約定した。	○
(2)　原告は，平成22年12月8日，倉庫Bに被告に引き渡す本件イチゴ1tを分離した。	○

(3) 原告は，平成22年12月8日，上記(2)について，被告に通知した。	○
(4) 上記倉庫Bに分離した本件イチゴは，平成22年12月25日，滅失した。	△
4 被告は，本件売買契約締結当時，商人であった。	○
5 よって，被告は，原告に対し，本件売買契約に基づいて，代金200万円及びこれに対する平成22年12月25日から支払済みまで年6歩の割合による遅延損害金の支払を求める。	争

(大中有信)

第2問
準消費貸借に基づく貸金返還請求

次の内容のXとYの言い分を前提に，後記問題に答えなさい．

《X社の言い分》

1　私は，生コンクリート業者X株式会社の代表取締役です．

　Xは，平成5年に設立された会社ですが，以来，Y社から高知県内の良質の砂を生コンクリート用に仕入れておりました．

2　Xは，Yから，平成23年4月1日，生コンクリート用の良質の砂2,000tを，200万円（t当たり1,000円）で買い受け，引渡しは高知県内の甲港に同月15日ということで合意をしました（以下，「本件売買」という．）．

3　Xは，平成23年4月15日，Yから，同社が運搬してきた砂2,000t（以下「売買砂」という．）を甲港で受け取り，Xが請け負わせた運送業者Aの船で千葉県内の乙港まで運びました．

　その後，同月20日，Yに対し，本件売買の代金として200万円を支払い，同年5月15日，Aに対し，請負代金として80万円を支払っています．

4　ところで，乙港で売買砂を確認したところ，一見して不純物が混入していて，十分な洗浄がされていない砂であるように思いましたので，直ちに地元の検査業者に検査をしてもらったところ，生コンクリートに使用することのできない砂であることが分かりました．

　そこで，私は，平成23年4月17日，Yに連絡して，引渡しを受けた売買砂は品質に問題がある砂であるから，品質の良い代わりの砂を引き渡すように求めたところ，Yは，同日，生コンクリートに使用することのできる品質の代わりの砂を引き渡すことを承諾しました．

5　Yは，平成23年5月1日，代わりの砂1,600t（以下「代替砂」という．）を甲港に運び込んで来ましたので，Xはその引渡しを受け，運送業者Aに依頼して乙港まで運んでもらいました．

6　以上の経過から，Xは，Yに対し，売買砂をXの方で保管し続けると保管料がかかるので早急に引き取ってもらいたいこと，売買砂と代替砂の差額40万円と売買砂を乙港まで運搬した運送賃80万円の合計120万円を支払うように求めました．

　これに対してYは，売買砂を引き取るための費用を考えると，売買砂はXの方で適宜に処分してもらいたいと言ってきました．

このため，Xは，売買砂を80万円でBに売却処分し，受領した80万円の代金は，それまでに保管のために要した費用（60万円）と買主に引き渡すための費用等（20万円）にすべて充当しました。

7　次に，Xは，前記6の差額120万円の支払について，平成23年8月から6回に分割して，1回につき20万円ずつを毎月末日に支払うことを提案し，その内容が記載された合意書に署名押印した上で，Yに送付しました。

　これに対してYは，Xに対し，同年7月10日，Yが記名押印した前記合意書を返送してきたのです。

　ところが，Yは，この合意書に基づいて，同年8月31日に20万円を支払っただけで，その余の支払をしません。

　XがYに対して前記合意書を送付する際に，この内容に応じなければ今後はYとの取引を行うことは困難であると伝えていますが，これがYに対する強迫に当たるとは言えません。

8　以上の経緯ですので，Yから残額100万円と平成24年3月1日から支払済みまでの遅延損害金を支払ってもらう裁判を提起するつもりです。

《Y社の言い分》
1　X社との間で本件売買をしたことは事実ですが，生コンクリート用に使用できる砂でなければならないということは契約の内容とはなっていませんでした。
2　Xから，売買砂の品質が悪いので生コンクリートに使用することができる品質の砂を引き渡して欲しいと要求されて代替砂を提供したことは事実ですが，これは，今後もXとの取引を継続するために必要であると判断をしたからであって，売買砂の品質に問題があったからではありません。売買砂は，以前からのXとの継続的な契約関係の中でXに対して引渡しをしてきた砂と同品質のものであり，今まで，Xからこのようなクレームを言われたことはありません。
3　Yは，Xに対して売買砂をXにおいて処分してもよいなどと述べたことはありません。また，実際に，売買砂を処分すれば200万円の価値はあったのですから，たとえ，その保管や売買の履行のために80万円の費用を要したとしても，Yは，Xが無断で廉価に売買砂を売却したために120万円の損害を被っています。

　念のため，Yは，平成24年2月14日，Xに対し，上記120万円の損害賠償請求債権をもって，合意書に基づく100万円及び遅延損害金の請求債権と相殺すると通知しました。
4　Xが主張する合意書にYが記名押印したことは事実ですが，これは，この合意書の内容で承諾しなければ，今後の取引に応じないというXの強迫によるものであり，

また，売買砂の品質に問題があるという誤信に基づくものであるから，強迫による取消しの意思表示または錯誤により無効のものです。したがって，この合意に基づいて支払った20万円について，XはYに対して返還すべきであると考えます。

【問　題】
(1)　Xが，その言い分を前提にYを相手に民事訴訟を提起する場合の請求の趣旨を記載せよ。
　その場合の訴訟物は何か。
(2)　前記(1)を前提に，Xが請求原因として主張すべき要件事実を指摘し，その理由を説明せよ。
(3)　Yの言い分から考えられる抗弁を指摘し，その要件事実とその事実が必要となる理由を説明せよ。
(4)　Xの言い分から考えられる再抗弁を指摘し，その要件事実とその事実が必要となる理由を説明せよ。
(5)　XのYに対する訴訟において争点を指摘し，これを立証するために考えられる証拠を指摘せよ。
(6)　Yが，その言い分を前提にXを相手に民事訴訟を提起する場合にはどのような内容の請求をすることになるか。その場合の訴訟物は何か。
(7)　前記(6)を前提に，Yが請求原因として主張すべき要件事実を指摘し，その理由を説明せよ。

```
　　　　　　　　平成23年4月1日　砂2,000t売買
　　　　Y ←――――――――――――――――→ X
　　　　　　　　　　　　　　　　　　　（運送業者A）

　　　　　　　平成23年4月17日　代替砂合意
　　　　　　　平成23年7月10日　準消費貸借
```

《時系列》
　　平成23年4月1日　　Y・X　　砂2,000t売買(本件売買)
　　　　　　4月15日　　Y→X　　売買砂引渡し(甲港)
　　　　　　4月17日　　Y・X　　代替砂を売買の目的とする旨の合意
　　　　　　4月20日　　X→Y　　代金200万円支払
　　　　　　5月1日　　Y→X　　代替砂1,600t引渡し
　　　　　　5月15日　　X→A　　運搬代金80万円支払
　　　　　　7月10日　　X・Y　　準消費貸借
　　　　　　8月31日　　Y→X　　20万円支払

解 説

1 問題の所在

本問は，売買契約の売主が引き渡した目的物の不具合に起因して，売主が買主に金銭を支払うことを約したとして，買主が売主に対して金銭支払を請求する事案を題材として，実体法としての民法，手続法としての民事訴訟法を使いこなす力を試すものである。

まず，上記のような金銭支払請求訴訟における請求の趣旨，訴訟物及び請求原因事実を検討しなければならず，その際，民事訴訟法の理解とともに，準消費貸借契約や不特定物売買等に関する理解が必要とされる。そして，上記請求原因事実に対するYの主張やXの再反論を踏まえて，抗弁及び再抗弁を検討しなければならない。

また，上記のような金銭支払請求訴訟における反訴について検討しなければならず，その際，民事訴訟法の理解とともに，不当利得等に関する理解が必要とされる。

いずれにおいても，要件事実を暗記するのではなく，民法及び民事訴訟法に基づいて要件事実を考えることが求められている。

2 【問題(1)】請求の趣旨と訴訟物

(1) 請求の趣旨

Xは，「Yから，残額100万円と平成24年3月1日から支払済みまでの遅延損害金を支払ってもらう」ことを求めて民事訴訟 (以下「本件訴訟」という。) を提起している。

訴えの提起は，当事者及び法定代理人のほか，請求の趣旨及び原因を記載した訴状を裁判所に提出してしなければならない (民訴133条)。訴状の請求の趣旨は，原告が訴状によって主張している一定の権利または法律関係についての結論に相当し，慣例上，求める判決主文に対応して記載されるものであるところ，給付判決の主文は強制執行により実現される確定的義務を抽象的に表示すべきであるから，給付の法的性質を記載してはならない (一審解説3-5頁，新問研2頁参照)。そして，附帯請求 (民訴9条2項) である遅延損害金の額は確定的でなければならないが，XとYは会社であるから，Xは，商事法定利率年6分の割合による遅延損害金の支払を求めるのが通例である (民419条，会社5条，商514条)。

そうすると，Xは，Yに対して，主たる請求として，「100万円」の金銭給付と，附帯請求として，「これに対する平成24年3月1日から支払済みまで年6分の割合による金員」の金銭給付を命ずる判決を求めているはずであるから，それらの金銭

給付を求める請求の趣旨を訴状に記載する必要がある。

さらに，Xとしては，付随的申立てとして，訴訟費用の裁判は職権でしなければならないものの（民訴67条1項），訴訟費用の裁判について職権発動を促す申立てをするのが通例である。また，仮執行宣言を付することができる裁判の場合には，仮執行宣言が付されるようにその申立て（民訴259条）をすべきである（一審解説5-6頁参照）。

> 1 被告は，原告に対し，100万円及びこれに対する平成24年3月1日から支払済みまで年6分の割合による金員を支払え。
> 2 訴訟費用は，被告の負担とする。
> との判決並びに仮執行宣言を求める。

(2) 訴訟物

訴訟物は，原告の申立てによって定まるものであり，原告が審判の対象とその範囲を決定し，裁判所はそれに拘束される（処分権主義。民訴246条）。また，訴訟物は，実務上，実体法上の個別具体的請求権と解されているから（旧訴訟物理論。新問研3頁参照），実体法上の権利によって特定されることになる。

Xは，Yに対し，Yとの間で作成した120万円を分割して支払う内容が記載された合意書（以下「本件合意書」という。）に基づいて，残額100万円と遅延損害金の支払を請求している。Xの主張によれば，XY間の本件合意書は，本件売買における売買砂と代替砂の差額40万円と売買砂の運送賃80万円の合計120万円の支払債務（旧債務）について，Yが6回に分割して20万円ずつ支払うことを約したものであるから，Xは，本件合意書により成立した準消費貸借契約（民588条）に基づいて貸金残金100万円の返還を請求しているものといえる（一部請求）。そうすると，主たる請求の訴訟物は，準消費貸借契約に基づく貸金返還請求権と特定される。そして，債権的請求権の個数は契約の個数に従うと考えられ，準消費貸借契約の個数は1個であるから，その契約に基づく貸金返還請求権の個数は1個となる。

また，遅延損害金については，主たる請求の履行遅滞に基づき，商事法定利率年6分の割合による遅延損害金の支払を求めているものと解される（民412条・415条・419条，会社5条，商514条）。そうすると，附帯請求の訴訟物は，準消費貸借契約に基づく貸金返還請求権の履行遅滞に基づく損害賠償請求権と特定される。そして，元の債務の発生原因となる準消費貸借契約の個数は1個であり，その履行遅滞という債務不履行も1個と考えられるから，損害賠償請求権の個数は1個となる。

主たる請求と附帯請求は，実体法上併存する関係にあるから，両者の関係は単純併合となる。

準消費貸借契約に基づく貸金返還請求権　1個
準消費貸借契約に基づく貸金返還請求権の履行遅滞に基づく損害賠償請求権
　　　　　　　　　　　　　　　　　　　　　　　　　　　　　　1個

単純併合

3　【問題(2)】請求原因
(1)　準消費貸借契約に基づく返還請求権の発生要件

準消費貸借契約は，①金銭その他の物を給付する義務（旧債務）が存在する場合に，②その物を消費貸借の目的（新債務）とする合意をすることによって，旧債務を消費貸借契約上の新たな義務とする契約である（民588条）。

旧債務の存否についての主張立証責任について，判例は被告（借主）に旧債務の不存在についての立証責任を負わせているところ（最判昭和43年2月26日民集22巻2号217頁。被告説），被告説に立っても，貸金返還を請求する原告（貸主）において，旧債務の特定をすることが必要である。これに対し，原告に旧債務の存在について主張立証責任があるとする説（原告説）も有力である（詳細は，一審解説46頁，30講204頁参照）。

また，準消費貸借契約は消費貸借契約と同じく貸借型の契約であり，弁済期の合意は不可欠の要素として契約の成立要件になると解される（貸借型理論。類型別27頁，30講191頁参照）。そこで，準消費貸借契約に基づく貸金返還請求のためには，③弁済期の合意，④弁済期の到来が必要となる（後記請求原因の記載例は貸借型理論を前提としている。）。なお，弁済期の合意が準消費貸借契約の成立要件ではないと解する立場に立っても，契約を終了させて貸金の返還を請求するための要件として，上記③④が必要と解される（新問研39頁参照）。

(2)　旧債務の内容

Xの主張によれば，XY間の本件合意書に基づく準消費貸借契約（以下「本件準消費貸借契約」という。）は，本件売買における売買砂と代替砂の差額40万円と売買砂の運送賃80万円の合計120万円の支払債務（旧債務）について，Yが6回に分割して20万円ずつ支払うことを約したものである。その旧債務は，Yが本件売買に基づき平成23年4月15日に甲港でXに引き渡した売買砂について，Xが検査をしてもらったところ，生コンクリートに使用することのできない砂であることが分かり，同月17日にYに連絡して，品質の良い代わりの砂を引き渡すように求めたところ，Yが

同年5月1日に甲港でXに代替砂を引き渡したという経緯で生じたものである。
　本件売買は、不特定物売買であるから、売買砂の品質が本件売買で定めた目的物に合致しないという債務不履行（不完全履行）があれば、Xは完全な目的物の給付を請求することができる。*1

> *1　XとYは会社であるから商人であり（商4条1項、会社5条）、商法526条は、商人間の売買において、買主は目的物を遅滞なく検査し数量不足を通知する義務がある旨規定しており、買主は、同条1項の定める期間を経過した後に、完全履行請求権を行使することはできないが（最判昭和47年1月25日集民105号19頁参照）、Yは、同条に基づく抗弁を明確には主張していない。もっとも、Xは、遅滞なく、売買砂を検査して完全履行請求権を行使した上、売買砂と代替砂の差額40万円と売買砂を乙港まで運搬した運送賃80万円の合計120万円を支払うように求めたのであるから、仮にYが同条に基づく抗弁を主張したとしても、遅滞なく通知したこと、及び、代替砂の数量不足についてのYの悪意という再抗弁が認められれば、Yの抗弁は覆ることになる。

　そして、Xが、平成23年4月17日、Yに連絡して、引渡しを受けた売買砂は品質に問題がある砂であるから、品質の良い代わりの砂を引き渡すように求めて完全履行請求権を行使したのに対して、Yは代替砂を1,600tしか引き渡していないから、Xは、Yが本件売買の目的物に合致しない売買砂を引き渡したという不完全履行によって生じた運送賃80万円の損害、及び、数量不足という不完全履行によって生じた差額40万円の損害について、Yに対し、債務不履行に基づく損害賠償請求権を有することになる（民415条）。したがって、本件準消費貸借契約の旧債務は、本件売買の不完全履行に基づく損害賠償債務となる。
　以上を前提とした場合、旧債務である本件売買の不完全履行に基づく損害賠償債務の発生原因は、①本件売買、②不完全履行、③損害の発生及び額である。①本件売買について、その目的物の定めは、不完全履行の前提となるものであるから、生コンクリート用の砂であるという事実が必要となり、Yが引き渡した売買砂が生コンクリート用に使用できないものであるという事実によって、②不完全履行が認められることになる。必要最小限という意味では、良質という点までは不要と考えられる。③損害の発生及び額のうち運送賃80万円については、XがAに売買砂の運搬を代金80万円で請け負わせた事実と、その請負契約に基づきAが運搬の仕事を完成した事実が必要となる。不完全履行によって、XのAに対する請負代金債務の負担が生じれば損害といえるので、必要最小限という意味ではXのAに対する請負代金の支払は不要と考えられる（ただし、実務上は、代金支払があれば損害発生が確実といえるから、請負代金支払の事実を主張立証することが多い。）。また、③損害の発生及び額のうち差額40万円については、Xが本件売買の代金200万円を支払った事実が必要となる。Yが代替砂1,600tを引き渡したことは、損害の消滅原因事実としてYに有

利な事情であるし，数量的に可分な損害賠償債務の一部を目的として消費貸借の目的としている場合には，一部請求の場合とほぼパラレルに考えることができるから，代替砂の引渡しの事実は不要である。

原告説に立つ場合には，上記の旧債務の発生原因事実をすべて主張立証する必要がある。[*2]

* 2　被告説に立つ場合には，旧債務の特定として，「Yが平成23年4月1日付け売買に基づき同月15日に甲港でXに引き渡した売買砂に関して，Xが負担した売買砂の甲港から乙港への運搬請負代金80万円，及び，Xが支払った売買代金200万円の一部である40万円の合計120万円の損害賠償債務」という程度の特定が必要と考えられる。特定の前提として，旧債務の発生原因事実を検討する必要があることは言うまでもない。

(3)　附帯請求の発生要件

附帯請求である本件準消費貸借契約に基づく貸金返還請求権の履行遅滞に基づく損害賠償請求権の発生原因は，①元本債権の発生原因事実，②弁済期の経過，③損害の発生及び額である。

③損害の発生及び額について，本件準消費貸借契約の時点で当事者の一方が会社であれば，債権者または債務者にとって商行為である行為によって生じた債務に関する遅延損害金といえるから（最判昭和30年9月8日民集9巻10号1222頁参照。ただし，XとYが会社であることに争いはないと考えられるため，実務上は，XとYが会社である事実を主張する場合が多い。），債権者は商事法定利率年6分の割合による遅延損害金を請求することができる（民412条・415条・419条，会社5条，商514条。一審解説10頁，類型別31頁，30講194頁参照）。

請求原因（原告説）

あ　被告は，平成23年4月1日，原告に対し，生コンクリート用の砂2,000tを代金200万円で売った（以下「本件売買契約」という。）。	一部○ （生コンクリート用×）
い　被告は，平成23年4月15日，本件売買契約に基づき，甲港で売買砂2,000tを原告に引き渡した。	○
う　売買砂は，生コンクリート用に使用できないものである。	×
え　原告は，平成23年4月15日までに，訴外Aに対し，売買砂の甲港から乙港への運搬を代金80万円で請け負わせた（以下「本件請負契約」という。）。	△

お　訴外Aは，平成23年4月15日，本件請負契約に基づき，売買砂を甲港から乙港へ運搬した。	△
か　原告は，平成23年4月20日，被告に対し，本件売買契約の代金として200万円を支払った。	○
き　被告は，平成23年7月10日，原告との間で，(あ)から(か)により，売買砂に関して，原告が支払った売買代金200万円の一部である40万円，及び，原告が負担した売買砂の甲港から乙港への運搬請負代金80万円の合計120万円の損害賠償債務について，その弁済期を同年8月から平成24年1月までの各末日に20万円ずつと定めて，その損害賠償債務をもって消費貸借の目的とするとの合意をした（以下「本件準消費貸借契約」という。）。	○
く　原告は，(き)の時点で会社であった。	○
け　平成23年9月から平成24年1月までの各末日は経過した。	顕
こ　よって，原告は，被告に対し，本件準消費貸借契約に基づき，残金100万円及びこれに対する弁済期の後である平成24年3月1日から支払済みまで商事法定利率年6分の割合による遅延損害金の支払を求める。	

4　【問題(3)】抗弁

(1)　錯誤無効（不完全履行の不存在）について

Yは，①本件売買の事実，②生コンクリート用に使用できる砂でなければならないということは本件売買の契約内容となっていなかったこと，③Yが本件売買に基づき売買砂を引き渡したこと，④売買砂は，以前からのXとの継続的な契約関係の中でXに対して引渡しをしてきた砂と同品質のものであったこと，を前提として，⑤売買砂の品質に問題があると信じて本件準消費貸借契約の意思表示をしたとして，本件準消費貸借契約が錯誤（民95条）により無効である旨主張している。

請求原因について原告説に立つ場合，上記①及び③は請求原因事実の自白であるが，上記②及び④は請求原因事実と両立しないから否認となる。そうすると，本件準消費貸借契約の錯誤無効の主張は，請求原因事実と両立せず，抗弁として構成することができない。[*3]

＊3　請求原因について被告説に立つ場合，上記①〜④の事実は，請求原因と両立するものであり，

それらの事実が認められれば，売買砂の引渡しが本件売買の本旨に従った債務の履行に該当することになるから，旧債務である本件売買の不完全履行に基づく損害賠償債務は発生しないことになる。つまり，上記①～④の事実は，それだけで旧債務の不存在（不完全履行の不存在）による障害の抗弁として働くものと考えられる。そうすると，本件準消費貸借契約の錯誤無効の抗弁は，上記①～④に加えて，⑤の事実を主張立証しなければならず，旧債務の不存在（不完全履行の不存在）の抗弁を内包しているため，過剰主張として無意味となる（30講115頁参照）。

(2) 強迫による取消しについて

Yは，本件準消費貸借契約は，X作成の本件合意書の内容で承諾しなければ，今後の取引に応じないというXの強迫によるものであるから，取り消す旨主張している。

強迫による意思表示（民96条1項）の要件は，①表意者が，相手方を強迫して恐怖心を生じさせようとする故意，及び，その恐怖心によって一定の意思表示をさせようとする故意をもって，②違法な強迫行為をし，③これによって相手方が恐怖心を生じ，④その恐怖心によって意思表示をしたこと，である（新版注釈(3)504頁参照）。そして，強迫による意思表示は，相手方が取り消すとの意思表示（民123条）をすることによって，遡及的に無効となるから（民121条），Yの上記主張は，請求原因と両立し，請求原因に基づく貸金返還請求権を障害する抗弁となり得る。これは被告説及び原告説のいずれの請求原因に対しても抗弁として働くものである。[*4]

* 4 もっとも，本件合意書の内容で承諾しなければ今後の取引に応じないという発言が，一般の取引当事者にとって恐怖心を生じてやむなく承諾するといえるような違法な強迫行為に該当するかどうかは問題である。実務上も，このような主張がされることはまれではないが，この発言のみではYが恐怖心を生じる余地はないと判断される可能性が高く，強迫行為に該当するためには他の具体的な事情が必要と思われる。

これに対し，Xは，本件準消費貸借契約の締結の際に伝えた内容は認めるものの，それが強迫に該当し，Yの恐怖心を生じさせたことを否認しているものと考えられる。

抗弁1（強迫による取消し）

カ　原告は，本件準消費貸借契約の際，原告作成の合意書の内容で承諾しなければ今後の取引に応じないと述べた。	○
キ　被告は，（カ）により恐怖心を生じ，その結果，本件準消費貸借契約を締結した。	×
ク　被告は，本件口頭弁論期日において，本件準消費貸借契約の意思表示を取り消すとの意思表示をした。	顕

(3) 保管義務違反の債務不履行に基づく損害賠償請求債権による相殺について

Yは，売買砂を処分すれば200万円の価値があったことを前提として，その保管や売買の履行のために80万円の費用を要したとしても，Xが無断で廉価に売買砂を売却したために120万円の損害を被っており，平成24年2月14日，Xに対し，上記120万円の損害賠償請求債権をもって，合意書に基づく100万円及び遅延損害金の請求債権と相殺すると通知した旨主張している。

XとYは会社であるから商人であり（商4条1項，会社5条），商法526条は，商人間の売買において，買主は目的物を遅滞なく検査し数量不足を通知する義務がある旨規定しており，買主は，同条1項の場合，売買の目的と異なる物品を売主の費用で保管しなければならない（商527条・528条）。もっとも，仮に本件売買の当事者が商人でなかったとしても，不特定物売買で完全履行請求権を行使した場合であれば，売買の目的と異なる物品は売主に帰属するのであるから，買主は，その物品を保管する義務を負うものといえよう。そうすると，Yは，Xが無断で廉価に売買砂を売却したのであれば，保管義務違反の債務不履行に基づく損害賠償を請求することができる（Xは債務不履行により直ちに遅滞に陥る。）と解される（民415条[*5]）。

<small>＊5　売買砂の所有権は売主Yに帰属する，あるいは，Xが，平成23年4月17日，Yに連絡して，引渡しを受けた売買砂は品質に問題がある砂であるから，品質の良い代わりの砂を引き渡すように求めたところ，Yは，同日，生コンクリートに使用することのできる品質の代わりの砂を引き渡すことを承諾したから，その合意により，売買砂の所有権はYに復帰するといえる。そこで，Xが売買砂を転売することは所有権侵害の不法行為（民709条）を構成し，YはXに対してその不法行為に基づく損害賠償請求債権を自働債権として相殺を主張していると考えることもできる。</small>

上記損害賠償請求債権の発生原因事実は，①売買砂の価値が200万円であったこと，②Xが，平成23年7月10日までに，Bに売買砂を80万円で転売したこと（以下「本件転売契約」という。），であり，相殺適状の要件（民505条）のうち，互いに同種の目的を有する債務であること，双方の債務の弁済期が到来したことは，請求原因事実と上記①②によって現れることになる。そして，Yは，③相殺の意思表示（民506条）をすれば，相殺の効果が発生することになる。これは被告説及び原告説のいずれの請求原因に対しても消滅の抗弁として働くものである。

これに対し，Xは，上記①について，売買砂の価値が80万円であったという限度で認めるが，その余を否認し，上記②は認めている。上記③は，例えば内容証明郵便による通知がされているときには，認めざるを得ないことになろう。

抗弁2（保管義務違反の債務不履行に基づく損害賠償請求債権による相殺）

ケ　売買砂の価値は200万円であった。	× （80万円の限度で○）
コ　原告は，平成23年7月10日までに，訴外Bに売買砂を80万円で転売した（以下「本件転売契約」という。）。	○
サ　被告は，平成24年2月14日，原告に対し，（ケ）（コ）による保管義務違反の債務不履行に基づく120万円の損害賠償請求債権をもって，本訴請求債権と対当額において相殺するとの意思表示をした。	○

5 【問題(4)】再抗弁

(1) 抗弁1（強迫による取消し）に対して

Xは，Yが本件準消費貸借契約に基づき20万円を支払ったことを主張している。これは，本件準消費貸借契約の債務の一部の履行に該当するから，取消しの原因となっていた状況が消滅した後にされたのであれば，本件準消費貸借契約の意思表示の法定追認となる（民124条・125条）。

Yの主張する強迫行為は，本件合意書の内容で承諾しなければ今後の取引に応じないという発言であり，一回限りのものと考えれば，Yによる20万円の一部弁済はその事実のみで法定追認に該当することになろう。[*6]

*6　これに対し，その発言内容に照らして，例えば，XがYに対して取引の打ち切りを通告したといった事実の後でなければ取消しの原因となっていた状況が消滅しないと考えれば，Xは，再抗弁として，そのような通告の事実を併せて主張立証する必要があることになる。

以上のとおり，Yの主張する抗弁1（強迫による取消し）が，法定追認の再抗弁によって覆ることが明らかであるとすれば，抗弁1は事実上意味のない主張といわざるを得ないから，Yとしては，抗弁1を撤回するのが相当であろう。

再抗弁（法定追認－抗弁1に対し）

し　被告は，平成23年8月31日，本件準消費貸借契約に基づき20万円を支払った。	○

(2) 抗弁2（保管義務違反の債務不履行に基づく損害賠償請求債権による相殺）に対して

　Xは，Yは売買砂を適宜に処分してもらいたいと言ってきた旨主張している。この主張によれば，抗弁2（コ）の本件転売契約はYの意向に沿うものであってXの債務不履行は存在しないかのようにも思える。しかし，仮にYがそのように言ってきた事実が存在したとしても，売買砂の価値が200万円であったのであれば，その事実のみから，Xが差額の120万円についての損害賠償請求を免れることはできないと考えられる。したがって，Xの上記主張は，抗弁2に対する再抗弁とならないものと考えられる。

　また，Xは，売買砂を80万円でBに売却処分し，受領した80万円の代金は，それまでに要した保管費用60万円と本件転売契約の買主に引き渡すための転売費用20万円にすべて充当した旨主張している。仮に，Yが抗弁2において，売買砂の価値200万円全額についての損害賠償請求債権を自働債権として主張しているのであれば，Xの上記主張は，そのうち80万円の損害賠償請求債権について損益相殺の再抗弁を提出しているものと考える余地がある。しかし，Yは，抗弁2において，売買砂の価値のうち120万円の損害賠償請求債権を自働債権とする本訴請求債権との相殺の抗弁を主張する前提として，Yが上記保管費用及び転売費用を負担しなければならないことを自認して，自働債権を120万円の損害賠償請求債権に限定しているのであるから，一部請求における外側説（最判平成6年11月22日民集48巻7号1355頁，類型別10頁参照）とパラレルに考えれば，Xの上記主張は，抗弁2に対する再抗弁とならないものと考えられる。

6 【問題(5)】争点と立証方法
(1) 主たる争点
(ア) 本件売買の目的物の定め及び売買砂の品質について

　請求原因について，原告説に立つ場合，Yの認否は，請求原因（あ）のうち「生コンクリート用」との合意は否認し，その余は認め，請求原因（い）（か）（き）（く）は認め，（う）は否認し，（え）（お）は知らないということになる（請求原因（け）は顕著な事実であるから認否は不要）。

　以上によれば，①本件売買の目的物の定めが生コンクリート用の砂であったか否かという事実（本件売買の目的物の定め），②Yが引き渡した売買砂が生コンクリート用に使用できないものであったか否かという事実（売買砂の品質）の認定如何によって結論が左右されることになる。

　したがって，本件売買の目的物の定め及び売買砂の品質については，本件訴訟の主たる争点ということができる。

(イ) **強迫及び法定追認について**　抗弁1（強迫による取消し）について，Xの認否は，抗弁1（カ）は認め，（キ）は否認するということになる（抗弁1（ク）は顕著な事実であるから認否は不要）。もっとも，本件合意書の内容で承諾しなければ今後の取引に応じないという発言のみではYが恐怖心を生じる余地はないと判断される可能性が高いという考え方によれば，強迫行為に該当するために必要な他の具体的な事情が主張されない限り，抗弁1は主たる争点とはならない。

再抗弁（法定追認－抗弁1に対し）について，Yの認否は，再抗弁（シ）の事実は認めるということになる。そうすると，再抗弁において，Yによる20万円の一部弁済の事実のみで法定追認に該当するという考え方によれば，抗弁1は再抗弁によって覆されることになる。したがって，前記5(1)のとおり，抗弁1は事実上意味のない主張といわざるを得ないことになる。

したがって，強迫及び法定追認については，本件訴訟の主たる争点とはならないものといえる。

(ウ) **相殺の抗弁における売買砂の価値について**　抗弁2（保管義務違反の債務不履行に基づく損害賠償請求債権による相殺）について，Xの認否は，抗弁2（ケ）は，売買砂の価値が80万円であったという限度で認めるが，その余を否認し，（コ）（サ）は認めるということになる。抗弁2（ケ）の売買砂の価値は，請求原因における売買砂の品質と表裏一体の関係にある。つまり，売買砂が，Yの主張するように以前からのXとの継続的な契約関係の中でXに対して引渡しをしてきた砂と同品質のものであったと認められるのであれば，そのような継続的な契約関係の中で定まった「1t当たり1,000円」という基準が売買砂に当てはまるから売買砂の価値は200万円であるといえることになる。逆に，売買砂の市場価値が200万円であると認められるのであれば，その品質は，以前からのXとの継続的な契約関係の中でXに対して引渡しをしてきた砂と同品質のものであったといえることになろう。

したがって，売買砂の価値は，抗弁2の前提として争点となるだけでなく，請求原因における売買砂の品質と表裏一体の関係にあるという意味でも，本件訴訟の主たる争点ということができる。

(2) **立証方法**

上記(1)のとおり，本件訴訟の主たる争点は，本件売買の目的物の定め，並びに，売買砂の品質及び価値である。

そのような主たる争点について，一般に，最良の証拠を考える場合には，まず処分証書または報告証書という書証が存在するか否かを検討しなければならない。例えば，XY双方とも，本件売買について，処分証書たる売買契約書が存在するのであればこれを提出すべきであるし，注文書（発注書），注文請書（発注請書），納品書及

び納品確認書，並びに，それに類するファクシミリ文書やメール文書，または，継続的な売買に関する基本契約書なども提出すべきであろう。また，本件準消費貸借契約の成立は争いのないところであるが，本件合意書には，旧債務の内容を特定して記載していることが多いはずであって，その記載が，本件売買の目的や売買砂の品質及び価値を判断する資料となる可能性があるから，本件合意書を提出すべきであろう（もっとも，本件合意書は，訴訟提起段階で基本書証として当然に提出すべきものである。民訴規則53条1項・55条2項）。ところが，的確な書証が存在しないことや，書証があっても直ちに判断し難いことはまれではないし，書証が存在しないというだけで当事者の主張が採用できないというものではない。

そこで，当該取引における常識や慣行を考えて検討することが重要である。まず，砂を売買するという場合，どのような用途が思い浮かぶかといえば，Xの主張するように生コンクリート用に使用する場合がある。あるいは，砂の品質や数量にもよるが，運動場用（数種類の土砂を混ぜて野球やサッカー場に用いる場合や子供の砂場として用いる場合など）とか土木工事用，大規模なものであれば河川や海浜の埋立工事用に使用することが挙げられる。ほかにも，農作業用または園芸用に使用すること（大きな数量の売買であれば小売りではなく，仲卸しや商品製作の原料購入など）なども挙げられよう。そして，売買する砂の品質については，その用途に応じて異なる可能性がある。Xの主張する生コンクリート用の砂の品質について見ると，コンクリートは，セメントに砂と砂利など骨材と水を混ぜて固めた建設資材であるから，例えば海砂を使用する際には，十分な洗浄をしなければ出来上がった構造物に塩害等の不具合を生じさせてしまうことになろう。

以上を前提とすれば，Xとしては，Yとの従前の取引に関する書証や，従前の取引の際にYから購入した砂を生コンクリート用に使用した実績に関する資料や，売買砂の転売先から砂の品質に関する資料を取り寄せること，あるいは売買砂の品質や価値についての専門家の意見書（売買砂を検査した地元の検査業者の検査結果に関する資料）または鑑定申請などにより，従前の取引の際にYから購入した砂の用途が生コンクリート用であったという立証，及び，売買砂の価値が80万円であるという立証をすべきことになろう。これに対し，Yとしては，Xとの従前の取引に関する書証や，従前の取引の際にXに引き渡した砂の購入先や売買砂の購入先から砂の品質に関する資料を取り寄せること，あるいは売買砂の品質や価値についての専門家の意見書または鑑定申請などにより，従前の取引の際にXに引き渡した砂の用途が生コンクリート用でなかったという立証，及び，売買砂の価値が200万円であるという立証をすべきことになろう。

7 【問題(6)】反訴
(1) Yの請求
　Yは，「この合意に基づいて支払った20万円について，XはYに対して返還すべきであると考えます。」というのであるから，本件準消費貸借契約に基づいてその一部の履行として支払った20万円の返還を請求することになる。

　前記2(2)のとおり，本件訴訟の訴訟物は，本件準消費貸借契約に基づく貸金返還請求権であるが，120万円全部ではなく貸金残金100万円の返還のみを請求する一部請求であるから，Yが支払済みの20万円は本件訴訟の訴訟物となっていない（最判昭和37年8月10日民集16巻8号1720頁。類型別2頁参照）。

　そこで，Yは，本件訴訟とは別に，上記のとおり支払済みの20万円の返還を請求する訴訟を提起することができる。ただし，実務上は，後記8のとおり，その20万円の返還請求の争点は本件訴訟と同一であること，本件訴訟における証拠を用いるのが訴訟経済にかなうこと，異なる裁判所で審理することにより結論が矛盾することを防止する観点にかんがみて，本訴の目的である請求と関連する請求を目的とする場合として，反訴（民訴146条）を提起するのが通常である。以下，Yが反訴を提起したことを前提とする。

(2) 反訴の請求の趣旨
　反訴を提起する場合，反訴原告Yが，当事者及び法定代理人のほか，反訴の請求の趣旨及び原因を記載した反訴状を裁判所に提出しなければならず，反訴の請求の趣旨が，Yが求める判決主文に対応して，強制執行により実現される確定的義務を抽象的に表示すべきであることは，訴えの提起の場合と同様である（民訴133条・146条4項）。

　なお，本問では，反訴原告Yは附帯請求（民訴9条2項）をしていないが，反訴被告Xは会社であるから，Yは，利得の翌日である平成23年9月1日から支払済みまで商事法定利率年6分の割合による利息（民704条，会社5条，商514条），または，反訴状の送達の日の翌日から支払済みまでの履行遅滞に基づく商事法定利率年6分の割合による遅延損害金（民419条，会社5条，商514条）の支払を求めることも考えられる。

1　反訴被告は，反訴原告に対し，20万円を支払え。
2　訴訟費用は，反訴被告の負担とする。
との判決並びに仮執行宣言を求める。

---

(3) 訴訟物

反訴請求の訴訟物は，反訴原告の申立てによって定まるものであり，反訴原告が審判の対象とその範囲を決定し，裁判所はそれに拘束される（処分権主義。民訴246条・146条4項）。また，訴訟物は，実務上，実体法上の個別具体的請求権と解されているから（旧訴訟物理論。新問研3頁参照），反訴請求の訴訟物も実体法上の権利によって特定されることになる。

Yは，本件準消費貸借契約が，「強迫による取消しの意思表示または錯誤により無効」であるという理由で，本件準消費貸借契約に基づいてその一部の履行として支払った20万円の返還を請求しているから，不当利得（民703条）に基づき，法律上の原因なく交付した20万円の返還を請求しているものといえる。そうすると，反訴請求の訴訟物は，不当利得返還請求権と特定される。そして，契約に基づかない債権である不当利得返還請求権の個数は，損失と利得によって特定することができるのであり，本問では損失と利得を生じた給付の個数は1個であるから，その給付に基づく不当利得返還請求権の個数は1個となる。なお，法律上の原因がないことという不当利得の要件は，強迫による取消しと錯誤無効という理由のいずれによっても導くことができるのであるから，そのような理由の違いは訴訟物の特定及び不当利得返還請求権の個数に影響するものではないというべきである。

不当利得返還請求権　1個

8 【問題(7)】反訴の請求原因

(1) 不当利得返還請求権の発生要件

不当利得返還請求権の発生要件（民703条）は，①相手方の利得，②本人の損失，③利得と損失の因果関係，④利得が法律上の原因を欠くこと，である。

このうち，①ないし③の要件について返還請求権を行使する本人が主張立証しなければならないことは異論がないと思われるし，④利得が法律上の原因を欠くことという要件については，返還請求権を行使する本人が主張立証責任を負うものと解される（最判昭和59年12月21日集民143号503頁参照）。

(2) 利得と損失及び利得が法律上の原因を欠くこと

Yは，本件準消費貸借契約に基づいてその一部の履行として支払った20万円の返還を請求しているから，①相手方の利得，②本人の損失，③利得と損失の因果関係，④利得が法律上の原因を欠くことについて，本件準消費貸借契約を締結した事実，Yが本件準消費貸借契約に基づいて20万円を支払ったこと，本件準消費貸借契

約の障害または消滅事由を主張立証すべきことになる。

(3) **あてはめ**

　準消費貸借契約の旧債務の主張立証責任について原告説に立つ場合であっても，反訴の請求原因事実として，本件準消費貸借契約の錯誤無効を理由に不当利得返還請求権が発生する旨主張するのであれば，錯誤無効を基礎付けるために必要な限りにおいては旧債務の発生原因を含めて準消費貸借契約が成立したことを主張立証すべきであると解することになる。もっとも，Yは，Xの主張する旧債務の発生原因事実をすべて認めなければならないというものではなく，本件準消費貸借契約の錯誤無効を基礎付けるために必要な限度で旧債務の発生原因を主張立証すれば足りるものというべきである。なお，本件準消費貸借契約の強迫による取消しについては割愛する。[*7]

＊7　Yは，本件準消費貸借契約の強迫による取消しも主張しており，これを反訴の請求原因事実と考える余地もあるが，前記4(2)のとおり，強迫の主張として必ずしも十分ではないという考え方に立てば，上記主張を反訴の請求原因事実とするのは失当ということになろう。

請求原因（原告説）

あ　被告は，平成23年4月1日，原告に対し，砂2,000tを代金200万円で売った（以下「本件売買契約」という。）。	○
い　生コンクリート用に使用できる砂でなければならないということは本件売買契約の内容となっていなかった。	×
う　被告は，平成23年4月15日，本件売買契約に基づき，甲港で売買砂2,000tを原告に引き渡した。	○
え　売買砂は，以前からの原告との継続的な契約関係の中で原告に対して引渡しをしてきた砂と同品質のものであった。	×
お　原告は，平成23年4月15日までに，訴外Aに対し，売買砂の甲港から乙港への運搬を代金80万円で請け負わせた（以下「本件請負契約」という。）。	○
か　訴外Aは，平成23年4月15日，本件請負契約に基づき，売買砂を甲港から乙港へ運搬した。	○
き　原告は，平成23年4月20日，被告に対し，本件売買契約の代金として200万円を支払った。	○

く　被告は，平成23年7月10日，原告との間で，(あ)から(き)により，売買砂に関して，原告が支払った売買代金200万円の一部である40万円，及び，原告が負担した売買砂の甲港から乙港への運搬請負代金80万円の合計120万円の損害賠償債務について，その弁済期を同年8月から平成24年1月までの各末日に20万円ずつと定めて，その損害賠償債務をもって消費貸借の目的とするとの合意をした（以下「本件準消費貸借契約」という。）。	○
け　被告は，本件準消費貸借契約の際，売買砂の品質に問題がなかったのに，問題があると信じてその合意をした。	×
こ　被告は，平成23年8月31日，本件準消費貸借契約に基づき20万円を支払った。	○
さ　よって，被告は，原告に対し，不当利得返還請求権に基づき，錯誤により無効である本件準消費貸借契約に基づいて支払った20万円の返還を求める。	

■■■

【解答例】

◎本訴

請求の趣旨

> 1　被告は，原告に対し，100万円及びこれに対する平成24年3月1日から支払済みまで年6分の割合による金員を支払え。
> 2　訴訟費用は，被告の負担とする。
> との判決並びに仮執行宣言を求める。

訴訟物

> 準消費貸借契約に基づく貸金返還請求権　1個
> 準消費貸借契約に基づく貸金返還請求権の履行遅滞に基づく損害賠償請求権
> 　　　　　　　　　　　　　　　　　　　　　　　　　　　　　　1個
> 単純併合

請求原因

請求原因（原告説）

あ　被告は，平成23年4月1日，原告に対し，生コンクリート用の砂2000トンを代金200万円で売った（以下「本件売買契約」という。）。	一部○ (生コンクリート用×)
い　被告は，平成23年4月15日，本件売買契約に基づき，甲港で売買砂2000トンを原告に引き渡した。	○
う　売買砂は，生コンクリート用に使用できないものである。	×
え　原告は，平成23年4月15日までに，訴外Aに対し，売買砂の甲港から乙港への運搬を代金80万円で請け負わせた（以下「本件請負契約」という。）。	△
お　訴外Aは，平成23年4月15日，本件請負契約に基づき，売買砂を甲港から乙港へ運搬した。	△
か　原告は，平成23年4月20日，被告に対し，本件売買契約の代金として200万円を支払った。	○
き　被告は，平成23年7月10日，原告との間で，(あ)から(か)により，売買砂に関して，原告が支払った売買代金200万円の一部である40万円，及び，原告が負担した売買砂の甲港から乙港への運搬請負代金80万円の合計120万円の損害賠償債務について，その弁済期を同年8月から平成24年1月までの各末日に20万円ずつと定めて，その損害賠償債務をもって消費貸借の目的とするとの合意をした（以下「本件準消費貸借契約」という。）。	○
く　原告は，(き)の時点で会社であった。	○
け　平成23年9月から平成24年1月までの各末日は経過した。	顕
こ　よって，原告は，被告に対し，本件準消費貸借契約に基づき，残金100万円及びこれに対する弁済期の後である平成24年3月1日から支払済みまで商事法定利率年6分の割合による遅延損害金の支払を求める。	

再抗弁

再抗弁（法定追認－抗弁1に対し）

| し　被告は，平成23年8月31日，本件準消費貸借契約に基づき20万円を支払った。 | ○ |

◎反訴

請求の趣旨

| 1　反訴被告は，反訴原告に対し，20万円を支払え。
2　訴訟費用は，反訴被告の負担とする。
との判決並びに仮執行宣言を求める。 |

訴訟物

| 不当利得返還請求権　1個 |

請求原因（原告説）

あ　被告は，平成23年4月1日，原告に対し，砂2000トンを代金200万円で売った（以下「本件売買契約」という。）。	○
い　生コンクリート用に使用できる砂でなければならないということは本件売買契約の内容となっていなかった。	×
う　被告は，平成23年4月15日，本件売買契約に基づき，甲港で売買砂2000トンを原告に引き渡した。	○
え　売買砂は，以前からの原告との継続的な契約関係の中で原告に対して引渡しをしてきた砂と同品質のものであった。	×
お　原告は，平成23年4月15日までに，訴外Aに対し，売買砂の甲港から乙港への運搬を代金80万円で請け負わせた（以下「本件請負契約」という。）。	○
か　訴外Aは，平成23年4月15日，本件請負契約に基づき，売買砂を甲港から乙港へ運搬した。	○

き	原告は，平成23年4月20日，被告に対し，本件売買契約の代金として200万円を支払った。	○
く	被告は，平成23年7月10日，原告との間で，(あ)から(き)により，売買砂に関して，原告が支払った売買代金200万円の一部である40万円，及び，原告が負担した売買砂の甲港から乙港への運搬請負代金80万円の合計120万円の損害賠償債務について，その弁済期を同年8月から平成24年1月までの各末日に20万円ずつと定めて，その損害賠償債務をもって消費貸借の目的とするとの合意をした（以下「本件準消費貸借契約」という。）。	○
け	被告は，本件準消費貸借契約の際，売買砂の品質に問題がなかったのに，問題があると信じてその合意をした。	×
こ	被告は，平成23年8月31日，本件準消費貸借契約に基づき20万円を支払った。	○
さ	よって，被告は，原告に対し，不当利得返還請求権に基づき，錯誤により無効である本件準消費貸借契約に基づいて支払った20万円の返還を求める。	

(德増誠一)

第3問
消費貸借・相殺等

次の内容のX，YおよびZの言い分を前提に，後記問題に答えなさい。

《Xの言い分》

1　私どもは神奈川県川崎市に本店を置く信用組合です。当組合は，組合員であるYと以下のとおりの金銭消費貸借契約を締結しました。
　①平成23年3月1日に弁済期を平成24年3月1日と定めて金800万円
　②平成23年3月15日に弁済期を平成24年3月15日と定めて金400万円
　③平成23年4月1日に弁済期を平成24年4月1日と定めて金100万円
　当然のことながら，いずれの貸付についてもその時点で金銭消費貸借契約書を作成しています。利息は上記①ないし③のいずれについても，年利6％の約定でした。

2　上記①の貸付金については，契約そのものは3月1日に締結しましたが，金銭の授受は事情があって，1か月後の4月1日を予定していました。金銭交付時期の点は，Yとの間で締結した金銭消費貸借契約書にも，今回の契約が諾成的消費貸借契約であるということの確認も含め明確に記載してあります。ところが，平成23年3月20日，突然，Yからこの貸付金については必要が無くなったため，キャンセルしたいとの連絡を受けました。しかし，いったん有効に契約が成立した以上，Yは800万円を借りるべきですし，その分の所定の利息金は支払って欲しいと思います。

　そこで，4月1日に当組合は改めてYに対し800万円を受け取るように申し入れましたが，Yはこれを拒絶しました。それでも利息相当金は払ってもらいますよと話しましたが，Yは利息相当金を支払うのもいやだと言っています。

　当組合も事業として行っているのですから，いったん有効に成立した契約によって利息を得る権利を取得した以上，これをもらうのは当然だと思います。Yがどうしても支払いたくないと言うのであれば，訴訟によって解決せざるを得ないと考えています。

3　次に，上記②の貸付金について説明します。これについては，契約締結と同時に400万円をYに交付しています。利息も月々，きちんともらっていました。ところが，弁済期である平成24年3月15日の直前になって，Yから300万円を返済できないとの説明を受けました。Yは返済の代わりに，Yが有する10坪ばかりの甲土地を代物弁済として交付するとのことでしたが，10坪ばかりの甲土地を取得してみても何の意味もありませんので，この提案は断りました。当組合としてはあくまで

Yに対し、400万円の支払いを求めており、仮にYがこれ以上、支払いに応じなければ訴訟を提起したいと考えています。
4　最後に、上記③の貸付金について説明します。この貸付金も契約締結と同時に100万円をYに交付しています。利息も月々もらっていました。この件については、以下のような経緯をたどっています。

　当組合がYとの取引を開始する段階で、Yに当組合の組合員になってもらいました。具体的には平成18年4月1日に、100万円を出資してもらいました。ところが、平成23年6月1日、Yの当組合に対する上記出資金返還請求権について、Zが確定判決に基づき差押えをしてきました。具体的には6月1日に裁判所からの債権差押命令が発せられ、同日当組合に送達されました。Yに事情を確認したところ、YはZから継続的に商品を購入していたが代金支払いが滞ってしまい、最終的に150万円の未払金が生じ、これについてZから訴訟を提起され、過日、Yに対し支払いを命じる判決が言い渡され、確定したとのことでした。

　当組合とYとの間の約定では、出資金返還請求権について差押命令が発せられた場合において、当組合がYに対し貸付金債権を有する場合には、相殺の意思表示を要することなく出資金返還債務と貸付金債権（複数の貸付金が存在する場合は当組合が任意に選択した貸付金債権）との間で当然に相殺の効力が生ずることとされています。そこで、今回のケースについても当組合は平成23年6月3日に相殺処理をして出資金を全額、上記③の貸付金に充当し、裁判所およびZにもその旨を報告しました。ところが、Zは納得せず、当組合に対して、平成23年7月1日、出資金返還請求権に関する取立訴訟を提起してきました。当組合としては全面的に争う方針でいます。なお、出資金はYが当組合を脱退した時点で初めて返還されるものです。組合員はいつでも脱退の申し入れができますが、当組合の規約によって出資金の返還は毎年11月1日に行うこととしていますので、仮に今回、Yに対し実際に出資金を返還するとすれば、平成23年の11月1日以降のこととなったはずです。

《Yの言い分》
1　当社は、中古住宅についてリフォーム工事を行うことを業務内容としている株式会社です。当社は地元の金融機関であるX信用組合を昔から取引金融機関としており、リフォーム工事資金が必要になる度に融資を受けてきました。リフォーム工事の注文を受けた段階でXにその概要を説明し、工事に必要となる資金を借り入れ、工事が完成し注文者から工事代金の支払いを受けた段階で借入金をXに返済するということを繰り返し行ってきました。ところが、今回、Xからの借入金の件でトラブルになってしまいました。その件について説明します。

2　当社が，Xから，以下の各借入の契約をしたことは間違いありません。
　①平成23年3月1日に弁済期を平成24年3月1日と定めて金800万円
　②平成23年3月15日に弁済期を平成24年3月15日と定めて金400万円
　③平成23年4月1日に弁済期を平成24年4月1日と定めて金100万円
　利息は上記①ないし③のいずれについても，年利6％の約定でした。また，当社がXに対し平成18年4月1日に100万円の出資をしたことは間違いありません。
3　上記①の借入金については，A氏からのリフォーム工事のために借入れを行ったものです。ただし，A氏は，仕事の関係でリフォーム工事の開始時期を遅らせて欲しいとのことでしたので，平成23年3月1日に借入れに関する契約をXとの間で締結しましたが，借入金を当社の口座に振り込んでもらうのは4月1日ということにしました。
　ところが，3月20日になって，A氏からリフォーム工事はしないことになったと連絡を受けました。正式な工事契約はまだ締結していませんでしたので，A氏からの連絡に従うほかありませんでした。そこで，Xにもその旨を連絡し，借入れの必要はなくなったと伝えました。ところが，Xから金利相当分の請求はさせてもらうとの話しがでてきました。実際に800万円を借りてもいないのに利息相当分を支払うというのは全く納得の行かない話しであり，これに応じるつもりはありません。
4　上記②の400万円の借入金については実際に金銭を受領しています。ただし，この400万円は返済していませんが，弁済期である平成24年3月15日に私が所有する甲土地を代物弁済し，これで解決したことは間違いありません。現時点で移転登記も引渡しもしていませんが，正式に代物弁済の合意をしています。ところが，Xは後になって甲土地はいらないので，400万円を現金で返済するように請求してきました。400万円の返済に代えて甲土地を渡すことを約束したことですので，いまさらそのような要求をされても困ります。現金での返済は拒否しようと思っています。
5　上記③の100万円の借入金についても実際に金銭を受領しています。返済をしていないことも事実です。しかし，これについては，Xが出資金との間で相殺処理をしたと聞いています。そうであれば，それはそれで結構です。なお，当社がX組合からの脱退手続きを取った事実はありません。

《Zの言い分》
1　当社は，Yに対して150万円の未払商品代金債権を有しており，訴訟を提起し既に当社勝訴の確定判決を有しております。
2　当社は，この確定判決に基づき，YのX信用組合に対する出資金返還請求権を差

押債権として，執行裁判所に対して債権差押命令を申し立て，平成23年6月1日に債権差押命令が執行裁判所により発せられ，同日X信用組合に送達されました。
3　YがX信用組合との間でどのような約定を取り交わしていたか，あるいはYの出資金に関するX信用組合の具体的な手続等については，いずれも当社としては調べようもなく分かりません。また，YがX信用組合から借入れをしていたか否か等も分かりません。

【問　題】

(1)　Xが，その言い分を前提に上記①の債権に関連してYを被告として民事訴訟を提起する場合の訴訟物を指摘したうえで，具体的な請求の内容について検討しなさい。

(2)　Xが，その言い分を前提に上記②の債権についてYを被告として民事訴訟を提起する場合の請求の趣旨および訴訟物を記載しなさい。そのうえで請求原因として主張すべき要件事実を指摘し，その事実が必要となる理由を説明しなさい。さらに，Yの言い分から考えられるYの抗弁を指摘し，その要件事実とその事実が必要となる理由を説明しなさい。

(3)　YのXに対する出資金返還請求権について，Zが債権差押手続きを行い，これに基づきXを被告として取立訴訟を提起している。この場合のXの言い分から考えられるXの反論を検討，指摘しなさい。そして，その反論が仮に抗弁となる場合には，その要件事実とその事実が必要となる理由を説明しなさい。

```
                                    Z(売主)
                                      │
              出資金返還請求権 100 万円   │ 商品代金
              (返還時期は毎年 11 月 1 日)  │ 150 万円
                                      ↓
  (貸主)X 信用組合 ←──────────────────→ Y(借主・買主)
                      3 個の金銭消費貸借契約
```

  Ⅰ　第 1 契約：貸付額 800 万円
　　　・貸付日：①契約締結日は平成 23 年 3 月 1 日
　　　　　　　　②金銭交付日は平成 23 年 4 月 1 日(予定)
　　　・弁済期：平成 24 年 3 月 1 日
　　　・利　息：年利 6 ％
　　　・特　約：諾成的消費貸借契約の合意

　　◎平成 23 年 3 月 20 日　Y が契約をキャンセル
　　◎平成 23 年 4 月 1 日　X が 800 万円受け取るよう Y に申入れ

  Ⅱ　第 2 契約：貸付額 400 万円
　　　・貸付日：平成 23 年 3 月 15 日
　　　・弁済期：平成 24 年 3 月 15 日
　　　・利　息：年利 6 ％

　　◎平成 24 年 3 月 15 日　甲土地を代物弁済(争いあり)
　　◎移転登記、引渡しは未了

  Ⅲ　第 3 契約：貸付額 100 万円
　　　・貸付日：平成 23 年 4 月 1 日
　　　・弁済期：平成 24 年 4 月 1 日
　　　・利　息：年利 6 ％
　　　・特　約：出資金返還請求権差押えの場合には，貸付金と
　　　　　　　　の間で当然に相殺の効力が生じる。

解　説

1　問題の所在

　本問は金銭消費貸借契約の基礎的理解を問い，併せて代物弁済および相殺についての要件事実的理解を検討するものである。消費貸借契約は要物契約であるが，その合理性については疑問があり諾成的消費貸借契約の成立も可能とされている。これが利息付消費貸借契約であった場合に金銭が交付されることなく契約関係が終了するとしたら，貸主は利息あるいは損害賠償を請求することができるか。問題(1)ではこの点を検討する。問題(2)は，典型的な金銭消費貸借契約に基づく貸金返還請求

権の発生についての要件事実を確認したうえで，代物弁済契約の法的性質を検討する問題である。いわゆる貸借型理論の是非をここで検討する。問題(3)は，相殺予約の効力の問題を主に検討し，さらに相殺の要件のひとつである履行期の到来の点を取り扱うものである。

2 【問題(1)】について
(1) 想定される訴訟物
(ア) **利息契約に基づく利息請求権**　ＸＹの言い分記載①の貸付金については，貸金の交付がないことは両当事者に争いがない。Ｘは，Ｙに対し，諾成的消費貸借契約（利息契約付き）の成立を主張して，同契約に基づく予定された弁済期までの利息全額を支払うよう求めるものである。したがって，ＸのＹに対する訴訟の訴訟物としてまず考えられるものは，ＸＹ間の平成23年3月1日付け利息契約に基づく利息請求権1個である。

しかし，以下に述べるとおり，利息契約の成立には問題があり，Ｙの請求が認められない可能性が高い。

(イ) **債務不履行に基づく損害賠償請求権**　もう1つの可能性として，諾成的消費貸借契約の不履行に基づく損害賠償請求権1個を訴訟物として利息に相当する額の支払いを求めることが考えられる。

以下，順に，その請求の内容について検討する。

(2) 請求の内容の検討
(ア) **諾成的消費貸借契約の有効性**

(a) **典型契約としての消費貸借契約の要物性**　利息債権は，元本の存在を前提としてその利用の対価として支払われるものであり，元本債権に対して附従性を有するものであるから，元本債権が有効に発生していることが要件となる。そのため，前提問題として諾成的消費貸借契約の有効性が問題になる。

民法に規定する典型契約としての消費貸借契約（民587条）は，その条文の文言（「相手方から金銭その他の物を受け取ることによって，その効力を生ずる」）が物の授受を明示していることから，要物契約であると解するのが通説である。すなわち，金銭の交付がなければ，消費貸借契約は成立しない。

(b) **非典型契約としての諾成的消費貸借契約**　しかし，非典型契約の一種として，目的物の交付なく意思表示の合致のみで成立する諾成的消費貸借契約が認められるかどうかについては，これを認めることについて異論は少ない。実務においては，金銭の交付の前に抵当権設定や公正証書の作成が行われることが多いが，要物契約性を徹底すると，このような抵当権や公正証書の有効性が説明できなくな

るという問題がある。他方，消費貸借契約の要物性はローマ法以来の沿革に由来するがそれ以上の合理的理由がないこと，民法は消費貸借契約の予約を肯定して目的物の引渡し前の合意に一定の拘束力を認めている（民589条）ことなどから，非典型契約としての諾成的消費貸借契約の成立を認めるのが通説とされている。判例も諾成的消費貸借契約の成立を認めている（最判昭和48年3月16日金法683号25頁）。また，現行法上も，例えば，特定融資枠契約に関する法律第2条など，諾成的消費貸借契約の成立を前提とした規定であると解されるものがある。

　したがって，諾成的消費貸借契約は有効であると解する。

　　(c)　**諾成的消費貸借契約の要件事実**　　なお，諾成的消費貸借契約の要件事実は，典型契約としての消費貸借契約の要件事実から，目的物の交付の事実を除いたものということになる。典型契約としての消費貸借契約の要件事実については，問題2において詳しく検討することとする。

　　(イ)　**諾成的消費貸借契約に伴う利息債権発生の可能性**

　　　(a)　**典型契約としての消費貸借契約に伴う利息契約**　　消費貸借契約に伴う利息契約の成立要件は，元本債権の発生原因たる消費貸借契約成立に加え，利息合意があったことであるが，典型契約としての消費貸借契約成立はその成立要件の中に金銭の交付が含まれているため，利息契約の成立要件として元本たる目的物の交付が独立に問題になることはない。

　　　(b)　**諾成的消費貸借契約に伴う利息契約**　　ところが，諾成的消費貸借契約においては，元本債権発生の要件として目的物の交付は必要とされず，貸す・借りるという合意のみで契約が成立する。そこで，利息契約の成立要件として，元本たる目的物の交付が必要かどうかが特に問題となる。

　利息とは，元本使用の対価である。この法的性質に鑑みれば，利息債権の発生には必ず対価関係に立つ金銭の交付が必要で，これが要件となると解される。このことは，元本債権が諾成的消費貸借契約に基づいて発生する場合であっても別異に解する理由がない。

　したがって，諾成的消費貸借契約に基づく貸金債権を元本として利息債権を請求する場合，金銭の交付は消費貸借契約そのものの要件事実ではないが，利息債権発生の請求原因事実となると解される。そして，ないことの証明は困難なこと，金銭を交付していれば受領書などの証拠を容易に提出できる場合が多いと考えられることから，金銭の交付は請求原因事実として請求する側が主張立証責任を負担するべきである。

　　　(c)　**本件における訴訟物の選択**　　本件①の貸金では，元本たる金員の交付がないので，利息契約は有効に成立しておらず，利息債権は発生していないという

べきである。

したがって、Xは、1番目の訴訟物(利息契約に基づく利息請求権)を訴訟物としてYに対して訴訟を提起しても、勝訴することはできない。

　(ウ)　**金銭交付がない場合の利息相当額の損害賠償請求の可能性**　諾成的消費貸借契約が成立したが、借主たるべき者が約定に反して金銭の受領を拒絶した場合、金銭交付がないので利息債権は発生しないとしても、貸主となるべきだった債権者は損害賠償請求権として利息金相当額を請求できるのはないか。この問題は、利息付消費貸借契約において借主が期限の利益を放棄して期限前弁済をした場合と類似の利益状況にあるということができる。

　利息付貸金債権の期限前弁済については、借主は期限の利益を放棄して期限前弁済をすることはできるが、期限の利益が貸主の側にもあると解されるので、これを害することはできず、害した場合には損害賠償責任を負うと解されている(民法136条2項ただし書、大判昭和9年9月15日民集13巻1839頁)。このとき、損害額を単純に期限までの約定の利息金相当額と考える立場が従来有力であったが、これでは、貸主は、一方で借主から利息金相当額の支払いを受け、他方で貸し付けることのなかった金銭を他に運用して利益を得ることが可能となり、不当な結果を招く。そこで、ここに一種の損益相殺を認め、約定の利息額から他で運用することにより収得できた利益との差額が損害となると解するのが妥当である。

　この点について、諾成的消費貸借契約の成立を認める以上、金銭の交付なくして、「貸す債務」「借りる債務」の発生を観念することができ、借主が特段の理由なく金銭の受領を拒んだ場合は、借りる債務に違反したとして債務不履行責任が発生するとの考え方があるが、諾成的消費貸借契約において借りる債務を積極的に認めることに関しては、借主に不当、無用な義務を押し付けることになるとの批判が強い。よって、民法136条2項ただし書(期限の利益の放棄によって貸主に生じた損害の賠償)の問題と同様に解決すべきであるとして同項ただし書の類推適用を考えるべきである。

(3)　**まとめ**

　(ア)　以上より、本問においてXが提起する民事訴訟の訴訟物は以下のとおりと考えられる。

訴訟物	
民法136条2項の類推適用に基づく損害賠償請求権	1個

　(イ)　その場合の請求の内容は、前記のとおり、約定の利息額から他で運用することにより収得できた利益との差額分を損害として、その賠償を求めるものになる

と解される。

3 【問題(2)】について
(1) 請求の趣旨と訴訟物
本問でXは，言い分記載②の貸付金400万円の返済を求めている。したがって，Xが求める民事訴訟における請求の趣旨は，以下のとおりとなる。

> **請求の趣旨**
> 被告は，原告に対し，400万円を支払え。

また，この請求権は通常の金銭消費貸借契約に基づき発生するものであるので，訴訟物は，「消費貸借契約に基づく貸金返還請求権」であり，その個数は1個である。

(2) 請求原因
(ア) **貸金返還請求の要件事実** ＸＹの言い分②の債権を請求する場合の訴訟物は，典型契約としての消費貸借契約（民587条）に基づく貸金返還請求権である。そして，その要件事実は以下のとおりである（類型別27頁）。
① 金銭の返還合意
② 同金銭の交付
③ 同金銭の弁済期の合意
④ 弁済期の到来
＊ ③，④については，(イ)に後述するとおり必ずしも本質的要素ではないという見解もある。

消費貸借契約は，貸主が借主に対して金銭その他の物を利用させ，借主が同種同量の物を返還することを約することによって成立する。したがって，物の交付とそれを返還する旨の合意が本質的内容であることから，①及び②の要件事実が導かれる。

(イ) **貸借型理論の当否** 3番目の要件として，弁済期の合意が必要かどうかについては議論がある。いわゆる貸借型理論が妥当するかどうかの問題である。
司法研修所は，かねてより，賃貸借，消費貸借など賃貸型の契約において一定期間利用させることがその契約の本質的要素であるとして，返還時期の合意は賃貸型契約の成立に不可欠の要件であるとして，いわゆる貸借型理論を採用することを当然の前提としていた（要件事実(1)276頁）。
ところが，平成23年9月に発刊された司法研修所編『新問題研究　要件事実』38

頁以下では，返還時期の合意は貸借型契約においても必ずしも契約成立に不可欠の要件ではないという見解が指摘され，議論が活発化している。返還時期の合意は不要とする根拠は，条文上，貸借型の典型契約において返還時期の合意が必要であることを示唆する文言がなく，逆に「当事者が返還の時期を定めなかったとき」が予定されている（民591条）ことである。

返還時期の合意を契約成立に不可欠の要件とする考え方は民事実体法理に合わないとして貸借型理論を批判し，司法研修所が貸借型理論の当否について特定の立場に立たないという姿勢を示したことを率直に評価する見解もある（潮見佳男『プラクティス民法 債権総論（第4版）』〔信山社・2012〕67頁）。一方で，新問題研究における上記記述が突然であったことなどから，これを批判的に捉える立場も存する（伊藤滋夫「司法研修所編『新問題研究 要件事実』について 下」法律時報84巻4号）。

(ウ) **本問における具体的な請求原因事実** 本問において，Xの言い分に示された①の金銭消費貸借契約は，弁済期が平成24年3月1日と具体的に定められている。貸借型理論を前提とすればこれが契約成立の不可欠の要件となることは明らかであるが，仮に貸借型理論を採用しない立場においても，確定期限としての弁済期が定められている場合には，その定めと弁済期の到来が請求原因となる。当事者間に貸金の返還時期についての合意がある場合には，その期限が到来した時に貸金返還請求権が発生するからである（新問研39頁）。したがって，本問では貸借型理論についていずれの立場に立っても具体的な請求原因事実は同一であり，以下のとおりとなる。なお，利息請求については省略している。

請求原因
1 原告は，被告に対し，平成23年3月15日，弁済期を平成24年3月15日と定めて400万円を貸し付けた。
2 平成24年3月15日は到来した。
　よって，原告は，被告に対し，貸金返還請求権に基づき，400万円の支払いを求める。

---

(3) **抗弁**

(ア) **代物弁済の抗弁の要件事実** Yの言い分によれば，Yは，Xに対し，Yの所有した不動産を代物弁済に供したことを主張することが考えられる。代物弁済による債権の消滅の抗弁を主張するものである。

不動産の所有権をもって代物弁済したことにより債権が消滅したことを主張する

場合の要件事実は，以下のとおりであると解する（類型別113頁参照）。
　①　債務の弁済（本来の給付）に代えて不動産の所有権を移転するとの合意がされたこと
　②　債務者が①の当時，その不動産を所有していたこと
　③　（①の合意に基づき）その不動産の所有権移転につき対抗要件が具備されたこと
　代物弁済の要件事実については，その法的性質をどのように考えるかによって，議論が分かれている。上記は，司法研修所の立場であり判例通説にもとづくものであるが，このほか，上記②③を不要とする考え方や，①'本来の給付に代えて異なる給付（不動産の所有権の移転）をすること，②'この旨を債権者が承諾したことを要件事実とする考え方（倉田〔債権総論〕256頁）もある。
　(イ)　**代物弁済の法的性質と要件事実**
　　(a)　**債務消滅契約説（要物契約説）**　　代物弁済の法的性質については，代物弁済給付によって債務を消滅させる有償・要物契約であるとする考え方が，伝統的に主張されている（奥田558頁など）。この見解は，民法482条の「債権者の承諾」は債務者からの申し込みに対する承諾と読み，代物弁済とは，債権者債務者間の，債務者の負担した給付に代えて他の給付をし，これによって債務を消滅させる要物契約であると考える。そのため，上記①ないし③が要件事実となる。代物弁済契約は，債権の消滅自体を目的とする合意であって履行の観念を入れる余地がなく現実の給付がなされて初めて成立するという意味において要物契約と解するのである。民法482条が「他の給付をしたとき」と定めていることを根拠とする。
　　(b)　**諾成契約説**　　これに対し，代物弁済を諾成契約とする立場（潮見・総論Ⅱ221頁など）によれば，上記①だけが代物弁済の成立要件であって，所有権の移転や対抗要件の具備は，代物弁済契約の履行としてなされるものであるととらえる。この立場では，債権の消滅という効果が代物の給付があって初めて生じることに異論はないが，代物の給付がない段階での合意に何らの効力も生じないとするのは合理性がないとする。司法研修所も諾成契約説に依拠していると説明される。
　諾成契約説を前提とすると，代物弁済契約成立後，給付がなされるまでの間の法律関係が問題となる。具体的には，①債務者が引き続き本来の給付をすることができるか，②債権者が本来の給付を引き続き債務者に請求することができるか，について検討の必要がある。
　この点については，諾成契約たる代物弁済契約が成立した後も，給付がなされる前は，当初の給付をする債務と代物の給付をする債務が併存すると解し，当事者間に特に合意がないかぎり，債権者はなお当初の給付を請求でき，債務者も当初の給付とこれに代わる給付のいずれをなすことも可能であるとする見解が有力であるが

（潮見・総論Ⅱ226頁）。諾成的代物弁済契約が締結された以上，もはや債務者が本来の給付をすることも，また，債権者が本来の給付を請求することも許されないという立場もある（平野裕之『プラクティスシリーズ　債権総論』〔信山社・2005〕155頁，157頁）。

(c) **弁済説**　少数説であるが，代物弁済も弁済と同様，債権の消滅原因たる事実行為であって契約ではないと考える立場（倉田〔債権総論〕256頁）がある。この見解によれば，代物弁済の成立には合意は不要であり，事実行為たる給付とこれに対する債権者の承諾があればよいとし，上記①'と②'が要件事実であるとする。この立場では，民法482条の「承諾」は民法364条（指名債権を目的とする質権の対抗要件）の第三債務者の承諾と同様の性質を有すると解する。

(d) **判例**　判例は，債権消滅原因として代物弁済が主張されるときには，本来の給付と異なる給付の完了として対抗要件の具備まで必要であるとする（最判昭和39年11月26日民集18巻9号1984頁，最判昭和40年4月30日民集19巻3号768頁）。債権を消滅させる以上，代物の給付は完了し，物の所有権は確定的に移転しなければならないという趣旨である。

他方，判例は，所有権取得原因として代物弁済を主張する場合には，代物弁済による所有権移転の効果は代物弁済契約の意思表示によって生じ，対抗要件の具備まで必要ないとする（最判昭和40年3月11日集民78巻259頁，最判昭和57年6月4日集民136巻39頁）。物権の移転について意思主義（民176条）を貫徹するものであると解される。

判例は，代物弁済契約が要物契約か諾成契約かについて明示していないが，諾成契約説によれば矛盾なく判例を説明できることになる。ただし，要物契約説でも，判例が代物弁済の合意による債務の履行を観念する必要がある場合に非典型契約としての代物弁済契約を認めたと理解すれば，なお矛盾なく説明することができるとされる（30講211頁）。

(ウ) **本問へのあてはめ**　Yの代物弁済の抗弁の要件事実の基本形は以下のようなものになる。

①　Yは，Xに対し，平成24年3月15日，金400万円の弁済に代えて甲土地を代物弁済することを申し込み，Xはこれを承諾した。
②　①の当時Yは甲土地を所有していた。
③　Yは，Xに対し，（①に基づき）○年○月○日，甲土地の所有権移転登記をした。

本問では，YからXに対し，Yの所有する甲土地を代物弁済に供する申出があったことは当事者間に争いがないが，Xがこれを承諾したかどうかはXとYの主張に食い違いがある。上記いずれの説に立ってもXの承諾が立証できなければ代物弁済の抗弁は認められない。

ところで，本問では甲土地の所有権移転登記は未了である。したがって，前記要

物契約説及び諾成契約説（両債務併存説）のいずれによっても，代物弁済による債権消滅の抗弁は認められない。これに対し，代物弁済契約は更改であって，代物弁済契約成立により当初の給付請求権は消滅するという立場に立てば，上記①の事実のみによってYの抗弁が認められる可能性がある。

この場合の要件事実は以下のとおりとなる。

> **抗弁**（代物弁済）
> 　被告は，原告に対し，平成24年3月15日，請求原因1に基づく貸金債務400万円の弁済に代えて甲土地を代物弁済することを申し込み，原告はこれを承諾した。

本問では，YからXに対し，Yの所有する甲土地を代物弁済に供する申出があったことは当事者間に争いがないが，Xがこれを承諾したかどうかはXとYの主張に食い違いがある。したがって，Xの承諾をYが立証する必要がある。

4　【問題(3)】について

(1)　Xの反論

ZのXに対する取立訴訟は，法定訴訟担当による訴訟と理解するのが通説であり，その訴訟物は，YのXに対する出資金返還請求権である。そして，Xの言い分から，XのZに対する反論としてまず考えられるのは，相殺の抗弁を主張することである。Xは，XとYとの間で，あらかじめ，出資金返還請求権について差押手続きがなされた場合は，相殺の意思表示を要することなく自動的に，出資金返還請求権を受働債権としXのYに対する貸付金債権を自働債権として相殺の効力が生ずるとする相殺予約の合意があったことを主張する。

また，Xは，出資金は組合員が脱退する時点で初めて返還されるものであって，規約上その返還時期は脱退の申入れがあった後の11月1日であると主張する。これは，出資金返還請求権の弁済期未到来の抗弁を主張するものと考えられる。

以下，順に検討する。

(2)　相殺の抗弁

(ア)　相殺予約の当事者間での効力
相殺の意思表示には条件・期限を付すことはできないとされる（民506条1項2文）。相殺予約は，この規定に抵触しないか。

あらかじめ一定の事由が発生した場合に，意思表示をまたずに当然に相殺の効力が生ずる旨の約定は，相殺予約の一種であり，停止条件付相殺契約という。銀行取引では，このような約定がしばしば見られ，その有効性が認められている。民法

506条1項2文は、一方的な意思表示で相殺の効果を生じさせる形成権の行使としての相殺の意思表示に条件・期限をつけることを禁止するのであって、相殺の合意をする際に条件や期限を付することを妨げるものではないからである。

よって、相殺予約は有効と認められる。

(イ) **相殺予約の第三者に対する効力**（民法511条との関係）

(a) **問題の所在**　相殺予約が当事者間で有効であったとしても、これを第三者に対しても対抗することができるか。とくに、受働債権について差押手続きの申立て等がなされたことを条件として自働債権の期限の利益を喪失させ、差押えられた債権を受働債権とする相殺の効果を生じさせる旨の相殺予約は、違法に差押の効力を排除しようとするものではないか。民法511条は、「支払の差止めを受けた第三債務者は、その後に取得した債権による相殺をもって差押債権者に対抗することができない」としているので、このような相殺予約が同条に反しないか問題となる。

(b) **判例理論の変遷**　かつて判例は、差押え時に双方の債権の弁済期が未到来の場合、自働債権の弁済期が差し押さえられた受働債権の弁済期より先に到来するときは、第三債務者は相殺をもって差押債権者に対抗できるが、自働債権の弁済期が受働債権のそれより後に到来する場合は、対抗できないとした（制限説）。そして、相殺予約の特約がある場合も、この制限に反するものは許されないと判示した（最大判昭和39年12月23日民集18巻10号2217頁）。差押えの申立て等を条件として自働債権の期限の利益を失わせることによってなす相殺予約は、「私人間の特約のみによって差押の効力を排除するもの」であって無効であるとしたのである。

しかし、その後、昭和45年大法廷判決が上記判例を変更し、511条の反対解釈から、「第三債務者は、その債権が差押後に取得されたものでないかぎり、自働債権および受働債権の弁済期の前後を問わず、相殺適状に達しさえすれば、差押後においても、これを自働債権として相殺をなしうる」と判示した（無制限説）。そして、自働債権たる貸付金債権について期限の利益を喪失させ、受働債権たる債権について期限の利益を放棄して、相殺適状を生じさせる旨の合意について、「契約自由の原則上有効」とし、こういった相殺予約による相殺が差押債権者に対しても効力を有することを認めた（最大判昭和45年6月24日民集24巻6号587頁）。

昭和45年最判は、相殺が「受働債権につきあたかも担保権を有するにも似た地位が与えられるという機能」を果たすことを認め、この相殺の担保的機能は現在の経済社会において有用であり、これによって保護される当事者の地位は、できるだけ尊重すべきものであるとした。

(c) **Xの相殺の主張の当否**　Xが自働債権として相殺処理した債権は平成

23年4月1日付消費貸借契約に基づいて取得した債権であり，差押えがなされた平成23年6月1日以前に生じた原因に基づいて取得したものである。したがって，上記昭和45年最判（無制限説）の法理によれば，Xの相殺予約に基づく相殺の主張は有効である。

　(ウ)　**要件事実**
　　(a)　**停止条件付相殺契約（相殺予約）の要件事実**　　一定の事由が発生することを停止条件として，第三債務者が債務者に対して有する自働債権と債務者が第三債務者に対して有している受働債権の双方の期限が到来し，当然に相殺の効力が生ずる旨の相殺予約による債権の消滅の抗弁を主張する場合の要件事実は以下のとおりである。
　①　自働債権の発生原因事実
　②　一定の事由が発生することを停止条件として①の自働債権と受働債権の双方の期限が到来し，当然に相殺の効力が生ずる旨の合意がされたこと
　③　②の事由が発生したこと
　相殺契約によって受働債権の消滅の効果を生じさせる場合であっても，自働債権の存在は前提たる要件であるから①が必要となる。また，②は停止条件付相殺契約（相殺予約）の合意とその内容を示す要件事実であり，③はその条件が成就したことを示すものである。

　　(b)　**本問へのあてはめ**　　本問でXが相殺予約に基づく相殺の抗弁を主張する場合の要件事実は以下のとおりとなる。

抗弁Ⅰ（相殺）
1　被告は，訴外Yに対し，平成23年4月1日，弁済期を平成24年4月1日と定めて100万円を出資した。
2　被告と訴外Yは，平成18年4月1日，訴外Yの被告に対する前記1の出資金返還請求権（以下，単に「出資金返還請求権」という。）について差押命令が発せられたときに，訴外Yは，1項の債権の期限の利益を喪失し，被告は同出資金返還請求権の期限の利益を放棄して，当然に1項の債権を自働債権，出資金返還請求権を受働債権とする相殺の効力が生じることを合意した。
3　平成23年6月1日，出資金返還請求権について差押命令が発せられた。

＊　なお，出資金返還請求権については，ZのXに対する取立訴訟の訴訟物たる債権であるから，請求原因事実としてZによって主張される。

(3) 脱退手続未了による返還請求権の履行期未到来の抗弁

(ア) 出資金返還請求権の履行期
Xによれば，X（信用組合）の規約上，出資金は，組合員が組合を脱退した時点で初めて返還されるものであり，返還時期は，毎年11月1日とされている。そうすると，YのXに対する出資金返還請求権は，YのX（信用組合）脱退を停止条件とする債権であって，その弁済期は，条件成就後初めて到来する11月1日と約定されていたものといえる。

債権について停止条件がつき，弁済期の特約がある場合，これを抗弁として主張することができるので，Xは，これを抗弁として主張できる。

(イ) Xの主張すべき要件事実
Xが出資金返還請求権の履行期未到来の抗弁を主張する場合の要件事実は以下のとおりである。

> **抗弁Ⅱ**（履行期未到来）
> 被告と訴外Yは，平成18年4月1日，出資金返還請求権について，訴外Yが被告を脱退したことを停止条件とし，条件成就後初めて到来する11月1日を弁済期とすることを合意した。

条件期限は，法律行為の付款であり，付款をめぐる主張立証責任の分配については，付款によって利益を受ける者が付款の合意について主張立証責任を負担し，付款たる条件成就や期限の到来については，その相手方が負担する（類型別7頁）。したがって，Yの抗弁の要件事実は上記のとおりとなる。

(ウ) Zの再反論——差押債権者による脱退手続きの可否
Zとしては，Xの履行期未到来の抗弁に対し，条件成就・履行期到来の再抗弁を提出したいと考えるだろう。

出資金返還請求権は，組合員の脱退を停止条件として発生する債権であるとすると，債務者が脱退手続きをとらないかぎり，条件は成就されないことになる。差押債権者は，これを取り立てることができないことになる。そこで，債務者が自ら脱退手続きをとらない場合に，脱退を擬制するか，あるいは差押債権者が債務者を代位して脱退手続きを取ることができるかが問題となる。

債務者が債務不履行のうえ確定判決を経て債権差押を受けているという状況下で，債務者が自ら脱退手続きを取らないかぎり債権者が差押債権の取立てができないとすると，債権者を不当に害することになる。他方，そのような状況の下では債務者の組合員たる権利ないし脱退の自由の保護の必要性は低い。したがって，出資金債権が差し押さえられた場合には，差押債権者が債務者を代位して脱退手続きを取ることができるものと解される。

また、このような場合には債務者は速やかに脱退手続きを取る義務があり、債務者が脱退手続きを取らない場合には、「故意に条件成就を妨げた」(民130条)ものとして脱退を擬制することも可能ではないかと解される。
　このような理解に立てば、Zは、取立訴訟の手続き中にYに代位して脱退手続き(脱退の意思表示で足りるというべきである)を行い、または、債務者が脱退手続きを取らないことをもって、条件成就・履行期到来の再抗弁を主張することができる。そうすると、Xによる履行期未到来の抗弁は、再抗弁によって容易に破られるので、あまり有効とはいえない。

5　債権法改正審議との関係

(1)　【問題(1)】について

　法制審議会民法(債権関係)部会が平成26年8月26日に決定した「民法(債権関係)の改正に関する要綱仮案」(以下「要綱仮案」という。)では、諾成的消費貸借契約の成立を認め、その要件を明文で定める提案がなされている(要綱仮案第32の1(1))。また、諾成的消費貸借契約の場合に目的物引渡し前の借主の解除権を認める規定を置き、解除した場合に貸主に損害が生じた場合の借主の損害賠償義務を定めるよう提案されている(要綱仮案第32の1(3))。

(2)　【問題(2)】について

　要綱仮案では、代物弁済は諾成契約であり、代物の給付によって債権が消滅することを条文上明らかにしている(要綱仮案第23の5)。これは、不動産が代物弁済に供されたときに、判例が、登記の移転や引渡しがなされる前に合意のみによって所有権が移転するとしていることと整合するように法律関係を明確化する趣旨であるとされている。

(3)　【問題(3)】について

　要綱仮案では、「差押えを受けた債権の第三債務者は、差押え後に取得した債権による相殺をもって差押債権者に対抗することはできないが、差押え前に取得した債権による相殺をもって対抗することができる。」との規律が示されている(要綱仮案第24の3(1))。前記昭和45年最判の判例法理(無制限説)を明文化するものである。そのうえで、差押え当時、債権を取得していていなくても、その原因が生じていれば相殺を可能とすることが提案されている(要綱仮案第24の3(2))。

【まとめ】
　各問題について、解答(要件事実等の結論部分)を整理すれば以下のとおりとなる。

なお，理由については省略する。

1 【問題(1)】について

(1) 訴訟物

> 民法136条2項の類推適用に基づく損害賠償請求権　1個

＊　諾成的消費貸借契約において借主に借りる債務を観念するならば，訴訟物を，借りる債務の不履行に基づく損害賠償請求権として理解する余地がある。ただし，借りる債務を認めることには，借主に不当，無用な義務を押し付けることになるとの批判がある。

(2) 請求の内容

請求の内容は，約定の利息額から他で運用することにより収得できた利益との差額分を損害として，その賠償を求めるものになると解される。

2 【問題(2)】について

(1) 訴訟物

> 消費貸借契約に基づく貸金返還請求権　1個

(2) 請求の趣旨

> 被告は，原告に対し，400万円を支払え。

(3) 請求原因とそれに対する被告の認否

請求原因	
1　原告は，被告に対し，平成23年3月15日，弁済期を平成24年3月15日と定めて400万円を貸し付けた。	○
2　平成24年3月15日は到来した。 　　よって，原告は，被告に対し，貸金返還請求権に基づき，400万円の支払いを求める。	争

(4) 抗弁事実とそれに対する原告の認否

この場合の要件事実は以下のとおりとなる。

抗弁（代物弁済） 　被告は，原告に対し，平成24年3月15日，請求原因1の貸金債務400万円の弁済に代えて甲土地を代物弁済することを申込み，原告はこれを承諾した。	申込みは○ 承諾は×

＊　諾成的消費貸借契約が締結された後は，債権者は本来の債務の履行を債務者に求めることはできないという立場からの抗弁である。

3　【問題(3)】について

(1)　抗弁事実とそれに対する原告の認否

抗弁Ⅰ（相殺） 1　被告は，訴外Yに対し，平成23年4月1日，弁済期を平成24年4月1日と定めて100万円を出資した。	△
2　被告と訴外Yは，平成18年4月1日，訴外Yの被告に対する前記1の出資金返還請求権（以下，単に「出資金返還請求権」という。）について差押命令が発せられたときに，訴外Yは，1項の債権の期限の利益を喪失し，被告は同出資金返還請求権の期限の利益を放棄して，当然に1項の債権を自働債権，出資金返還請求権を受働債権とする相殺の効力が生じることを合意した。	△
3　平成23年6月1日，出資金返還請求権について差押命令が発せられた。	○
抗弁Ⅱ（履行期未到来） 　被告と訴外Yは，平成18年4月1日，出資金返還請求権について，訴外Yが被告を脱退したことを停止条件とし，条件成就後初めて到来する11月1日を弁済期とすることを合意した。	△

（本間佳子）

第4問
代理（有権代理・表見代理）

次のような，X代表者及びYの言い分を読んで，後記問題に答えなさい。

《X代表者の言い分》

1 私は，X社の代表者であるAである。X社は，個人で機械工場を営むBに対して，平成19年9月13日，万能研削盤（以下「本件研削盤」という。）を売買代金200万円で販売する契約を締結し（以下「本件売買契約」という。），同年10月1日に，Bに引き渡した。売買代金の支払期限は，同年12月末日とした。

2 本件研削盤は，比較的大きな工作物から小物の研削までもこなすものであって，Bの営む小規模な機械工場に必要な業務の大半を行うことができる。小規模機械工場にとってはうってつけであるばかりか，他社製品と比べても比較的安価であるため人気のある商品であった。

3 AとBは，商工会議所の連絡会で以前から知り合いであったが，たまたま同席した会議で本件研削盤についてAがBに話したところ，Bが非常に関心を持ち，その後しばらくしてBが，直接X社の営業所を訪問し，本件売買契約を締結することになった。

4 本件売買契約の締結に際しては，BとX社との取引が初めてであったこともあり，AからBに対して，売買代金につき保証人をたててくれるよう要請したところ，BはAらの住む地域ではよく知られている資産家Yを保証人とすることを約束した。

5 後日，本件売買契約に先立って，Yの孫で工作機械の小売業を営んでいるWがX社の営業所を訪れて，W自身もX社の製品には関心を持っており，日頃Bにも世話になっているから，Yを説得して，今回の売買代金について保証人となることについて了解をとったと述べた。Aとしては，YもWも資産家であることをよく知っていたので，平成19年9月13日にBと売買契約書を交わすことになっているから，必要な書類をもって事務所に出向いてほしい旨申し向けると，Wは承諾した。

6 同年9月13日になって，BとWがAのもとを訪れ，売買契約書を作成すると同時に，Wは，Yの署名と実印が捺印されている委任状と，Yの印鑑証明書をAに示した。委任状は，平成19年9月1日付で作成されており，受任者欄にはWの記載があり，委任事項欄には，「万能掘削機売買代金にかかる保証契約締結に関する一切の件」との記載があった。

7 Aは，Wに対して，一応Y本人にも連絡を取って保証契約の締結について意思を

確認したいと要望したところ，Wは，Yは現在自宅で病気療養中であり，面会することは難しいが，電話になら出ることができると応じたので，その場でY宅に電話したところ，Yと連絡を取ることができた。

8　電話に出たYは，委任状を交付したことは認めたが，詳しいことについては息子のZに任せてあるから，Zに聞いてほしいとのことであった。そこで，Zにも確認をとりたいとAが申し向けたところ，Zは現在海外に出張中であり，すぐに連絡を取ることはできないとWが説明した。Aは，日頃からつきあいのあるBがその場にいることもあり，また資産家であるYとWが保証人となることを申し出ているのだから，これ以上確認を迫ることも気まずいと考えて，本件売買契約書並びに本件保証契約書に署名・押印し，さらにBおよびWもそれぞれ署名・捺印して契約を締結した。

9　ところが，その後，平成19年12月末日の期日になっても，Bから代金の弁済が行われないので，不審に思ったAは，明くる平成20年1月から毎月末ごとに，書面で代金全額について支払いを行うようBに督促したが，Bは取引先から代金の回収が遅れており，もう少し待ってほしいと繰り返すばかりで，支払はなかった。

10　不安になったAは，平成20年9月1日にBとWを，営業所に呼び出して，代金の支払いについては，もう少し待ってもよいが，本件売買契約の売買代金債務と本件保証契約の保証債務についてそれぞれ，債務承認書を差し出してほしいと述べた。BとWは，これに応じてその場で，それぞれ債務承認の書面に署名・押印して，Aに交付した。Wは，その際自身の名前を記入し，自らの実印を押捺した。

11　その後，平成20年暮れ頃から，Bと連絡が取れなくなり，本件万能研削盤の行方もわからなくなった。そこで，Wに連絡を取ったところ，本件代金についてはまずBに対して請求してほしいと述べて，言を左右にするので，こうなった以上Yから本件売買代金の支払いとできる限りの損害賠償について保証人としての責任をとってもらいたいと考えている（現在は平成20年12月末とする。）。

《Yの言い分》

　私は，Bの売買代金のことは何も知りませんし，まして200万円も保証したなどということは聞いたこともありません。確かにBさんとWは仲がよく，Bが商売を始める頃に，Wが一部出資するなど手助けをしたということはWから聞いて知っていますが，私とBとは面識もないのです。

　私は平成18年頃から，病気がちで，契約が締結されたという平成19年頃からは，自宅で療養しており，その頃，現在療養をしている老人ホームに入居するための資金とするために，不動産資産の一部を売却しました。そのときに2通ほど，白紙委

任状を作ったことがあります。いずれも不動産を売却するためのもので，息子のZが，私の代理人として，不動産を処分するために必要だというので作成しました。Zは，不動産取引に詳しく，頼りになりますので，私に代わって売却してくれるよう頼んだのです。実際に，そのときの不動産売買代金で現在の老人ホームに入居したのです。

　ですが，Wはまだ年も若いし，不動産取引などはしたことがないから，代理を頼んだことはありません。ただ，Zがしばらく海外に商談に行ったことがあり，そのときに同居していたWに白紙委任状を封筒に入れて手渡し，Zが帰ってきたら実印と一緒に，渡してほしいと頼んだことがあります。もう1通は，Zに直接渡しました。おそらく私の名をかたって，Wに手渡した白紙委任状と実印を使って保証の契約書を作ったのだと思いますが，ともかく私は保証なんかしたことは聞いていませんから，支払に応ずるつもりはありません。

【基本・発展問題】

(1) Xが，その言い分を前提にYを相手に民事訴訟を提起する場合の訴訟物を指摘しなさい。

(2) 前記(1)を前提に，請求原因として主張すべき要件事実を指摘し，その理由を説明せよ。

(3) Yの言い分から考えられる抗弁を指摘し，その要件事実とその事実が必要となる理由を説明せよ。

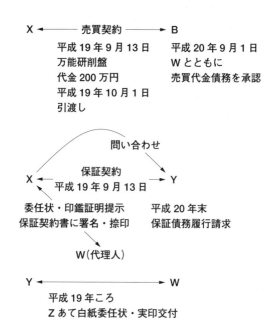

解説

1 問題の所在

本問におけるXのYに対する訴訟は保証債務履行請求訴訟であり，本件保証契約はWがYの名において締結したことから，その効果がYに帰属するか否かが争点となる。Xはまず有権代理構成（民99条1項）に基づいて主張を組み立てることになろうが，本問では，Yが本件保証契約締結のためのYへの代理権授与を否認し，同契約が無権代理行為（民113条1項）である旨を主張してXの履行請求を拒絶することが予想されるため，Xはさらに，表見代理の成立を理由として請求を立てるべきことになろう。本問においては，YがWに対して白紙委任状及び実印を預託した事実等をどのように評価し，表見代理制度（民109条・110条・112条）のうちいかなる法律構成が選択されるべきか，その要件事実はどうなっているか，とりわけ，Xの代表者AにおいてWに代理権ありと信じたことに関する過失の有無をめぐり，X・Yそれぞれがどのような事実を主張立証すべきか，が問われる。

2 【基本・発展問題(1)】保証債務履行請求訴訟の訴訟物

Xは、Bに対する本件売買代金債権及びその履行遅滞に基づく損害賠償債権（主たる債務）を回収するため、Yに対して、これらの債権の担保を目的とする本件保証債権の履行を求めることになる。保証債権は保証契約によって発生するため、保証債務履行請求訴訟の訴訟物は、「保証契約に基づく保証債務の履行請求権」となる。

なお、本問においては、主たる債務の個数は上記の通り2個であるから、保証債務の付従性からすれば、保証債務の個数もこれに準じるべきであるともいえる。しかしながら、保証債務の対象には、特約がない限り、主たる債務に関する利息や遅延損害金債務も包含されるから（民447条1項）、1個の保証契約に基づいて、主債務の元本・利息・遅延損害金の履行を担保するための保証債務の履行を請求する場合、これらはすべてかかる保証契約に基づく保証債務履行請求権に含まれるため、訴訟物は1個となる（30講290頁）。

3 【基本・発展問題(2)】保証債務履行請求訴訟の請求原因事実

(1) 請求の趣旨

本件保証債権は本件売買代金債権および損害賠償債権の担保を目的とする権利であるから、金銭債権である。したがって、請求の趣旨は以下のようになる。

> **請求の趣旨**
> 被告は、原告に対し、200万円及びこれに対する平成20年1月1日から支払済みまで年6分の割合による金員を支払え。

(2) 有権代理の主張

保証債務履行請求訴訟の請求原因事実の基本型は、(ⅰ)主たる債務の発生原因事実、(ⅱ)保証債務の発生原因事実、(ⅲ)期限の到来、である。ただし、本件保証契約はY自身ではなく、WがYの代理人として締結したものであるため、Xが主張すべき請求原因事実には、さらに民法99条1項に基づく代理の要件事実((ⅳ)顕名、(ⅴ)代理権の授与)が加わる（30講261頁）。また、保証契約は書面でしなければ効力が生じないこと（民446条2項）にも注意が必要である。

Xは年6分の割合による遅延損害金を請求しており、これは商事法定利率（商514条）に基づくものである。この割合で利息を請求するためには、商行為によって生じた債務であることが必要であり、これは債権者または債務者の一方のために商行為である必要がある（最判昭和30年9月8日民集9巻10号1222頁）。

したがって，債務者もしくは債権者のいずれかが商人であるか（商503条），債務の発生原因である行為が，絶対的商行為もしくは営業的商行為に該当する（商501条・502条）必要がある。

本問のBは，機械工場を営む商人であるからこれを示せば足りよう。

> **請求原因1　有権代理における請求原因事実**
> 1　原告は，訴外Bに対し，平成19年9月13日，本件研削盤を，代金200万円，代金支払期日を同年12月末日とする約定で，訴外Bに売った（以下「本件売買契約」という。）。
> 2　本件売買契約当時，訴外Bは機械工場を営んでいた。
> 3　訴外Wは，原告に対し，平成19年9月13日，本件売買契約に基づく訴外Bの本件売買代金債務につき，保証した（以下「本件保証契約」という。）。
> 4　本件保証契約は書面でなされた。
> 5　訴外Wは，本件保証契約の際に，被告のためにすることを示した（顕名）。
> 6　被告は，訴外Wに対し，本件保証契約の締結に先立って，本件保証契約の締結につき，代理権を授与した。
> 7　原告は，訴外Bに対し，平成19年10月1日，本件売買契約に基づき，本件研削盤を引き渡した。
> 8　平成19年12月末日は経過した。

なお，《X代表者の言い分》10記載の事実から，AがBに対して本件売買代金債務につき期限の猶予を行ったとみれば，事後，同債務は期限の定めのない債務となるため，Xが遅延損害金を含む本件保証債務の履行を請求するためには，さらに"催告および催告した日が経過したこと"（民412条3項）を示す必要がある。この催告は主たる債務者であるBに対して行うべきところ，XがYのみを被告として本件保証債務の履行を求めた場合，訴状の送達をもってYに対する催告とみなすことができるが，Bに対しては当然にその効力が及ばないようにもみえる。しかしながら，"主たる債務者Yが商人であること"あるいは"本件売買契約が商行為であること"が示されれば，かかる主債務のための保証は連帯保証となり（商511条2項），連帯保証人に対する請求は主債務者に対しても効力が生じるため（民458条→434条），Yに対する催告をもってBに対する催告と認めうる。

もっとも，《X代表者の言い分》10記載の事実は，約定期日の到来前または到来に際して生じたものではなく，その到来後にXが督促を繰り返してもBが弁済しないまま8か月が経過したことをうけていることに照らせば，Xとしては，当初の履行

期限を延期してＢの遅滞責任を免除する趣旨ではなく，すでに弁済期が到来していることを前提として，訴求・執行等の権利行使を猶予しつつ，債務承認による時効中断措置を講じたと解するのが，実態に適しているようにも思われる。そうであるとすれば，期限の猶予にはあたらないことになろう。

(3) 表見代理の主張

本問においては，本件保証契約締結のためのＷに対する代理権の授与（上記の請求原因事実6）につき，Ｙがこれを否認して争っているため，Ｘとしては，Ｗの代理権を証明することができなかった場合であっても，表見代理の成立を根拠とする履行請求をすることが考えられる。

なお，Ｘとしては，本件保証契約につきＹの追認を得るべく，民法114条に基づく催告を行うこともできるが，（Ｙの言い分）によれば追認拒絶が明白であるため，追認が得られないことを前提として主張を組み立てるべきこととなろう。

(ｱ) 民法110条の表見代理

本問では，ＹがＷに対して白紙委任状と実印を預託した事実に着目して，権限外の行為の表見代理（民110条）を主張することが考えられる。

権限外の行為の表見代理に関する民法上の要件は，(ⅰ)基本代理権の存在，(ⅱ)代理人が(ⅰ)の代理権の範囲を超える事項について法律行為を行ったこと，(ⅲ) (ⅱ)につき顕名がされたこと，(ⅳ)相手方が，代理人に(ⅱ)に関する代理権があると信じたこと，(ⅴ)相手方が，(ⅳ)のとおり信じたことにつき，「正当な理由」があること，である（30講279頁）。

まず，「基本代理権」の存在につき判例は，法律行為に関する代理権の授与を要する，との立場に立つ（最判昭和35年2月19日民集14巻2号250頁）。そうすると，（Ｙの言い分）によれば，ＹはＷに対して事実行為の委託を行ったにすぎないため，要件を充足しないようにもみえる。しかしながら，学説上は，本人の帰責性を認めるに足りる実質的態様の有無という観点から，対外的に重要な意味を有する事実行為の委託もこれに含まれる，と解するものが多数説である（いわゆる基本権限説，幾代通『民法総則（第2版）』〔青林書院・1984〕381頁，四宮＝能見335頁，安永正昭『民法の争点』〔有斐閣・2007〕76頁，内田Ⅰ190頁，近江幸治『民法講義Ⅰ（第6版補訂）』〔成文堂・2012〕296頁，河上正二『民法総則講義』〔有斐閣・2007〕482頁など）。

この基本権限説に従えば，白紙委任状と実印を他人に預託することは，それ自体は事実行為であっても，その濫用が重要な財産処分に結びつくおそれのある行為として評価しうるため，Ｘとしてはこのような見解に沿って主張すべきであろう。

次に，「正当な理由」の存在であるが，上述したように，一般的には代理権があるものと信じた相手方の側にその主張立証責任があるとされているものの，このよう

な抽象度の高い要件については，これを基礎づける事実の存否をめぐり，本人・相手方ともに自己に有利な要件事実を主張立証し合い，裁判官がこれらについて総合的に判断する，という審理過程の実態にかんがみて，まずは相手方の側から代理権の外観の存在を証明し，これに対して本人の側が相手方の悪意有過失を基礎づける事実について主張して争う，というのが合理的な立証責任の分配である，との分析が行われている（内田Ⅰ 196頁）。

そこで，「Wに代理権ありと信じるにつき正当な理由があること」を基礎づける評価根拠事実につき，まずXにおいては，「Wの代理権を表象する事実」すなわち，「代理権の存在を推認させる事情」を摘示することが求められる。本問における具体的事実としては，次のようなものが挙げられよう。

第1に，WはYの委任状，実印および印鑑証明書を所持・呈示した。これらは，保証契約の締結における本人の意思確認の手段として重要な機能を果たすものである。

第2に，WはYの孫であり，Y・Wともにその地域で知られた資産家である。このような両者の関係および社会的地位に照らせば，AがWの代理権の有無につき疑念を抱くべき余地はない。

第3に，第1・第2にもかかわらず，Aは，さらにYへの意思確認に努め，Wの代理権に関する調査確認につき万全を尽くした。

以上によると，本問における請求原因事実は以下のようになる。

> **請求原因2　表見代理（民110条）における請求原因事実**
> 上記の有権代理の請求原因事実1〜8（6を除く）は共通する。
> 9　被告は訴外Wに対して，本件保証契約の締結に先立って，白紙委任状と実印を預託してその保管および訴外Zへの引渡しを委ねた（基本権限の存在）。
> 10　原告代表者Aは，本件保証契約の締結につき，訴外Wに代理権があると信じた。
> 11　原告代表者Aが10のように信じたことについては，正当な理由がある。

上記の請求原因事実のうち，9は，基本権限説に立つ場合，何が本人の帰責性を基礎づける事実となり得るかあらかじめ確定していないから規範的要件と解される，また11も一般的に規範的要件と解されているため，これらについては評価根拠事実が主要事実となり，表見代理の効果を主張する相手方の側に主張立証責任がある（「正当な理由」の主張立証責任につき，30講279頁，四宮＝能見335頁，佐久間毅『民法の基礎1（第2版）』〔有斐閣・2005〕261頁）。

(イ) **民法 109 条の表見代理**　ところで，本問においては，YがWに白紙委任状を預託した事実に着目して，Xが代理権授与の表示による表見代理（民109条）を主張することも考えられる。代理権授与の表示による表見代理に関する民法上の要件は，(i)本人が相手方に対して他人に代理権を与えた旨の表示をしたこと，(ii)その他人が(i)の代理権の範囲内において法律行為を行ったこと，(iii)(ii)につき顕名がされたこと，(iv)その他人が代理権を与えられていなかったことにつき，相手方が悪意有過失でないこと，である。

なお，(iv)については，本人の授権表示があれば相手方は代理権ありと信じるのが通常であることから，表見代理の効果を主張する相手方ではなく，その成立を争う本人の側に相手方の悪意有過失に関する主張立証責任があると解されている（最判昭和41年4月22日民集20巻4号752頁，四宮＝能見332頁，内田Ⅰ185頁，佐久間前掲254頁）。民法典の現代語化にともなう法改正（平成16年）により，民法109条ただし書が設けられ，相手方の主観的要件が明文化されるに至ったが，その悪意有過失を消極要件として位置づける条文構造も，このような理解を反映している。

そうすると，本問における請求原因事実は以下のようになる。

> **請求原因3　表見代理（民109条）における請求原因事実**
> 上記の有権代理の請求原因事実1〜8（6を除く）は共通する。
> 9　被告は，本件保証契約の締結に先立って，訴外Wに対して白紙委任状を交付し，訴外Wがこれを原告に提示したことにより，本件保証契約締結のための代理権を授与する旨を原告に表示した。

民法109条における「代理権授与の表示」につき，判例には，本人が他人に白紙委任状を交付したところ，その他人によって白地部分が濫用補充され，本人の予定外の利用がされた場合において，同条の適用を認めたものがある（最判昭和42年11月10日民集21巻9号2417頁，最判昭和45年7月28日民集24巻7号1203頁）。したがって，Xはかかる判例法理を根拠として，請求原因事実9を主張することが考えられる。

4 【基本・発展問題(3)】 Yがなすべき反論
(1)　請求原因1（有権代理）について―否認

Yとしてはまず，有権代理の主張に対して，請求原因事実6（Wに対する本件保証契約締結のための代理権の授与）を否認し，WがYの名においてXとの間で締結した本件保証契約は無権代理行為（民113条1項）であると主張することにより，Xの請求を拒絶することが考えられる。

(2) 請求原因2（民110条の表見代理）について—抗弁

請求原因事実11（正当理由の存在）に対して，Yの側としては，Wに代理権ありと信じたことにつきAに過失があった旨を主張することが予想される。具体的には，「正当な理由」要件に関する評価障害事実として，「Wの代理権の推認をくつがえす『特段の事情』」すなわち，「代理権の存在につき疑念を抱いて然るべき事情」を摘示してこれを争うことが考えられる（最判昭和51年6月25日民集30巻6号665頁）。その認定に際しては，(i)代理行為の性質・内容，(ii)本人と代理人の関係，(iii)相手方の地位，(iv)過去における取引関係の有無，などが考慮される。本問では以下のような事情を挙げることができよう。

第1に，本件保証契約は，もっぱらYの不利益となる債務負担を目的とするものであり，このような行為が代理人によってなされる場合は，本人の意思に反して行われる可能性が高い。

第2に，YとBは面識がなく，両者の間にはYがBの債務のために担保提供すべき関係がない。

第3に，YとWは同居の親族関係にあり，重要書類等に関する冒用・濫用が容易に行われる危険性が高い。

第4に，上記第1～第3にかんがみれば，本件保証契約が無権代理行為であるおそれが十分に認められ，X（A）は事業者であり，BおよびWと取引するのが初めてであった点に徴せば，Wの代理権につき疑念を抱くべき特段の事情ありというべきであって，Aとしては，Yの保証意思を確認するなど，Wの代理権の存否につき，さらに調査確認すべき義務があった。

第5に，上記第4にもかかわらず，Aは，Yの保証意思を十分に確かめないままに本件保証契約締結に及んでおり，調査確認を尽くしたとはいえない。

(3) 請求原因3（民109条の表見代理）について—抗弁

Yは，Xの請求原因3（民109条）における請求原因事実9（代理権授与の表示）に対し，その存否を争うことが考えられる。確かに，Xの主張において示されているように，白紙委任状の交付をもって授権表示を認める旨の判例法理が確立しているものの，他方において判例は，本人が予定していない他人（被交付者からの転得者）によって白紙委任状が濫用された場合につき，同条の「授権表示」を否定している（最判昭和39年5月23日民集18巻4号621頁）。

そこで，Yの立場としては，確かにWに白紙委任状を手渡したという事実はあるものの，それはもっぱらZに交付するための「使者」として一時的に預託したにすぎず，Wへの交付ひいてはW自身がこれを利用することを全く予定していなかった旨を主張して，授権表示と評価しうる「白紙委任状の交付」を争うことが考えられ

る。このようなYの反論は、白紙委任状の交付による授権表示の有無に関する判例法理の解釈を上記のように行う立場に基づいて，これを規範的要件としてとらえる理解を前提としている。そうすると、Yの反論は、上のような事情を評価根拠事実とする抗弁として構成されよう。

なお、前記の通り、相手方の悪意有過失については本人の側に主張立証責任があるため、本問においては、Yが、「Aにおいて、本件保証契約締結につき、Wに代理権を授与されていないことを知っていたかまたは、これを知らなかったことにつき過失があったこと」を主張して争うべきことになる。もっとも、過失の有無に関する事実評価は、民法110条における「正当な理由」の有無と共通するものと解される。したがって、Aの悪意有過失を基礎づける具体的な評価根拠事実としてYが主張すべき事実は、民法110条に基づくXの主張における請求原因事実10に対するYの反論（上記4(2)参照）と同様となろう。

【解答例】

1　訴訟物

> 保証契約に基づく保証債務の履行請求権　1個

2　請求の趣旨

> 被告は、原告に対し、200万円及びこれに対する平成20年1月1日から支払済みまで年6分の割合による金員を支払え。

3　請求原因事実とそれに対する被告の認否

請求原因1（有権代理）

1　原告は、訴外Bに対し、平成19年9月13日、本件研削盤を、代金200万円、代金支払期日を同年12月末日とする約定で、Bに売った（以下「本件売買契約」という。）。	不知
2　本件売買契約当時、訴外Bは機械工場を営んでいた。	不知
3　訴外Wは、原告に対し、平成19年9月13日、本件売買契約に基づく訴外Bの本件売買代金債務を保証した（以下「本件保証契約」という。）。	不知
4　本件保証契約は書面でなされた。	不知

5　訴外Wは，本件保証契約の際に，被告のためにすることを示した（顕名）。	不知
6　被告は，訴外Wに対し，本件保証契約の締結に先立って，本件保証契約の締結につき，代理権を授与した。	否認
7　原告は，訴外Bに対し，平成19年10月1日，本件売買契約に基づき，本件研削盤を引き渡した。	不知
8　平成19年12月末日は経過した。	認

請求原因2（民110条）

請求原因1における請求原因事実1〜8（6を除く）は共通する。	
9　被告は訴外Wに対して，本件保証契約の締結に先立って，白紙委任状と実印を預託してその保管および訴外Zへの引渡しを委ねた（基本権限の存在）。	争
10　原告代表者Aは，本件保証契約の締結につき，訴外Wに代理権があると信じた。	不知
11　原告代表者Aが10のように信じたことについては，正当な理由がある。	争

※　11を基礎づける評価根拠事実

> 1　訴外Wは被告の委任状，実印および印鑑証明書を所持・呈示した。
> 2　訴外Wは被告の孫であり，被告・訴外Wともにその地域で知られた資産家である。両者の関係および社会的地位に照らし，原告代表者Aが訴外Wの代理権の存在につき疑念を抱くことはなかった。
> 3　原告代表者Aは，1・2にもかかわらず，さらに被告への意思確認に努め，訴外Wの代理権に関する調査確認につき万全を尽くした。

請求原因3（民109条）

請求原因1における請求原因事実1〜8（6を除く）は共通する。	

9　被告は，本件保証契約の締結に先立って，訴外Wに対して白紙委任状を交付し，訴外Wがこれを原告に提示したことにより，本件保証契約締結のための代理権を授与する旨を原告に表示した。	争

4　被告の抗弁
　(1)　正当の理由の評価障害事実（請求原因2及び3に対し）

原告代表者Aには，訴外Wに本件保証契約締結のための代理権ありと信じるにつき「正当な理由」がない。 1　本件保証契約は，もっぱら被告の不利益となる債務負担を目的とするものであること。 2　被告と訴外Bは面識がないこと。 3　被告と訴外Wは同居の親族関係にあること。 4　原告は事業者であること。 5　原告は，被告の保証する意思の有無を十分に確かめなかった。	争

　(2)　請求原因2に対する抗弁事実

1　被告は，訴外Zに白紙委任状を交付するために，訴外Wを「使者」として一時的にこれを預託したにすぎず，訴外Wへの交付ひいては訴外W自身がこれを利用することを全く予定していなかった。	争

（武川幸嗣）

第5問
賃料請求

次のようなX社代表者，Y及びZ社の言い分を読んで，後記問題に答えなさい。

《X社代表の言い分》

　X社は，S社から平成21年11月1日，S社の所有するビル（以下「本件ビル」という。）を購入しました。本件ビルの1階部分102号室（180m²あまり）では，Yが居酒屋を営んでいました。これ以前からYは，個人で飲食業を営んでいたのですが，比較的好調に業績が伸びるなか，それまで営業してきた店舗では手狭になってきたうえ，店の内装，設備等も古くなってきたことから，現在の店舗である本件ビルの102号室に，店を移転して開業するために借り受けることにしたようです。

　本件ビルは，地下1階，地上5階の店舗・事務所用ビルで，地下1階部分は，駐車場として使用されているほか，1階部分にはYの他に，飲食店が入居しており，2階以上の各フロアは会社の支店等，事務所として使用されていました。Yは，S社の代表取締役Aと交渉した結果，平成20年2月14日にS社との間で，本件ビルの102号室について賃貸借契約を締結しました。その内容は次の通りです。

　契約期間：平成20年3月1日から平成25年2月28日までとする。
　賃　料　：1か月100万円　毎月末までに翌月分をS社の口座に送金する。
　敷　金　：300万円
　礼　金　：100万円
　使用目的：店舗

　なお，賃貸借契約書には借主が賃料を1回でも遅滞したときは，貸主は催告なしにただちに本契約を解除することができるとの条項が付されていました。
　S社はYに対して，平成20年3月1日に，本件ビル102号室を引渡し，Yは，同年3月10日ころから営業を開始しました。
　しかし，その後，折からの不況の影響で，S社の業績は低落し，資金繰りに窮するようになったようで，本件ビルに抵当権を設定して融資を受けていたD銀行からも返済を迫られていたようです。平成21年8月ころ，本件ビルを売却して，当面の資金繰りにあてる方針を決定したとの話で，Aが本件ビルの購入につき興味がないかどうか，当社の不動産営業本部に打診に訪れました。当社としては，本件ビルの

近辺で，貸しビルとして適当な物件を探していたところであり，前向きに検討しました。

当社とS社は，平成21年10月20日に本件ビルにつき売買契約を締結する方向で話しあいを行い，代金額1億2,000万円とし，現在入居中のテナントさんも，そのまま引き継ぐことで交渉がまとまりました。同年11月1日，売買契約書を作成して，同日，当社は，売買代金全額を支払うとともに，同日付で本件ビルの売買を原因とする所有権移転登記を経由した（以下「本件売買契約」という。）。他方，S社は，本件ビルを建設するに際して，ビルの建設費用の融資を受けていたD銀行に残債務を弁済して，本件ビルに設定されていたD銀行の抵当権設定登記を抹消しました。

上記の本件売買契約を締結するにあたって，Aは，他の賃借人の状況とともに，本件ビルのテナントとしてYが入居していることを，本社の担当部長であるBに説明していたほか，Yの経営ならびに賃料の支払状況等についても説明していました。しかし，AはYに対しては，当社と買収について交渉していることについては，契約締結に向けて交渉中であることもあり，特に説明をしていませんでした。ところが，外部からこの情報を聞きつけたYが，平成21年10月ころ，Aに面会を申込み，Yの居酒屋は経営が順調であるから，できればこのまま本件ビルで営業を続けたいが，X社は強引な経営方針で知られており，その点で不安があるので，交渉はやめて欲しいと申し向けたようであり，これに対して，Aは，Yのために交渉を打ち切ることはできないし，X社は大手不動産会社だから，Yにとっても何かと都合がよいのではないかと述べた，と聞いています。Aに売却をやめる気持ちがないことがわかったYは，ビルを出ることを検討して，同年10月末までに同年11月分の賃料を支払っていません。

同年11月20日付け書面で，当社は新たに当社が賃貸人となったことをYに通知して，11月末に支払われることになっている12月分以降の賃料100万円の支払については，当社の銀行口座に振り込むよう，Yに対して通知を行いました。Yは，これに対してただちに，YとしてはX社を賃貸人と認めるつもりはないこと，それについてはS社の代表者Aに対しても，既に話をしていること，またS社から賃料債権について譲渡を受けたと言っているZ社からも債権譲渡通知が来ていること，Yとしては，あくまでもS社が賃貸人だと考えており，S社が賃料の受領を拒絶しているから12月分以降の102号室の賃料については，供託したいと考えているとの返事をし，毎月末ごとに賃料を供託しています（平成22年6月現在）。

当社としては，契約が成立した平成21年11月以降の102号室の賃料については，当社に帰属するものと考えており，平成21年11月分の賃料については，現在のところ未払いのままである以上支払ってもらいたいと考えています。また，賃料につ

いてS社からZ社に対して譲渡があったことは，本件売買契約の契約交渉時にS社から説明がなく，事情がよくわかりませんが，S社が本件ビルを所有していた時点で将来の賃料債権を譲渡したとしても，現在は当社が所有者である以上，供託金の還付を受ける権利を有するのは，当社であると考えています。

《Yの言い分》

　私は，S社から本件ビルの102号室を借りており，契約の内容もAの言い分のとおりで間違いありません。うちは，これまでずっと期日に遅れることなく賃料を支払ってきました。しかし，新たにビルのオーナーとなったX社については，ビルの管理がずさんであるとか，賃料の取り立ても厳しく，共用部分のメンテナンスにも熱心でないなど，あまり良い噂を聞きません。それにひきかえ，S社さんは本件ビルに不動産管理部門があって，対応も非常に良かった。それで，私としてはX社を賃貸人として認めることはできないと考えて，そのことはS社さんにも，X社さんにもはっきり言ってきました。平成21年11月分の賃料については，S社さんの方に支払うつもりだったのだが，S社さんに，受け取ってもらえないので，まだ支払っていません。

　それ以降の賃料については，S社さんが受け取ってくれないので，供託することにしました。賃料をあまり滞納すると，退去しなければならなくなりますからね。現在のところ，居酒屋の経営はうまくいっているので，本件ビルを退去することになるのは，絶対に避けたいと考えていますから，このように対応することにしました。

《Z社の言い分》

　S社は，平成20年11月ころから，折からの不況のため，しばしば資金繰りに窮するようになっていたようです。AはS社代表として平成20年12月1日，金融業を営む当社に1,000万円あまりの融資を申し込み，当社はこの申込みに応ずることにしました (以下「本件貸金債権」という)。本件金銭消費貸借では，S社は，返済期限は2年間，年利12%（遅延損害金については，年利16%）の約定で，毎月末に50万円あまりを返済することにして，ただし，一度でも返済が滞った場合には，S社は期限の利益を喪失する旨約定しました。

　上記の金銭消費貸借契約の締結にあたっては，他にめぼしい財産がなかったので，なにか担保を提供して欲しいと言ったところ，Aは，S社が本件ビルの102号室の入居者に対して有する将来発生する債権のうち，平成21年1月分から平成26年12月分までの5年間分を，我が社に対して本件貸金債権の担保のために一括して譲渡したいといってきたので，それで手を打つことにしました。そこで，平成20年12

月10日付けで，動産・債権譲渡特例法により債権譲渡登記を経由しました（以下「本件債権譲渡」という）。本件債権譲渡の際，当社がS社に対して譲渡担保を実行する旨の通知をするまで，S社には賃料の受領権がある旨をも合意しました。そして同日，Aに，1,000万円あまりをAの銀行口座に振り込んで，S社は平成21年1月末日から返済を開始したのです。

その後，S社は平成21年11月にX社から売買代金を取得したものの，それはそのままD銀行に対する残債務の支払いに充てられたため，経営状況は相変わらず苦しいままであったように聞いています。そのため平成21年9月末に続いて10月末にも当座の資金繰りに窮して，期日までに当社に対する弁済金を支払うことができませんでした。当社としては，9月末分については，支払いを10月末まで猶予する旨を申し出ていたのですが，2か月連続で支払いがないうえ，本件ビルも手放したことを聞き及んで，本件債権譲渡による譲渡担保権を実行することを決定しました。同年11月15日に，当社は，本件債権譲渡につき登記事項証明書を添付したうえで，同年10月末までのS社の残債務である600万円あまりの支払いに充てるために，同年12月分の賃料から平成22年5月分までの102号室の賃料については，Z社に支払うよう，内容証明郵便でYに通知し，この通知は，同年11月17日にYのもとに到達しました。

当社としては，平成20年12月中に，本件債権譲渡につき対抗要件を具備している以上，その後にX社が本件ビルの所有権を取得したとしても，譲渡を受けた債権は当社に帰属するものと考えています。

【設問基本・発展問題】

(1) X社が，その言い分を前提にYを相手に平成21年11月分の賃料の支払を請求する民事訴訟を提起する場合，請求原因として主張すべき要件事実を指摘し，その理由を説明しなさい。

(2) Yの言い分から考えられる抗弁を検討し，抗弁として構成できるかについて説明しなさい。

(3) X社が，平成21年12月分から平成22年5月分までの間における本件ビル（102号室）の賃料に関する供託金の還付につき，Z社を相手に民事訴訟を提起する場合，その訴訟形態及び訴訟物はどのようなものとなるか指摘しなさい。

(4) X社が上記(3)の訴訟において，請求原因として主張すべき要件事実を指摘し，その理由を説明しなさい。

(5) Z社の言い分から反論が可能かどうかを検討し，説明しなさい。

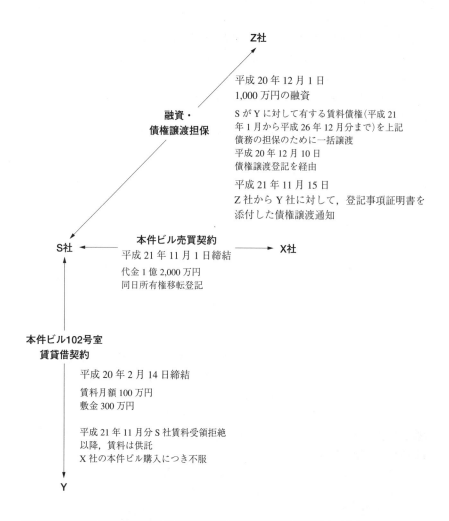

解説

1 問題の所在

　Yは，S社の所有するビルの102号室について，S社との間で賃貸借契約を締結していたが，この賃貸借契約継続中に，ビルの所有者がS社からX社に交代し，それにともなって賃貸人の交代が生じたと思われる事案である。契約上の地位の譲渡法理に基づいて賃貸人たる地位の譲渡がおこなわれる場合，あるいは対抗力ある賃

借権について賃借目的物の所有権譲渡がなされた場合，どのような要件が充たされれば賃料を請求できるだろうか。また本問においては，賃貸目的物の所有者が交代する際，賃貸人の交代につき賃借人から事前に異議が出されており，この異議が賃貸人の交代，特に賃貸人たる地位の承継との関係でどのような意味を持つかも問題となる。

　賃貸人の交代にともなって，特段の事情がない限り賃借人の承諾は不要であると解するのが，判例・通説の立場である。従来通説は特段の事情の内容として，賃借人の異議等がそれに該当すると解してきた。しかし，近時は下級審判決を中心として，単に主観的異議のみでは特段の事情とするに足らないとする方向もみられる。学説上もあまり議論が見られない問題であるが，以上のような議論を背景に，具体的事例との関係で適切にルールを適用する必要があろう。

　さらに本問においては，従前の賃貸人Ｓ社が102号室から生ずる賃料を，債権者であるＺ社に対して将来にわたって集合債権譲渡担保に供しており，動産・債権譲渡特例法上の登記を経由していたという事情があった。そしてＳ社の債務不履行が生じたため，集合債権譲渡担保権が実行された。ところが，譲渡担保権の設定から実行までの間に，賃貸人の交代により当該譲渡担保に供された賃料債権は，従前の賃貸人のもとでは発生しないで新たな賃貸人であるＸ社のもとで発生するに至っている。このとき，既になされた将来債権譲渡担保の効力は新たな賃貸人との関係でどうなるか。これも判例・学説ともに従来から明確には論じてこられなかった問題であり，既存の知識を使って，どのように整理をするかが問われることになるだろう。

2 【問題(1)】ＸのＹに対する賃料請求

(1) 前提となる法律関係

　Ｙは，平成20年2月14日付けで，本件ビル102号室を飲食店経営目的でＳ社から賃貸借した。その後，本件賃貸借契約継続中の平成21年11月1日に，本件ビルはＳ社からＸ社に売却された。Ｓ社は本件ビルの売却にあたって，Ｘ社に対して，本件ビルの賃借人であるＹの存在と，賃料の支払状況等について説明をおこなっており，本件ビルの売買契約にあたって，Ｓ社の賃貸人たる地位の譲渡もあわせておこなわれていると考えられる。そして，Ｘ社は，自らが賃貸人となったことを主張して賃料を請求している。Ｘ社には，契約上の地位の移転に基づいて賃貸人たる地位の移転があったことを根拠として賃料を請求することを考えることができる。

　また，Ｙは本件ビル102号室の引渡しを受けて，使用を開始しているから，Ｙの借家権は借地借家法上の対抗力を備えている（借地借家31条1項）。この場合，Ｓ社からＸ社に賃貸人たる地位の法定承継が生ずるものと解されているから，これを根拠

として賃料を請求することもできよう。

(2) 合意による賃貸人たる地位の移転に基づく請求と賃借人の承諾

契約上の地位の移転とは，契約から生ずる個々の債権債務関係だけではなく，解除権や取消権を含む契約上の地位そのものが譲渡人から譲受人に移転することである。したがって，契約上の地位の譲渡がおこなわれると，それには債権譲渡と債務引受が包含されることになるから，譲渡人から譲受人に譲渡された契約から発生する債務が移転し，譲渡人は債務を免れることになる。つまり，新たに譲受人が負う債務については免責的債務引受の方法で移転されると理解されている。

ところで，免責的債務引受については，債務者と引受人との合意によってこれがおこなわれる場合，原則として債権者の承諾が必要であるとされる。免責的債務引受においては，契約によって債務が債務者から引受人に移転し，債務者は債務を免れることになる。これが債権者も参加する三面契約でおこなわれたのであれば問題ないが，債務引受が債務者と引受人との合意によっておこなわれる場合，債権者にとっては，債務者が交代することによって，自己の予期しない不利益を被るおそれがありうることになるからである。典型的には，債務者が交代することによって債務の引当になる一般財産に変化が生ずることなどが考えられるだろう。

したがって，契約上の地位の移転一般についても，譲渡人と譲受人の合意のみによって移転がおこなわれる場合，この当事者間の移転の合意に加えて，免責的債務引受の場合と同様に契約の相手方（すなわち債権者）の承諾が必要であると解されている[*1]。もっとも，債権者の承諾が得られない場合，併存的債務引受がなされたときと同様に考えて，通説は旧債務者が契約関係に留まると構成する[*2]。

* 1　売買契約上の地位の移転について，最判昭和30年9月20日民集9巻10号1472頁，我妻Ⅳ580頁以下。
* 2　林（安永補訂）・石田・髙木『債権総論（第3版）』〔青林書院・1996〕550頁，前田達明『口述債権総論（第3版）』〔成文堂・1993〕431頁。以上のように通説は，承諾が得られない場合に例外的に譲受人の免責を否定するが，契約上の地位の移転を促進し，その流動性を高めるべきだとする立場からは，地位の移転の要件として原則的として相手方の承諾ないし同意を要求しないで，譲渡人が契約に留まって併存的債務引受がなされた同じ状態となると解する（「契約加入」と呼ぶ）べきだとする解釈が主張されている（椿寿夫「債権譲渡・債務引受と契約上の地位の移転はどのように異なるか」奥田他編『民法学4』〔有斐閣・1976〕298頁，四宮和夫『債務の引受』総合判例研究叢書民法（14）〔有斐閣・1960〕27頁以下）。

賃貸借契約上の地位の譲渡も，譲渡人は賃貸借契約上の債務を免れ，譲受人が新たにこの義務を負担することになるから，免責的債務引受と同様に，賃貸目的物を使用収益させる義務の債権者である賃借人の承諾が必要であろうか。

判例・通説は，賃貸人たる地位の移転について，一般の契約上の地位の移転の例

外として，特段の事情のない限り賃借人の承諾を必要としないものと解している。対抗力のない賃借権について賃貸人たる地位の合意による承継が問題となった事例で，最高裁は「土地の賃貸借契約における賃貸人の地位の譲渡は，賃貸人の義務の移転を伴なうものではあるけれども，賃貸人の義務は賃貸人が何ぴとであるかによって履行方法が特に異なるわけのものではなく，また，土地所有権の移転があったときに新所有者にその義務の承継を認めることがむしろ賃借人にとつて有利であるというのを妨げないから，一般の債務の引受の場合と異なり，特段の事情のある場合を除き，新所有者が旧所有者の賃貸人としての権利義務を承継するには，賃借人の承諾を必要とせず，旧所有者と新所有者間の契約をもってこれをなすことができると解するのが相当である。」(最判昭和 46 年 4 月 23 日民集 25 巻 3 号 388 頁) と述べて，原則として賃借人の承諾を不要であるとした。

(3) 請求原因事実の整理

以上を前提とすると，契約上の地位の移転合意に基づいて賃料を請求していく場合の請求原因事実は次のようになる。

① 原賃貸借契約の成立（ＳＹ間の賃貸借）
② 賃貸目的物に関する所有権の譲渡
③ 賃貸人たる地位の承継の合意
④ 賃料の発生

まず，原賃貸人と賃借人の間で賃貸借契約が成立していたことと使用収益が開始されたことが必要となる。新賃貸人との関係でも賃借人の使用収益がなされていることが賃料請求の基礎となるからである。

次に，賃貸目的物に関する所有権の譲渡があったこと，合意によって賃貸人たる地位を承継したことが示されなければならない。しかし，先に述べたように賃借人の承諾があったことは，原則として主張する必要はない。争いがあるのは，②とともに③も主張しなければならないかである。

伝統的な通説は，目的物の譲渡・賃借人の存在を知っているという事実のみでは，賃貸人たる地位の譲渡合意があったことを推定することはできないという。これに対して，賃借物の譲渡から，譲渡合意を推定できるとする見解も有力である。後者によれば，②から③は推定されるから，③を主張する必要はない。

なお，判例によれば，不動産の新賃貸人が，賃借人に対して賃料を請求する場合，賃貸目的物の所有権登記は対抗要件であるとされ，賃借人は民法 177 条における第三者にあたる (最判昭和 49 年 3 月 19 日民集 28 巻 2 号 325 頁)。既に X 社は，対抗要件を備えているから，本問の場合，この点が問題となることは考えにくいが，Y が仮に対抗要件の権利主張した場合には，再抗弁として，X 社が対抗要件を具備したことを

主張することになる（司法研修所編『民事訴訟における要件事実（増補版）第2巻』〔法曹会・1992〕46頁参照）。

本問に即して，具体的な請求原因事実を整理すれば以下の通りである。

> **請求原因**
> 1(1) 被告は，訴外S社から，平成20年2月14日，本件ビルの102号室を，賃貸期間を平成20年3月1日から平成25年2月28日まで，賃料を月額100万円として賃借した。
> (2) 訴外S社は，被告に対し，平成20年3月1日，上記(1)に基づき，本件ビルの102号室を引き渡した。
> 2(1) 訴外S社は，本件ビルを所有していた。
> (2) 原告は，訴外S社から，平成21年11月1日，本件ビルを，代金1億2,000万円で買った。
> 3 原告は，訴外S社との間で，2(2)に際して，訴外S社から，2(1)の賃貸借契約における賃貸人たる地位の譲渡を受うける旨の合意をした。
> 4 平成21年11月末日の経過

* 上記は，通説の立場に立って，すなわち③から④を推定するとは考えない立場に立って請求原因を整理した場合である。賃貸目的物の所有権譲渡から，賃貸人の地位の譲渡が推定されると考えるなら，上記，3の主張は不要となる。推定をくつがえす事実は，「新所有者が賃借人の存在を知らなかったこと」がこれにあたるが，本問の場合，YはX社の登場に対して，事前に異議を唱えているから，このような主張はおこなわれていない。

(4) 対抗力ある賃借権の賃貸人たる地位の法定承継

賃借人が対抗力のある賃借権を有している場合には，賃貸目的物が譲渡されて新所有者が現れた場合も，賃借人は自己の賃借権を賃貸目的物の譲受人に対抗できる。判例はこれを賃貸人たる地位が法律によって当然に移転したものとみている（最判昭和39年8月28日民集18巻7号1354頁等）。

通説はこの現象を，賃貸借において賃貸人の負う義務は，賃貸借目的物の所有権と結合した状態にあり，そのため目的物所有権を取得した者は，当然にこの債務を引き受けることになる，と説明する。対抗力を備えた賃借権は，不動産の所有権にあたかも物的な負担として付着しているとみることができるからであり，しかも当該不動産の所有者にしか賃貸人としての義務を履行することができないからである（いわゆる状態債務論）。

そして，判例は，対抗力ある賃借権の付着した所有権が譲渡された場合も，対抗力のない賃借権の場合と同様，特段の事情のない限り賃借人の承諾を必要としない

ものと解している。したがって，Yがおこなった異議が，特段の事情に該当するか否かについては，合意による賃貸借契約上の地位の移転について論じたところが妥当するだろう。

本問の場合，Yは所有者の交代がおこる前に，既に賃貸目的物の引渡しを受けていることから，Yの賃借権は借地借家法上の対抗力を有しており（借地借家31条1項），賃貸借契約の法定承継が生じている。そこで，X社はこれを根拠として賃料を請求していくことができる。この構成による場合の請求原因事実は次のとおりである。
① 旧所有者・賃借人間で賃貸借契約が成立したこと
② 賃借人が①の賃借権の対抗要件を具備したこと
③ ①の目的不動産が旧所有者から新所有者へ譲渡された譲渡原因事実
④ 賃料の発生
以上を本問に即して整理すれば，次の通りである。

---

1 被告は，訴外S社から，平成20年2月14日，本件ビルの102号室を，賃貸期間を平成20年3月1日から平成25年2月28日まで，賃料を月額100万円として賃借した。
2 訴外S社は，被告に対し，平成20年3月1日，上記1に基づき，本件ビルの102号室を引き渡した。
3(1) 訴外S社は，本件ビルを所有していた。
　(2) 原告は，S社から，平成21年11月1日，本件ビルを，代金1億2,000万円で買った。
4 平成21年11月末日の経過

---

(5) 合意承継と法定承継の関係

賃借権の対抗力は，本来賃貸目的物の新所有者が賃借人の存在を認めない場合に，賃借人の側から賃貸借契約を主張するとき，もっともその意義が発揮される。しかし，新所有者が賃借人との賃貸借契約を積極的に認める場合，法定承継がなされたことを根拠に，賃貸人たる地位を主張して賃料を請求することは当然に認められるだろう。

他方，合意によって契約上の地位を承継した場合は，賃借権に対抗力があろうとなかろうと，これを賃料請求の基礎として主張することができる。法定承継を根拠とする賃料請求は，賃借権に対抗力がある場合に限って認められるから，合意に基づく賃貸人たる地位の移転があったことを主張する必要性があるのは，対抗力のな

い賃借権が存在する場合である。だからといって，対抗力ある賃借権について，合意による賃貸借契約上の地位の移転を根拠とする賃料請求を否定する必然性もない。

したがって，本問の場合は，賃借権に対抗力があるから，上記２つの請求のいずれを主張してもかまわないことになる。

3　【問題(2)】賃料請求に対するＹの抗弁とその適否
(1)　Ｘ社からの賃料請求に対するＹの抗弁

賃貸人たる地位の移転について，判例・通説は，一般の契約上の地位の移転の例外であり，特段の事情のない限り賃借人の承諾を必要としないものと解している。それでは，「特段の事情」とは具体的に何を意味するのだろうか。伝統的な通説は，賃借人の異議がそれに該当すると主張し，賃借人が異議を唱えた場合には，賃貸借関係が終了すると述べている。本問の場合，賃借人Ｙは，Ｓ社からＸ社への賃貸人たる地位の譲渡に対して異議を唱えているから，Ｙはこれを主張していると考えることができるだろう。

> **抗弁**（賃借人の承諾を要する特段の事情）
> 　被告は，訴外Ｓ社及び原告に対し，原告を新たな賃貸人として認めない旨の異議を告知した。

この抗弁以外に，Ｘ社が本件ビルの所有権移転登記を経由するまでは原告Ｘ社の所有権取得を認めないとの権利抗弁を提出することも考えられるが，Ｙはこれを主張していない。

(2)　抗弁は認められるか

伝統的通説は，異議の内容を賃借人の主観的拒絶でもよいと理解していると思われるから，本問のような異議であっても特段の事情に該当すると解する可能性がある。もっとも通説の真意は，賃借人が異議を唱えている場合にまで，新たな賃貸人との賃貸借関係を強制して，賃借人に目的物の使用を継続させる必要はなく，契約関係からの離脱を認めれば足りると言う点にある。ところが，本問の場合少なくともＹは賃貸目的物の使用を継続する意思は有しており，しかもその異議を認めるべき客観的・合理的理由も見いだせない。本問のような賃貸借関係は，もっぱら目的物件の性格に着目して締結されるのが通常で有り，誰が賃貸人であるかについて賃借人は大きな利害関係を持たないからである。したがって，Ｙの異議に基づいて賃借関係からの離脱と目的物の使用収益の終了を導くことには問題があろう。

近時，契約上の地位の移転の要件と効果に関して，移転される契約の内容が，目

的物の性質によって規定される場合と相手方の人的要素によって規定される場合の2つの類型を分け，それぞれに応じた解釈をすべきことが有力に主張されている。これによれば，本問のような賃貸借契約上の地位の移転の場合（特に対抗力を持つ賃借権）は，目的物の性質が重要であるから誰が賃貸人であるかにつき通常賃借人は，利害を持たない。したがって，賃借人の承諾は原則として不要であり，契約上の地位の移転についても，目的物の譲渡に関する対抗要件がそのまま対抗要件となるとの解釈が主張されている（野澤正充＝渡辺達徳『債権総論』〔弘文堂・2007〕239頁以下［野澤］）。もっとも，この見解は，本問のような異議が出された場合にどのような処理がなされるかにふれるものではなく，通説と同様，特段の事情がある場合は移転効を認めないが，賃借人が賃貸借契約からの離脱を求めている場合はともかく，人的要素が希薄であることから承諾を不要とする視角が重要とされているから，本問との関係でも同様に考えることになるだろう。

ところで，下級審判決には，対抗力のない賃貸借について，特段の事情の内容を「当該不動産の所有権移転に先立って賃貸人（旧所有者）において賃貸借契約上の賃貸人としての地位の移転には賃借人の承諾を要する旨を了承している場合や，賃借人の承諾なく賃貸借契約関係が新所有者との関係に移行することが，当事者間における当該不動産の賃貸借を含めた全体的な契約ないし合意の趣旨に反し，若しくは著しく賃借人の利益を害する場合等に限定して解するのが相当であって，これらの場合には，例外的に，賃借人の承諾なくしては，賃貸借契約関係は新所有者との間には移行せず，賃借人は，旧所有者に対して賃貸人としての義務の履行を求め，新所有者に対してその賃貸人としての地位を否定して賃借人としての義務の履行を拒むことができると解するのが相当である。」（東京地判平成4年1月16日判時1427号96頁）として，上記の我妻説より狭く解したものがある。

本問の場合，Yはあくまで本件ビルの使用収益の継続は望んでいる。一方通説の言う特段の事情は，賃借人が賃貸借関係から離脱することを望む場合には，それを認めてもかまわないというにすぎないから，Yの異議は認められないと解すべきであろう。

4 【問題(3)】X社とZ社の関係

X社が，平成21年12月分から平成22年5月分までの，本件ビル102号室の賃料の供託金の還付につきZ社を相手取って民事訴訟を提起する場合，その訴訟形態はどのようなものになるだろうか。

X社はS社から本件ビルの所有権とそれにともなって賃貸人たる地位を承継したのだから，Yに対する賃料請求権があることを根拠として供託金の還付を請求する。

これに対して，Z社はそれ以前にS社から，同一の債権を債権譲渡担保契約に基づいて譲り受けており，この譲渡担保権を実行したのだから，同じく供託金の還付請求権は自らに帰属すると主張している。

そうすると，供託金還付請求権の帰属についてX社とZ社の間で争いがあるのだから，X社がZ社を被告として提起すべき訴訟は，供託金還付請求権確認訴訟である。

5 【問題(4)】供託金還付請求権確認訴訟における請求原因事実

X社としては，供託金還付請求権が自らにあることを基礎づけるために，自らが本件ビル102号室の賃貸人であることを主張しなければならないから，これについてはYに対する賃料請求と同様の事実を主張することになる。

以上に加えて，弁済供託があった事実は還付請求権が問題となっている以上当然に必要となる。さらに，確認訴訟であるために，確認の利益の主張が必要となる。これを言うためには，Yの供託原因とZ社がS社から賃料債権を譲り受けたと主張していることを示せば，明らかになる。これをまとめると次の通りである。

1(1) 被告は，訴外S社から，平成20年2月14日，本件ビルの102号室を，賃貸期間を平成20年3月1日から平成25年2月28日まで，賃料を月額100万円として賃借した。
 (2) 訴外S社は，被告に対し，平成20年3月1日，上記(1)に基づき，本件ビルの102号室を引き渡した。
2(1) 訴外S社は，本件ビルを所有していた。
 (2) 原告は，訴外S社から，平成21年11月1日，本件ビルを，代金1億2,000万円で買った。
3 原告は，訴外S社との間で，2(2)に際して，訴外S社から，1(1)の賃貸借契約における賃貸人たる地位の譲渡を受ける旨を合意した。
4 平成21年12月から平成22年4月まで，各月末日の経過
5 被告は，平成21年12月末日から平成22年4月まで，各月末ごとに本件ビル102号室の賃料を，賃貸人の賃料受領拒絶を原因として供託した。
6 被告は，訴外S社から，平成21年12月から平成22年4月末日までの本件ビル102号室の賃料を譲り受けたと主張している。

6 【問題(5)】 Z社の抗弁

(1) Z社の法的地位

　Z社は，平成20年12月の段階で既にS社から，債務者を特定しないで本件ビル102号室から将来生ずる賃料債権について，Z社がS社に対して有する本件貸金債権の担保のために譲渡を受け，当該債権譲渡について平成20年12月20日付けで動産・債権譲渡特例法上の登記を経由している。

　(ア) 債権譲渡担保契約の有効性　Z社の債権譲渡担保は，将来債権の譲渡担保であるから，まず将来債権の譲渡として有効な契約であると言えるかが問題となる。この場合，譲渡された将来債権が特定されていることが必要であるが，判例は，この要件について「譲渡の目的となるべき債権を譲渡人が有する他の債権から識別することができる程度に特定されていれば足りる。そして、この理は、将来発生すべき債権が譲渡予約の目的とされている場合でも変わるものではない。本件予約において譲渡の目的となるべき債権は、債権者及び債務者が 特定され、発生原因が特定の商品についての売買取引とされていることによって、他の債権から識別ができる程度に特定されているということができる。」（最判平成12年4月21日民集54巻4号1562頁）と述べている。

　本問においては，本件ビル102号室から生ずる将来の賃料債権という形で特定されており，債権は識別可能と言えよう。債務者が誰であるかは特定されていないが，これは賃借人が将来において変更しうることを考慮して，債務者を特定しないまま譲渡がなされたものと考えられ，平成17年におこなわれた動産・債権譲渡特例法の改正によって，債務者を特定しなくても登記をすることが可能となったものである（法8条2項4号の必要的登記事項から除かれている）。賃料債権は，債務者を特定しない債権譲渡登記の典型的なものである（植垣勝裕＝小川秀樹『一問一答・動産・債権譲渡特例法（3訂版増補）』〔商事法務・2010〕17頁）。

　また，将来債権の発生の蓋然性についても，判例は「将来発生すべき債権を目的とする債権譲渡契約にあっては、契約当事者は、譲渡の目的とされる債権の発生の基礎を成す事情をしんしゃくし、右事情の下における債権発生の可能性の程度を考慮した上、右債権が見込みどおり発生しなかった場合に譲受人に生ずる不利益については譲渡人の契約上の責任の追及により清算することとして、契約を締結するものと見るべきであるから、右契約の締結時において右債権発生の可能性が低かったことは、右契約の効力を当然に左右するものではないと解するのが相当である。」（最判平成11年1月29日民集53巻1号151頁）と述べているから，102号室の賃借人が誰もいないという事態が生じたとしても，債権譲渡そのものは有効であると考えることができる。本問の場合，債権譲渡が公序良俗に反する事情もうかがわれないから，

債権譲渡は有効であると考えられる。

　(イ)　**債権譲渡効果発生時期**　債権譲渡担保契約には，本契約型，停止条件型，予約型があるとされる（三村晶子・最判解民平成13年度下689頁）。

　本問は，本契約型に該当する。本契約型の場合，債権の譲渡人が被担保債権につき債務不履行におちいるまでは，債権の譲渡人に当該債権の取立権があり，かつ取り立てた金銭について債権譲受人への引渡を要しないとの合意がなされるのが通常であるが，このような合意は譲渡人と譲受人の間の内部的な合意に過ぎず，債権譲渡それ自体は譲渡担保契約時に効果が発生すると解するのが，最上級審の立場である（最判平成13年11月27日民集55巻6号1056頁）。

　(ウ)　**債権譲渡の対抗要件**　そして，Z社は，債権譲渡につき特例法上の登記を取得したのだから，第三者対抗要件を備えた。そして債務者であるYに対して特例法による登記事項証明書を付して通知をおこなっているから，債務者に対する対抗要件（権利行使要件）も備わっている（動産・債権譲渡特例4条2項）。したがって，Z社は，譲渡担保権の実行として，債権を行使することのできる地位に立っていると言うことができる。

　(2)　**X社とZ社の優劣の基準**

　一方，X社は，既に検討したように新賃貸人たる地位について対抗要件を備えた債権者であるから，両者の優劣が問題となる。

　通常，本問のような不動産売却後の賃料債権の帰属については，当事者間で新賃貸人に帰属することを確認する旨の約定がなされることが多く，特段の問題を生じないが，本問においてはそのような事情がうかがわれないから，債権の帰属をめぐって問題が生ずる（X社の対抗要件が通常の指名債権譲渡の民法上の対抗要件具備の方法による場合も問題は同様である）。

　(ア)　**対抗要件取得の先後によって決する見解**　この問題について先例はなく，学説もほとんどふれるところがないが，動産・債権譲渡特例法の立法担当官は，将来生ずる賃料債権の差押の効力が発生した後に，建物が譲渡されて賃貸人たる地位が建物の譲受人に移転した場合，建物の譲受人は，建物を譲り受けた後に発生する賃料債権の取得を差押債権者に対抗することができないとした最高裁判決に類似するとして，債権の譲受人が建物の譲受人に優先する可能性があることを指摘している（植垣＝小川前掲55頁以下）。

　この判決は，「自己の所有建物を他に賃貸している者が第三者に右建物を譲渡した場合には，特段の事情のない限り，賃貸人の地位もこれに伴って右第三者に移転するが，建物所有者の債権者が賃料債権を差し押さえ，その効力が発生した後に，右所有者が建物を他に譲渡し賃貸人の地位が譲受人に移転した場合には，右譲受人

は，建物の賃料債権を取得したことを差押債権者に対抗することができないと解すべきである。けだし，建物の所有者を債務者とする賃料債権の差押えにより右所有者の建物自体の処分は妨げられないけれども，右差押えの効力は，差押債権者の債権及び執行費用の額を限度として，建物所有者が将来収受すべき賃料に及んでいるから（民執151条），右建物を譲渡する行為は，賃料債権の帰属の変更を伴う限りにおいて，将来における賃料債権の処分を禁止する差押えの効力に抵触するというべきだからである。」（最判平成10年3月24日民集52巻2号399頁）と述べたもので，直接には，差押えの処分禁止効の範囲はどこまで及ぶかという問題に答えたものであって，民事執行法の通説的解釈にしたがって，賃貸目的物の譲渡が，賃料債権が発生する基本的法律関係の処分であるに留まらず，被差押債権である賃料債権の処分であることを前提として，賃料債権の帰属が差押債権者と建物譲受人の対抗要件具備の先後によって決定されることを認めたものである（中野貞一郎『民事執行法（増補新訂版6版）』〔青林書院・2010〕675頁等）。

　本問の場合，差押えではなく任意の債権譲渡が問題となっているが，差押えの場合と同様に対抗要件具備の先後によって，両者の優劣を決することも考えられる。すなわち，賃料債権の帰属は賃貸目的物の所有権登記によって公示されるのであり，債権譲渡における第三者対抗要件とその限りで同様の機能を持つ。そうすると，債権の譲受人と建物の譲受人との優劣は，それぞれの対抗要件具備の先後によって決すると論ずることができる。このような処理は，結論において，抵当権に基づく物上代位と債権譲渡の優劣を抵当権登記と指名債権譲渡の第三者対抗要件具備（確定日付ある債権譲渡通知の到達）の先後で決するという判例法理（最判平成10年1月30日民集52巻1号1頁）と類似することになる。

　(イ)　**債権不発生構成**　差押えによる処分禁止効は，原則として差押えの対象となった債権にだけ及び，債権の発生原因である基本的法律関係には及ばない。しかし上記先例は賃貸目的物の譲渡（したがって賃貸借関係の承継）が単なる基本的法律関係ではなく，将来の賃料債権の譲渡と密接不可分であることを根拠として，将来債権の譲渡に対する処分禁止効が基本的法律関係に及ぶことをも認めたものであった。

　このような民事執行法上の通説・判例に対しても，基本的法律関係の処分自由の原則を貫くべきであると主張する見解がある。すなわち，債権の差押えの効力は，建物の譲渡という差押えの対象である債権を発生させる基本的法律関係自体の処分には及ばないというべきであり，たとえ将来の賃料債権を差し押さえたとしても，その基本的法律関係である賃貸目的物の譲渡にともなう賃貸人たる地位の譲渡は自由におこなうことができる。したがって，この見解によると，差押債権者の差し押

さえた債権（目的物の譲受人が有するはずであった賃料債権）は，賃貸目的物の譲渡がおこなわれた結果，もはや当該賃料債権は発生し得ないのである以上，差押えは空振りに終わる（占部洋之「判批」法教216号101頁，上野泰男「平成10年判決解説」私法判例リマークス19号〔1999年（上）〕139頁）。

つまり，差押え後であっても，少なくとも建物譲受人が所有権移転登記を経由すれば，賃料債権は確定的に建物譲受人に帰属するから，差押えの対象は失われ，その結果差押命令は無効になると主張する。ちなみにドイツ執行法はこの反対説の立場に立つ。

このような考えに依拠するなら，S社は賃貸目的物を他に譲渡したことによって，もはや本件ビル102号室から生ずる債権を取得することはないのだから，譲渡債権契約は有効であったとしても，譲渡の対象である債権が発生しない以上，債権の譲受人は債権を取得することもないと考えることができよう。

任意の賃料債権譲渡の場合，債権譲渡の当事者間においてさえ当然には賃貸目的物の処分を禁止したとは考えられない。差押えの処分禁止効でさえ，基本的法律関係の処分が許容されると論ずる可能性があるのだから，任意の債権譲渡の場合のように，将来債権の譲渡が対抗力を有しているからと言って，賃貸目的物の処分が効力を持たないと考える理由はない。したがって，S社の賃貸目的物の譲渡によって，譲渡の対象たる債権が不発生になる。そして，そのような賃貸目的物の処分が，SZ間の債権譲渡担保契約の債務不履行を帰結することはあり得ても，第三者に対してそれを主張することはできず，また将来債権の譲渡を受ける以上，譲渡対象の債権が発生しないという危険は，担保権者が負担すべきだと論ずることも可能であろう。

(ウ) **将来債権の処分承継構成**　もう1つの可能性は，もともとの賃貸目的物の所有者は，そこから将来発生する賃料債権について処分権限を有していたのだから，その処分が有効であることは当然として，債権の譲渡人から契約上の地位を承継した者も，将来債権の譲渡人の地位もあわせて承継し，譲渡後に賃貸目的物の所有者となっても自らは債権を取得することはないと考える立場である。中間試案は，その第18　4将来債権譲渡の(4)項において，「譲渡人から第三者がその契約上の地位を承継した場合には，譲受人は，その地位に基づいて発生した債権を取得することができるものとする。」と規定すべきことを提案している。このような提案は，S社が処分権を有する将来債権を譲渡した場合には，その契約上の地位を承継したと考えて，X社はもはや賃料債権を取得することはないと考えるものであろう。

このような考え方をとると，新たに不動産を取得する者は，その不動産から生ずる賃料債権が所有者によって譲渡されている場合，賃料債権を収受することができず，不動産の流通保護の観点からは，大きな問題が生ずることが容易に予想される。

そこで，上記中間試案も，「将来発生する不動産の賃料債権の譲受人は，譲渡人から第三者が譲り受けた契約上の地位に基づき発生した債権であっても，当該債権を取得することができない旨の規定を設ける」との提案もおこなわれている。

(3) Z社の抗弁

以上のように，X社とZ社の優劣を論ずるのには，3つの考え方があり得る。対抗問題構成の立場に立てば，Z社とX社の関係は，債権譲渡についての対抗問題だと考えることができるから，Z社は抗弁として，①Z社の譲受債権の取得原因事実と，②S社からZ社への債権譲渡について，第三者対抗要件を具備していることを主張立証して，債権喪失の抗弁を提出することになる。これに対してX社は，再抗弁として自らがZ社に先んじて対抗要件を具備したことを示さなければならないが，これはできないことになる。

他方，後者の債権不発生構成によるときは，Z社は債権を譲り受けたものの，当の対象たる債権が発生しなかったのだから，抗弁を提出することはできないことになる。

最後の債権の譲受人たる地位もあわせて承継すると考える場合には，Z社は，既にS社の間で債権譲渡が行われたことのみ主張すれば，それで十分だということになるだろう。

いずれの法的構成によるのかが先行する問題であるが，対抗問題構成の場合の抗弁事実を以下に示すことにしよう。Z社は，債権譲渡担保として債権を譲り受けているから，債権の取得原因事実としては，本契約型であることを前提にすると，被担保債権の発生原因事実とこれを被担保債権とする債権譲渡担保設定契約の成立を示せば足りることになる。

Z社の抗弁

1 被告は，訴外S社に対し，平成20年12月1日，1,000万円を，弁済期を平成22年11月30日，利息を年利12%（遅延損害金については年利16%）の約定で貸し付けた。

2 被告は，訴外S社との間で，平成20年12月20日，1の債権を担保するため，訴外S社が将来有する本件ビルの102号室から発生する賃料債権のうち，平成21年1月分から平成26年12月分までの5年間分を，一括して譲り受ける旨の合意をした。

3 被告は，平成20年12月20日，前記2の債権譲渡につき，被告は，同日付け債権譲渡特例法上の登記を経由した。

6 債権法改正審議との関係
(1) 債権譲渡に関する改正提案
　中間試案は，本問に関係する範囲でいえば，債権譲渡につき中間試案第18 債権譲渡のうち，2 対抗要件制度において，第三者対抗要件として登記と確定日付けある譲渡書面とする案（甲案）とすることを提案していた。この案は，現在の動産・債権譲渡特例法上の第三者対抗要件を民法に取り込むことを提案するものであるが，特例法は現在のまま残すとの案（乙案）も両案併記の形で提案されており，後者がとられる場合には，この点について法状況は変化しないことになる。結局「要綱仮案」では乙案がとられ改正によっても変化は生じないことになろう。

(2) 契約上の地位の譲渡
　さらに，契約上の地位の譲渡についても明文の規定を置くことが提案されている。すなわち「要綱仮案」第22　契約上の地位の移転は，「契約の当事者の一方が第三者との間で契約上の地位を譲渡する旨の合意をし，その契約の相手方が当該合意を承諾したときは，譲受人は，譲渡人の契約上の地位を承継するものとする。」とすることを規定し，原則的に契約の相手方の承諾を必要とするとの通説・判例の立場を明文化している。

【解答例】
　以上の検討によって，訴訟物，請求の趣旨，請求原因事実それに対する認否，抗弁事実とそれに対応する認否を整理すれば，以下の通りである。
◎X社からYに対する請求（合意承継構成による）

1　訴訟物

賃貸借契約に基づく賃料支払請求権　1個

2　請求の趣旨

1　被告は，原告に対し100万円を支払え。 2　訴訟費用は被告の負担とする

3　請求原因とそれに対する被告の認否

1(1)　被告は，訴外S社から，平成20年2月14日，本件ビルの102号室を，賃貸期間を平成20年3月1日から平成25年2月28日まで，賃料を月額100万円として賃借した。	○

(2) 訴外S社は，被告に対し，平成20年3月1日，前記(1)に基づいて，引き渡した。	○
2(1) 訴外S社は，本件ビルを所有していた。	○
(2) 原告は，訴外S社から，平成21年11月1日，本件ビルを，代金1億2,000万円で買い受けた。	○
3 原告は，訴外S社との間で，前記2(2)に際して，訴外S社から，前記1(1)の賃貸借契約における賃貸人たる地位の譲渡を受けた。	○
4 平成21年11月末日の経過	顕
5 よって，被告は，原告に対し，本件賃貸借契約に基づき，平成21年11月分の賃料100万円の支払いを求める。	争

4 被告の抗弁

被告は，訴外S社及び原告に対し，原告を新たな賃貸人として認めない旨の異議を告知した。	○

◎X社からZ社に対する供託金還付請求権確認訴訟（合意承継構成及び対抗問題構成による）

1 訴訟物

供託金還付請求権　1個

2 請求の趣旨

1 訴外Yが，平成21年12月末日から平成22年4月までの各月末ごとに本件ビル102号室の賃料を，賃貸人の賃料受領拒絶を原因として供託した供託金の還付請求権が，原告に帰属することを確認する。 2 訴訟費用は被告の負担とする。

3 請求原因

1(1) 被告は，訴外S社から，平成20年2月14日，本件ビルの102号室を，賃貸期間を平成20年3月1日から平成25年2月28日まで，賃料を月額100万円として賃借した。	○

(2) 訴外S社は，被告に対し，平成20年3月1日，上記(1)に基づき，本件ビルの102号室を引き渡した。	○
2(1) 訴外S社は，本件ビルを所有していた。	○
(2) 原告は，訴外S社から，平成21年11月1日，本件ビルを，代金1億2,000万円で買った。	○
3 原告は，訴外S社との間で，前記2(2)に際し，前記1(1)の賃貸借契約における賃貸人たる地位の譲渡を受ける旨の合意した。	○
4 平成21年12月から平成22年4月まで，各月末日の経過	顕
5 被告は，平成21年12月末日から平成22年4月まで，各月末ごとに本件ビル102号室の賃料を，賃貸人の賃料受領拒絶を原因として供託した。	○
6 被告は，訴外S社から，平成21年12月から平成22年4月末日までの本件ビル102号室の賃料を譲り受けたと主張している。	○
7 よって，本件供託金還付請求権が原告に帰属することの確認を求める。	争

4 抗弁

1 被告は，訴外S社に対し，平成20年12月1日，1,000万円を，弁済期を平成22年11月30日，利息を年利12%（遅延損害金を年利16%）の約定で貸し付けた。	△
2 被告は，訴外S社との間で，平成20年12月20日，前記1の債権を担保するため，訴外S社が将来有する本件ビル102号室から発生する賃料債権のうち，平成21年1月分から平成26年12月分までの5年間分を，一括して譲り受ける旨の合意をした。	△
3 被告は，平成20年12月20日，前記2の債権譲渡につき，債権譲渡特例法上の登記を経由した。	△

(大中有信)

第6問
請　負

次の内容のX社およびYの言い分を前提に，後記問題に答えなさい。

《X社の言い分》

1　当社は，不動産建設業を営む株式会社です。
　当社は，Yからその敷地上に3階建ての建物を建築して欲しいとの注文を受け，平成22年10月1日，以下の内容にて建築工事請負契約を締結しました。
　工事内容：Yビル（仮称）建築工事
　工事期間：平成22年10月5日から平成23年8月31日まで
　工事代金：総額6,200万円
　　　　　　（支払方法）
　　　　　　　(1)契約締結時に2,000万円
　　　　　　　(2)上棟時に2,000万円
　　　　　　　(3)完成引渡時に2,200万円
　遅延損害金：X社が工事期間内に本件建物を完成のうえYに引き渡すことができ
　　　　　　　なかったときは，X社は1日につき，工事代金総額から既に施工し
　　　　　　　た工事部分に相当する工事代金額額および未施工工事部分のうち既
　　　　　　　に購入済みの工事材料代金額を控除した残金の1万分の4の割合に
　　　　　　　よる遅延損害金を支払う。
　　　　　　　　Yが工事代金の支払を怠ったときは，Yは1日につき支払遅滞額
　　　　　　　の1万分の4の割合による遅延損害金を支払う。
2　当社は，上記の契約内容にしたがって実際に工事を行い，途中，天候不順もあり苦労しましたが，何とか建物を完成させ，平成23年8月31日に建物をYに引き渡しました。
　本来であれば建物の内部をYに見せて，未施工工事等のないことを確認してもらい，仮に未施工工事があればそれをすみやかに行ったうえで引き渡すのが通常の取扱いです。ところが今回は，契約締結後にYとの間で多少のトラブルがあったため，建物引渡時にもYが感情的になっており，建物内部を確認してもらうことはできませんでした。むしろ，Yは契約を白紙に戻したいなどと言っていましたので，当社の方で，そんなわけには行かないと説得し，建物の鍵や関係書類を交付し，ともかくも引渡しをすませた次第です。そのような次第ですので，建物引渡完了書のよう

なものはもらっていません。
　平成23年8月の初旬にYと話し合いをしたことは事実です。このとき，Yは興奮して，「二度とお前のところには頼まない。」と話していましたが，感情的になっている人に何を話しても仕方がありませんので，私は取り合いませんでした。正式に建築請負工事を解除するというような具体的な話ではありませんでした。
3　工事代金ですが，契約締結時の2,000万円は約束どおり契約をした平成22年10月1日にYから受領しています。
　次の上棟時の2,000万円についてはYが何かと工事にクレームを付け，約束どおりには支払ってはくれませんでした。上棟後，2週間ほどして漸く2,000万円の支払を受けることができました。
4　今回，最後の工事残代金の支払を受けるわけですが，上記のような経過で引渡しをしたにもかかわらず，未だに最終残金2,200万円の支払をYから受けていません。引渡後，何度か催促しましたが，今度は工事内容に不満があると言い出し，Yは一切，支払に応じません。建物の柱の太さに問題があるとYは言っています。耐震強度を高めるために30cm四方の柱を使用して欲しかったなどと言い張っています。そのような話しは建物の設計段階でのYとの相談では一切，出ていなかったことです。工事中もそのような要請を受けたことはありません。実際には25cm四方の柱を使用しましたが，建物の安全上は全く問題はありません。
　また，その他にも工事内容に瑕疵があるなどと称しており，建築士の報告書に基づいたものだとして別紙の瑕疵一覧表（省略）を交付してきましたが，本来，瑕疵と評価されるようなものではありません。別紙瑕疵一覧表（省略）の記載の中で当社としても認めざるをえない瑕疵は，給排水設備に接続不良があり，水漏れが発生しているという点だけです。これは簡単に修補できるものです。当社で工事すれば50万円もあれば修理できます。この程度の瑕疵でYが最終残金2,200万円の支払を拒むのは不当だと思います。
　当社としてもできるだけ円満に紛争を解決したいと思っていましたので，Yに対して，瑕疵内容について当社の方で改めて調査して検討したいと申し入れましたが，Yから，「その必要はない。」と言われました。その後も，ともかくも問題解決のために話し合いましょうと提案しましたが，Yはこの提案に対しても，まず，当社が責任を認めて謝罪するのが先だと言うばかりで，話合いにはなりませんでした。
5　既に平成23年8月31日に建物を引き渡してから，6か月が経過してしまいました。当社としては，これ以上，話し合いをしても解決は困難だと思いますので訴訟によって残代金および遅延損害金の支払を受けたいと考えています。仮に訴訟においてYが瑕疵の主張を次々と行って解決に時間がかかるようであれば，むしろ，当

社の方から相殺することだって考えています。

《Yの言い分》

1　私はイタリア料理のシェフをしています。今回，親から土地を相続しましたので，これを機会に独立して自分の店を持つこととし，この相続した土地に3階建ての建物を建築の上，2，3階部分を住居，1階部分をレストラン店舗とすることとしました。

2　そこで，私はこの建物を建築してもらう建設会社を探していました。いくつかの会社と相談しましたが会社側から提示される建物の概要が私のイメージするものとは違ったため，建築を依頼することは，なかなかできませんでした。

　ところが平成22年の春に知人の紹介でX社の社長であるAを知ることとなりました。さっそく建築の相談をしたところ，私のイメージに近い提案をしてくれました。そこで，X社に建築を依頼することとしたのです。

3　平成22年10月1日，建築工事請負契約を締結しました。契約内容はX社の説明するとおりです。そして，この日に工事着工金2,000万円を支払っています。

　ところが工事が始まってみると，私が期待していたのとは大違いでした。まず，職人の態度が悪く，朝も適当な時間に工事現場にきて，適当に休憩をして，まだ明るいうちに帰ってしまうのです。自分の新居とお店のことですので，私は毎日のように工事現場を見に行きましたが，このような仕事の仕方ではとても私が期待したような建物は建たないと危惧されました。

4　平成23年1月30日に上棟を迎えました。しかし，上棟の時期は当初，1月15日頃と聞いていましたので，この段階で既に工事は2週間程度，遅れていました。天候が不順だったというのがX社の説明でしたが，雨が降るのは当たり前ですので理由にはならないと思いました。上棟の時に2,000万円の工事代金内金を支払う約定でしたが，上棟が2週間も遅れましたので，私もこの2,000万円について支払を遅らせ，上棟から2週間して支払いました。

5　その後もX社の行う工事内容はいい加減なもので，私はこのまま工事を継続させることが嫌になっていました。現場にいる職人にそんな話しをしたこともあります。ただ，X社の社長であるAときちんと話し合う機会がないままに工事が進んで行き，平成23年8月5日のことでしたが，Aが私のところに会いにきて建物は何とか8月中に完成して引渡ができると話してきました。

　それまで工事が遅れていることは現場を見に行って分かっていました。現場の職人もそのように話していました。ですから，私はAが無理をして建物を完成させようとしていると感じました。そのようなことで良い建物が建つわけがありません。

このときの話し合いの席上で，私ははっきりとＡに対し，これまでの工事の様子を見ていて信頼できなくなったので，Ｘ社との間の契約は解除すると話しました。Ａはそんなことは無理ですよなどと言っていましたが，私も譲りませんでした。当日はそのような険悪な雰囲気で話しを終えました。

6　その後，Ａは何回も私を訪ねてきて，ともかく建物を引き渡すから注文主として工事に問題がないか確認して欲しいと頼んできました。私は今更，確認などする必要はない，どうしてもと言うなら建物の鍵と設計図面や竣工検査証などの関係書類一式を持ってこいとだけ言いました。Ａはそれで引渡しになりますよと話していましたが，私はそれには何も答えませんでした。

　平成23年8月31日に，実際にＡが訪ねてきてこの建物の鍵と上記建築関係書類一式を置いていきました。受領書のような書面にサインしてくれと頼まれましたが，正式に受領したわけではないので断りました。もっとも，事実上の引渡しを受けたということについては，訴訟になった場合には争うつもりはありません。

7　その後，建物の内容を知り合いの建築士の先生に頼んで確認してもらいました。建築士の話しでは，とりあえず建物としては完成しているが，以下のような瑕疵があるとのことでした。なお，より詳細な瑕疵の内容は建築士の調査に基づいて作成した別紙瑕疵一覧表（省略）に記載しています。

　(1)　建物の基礎部分のコンクリートに亀裂が入っていて，基礎としての十分な強度を備えていない。
　(2)　建物全体にゆがみがあり，そのため1階玄関のドアの開閉が十分にできない。また，2階，3階の雨戸の締まりが悪い。
　(3)　2階，3階の各部屋部分の床が水平ではなく傾きがある。そのため，襖を締めても隙間が生じる。
　(4)　給排水設備に問題があり，水漏れが恒常的に発生する。
　(5)　天井裏の換気が十分でなく，熱気がこもる。

8　それと，もうひとつ私にはどうしても納得の行かない点がありました。近いうちに大地震が来る可能性が高いという報道がなされていますので，私はこの建物に使用する柱は30cm四方のものを使うように注文し，Ａもこれを了解していたのです。ところが実際に使用している柱は25cm四方のものでしかなく，約束と異なっておりました。建築士の先生の話しでは建築法規上の基準は満たしており，安全性には問題はないとのことですが，私が希望した太さの柱と違うこと，その結果，耐震強度も私が希望した程度になっていないことは確かですので，この点はやはり問題だと思っています。

　建築士の先生に紹介してもらった建設会社に，柱を私が希望した太さのものに取

り替えることを前提に7で指摘した瑕疵の部分の補修を含めた工事を行うとしたら，どの程度の代金額となるかを見積もってもらいました。そうしたところ，最低でも5,000万円は必要とのことでした。仮に柱は取り替えることなく，私が希望した耐震強度にするための補修工事を行うことを前提とした場合には800万円程度の工事代金となるとのことでした。

9　X社が最終の工事残代金2,200万円を支払ってくれと請求してきましたので，建物に上記のとおりの瑕疵があることを理由に断りました。もちろん，柱の太さが指定のものよりも細いことも指摘しました。まず，瑕疵を全て修理し，私が納得の行くものにしてから代金を請求するべきなのです。それをしないまま残代金を請求するような業者はもはや信用できませんので，むしろ，別な業者に修理を頼み，それにかかる費用をX社に請求しようと思っています。8で指摘したとおり，柱を取り替えるところまですると5,000万円以上の工事費がかかりますが，そこまでは行わず耐震性を高めるための補強工事を行うということであれば，その他の瑕疵の修理と併せて800万円くらいで工事ができるということです。

　X社は工事残代金の支払を求めて訴訟を提起すると言っているようですが，仮に裁判になれば，私は徹底的に争うつもりでいます。この問題は話し合いによって解決したかったのに残念です。今ではX社は，私がX社による瑕疵の調査を拒絶したとか，話し合いに応じないなどと主張しているようですが，それは事実を正確に伝えるものではありません。また，私の指摘した瑕疵の内容についても，X社はその一部しか認めておらず，50万円もあれば修理できるなどと強弁しているようですが，そのような主張は断じて認めることはできません。

【問　題】

(1)　X社が，その言い分を前提にYを相手に民事訴訟を提起する場合，どのような内容の請求をすることになるか。請求の趣旨を記載せよ。
　　　その場合の訴訟物は何か。
(2)　上記(1)を前提に，請求原因として主張すべき要件事実を指摘しその理由を説明せよ。
(3)　上記(2)の請求原因を前提としたうえで，Yの言い分から考えられる抗弁を指摘し，その要件事実とその事実が必要となる理由を説明せよ。さらにX社の言い分から考えられる再抗弁があればそれを指摘し，その要件事実とその事実が必要となる理由を説明せよ。
(4)　X社が提起した訴訟において，その後，Yが工事の瑕疵についての鑑定を申

し立てた。裁判所はこれを認め，実際に鑑定人が選任され鑑定がなされた。その結果，何点かの瑕疵が指摘され修補に要する費用が500万円との鑑定意見が示されたとする。

Yがこの結果を受けて，本件訴訟の口頭弁論期日（平成25年4月10日）において，新たに瑕疵修補に代わる損害賠償請求の金額を500万円と減額して，これを自働債権とし，請負代金債務を受働債権として，対当額で相殺する旨の意思表示をすることは可能か否かについて検討しなさい。

さらには，X社がこの事実に基づいて，500万円の瑕疵に代わる損害賠償債務の存在を認め，この債務と自ら有する請負残代金債権とを対当額において相殺する旨の意思表示を本件訴訟において行うことは可能か。仮に相殺が可能とした場合，それは訴訟上，どのように位置づけられるべきか。

```
                    建築工事請負契約(平成22年10月1日)
(請負人)X社(株) ◄────────────────────────────► Y(注文者)
                ・内容：Yビル(仮称)建築工事
                ・期間：平成22年10月5日～平成23年8月31日
                ・代金：6,200万円
                   （支払時期）
                       ①契約締結時   2,000万円
                       ②上棟時       2,000万円
                       ③完成引渡時   2,000万円
                ・特約(遅延損害金)
                       Yが工事代金の支払を怠ったときは，1日につき支払遅
                       滞額の1万分の4の割合による遅延損害金を支払う。
```

〈Yの主張する建物の瑕疵〉
(1)基礎部分のコンクリートの亀裂
(2)1階玄関のドアの開閉不十分，2階・3階の雨戸の締まり不良(建物にゆがみ)
(3)2階・3階の各部屋の床が水平を欠き傾きがある・襖の隙間
(4)恒常的な水漏れ(給排水設備に問題)
(5)天井裏の換気不十分
(6)柱が指定した寸法と異なる

解　説

1　問題の所在

本問は請負人による建物建築請負契約に基づく代金(報酬)支払請求の事案であり，請負代金(報酬)は契約締結時，上棟時，完成引渡時の3回に分けて支払う約定となっ

ている。建物は最終的に完成したが，注文者は工事に関する幾つかの瑕疵を主張し，最後の代金(報酬)分の支払を拒んだことから紛争となり，訴訟に発展する事態となっている。請負人が提起した請負代金(報酬)請求訴訟において，原告としてはどのような事実を請求原因として主張すべきか，そして，注文者である被告はどのような事実を抗弁として主張することとなるか，これが本問で問われることになる。

　請負契約は仕事の完成を目的とする契約であり，代金(報酬)の支払は仕事の目的物の引渡しと同時履行関係に立つというのが民法上の原則である(民633条)。しかしながら，建築請負契約の実際においては，本問のように工事の進捗状況に応じて代金(報酬)を分割払いとすることが多い。この場合の請求原因事実についてきちんと理解する必要がある。さらに，本問では代金不払いに関する遅延損害金の特約が存在しており，これを請求する場合における請求原因事実も問題となる。建築請負では工事約款が使用されるケースが一般的であり，この約款中には比較的高額の遅延損害金に関する条項が存在することが多い。「1日につき支払遅滞額の1万分の4の割合による遅延損害金」という本問の特約は，民間(旧四会)連合協定工事請負契約約款に現に用いられている条項と同じ内容である。このような損害賠償の予定に関する合意の存在が同時履行関係の範囲や相殺の効果に関する解釈に影響を与えることとなり，重要な判例法理が形成されている。そこで，本問では敢えて遅延損害金を請求する場合に主張すべき要件事実の問題を取り上げている。

2　【問題(1)】請負代金請求訴訟の請求の趣旨と訴訟物

(1)　金銭請求に関する請求の趣旨

　請負契約において，請負人が注文者に対して有する代金(報酬)債権は金銭債権である。したがって，請求の趣旨の記載は特に他の金銭請求の場合と区別されるものではない。本事例に即して検討すれば，「被告は，原告に対し，2,200万円を支払え。」という内容になる。そのうえで，附帯請求としての遅延損害金に関する請求の趣旨であるが，原告の主張によれば，平成23年8月31日に建物を完成のうえで引き渡しているから，工事残代金の支払時期は到来している。そこで，その翌日である9月1日より，約定の遅延損害金の支払を請求しうることになる。

　さらに，民事訴訟法67条1項によって，訴訟費用の負担に関する裁判を終局判決においては必ず言い渡さなければならないとされているので，請求の趣旨にも当然に記載されることになる。そこで，遅延損害金および訴訟費用を加えた請求の趣旨は以下のようなものとなる。

> **請求の趣旨**
> 1 被告は，原告に対し，2,200万円及びこれに対する平成23年9月1日から支払済みまで1日あたり1万分の4の割合による金員を支払え。
> 2 訴訟費用は被告の負担とする。

(2) 訴訟物

請負代金債権は，請負契約によって発生する。したがって，請負代金（報酬）請求訴訟の訴訟物は，「請負契約に基づく代金（報酬）支払請求権」となる。また，附帯請求である遅延損害金請求の訴訟物は，「履行遅滞に基づく損害賠償請求権」となる。

なお，請負契約における代金（報酬）債権の発生時期については，契約によって発生する債権である以上，契約成立時に発生するという見解と，請負契約が仕事完成を目的とするものであることを強調して，仕事完成時に発生するという見解がある。判例は契約成立時説に立っている（大判昭和5年10月28日民集9巻1055頁）。

> **訴訟物**
> （主たる請求）
> 請負契約に基づく代金（報酬）支払請求権　1個
> （附帯請求）
> 履行遅滞に基づく損害賠償請求権　1個

3 【問題(2)】請負代金請求訴訟の請求原因
(1) 基本形

請負契約は，請負人がある仕事を完成することを約束し，注文者がその仕事の結果に対して代金（報酬）を支払うことを約束することによって成立し，効力を有する（民632条）。したがって，①仕事完成を請け負うことと，②代金（報酬）額の定めが請負契約締結を主張するための本質的な事実となる。なお，代金（報酬）額が具体的に定められていない場合にも，代金（報酬）の算定基準が定められていればよい。

そのうえで，民法は633条において代金（報酬）の支払時期を定めており，仕事の完成後でなければ代金（報酬）を請求できず（同条ただし書による同法624条1項の準用），かつ，仕事の目的物の引渡しを要する請負契約類型の場合には，引渡しと代金（報酬）支払は同時履行になると定めている（633条本文）。なお，目的物について履行の提供がない限り注文者が代金（報酬）の支払を拒めるというのは，同時履行の抗弁権の行使効果であり，請負人が提起する請負代金（報酬）請求訴訟においては被告の抗

弁事由とされる。したがって，履行の提供の事実は請求原因事実とはならないが，以下に述べる理由により仕事が完成した事実自体は原告が請求原因事実として主張する必要がある。

以上より，原告が主張すべき請求原因の基本形は次のようになる。
① 請負契約の成立の事実
② 請負人が仕事を完成した事実

①の請負契約の成立の事実は，請負人が注文者から仕事の完成を請け負った事実と代金（報酬）額の定め（あるいは代金（報酬）の算定基準の定め）があることを要素とする。なお，仕事完成の事実が請求原因として必要となる理由については，代金（報酬）債権の発生時期に関する見解との関係で理解を異にする。まず，仕事の完成によって初めて代金（報酬）が発生すると考える見解では，上記②が請求原因事実となることは当然のことと理解する。これに対し，契約成立により代金（報酬）は発生するとの見解を取った場合には，本来的には上記①の事実のみで足りずはずである。にもかかわらず②の仕事完成の事実が必要とされるのは，請負契約締結の事実を主張したことにより，仕事完成義務が先履行であることが被告の抗弁主張を待たずとも明らかになってしまうので，その先履行を尽くしたことを主張しないと原告の請求原因事態が主張自体失当となってしまうことによるとされる。いわゆる「せり上がり」により請求原因になると理解する。

本問に即して，具体的な事実を摘示すれば以下のとおりとなる。

> **請求原因**
> 1 原告は，被告から，平成22年10月1日，Yビル（仮称）建築工事を代金6,200万円で請け負った。
> 2 原告は，遅くとも平成23年8月31日にはこの工事を完成した。

＊1 本来の事実関係からすれば，当事者間で合意した代金（報酬）額は6,200万円である。しかし，X社はYより内金4,000万円を受領しているので，訴訟においてX社が求める請求金額は2,200万円のみである。この場合，機械的・数量的な分割に基づく一部請求も請求の特定に欠けるところはなく（最判昭和37年8月10日民集16巻8号1720頁等），4,000万円の弁済の事実は抗弁事由であるから，請求原因段階で弁済に言及する必要はない。他方で，あくまで6,200万円の支払を求めて被告が抗弁を提出するのに委ねるというのも非現実的であり，また，無駄な訴訟費用を負担することになってしまう。よって，請求原因事実としては，一部請求として単純に2,200万円のみを記載する取扱いが考えられる。この場合，一部請求であることを明示しないので判例法理によれば残部請求は認められないが，X社が既に弁済を受けている以上，残部請求の必要はそもそも存しない。

＊2 本来の代金額が6,200万円であり，そのうち4,000万円が既払いである事実を前提とする一部請求であることは，「よって書き」の記載によって明確にすれば足りるものと解される。

(2) 附帯請求を加える場合

　附帯請求は履行遅滞に基づく損害賠償請求権である。したがって，損害発生の事実とその額について主張する必要があるのはもちろんであるが，その前提としてまず履行遅滞状態にあることが要件として必要となる。この場合，代金（報酬）の支払が目的物の引渡しと同時履行関係にあることに注意を要する。すなわち，この場合には，請負代金（報酬）請求とは異なり，同時履行の抗弁権の存在効果によりこの効果を消滅させない限り被告が支払をしないことは違法ではないこととなり，履行遅滞に基づく損害賠償請求権の発生を基礎づけられないと解される。そこで，同時履行の抗弁権が付着する債権に関する附帯請求については，本来的に原告による履行の提供が必要となる。

　これを踏まえて請負代金に関する遅延損害金請求についても引渡しが必要と一般的に考えられている（民633条）。ただし，この意味が，「引渡しの提供」で足りるという趣旨か，あるいは「引渡し」そのものを要するのかについては，より慎重な検討が必要となる。

　売買契約において代金の利息は目的物の引渡しの日以降に生じるという民法575条2項の規定が，履行遅滞による損害賠償請求権（遅延損害金）について定めたものであり，かつ，この規定が同法559条により請負契約に準用されるとすれば，本問において損害賠償を請求する場合にも，「引渡し」が必要となる。民法633条が代金（報酬）と引渡しの同時履行を定めていることも以上のような趣旨に理解すれば足りることになる。

　一方で，請負契約の場合，請負人が目的物の引渡しまで目的物を使用収益することは予定されておらず，売買の場合と状況を異にするとして，請負契約には民法575条2項が準用されないと考える余地もある。準用否定説を採った場合には，「引渡しの提供」をすれば同時履行の抗弁権の存在効果を失わせることができるので，あえて「引渡し」までを要求する必要はないと解釈することも可能となる（ただし，この立場でも民法633条が履行遅滞による損害賠償請求権発生のために「引渡し」を要求しているという解釈を取ることも考えられうる）。

　以上より，附帯請求を加える場合には，上記①および②の事実に加え，
　③　目的物の引渡し（または，目的物の引渡しの提供）
　④　損害の発生および額
が必要となる。

　③の事実は，「引渡し」そのものを要するか否かの上記の議論によることになる。
　④の事実は，遅延損害金の利率の根拠（法律の規定によるか当事者間の約定によるか）と遅延損害金の始期から終期までの期間の経過からなるが，後者の期間の経過は実務

上，事実摘示が省略されることが通常である（類型別31頁）。

遅延損害金の請求を加えた具体的な事実の摘示（「よって書き」を含む）は以下のとおりとなる。

> **請求原因**
> 1(1)　原告は，被告から，平成22年10月1日，Yビル（仮称）建築工事を代金6,200万円で請け負った。
> (2)　被告と原告は，前記(1)において，1日につき1万分の4の割合による遅延損害金を支払うことを合意した。
> (3)　原告は，遅くとも平成23年8月31日にはこの工事を完成した。
> 2　原告は，被告に対し，同日，本件建物を引き渡した。
> 3　よって，原告は，被告に対し，本件請負契約に基づき，請負代金の内2,200万円及びこれに対する上記引渡しの日の翌日である平成23年9月1日から支払済みまで約定の1日につき1万分の4の割合による遅延損害金の支払いを求める。

＊　上記2について，引渡しの提供とする余地があることは前述のとおりである。

(3) 代金（報酬）支払時期について前払い特約がある場合

契約当事者が代金（報酬）について仕事完成前の前払いを合意していたケースにおいて，請負人が仕事完成以前に代金（報酬）を請求する場合には，この前払い特約を主張する必要がある。その場合の請求原因事実は，上記③の仕事完成の事実の部分が，「報酬支払に関する支払時期の合意の事実」と，「その期限の到来の事実」に置き換わることになる。

本問においても，契約締結時に2,000万円，上棟時に2,000万円の支払を受ける約定となっており前払い特約が存在している。しかし，本問ではこの前払い部分の代金は既に支払を受けており，請求の対象から除外されている。あくまで，仕事完成を前提に2,200万円の支払を請求しているのである。したがって，前払い特約の存在を主張する必要は本問では存しない。(2)において指摘した事実の主張のみで足りることに留意すべきである。

4　【問題(3)】抗弁事由・再抗弁事由の検討

(1)　Yの抗弁

(ア)　建物の瑕疵に基づく抗弁

本問では，Yは建築工事の目的物である建物

の瑕疵の主張をしている。民法634条は請負人の瑕疵担保責任として修補請求権と損害賠償請求権を規定する。そして，損害賠償請求は注文者の代金支払義務と同時履行の関係に立つと定めている（同条2項）。そこで，X社の請求に対し，Yは建築工事の目的物の瑕疵に対する損害賠償請求権の存在を指摘して，同時履行の抗弁を主張することが考えられる。

ところで，瑕疵担保責任としての損害賠償額が請負人の有する工事代金より少額であった場合，同時履行を主張しうる範囲は損害賠償の金額に限定されるのか，それともこれに限定されず，請負代金（報酬）全額に対して同時履行関係を主張しうるのか，この点が問題となる。本問においても，柱の取替工事まで行えば5,000万円以上の工事費がかかるが，耐震補強工事等を行うこととする場合には800万円程度の工事費となるとのYの言い分があり，仮に損害賠償額を800万円と考えるならば，当該損害賠償請求債権をもって2,200万円の工事残代金（報酬）全額に対して同時履行の抗弁を提出しうるのか，すなわち，同時履行の抗弁は原告の請求に対する一部抗弁にとどまるのか，あるいは全部抗弁となるのかを検討しなければならない。

この点について，最判平成9年2月14日民集51巻2号337頁は，「請負契約において，仕事の目的物に瑕疵があり，注文者が請負人に対して瑕疵の修補に代わる損害の賠償を求めたが，契約当事者のいずれからも右損害賠償と報酬債権とを相殺する旨の意思表示が行われなかった場合又はその意思表示の効果が生じないとされた場合には，民法634条2項により右両債権は同時履行の関係に立ち，契約当事者の一方は，相手方から債務の履行を受けるまでは，自己の債務の履行を拒むことができ，履行遅滞による責任も負わないと解するのが相当である。」と判示して，原則として瑕疵修補に代わる損害賠償請求の金額の多寡に関わらず，請負代金（報酬）全額との間で同時履行関係に立つことを認めた。したがって，この判例を前提とすれば，Yが，その言い分の7項および8項において主張する瑕疵を根拠として損害の賠償を求め，原告の請求金額全額に対して同時履行の抗弁を主張することが可能となる。

原告の請求に対して，被告が建物の瑕疵に基づき同時履行の抗弁を提出する場合の要件事実は以下のとおりである。

① 仕事の目的物（建物）に瑕疵があること
② 損害の発生および額
③ 修補に代わる損害賠償請求を行うことの意思表示
④ 同時履行の抗弁権を行使することの権利主張

このうち，③が必要となるのは，民法634条1項が瑕疵修補請求と修補に代わる損害賠償請求のいずれの行使も認めていることに由来する。

(イ) **瑕疵の内容**　Yが言い分の8項において主張する柱の太さが約定のもの

と異なるという点が，建物の瑕疵となるのか否かについては，実際に使用された柱でも建物の強度・安全上は問題がないということとの関係で議論がある。瑕疵の意義をどのように考えるかに由来する問題である。

この点については，「建物のような完成した仕事が，一般に有していると期待される性質を欠くことのみならず，当事者間の合意によって備えるべきものとされた性質を有しないことも含まれる」（笠井修・片山直也『債権各論Ⅰ〔契約・事務管理・不当利得〕』〔弘文堂・2008〕313頁）などと指摘される。いわゆる客観的瑕疵の他に主観的瑕疵を含むという説明であるが，学説中には，主観的瑕疵をより強調する見解もある（たとえば，山本Ⅳ-1 契約 680 頁は，瑕疵の意味を，行われた仕事が契約で定めた内容どおりではなく，不完全であることをいうとする）。契約の拘束力を重視する考え方を強調すると瑕疵概念も，契約不適合的なものと理解されることになる。

判例も，最判平成15年10月10日判時1840号18頁において，「本件請負契約においては，Y及びX社間で，本件建物の耐震性を高め，耐震性の面でより安全性の高い建物にするため，南棟の主柱につき断面の寸法 300mm × 300mm の鉄骨を使用することが，特に約定され，これが契約の重要な内容になっていたものというべきである。そうすると，この約定に違反して，同 250mm × 250mm の鉄骨を使用して施工された南棟の主柱の工事には，瑕疵があるものというべきである。」と判示し，瑕疵の内容は，まず第一義的に当事者間の契約内容によって決定されることを明らかにしている。

これらの学説上の見解および上記判例に従うかぎり，本問のYの言い分8項の主張も，瑕疵の主張として構成することが可能となり，その損害の賠償をYは求めうることになる。ただし，X社の言い分の4項では当事者間で使用する柱の太さについて合意した事実はないとのことであるので，この点についての瑕疵の主張をX社は否認するものと思われる。したがって，重要な契約内容になっていた事実をYは主張・立証しなければならない。

なお，この場合，Yは柱の取替までの費用を損害として請求しうるか，あるいは耐震補強工事の限度で請求しうるにすぎないか。これによって，総工事費用が5,000万円以上となるか，あるいは800万円程度にとどまるかの結論に差異が生じる。この点については，民法634条1項ただし書が，瑕疵が重要でない場合において，その修補に過分の費用を要するときは瑕疵修補請求を認めないと規定していることとの関係が問題となる。柱の取替費用全額の損害賠償を認めることは，価値的には過分の費用を要する瑕疵修補を認めることと等しいことになるので，このような賠償を認めるべきではない。耐震補強工事に要する費用の限度で賠償を認めるべきであろう。

以上を前提に，本問の具体的な事実に基づく抗弁事実を摘示すれば以下のとおりとなる。

> **抗弁Ⅰ** （同時履行の抗弁）
> 1 本件請負工事には，以下の瑕疵が存在する。
> (1) 建物の起訴部分のコンクリートに別紙瑕疵一覧表記載（省略）のとおりの亀裂が入っており，基礎としての十分な強度を備えていない。
> (2) 建物全体に別紙瑕疵一覧表記載のとおりのゆがみがあり，そのため1階玄関のドアの開閉が十分でない。また，2階，3階の雨戸の締まりが悪い。
> (3) 別紙瑕疵一覧表記載のとおり，建物2階，3階の各部屋の一部分の床が水平性を欠き傾きがある。そのため，襖を締めても隙間が生じる。
> (4) 給排水設備に別紙瑕疵一覧表記載のとおりの接続不良があり，水漏れが恒常的に発生する。
> (5) 別紙瑕疵一覧表記載のとおりの施行不良により天井裏の喚起が十分でなく，熱気がこもる。
> (6) 建物の耐震強度を高めるために使用する柱は30cm四方のものを使うことを重要な契約内容として合意していたにも関わらず，実際に使用している柱は25cm四方のものでしかない。
> 2 前項の瑕疵により被告に生じる損害は800万円を下らない。
> 3 被告は，瑕疵修補に代えて前項の損害の賠償を求める。
> 4 被告は，原告が損害賠償金を支払うまで，請負工事代金の支払を拒絶する。

＊1 上記1(1)の瑕疵一覧表は本問では省略しているが，この一覧表において瑕疵が特定された形で記載する必要がある。仮に特定性を欠く場合には，そもそも主張自体が失当となる。
＊2 瑕疵の主張について，その全てが成立しなければ抗弁として成り立たないとうことではない。それぞれの瑕疵の主張が抗弁となることに注意すべきである。

(ウ) **契約解除の主張について** Yの言い分の5項において，平成23年8月5日の協議の際に，YがX社に対し請負契約の解除を申し入れたことが記載されている。これは法的にはどのような主張になるであろうか。解除の理由は信頼できないというものであり，具体的な瑕疵を指摘するものではない（未だ引渡前であり，その時点で瑕疵を発見しうる状況にもない。）。そうなると民法635条の瑕疵担保責任を理由とする解除権の行使と理解することは困難である。したがって，この場合の解除は，民法641条の注文者による仕事完成前の契約解除権の行使と考えるのが妥当であろう。この場合，解除により契約関係は終了するので，X社が当然に残代金を請求するこ

とはできなくなる。その限りでは抗弁事由となるものと理解される。しかし，この場合にも，同条によれば，注文者は請負人の損害を賠償する義務を負うから，仮にX社が別途，損害賠償請求を求めた場合にはYはこれに応じなければならない。また，請負契約の解除においては，既に行われた仕事の成果が可分であり，かつ，注文者が既履行部分の給付を受けることに利益を有する場合には，その部分について解除はできず，未履行部分に関する一部解除が認められるのみとの考え方が一般的である（最判昭和56年2月17日判時996号61頁）。そうなると本問の請負代金（報酬）請求訴訟においても，契約解除時までになされた既履行工事部分に相当する工事代金（報酬）の請求は認められることになる。したがって，Yの言い分5項における契約解除の指摘は，実質的にはあまり効果的な抗弁とはならないように思われる。

この抗弁を整理すると以下のようになる。

> **抗弁Ⅱ**（注文者の解除権）
> 被告は，原告に対し，平成23年8月5日，本件請負契約を解除するとの意思表示をした。

(2) X社の再抗弁

同時履行の抗弁が請求債権全額との関係において認められると考えた場合にも，この法理が例外を認めない趣旨か否かはさらに検討の必要がある。些細な瑕疵を指摘し，それに基づく極めて少額の損害賠償請求権をもとに請負代金（報酬）全額に対する同時履行の抗弁を主張することは，契約上の信義に反すると解されるからである。この点について，前掲最判平成9年2月14日は，前述の一般論を判示した後に，「瑕疵の程度や各契約当事者の交渉態度等に鑑み，右瑕疵の修補に代わる損害賠償債権をもって報酬残債権全額の支払を拒むことが信義則に反すると認められるときは，この限りではない。」と判示している。したがって，このような例外的事由がある場合には，被告の同時履行の抗弁は排斥されることになり，原告が上記信義則に反すると認められる具体的事情を再抗弁として主張立証することが考えられる。本問においては，X社の言い分の4項に記載されるあたりが，それに関係する指摘となる。

再抗弁事由を具体的に指摘すれば以下のようになる。

> **再抗弁**（抗弁Ⅰに対する信義則違反の評価根拠事実）
> 1 本件請負工事における瑕疵は重要なものではない。
> 2 被告は，原告が申し出た瑕疵の調査の実施を一方的に拒絶し，また，原告が

幾度か瑕疵問題の解決のために話し合いを求めたにも関わらずこれに一切，応じないなど，全く誠意の見られない交渉態度であった。

＊　本問において認められる瑕疵が，被告が主張したうちの一部にとどまり，かつ，それが重要でないと評価される場合には，この再抗弁が成り立つことになる。なお，「重要でない」という表現は，あくまで評価であり，法的観点の指摘という意味合いのものと思われる。

5　【問題(4)】相殺の意思表示の効果
(1)　相殺の可否

　注文者の請負代金（報酬）債権と請負人の有する損害賠償請求権は，ともに金銭債権であり，相殺に親しむ債権である。そこで，問題4において，適正損害賠償額は500万円であるとの鑑定意見が示され，判決においてもこの鑑定金額が参考とされることが大きいと思われる状況にあれば，当該金額を前提としてYが相殺することが想定される。相殺された場合，互いの債権債務は対当額において消滅するから，損害賠償額が500万円であったとした場合，YのX社に対する損害賠償請求権は全額，消滅し，一方で，X社のYに対する請負代金（報酬）債権は500万円を控除し1,700万円の限度に減縮されることになる。

　この場合，請負代金（報酬）債権と損害賠償請求権が同時履行関係にあることから，相殺が許されるか否かが問題となる。同時履行の抗弁権が付着する債権を自働債権として相殺することは，自働債権の債務者の同時履行の利益を奪う結果になるので許されないとの判例法理（大判昭和13年3月1日民集17巻318頁）が形成されていることから，そもそも相殺が許されないとも考えられなくはない。しかし，本問のケースは，あくまで契約当事者が有する請負代金債権および損害賠償請求権との同時履行関係であり，一方債権の支払のみが先行することを避ける趣旨で認められたものである。したがって，この場合に相殺により一括処理をすることは民法634条2項の趣旨に反することはないと理解される。現に，最判昭和51年3月4日民集30巻2号48頁等，多くの判例が請負代金債権と瑕疵修補に代わる損害賠償債権との相殺は可能と判示している。

　なお，民法506条2項は相殺の効力は相殺適状時に遡ることを規定している。本問における請負残代金の支払時期は前述のとおり平成23年8月31日である。一方，瑕疵修補に代わる損害賠償請求の履行期は，請求時と理解されるから（最判昭和54年2月2日判時924号54頁），結局，相殺による債務消滅の効果はYが修補に代わる損害賠償を請求した時点に遡ることになる。

(2)　遅延損害金の発生時期

　上記(1)の結論をそのまま適用すると，相殺適状時に遡ってYは履行遅滞状態と

なり，約定の遅延損害金を支払う必要が生じる可能性がある。仮にこれを認めると請負代金(報酬)請求訴訟が長期間継続した場合に，被告Yは同時履行の抗弁権をもって履行遅滞の責任を免れることができるといっても，それは後日，相殺がなされるまでの間だけのことになり，相殺によって忽ちにその地位は覆される結果となってしまう。このような結論は妥当性を欠くといわなければならない。とりわけ，建築請負約款による注文者の代金不払いに関する遅延損害金の約定が比較的，高額である事実に鑑みるならば，その不利益は換価し難いと思われる。遅延損害金の発生時期に関しては格別の解釈が必要となる。

この点について，最判平成9年7月15日民集51巻6号2581頁は，遅延損害金発生の起算点は相殺時とする旨を判示した。

(3) Yによる相殺の要件事実的位置付け

鑑定意見に基づきYが損害賠償請求額を500万円として訴訟において相殺の主張を行うことは，一部とはいえ原告の請求債権を消滅させる事由の主張であるので抗弁となる。ただし，上記最判平成9年7月15日の法理によっても，相殺の日の翌日から残存する債権1,700万円に対して1日にあたり1万分の4の割合による遅延損害金を負担することになるので，Yがこの相殺の抗弁を主張する時期については実際の訴訟では慎重な判断を要する。

この場合の要件事実であるが，これは同時履行の抗弁と類似するものとなる。すなわち，以下のとおりとなる。

① 仕事の目的物（建物）に瑕疵があること
② 損害の発生および額
③ 修補に代わる損害賠償請求を行うことの意思表示
④ 相殺の意思表示

(4) X社による相殺の主張の可能性

原告X社による相殺は許されるか。相殺の意思表示は本来的には契約当事者のいずれからも可能なはずである。通常は原告自身が自らの債権の請求根拠を失わせるようなことはしないが，瑕疵修補に代わる損害賠償の金額が比較的，少額であるときには，被告の同時履行の抗弁権を失わせ，遅延損害金を早期に発生させる趣旨で原告が相殺をすることはあり得る選択肢である。この点については，注文者からの相殺は許されるが，請負人からの相殺は，他の瑕疵担保責任追及手段を注文主から奪うことになるとして許されないという見解がある(潮見佳男『プラクティス民法 債権総論（第4版）』〔信山社・2012〕430頁)。仮にこの見解によれば，本問においてX社からの相殺は許されないことになる。

この点についての判例は未だ存在しない。したがって，原告である請負人からの

相殺の可能性が否定されたわけではない。仮に原告からの相殺の主張が認められる場合の訴訟上の位置付けについては検討が必要である。すわなち，この場合，原告は自らの請求を減縮することになる。したがって，相殺後の請負残代金である1,700万円の支払を求める予備的請求原因の主張を構成するものと思料される。

6 債権法改正審議との関係
(1) 請負代金の支払時期について

法制審議会民法（債権関係）部会においては，当初，現行民法633条の規律についても見直しを行い，仕事の目的物の引渡と同時とされている報酬の支払時期について，これを成果が契約に適合することを注文者が確認し，履行として認容することとの同時履行にするなどの検討がなされていた。しかし，平成26年8月に決定された，「民法（債権関係）の改正に関する要綱仮案」（以下「要綱仮案」という。）では，報酬に関して仕事が完成しなかった場合の規律を設けることの提案がなされているが，支払時期に関する633条についての改正提案は断念されている。そこで，目的物の引渡しを要する請負契約類型においては，引渡しと同時に代金（報酬）を支払うべきとの現行633条の規律が維持される可能性が高い。

(2) 相殺の遡及効について

法制審議会民法（債権関係）部会では，検討の当初から相殺の遡及効を見直すべきか否かを議論してきた。銀行実務などにおいて相殺の遡及効を認めると既払いの遅延損害金の返還をめぐる処理が複雑になるとして，遡及効を否定すべきとの意見が有力に主張されていた。しかし，この点についても要綱仮案では改正提案がなされておらず，現行規定である506条2項が維持される見込みである。

【解答例】

訴訟物，請求の趣旨，請求原因事実とそれに対する認否，抗弁事実とそれに対する認否および再抗弁事実とそれに対する認否を整理すれば，以下のとおりとなる。

1 訴訟物

> （主たる請求）　請負契約に基づく代金（報酬）支払請求権　1個
> （附帯請求）　　履行遅滞に基づく損害賠償請求権　1個

2 請求の趣旨

1　被告は，原告に対し，2,200万円及びこれに対する平成23年9月1日より支払済みまで1日あたり1万分の4の割合による金員を支払え。 2　訴訟費用は被告の負担とする。

3 請求原因事実とそれに対する被告の認否

1(1)　原告は，被告から，平成22年10月1日，Yビル（仮称）建築工事を代金6,200万円で請け負った。	○
(2)　被告と原告は，前記(1)において，1日につき1万分の4の割合による遅延損害金を支払うことを合意した。	○
(3)　原告は，遅くとも平成23年8月31日にはこの工事を完成した。	○
2　原告は，被告に対し，同日，本件建物を引き渡した。	○
3　よって，原告は，被告に対し，本件請負契約に基づき，請負代金の内2,200万円及びこれに対する上記引渡しの日の翌日である平成23年9月1日から支払済みまで約定の1日につき1万分の4の割合による遅延損害金の支払を求める。	争

4 抗弁事実とそれに対する原告の認否

抗弁Ⅰ（同時履行） 1　本件請負工事には，以下の瑕疵が存在する。 (1)　建物の起訴部分のコンクリートに別紙瑕疵一覧表記載（省略）のとおりの亀裂が入っており，基礎としての十分な強度を備えていない。	×
(2)　建物全体に別紙瑕疵一覧表記載のとおりのゆがみがあり，そのため1階玄関のドアの開閉が十分でない。また，2階，3階の雨戸の締まりが悪い。	×
(3)　別紙瑕疵一覧表記載のとおり，建物2階，3階の各部屋の一部分の床が水平性を欠き傾きがある。そのため，襖を締めても隙間が生じる。	×
(4)　給排水設備に別紙瑕疵一覧表記載のとおりの接続不良があり，水漏れが恒常的に発生する。	○

(5) 別紙瑕疵一覧表記載のとおりの施行不良により天井裏の喚起が十分でなく，熱気がこもる。	×
(6) 建物の耐震強度を高めるために使用する柱は30cm四方のものを使うことを重要な契約内容として合意していたにも関わらず，実際に使用している柱は25cm四方のものでしかない。	×
2　前項の瑕疵により被告に生じる損害は500万円を下らない。[*1] 3　被告は，瑕疵修補に代えて前項の損害の賠償を求める。 4　被告は，原告が損害賠償金を支払うまで，請負工事代金の支払を拒絶する。	×
抗弁Ⅱ（注文者の解除権） 　被告は，原告に対し，平成23年8月5日，本件請負契約を解除するとの意思表示をした。	×
抗弁Ⅲ（相殺） （1ないし3は抗弁Ⅰの1ないし3と同じ。）	
4　被告は，原告に対し，平成25年4月10日，被告の有する損害賠償請求債権を自働債権とし，原告の本件請負代金債権を受働債権として対当額で相殺する旨の意思表示をした。	○[*2]

* 1　Yの言い分から伺えるYの損害賠償請求額の主張は800万円であるが，問題4の鑑定結果を受けて，Yが損害賠償額の主張を500万円に減額することを想定した事実整理である。
* 2　相殺の主張に対する認否は，Yの言い分にはでていないが，意思表示自体がなされたこと自体は争う趣旨ではないということであれば，認めるになるものと思われる。

5　再抗弁事実とそれに対する被告の認否

抗弁Ⅰに対する信義則違反の評価根拠事実 1　本件請負工事における瑕疵は重要なものではない。 2　被告は，原告が申し出た瑕疵の調査の実施を一方的に拒絶し，また，原告が幾度か瑕疵問題の解決のために話し合いを求めたにも関わらずこれに一切，応じないなど，全く誠意の見られない交渉態度であった。	×

（高須順一）

第7問
賃貸借

次のようなＸ，Ｙ及びＺの言い分を読んで，後記の問いに答えなさい。

《Ｘの言い分》

1　Ｘは，父Ａとともに，鮮魚の卸売り販売を長年営んでいたが，平成17年3月10日，Ａが亡くなり，Ａが所有していた建物（木造瓦葺2階建・店舗兼居宅。以下「甲建物」という。）を相続によって取得した。Ａの死後，甲建物はしばらく空き家となっていたが，平成18年4月からＹに賃貸借することになった。Ｙは，父の鮮魚卸売りの取引先である株式会社Ｗ産業の経営者であるＢの娘婿であり，甲建物を使用して割烹レストラン○○（以下「本件レストラン」という。）を経営したいとのことであり，平成18年3月25日にＸＹ間で締結された賃貸借契約は次のような内容であった。

契約期間：平成18年4月1日から平成23年3月31日までとする。
賃料　　：1か月25万円　毎月末までに翌月分をＸの住所地に持参もしくは送金する。
敷金　　：50万円
礼金　　：25万円
使用目的：店舗及び従業員宿舎

なお，賃貸借契約書には借主が賃料を1回でも遅滞したときは，貸主は催告なしにただちに本契約を解除することができるとの条項が付されていた。

2　Ｙは，平成18年4月から，甲建物において本件レストランの営業を開始した。当初は，順調な経営状態であったが，平成18年暮れ頃からＹが体調を崩し，平成19年8月頃には入院して加療することになった。そのためか，賃料の支払がしばしば遅れるようになり，平成19年暮れからは，支払がない状態となった。平成20年3月末に，Ｙが入院した病院を訪れたＸは，Ｙに対して，平成20年1月分から4月分までの合計100万円の支払がないことを述べて，賃料をきちんと支払ってくれるようにと述べた。これに対して，Ｙは，現在賃料の支払等については，すべて従業員のＺに任せているから，Ｚに確認してみるとのことであった。

3　Ｘは，Ｚのことは初耳であったが，病気のＹに代わって，本件レストランを，Ｙの雇用した従業員が取り仕切っているものと考え，賃料の支払がなされるのを待つ

ことにしたが，平成20年4月末になっても，賃料の支払がないので，平成20年5月1日付で，Yに対して合計125万円の支払を督促する内容証明郵便を送付し，これは同年5月2日にY宅に配達された。

4 　同時に，Zに家賃の支払について直接話を聞こうと考え甲建物を訪れたが，Zが不在であったために，従業員のCが同店の現場責任者として話に応じた。Cの説明でおおよそ次のような事情がわかった。

5 　Cによれば，当初はYが本件レストランを経営していたが，次第にYの体調が悪くなったので，本件レストランの経営をおこなうことが難しくなり，Yは平成19年4月1日からかねて知り合いだったZに依頼してXY間の賃貸借契約が終了するまでという約束で，店の経営全般を任せるようになっていた。

　Zは，「賃料月額30万円，敷金90万円をYに支払い，人件費，光熱費，水道料金等はすべて店の売り上げから支払ったうえで，純益の残りはすべて自由にしてよい」とYから言われていたと聞いている。

　Zは，Yが店に出入りしていた頃と同じ従業員を雇っており，什器等も特に変えることはなかったが，店の営業内容については特にYからの指示は受けていなかった。

　また，Zは平成19年の秋頃から甲建物の2階に居住するようになっており，給料もそれ以降はZ名義で振り込まれるようになっていた。それでCは，Zは従業員ではなく，経営者が代わったものだと思っていた。Zは，本件レストランの経営を任されるにあたって，自分で費用を出し，甲建物にあわせて特注した新しい冷蔵設備を70万円で購入し店に設置したが，その費用をYに請求したところ，事前に説明を受けていなかったという理由でYからは支払えないと拒絶されたと話しており，甲建物からこの設備を撤去することもできず困っていた様子であるということだった。

6 　以上の経緯を聞いて，私は，平成20年6月5日に再びYの病院を訪れ，Cの話の真偽を確認したところ，Yは仕事のつきあいで昔から飲食店経営のノウハウを持っていることを知っているZに経営を任せたこと，Zのレストランの経営は比較的うまくいっており毎月の賃料もZからは滞りなく納められていることについては認めた。Xに対する賃料の支払については，はじめZから直接払い込ませることも考えたが，Xが不信感を持ってはいけないのでいったん自分に支払いをさせ，こちらからXに支払おうと考えていたが，思った以上に病気が重く，思ったように行動できなかったとの話であった。6月末にはこれまでの滞納分の賃料及び7月分の賃料ともに一括して支払うので，しばらく待ってほしいという話であった。Xは6月末までは待つことにするが，それ以上は難しい旨をYに伝えて，病院を出た。

7 　平成20年6月末になってもやはりYからの支払がなかったため，平成20年7

月10日付でXは，Yに対して甲建物にかかる賃貸借契約を解除し，未払の賃料合計150万円の支払を求める旨の内容証明郵便を送付し，他方Zに対しても7月末までに甲建物を退去することを求める旨の内容正面郵便を送付して，それぞれ同年7月12日に配達されたことがわかっている。ところが，双方ともこれに対して返答をせず平成20年9月末になってもZは従前通り甲建物を使用して割烹レストランBの営業を継続している。Xとしては，Zに甲建物から退去して欲しいと考えている。
8　Zは，上記内容証明郵便に対して，70万円をかけたからその支払を受けるまで立ち退かないと述べているようだが，同等の設備を中古で導入するなら30万円ほどしかかからないのだから，その程度なら支払ってもよいと考えている。

《Yの言い分》

　Xさんから賃貸借契約の解除を通告されて，当惑しています。私は，病気で賃料を支払うことがなかなかできないから，しばらく待ってくれるという話でしたし，Zに任せた店の経営はうまくいっていて，Zから直接賃料を支払ってもらうことも今となっては考えられますからXさんには冷静になってほしい。また7月10日付の内容証明郵便が届いてから，これまでの滞納分を受け取ってもらえるようにXさんに電話しましたが聞く耳をもってもらえません。たしかに私は結局半年以上も家賃を滞納したわけですから，出て行くのは仕方がないにしてもうまく経営を軌道に乗せてくれたZに申し訳ない気持ちです。

《Zの言い分》

　Xさんから退去するようにいわれました。わたしはYさんと賃貸借契約を結んでいるのでXさんが急に出てきたことで驚いています。もともと甲建物建物がXさんの持ち物だということについては，今回初めて聞きました。しかも，Yさんが賃料を支払っていなかったために，Yさんも契約を解除されたことも聞きました。
　たしかにXさんには，甲建物を私が借りていることについては事前に説明しなかった形になってしまいましたが，今回の件でYさんと話をしたところ，平成20年3月末には病院でYさんからXさんにも説明があり，それでXさんも了解してくれたとYは言っていました。それに，わたしはYさんがやっていた店を居抜きで借りて，従業員もそのまま引き継いだわけですから，又貸しがあったといっても実際にやっていることは前と全く変わりませんから，毎月きちんと家賃を払って，仕事をがんばっていた私の身にもなってほしいと思います。また事前にこちらに言ってくれれば，Yさんに支払っていた賃料を，直接Xさんに支払うことも可能だったんですから，突然出て行けというのはあまりに酷だという気持ちです。今後は，私が直

接Xさんに家賃を支払っていきますので何とか退去することは避けたいと思っています。

　もしどうしても退去しなければならないと言うことなら，せめて甲建物用に特注した冷蔵庫の代金70万円は支払ってほしいと思います。あれは甲建物の厨房にあわせて作ったものだからほかへ持って行っても使うことができません。かなりの出費だったので，この支払を受けるまでは，退去することはできません。

【基本問題】

　(1)　Xがその言い分を前提にZに対して，甲建物からの退去することを求めて民事訴訟を提起する場合，どのような内容の請求をすることが可能かを説明しなさい。また，その場合の訴訟物は何かを記載しなさい。

　(2)　前記(1)を前提に，請求原因として主張すべき要件事実を指摘し，その理由を説明しなさい。

　(3)　Xの請求に対して，Zの言い分から考えられる抗弁を指摘し，その要件事実とその事実が必要となる理由を説明しなさい。

　(4)　Xが，Zを相手に民事訴訟を提起して，平成20年6月末以降の甲建物の使用に対する対価を請求することが可能であるかについて検討しなさい。その場合の訴訟物及びXが請求原因として主張すべき要件事実を検討しなさい。

【発展問題】

　XがYを被告として民事訴訟を提起する場合，どのような請求が考えられるかについて検討しなさい。また，その場合の訴訟物と請求原因事実を記載しなさい。

```
          X ←――― 賃貸借契約 ―――→ Y ←――― 転賃貸借契約？ ――→ Z

  ┌─────────┐   平成 18 年 3 月 25 日          平成 19 年 4 月 1 日
  │ 建物甲  │   賃料月額 25 万円               賃料月額 30 万円
  │ X 所有  │   毎月末払い                     毎月末払い
  └─────────┘   敷金 50 万円                   敷金 90 万円

                平成 20 年 1 月分から賃料不払い   平成 19 年秋頃
                平成 20 年 5 月 1 日              Z が甲の 2 階に居住
                125 万円の支払を催告


平成 18 年 7 月 10 日
              賃貸借契約解除
         X ――――――――――――→ Y
              未払い賃料の支払
                    ＼
                     ＼ 甲建物退去
                      ＼
                       ↘
                        Z
```

解説

1　問題の所在

　本件は，XがYと店舗として営業することを目的として締結した甲建物の賃貸借契約につき，Xが知らない間にXの承諾のないままYからZに転貸がなされたケースで，Xが Yの賃料不払い，ないし無断転貸借を理由として，賃貸借契約を解除し，Y及びZに対して建物の明渡しを求める事案である。一見すると，賃借人がYからZに交代しているようにも見えるが，ZとYの間では，ZからYに対して賃料が支払われていることからみると，X・Y間の原賃貸借契約の存在を前提とした転貸借関係とみることができる。しかし，Yの従業員Cの証言からは，給料の支払いも途中からYからではなくZから支払われていたようであり，実質的にみれば，賃借人の交代があったと評価する余地もある。

　すなわち，無断転貸を理由とする賃貸借契約の解除を理由として明渡しを求めるのか，それとも，賃貸人の承諾のない賃借権の無断譲渡を理由とすることに基づく契約解除を理由とする明渡請求か，賃貸借契約の解除原因自体について，原告であ

る賃貸人Xの側で取捨選択する必要がありそうである。

　他方で，賃借人Yは，賃料不払いの事実は争っておらず，ただXによる催告後の弁済の提供の事実を主張する。また，Zは，Yが，平成20年3月頃YからZへの転貸借についてXに説明を行い，Xも転貸借を了解した旨主張している。すなわち，転借人（であろう）Zは，賃貸人Xから賃借人Yに対し，Zに対する転貸借につき承諾があった旨を主張して，自己の転借権がXに対して対抗できる旨主張しているのである。また，Zは，自己がYに対して転貸賃料の支払を確実に履行していたこと等を主張し，Zによる転貸借の態様が背信性を欠くものであることを主張しているようにも見える。

　加えて，Zは，甲建物の内部に設置した特注品の冷蔵庫に要した費用の支払を受けるまで，甲建物の明渡しを拒絶する旨，主張している。これは，有益費の費用償還請求権（民196条2項もしくは民608条2項）を被担保債権とする留置権（民295条）の主張である。なお，この冷蔵庫の設置は，賃貸人Xの承諾を経て行った動産の設置ではないから，造作買取請求権（借地借家33条）は成立しないことに注意すべきである。

2 【基本問題(1)】 XからZに対する建物明渡請求訴訟の請求の趣旨と訴訟物

(1) 請求の趣旨

　Xの原賃貸借契約の解除原因は，Yの賃料不払及び賃借物の無断転貸・賃借権の無断譲渡を理由とする解除の2種類が考えられる。

　賃貸借契約において，賃借人は賃貸人の承諾なしには賃借権を譲渡し，または転貸することができず（民612条1項），これに違反して賃借人が第三者に賃借物を使用収益させたときは，賃貸人は賃貸借契約を解除することができる（民612条2項）。また，賃借人（転貸人）Yの賃料支払債務の遅滞を理由として，Yとの間の賃貸借契約を解除しうる（民541条）。本問では，XはYとの間の賃貸借契約を，賃料不払を理由に解除しているようにみえる。もちろん，無断転貸借を理由として解除することも可能である。また，Xは，Yとの間でZに対する転貸借について承諾を与えたかどうかについては争っており，承諾がないとすれば，ZはXに対して転借権を主張できないことになる。そうすると，XがYに対して甲建物の明渡しを求める根拠は，解除原因は別として，原賃貸借契約の解除を理由とする，「賃貸借契約終了に基づく目的物返還請求権としての建物明渡請求権」である。

　賃貸借の終了に基づく明渡請求権は，賃貸借契約の効果として発生する賃借物返還義務に基礎をおくものであり，解除・解約の申入れ等の終了原因自体の効果として発生するものではないから，1個の賃貸借契約に基づく明渡請求である限り，終了原因のいかんにかかわらず，訴訟物は常に1個であり，個々の終了原因は原告の

負うべき防御方法にすぎないと解される（一元説，類型別90頁）。よって，上記「賃貸借契約終了に基づく目的物返還請求権としての建物明渡請求権」が訴訟物となる。

もっとも，最判昭和26年4月27日民集5巻5号325頁は，転借人が賃貸人から承諾を得ていることを証明できない場合に，所有者Xは，Yとの間の原賃貸借の解除の有無を問わず，占有権限のない転借人Zに対して直接返還請求をなすことを認めている。よって，本問では，Xは原賃貸借の解除の有無を問わず，「所有権に基づく返還請求権としての明渡請求権」を請求原因として，直接転借人Zに対して甲建物建物の明渡を請求できると解すべきであろう。

したがって，このとき，請求の趣旨は，

> 被告は，原告に対し，別紙物権目録記載の甲建物を明け渡せ。

となり，訴訟物は，

> 所有権に基づく返還請求権としての建物明渡請求権　1個

となる。

3 【基本問題(2)】基本問題(1)の請求原因としてXが主張すべき要件事実とその理由

(1) 建物所有権に基づく物権的返還請求権

Y・Z間の関係が無断転貸である限り，Xの承諾のない限り，ZはX転借権をXに対抗できないから（民612条1項），その限度でZは甲建物を不法占拠しているともいえる。このとき，Xは，Yとの賃貸借契約の解除を経ることなく，建物所有権に基づき，直接Zに対して明渡しを求めることができる（前掲最判昭和26年4月27日）。換言すれば，賃貸人に対する関係において不法占有をなす者に対しては，賃貸人の所有権を侵害する者として，直ちに明渡しを請求し得るのである（三淵・最判解民昭和28年度157-158頁）。

(2) Xの請求原因事実

Xの建物所有権に基づく物権的請求権としての建物明渡請求権は，①建物所有権のXへの帰属，②Zによる建物所有権の妨害状態の存在，という2つの要件が充足されることによって肯定される（牧野利秋＝土屋文昭＝齋藤隆『民事要件事実講座3民法Ⅰ債権総論・契約』〔青林書院・2005〕395頁）。

Xの所有権を基礎づけるためには，Xの所有権取得原因事実となる具体的事実を

主張しなければならず，論理的には所有権を原始的に取得した最初の所有者にまでさかのぼってすべての所有権取得原因事実を主張・立証しなければならないことになりそうである。しかし，本問の被告であるZは，Yからの転貸借契約の存在を主張しており，YはXの賃借人であるから，その限りでXの建物所有権を認めている。これをZがXの所有権について権利自白したものと認めて，Xとしてはそれ以上の所有権に関する主張立証が不要であると解することができる。

他方で，Zに占有権原がないことは，XのZに対する所有権に基づく返還請求権の発生要件ではなく，占有権原があることが抗弁となると考えられる。すなわち，所有権は排他的支配権であり，他人が目的物を占有していることは，所有権のこのような性質と矛盾牴触する。したがって，他人Zの占有という客観的事実があれば，それだけで所有権の完全な行使が阻害されていること（所有権に対する侵害状態）が基礎づけられるから，所有権に基づく返還請求権が発生すると考えられる（30講239頁）。そして，占有を正当化する権原（占有権原）があることは，この請求権の発生を障害する抗弁となる（松岡久和「物権的請求権」大塚＝後藤＝山野目202頁）。

---

1 原告は，甲建物を所有している。
2 被告は，甲建物を占有している。
3 よって，原告は，被告に対し，甲建物の明渡しを求める。

---

4 【基本問題(3)】 Xの請求に対するZの抗弁
(1) 占有権原の抗弁——転貸借の承諾

以上のXの請求に対して，Zは，占有権限として転貸借関係を主張することも考えられる。本問において，Zは，「平成20年3月頃にはYさんからXさんにも説明があり，それでXさんも了解してくれたとYは言っていました」と述べており，これは，Xが転貸借を承諾した事実を指摘しているものである。すなわち，民法612条1項の承諾により，転貸借がXにも対抗できる旨の適法転貸借の主張である。

適法転貸借の抗弁についての要件事実は，
① 原賃貸借の成立，
② ①に基づく目的物件の賃借人への引渡し，
③ 転貸借契約の成立，
④ ③に基づく目的物件の転借人への引渡し
⑤ 賃貸人（X）が原賃借人（転貸人Y）に対して③について承諾したこと，
である。

1　原告は，訴外Yとの間で，平成18年3月25日，甲建物について，以下の内容で訴外Yに賃貸する旨の賃貸借契約を締結した（以下「本件賃貸借」という。）。
契約期間：平成18年4月1日から平成23年3月31日までとする。
賃　　料：1か月25万円
2　原告は，訴外Yに対し，平成18年4月1日，本件賃貸借に基づき，甲建物を引き渡した。
3　訴外Yは，被告との間で，平成19年4月1日，甲建物につき，以下の内容で被告に転貸する旨の転貸借契約を締結した（以下「本件転貸借」という。）。
契約期間：平成19年4月1日から平成23年3月31日までとする。
転貸賃料：1か月30万円
4　訴外Yは，被告に対し，平成19年4月1日，本件転貸借に基づき，甲建物を引き渡した。
5　原告は，訴外Yに対し，平成20年3月31日，被告に対する本件転貸借を承諾した。

(2)　占有権原の抗弁──「背信行為と認められない特段の事情」の存在

　一般に，転借権は，賃借権を前提として賃借人の権利の範囲内で設定されたものであり，賃借人の賃借権の上に成立しているものとみられるから，賃借権が消滅すれば，転借権はその基礎を失う。すなわち，賃貸人からの所有権に基づく明渡請求に対して，転借人がその占有権原を所有者に対抗するためには，抗弁として，①所有者（賃貸人）と賃借人との間の賃貸借契約の締結，②賃借人（転貸人）と転借人との間の転貸借契約の締結，③転貸についての賃貸人の承諾，を主張立証する必要があり，これに対して，賃貸人が，再抗弁として，①'賃貸借の終了を主張立証すれば，転借人は賃貸人に対して占有権原を主張できないとされる（矢尾渉・最判解民平成14年度上333頁）。本問では，Xによる転貸借の承諾はないと解される。では，Zはこれに代えて何を主張立証すべきか。
　判例は，賃借人が賃貸人の承諾なしに第三者に賃借物を使用収益させたときでも，「賃貸人に対する背信行為と認めるに足りない特段の事情」があるときは，賃貸人は，賃貸借契約を解除できないとしている（最判昭和28年9月25日民集7巻9号979頁等）。転借人は，転貸借につき「賃貸人に対する背信行為と認めるに足りない特段の事情」があることを主張・立証すれば，賃貸人の賃借人に対する解除が排斥される結果として，転借人はその権利を賃貸人に対抗することができ，もって承諾ある転貸と同様の効果が認められる（最判昭和36年4月28日民集15巻4号211頁，「無断転貸を背信行為

と認めるに足りないとする特段の事情」の主張・立証責任については，最判昭和41年1月27日民集20巻1号136頁参照）。そうすると，抗弁事実は次のようになる。
① 原賃貸借関係の成立
② ①に基づく目的物件の賃貸人から賃借人への引渡し
③ 転賃貸借契約の成立
④ ③に基づく目的物件の転貸人から転借人への引渡し
⑤ ③に基づいて，賃貸人に対する背信行為と認めるに足りない特段の事情のあること。

　上記⑤は規範的要件であって，Zは評価根拠事実を主張することになる。具体的には，「わたしはYと賃貸借契約を結んでいるのでXさんが急に出てきたことで驚いています。もともと甲建物建物がXの持ち物だということについては，今回初めて聞きました」とする部分からは，ZはYが所有者であって自己の賃貸人であると信じていたことが指摘できる。また，「甲建物を私が借りていることについては事前に説明しなかった形になってしまいましたが，今回の件でYさんと話をしたところ，平成20年3月頃には病院でYさんからXさんにも説明があり，それでXさんも了解してくれたとYは言っていました」という部分からは，Zは，転貸借についてYがXから了解を得ていたと信じていたことが看取される。さらに，「わたしはYさんがやっていた店を居抜きで借りて，従業員もそのまま引き継いだわけですから，又貸しがあったといっても実際にやっていることは前と全く変わりません」の部分が重要である。レストランの営業の態様が転貸借以前と変わっていないことの指摘は，転貸借の背信性とは相反する事実である。加えて，Xは，Yから，「平成20年6月初旬に再びYの病院を訪れ，……Yは仕事のつきあいで昔から飲食店経営のノウハウを持っていることを知っているZに経営を任せたこと，Zのレストランの経営は比較的うまくいっており毎月の賃料もZからは滞りなく納められていること」を認めている。また，Yの体調の悪化により平成19年4月からZに店の経営全般を任さざるを得なかったことも，転貸借の背信性を疑われる事実である。
　以上の，Zの抗弁をまとめると，以下のようになる。

1　原告は，訴外Yとの間で，平成18年3月25日，甲建物について，以下の内容で訴外Yに賃貸する旨の賃貸借契約を締結した（以下「本件賃貸借」という。）。
　契約期間：平成18年4月1日から平成23年3月31日までとする。
　賃　　料：1か月25万円
2　原告は，訴外Yに対し，平成18年4月1日，本件賃貸借に基づき，甲建物を引き渡した。

> 3　訴外Yは，被告との間で，平成19年4月1日，甲建物につき，以下の内容で被告に転貸する旨の転貸借契約を締結した（以下「本件転貸借」という。）。
> 契約期間：平成19年4月1日から平成23年3月31日までとする。
> 転貸賃料：1か月30万円
> 4　訴外Yは，被告に対し，平成19年4月1日，本件転貸借に基づき，甲建物を引き渡した。
> 5　本件転貸借が賃貸人に対する背信行為と認めるに足りない評価根拠事実
> 　(1)　被告による上記レストランの営業の形態は，訴外Yの経営時と実態は変わっていないこと。
> 　(2)　訴外Yが被告に店舗の経営を委ねたのは，訴外Yの体調悪化による入院が理由であり，やむを得ない措置であったこと。
> 　(3)　被告は，訴外Yが自己の賃貸人であると信じていたこと。
> 　(4)　被告は，訴外Yから，平成20年3月頃転貸借についての承諾があったとの説明を受けていたこと。

　なお，上記(1)の転貸借の承諾についての抗弁は，Zが，「たしかにXさんには，甲建物を私が借りていることについては事前に説明しなかった形になってしまいましたが，今回の件でYさんと話をしたところ，平成20年3月頃には病院でYさんからXさんにも説明があり，それでXさんも了解してくれたとYは言っていました」と述べており，転貸借につきXの承諾があった旨の主張しているとの評価に基づいている。

　しかしながら，上記の摘示は，Zが自己の転借権がXに対抗しうると考えた事情というよりは，むしろ，転貸借関係が背信性を帯びない間接事実としての事情の一部であるとみる余地がある。というのは，Zは，元々「わたしはYと賃貸借契約を結んでいるので，Xさんが急に出てきたことで驚いています。もともと甲建物がXの持ち物だということについては，今回初めて聞きました」と述べているのだから，ZはXの存在につき不知であったのである。言い換えれば，Zとしては，自分が転借人の地位にあること自体知らなかった以上，転貸借関係がXに対して有効であることを主張する意図は，Xが現れるまで有していなかったと評価すべきであろう。

(3)　留置権の抗弁

　他方で，Zは，Yからレストランの経営を任された後，自分で費用を出して，甲建物に合わせて特注した冷蔵設備を70万円で購入し店舗内に設置した。Zは転貸借契約に基づき，賃貸人（転貸人）であるYに対してその費用の支払を請求したが，Yは支払に応じなかった。この冷蔵設備に要した費用は，少なくとも有益費にあた

るものと考えられる (民196条・608条)。

　Zは，甲建物の明渡しを求めてきたXに対して，退去がやむを得ないとしても「甲建物用に特注した冷蔵庫の代金70万円は支払って欲しい」と述べ，「かなりの出費だったので，この支払を受けるまでは退去することはできません」と述べている。これは，冷凍設備についての有益費の償還請求権を被担保債権とする (民事) 留置権の行使であると考えられる。

　民法295条によれば，留置権が成立するためには，①他人の物を占有していること，②「その物に関して生じた債権を有する」こと，③被担保債権の弁済期が到来していること，④占有が不法行為によって始まったのではないこと，をZの側で主張・立証しなければならない (鎌田薫『民事法Ⅱ債権総論・担保物権 (第2版)』〔日本評論社・2010〕4-5頁)。このとき，被担保債権としての有益費の償還請求権は，契約関係のない建物所有者Xとの関係で支払を求めるとすれば，民法196条を根拠とすることを要する。転借人Zは賃借物である甲建物建物を占有しているため，賃貸借契約が終了し，占有物である甲建物建物を返還する場合には，民法608条の費用償還請求権は転貸人Yに対してしか主張できないから，元々契約関係にないXとの関係では，民法196条を費用償還請求権の根拠とすることになりそうである (山本Ⅳ-1 契約518頁)。

　しかし，本問にあっては，いったん転貸人Yとの関係で成立した物権である留置権を第三者であるXに対して対抗するのであるから，その被担保債権は民法196条ではなく，同608条と解することも可能であろう。ただ，この場合には，Xの明渡請求権の根拠は，XY間の賃貸借契約の債務不履行解除に伴う，転借人に対する返還請求権と解すべきであって，賃貸借契約に付随して発生した債権を留置権の被担保債権とする必要がある。これに対し，Xの明渡請求権の根拠が，所有権に基づく返還請求権であるとすれば，契約関係の連鎖にないXとZの間は，民法196条によって規律されると解されるから，留置権の被担保債権は同196条2項の有益費の償還請求権と解すべきである。すなわち，いったんZとYの間に成立した有益費の償還請求権を被担保債権として留置権を主張する場合には民法608条2項を根拠とし，かつ，Xの返還請求権の発生根拠もXY間の賃貸借に基礎をおくと解すべきであるのに対し，他方で，ZがXから所有権に基づく返還請求を受けた場合には，契約関係に由来する民法608条2項を費用償還請求権の根拠とすることは適当ではなく，このときには同196条2項に依拠することになる。本問では，Zの主張からは，いったんYに対して冷蔵庫の設置費用の支払を求めたとあるから，費用償還請求権は民法608条2項によることになろう。もっとも，ZがYに対して費用償還請求をしておらず，XがZに明渡しを求めて以降に留置権を主張したなら，その被担保債権は

民法196条2項によることなる。

以上を前提とすれば，Zによる留置権の主張は，以下のようになる。

> 1　被告は，平成20年9月までに甲建物に冷蔵設備を設置した。
> 2　被告は，1のとき，甲建物を占有していた。
> 3　被告は，1の冷蔵設備代金として，70万円を支出した。
> 4　原告は，甲建物の増価額30万円の支払いを選択した。
> 5　被告は，4の30万円の支払を受けるまで，甲建物を留置する。

5　【基本問題(3)】展開・Xの再抗弁（補論）
(1)　転貸借についての承諾
　Xは，Zの主張する転貸借の承諾の事実については，問題文中にこれに相当する記述は見られないから，Xとしては単純に否認すると考えられる。
(2)　転貸借につき背信性がないことの特段の事情に関する評価障害事実
　Xは，Zが行う，占有権原として転貸借関係を主張すること，具体的には，転貸借につき「賃貸人に対する背信行為と認めるに足りない特段の事情があること」の主張に対して，その特段の事情を阻却する評価障害事実，すなわち「背信性がないこと」の評価障害事実を主張することになる。

　本問において，Yは，レストランの従業員CがXに話した事実，例えば平成19年4月以降店舗の経営をZに委ねていたことを，Xが最初にYを入院先の病院に訪ねた際（平成20年3月末）には黙っており，その事実は，2度目の訪問時（平成20年6月初旬）に初めて明らかにされた。つまり，当初，YはZが単なる従業員であるとXに説明しており，転貸の事実を隠蔽しようとしていたと評価できる。

　また，転貸賃料として原賃貸借の賃料を上回る額が設定されており，営利目的がうかがわれることも，背信性を基礎づけるであろう。

> **（転貸借につき非背信性（「背信性がないこと」）の評価障害事実）**
> 1　訴外Yは，平成20年3月末に原告が訴外Yを入院先の病院に訪問した際，被告がレストランの従業員であると述べ，転貸借の事実を隠蔽した。
> 2　訴外Yは，被告から転貸賃料として月額30万円の支払を受けていた。

(3)　原賃貸借の終了
　Xの明渡請求につき，所有権に基づく返還請求権を訴訟物とする場合，Xの原賃

賃借の債務不履行解除は転借人に対抗できるから（最判平成9年2月25日民集51巻2号398頁），この主張はZの占有権原の抗弁に対する再抗弁になる。その要件事実は，以下のようになる。具体的には，
① 原賃貸借契約の成立
② ①に基づく目的物件のYへの引渡し
③ 賃料支払期限の経過
④ 相当期間を定めた催告
⑤ 催告後相当期間の経過
⑥ 解除の意思表示

このうち，①と②は，既に請求原因にあらわれているから，主張は不要である。

> 1 平成19年12月から平成20年5月までの各月の末日は経過した。
> 2 原告は，被告に対して，平成20年6月5日，平成19年12月から平成20年6月分の賃料を支払うよう催告した。
> 3 原告は，被告に対して平成20年7月10日，賃貸借契約を解除する旨の内容証明郵便を送付し，この郵便は，同年7月12日，被告に到達した。

6 【基本問題(4)】Zに対する平成20年6月末以降の甲建物建物の使用対価の請求

XY間の賃貸借契約が債務不履行によって終了する場合，それ以後Zによる甲建物建物の占有は不法占有となるから，使用利益相当額について，不当利得返還請求（民703条）もしくは不法行為を原因として，使用利益（使用対価＝賃料相当額）を請求することができる。

ここでは，まず不法行為に基づく損害賠償請求を例にして，損害賠償請求をする場合を挙げる。甲建物の不法占拠によりXの甲建物の所有権ないしそれに基づく甲建物の利用が侵害されているから，請求の趣旨は，

> 被告は，原告に対し，平成20年7月12日から本件建物の明渡し済みまで月額25万円及び各月分に対する各翌月1日から支払済みまで年5％の割合による金員を支払え。

となる。

＊ 不法行為の損害賠償請求権ないし不当利得返還請求権では，利得が1日1日発生するため，「各日に発生する金員に対する各支払済みまで年5％の割合による金員を支払え。」となるはず

である。もっとも，このような請求は実務上は煩雑であるため，一部請求となるが，上記解答例のように「各月分に対する各翌月1日から支払済みまで」というような請求の趣旨を立てることが多い。上記の解答例はこれに従ったものである。

訴訟物は，

> 不法行為に基づく損害賠償請求権　1個

となる。

前掲最判平成9年2月25日は，承諾賃貸借に関する判示であるが，「［原］賃貸借契約が転貸人［賃借人］の債務不履行を理由とする解除により終了した場合において，賃貸人が転借人に対して直接目的物の返還を請求したときは，転借人は賃貸人に対し，目的物の返還義務を負うとともに，遅くとも右返還請求を受けた時点から返還義務を履行するまでの間の目的物の使用収益について，不法行為による損害賠償義務又は不当利得返還義務を免れない」としている。

一般的に，民法709条により損害賠償請求をするときの要件事実は，
① 原告の権利または法律上保護される利益の存在（原告Xが一定の権利・法律上保護された利益を有すること）
② 被告が①を侵害したこと（①の権利・法律上保護された利益に対する被告Yの加害行為）
③ ②についての被告の故意があること，または被告の過失の評価根拠事実
④ 原告に損害が発生したこと及びその数額
⑤ ②の加害行為と④の損害との間に因果関係があること
⑥ ②が違法であること

である（加藤＝細野345-347頁）。

①の権利または法律上保護された利益は，②の加害行為時にXに帰属していたことを要する（加藤＝細野346頁）。本問においては，甲建物の所有権がXに帰属していることは争いのない事実である。次に，②の要件は，権利に対する加害行為を表す。本問では，Zの占有権原が否定されることにより，それ以降のZの占有は不法占有となるから，Zの占有権原がXに対して対抗不能となった時点を特定して主張立証する必要がある。不法占有はそれ自体違法性を帯びるから，⑥の要件は充足される。

③についてはどうか。故意とは，Zにおいて，①及び②の事実を認識し，かつ容認した心理状態である。過失とは，一定の結果の発生を予見し，回避することが可能であったにもかかわらず，その結果の発生を回避すべき措置をとらなかったということである。そして，過失は規範的要件であり，それを基礎づける具体的事実（評価根拠事実）が主要事実となる。本問では，XがZに対して，「7月末までに甲建物を

退去することを求める旨の内容証明郵便を送付して, 7月12日に配達された」こと, にもかかわらず, 「平成20年9月末になってもZは従前通り甲建物を使用してレストランの営業を継続していること」により, Xにこの間の賃料相当額の損害が発生し (④の要件), その損害がZの不法占有に起因すること (⑤の要件), 及びZの故意または過失は十分に立証され得るといえよう。損害額については, X・Y間の賃貸借契約において定められた1か月の甲建物の賃料25万円につき, 退去を求めて以降の8月・9月末までの少なくとも2か月分合計50万円が損害額となる。もっとも, XがYとの賃貸借を解除し, その解除をもって転借人Zに対抗し得るようになったのは, 平成20年7月10日付の解除通知がZに到達した7月12日以降であるから, Zによる甲建物建物の占有により, 7月12日から31日分についても賃料相当額の損害が発生している。よって, XがZに対して請求し得る損害額は, 賃料2か月分相当額の50万円に加えて, 25万円×19÷31＝116,451円余となる。また, 前掲最判平成9年2月25日によれば, 実際に甲建物を明け渡すまでの使用利益が損害となるから, 請求において「明渡が完了するまでの損害を支払え」と表記することになろう。

> 1　原告は, 平成20年7月12日当時, 甲建物を所有していた。
> 2　訴外Zは, 平成20年7月12日以降, 甲建物を占有している。
> 3　よって, 原告は, 被告に対し, 不法行為による損害賠償請求権に基づき, 月額25万円及び各月分に対する各翌月1日から支払済みまで民法所定の年5分の割合による遅延損害金の支払を求める。

次に, XがZに対して使用利益について不当利得返還請求をする場合はどうか。不法行為であれば占有侵害の違法性が必要となるが, 本設問のZの主張のように, 留置権や同時履行の抗弁権が主張された場合には, 占有の違法性が阻却され, その場合は, 不動産の占有による不当利得に基づく利得返還請求権と構成することになる。このとき, 留置権や同時履行の抗弁権は, 占有することを内容とするから, 占有だけで不当利得は成立しない。けれども, これらの権利は, 占有による使用収益権限を構成せず, よって使用利益については不当利得が成立し得る (以上, 吉川愼一「所有権に基づく不動産明渡請求訴訟の要件事実①」判タ1172号 (2005年) 41頁)。

不当利得の要件事実につき, 従来の通説である請求原因説は, 民法703条の条文から, 原告が,
① 原告の損失
② 被告の利得

③　①と②との間の因果関係

のほか，

　④　被告の利得が法律上の原因に基づかないこと

まで主張立証責任を負うと解している（吉川前掲論文・判タ1172号41頁，大江忠『要件事実民法(4)債権各論（第3版）』〔第一法規・2005〕884-587頁。最判昭和59年12月21日金判783号19頁は，不当利得の返還を主張する者が，利得者が「法律上の原因なく」して利得をした事実を主張・立証すべきとであるとする）。

　従来の通説は，いわゆる衡平説に立ち，「法律上の原因がないこと」とは，「形式的・一般的には正当視される財産的価値の移動が実質的・相対的には正当視されない場合」であるとか（我妻V₄85頁），不当利得の類型論からは，「法秩序の予定する財産的利益配分の法則に反すること」（四宮和夫『事務管理・不当利得・不法行為（上）』〔青林書院・1981〕70頁）と定義されている。この概念は，加藤雅信教授によれば，「不当利得の『法律上の原因』とは財貨移転と関連するかぎりでの法体系の投影体であり，財産法の箱庭」（加（雅）・大系Ⅴ48頁）と称される，法的な価値判断を要する規範的な評価概念である（吉川前掲論文42-43頁）。よって，原告は，被告の利得が「法律上の原因に基づかない」ことを基礎づける具体的な事実を指摘することになろう。

　よって，請求の趣旨は，

> 被告は，原告に対し，平成20年7月12日から金月額25万円及び各月分に対する各翌月1日から支払済みまで年5％の割合による金員を支払え。

　＊　不法行為に基づく損害賠償請求と同様，不当利得の場合も利得は日々発生しているから，利息については上記のような表現となる。

となり，訴訟物は，

> 不当利得返還請求権　1個

となる。具体的に使用利益相当額の返還請求をする期間は，前掲最判平成9年2月25日の説示（「賃貸借契約が転貸人の債務不履行を理由とする解除により終了した場合において，賃貸人が転借人に対して直接目的物の返還を請求したときは，転借人は賃貸人に対し，目的物の返還義務を負うとともに，遅くとも右返還請求を受けた時点から返還義務を履行するまでの間の目的物の使用収益について，不法行為による損害賠償義務又は不当利得返還義務を免れない」）が，不法行為に基づく損害賠償請求と不当利得返還請求を区別していないことから，少なくとも解除の通知がZに到達した平成25年7月12日以降の占有にかかる部分については，請求が可能である。

> 1 原告は，平成 20 年 7 月 12 日当時，甲建物を所有していた。
> 2 被告は，平成 20 年 7 月 12 日以降，甲建物を占有している。
> 3 甲建物の賃料相当額は月額 25 万円である。
> 4 被告の占有は法律上の権原に基づかない。
> 5 よって，被告は，原告に対し，利用利益相当額につき不当利得返還義務を負い，原告は，被告に対し，平成 20 年 7 月 12 日以降の占有に係る，使用利益相当額及び各月分に対する各翌月 1 日から支払済みまで法定利率年 5 分の遅延損害金の賠償を求める。

以上の不法行為に基づく損害賠償請求ないし不当利得の返還請求に対し，Z は，従業員 C の説明（X の言い分第 5 項）にあるように，「Z は，転貸賃料月額 30 万円，敷金 90 万円を Y に支払い，人件費，光熱費，水道料金等は全て店の売り上げから支払ったうえで，純益の残りはすべて自由にしてよいと Y から聞いている」ことを前提に，「毎月きちんと家賃を（Yに）支払っていた」こと，及び「事前にこちらに（X が）いってくれれば，Y さんに支払っていた賃料を，直接 X さんに支払うことも可能だった」と主張するであろう。これらは，「平成 20 年 3 月頃には病院で Y さんから X さんにも説明があり，それ X さんも（転貸借を）了解してくれたと Y は言っていました」との主張に基づき，転貸借につき X が承諾したこと，あるいは，承諾はないが信頼関係の破壊のないこと，換言すれば，転貸借が賃貸人に対する背信行為と認めるに足りない評価根拠事実を主張・立証したことを前提として，民法 613 条 1 項により，転借人は，「転貸人（原賃借人）に対して転貸借契約に基づき負担する義務」を，原賃貸人の請求に応じ，原賃貸人に対して履行する責任を負う（潮見佳男『基本講義債権各論 I 契約法・事務管理・不当利得（第 2 版）』〔新世社・2009〕164-165 頁）。このとき，X が転借人 Z に対して請求できる額はいくらか。本問では，X Y 間の原賃貸借の賃料は月額 25 万円，Y Z 間の転貸賃料は月額 30 万円である。X が転貸賃料の額まで 612 条 1 項で請求できると解すると，必要以上の保護受けることになるので，請求できる上限は Y に対して請求できる原賃貸借の賃料 25 万円となろう。このことは，X が Z に対して請求可能な不法行為に基づく損害賠償請求ないし不当利得の返還請求にも妥当すると解すべきである。前掲最判平成 9 年 2 月 25 日は，「転借料の支払を求める」613 条 1 項の直接請求を排斥しており，以上の解釈を裏付ける。

もっとも，Z が Y に対して転貸賃料を遅滞せず支払っていたことは，X に対しては対抗できない（民 613 条 1 項第 2 文）ため，仮に以上の説示を Z が抗弁として主張しても，その主張自体が抗弁として成立しないであろう。また，Z は，今後は，Y に

代わってZが直接Xに賃料を支払うことを提案している。この主張は，XがYとの原賃貸借契約を解除した後，ZからXに対して改めて新規に直接の賃貸借契約を締結するための申込みともいえるが，これもXからの使用利益の返還請求等との関係では，法的に特段の意味は持たないといえよう。よって，【基本問題(4)】については，以下の解答編では，Zの抗弁は示さないものとする。

【発展問題】

1 XがYを被告として民事訴訟を提起する場合の請求の趣旨

はじめに指摘したように，XがYを被告として甲建物建物の明渡しを求める場合には，無断転貸もしくは賃料不払いを原因とする，賃貸借の解除に基づいて建物の返還を求めることになる。司法研修所は，賃貸借契約の内容として契約終了時に目的物の返還をするとの合意がなされており，この合意に基づいて明渡請求がなされる以上，終了原因の差異は単なる攻撃防御方法の違いにすぎないから，訴訟物を一元的に把握すべきとの立場に立っている（一元説）。すなわち，賃貸借終了に基づく明渡請求権は，賃貸借契約の効果として発生する賃借物返還義務に基礎をおくものであり，解除，解約の申入れ等の終了原因自体の効果として発生するものではないから，1個の賃貸借契約に基づく明渡請求である限り，終了原因のいかんにかかわらず，訴訟物は常に1個であり，個々の終了原因の攻撃防禦方法にすぎないと解される（類型別90頁）。言い換えれば，無断転貸もしくは賃料不払いのいずれを選択するかは，訴訟物に違いをもたらさないのである。その理由としては，他に紛争を一回で解決すべきこと，第2に，一元説によっても賃貸人に酷な効果をもたらすとはいえないから，とされる。

XがYを被告として民事訴訟を提起する場合の請求の趣旨は，以下のようになる。

---

1 被告は，原告に対し，別紙物件目録（省略）記載の建物（甲建物）を明け渡せ。
2 被告は，原告に対し，平成20年7月12日から前項の明渡済みまで，1か月あたり25万円の割合による金員を支払え。

---

2 XにYに対する請求の訴訟物及び請求原因事実

訴訟物
・主たる請求
賃貸借終了に基づく目的物返還請求権としての建物明渡請求権　1個
・附帯請求[*]

| 履行遅滞に基づく損害賠償請求権　1個 |

＊　本問では附帯請求について問われていないが，一応挙げておく。もっとも設問では問われていないので，以下での記述は避ける。

賃貸借終了に基づく目的物返還請求権としての建物明渡請求権の発生要件としては，①賃貸借契約の締結，②それに基づく引渡し，③賃貸借契約の終了原因事実，が必要である（30講224頁）。

賃貸借契約は，民法601条によれば，目的物と賃料の合意がその契約としての本質的要素であると考えられる。また，いわゆる貸借型契約であるから，貸借期間の合意も契約の本質的要素となる。したがって，賃貸借契約の締結を主張するためには，目的物，賃料額及び賃貸期間についての合意を主張する必要がある（30講224-225頁）。また，賃貸借契約では，目的物を引き渡してはじめてその返還を請求する権利が発生するから，XがYに目的物件を引き渡したことも要件事実である。

賃料不払解除の場合，要件事実としては，以下のようになる。
①　賃貸借契約の成立
②　①に基づく賃借人への賃貸物の引渡し
③　賃料支払期限の到来
④　催告
⑤　催告期間が経過したこと
⑥　解除の意思表示

よって，Yの賃料不払いを理由とする賃貸借解除に基づくYに対する明渡請求の請求原因事実は，以下のようになる。

1　原告は，被告との間で，平成18年3月25日，甲建物について，以下の内容で被告に賃貸する旨の賃貸借契約を締結した（以下「本件賃貸借」という。）。
契約期間：平成18年4月1日から平成23年3月31日までとする。
賃料　　：1か月25万円（毎月末ごとに支払う）
2　原告は，被告に対し，平成18年4月1日，本件賃貸借に基づき，甲建物を引き渡した。
3　平成19年12月から平成20年5月までの各月の末日は経過した。
4　原告は，被告に対して，平成20年6月5日，平成19年12月から平成20年6月分の賃料を支払うよう催告した。
5　原告は，被告に対して平成20年7月10日，賃貸借契約を解除する旨の内容証明郵便を送付し，この郵便は，同年7月12日，被告に到達した。

| 6 | よって，原告は被告に対して甲建物の明渡しを求める。 |

【解答例】

【基本問題(1)】ないし【基本問題(3)】については，他の事例と同様，原告の請求の訴訟物と請求原因を挙げた上で，原告の請求の趣旨とそれに対する被告の抗弁，原告の再抗弁という順序で記述する。しかし，【基本問題(4)】及び【発展問題】については，原告等の「言い分」の中に，抗弁事由に該当する部分が見出しにくいため，訴訟物と請求原因・請求の趣旨に限定して述べることとする。

◎ 【基本問題(1)ないし(3)】の解答例（XがZを被告として民事訴訟を提起する場合）

【基本問題(1)ないし(3)】についての訴訟物，請求の趣旨，請求原因事実とそれに対する認否，抗弁事実とそれに対する認否，及び再抗弁事実とそれに対する認否を整理すれば，以下のようになる。

1 訴訟物

| 所有権に基づく返還請求権としての建物明渡請求権　1個 |

2 請求の趣旨

| 1　被告は，原告に対し，別紙物権目録記載の甲建物を明け渡せ。
2　訴訟費用は被告の負担とする。 |

3 請求原因事実とそれに対する被告の認否

1	原告は，甲建物を所有している。	○
2	被告は，甲建物を占有している。	○
3	よって，原告は，被告に対し，所有権に基づき，甲建物の明渡しを求める。	争

4 被告の再抗弁とそれに対する原告の認否

抗弁Ⅰ（占有権原—転貸借の承諾）	
1　原告は，訴外Yに対し，平成18年3月25日，甲建物を以下の内容で賃貸する旨の賃貸借契約を締結した（以下「本件賃貸借」という。）。 契約期間：平成18年4月1日から平成23年3月31日までとする。 賃料　　：1か月25万円	○
2　原告は，訴外Yに対し，平成18年4月1日，本件賃貸借に基づき，甲建物を引き渡した。	○
3　訴外Yは，被告との間で，平成19年4月1日，甲建物を，以下の内容で被告に転貸する旨の転貸借契約を締結した（以下「本件転貸借」という。）。 契約期間：平成19年4月1日から平成23年3月31日までとする。 転貸賃料：1か月30万円	○
4　訴外Yは，被告に対し，平成19年4月1日，本件転貸借に基づき，甲建物を引き渡した。	×
5　原告は，訴外Yに対し，平成20年3月31日，被告に対する本件転貸借を承諾した。	
抗弁Ⅱ（占有権原の抗弁——「背信行為と認められない特段の事情」）	争
1～4までは，上記と同様。	
5　転貸借が賃貸人に対する背信行為と認めるに足りない評価根拠事実 (1)　被告による上記レストランの営業の形態は，訴外Yの経営時と実態は変わっていない。	
(2)　訴外Yが被告に店舗の経営を委ねたのは，訴外Yの体調悪化による入院が理由であり，やむを得ない措置であったこと。	○
(3)　被告は，訴外Yが自己の賃貸人であると信じていたこと。	○
(4)　被告は，訴外Yから，平成20年3月頃転貸借についての承諾があったとの説明を受けていたこと。	
抗弁Ⅲ（留置権）	○

1　被告は，平成20年9月までに甲建物に冷蔵設備を設置した。	争
2　被告は，1のとき，甲建物を占有していた。	○
3　被告は，1の冷蔵設備代金として，70万円を支出した。	争
4　原告は，甲建物の増価額30万円の支払を選択した。	
5　被告は，4の30万円の支払を受けるまで，甲建物を留置する。	

5　原告の再抗弁

再抗弁Ⅰ（転貸借につき非背信性（「背信性がないこと」）の評価障害事実）	
1　訴外Yは，平成20年3月末に原告が訴外Yを入院先の病院に訪問した際，被告がレストランの従業員であると述べ，転貸借の事実を隠蔽した。	不知
2　訴外Yは，被告から転貸賃料として月額30万円の支払を受けていた。	○
再抗弁Ⅱ（原賃貸借の解除）	
1　平成19年12月から平成20年5月までの各月の末日は経過した。	顕
2　原告は，訴外Yに対して，平成20年6月5日，平成19年12月から平成20年6月分の賃料を支払うよう催告した。	不知
3　原告は，訴外Yに対して，平成20年7月10日，本件賃貸借を解除する旨の内容証明郵便を送付し，この郵便は，同年7月12日，訴外Yに到達した。	不知

【基本問題(4)】　Zに対する平成20年6月末以降の甲建物の使用対価の請求
(1)　不法行為に基づく損害賠償請求の場合
1　訴訟物

不法行為に基づく損害賠償請求権　1個

2　請求の趣旨

被告は，原告に対し，平成20年7月12日から月額25万円及び各月分に対する各翌月1日から支払済みまで年5％の割合による金員を支払え。

3　請求原因事実

1　原告は，平成20年7月12日当時，甲建物を所有していた。	○
2　被告は，平成20年7月12日以降，甲建物を占有している。	○
3　甲建物の賃料相当損害金は月額25万円を下らない。	
4　よって，原告は，被告に対し，不法行為による損害賠償請求権に基づき，月額25万円及び各月分に対する各翌月1日から支払済みまで民法所定の年5分の割合による遅延損害金の支払を求める。	争

(2)　不当利得の返還請求権を根拠とする場合

1　訴訟物

不当利得返還請求権　1個

2　請求の趣旨

被告は，原告に対し，平成20年7月12日から金月額25万円及び各月分に対する各翌月1日から支払済みまで年5%の割合による金員を支払え。

3　請求原因事実

1　原告は，平成20年7月12日当時，甲建物を所有していた。	○
2　被告は，平成20年7月12日以降，甲建物を占有している。	○
3　甲建物の使用料相当損害金は月額25万円を下らない。	
4　被告は，甲建物を占有する権原を有しない。	争
5　よって，被告は，原告に対し，利用利益相当額につき不当利得返還義務を負い，原告は，被告に対し，月額25万円の使用利益相当額及び各月分に対する各翌月1日から支払済みまで年5分の遅延損害金の賠償を求める。	争

◎【発展問題】　XがYを被告として民事訴訟を提起する場合の請求の趣旨

1　訴訟物

・主たる請求
賃貸借終了に基づく目的物返還請求権としての建物明渡請求権　1個
・附帯請求
履行遅滞に基づく損害賠償請求権　1個

2　請求の趣旨

1　被告は，原告に対し，別紙物件目録（省略）記載の建物（甲建物）を明け渡せ。
2　被告は，原告に対し，平成20年7月12日から前項の明渡済みまで，1か月あたり25万円の割合による金員を支払え。

3　請求原因事実

1　原告は，被告との間で，平成18年3月25日，甲建物について，以下の内容で被告に賃貸する旨の賃貸借契約を締結した（以下「本件賃貸借」という。）。
契約期間：平成18年4月1日から平成23年3月31日までとする。
賃　　料：1か月25万円（毎月末ごとに支払う）
2　原告は，被告に対し，平成18年4月1日，本件賃貸借に基づき，甲建物を引き渡した。
3　平成19年12月から平成20年5月までの各月の末日は経過した。
4　原告は，被告に対して，平成20年6月5日，平成19年12月から平成20年6月分の賃料を支払うよう催告した。
5　原告は，被告に対して平成20年7月10日，賃貸借契約を解除する旨の内容証明郵便を送付し，この郵便は，同年7月12日，被告に到達した。
6　よって，原告は，被告に対して，本件賃貸借の終了に基づき，甲建物の明渡しを求める。

（小山泰史）

第8問
保　証

次の内容のＸとＹの言い分を前提に，後記問題に答えなさい。

《Ｘの言い分》

1　私は，平成 21 年 2 月ころ，大学時代の友人であるＡから，ギャンブルのためにサラ金からの借入れが増えて弁済に行き詰まってしまったので 300 万円を貸して欲しいと依頼されました。あまりにも深刻な表情だったので何とかしてあげたいと思ったのですが，自分にも十分な蓄えがあるわけではなかったので，Ａの父親が保証人となるのであれば何とかすると答えました。Ａは，同月 20 日になって，保証人と記載された後にＡの父親Ｙの名前とその名下にＹの印鑑による捺印がある書面を持参して，その書面に自ら「300 万円を平成 21 年 8 月 20 日まで借用しました。」と記載して署名押印して私に示しました。そこで私は，その日にＢ銀行から 300 万円を引き出し，この書面と引き換えにＡに 300 万円を交付しました。

2　ところが，Ａは弁済期を過ぎても 300 万円の返済をしなかったため，私は，直ちにＡに連絡をとって返済を求めました。Ａは，「もう少し待ってもらいたい。どんなに遅くなっても今年中には必ず返済する。もし支払えない場合には，現在加入している 1,000 万円の生命保険（受取人Ｙ）を解約してでも返済する。」と言うので，やむなく返済を待つことにしました。

　Ａは，平成 22 年 1 月に入っても 300 万円を返しには来ませんでした。しかし，私は，そのころ仕事が忙しくなって外国への出張が続いていたため，仕事が一段落した平成 23 年 1 月に入って，Ａに連絡をとろうとしましたが，Ａの行方が分からなくなっていました。

3　私は，こうした事態に直面して返済されなくなるのではと心配になり，保証人であるＹに連絡をとり，300 万円の返済を求めました。

　ところが，Ｙは，私からの請求に対し，Ａが平成 22 年 10 月 1 日に死亡したこと，Ａが 300 万円を借りていたことは知らないし，自分がその保証人となったこともないと言うのです。

4　そこで，私は，平成 23 年 3 月 1 日，Ｙのところに行って前記 1 の借用書を見せた上，Ａが 300 万円を借りたことは間違いないのでこの金員を返済してもらいたいと重ねて求めました。Ｙは，Ａの相続を放棄する旨の申述を○○家庭裁判所にしているので自分にはこの借金を返済する義務はないが，Ａが加入していた 1,000 万円

の生命保険金が支払われれば，そこから支払っても良いと述べたので，私は宜しくお願いしたいと言って帰宅しました。

5　しばらく，生命保険の支払がされるころを待って，改めてＹに対して300万円を直ちに返済するように求めました。

　ところが，Ｙは，驚くべきことに，Ａが私から300万円を借りた事実はないし，仮に，Ａが300万円を借りていたとしても，Ａの死後突然Ｙに対してその請求してくるのはおかしいとして，Ａが死亡したことをよいことに，既にＡが返済した借金があたかも残っているように装って，自分に対して請求してきたに違いないと主張して，その返済を拒んできたのです。

6　しかし，私がＡに対して300万円を貸したことも，その返済を受けていないことも事実であり，1,000万円の生命保険金を受領しておきながらＡの債務を相続しないというのは不公平です。少なくとも，Ｙは，前記4のとおり，Ａの死亡に伴う生命保険金で支払うことを約束しているのですから，その責任を果たすべきです。

《Ｙの言い分》

1　私は，昭和54年3月10日にＣと婚姻し，Ａをもうけました。Ａの他に子供はいません。Ａは，平成22年10月1日不慮の事故で死亡しました。Ａは未婚で，子供はいません。

　現在，私は，Ｃと2人でひっそりと暮らしております。なお，Ａには多額の負債があったため，私とＣは，○○家庭裁判所に対しＡの相続を放棄する旨の手続をして受理されました。

2　ところで，私は，Ａが死亡した後の平成23年1月中旬ころ，突然，Ｘから連絡を受け，「Ａに対して300万円を貸しているが返してくれない。Ｙは保証人となっているので，返して欲しい。」と言われました。しかし，私は，ＡがＸから300万円を借りている事実など知りませんし，保証人となったこともありません。

3　その後，平成23年3月1日，Ｘが私方を訪ねてきて，私が保証人として署名押印をしているという借用書を見せられました。しかし，そこに書かれている私の名前は私の字とは違いますし，私名下の捺印も私の印鑑によるものではありません。

　確かに，この借用書に記載されている文字は，Ａの字に似ているようにも思いますが，この借用書によれば，平成21年8月20日には300万円を返す旨の記載がされているのに，それから1年半近くも経った時期に，しかもＡが死亡してから私のところに請求に来ること自体が不自然です。きっと，Ａが生前に返済していたのに，借用書が手元に残っていることをよいことに，Ａが死亡した後に，その借用書を使って300万円を騙し取ろうとしているに違いありません。

4　Xは，私が，Aの生命保険金で返済する旨を述べたと主張していますが，そのような事実はありません。その裏付けとなる書面も作成されていないことが何よりの証拠です。また，たとえ，そのような話を私がしたとしても，それは，私がXからの300万円の貸金債務が残っていると誤解したためであり，何らの法律的な効力を有するものではありません。
5　以上のとおりですから，Xからの300万円の返還請求に応ずるつもりはありません。

【問　題】

(1)　Xが，その言い分を前提にYを相手に民事訴訟を提起する場合，どのような内容の請求をすべきか。
　その場合の訴訟物は何か。

(2)　Xの言い分4の事実について考えられる法律的な意味を指摘し，その理由を説明せよ。

(3)　前記1及び2を前提に，請求原因として主張すべき要件事実を指摘し，その理由を説明せよ。

(4)　Yの言い分から考えられる抗弁を指摘し，その要件事実とその事実が必要となる理由を説明せよ。

(5)　Xの言い分から考えられる再抗弁を指摘し，その要件事実とその事実が必要となる理由を説明せよ。
　(再々抗弁以下についても，それが構成できる場合には，その要件事実を指摘し，その理由を説明せよ。)

(6)　XのYに対する民事訴訟において争点（相手方の主張立証責任を負う要件事実について否認または不知と認否された事実）を指摘し，これを立証するために考えられる証拠を指摘せよ。

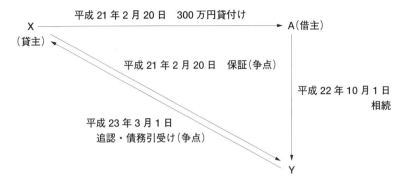

《時系列》
平成21年2月20日　X・A　300万円貸付け
　　　　　　　　Y(代理人A)→X　保証(争点)
　　　　　　　　Y→A　代理権授与(争点)
平成22年10月1日　A　死亡
　　　　　　　　YC相続(ただし，相続放棄申述)
平成23年3月1日　Y　追認(争点)
　　　　　　　　Y・X　債務引受け(争点)

解説

1　事案の概要

　本問は，原告が，被告の息子に対する300万円の貸金債権について，被告との間で保証契約を締結したなどと主張して，被告に対して，保証債務の履行等を求めたのに対し，被告は，貸金契約及び保証契約の存在を否認するとともに保証契約書への署名押印もしていないなどと主張して，原告の請求を争っている事案である。

　本問は，保証契約の当事者を本人(被告)とするか，代理人(息子)とするかを被告が，300万円の支払を巡って，息子の死亡保険金で支払うと述べたことを法的にどのように構成するかなど，検討することになる。保証契約の要式行為性が規定された民法改正の趣旨などにも視野を広げて考察を深めてみたい。社会的な事実を法的に分析することを通じて，法律家の創造的役割を改めて意識する問題である。

2 【問題(1)】訴訟物と請求の趣旨の検討
(1) 訴訟物

> 保証契約に基づく保証債務履行請求権　1個

　訴訟物とは，原告が主張する特定の実体法上の権利または法律関係であり，審理，判断の対象（主題）である。処分権主義（民訴246条）により，原告は，訴訟物を設定し，審判の対象及びその範囲を特定する。裁判所はこれに拘束される。また，訴訟物の個数は，実体法上の権利ごとに考える（旧訴訟物理論）。
　原告は，保証契約に基づき保証債務の履行を求めている。契約に基づく権利であるから，訴訟物は，契約の個数に応じ，本問では1個となる。

　＊　本問では，原告が，主たる債務の元本部分の履行を求めているが，主たる債務の元本部分に加え，利息や遅延損害金部分の履行を請求する場合も少なくない。保証債務は，特約がない限り，その対象として主たる債務に関する利息や遅延損害金を包含する（民477条1項）。したがって，その場合は元本部分利息部分及び遅延損害金部分は全てその保証契約に基づく保証債務に含まれることになり，訴訟物は1個となる。

　この点，Aの債務を相続したとして被告に対し消費貸借契約に基づく請求をすることも考えられる。しかし，Aの相続人は，父である被告と，母であるCであり，特段の事情がない限り，被告は，300万円の貸金債務を法定相続分（各2分の1）に従って相続することになるから，被告に対して請求できる額は150万円となる。また，被告の言い分によれば，被告及びCは，相続放棄（民915条）をしているから，被告から相続放棄の抗弁が主張され，その事実が認められると，被告は初めから相続人にならなかったものとみなされ（民939条），この請求は棄却される。したがって，消費貸借契約に基づく請求をしていると構成することは適切とは言えないだろう。

　＊　被告は，Aの生命保険金を受領しているが，当該生命保険金の受取人であるから，保険金はAの相続財産には該当せず，当該保険金の受領により単純承認（民921条）をしたとはみなされない。

　したがって，本問の訴訟物たる特定の実体法上の権利の法的性質は，保証契約に基づく保証債務履行請求権ということになる。

> 債務引受合意に基づく引受債務履行請求権　1個

　原告は，被告が，Aが加入していた生命保険金が支払われれば，そこから支払う旨を約束したからその責任を果たしてもらいたいと主張している。この約束は，A

の原告に対する貸金債務を引き受ける旨の合意として解することができる。

債務引受けについては，民法上の規定はないが，①従前の債務者が債権債務関係から離脱しない併存的債務引受（重畳的債務引受ともいう。）と，②従前の債務者が債権債務関係から離脱する免責的債務引受があり，特段の事情がない限り，併存的債務引受であると解され（最判昭和41年3月1日集民82号589頁），併存的債務引受により，債務者の債務と引受人の債務は連帯債務になると解されている（最判昭和41年12月20日民集20巻10号2139頁）。そうすると，原告は債務引受合意により，被告に対し，主たる債務と同額の300万円の支払を求めることができる。契約の個数に相応して訴訟物は1個となる。

したがって，本問の訴訟物たる特定の実体法上の権利の法的性質は，債務引受合意に基づく引受債務履行請求権ということになる。

> 併合形態　選択的併合

以上のとおり，実体法上の請求権が競合し，これらを併合して提起するときは，二重の給付判決を避けるため，原告の合理的意思解釈の観点も加味して，いずれか一方のみの認容を求めている，すなわち，一方の請求が認容されることを解除条件として他方の請求を併合して審判を求めていると解される。

したがって，1と2の訴訟物の併合形態は，選択的併合である。

(2) 請求の趣旨

> 1　被告は，原告に対し，300万円を支払え。
> 2　訴訟費用は，被告の負担とする。

請求の趣旨は，訴えによって求める内容の簡潔かつ確定的な表示をいう。請求の態様（給付，確認，形成）と範囲を要約して示し，通常は，原告の請求を認容する判決の主文に対応する文言が用いられる。

原告は，被告に対し300万円の支払を求めているから，請求の態様は給付であり，その範囲は300万円である。

訴訟費用負担の申立ては，付随的申立てといわれ，訴訟物についての請求ではなく，私法上の給付請求権である訴訟費用賠償請求権についての裁判であるが，裁判所は，職権でその負担の裁判をしなければならないとされている（民訴67条1項）。したがって，この申立ては裁判所の職権発動を促す意味を有するにすぎない。

* その他，付随的申立てに，仮執行宣言の申立（民訴259条）がある。これは申立てがある場合には必ずこれに対する判断を示さなければならない（仮執行宣言を付すのが必要的とされる場合として同条2項参照。

なお，原告が，Aとの間で締結した300万円の消費貸借契約の弁済期の翌日から支払済みまでの年5分の割合による遅延損害金の支払いを併せて求める場合の請求の趣旨は，

> 被告は，原告に対し，300万円及びこれに対する平成21年8月21日から支払済みまで年5分の割合による金員を支払え。

となる。

3 【問題(2)】「被告は，Aが加入していた生命保険金1,000万円が支払われれば，そこから支払っても良いと述べた。」という事実は，法律的にどのような意味をもつか。

(1) 無権代理行為の追認

原告は，Aから保証人と記載された後に被告の署名押印がある書面を示されて，この書面と引き換えに，Aに対し，300万円を交付したと主張している。そうすると，保証契約は，Aの代理行為によって締結されたと主張することが考えられるところ，Aが代理権を有していなかった場合，無権代理人による契約となり，本人である被告が追認しない限り，被告に対して効力が生じない（民113条1項）。そこで，前記の被告の「支払っても良い。」との発言を，無権代理人による法律行為を追認する旨の意思表示として構成することが考えられる。

*1 この点，保証契約の要式性を定めた民法446条2項の趣旨から，被告の追認の意思表示が「書面」によってされたことを主張立証する必要があるのではないかという疑問が生じ得る。この点については，追認の意思表示により保証契約がされた時点に遡って効果が発生することになるから（民116条），無権代理人AがY名義で作成した書面に本条項の「書面」性を認めることができるという考え方と，本条項が保証人の保証意思が外部に明らかになっている場合に限って契約の有効性を認める点にあることを重視して，保証人の追認の意思表示が書面によってされることを要するとの考え方があり得る。後者の考え方にたてば，追認の主張は失当となる（後者の見解に立つものとして，木納敏和「保証契約の書面性（民446条2項）をめぐる実務的問題に関する一考察」『下森定先生傘寿記念論文集債権法の近未来像』〔酒井書店・2010〕144頁以下）。
*2 Aを被告の使者として構成する場合（本人契約構成），追認の主張はできない。本問では，原告は，保証人と記載された後に被告の署名押印だけがある書面に，Aが，300万円を平成21年8月20日に借用しました，と記載した上で，貸し付けたと主張しており，被告が，借入金額や弁済期等の消費貸借契約の内容を認識していたかどうかは不明である。このような事情を考慮すれば，Aを被告の使者として構成することは困難であり，上記のように代理人として構成し，無権代理行為の追認の主張として整理するのが適切であろう。

(2) 債務引受合意

前記2(1)で説明したとおり，併存的債務引受合意により，引受人は，債務者と連帯して債務を負担することになる。したがって，被告が，1,000万円の生命保険金の中から支払うと述べたことを，「Aの債務を併存して引き受ける旨を合意した。」と構成することが考えられる。

* なお，前述の追認と同様，併存的債務引受合意の実質は，新たな保証契約の締結であることから，民法466条2項の趣旨に照らして，Yの併存的債務引受の意思表示が「書面」によってされたことを主張立証する必要があるのではないかという疑問が生じ得る。諾成契約を基本とする民法体系において，併存的債務引受合意について，一律に同項が適用されると解することには疑問があるが，同項の趣旨を考慮して，引受合意自体が認められたとしても，契約の有効性を慎重に判断すべき事案もあると思われる（木納前掲論文145頁以下は同項の趣旨を類推適用するのが相当であるとしている。）。

4 【問題(3)】請求原因の検討

(1) 有権代理（30講261頁（有権代理），同527頁（保証））

> **請求原因**（有権代理による保証契約）
> 1(1) 原告は，訴外Aに対し，平成21年2月20日，弁済期を同年8月20日と定めて，300万円を貸し付けた（以下「本件貸金契約」という。）。
> (2) 平成21年8月20日は到来した。
> 2(1) 訴外Aは，平成21年2月20日，原告との間で，本件貸金契約に基づくAの債務を被告が保証することを合意した（以下「本件保証契約」という。）。
> (2) 訴外Aの上記(1)の意思表示は書面による。
> (3) 訴外Aは，上記(1)の際，被告のためにすることを示した。
> (4) 被告は，訴外Aに対し，上記(1)に先立ち，上記(1)の代理権を授与した。

㋐　保証債務の履行を請求する場合には，保証契約の成立の他，その附従性から主たる債務の存在を主張立証する必要がある。また，平成17年4月1日以降に成立した保証契約は，保証契約成立の有効要件を具備したこととして，書面または電磁的記録によること（民466条2項・3項）が要件事実になる。この書面性の要件事実については，①同項の趣旨が保証人を保護するため，保証意思が外部にも明らかになっている場合に限り契約としての拘束力を認めるという点にあることから，専ら保証人の保証意思が書面上に示されていれば足りるとの見解，②保証契約の申込み及び承諾を書面ですることを要するとの見解があり，いずれの見解を採用するかによって，要件事実が異なる。

以上のとおり，保証債務の履行を請求する場合に，原告が主張立証すべき請求原

因の基本形は,

> 1　主たる債務の発生原因
> 2　原告と被告が1の債務を保証するとの合意をしたこと
> 3　被告の2の意思表示は書面または電磁的記録によること（上記①の見解。なお，②の見解によれば，「XとYの2の意思表示は書面または電磁的記録によること」）

である（類型別39頁，30講293頁）。

　(イ)　本問の主たる債務の発生原因は消費貸借契約（本件貸金契約）である。

　消費貸借契約（民587条）は，要物契約である。また，いわゆる貸借型の契約で，一定の価値をある期間，借主に利用させることに特色があり，契約の目的物を受け取るや直ちに返還すべきとする貸借はおよそ無意味であるから，貸借型の契約については返還時期の合意は単なる法律行為の付款ではなく，その契約に不可欠の要素であると解すべきである（いわゆる貸借型理論）。民法587条は，「返還することを約して」と規定しており，その文言からも貸借型理論を示すものと解される。

　以上から，原告が，主たる債務の発生原因事実として主張立証すべき請求原因の基本形は,

> 1　原告とAとの間で金銭の返還の合意をしたこと
> 2　原告がAに対し金銭を交付したこと
> 3　原告がAとの間で弁済期を合意したこと
> 4　弁済期が到来したこと

である（類型別27頁）。なお，上記1から3までが消費貸借契約の成立の要件事実であり，上記の請求原因1(1)のように一文で摘示するのが一般である。

　(ウ)　原告は，Aが，保証人として被告の署名押印がされた書面を持参して保証契約を締結していることから，Aを被告の代理人として構成することが可能である（前記3(1)＊2のとおり，本問においてAを使者として構成することには問題がある）。契約の効果は，契約を締結した者に帰属するのが原則であるから，代理人が締結した契約の効果を被告に帰属させるためには，保証契約の際，代理人Aが被告のために保証契約をしたことを示したこと（顕名）を主張立証する必要がある（民99条1項）。最も明確な顕名の方法は，被告の代理人であるAが「被告代理人A」という資格を示して行為をする場合であるが，本問のように，代理人が直接本人の名前を示して法律行為をする場合でも，顕名の要件は満たされると解されている（最判昭和41年10月18日集民84巻583号）。

また，代理人が締結した契約の効果を被告に帰属させるためには，代理人が契約を締結する際に，当該契約締結についての代理権を有していることが必要である。本問のように任意代理人による法律行為については，代理人は，本人から当該法律行為についての代理権を授与されることによって代理権を取得することになる。この代理権授与行為については，①代理権授与の原因である本人・代理人間の内部的契約関係（例えば委任契約）とは別個の行為であることを否定する見解（事務処理契約説）や②別個の行為として本人の単独行為である（単独行為説）または代理権の発生を目的とした無名契約である（無形契約説）とする見解があるが，実務上は，単に，「代理行為にかかる法律行為についての代理権を授与した」と摘示している。これは②の単独行為説に立つものか，②の無名契約説または①の事務処理契約説に立ちつつ，いわゆる取り出し主張を認める立場に立つものと考えられる（類型別41頁以下，30講276頁）。

　その他，代理人による意思表示（民99条1項）として認められるためには，代理権授与行為が，代理行為に先立ってされる必要がある。実際，本人が事後承諾によって「代理権を授与する」ということもあり得るが，それは，法的には，無権代理行為の追認の意思表示として解するべきであり，有権代理とは別の主張になる（30講261頁）。

　以上により，原告が，任意代理人による法律行為として主張立証すべき請求原因の基本形は，

> 1　原告・A間の法律行為（本問では保証契約）
> 2　1の際，Aが被告のためにすることを示したこと（顕名）
> 3　1の合意に先立って，被告がAに対し，1の合意についての代理権を授与したこと（代理権の発生原因事実）

である。

　(エ)　以上によると，本問について，原告が有権代理による保証契約の履行を求める場合に，請求原因として主張すべき具体的な事実は，前記のとおりである。

(2)　無権代理行為の追認

> **請求原因**（追認）
> 1(1)　原告は，訴外Aに対し，平成21年2月20日，弁済期を同年8月20日と定めて，300万円を貸し付けた（以下「本件貸金契約」という。）。
> 　(2)　平成21年8月20日は到来した。

2(1) 原告は，平成21年2月20日，訴外Aとの間で，本件賃金契約に基づくAの債務を被告が保証することを合意した（以下「本件保証契約」という。）。
(2) 訴外Aの上記(1)の意思表示は書面による。
(3) 訴外Aは，上記(1)の際，被告のためにすることを示した。
3 被告は，平成23年3月1日，原告に対し，訴外Aが加入していた生命保険金で支払っても良いと述べて，訴外Aの本件保証契約の合意を追認するとの意思表示をした。

＊ なお，上記1(1)から2(3)までの事実は，前記(1)の有権代理の請求原因の1(1)から2(3)までの事実と同じであり，通常は，引用すれば足りるが，ここでは読みやすさの便宜のため，引用せず記載した。

前記(1)(ウ)のとおり，保証契約を代理人契約として構成する場合，原告において，代理権授与の事実を立証することができなければ，請求は認められない結果となる。そこで，仮に，Aが無権代理人であったとしても，被告の追認の意思表示によって，保証契約の効果が帰属するという主張をすることが考えられる。追認の効果は，別段の意思表示がないときは，契約の時にさかのぼって発生するとされている（民116条）。追認の主張が，有権代理とは別の請求原因となることは前記(1)(ウ)のとおりである。

以上により，原告が無権代理行為の追認により保証債務の履行を求める場合に主張立証すべき請求原因の基本形は，

1 無権代理人と相手方による契約の締結
2 1の際，無権代理人が本人のためにすることを示したこと
3 本人が相手方に対し追認の意思表示をしたこと（または本人がその他の者に対して追認の意思表示をし，相手方が追認の事実を知ったこと）

であり，本問についての具体的事実は前記のとおりである。

なお，前記3(1)＊1のとおり，保証契約の追認は，民法446条2項が適用され書面を要すると解する立場によると，書面が作成されていない以上，主張自体失当となる。

(3) 債務引受合意

請求原因（債務引受合意）

1 原告は，平成21年2月20日，訴外Aに対し，弁済期を同年8月20日と定めて，300万円を貸し付けた（以下「本件賃金契約」という。）。

2　同年8月20日は到来した。
3　被告は，平成23年3月1日，原告に対し，本件賃金契約上の訴外Aの債務を引き受けるとの合意をした。

前記2(1)のとおり，債務引受けには，併存的債務引受と免責的債務引受があり，特段の事情がない限り，併存的債務引受であると解されている（最判昭和41年3月1日集民82号589頁）。したがって，単に債務引受の合意がされたことだけを主張すれば足り「従前の債務者とともに」債務を引き受ける旨を主張立証する必要はない。

三者間で，合意をすることができるのは当然であるが，本問のように，債権者と引受人による合意も可能である。併存的債務引受の場合には，債務者の意思に反するものであってもよい（最判昭和41年3月1日集民82号589頁）と解されている。

以上により，原告が，債務引受による引受人の債務の履行を請求する場合に主張立証すべき請求原因の基本形は，

1　当該債務の発生原因事実
2　債務引受の合意

であり，本問についての具体的事実は前記のとおりである。（なお，2の合意が債務者と引受人との間でされた場合には，「3　債権者が2の利益を享受するとの意思表示」が必要である（民537条2項）。）

(4)　請求原因相互の関係

請求原因(1)（有権代理）と請求原因(2)（無権代理行為の追認）は，Aが代理権を有していたか否かについて，両立しない事実が主張されている。これらは，そのいずれを先に審理，判断しなければならないという論理的関係にはないため，選択的な攻撃方法となる。

また，請求原因(2)（無権代理行為の追認）と請求原因(3)（債務引受合意）は，同一の事実について2つの法律構成が主張されている。これらも，そのいずれかを先に審理，判断しなければならないという論理的関係にはないため，選択的な攻撃防御方法となる。

実務上，攻撃防御方法に順位付けをして主張されることがあるが，事実上の順位と法的な論理的順序とは異なり，争点整理の中で，合理的な進行を検討することになろう。

＊　上記のほか，民法109条の代理権授与の表示による表見代理の主張をすることも考えられなくはないが，本件は，主たる債務者が自分の債務のために，父親である被告を代理して保証契約を締結したという事案であり，保証人欄の押印が被告の実印であるとの事情も窺えないことか

らして，原告の過失が問題にならざるを得ず，表見代理の構成は難しいものと考えられる。

5 【問題(4)】抗弁の検討
(1) 請求原因(1)(有権代理)，(2)(追認) 及び(3)(債務引受合意) に対する抗弁—弁済

> **弁済**—請求原因(1)及び(3)に対し
> 訴外Aは，原告に対し，平成22年10月1日より前に，本件貸金契約に基づく債務の弁済として300万円を支払った。

保証債務には附従性があるため，主たる債務が弁済によって消滅すれば，保証債務も当然に消滅する。また，併存的債務引受合意により，引受人は債務者と連帯して債務を負うことになるが，合意当時，既に，原債務が弁済によって消滅していたのであれば，引受人は何らの債務も負わないことになる。請求原因事実として，債務引受合意当時，原債務が存在していたことを主張立証する必要がないとすれば，主たる債務または原債務の弁済の事実は，請求原因事実から発生する法律効果を消滅または障害する抗弁として位置づけられる。

弁済の要件事実を直接規定した条文はないが，弁済による権利消滅を主張する場合の要件事実の基本形は，

> 1 債務者（または第三者）が，債権者に対し，債務の本旨に従った給付をしたこと
> 2 1の給付がその債権についてされたこと

であり，本問についての具体的事実は前記のとおりである。

給付と債権との結合関係を主張立証する必要があることから2の事実が必要と解されている。これに対し，抗弁としては1のみで足り，別口の債務を負担していることが再抗弁として主張された場合には，再々抗弁として2の主張立証が必要となるとの見解もある（類型別9頁）。

(2) 請求原因(2)(追認) 及び(3)(債務引受合意) に対する抗弁—錯誤

＊ なお，錯誤無効の主張は，後述のとおり，上記(1)の弁済の抗弁といわゆるa＋bの関係にあり抗弁として成り立たないが，錯誤無効の抗弁についての事実摘示例として記載した。

> **錯誤**—請求原因(2)(追認) 及び(3)(債務引受合意) に対し
> 1 被告は，追認または債務引受合意をした当時，本件貸金契約に基づく債務が既に弁済されていたにもかかわらず，弁済されていないと信じていた。

2　被告は，原告に対し，追認または債務引受合意をした際，本件貸金契約に基づく債務が弁済されていないので，300万円を支払うと述べた。

　被告は，追認または債務引受の際，主たる債務または原債務が残っていると誤解していたと述べており，追認または債務引受の被告の意思表示は，要素の錯誤（動機の錯誤）により無効であると構成することが考えられる。

　動機の錯誤とは，表示行為から推測される効果意思と内心の効果意思との間に不一致はないが，意思表示をした動機に錯誤が存在する場合である。従来の通説，判例（最判昭和29年11月26日民集8巻11号2087頁）の立場では，動機の錯誤は原則として民法95条の要素の錯誤とならないが，その動機が表示されて意思表示の内容となった場合には，動機の錯誤も法律行為の要素に錯誤があったものとして意思表示は無効になると解されている。

　この見解によると，動機の錯誤により表意者の意思表示が無効となるための講学上の要件事実の基本形は，

　1　法律行為の要素に動機の錯誤があること
　2　動機が意思表示の内容として表示されたこと

となり，本問についての具体的事実は前記のとおりである。

　　＊　「表意者に重大な過失がないこと」については，条文構造（民95条ただし書）などから，表意者の相手方において，重過失があったことを主張立証すべきであり，錯誤無効を主張する側において主張立証する必要はないと解されている（大判大正7年10月3日民録24巻27号1852頁，大判大正7年12月3日民録24巻30号2284頁，30講180頁以下）。

　そうすると，錯誤無効の主張は，同じ訴訟上の効果を持つ(1)の弁済の抗弁を内包する関係にある，すなわち，「弁済の事実」が立証できなければ，その余の事実が立証されたとしても，錯誤無効の抗弁は証明がないことになるから，その余の事実を立証する必要はない。したがって，いわゆるa＋bの関係になり，錯誤無効の抗弁は，成り立たない。

6　【問題(5)】再抗弁の検討

　錯誤無効の抗弁に対し，表意者に重大な過失があったこと（民95条ただし書）が再抗弁となると解されていることは前記5(2)のとおりである。表意者に重大な過失があったことは，いわゆる規範的要件であり，意思表示の相手方において，表意者に重過失があったこと（規範的評価）を基礎づける具体的な事実（評価根拠事実）を主張立証する必要があると考えられている。これに対し，表意者は，重過失という法的

評価の成立を妨げる方向に働く事実，すなわち重過失の評価障害事実を再々抗弁として主張立証することができる。なお，本問における原告の言い分からは，重過失の評価根拠事実に当たる主張を読み取ることはできない（そもそも錯誤無効の抗弁が成り立たないことは前記5(2)のとおり。）。

7 【問題(6)】争点及び証拠の検討
(1) 争点
(ア) 請求原因レベルの争点（被告が否認または不知の態度を示している事実）
本件貸金契約の成否，本件保証契約の成否，代理権授与行為の有無，顕名の有無，追認の成否，債務引受合意の成否である。
(イ) 抗弁レベルの争点（原告が否認している事実）
弁済の有無である。
(2) 争点と証拠（書証）の検討
(ア) 本件貸金契約については，「300万円を平成21年8月20日まで借用しました。」と記載され，Aの署名押印がある借用書（以下「本件借用書」という。）が存在する。本件借用書は，本件貸金契約の存在を直接裏付ける処分証書（意思表示その他の法律行為を記載した文書）である。本件借用書が，Aの意思に基づいて作成されたものであることが認められる（これを「真正に成立した」といい，形式的証拠力が付与されることになる。民訴288条1項参照）と，特段の事情がない限り，記載されている意思表示または法律行為の存在（本件貸金契約の存在）が認定されることになる（実質的証拠力を有する。）。

被告は，本件借用書の成立の真正について，Aの字に似ていることを認めており，文書の真正を積極的に争う態度は示しておらず，また，記載内容を争うための特段の事情も述べていない。

したがって，本件貸金契約の成否については，争いはあるものの，実質的な争点とまではいえないと考えられる。

その他，貸付けの事実を裏付けるために，B銀行の銀行通帳を書証として提出することも考えられる。これのみで，300万円が「Aに交付された」ことを立証することはできないが，本件借用書と併せて検討することによって，有用な書証として機能するといえる。

(イ) 本件保証契約については，保証人として被告の署名と押印のある本件借用書（本件借用書のうち，被告作成名義にかかる文書部分を「本件保証書」という。）が存する。これは，(ア)と同様，本件保証契約の存在を直接裏付ける処分証書となる。したがって，本件保証書の成立の真正が認められれば，特段の事情がなければ，その内容である意思表示または法律行為がされたものと認められる。

被告は，本件保証書の成立の真正を否認し，署名及び押印は自分のものではないと否認している。文書の真正に争いがある場合，文書の取調べの申出をした者は，文書の成立の真正を立証する必要があり（民訴228条1項），私文書については，本人または代理人の署名または押印が「本人又は代理人の意思に基づいてされたこと」が認められると，当該私文書が真正に成立したものと推定される（民訴228条4項）。

　この押印による私文書の成立の推定について，判例（最判昭和39年5月12日民集18巻4号597頁等）は，私文書の印影が本人または代理人の印章によって顕出されたものであるときは，反証のない限り，当該印影は本人または代理人の意思に基づいて顕出されたものと事実上推定するのが相当であり，この推定の結果，当該文書は，民訴法228条4項にいう「本人又は代理人の押印があるとき」の要件を満たし，その全体が真正に成立したものと推定されることになるとする（いわゆる二段の推定）。この判例法理による二段の推定は，本人の印章を他人が勝手に使用することは，通常はあり得ないという日常生活上の経験則に基づくものである。

　原告は，被告と対面して本件保証書を作成した経緯はなく，被告自身の署名であることを立証するのは困難である。したがって，本件保証書の印影が被告の印章によるものかどうかが問題になる。仮に，被告の印章であった場合には，被告において，印鑑の盗用など，被告の意思に基づかないことを基礎づける特段の事情を立証して，「事実上の推定」を争い，最終的に民訴法228条4項による推定が働かないように立証活動をすることになろう。この場合，成立の真正について疑いを抱かせれば足り，不真正であることまでを立証する必要はないと解されている（最判昭和39年5月12日民集18巻4号597頁）。

　以上によると，本件保証契約の成否（保証合意及び書面性の要件も含む。）は実質的な争点になる。

　(ウ)　代理権授与行為については，本件保証書の印影が被告の印章によるものかどうか，即ち，本件保証書の成立の真正が認められるか否かが判断に大きく影響することになろう。したがって，代理権授与行為の有無は実質的な争点となる。なお，顕名については，本件保証書の成立の真正が認められれば，認定することができると考える。

　(エ)　追認及び債務引受合意については，いわゆる処分証書や重要な報告文書はなく，原告，被告間の口頭でのやりとりである。いずれも，本件貸金契約が存在することが前提となるから，本件借用書の成立の真正の検討を踏まえて，本人尋問を実施して，原告が，被告を訪問した平成23年3月1日から同年4月1日に被告に支払を求めた経緯等のやりとりを明らかにすることになろう。

　(オ)　弁済については，被告は，弁済期から1年半近く経ち，しかもAが死亡し

た後に請求に来ることが不自然であるとして，生前に弁済していたはずであると主張するだけである。的確な立証手段はなく，実質的な争点とは言えないだろう。

　(カ)　本件保証書の成立の真正が認められない限り，請求原因(1)有権代理の主張は困難であり，請求原因(2)追認または同(3)併存的債務引受合意の成否を本人尋問の結果を踏まえて検討すべき事案といえよう。

8　債権法改正審議との関係

　法制審議会民法（債権関係）部会では，個人保証人の保護に関する新たな規律を設けることが審議された。その結果，平成26年8月に決定された「民法（債権関係）の改正に関する要綱仮案」（以下「要綱仮案」という）の第18の6に，「保証人保護の方策の拡充」と題して，(1)個人保証の制限，(2)契約締結時の情報提供義務，(3)保証人の請求による主たる債務の履行状況に関する情報提供義務，(4)主たる債務者が期限の利益を喪失した場合の情報提供義務が，それぞれ規定された。上記(1)の個人保証の制限は，事業のために負担した貸金等債務を主たる債務とする保証契約又は主たる債務の範囲に事業のために負担する貸金等債務が含まれる根保証契約については，保証契約の締結に先立ち，その締結前1か月以内に作成された公正証書で保証人になろうとする者が保証債務を履行する意思を表示しなければ，その効力を生じないとするものである。また，情報提供義務については，主たる債務の内容を，事業のために負担する債務に限定するか否か，保証人について法人を含むか否か等の区別を設け，提供義務発生の要件を具体的に規定している。このうち上記(2)の契約締結時の情報提供義務は，事業のために負担する債務を主債務とする場合であり，保証人が個人（法人を除く。）の場合に適用される。上記(3)の保証人の請求による主たる債務の履行状況に関する情報提供義務は，主たる債務の内容に限定はなく，また，保証人が法人の場合も含まれる。上記(4)の主たる債務者が期限の利益を喪失した場合の情報提供義務は，主債務の内容に限定はないが，保証人は個人（法人を除く。）であることが必要である。

　本問では，Aの債務は事業のためのものではないので，上記(1)の公正証書による意思の確認は必要とならないし，上記(2)の契約締結時の情報提供義務も適用されない。これに対し，上記(3)の保証人の請求による主たる債務の履行状況に関する情報提供義務及び上記(4)の主たる債務者が期限の利益を喪失した場合の情報提供義務については，要綱仮案に基づく改正が実現されれば，適用の余地が生じることになる。

【解答例】

　訴訟物，請求の趣旨，請求原因とそれに対する認否，抗弁事実とそれに対する認否及び再抗弁事実とそれに対する認否を整理すると以下のとおりになる。

1　訴訟物

保証契約に基づく保証債務履行請求権　1個
債務引受合意に基づく引受債務履行請求権　1個
併合形態　選択的併合

2　請求の趣旨

1　被告は，原告に対し，300万円を支払え。
2　訴訟費用は，被告の負担とする。

3　請求原因(1)(有権代理)

1　原告は，訴外Aに対し，平成21年2月20日，弁済期を同年8月20日と定めて，300万円を貸し付けた（以下「本件貸金契約」という。）。	×
2(1)　訴外Aは，原告との間で，平成21年2月20日，本件貸金契約に基づく訴外Aの債務を被告が保証することを合意した（以下「本件保証契約」という。）。	×
(2)　訴外Aの，上記(1)の意思表示は書面による。	×
(3)　訴外Aは，上記(1)の際，被告のためにすることを示した。	×
(4)　被告は，訴外Aに対し，上記(1)に先立ち，上記(1)の代理権を授与した。	×
3　平成21年8月20日は到来した。	顕
4　よって，原告は，被告に対し，本件保証契約に基づき，300万円の支払を求める。	

4　請求原因(2)(追認)

1　3の1と同じ。	

第8問　保　証　　165

2　3の2(1)から(3)と同じ。	
3　3の3と同じ。	
4　被告は，平成23年3月1日，原告に対し，訴外Aが加入していた生命保険金で支払っても良いと述べて，訴外Aの本件保証契約の合意を追認するとの意思表示をした。	×
5　よって，原告は，被告に対し，本件保証契約に基づき，300万円の支払を求める。	

5　請求原因(3)（債務引受合意）

1　3の1と同じ。	
2　3の3と同じ。	
3　被告は，原告との間で，平成23年3月1日，本件貸金契約に基づく訴外Aの債務を引き受けるとの合意をした。	×
4　よって，原告は，被告に対し，債務引受合意に基づき，300万円の支払を求める。	

6　抗弁（弁済）請求原因(1)（有権代理），(2)（追認）及び(3)（債務引受合意）に対し

訴外Aは，原告に対し，平成22年10月1日より前に，本件貸金契約に基づく債務の弁済として300万円を支払った。	×

　　　　　　　　　　　　　　　　　　　　　　　　　　（本多智子）

第9問
所有権に基づく明渡請求

次の内容のXとYの言い分を前提に，後記問題に答えなさい。

《Xの言い分》

1　私の祖父Bと祖母Cは，昭和24年5月3日に婚姻し，長男である私の父A（昭和37年12月1日）と長女であるZ（昭和39年6月20日生）をもうけました。

2　父Aは，平成元年10月1日当時，祖父母と妹Zと4人で祖父Bが所有する自宅で生活をしていたのですが，将来，独立して生活するようになった場合に必要となる適当な土地を探していたところ，近所の不動産業者の紹介でD社が所有する甲土地が売りにでているという情報を得たのです。

そこで，父Aは，D社から，同日，甲土地を，代金3,000万円で買い受けて，その旨の所有権移転登記を経由しました。

その際，Aは，手持ちの資金500万円と，E銀行から借り入れた2,500万円でD社に対する代金の支払をしております。

3　ところが，平成3年ころ，Aは，Yと婚姻することになったZから，甲土地を遊ばせたままで置いておくのはもったいないので，その土地上に自宅を建てさせてもらえないかという申入れを受けたのです。そして，これを認めてもらえるのであれば，甲土地を使用させてもらっている間のE銀行に対する月々の弁済と甲土地の固定資産税相当額を負担してもよいということでした。

Aは，甲土地をすぐには使用する必要もなかったため，Zに対し，同年7月10日，甲土地を自宅の敷地として使用することを認めました。

4　Zは，平成3年7月20日，Yと婚姻し，Yは，同年12月20日ころまでに甲土地上に乙建物を新築し，以後，同建物でZと一緒に生活するようになりました。

5　平成9年ころ，Aは，私（当時22歳）との間で養子縁組をして，私を養子としました。

そして，このこともあって，Aは，平成10年夏ころ，甲土地を自分で使用したいと考えるようになり，Zに対して甲土地を明け渡してもらいたいと申し入れたのですが，Zから，直ぐには明け渡すことは無理なので，もう少し使用させてもらいたいと言われたので，そのときは，そのままになってしまいました。

6　ところが，平成16年春ころ，Zは，Yと離婚して，乙建物を出て行ってしまい，乙建物にはYだけが住む状態となってしまったのです。

また，Aが，平成24年1月20日，突然に亡くなってしまったのです。
7　私は，甲土地を相続により取得したのですが，これ以外に遺産はありません。
　私としては，Aが死亡し，乙建物にはYしか住んでいないことを考えれば，既に，建物が建ってから20年以上も経過していることでもあるので，この際，Yに，乙建物を収去して，甲土地を明け渡してもらいたいと思っております。
8　Yは，甲土地を占有する権原があるなどと主張しているようですが，Aが，甲土地を貸していたとしても，その相手はZであるとしか考えられませんし，たとえ，Yとの間で何らかの土地を使用する契約を締結していたとしても，既に，乙建物が建築されてから20年以上が経過していること，乙建物も老朽化していること，乙建物にAの妹であるZが居住するということで甲土地を貸すことになったものであるし，既に，Zは，Yと離婚して乙建物から出て暮らしていること，貸主であるAが死亡していること，Zが将来において乙建物に居住することになるような事情もないことからすれば，当該契約は終了したものというべきです。

《Yの言い分》
1　Xは，甲土地をD社から買い受けたのはAであると主張しているようですが，実際は，Zであり，同人が500万円を負担していたもので，かつ，A名義でE銀行から借り受けた住宅ローンについても，Zが甲土地上に乙建物を建築した平成3年以降は，すべてY（Z）が支払をしているものであるから，甲土地の買主はZであるというべきです。
2　また，たとえ甲土地の買主がAであったとしても，平成3年7月10日，Aは，Y及びZに対し，甲土地を，賃料を月々の住宅ローンの支払額として賃貸し（この金額は，月々15万円である。），そのころ，甲土地を引き渡しています。
　Yは，同日以降，月々の住宅ローンの支払額を，一度も遅滞することなく返済しております。なお，この住宅ローンの支払は，平成23年6月で完済となっており，その後は，Aに対して何らの支払もしていません。また，AやXから，その支払を督促されたこともありません。
3　また，AとYとの間の甲土地の使用契約が使用貸借であり，Aが死亡し，Zと離婚したことが事実であるとしても，この使用貸借は建物を所有することを目的とするもので，まだ，乙建物が老朽化した事実はなく，今後も住居として使用することができるのであるから，この使用貸借関係が終了するものであるとは認められません。
4　以上のとおりですから，私は，Xの請求に応ずるわけには参りません。

【問 題】

(1) Xが，その言い分を前提にYを相手に民事訴訟を提起する場合の請求の趣旨を記載せよ。その場合の訴訟物は何か。

(2) 前記(1)を前提に，Xが請求原因として主張すべき要件事実を指摘し，その理由を説明せよ。

(3) Xの言い分及びYの言い分から考えられる抗弁以下の主張（再抗弁，再々抗弁など）を指摘し，その要件事実とその事実が必要となる理由を説明せよ。

(4) 争点を指摘し，これを立証するために考えられる証拠を指摘せよ。

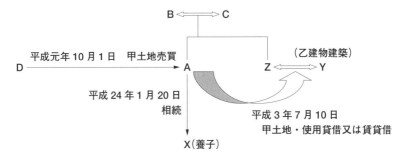

《時系列》
平成元年10月1日　　D・A　　甲土地売買
平成3年7月10日　　A・Z又はY　使用貸借又は賃貸借
　　　　7月20日　　Z・Y　　婚姻
　　　　12月20日　　Y　乙←建物建築
平成9年　　　　　　X・A　　養子縁組
平成16年春　　　　　Z・Y　　離婚（Z別居）
平成24年1月20日　　A　死亡（X相続）

解 説

1　問題の所在

本問は，土地所有者が土地上の建物所有者に対して所有権に基づいて建物収去土地明渡を請求する事案を題材として，実体法としての民法と手続法としての民事訴訟法を使いこなす力を試すものである。

まず，建物収去土地明渡請求訴訟における請求の趣旨及び訴訟物を検討し，その訴訟物に基づいて請求原因事実を検討しなければならないが，その際，所有権に基づく物権的返還請求権の根拠に関する理解，所有権の権利自白に関する理解，建物収去執行とその審理判断に関する理解，売買及び相続に関する理解が必要とされており，要件事実を暗記するのではなく，民法及び民事訴訟法に基づいて要件事実を考えることが求められている。

また，上記請求原因事実に対するYの具体的主張の意味や，その具体的主張に対するXの反論の意味を踏まえて，抗弁及び再抗弁を検討しなければならないが，その際，賃貸借の理解，使用貸借の理解が必要とされている。特に，使用貸借の解約申入れによる終了に関しては，判例も含めた実体法の解釈についての深い理解が要求される。

さらに，争点と立証方法を検討しなければならないが，その際も，賃貸借と使用貸借の区別に関する判例や，使用貸借の解約申入れによる終了に関する判例などを参考として，経験則に基づき具体的に想像力を働かせて考えることが要求されている。

2 【問題(1)】請求の趣旨と訴訟物
(1) 請求の趣旨

訴えの提起は，当事者及び法定代理人のほか，請求の趣旨及び原因を記載した訴状を裁判所に提出してしなければならない（民訴133条）。訴状の請求の趣旨は，原告が訴状によって主張している一定の権利または法律関係についての結論に相当し，慣例上，求める判決主文に対応して記載されるものであるところ，給付判決の主文は強制執行により実現される確定的義務を抽象的に表示すべきであるから，給付の法的性質を記載してはならない（一審解説3-5頁，新問研2頁参照）。

Xは，「Yに，乙建物を収去して，甲土地を明け渡してもらいたい」として民事訴訟（以下「本件訴訟」という。）を提起している。そうすると，Xは，Yに対して，乙建物を収去して甲土地を明け渡すよう求める請求の趣旨を訴状に記載する必要がある。その際，不動産の全部事項証明書に基づき目的不動産を特定して記載した物件目録を活用して，認容判決に基づく強制執行において疑義が生じないようにする必要がある（起案の手引18頁参照）。[*1]

* 1 不動産の明渡請求訴訟において，原告が，附帯請求（民訴9条2項）として，不法占有期間中の賃料相当損害金の支払を求める場合も多いが（その場合の請求の趣旨は，「被告は，原告に対し，平成○年○月○日から前項の明け渡し済みまで月額○円の割合による金員を支払え。」とするのが通例である。），本問では，親族関係にあったため，Xは附帯請求をしていない。

さらに、訴訟費用の裁判は職権でしなければならないものの(民訴67条1項)、Xとしては、付随的申立てとして、訴訟費用の裁判について職権発動を促す申立てをするのが通例である。また、仮執行宣言を付することができる裁判の場合には、仮執行宣言が付されるようにその申立て(民訴259条)をすべきである(一審解説5-6頁参照)。

> 1 被告は、原告に対し、別紙物件目録記載の建物を収去して同目録記載の土地を明け渡せ。
> 2 訴訟費用は、被告の負担とする。
> との判決並びに仮執行宣言を求める。

(2) 訴訟物

訴訟物は、原告の申立てによって定まるものであり、原告が審判の対象とその範囲を決定し、裁判所はそれに拘束される(処分権主義。民訴246条)。また、訴訟物は、実務上、実体法上の個別具体的請求権と解されているから(旧訴訟物理論。新問研3頁参照)、実体法上の権利によって特定されることになる。

Xは、Yに対し、「甲土地を相続により取得した」として本件訴訟を提起しており、Yの甲土地の使用権原を否定しているのであるから、その請求の根拠は、甲土地の所有権に基づく物権的請求権と解される。

ところで、所有権に基づいて建物収去土地明渡を求める場合の訴訟物については、所有権に基づく返還請求権としての土地明渡請求権と解するのが通説である(旧1個説)。すなわち、土地明渡しの債務名義だけでは建物の収去執行をできないという執行法上の制約から、執行方法を明示するために建物収去を判決主文に記載するにすぎず、建物収去は土地明渡しと別個の訴訟物ではないと考えられる(類型別58頁参照)。所有権に基づく物権的請求権が訴訟物である場合、訴訟物の個数は、侵害されている所有権の個数と侵害の個数によって定まる(新問研56頁参照)。侵害されている所有権の個数は甲土地所有権1個であり、侵害の個数はYの占有1個であるから、訴訟物も1個となる。

以下の記述は、通説に従って記載する。

> 所有権に基づく返還請求権としての土地明渡請求権　1個

3 【問題(2)】請求原因
(1) 所有権に基づく返還請求権としての不動産明渡請求権の発生要件

所有権に基づく返還請求権としての不動産明渡請求における請求原因事実は、①原

告が現在（口頭弁論終結時）不動産を所有していること，②被告が現在（口頭弁論終結時）不動産を占有していることである（新問研57頁，類型別46頁参照）。所有権は物に対する完全な支配権であるから，被告が正当な占有権原を有していることは，その例外というべきであるし，被告に有利な事情であって法律要件分類説に照らせば被告が主張立証すべきである。したがって，被告が正当な占有権原を有しないことは請求原因事実とはならず，正当な占有権原を有することを被告が抗弁として主張立証すべきである（新問研58頁，類型別46頁参照）。なお，請求原因事実として上記②を主張したとしても，所有権に基づく返還請求の場面では民法188条による推定は適用されないから，同条によって占有権原についての主張立証責任が原告に転換されることはない（新問研58頁参照）。

ところで，本件訴訟の訴訟物は，所有権に基づく返還請求権としての土地明渡請求権1個である（旧1個説）。この説によれば，建物収去は，執行方法を明示するために判決主文に記載するにすぎず，土地明渡しと別個の訴訟物ではないと考えられるが，建物の所有者でない者に対してその収去を請求することはできないというのが原則であり（ただし，被告が建物所有権を喪失したとしても，建物所有権を取得して自らの意思でその旨の登記をした場合で登記名義を保有しているのであれば，原告に対する建物収去土地明渡義務を免れることはできない。最判平成6年2月8日民集48巻2号373頁参照），建物収去部分は訴訟物に準ずるものとして審判対象となる。そこで，原告は，建物が土地全体を敷地として建築されている場合には，請求原因事実として，③現在（口頭弁論終結時）目的土地上に建物が存在すること，④被告が現在（口頭弁論終結時）その建物を所有していることを主張しなければならず，③④を主張すれば上記②の主張もしたことになる（類型別58頁参照）。

(2) 甲土地所有権

(ア) 権利自白について　Xは，AがDから売買によって甲土地の所有権を承継取得し，Dから甲土地の所有権を相続により取得したと主張している。これに対し，Yは，Dが甲土地を所有していたことは認めているが，甲土地の買主はZであると主張している。したがって，甲土地のDもと所有について権利自白が成立しており，その時点はDからAまたはZへの売買があったとされる平成元年10月1日となる。

権利自白は裁判上の事実の自白（民訴179条）に該当しないが，所有権については原告が目的物の原始取得に遡って権利取得の経過を主張立証するのは不可能ないし著しく困難であり（必要性），所有概念は日常法律概念であって当事者の判断に委ねても不当な結果は生じない（許容性）から，所有権については権利自白を肯定し，裁判上の自白と同様の拘束力を認めるのが相当である。なお，過去の一時点における

所有権について権利自白が成立すれば，当該所有権は喪失事由が主張立証されない限り，その後も存続するものと扱われるから，甲土地についてDからAへの所有権承継原因事実が主張立証されれば，その時点からAが所有者であると扱われ，AからXへの所有権承継原因事実が主張立証されれば，その時点から現在までXが所有者であると扱われることになる。

(イ) **売買について** Xは，AがDから売買によって甲土地の所有権を承継取得した（民176条）と主張している。売買契約（民555条）の要素としては，目的物移転と代金支払の合意を摘示しなければならない（新問研10頁参照）。

(ウ) **相続について** 相続による権利義務の承継（民896条）の要件は，①相続の開始，②権利義務を承継する者が相続人であること，③承継する権利義務が被相続人の財産に属することである。①については，被相続人Aが死亡した事実（民882条）が，②については，非のみ説によれば，XがAの子であること（民887条1項）が必要であり（実務ではのみ説による運用もあり，のみ説に立つ場合には，Aに妻がいなかったこと及びAの子がX1人であることの主張が必要となるが，戸籍によって立証することが容易である。詳細は，30講449頁参照），③のAの甲土地所有権については，上記(ア)のとおり，Dが平成元年10月1日当時甲土地を所有していた事実と，上記(イ)のとおりDが同日Aに対して甲土地を代金3,000万円で売った事実によって現れることになる。

(3) **乙建物の存在及び所有権**

Xは，建物収去の主文を獲得するため，占有についての争いの有無にかかわらず，Yが甲土地上に乙建物を所有して甲土地を占有していることを主張しなければならない。例えば，乙建物の敷地が甲土地の大部分を占めているのであれば，③目的土地上に建物が存在すること，④被告がその建物を所有していることを主張しなければならない（類型別58頁参照）。そして，建物の所有権についても権利自白を肯定すべきところ，Yは，乙建物を所有していることを認めているものと解される。そこで，Xは，Yが甲土地上に乙建物を所有して甲土地を占有している事実を主張すべきである。[*2]

＊2 乙建物の敷地部分以外に甲土地上にYが他の方法で占有している部分があるときは，他の方法で占有している部分については分けて事実を主張する必要がある。ただし，他の方法で占有している部分についてYの占有に争いがないときは，単に占有していると摘示することで足りる（類型別51頁参照）。

請求原因	
あ 訴外Dは，平成元年10月1日当時甲土地（別紙物件目録記載の土地）を所有していた。	○

い　訴外Dは，平成元年10月1日，訴外Aに対し，甲土地を代金3,000万円で売った（以下「本件売買契約」という。）。	×
う　訴外Aは，平成24年1月20日，死亡した。	○
え　原告は，訴外Aの子である。	○
お　被告は，甲土地上の乙建物（別紙物件目録記載の建物）を所有して甲土地を占有している。	○
か　よって，原告は，被告に対し，甲土地所有権に基づき，乙建物を収去して甲土地を明け渡すことを求める。	

4　【問題(3)】抗弁以下の主張
(1)　賃貸借
(ｱ)　**賃貸借の主張について**　　Yは，「Aは，Y及びZに対し，甲土地を，賃料を月々の住宅ローンの支払額として賃貸し（この金額は月々15万円である。），そのころ，甲土地を引き渡しています。」と主張している。

　上記賃貸借の主張は請求原因事実と両立するものであり，Yが上記賃貸借契約（以下「本件賃貸借契約」という。）に基づいて甲土地を使用しており，正当な占有権原を有しているのであれば，所有権に基づく物権的返還請求権は発生しないことになるから（障害の抗弁），上記賃貸借の主張は占有権原の抗弁となる（問題研究95頁参照）。なお，原告が賃貸人から目的物を承継取得した場合に特定承継によるのであれば，「売買は賃貸を破る」という原則から，被告が賃借権の対抗要件を併せて主張しない限り占有権原の抗弁としては不十分となる。しかし，Xは賃貸人とされるAから甲土地を相続により包括承継したのであり，賃貸人の地位（被相続人Aの権利義務）を包括承継することが請求原因から明らかとなるため，ここでは賃借権の対抗要件を主張する必要はない。

　賃貸借契約（民601条）の要素は，①目的物を使用収益させる合意と②賃料の合意であるが，貸借型理論によれば，③賃貸期間（または期間の定めのないこと）も要素となる（問題研究95頁参照。反対説については新問研124頁参照）。また，Yは，請求原因における甲土地占有が正当な占有権原に基づくという必要があるから，Aが本件賃貸借契約に基づいて甲土地をYに引き渡した事実を主張して，そのような引渡しによって正当に占有を開始したことを基礎付ける必要がある（問題研究96頁参照）。本件賃貸借契約に基づく引渡しにより，引渡し時点のYによる甲土地占有の事実が現れると

ころ，その時点の占有と，請求原因事実によって現れる現在（口頭弁論終結時）のYによる甲土地占有の事実とは，継続するものと推定されるから（民186条2項），請求原因における現在のYによる甲土地占有も正当なものということができる。

なお，Yは，本件賃貸借契約についても「建物所有目的」であると主張することが考えられるが，建物所有目的は賃貸借契約の要素ではないから，抗弁としては主張する必要がない。もし，Xが本件賃貸借契約の解約申入れとその申入れの日から1年が経過した事実（民617条）による本件賃貸借契約の終了を再抗弁として主張した場合には，Yはその再抗弁に対する再々抗弁として建物所有目的であったこと（借地1条・2条・11条）を主張すべきことになる。

抗弁1（占有権原―賃貸借）

キ	訴外Aは，平成3年7月10日，被告及び訴外Zに対し，賃料月額15万円で期間の定めなく甲土地を賃貸した（以下「本件賃貸借契約」という。）。	×
ク	訴外Aは，平成3月7月10日ころ，被告に対し，本件賃貸借契約に基づき甲土地を引き渡した。	×

(イ) **再抗弁について** Xは，「たとえ，Yとの間で何らかの土地を使用する契約を締結していたとしても，既に，乙建物が建築されてから20年以上が経過していること，乙建物も老朽化していること，乙建物にAの妹であるZが居住するということで甲土地を貸すことになったものであるし，既に，Zは，Yと離婚して乙建物から出て暮らしていること，貸主であるAが死亡していること，Zが将来において乙建物に居住することになるような事情もないことからすれば，当該契約は終了した」と主張している。

しかし，上記主張は，本件賃貸借契約の終了原因の主張とはいえず，Xは，抗弁1に対する再抗弁は主張していない。

(2) **使用貸借**

(ア) **使用貸借の主張について** Yは，AY間の使用貸借契約（以下「本件使用貸借契約」という。）が成立した旨主張している。

上記使用貸借の主張は請求原因事実と両立するものであり，Yが本件使用貸借契約に基づいて甲土地を使用しており，正当な占有権原を有しているのであれば，所有権に基づく物権的返還請求権は発生しないことになるから（障害の抗弁），上記使用貸借の主張は占有権原の抗弁となる余地がある。なお，相続人であるXが被相続人Aの使用貸人としての地位を包括承継することは前記(1)と同様である。

使用貸借契約（民593条）の要素は，①目的物を無償で使用収益させる合意と②目的物の引渡しであるが（要物契約である），貸借型理論によれば，③賃貸期間（または期間の定めのないこと）も要素となる。そうすると，Yは，占有権原－使用貸借の抗弁として，「Aは，平成3年7月10日ころ，Yに対し，期間の定めなく甲土地を無償で貸し渡した（以下「本件使用貸借契約」という。）。」と主張することが考えられる。なお，使用貸借契約は要物契約であって，貸し渡したことが成立要件であるから，賃貸借の場合と異なり基づく引渡しは不要である。

　(イ)　**解約申入れについて**　　しかし，Xは，「たとえ，Yとの間で何らかの土地を使用する契約を締結していたとしても，既に，乙建物が建築されてから20年以上が経過していること，乙建物も老朽化していること，乙建物にAの妹であるZが居住するということで甲土地を貸すことになったものであるし，既に，Zは，Yと離婚して乙建物から出て暮らしていること，貸主であるAが死亡していること，Zが将来において乙建物に居住することになるような事情もないことからすれば，当該契約は終了した」と主張して，建物収去土地明渡を求める本件訴訟を提起している。そうすると，上記Xの主張は，本件使用貸借契約の終了原因ということができる。

　すなわち，使用貸借契約は，返還の時期（期間の定め）並びに使用及び収益の目的を定めなかったときは，貸主がいつでも解約を申し入れることができ，解約申入れによって使用貸借契約は終了する（民597条3項）。

　(ウ)　**使用貸借の目的の定めについて**　　ところが，Yは，「この使用貸借は建物を所有することを目的とするもので，まだ，乙建物が老朽化した事実はなく，今後も住居として使用することができるのであるから，この使用貸借関係が終了するものであるとは認められ」ない旨主張している。

　使用貸借契約は，返還の時期（期間の定め）がない場合でも，使用収益の目的が定められていれば，民597条3項による解約申入れによっては終了しないことになる。そして，Yは，本件使用貸借契約が「建物を所有することを目的とする」と主張し，Xも，Aが甲土地をYとZの自宅敷地として使用することを認めた旨主張しているから，少なくとも建物所有目的であったと認められることになろう。

　(エ)　**使用収益期間満了または信頼関係破壊の主張について**　　これに対し，Xは，上記イのとおり「既に，乙建物が建築されてから20年以上が経過していること，乙建物も老朽化していること，乙建物にAの妹であるZが居住するということで甲土地を貸すことになったものであるし，既に，Zは，Yと離婚して乙建物から出て暮らしていること，貸主であるAが死亡していること，Zが将来において乙建物に居住することになるような事情もないことからすれば，当該契約は終了した」と主張している。

使用貸借契約は，返還の時期（期間の定め）がない場合，目的に従って使用収益を終わった時点で終了するものであり（民597条2項本文），また，その使用収益を終わる前であっても使用収益をするのに足りる期間を経過したときは，貸主はいつでも解約を申し入れることができ，解約申入れによって使用貸借契約は終了する（同項ただし書）。

　戸建て住宅の一般的な耐用年数にかんがみれば20年の経過というだけで直ちに使用収益を終えたというのは困難であろう。もっとも，使用収益をするのに足りる期間を経過したか否かについては，使用貸借契約の成立から相当の期間が経過したことに加えて，貸主と借主との人的関係，借主の土地利用の目的・方法・程度，貸主の土地利用の必要性など双方の事情を比較考量して判断すべきものである（最判昭和45年10月16日集民101号77頁，最判平成11年2月25日集民191号391頁参照）。そこで，貸主は，民597条2項ただし書による解約申入れに基づく使用貸借契約の終了を主張する場合には，①使用貸借契約の成立から相当の期間が経過したこと，②使用収益期間満了の評価根拠事実（比較考量するというのであれば，規範的要件と考えることができよう。規範的要件については30講88頁参照）として，貸主と借主との人的関係，借主の土地利用の目的・方法・程度，貸主の土地利用の必要性などの事情を主張すべきことになる。

　また，使用収益をするのに足りる期間を経過したといえない場合であっても，例えば，親が子に土地を無償で貸し渡したところ，その目的が，子が土地上の建物を所有し，建物に由来する収益によって親を扶養するというものであれば，借主である子がさしたる理由もなく親の扶養をやめるなど貸主との信頼関係が破壊されたときには，貸主は，民597条2項ただし書類推により解約を申し入れることができ，解約申入れによって使用貸借契約は終了すると解される（最判昭和42年11月24日民集21巻9号2460頁参照）。そこで，貸主は，民597条2項ただし書類推による解約申入れに基づく使用貸借契約の終了を主張することもでき，その場合には，①使用貸借契約の成立から相当の期間が経過したこと，③信頼関係破壊の評価根拠事実（上記②と同様に規範的要件と考えることができよう。）として，貸主と借主との人的関係，借主の土地利用の目的・方法・程度，貸主の土地利用の必要性などの事情を主張すべきものと考えられる。

　(オ)　**使用貸借及びその終了原因の主張の位置付けについて**　以上の(ア)ないし(エ)の主張の位置付けについて，どのように考えるべきであろうか。

　前記3の請求原因事実に基づく本件訴訟提起自体（あるいはよって書きの記載）に照らして，Xによる本件使用貸借契約の解約申入れの意思表示が，請求原因事実に含まれている（黙示に主張されている）と見ることができよう。そのように考えた場合，

前記(ア)のような目的の定めのない使用貸借を主張したとしても，請求原因事実に含まれている解約申入れによって，当該使用貸借は終了することが明らかとなってしまうから，前記(ウ)のような目的の定めを占有権原の抗弁としてせり上げて主張しなければならないことになろう (せり上がりについて30講107頁参照)。上記のような目的の定めと使用貸借の主張は解約申入れを含む請求原因事実と両立するものであり，Yがその使用貸借契約に基づいて甲土地を使用しており，正当な占有権原を有しているのであれば，所有権に基づく物権的返還請求権は発生しないことになるから (障害の抗弁)，上記使用貸借の主張は占有権原の抗弁となる。

これに対し，使用収益期間満了または信頼関係破壊の主張は，目的の定めのある使用貸借に基づく占有権原の抗弁に対する再抗弁と位置付けられることになる。すなわち，Xの上記(エ)の主張は，Yによる上記抗弁事実と両立しながら，民597条2項ただし書による解約申入れという使用貸借契約の終了原因によって，占有権原の抗弁の効果を覆し，請求原因事実による物権的返還請求権の効果を復活させるものであるから，再抗弁となるものと考えることができる。[3]

[3] 単独行為である解約申入れの意思表示は明確に行うべきであるという観点から，Xは，請求原因事実とは別個に，平成3年7月10日付けの目的の定めのない使用貸借の抗弁に対して，再抗弁として解約申入れの意思表示を主張すべきであるという考え方も成り立つところである。そのように考えた場合，
　抗弁2 (占有権原—使用貸借)
　Aは，平成3年7月10日ころ，Yに対し，期間の定めなく甲土地を無償で貸し渡した (以下「本件使用貸借契約」という。)。
という抗弁に対して，
　再抗弁 (解約申入れ—抗弁2に対し)
　Xは，本件口頭弁論期日において，本件使用貸借契約の解約申入れの意思表示をした。
という再抗弁の主張が必要となる。
　これに対して，目的の定めがあるときには，再抗弁の解約申入れのみによっては本件使用貸借契約が終了することはないから，目的の定めが再々抗弁となる。
　再々抗弁 (目的の定め)
　AとYは，本件使用貸借契約に際して，建物を所有することを目的と定めた。
　この再々抗弁に対して，使用収益期間満了または信頼関係破壊の主張が付加されれば，再抗弁による解約申入れの効果が復活して (解約申入れについて，解除と同様に理由は問わないという立場を前提とする。)，本件使用貸借契約が終了すると見れば，使用収益期間満了または信頼関係破壊の主張は再々々抗弁となろう (ただし，使用収益期間満了または信頼関係破壊の主張が目的の定めの効果を直接に覆すといえるかという難点がある。)。
　もっとも，解約申入れについて，民597条3項による解約申入れと，同条2項ただし書による解約申入れとは別個に明確に行うべきであるという立場であれば，上記再抗弁とは別個の再抗弁として，使用収益期間満了または信頼関係破壊の主張とこれに基づく解約申入れの主張をすべきことになろう (解約申入れの法的効果が異なると見れば過剰主張とはならない。許されたa＋bについて30講122頁参照)。
　他方，単独行為である解約申入れの意思表示を明確に行うべきであるという前提であっても，本件使用貸借契約と目的の定めのある使用貸借とは効果が異なると考えることもできる。その

ように考えた場合，上記抗弁2と再抗弁を前提とする予備的抗弁として，目的の定めを主張することになろう。

　(カ)　**使用収益期間満了または信頼関係破壊の評価根拠事実について**　使用収益期間満了または信頼関係破壊の評価根拠事実は，必ずしも同一であるとはいい難いが，本件訴訟では，Xは，①乙建物は老朽化していること，②Aは，本件売買契約の際，将来独立して生活する場合に必要となる土地を探していたこと，③Aは，本件使用貸借契約の際，乙建物にAの妹であるZが居住することを前提としていたこと，④YとZは，平成16年ころ離婚したこと，⑤Zは，平成16年春ころ，乙建物から出て行き，それ以降，Yだけが乙建物で暮らしていること，⑥Zが将来において乙建物に居住する見通しはないこと，⑦甲土地はAの唯一の遺産であること，などを主張しているものといえる。

　なお，Yは，上記再抗弁に対して，使用収益期間満了または信頼関係破壊の評価障害事実を主張することができるが，上記最判平成11年2月25日集民191号391頁に照らせば，Yが，「Yは乙建物を住居として必要としている」とか「Yには乙建物以外に居住するところがない」といった事実では，評価障害事実となり得るとしても，使用収益期間満了または信頼関係破壊という再抗弁の効果を覆すには不十分ということになる。

抗弁2（占有権原―使用貸借）

ケ	訴外Aは，平成3年7月10日ころ，被告に対し，期間の定めなく甲土地を無償で貸し渡した（以下「本件使用貸借契約」という。）。	×
コ	訴外Aと被告は，本件使用貸借契約に際して，建物を所有することを目的と定めた。	○

再抗弁（使用収益期間満了または信頼関係破壊による終了―抗弁2に対して）

さ	平成3年7月10日から20年以上が経過した。	顕
し	乙建物は老朽化している。	×
す	訴外Aは，本件売買契約の際，将来独立して生活する場合に必要となる土地を探していた。	△
せ	訴外Aは，本件使用貸借契約の際，乙建物に訴外Aの妹である訴外Zが居住することを前提としていた。	×

そ　被告と訴外Zは，平成16年ころ離婚した。	○
た　訴外Zは，平成16年春ころ，乙建物から出て行き，それ以降，被告だけが乙建物で暮らしている。	○
ち　訴外Zが将来において乙建物に居住する見通しはない。	○
つ　甲土地は訴外Aの唯一の遺産である。	△

(3) その余のXの主張について

Xは，「Aが甲土地を貸していたとしても，その相手はZである」と主張しており，これが不利益陳述に当たるか（最判昭和41年9月8日民集20巻7号1314頁参照。30講74頁参照）。

Xは，Yの主張する抗弁1（占有権原－賃貸借）及び抗弁2（占有権原－使用貸借）をいずれも否認しており，Xの上記主張は，その否認の理由にすぎない。また，Xの上記主張は，それ自体からZの甲土地使用権原が賃借権であるか使用貸借権であるか明確なものではない。さらに，Zの甲土地使用権原が明確であったとしても，Xの主張において，YがZの使用権原を根拠として甲土地を使用しているというYとZとの関係（処分権限の授権など）は現れていない。そうすると，Xの上記主張から，請求原因におけるYによる（甲土地上の乙建物所有による）甲土地占有が正当であると基礎付けることはできないというべきである。したがって，Xの上記主張は，不利益陳述（相手方の援用しない自己に不利益な陳述）には当たらず，当該主張を抗弁と構成するのは相当でない。

5　【問題(4)】争点と立証方法
(1)　請求原因について

請求原因について，Yの認否は，請求原因（あ）（う）（え）（お）は認め，（い）は否認するものと考えられる。

請求原因（い）の本件売買契約については，Xは，甲土地についての全部事項証明書を書証として証拠申請して，AがDから平成3年10月1日付け売買を原因とする所有権移転登記手続を受けたことを立証することが考えられる。その登記により，Aが甲土地所有権を取得したものと事実上推定されることになる（最判昭和34年1月8日民集13巻1号1頁参照）。もっとも，YはZが買主であったという反証をすることになるため，Xは，他の証拠を併せて，本件売買契約の成立（Aが買主であること）を立証すべきである。Aは甲土地の所有権移転登記手続を受けており，登記原因を

証するものとして売買契約書が存在していたはずであるから，Xが本件売買契約の売買契約書を書証として証拠申請することが考えられる。また，Xは，Aが手持ちの資金から500万円を支払った資料として，預金通帳の写しまたは定期預金の解約証書や領収書などを書証として証拠申請することが考えられる。さらに，Xは，Aが平成元年10月ころから平成23年6月までE銀行に対する住宅ローンの返済をしていた資料として，預金通帳の写しや銀行の取引履歴などを書証として証拠申請することが考えられる。

　これに対し，例外的ではあるが，親族間の事情などから，代金の支払をして土地を購入する者とは別の者を登記名義人とする事例も現実には存在する。Yは，Zが買主であったという反証をするために，Zが500万円を負担した資料として，預金通帳の写しまたは定期預金の解約証書や領収書などを書証として証拠申請することが考えられる。また，Yは，Yが平成3年7月ころから平成23年6月までE銀行に対する住宅ローンの返済資金をAに送金していた資料として，預金通帳の写しや銀行の取引履歴などを書証として証拠申請することが考えられる。

　頭金の500万円の負担者は買主の認定には重要であろう。ただし，Yは，Zと離婚しているため，自己に有利な資料を入手することが困難である可能性がある。他方，残りの住宅ローンの返済資金の負担者がYであったとしても，本件売買契約当時ではなく平成3年になってからの事情であるから，返済資金の負担をYがしたことだけでは直ちに買主をZということはできないことになろう。

　以上によれば，一般論としては，Yが，甲土地の登記名義による事実上の推定を覆すに足りる反証をするには相当の困難を伴うものといえよう。

(2)　抗弁1（占有権原―賃貸借）について

　抗弁1について，Xの認否は，抗弁1（キ）（ク）は否認するものと考えられる。

　本件賃貸借契約について，Yは，賃料額を住宅ローンの支払額としたと主張し，しかもその住宅ローンの支払が平成23年6月で完済になった後はAに対して何の支払もしていないと主張している。

　前記4(1)のとおり，賃貸借契約（民601条）の要素は，少なくとも，①目的物を使用収益させる合意と②賃料の合意である。したがって，賃料は目的物使用の対価でなければならないが，住宅ローンを（Xの主張によれば固定資産税相当額と一緒に）負担するというだけでは，目的物使用の対価といえるか疑問があるし，住宅ローンの完済後に支払をしないというのでは，Yの費用負担と甲土地使用との間の対価的なつながりは希薄であるといわざるを得ない。

　以上によれば，Yの主張自体に照らして本件賃貸借契約の成立を認めるのは困難というべきである。[*4]

＊4　賃貸借と使用貸借の区別については，次の①②の判例が参考となろう。①土地の借主が，約3年の間に礼金等として3回にわたって金員を支払い，貸主が異議なく受領していた場合であっても，その金額が適正賃料額に比してかなり低額であり，借主が一方的に定めたもので，貸主との協議に基づくものではない上，定期的に支払われたものではないなどの事情のもとにおいて，土地使用関係は賃貸借ではなく，使用貸借と認めるのが相当と解される（最判昭和42年9月7日集民88号357頁参照）。②土地の借主が，地上建物の建築資金を借りるために金融機関に差し入れた，地主が地上建物に抵当権が設定されることの承諾書に，期間と賃料月額の記載があっても，その記載は話し合いがされないまま借主が貸主の意を受けて適当に記載したものにすぎず，借主は土地を継続使用しているのに賃料をまったく支払っておらず，貸主において黙示のうちに免除するつもりであったと認めるに足りる資料がないとの事情において，承諾書のとおり賃貸借が成立したと認定するのは採証法則違背と解される（最判昭和53年7月17日金法874号24頁参照）。

(3)　**抗弁2（占有権原─使用貸借）及び再抗弁（使用収益期間満了または信頼関係破壊による終了─抗弁2に対して）について**

(ｱ)　**抗弁2について**　抗弁2について，Xの認否は，抗弁2（ケ）は否認し，（コ）は認めるものと考えられる。もっとも，Xは，請求原因事実としてYの乙建物所有を主張し，この点についてYの権利自白が成立していることに照らせば（特に，乙建物の保存登記がされておりその登記簿上の所有名義人がYである場合，あるいは，乙建物が未登記であるとしても，固定資産税の課税においてYが納税者とされている場合には），本件使用貸借契約の成立は認められる可能性が高いと思われる。

(ｲ)　**再抗弁について**　次に，再抗弁について，Yの認否は，再抗弁2（そ）(た)（ち）は認め，(す)(つ)は不知とし，(し)(せ)は否認するものと考えられる（再抗弁（さ）は顕著な事実であるから認否不要）。そこで，民597条2項ただし書による解約申入れについて，使用収益期間満了または信頼関係破壊の評価根拠事実が認められるか否か，認められるとして，評価障害事実も含めて使用収益期間満了または信頼関係破壊と総合評価できるか否かが，本件訴訟の主たる争点ということができる。

再抗弁（し）の乙建物が老朽化していることについては，20年程度で老朽化といえるかは疑問もないではないが，Xとしては，建築士などの専門家の意見書による立証や，鑑定申請をすることが考えられる。

再抗弁（つ）の甲土地がAの唯一の遺産であることについては，Xとしては，Aの相続に関する相続税申告書により立証することが比較的容易である。もっとも，Xによる甲土地使用の必要性に関する事情であるが，その事実だけでは，使用収益期間満了または信頼関係破壊を肯定する方向に働く力はそれほど強くはないと思われる。

本件使用貸借契約の経緯については，親族間のことであるから，契約書や覚書な

どの客観的証拠があることは少ないと思われるが，再抗弁（す）のAは本件売買契約の際将来独立して生活する場合に必要となる土地を探していたこと，(せ) のAは本件使用貸借契約の際乙建物にAの妹であるZが居住することを前提としていたことについては，Xの立証方法としては，伝聞かもしれないがXの陳述書または本人尋問における供述や，Zの陳述書または証人尋問における供述が考えられる。もっとも，特に反証のない限り，経験則上，Zの居住が前提であったと推認することが可能と思われる。そこで，Yとしては，Yが平成3年7月ころから平成23年6月までE銀行に対する住宅ローンの返済資金をAに送金していた資料として，預金通帳の写しや銀行の取引履歴などを書証として証拠申請すること，本件使用貸借契約の経緯についてのYの陳述書または本人尋問における供述を提出することが考えられる。その返済金の負担が高額であれば，本件使用貸借契約の終了原因としての使用収益期間満了または信頼関係破壊の評価障害事実と考えることもできよう。その意味では，月額15万円の負担が，適正な賃料相場に照らして低額であれば本件使用貸借契約の終了を肯定する方向に働き，高額であれば本件使用貸借契約の終了を否定する方向に働くことになるであろう。Yとしては，適正な賃料相場について，不動産鑑定士などの専門家による意見書による立証や，鑑定申請をすることが考えられる。

6　債権法改正審議との関係

　法制審議会民法（債権関係）部会では，現行法で要物契約とされている，消費貸借，使用貸借，寄託について，これらを諾成契約とすることが審議された。このうち，消費貸借契約については，口頭の合意のみで契約が成立してしまうことが消費者取引上，問題を生じるのではないかとの意見が表明され，要物性の緩和は限定的なものにとどめる方向で議論が集約された。その結果，平成26年8月に決定された「民法（債権関係）の改正に関する要綱仮案」（以下「要綱仮案」という。）では，要物契約としている現行587条を維持したうえで，新たに，書面による消費貸借契約においては587条の規定にかかわらず，当事者の合意のみで契約が成立する旨の規定を付け加えることとされた（要綱仮案第32の1(1)）。

　これに対し，使用貸借契約及び寄託契約については，要物性を不要とし，単純に諾成契約とする方針となった。本問に関係する使用貸借契約について，要綱仮案第34の1は，民法593条を，「使用貸借は，当事者の一方がある物を引き渡すことを約し，相手方がその引渡しを受けた物について無償で使用及び収益をして契約が終了したときに返還することを約することによって，その効力を生ずる。」という規律に改めるとしている。これに伴い，訴訟における使用貸借の主張に関する要件事実も

修正されることになる。

【解答例】
請求の趣旨

1　被告は，原告に対し，別紙物件目録記載の建物を収去して同目録記載の土地を明け渡せ。 2　訴訟費用は，被告の負担とする。 との判決並びに仮執行宣言を求める。

訴訟物

所有権に基づく返還請求権としての土地明渡請求権　1個

請求原因

あ　訴外Dは，平成元年10月1日当時甲土地（別紙物件目録記載の土地）を所有していた。	○
い　訴外Dは，平成元年10月1日，訴外Aに対し，甲土地を代金3000万円で売った（以下「本件売買契約」という。）。	×
う　訴外Aは，平成24年1月20日，死亡した。	○
え　原告は，訴外Aの子である。	○
お　被告は，甲土地上の乙建物（別紙物件目録記載の建物）を所有して甲土地を占有している。	○
か　よって，原告は，被告に対し，甲土地所有権に基づき，乙建物を収去して甲土地を明け渡すことを求める。	

抗弁1（占有権原－賃貸借）

キ　訴外Aは，平成3年7月10日，被告及び訴外Zに対し，賃料月額15万円で期間の定めなく甲土地を賃貸した（以下「本件賃貸借契約」という。）。	×
ク　訴外Aは，平成3年7月10日ころ，被告に対し，本件賃貸借契約に基づき甲土地を引き渡した。	×

抗弁2（占有権原－使用貸借）

ケ 訴外Aは，平成3年7月10日ころ，被告に対し，期間の定めなく甲土地を無償で貸し渡した（以下「本件使用貸借契約」という。）。	×
コ 訴外Aと被告は，本件使用貸借契約に際して，建物を所有することを目的と定めた。	○

再抗弁（使用収益期間満了又は信頼関係破壊による終了－抗弁2に対して）

さ 平成3年7月10日から20年以上が経過した。	顕
し 乙建物は老朽化している。	×
す 訴外Aは，本件売買契約の際，将来独立して生活する場合に必要となる土地を探していた。	△
せ 訴外Aは，本件使用貸借契約の際，乙建物に訴外Aの妹である訴外Zが居住することを前提としていた。	×
そ 被告と訴外Zは，平成16年ころ離婚した。	○
た 訴外Zは，平成16年春ころ，乙建物から出て行き，それ以降，被告だけが乙建物で暮らしている。	○
ち 訴外Zが将来において乙建物に居住する見通しはない。	○
つ 甲土地は訴外Aの唯一の遺産である。	△

（德増誠一）

第10問
建物明渡請求

次の内容のXとYの言い分を前提に，後記問題に答えなさい。

《Xの言い分》

1　私の父Aは，昭和43年11月10日に祖父が所有していた甲土地を相続し，昭和45年1月29日，甲土地上に乙建物（2階建）を建築して，妻Bと共に同建物に居住するようになりました。なお，私は，AとBの間の子として，昭和47年10月10日に出生し，乙建物で生活するようになりました。

　その後，Aは，平成9年2月11日，D社から丙土地と丁建物を代金7,500万円で買い受けて，丁建物に家族で転居したため，乙建物を有効に使用することを考え，これを，店舗として賃貸することにしたのです。

2　そこで，Aは，Yに対し，平成9年10月1日，乙建物を，賃料月額20万円として毎月末日限り翌月分を支払うこと，賃貸期間を同日から2年間とし，更新することができること，更新の場合には更新料として賃料の1か月分を支払うこと，権利金を60万円，3か月分の賃料を遅滞したときは催告を要せず解除することができるといった約定で賃貸し（以下，「本件賃貸借」という。），そのころ，乙建物を引き渡しました。

3　Yは，その後，乙建物において洋服店を開業し，店舗として営業を開始しました。Yは，その後も，何かと乙建物の内装を変更したいといっては了解を求めてきたようで，その内容に応じてAは承諾をしていたようです。

4　Aは，平成19年3月3日，乙建物の賃料を月額20万円から30万円に増額することにし，交渉を弁護士Cに依頼しました。

　ところが，Yは，賃料増額交渉に応じないばかりか，乙建物は老朽化のため雨漏りをするなどと主張して，その補修を求めてきたのです。こうしたことから交渉は進展しませんでした。

5　そうしたところ，Aは平成23年3月23日に死亡してしまい，Aの妻Bと子である私がAの地位を相続しました。他には相続人はおりません。

　私とBは，同年6月1日に遺産分割協議をし，Aの遺産である甲土地及び乙建物は私が取得し，AとBが自宅として使用していた丙土地と丁建物と預貯金をBが取得することで合意をしました。なお，以前から，私は，独立して丁建物を出て両親とは別に生活をしており，乙建物の近くで店舗を借りて食堂を営んでいました。

6　私は，甲土地と乙建物を相続によって取得した後，いずれは乙建物を使用して食堂の営業をしたいと思っておりました。そこで，改めて私は，平成23年8月1日，弁護士Cに対し，本件賃貸借の賃料の増額交渉を続けるように依頼し，もし，Yがこれに応じないのであれば，乙建物の明渡しを交渉して欲しいことを伝えました。しかし，Yは，賃料の増額交渉の席に着くことすら拒絶し，不誠実な態度を取り続けたのです。

7　そのような状況の中で，平成24年2月20日ころ，Yが，乙建物の内部を改造しているという情報がありました。驚いて見に行ったところ，1階部分の部屋の仕切り壁が撤去され，1階部分全体を店舗として使用できるようにする工事をしていたことが判明しました。

8　私は，同月25日，Yに抗議した上，直ちに1階部分を原状に戻すように求めるとともに，このような大規模な改築を行うことについて，私は承諾をした覚えはない旨を告げたところ，Yは，私の代理人である弁護士Cが，雨漏りなどの補修を含む改築工事をYの負担において行うことを条件に，これを承諾したなどと言うのです。

　しかし，私は，弁護士Cに対し，このような権限を委任しておりませんし，そもそも私が所有する乙建物を自分の建物のようにして改築を行うYの行動は，私との信頼関係を根本から失わせるものだと思います。

9　私は，Yに対し，本件訴状（平成24年12月1日送達）をもって本件賃貸借を解除し，乙建物の所有権に基づき，乙建物の明渡しを求めます。

　これに対し，Yは，前記7の工事に関し，乙建物の雨漏りなどの必要な補修費用に200万円を負担し，また，その他の工事についても乙建物の利用価値を高める有益な工事であったから，このために支出した300万円（合計500万円）を支払うように求めているようです。仮に，このような主張が認められるのであれば，私としてもYの支出した額を支払うつもりですが，Yは，これらの工事を私の承諾を得ないままにしていたのですから，このことを理由に，乙建物の明渡しを拒むことはできないと思います。

《Yの言い分》

1　Xの言い分のうち，1から5までの事実は認めます。

2　乙建物は昭和45年に建築された古いもので，平成13年4月ころから，あちらこちらに雨漏りを生ずるなど，店舗としての使用に耐えられない状態にありました。そこで，必要に応じて，Aの妻であるBに，このような建物の状況を伝えて，補修等を依頼していたところ，Bから，自分の費用で補修をしていただくのであれば，

どのようにしてもらっても構わないと言われ、その都度、補修をしていたのです。
3　そうしたところ、Aの代理人である弁護士Cから、平成19年3月中旬ころ、賃料の増額に関する申入れがありました。
　しかし、私としては、乙建物は相当に老朽化しており、天井部分から雨漏りが生じている上に、1階部分は、構造上店舗として使用するには不便なものでした。そこで、このような状態のままでは賃料の増額に応ずることはできない旨を回答するとともに、補修すべき箇所もたくさんあるので、その補修を行って欲しいと申し入れていたのです。
4　そうしているうちに、平成23年3月23日にAが死亡してしまい、その後の交渉もできなくなってしまいました。しかし、同年9月ころになると、乙建物の2階部分で雨漏りが酷くなって、酷いときには床が水浸しになる状態となり、その使用に耐えられなくなってしまいました。そのため、私は、Xの代理人となった弁護士Cに対し、乙建物の補修を直ちに行うように求めるとともに、もし、乙建物の所有権を相続によって取得したXが補修をしない状況が続くのであれば、自分の負担でこうした工事を行ないたいがそれでもいいかと質問したところ、弁護士Cは、平成24年1月10日、Yの負担で工事をしてもらっても構わないと回答してきたのです。
5　このため、私は、平成24年1月20日から同年2月15日まで、乙建物の屋根や外壁等の必要な補修を行うとともに、店舗として使い勝手が悪い状態を改善するために、その建物の1階部分をXが主張しているように改造する工事を行いました。
　私は、これらの工事に500万円の費用を投じました。このうち、雨漏りなどの補修だけでも200万円の出費をしております。この工事によって、乙建物は以前のような老朽化した建物ではなく、投じた工事費用に相当するだけの価値の増加が認められるに至っており、今後20年以上は使用に耐える立派なものになったと思います。
6　Xは、私が前記5の工事を行ったことを知った後も、本件賃貸借の賃料の増額を求めていましたが、私がこの要求を受け入れないと知るや、本件訴訟を提起して、本件賃貸借の解除を通告してきました。
　しかし、私は、Xの先代であるAから乙建物を借りて以降、15年以上もの長い間賃借人としての義務を誠実に履行してきたもので、Xの代理人であるCの承諾の下に、前記工事を行ったものです。その工事内容も、雨漏り等の乙建物の保存のための工事に加え、乙建物の利便性を高めるために必要な工事をしただけのもので、Xとの信頼関係を破壊するような工事とは言えないものです。したがって、Xの主張は認められないと考えますし、Xは、乙建物の補修に要した費用も支払わないのですから、私にはXからの乙建物の明渡請求に応ずべき義務はないと思います。

【問 題】

(1) Xが，その言い分を前提にYを相手に民事訴訟を提起する場合の請求の趣旨を記載せよ。

その場合の訴訟物は何か。

(2) 前記(1)を前提に，Xが請求原因として主張すべき要件事実を指摘し，その理由を説明せよ。

(3) Yの言い分から考えられる抗弁を指摘し，その要件事実とその事実が必要となる理由を説明せよ。

(4) Xの言い分から考えられる再抗弁を指摘し，その要件事実とその事実が必要となる理由を説明せよ。

(5) Yの言い分から考えられる再々抗弁を指摘し，その要件事実とその事実が必要となる理由を説明せよ。

(6) 争点を指摘し，これを立証するために考えられる証拠を指摘せよ。

(7) Xが，Yに対し，本件賃貸借の終了に基づいて乙建物の明渡しを求めた場合の攻撃防御の構造はどのようなものになるかを説明せよ。

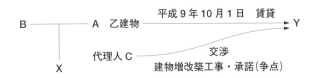

《時系列》

昭和45年1月29日	A		甲土地上に乙建物所有
平成9年10月1日	A・Y		乙建物　賃貸借（賃料月額20万円，賃貸期間2年間）
	Y		乙建物で洋服店開業
平成13年4月頃			乙建物で雨漏り
平成19年3月3日	A→C		賃料増額交渉依頼
平成23年3月23日	A死亡		（相続人　子Xと妻B）
6月1日	X・B		遺産分割
8月1日	X→C		賃料増額または乙建物の明渡交渉依頼
（平成24年1月10日	C→Y		乙建物改築工事承諾）
1月20日	Y		乙建物改築工事（500万円）
2月25日	X→Y		抗議
平成24年12月1日	X→Y		賃貸借解除の意思表示

第10問　建物明渡請求

解説

1 問題の所在

本問は，所有建物を賃貸していた賃貸人が，賃借人の無断改築を理由に賃貸借契約を解除した上，賃借人に対して，建物所有権に基づき，建物の明渡しの請求をした事案である。賃貸人である原告Xの主張を前提とすれば，同人は，賃貸借契約終了に基づき建物の明渡しを求めることもできるが，本問では，その言い分から，所有権に基づく返還請求権としての建物明渡請求権を訴訟物として訴訟を提起していることが認められるので，賃貸人である原告Xがどのような事実を請求原因として主張すべきか，これに対して賃借人である被告Yが主張する抗弁が何であるか，抗弁として主張すべき事実がどのようなものであるのかといったことを，実体法の解釈を通じて当事者の言い分から適切に指摘することができるかが問われることになる。

本問のような事案は，賃借人が行った改築工事の内容にはさまざまなものがあるものの，実際の民事裁判においても多くみられるものである。賃貸人において，賃借人が行った工事のすべてが無断でされたものであると主張する場合もあれば，その一部について承諾していないことを理由とする場合もあるし，賃借人の行った工事が賃貸人の承諾なく行われたことに争いがなくても，それが信頼関係を破壊する程度のものといえるか否かが問題となる場合もある。こうした多様な紛争に対応するためにも，本問を題材に，こうした紛争の基本的な攻撃防御の構造や，当事者が主張すべき要件事実の基本を十分に理解しておくことは，法律実務家にとって大切であると思われる。

2 【問題(1)】所有権に基づく建物明渡請求訴訟における請求の趣旨と訴訟物

(1) 請求の趣旨

訴えの提起は，訴状を裁判所に提出して行わなければならないが，この訴状には，当事者及び法定代理人のほか，請求の趣旨及び原因を記載しなければならない（民訴133条）。

請求の趣旨とは，原告が訴えによって判決を求める請求の表示であり，原告の請求が認容されたときの主文に対応するものである。本問のような給付訴訟を提起する場合の請求の趣旨については，請求認容判決の主文が強制執行により実現されるべき被告の義務を明らかにすべきものであることから，当事者及び給付内容が簡潔かつ正確に表現されている必要があり，給付の法的性質や理由を請求の趣旨の中に

記載しないのが裁判実務である。

　建物等の不動産の占有移転を求める強制執行は，執行官が債務者（被告）の建物等の占有を解いて債権者（原告）にその占有を移転させる方法によって行われるものであるから（民執168条1項），請求の趣旨には，被告が原告に対して特定された建物等の占有を移転すべき義務があることを明確にして表示しなければならない。一般に，占有移転義務を明確にする表現としては，「引渡し」を用いるが，このうち，占有移転の対象となる建物に債務者（被告）が居住し，あるいは物品を置いて占有している場合には，建物内の物品を取り除いたうえで居住者を立ち退かせて占有を移転する必要があるため，「明渡し」という表現を用いる。本問では，Xが占有移転を求める乙建物をYが占有しているから，「明渡し」を用いることになる。

　以上を前提とすれば，請求の趣旨は以下のとおりとなる。

請求の趣旨

1　被告は，原告に対し，別紙物件目録記載（省略）の建物を明け渡せ。
2　訴訟費用は被告の負担とする。
との判決及び仮執行の宣言を求める。

---

(2)　訴訟物

　訴訟物とは審判の対象である特定の権利または法律関係をいう。給付訴訟を提起した原告は，訴訟において被告に対する一定の権利または法律関係の存否の主張を行うことになるが，その主張において訴訟物を特定しなければならない。

　訴訟物の選択は原告の権能であり，原告が審判の対象とその範囲を決定し，裁判所はそれに拘束されることになるから（処分権主義。民訴246条），本問において訴訟物が何であるかは，原告であるXの言い分を前提に検討しなければならない。その意味において，被告であるYの言い分から訴訟物を判断することのないように注意すべきである。

　Xは，その言い分9項において，「乙建物の所有権に基づき，乙建物の明渡しを求めます。」と主張しており，その言い分において，訴訟物である権利の発生原因事実として必要な主張をしていることに照らすと，本問において，Xが提起した訴訟の訴訟物は，「(乙建物の)所有権に基づく返還請求権としての建物明渡請求権」であるといえる。この点，Xの言い分を前提とすれば，乙建物についての賃貸借契約終了に基づく目的物返還請求権としての建物明渡請求権を訴訟物とすることも可能である。そして，本問では，YがXとの関係で正当な占有権原を有していたことについては争いがないのであるから，Xにおいて，同請求権を訴訟物として訴訟を提起す

ることが合理的であるともいえる。しかし，あくまでもXは，その言い分において「所有権に基づき」乙建物の明渡しを求める旨を明確にしており，裁判所は，原告であるXが申し立てない権利を訴訟物として審理判断をすることは許されないのであるから，本問における訴訟物は，所有権に基づく返還請求権としての建物明渡請求権である。

また，所有権に基づく物権的請求権が訴訟物である場合における訴訟物の個数は，侵害されている所有権の個数と所有権侵害の個数によって定まるものであるから，本問において侵害されているのは乙建物の所有権であり，Yによる侵害態様は乙建物を占有することによる1個の侵害であるから，訴訟物の個数は1個である。

> **訴訟物**
> 所有権に基づく返還請求権としての建物明渡請求権　1個

* 本問においてXは，乙建物を占有してXの建物所有権を侵害しているYに対して，物権的請求権に基づき明渡しを求めている。物権的請求権については，占有訴権の各規定（民197条ないし199条）に応じて，他人の占有によって物権が侵害されている場合に生ずる返還請求権，他人の占有以外の方法によって物権が侵害されている場合に生ずる妨害排除請求権，物権侵害のおそれがある場合に生ずる妨害予防請求権の3つ権利を認めるのが通説であり，この見解を前提とすると，本問で訴訟物とされる権利の抽象的性質は返還請求権である。

3　【問題(2)】所有権に基づく建物明渡請求訴訟における請求原因
(1)　所有権に基づく返還請求権を発生させる法律要件

請求原因という用語は多義的であり，請求の対象である権利または法律関係を特定するために必要な事実（民訴133条2項2号）をいう場合もあるが，本問の請求原因とは，請求を基礎づける攻撃防御方法としての原告が主張立証責任を負うべき請求原因事実をいう。

所有権に基づく返還請求権を発生させる法律要件については，同請求権が他人の占有によって所有権が侵害されることによって不断に発生する権利であると解されていることから，①請求権者がその物の所有者であること，②請求の相手方が現にその物を占有することによって所有者の占有を妨げていることのほか，③相手方が所有者に対する関係においてその物を占有する正当な権原を有しないことが要件となると解される。

もっとも，これらの要件のうち，③については，原告が「被告に占有権原のないこと」についても主張立証責任を負うものと解すべきかについては問題がある。この点，①及び②の各要件が主張立証されれば，他人の所有物を占有する被告は，原則として不法占拠者というべき立場にあることが基礎付けられるというべきである

のに，もし，原告が「被告に占有権原のないこと」についても主張立証責任を負うと解するとすれば，原告において，被告が如何なる原因に基づいてその物を占有しているのかを知ると否とにかかわらず，何らかの占有権原に基づいて占有しているのではないということについて，合理的な疑いを生じない程度に占有権原に基づかない占有であることを主張立証しなければならなくなる。しかし，このような考え方は，物権的請求権を認めた趣旨を失わせることにもなりかねないことから，他人の物を占有する被告において「自らが正当な占有権原を有すること」を抗弁として主張立証させるのが公平かつ合理的であると考える。判例（最判昭和35年3月1日民集14巻3号327頁）も，他人の所有する不動産を占有する権原があるとの主張については，その主張をする者に主張立証責任があるとの判断をし，原告が所有する土地を同人から使用貸借した第三者が同土地上に建築した建物を，その第三者から賃借して使用していた被告について，民法188条に基づき，同土地の占有権原を有するとの推定を認めなかった。学説もこの結論を支持している（柚木馨『判例物権法総論（補訂版）』〔有斐閣・2007〕358頁，我妻榮＝有泉亨『コンメンタール民法（第3版）』〔日本評論社・2013〕399頁など。30講305頁）。

以上によれば，原告は，所有権に基づく返還請求権の発生要件として，
① 原告がその者の所有者であること
② 被告がその者を占有していること
を主張立証すべきものと解される（類型別47）。

(2) 原告の所有（①）

前記(1)を前提に，原告が主張すべき請求原因事実を考える。

物権的返還請求権は，他人の占有によって所有権が侵害されることによって不断に発生する権利であると解されるから，本件訴訟の訴訟物は，事実審の口頭弁論終結時点において被告が乙建物を占有していることにより，その時点で発生した物権的返還請求権であって，それ以前に被告が乙建物を占有していたことによって生じた物権的返還請求権ではないと解される。そうである以上，訴訟物である物権的返還請求権の発生原因事実は，①原告が事実審の口頭弁論終結時点で乙建物を所有していること（現所有），②被告が同時点において乙建物を占有していること（現占有），である。

ところで，「原告が乙建物を所有している」というのは事実ではなく，過去の時点における乙建物の所有権取得原因事実（売買，相続，請負等）が認められたことによる法的効果である。したがって，本来，原告は，過去の時点における乙建物の所有権取得原因事実を主張する必要がある（この事実が認められれば，その後，被告から，乙建物の所有権喪失原因事実が主張立証されない限り，原告が現時点で乙建物を所有しているものと扱われ

ることになる。)。しかし，一般論として，原告にこのような主張立証責任を厳格に求めれば，物権的請求権を訴訟物とする訴訟においては，常に，所有権の原始取得に遡ってそれ以降の所有権移転原因事実を主張立証しなければならないことになり，この主張立証が奏功しなければ請求が棄却されてしまうということになる。しかし，被告が問題としないような過去の所有権移転の来歴までを含めて原告に主張立証責任を負わせるような扱いは，原告に無用の負担を負わせるものであって，妥当なものとは言い難い。そして，通常は，被告が，現時点またはそこに至るまでのどこかの時点で，原告またはそれ以前の所有者の所有権を争わなくなる時点が認められるから，訴訟実務では，現在または現在に最も近接した過去のある時点で被告の権利自白を認めることにより，その時点より前の所有権移転原因事実の主張立証の負担を負わせないものとしている。

本問において，被告（Y）は，原告（X）がAから乙建物を相続したことも含めて，原告が乙建物を現時点で所有していること（現所有）を認めているから，原告が事実審の口頭弁論終結時点で乙建物を所有していることについて権利自白が成立するものとして請求原因における主張整理をすることができる。

　(3)　被告の占有 (②)

前記(2)で説明したとおり，原告は，被告が事実審の口頭弁論終結時点において乙建物を占有していること（②）を主張しなければならない。

占有は事実概念であるから，同時点よりも前の時点における占有の事実を主張しても，事実審の口頭弁論終結時点の占有を主張したことにはならない。また，原告は，原告の所有権を侵害する被告の占有態様を具体的に主張する必要がある。もっとも，攻撃防御方法の観点から見た場合，被告がこの事実を争っていない場合にまで原告に具体的な占有態様を主張させる意味は乏しいものである。そして，占有はきわめて抽象度の高い概括的な事実概念であるということができるから，本問のように，被告が乙建物を占有している事実を認めているような場合には，このような「占有」について自白が成立したものとして請求原因における主張整理をすることで足りる。

　(4)　以上を前提に，原告が主張すべき請求原因事実を整理すれば，次のとおりである。

> 請求原因
> 1　原告は，別紙物件目録記載（省略）の建物（以下「乙建物」という。）を所有している。
> 2　被告は，乙建物を占有している。

3 よって，原告は，被告に対し，所有権に基づき，乙建物の明渡しを求める。

＊ 物権的請求権の法的性質及び訴訟物を，本文のとおり，他人の占有によって所有権が侵害されることによって不断に発生する権利であると解すると，請求原因事実は，原告の現所有と被告の現占有ということになる。これに対して，被告の占有開始時またはその後の一定時点の占有とその占有時点における原告の所有によって発生した物権的請求権が訴訟物であるとする見解（もと占有説）がある。この見解に立てば，請求原因は，過去の被告占有とその時点の原告の所有ということになり，それ以後の被告の占有喪失が抗弁ということになる。

4 【問題(3)】抗弁事由
(1) 占有権原の抗弁

前記3のとおり，被告（Y）の占有が正当な権原に基づくときは，原告（X）の物権的返還請求権は発生しない。

Yの言い分によれば，Yは，Aとの間の本件賃貸借を前提に，Xによる乙建物の明渡請求を拒んでいるから，占有権原の抗弁を主張しているものと解される。

賃借権を占有権原として主張する場合の一般的な要件は，
① 賃貸借契約の締結
② ①に基づく引渡し
であるが，本問で被告（Y）が占有権原として主張する賃借権は，Aとの間で締結されたものであるから，これに加えて，賃借権をXに対して主張できることを基礎付けるために
③ AからXに賃貸人たる地位が承継されたこと
を主張立証する必要がある。

①に関する主張としては，民法601条が「賃貸借は，当事者の一方がある物の使用及び収益を相手方にさせることを約し，相手方がこれに対して賃料を支払うことを約することによって，その効力を生ずる」ものと規定しているから，被告は，(a)被告とAとの間で，乙建物を賃料月額20万円で賃借する旨の合意をしたこと，これに加えて，賃貸借契約が貸借型の契約であることを理由に賃貸期間の合意も本質的な要素であると解する見解に立てば，(b)賃貸期間を2年間とする旨の合意をしたことも主張する必要がある。また，この関係で，被告の現在の占有が本件賃貸借で合意された賃貸期間が経過した後のものであることを基礎付けるために，(c)賃貸期間の経過を主張する必要がある。

次に，被告（Y）が有する賃借権を乙建物の所有者である原告（X）に対して対抗できるものであることを基礎付けるためには，Aが本件賃貸借当時，乙建物を所有していたこと（権利自白）を主張する必要がある。そして，以上により，被告（Y）は，原告（X）から本件賃貸借に基づく賃借権の消滅原因事実等が再抗弁として主張

立証されない限り，現時点においても，乙建物について本件賃貸借に基づく賃借権を有するものと扱われ，現時点の被告（Y）の占有が，本件賃貸借に基づく占有が継続しているものであることが基礎付けられれば，それが正当な権原に基づくものであるということになる。

②については，本件訴訟の訴訟物が，事実審の口頭弁論終結時における被告の占有による所有権侵害に基づいて発生した物権的返還請求権であることから，被告（Y）は，その時点の占有が適法な占有権原（賃借権）に基づくものであることを抗弁において基礎付ける必要である。具体的には，被告（Y）が，賃貸人であるAから，本件賃貸借に基づき乙建物の引渡しを受けたことを主張する必要がある。ところで，①の本件賃貸借に基づく賃借権とは異なり，占有は事実概念であるから，本来，引渡時点から現時点までの間，被告の占有が継続していたことを主張しなければ，現時点の占有が本件賃貸借に基づく賃借権による正当なものであることを基礎付けることができない。しかし，民法186条2項は「前後の両時点において占有した証拠があるときは，占有は，その間継続したものと推定する」との規定を置いているから，被告（Y）は，本件賃貸借に基づく引渡しの事実を主張するだけで，この時点の占有と，請求原因において主張された口頭弁論終結時の占有の2点間の占有継続が基礎付けられることになる（抗弁は請求原因事実の存在を前提とするものであることに注意する必要がある。）。したがって，抗弁事実として，引渡時点から口頭弁論終結時点までの本件賃貸借に基づく占有継続を主張する必要はない。

③については，本件賃貸借における賃貸人はAであったが，同人が死亡したことにより，Xが相続によって乙建物の所有権を取得するとともに，本件賃貸借における賃貸人としての地位を承継した事実を主張することになる。本問においては，(a)Aの死亡，(b)XがAの子であることを主張することになる。なお，相続の法的効果を主張するために主張すべき要件事実については，被相続人の子が相続人となる場合において，相続人のみの存在を主張すれば足りるとする見解（非のみ説）と，これに加えて，他に相続人がいないとの事実を主張すべきであるとする見解（のみ説）の対立がある。この点，民法は，子が相続人である場合には「被相続人の子は，相続人となる。」（民887条1項）としているのに対し，被相続人の直系尊属または兄弟姉妹が相続人となる場合には「第887条の規定により相続人となるべき者がない場合には」（民889条1項）と規定していることに照らせば，子が相続人となる場合において，他に相続人がいないことまでを主張立証すべきものとは規定していないと解される（非のみ説）。もっとも，本問では，原告（X）が相続によって権利を取得したことを主張しようとする局面ではなく，被告（Y）が，乙建物に対する占有が本件賃貸借に基づく適法なものであることを原告（X）に対して主張するために，同人が本件

賃貸借における賃貸人の地位を相続によって承継していることを基礎付けようとするに過ぎないから，のみ説に立ったとしても原告（X）がAの子であることだけを主張すれば足りるものと考えられる。

以上を前提に，被告（Y）が主張する占有権原の抗弁事実を整理すれば，次のとおりである。

> **抗弁1**（占有権原―賃借権）
> 1　訴外Aは，被告に対し，平成9年10月1日，乙建物を，賃料を月額20万円，賃貸期間を同日から平成11年9月30日までとの約定で賃貸した（以下，「本件賃貸借」という。）。
> 2　訴外Aは，被告に対し，そのころ，本件賃貸借に基づき，乙建物を引き渡した。
> 3　本件賃貸借当時，訴外Aは乙建物を所有していた。
> 4　平成11年9月30日は経過した。
> 5(1)　Aは，平成23年3月23日死亡した。
> 　(2)　原告は，訴外Aの子である。

(2) 留置権の抗弁

(ア)　被告（Y）は，前記(1)のとおり占有権原の抗弁を主張するほか，これが認められない場合に備えて，乙建物の雨漏りなどの補修工事による必要費償還請求権を被担保債権とする留置権の抗弁と，乙建物の利用価値を高めるための工事による有益費償還請求権を被担保債権とする留置権の抗弁の双方を主張していると考えられる。

この留置権の主張は，請求原因によって発生が基礎付けられた所有権に基づく返還請求権の行使を阻止する効果を生ずる主張であるから，抗弁に位置づけられるものであって，原告（X）が主張する本件賃貸借の債務不履行解除の再抗弁による法的効果を阻止する主張ではないから，この再抗弁に対する再々抗弁に位置づけられるものではない。

そして，民法295条は，「他人の物の占有者は，その物に関して生じた債権を有するときは」，「その物を留置することができる」と規定しているから，留置権の抗弁を主張する被告（Y）は，

① 乙建物に関して生じた債権を有すること
② 権利主張

を主張する必要がある。

この点，本問で被告（Y）は，①に関して，占有者の費用償還請求権（民196条）を主張するのではなく，賃借人による費用償還請求権（同法608条1項及び2項）を主張するものと解されるから，Yが，乙建物に関して必要費及び有益費を支出した時点で乙建物を賃借物として占有する賃借人であったことを基礎付けるために前記(1)の占有権原の抗弁を構成する事実を主張する必要がある。また，賃借人の費用償還請求権のうち有益費償還請求権を前記①の債権として留置権の抗弁を主張する場合には，民法608条2項においてその償還時期が「賃貸借の終了の時」であることが規定されていることから，前記(1)の占有権原の抗弁に対する再抗弁である本件賃貸借の債務不履行解除の主張が前提となって構成できる主張となる。したがって，その攻撃防御方法の位置づけとしては，前記(1)の占有権原の抗弁を構成する事実及びこの抗弁に対する本件賃貸借の債務不履行解除の再抗弁事実を前提とする予備的抗弁ということになると解される。

以上を前提に，被告（Y）は，①に関して，賃借物についての必要費償還請求権（同法608条1項）と有益費償還請求権（同条2項）の双方を別個の留置権の抗弁として主張する場合の抗弁事実を検討する。

(イ) **必要費償還請求権を被担保債権とする留置権の抗弁**　賃借人の必要費償還請求権を被担保債権とする留置権の抗弁を構成する事実は，前記①の要件として，平成24年1月20日から同年2月15日までの間，乙建物の天井部分の雨漏りを補修するために，屋根や外壁等を補修する工事を行い，工事費用として200万円を支出したことになる。

また，留置権の抗弁は，留置権の発生を基礎付ける事実が弁論に顕れていても，それだけでは抗弁として機能するものではなく，権利者による権利行使の意思が表明されてはじめて抗弁として判決の基礎とすることができるという意味において権利抗弁と解されるから，被告（Y）による「原告（X）が必要費を支払うまで，乙建物の明渡しを拒絶する」との権利主張が必要である。

抗弁2（留置権・必要費償還請求権）
1　抗弁1と同じ
2　被告は，平成24年1月20日から同年2月15日までの間，乙建物の2階部分の天井部分からの雨漏りを補修するために屋根や外壁等の補修工事を行い，工事費用として200万円を支出した。
3　被告は，原告が必要費を支払うまで，乙建物の明渡しを拒絶する。

＊1　抗弁2のうち，1及び2の事実によって，Yが，この当時，乙建物を占有する賃借人であるとの事実が主張されている。

＊2　抗弁2は抗弁1を内包しているから，いわゆるa＋bの関係にあるが，抗弁1には，再抗弁が主張されているから，この再抗弁が認められる場合には意味を有するもので，許されたa＋bとして抗弁と構成できる。

(ウ)　**有益費償還請求権を被担保債権とする留置権の抗弁**　賃借人の有益費償還請求権を被担保債権とする留置権の抗弁を構成する事実ついて考えるに，有益費償還請求権の発生要件について，民法608条2項は「賃借人が賃借物について有益費を支出したときは，賃貸人は，賃貸借の終了の時に，第196条第2項の規定に従い，その償還をしなければならない」と規定し，同法196条2項は「その価格の増加が現存する場合に限り，回復者の選択に従い，その支出した金額又は増加額を償還させることができる」としている。そうすると，被告（Y）は，前記①の要件として，(a)賃借物について改良工事を行って有益費を支出したこと，(b)改良工事によって乙建物の価値が増加したこと，(c)回復者（X）において，支出額または増加額のいずれかを選択する旨の意思表示をしたこと，を主張する必要があると解される。

これを本問において検討するに，被告（Y）は，平成24年1月20日から同年2月15日までの間，乙建物の1階部分の壁を撤去し，1階部分全体を店舗として使用できる構造に改築する工事をして，工事費用300万円を支出したこと，この工事によって乙建物の価値が増加したこと，原告（X）において，Yが有益費として支出した額を償還する旨の意思表示をしたこと（Xの言い分9項）が抗弁事実となる。

また，前記(イ)のとおり，留置権の権利抗弁としての性質から，被告（Y）による権利行使の意思が表示されることが必要である。

抗弁3（留置権・有益費償還請求権—抗弁1及び再抗弁を前提とする予備的抗弁）
1　被告は，平成24年1月20日から同年2月15日までの間に，乙建物の1階部分の壁を撤去して，1階部分全体を店舗として使用できる構造に改築する工事をし，この工事のために300万円を支出した。
2　前記1の工事により乙建物の価値が増加した。
3　原告は，本件口頭弁論期日において，被告が有益費として支出した額を償還する旨の意思表示をした。
4　被告は，原告が前記3の支出額を支払うまで，乙建物の明渡しを拒絶する。

＊　抗弁3は，抗弁1及び再抗弁を前提とする予備的抗弁であることを見出しで明記されているから，抗弁1及び再抗弁を構成する事実を抗弁3において記載する必要はない。

5　【問題(4)】再抗弁事由

(1)　本問において原告（X）は，YがXに無断で乙建物の1階部分の部屋の仕切

り壁を撤去し，1階部分全体を店舗として使用できるようにする工事を行ったことを主張して，被告（Y）に対し，本件訴状をもって本件賃貸借を解除する旨の意思表示をしているから，被告（Y）の占有権原の抗弁に対する再抗弁として，本件賃貸借の債務不履行による解除を主張しているものと考えられる。

原告（X）が，被告（Y）の債務不履行事由として賃貸借契約上のいかなる義務の履行を怠ったものと主張しているかについて検討するに，賃借人は，賃貸借契約に基づき，同契約の終了に伴って目的物を返還するまでの間，善良な管理者の注意をもって，目的物を保存すべき義務を負うものであるから（民400条），被告（Y）が，乙建物の所有者（賃貸人）の承諾を得ることなく，乙建物の1階部分における部屋の仕切り壁を撤去するといった工事を行うことは，目的物の保存義務に違反する行為であると解される。また，賃借人は，民法616条が準用する同法594条1項により「契約又はその目的物の性質によって定まった用法に従い，その物の使用及び収益をしなければならない」義務を負うものと解されるから，このような用法に違反する工事を行うことが用法遵守義務に違反すると解する余地もあると考える。もっとも，本問のYの行為の内容からすれば，原告（X）は，被告（Y）の乙建物の保存義務違反による解除を主張しているものと解するのが相当であろう。

次に，賃貸借契約の解除については，民法541条は賃貸借のような継続的契約に適用されるものではないとした上で，同法628条を類推適用して，「やむを得ない事由があるとき」に限って解除が認められるとする見解もあるが，同法541条の適用を認めた上で，賃貸借契約の基礎にある信頼関係という観点から修正するのが判例・通説の見解である（山本Ⅳ-1契約473頁）。

以上によれば，乙建物の保存義務違反による解除の再抗弁を構成する事実として，原告（X）は，
① Yが乙建物の保存義務に違反する行為をしたこと
② Xが，Yに対して，乙建物を原状に回復するように催告したこと
③ 催告後，相当期間が経過したこと
④ Xが，Yに対し，本件賃貸借を解除する旨の意思表示をしたこと
を主張する必要がある。

(2) ところで，本問では，Xの言い分から，XがYに対して本件工事を原状に復するように求める旨の催告をし，その後相当期間が経過したことを前提に本件賃貸借を解除する旨の意思表示をしたと構成することができる。

しかし，被告（Y）は，Xによる催告がされた事実を認めていない。むしろ，Xが，Yに対し，本件工事がされたことを認識しながら賃料増額を求めていた旨の主張をしているから，Yの言い分を合理的に解すれば，Xによる催告の事実を否認してい

ると解することができる。

　そうである以上，原告（X）としては，この催告の事実が証拠上認められないと再抗弁が認められなくなって請求棄却の判決がされてしまうことを防ぐために，このような場合に備えて，Yによる本件工事が，催告をしても原状回復が困難なものであり，その程度も著しいとして無催告解除の主張として構成することが合理的であると考えられる（最判昭和31年6月26日民集10巻6号730頁，最判昭和38年9月27日民集17巻8号1069頁等）。

　本問においてYが行った本件工事は，乙建物の1階部分の壁を撤去するというような建物の躯体に影響を及ぼしかねない著しい改良工事であって，保存義務に著しく違反するものと認められるものであるから，無催告解除の主張として構成することが十分に認められよう。

　そして，以上を前提に，本問において原告（X）が主張する再抗弁事実を整理すれば，次のとおりである。

再抗弁（保存義務違反の無催告解除―抗弁1に対し）
1　被告は，平成24年1月20日から同年2月15日まで，乙建物の1階部分の壁を撤去し，1階部分全体を店舗として使用できる構造に改築する工事をした（以下，「本件工事」という。）。
2　原告は，被告に対し，平成24年12月1日送達の本件訴状をもって，本件賃貸借を解除する旨の意思表示をした。

＊1　本文のとおり，Yの義務違反の程度が大きい場合には，それ自体で本件賃貸借の継続を著しく困難ならしめる信頼関係を破壊する行為と認められ，Xは，無催告で本件賃貸借を解除することができると解される（最判昭和38年9月28日民集17巻8号1609頁）。Xは，本件工事によって信頼関係が破壊されたと主張しているから，これによって無催告で本件賃貸借を解除するとの主張を再抗弁として構成することが可能と思われる。この構成によれば，再抗弁において本件工事の内容を摘示することによって信頼関係破壊の評価根拠事実が顕れているものと理解することになるから，Yは，再々抗弁として，信頼関係破壊の評価障害事実を主張することになる。これに対して，本問で，Xは，催告後相当期間が経過した後の解除を主張することも可能であるから，本問のXの主張としては，これを前提とする再抗弁を構成することも考えられる。この場合には，Yは，再々抗弁として，信頼関係不破壊の評価根拠事実を主張することになる。

＊2　Xによる「YがXの承諾を得ることなく本件工事をした」旨の主張が，留置権の抗弁（抗弁2及び3）に対する何らかの再抗弁事由としての意味を有する主張と解されるかが問題となる。しかし，Xの承諾を得ることなくYが本件工事を行ったとしても，これによって当然に本件賃貸借が解除となってYが乙建物の占有権原を失うものとは解されないから，民法295条2項の「占有が不法行為に基づいて開始した」との要件を満たすものとは言い難い。また，賃借人が，「悪意の占有者」（民608条2項が規定する同法196条2項）であるとも認め難い（もとより，悪意の占有者と認められても，裁判所による期限の許与の裁判がなければ留置権に対する再抗弁とはならない。）。そうすると，Xの前記主張は，留置権の抗弁に対する再抗弁とはならないというべきである。

6 【問題(5)】再々抗弁事由

(1) 被告（Y）は，原告（X）の債務不履行解除の再抗弁に対し，Xの代理人である弁護士Cから本件工事をすることについて事前に承諾を受けた旨を主張している。そして，この事実が認められれば，Yが負っている保存義務は解除されて，Yが本件工事を行ったことが同義務に違反する債務不履行とはならないことになるから，この主張は再々抗弁として機能することになる。

この場合に，被告（Y）が主張すべき再々抗弁事実は，次のとおりである。

再々抗弁1（承諾）

1　訴外Cは，原告のためにすることを示して，被告に対し，平成24年1月10日，本件工事をすることを承諾する旨の意思表示をした。
2　原告は，訴外Cに対し，前記1に先立ち，前記1の承諾の意思表示をすることについて代理権を授与した。

＊　代理権授与行為の法的性質について，実務ではその独自性を認め，本人と代理人との間の内部的契約関係（委任など）とは別個の行為であるとする考え方に立っているものと考えられる。したがって，上記のような主張整理となる。これに対して，代理権授与行為は本人と代理人との間の事務処理契約と不可分であると解してその独自の行為性を否定する考え方（四宮＝能見299頁ほか）や，独自性を肯定しても，その性質を本人の単独行為とする考え方や本人と代理人との間の契約とする考え方もあり得る。ここでは，いずれの見解が相当であるのかを論じることはしないが，代理権授与行為の事実摘示をする場合には，その法的性質に関する考え方を踏まえて整理をする必要がある（30講356頁）。

(2) 被告（Y）は，Xにおいて，Yが本件工事を行ったことを認識した後も，Yに対し，本件賃貸借の継続を前提に，賃料増額を求めていた旨を主張している。そして，原告（X）による無催告解除の再抗弁を前提とすれば，本件工事をYが行ったことによって信頼関係が破壊されて解除権を生じたものと解されるから，前記主張事実は，発生した解除権の放棄の意思表示として再々抗弁となると解される。

また，原告（X）による解除権放棄の主張が認められない場合でも，被告（Y）は，本件工事によっても信頼関係が破壊されない特段の事情を再々抗弁として主張しているものと解される。

そこで，被告（Y）の主張を前提に，Yによる解除権放棄の再々抗弁及び信頼関係不破壊の評価根拠事実の再々抗弁を構成する事実を整理すると，次のとおりとなる。

再々抗弁2（解除権の放棄）

原告は，被告に対し，被告が本件工事を行ったことを認識しながら，本件賃貸借における賃料の増額に応じるように求め，もって，解除権を放棄する旨の

意思表示をした。

再々抗弁3（信頼関係不破壊の評価根拠事実）
1　原告は，被告に対し，被告が本件工事を行ったことを認識しながら，本件賃貸借について賃料の増額を求めた。
2　被告は，原告の先代である訴外Aから乙建物を賃借して以降，15年以上の長期間乙建物を借り受けていたもので，その間，賃借人としての義務を誠実に履行してきた。
3　被告は，訴外Cが原告の代理人であると信じていたもので，訴外Cの承諾を得て本件工事を行った。
4　本件工事の内容は，乙建物の利便性を高めるためのもので，原告にとって利益となるものである。

7　【問題(6)】争点と立証

本問における訴訟物，請求の趣旨，請求原因と認否，抗弁と認否，再抗弁と認否，再々抗弁と認否を整理すれば，次のとおりとなる。

訴訟物

所有権に基づく返還請求権としての建物明渡請求権

請求の趣旨

1　被告は，原告に対し，別紙物件目録記載（省略）の建物を明け渡せ 2　訴訟費用は被告の負担とする。

請求原因

1　原告は，別紙物件目録記載（省略）の建物（以下「乙建物」という。）を所有している。	○
2　被告は，乙建物を占有している。	○
3　よって，原告は，被告に対し，所有権に基づき，乙建物の明渡しを求める。	

抗弁

1 抗弁1（占有権原―賃借権）

(1) 訴外Aは，被告に対し，平成9年10月1日，乙建物を，賃料を月額20万円，賃貸期間を同日から平成11年9月30日までとの約定で賃貸した（以下，「本件賃貸借」という。）。	○
(2) 訴外Aは，被告に対し，そのころ，本件賃貸借に基づき，乙建物を引き渡した。	○
(3) 本件賃貸借当時，訴外Aは乙建物を所有していた。	○
(4) 平成11年9月30日は経過した。	顕
(5)ア 訴外Aは，平成23年3月23日死亡した。	○
イ 原告は，訴外Aの子である。	○

2 抗弁2（留置権・必要費償還請求権）

(1) 抗弁1と同じ	
(2) 被告は，平成24年1月20日から同年2月15日までの間，乙建物の2階部分の天井部分からの雨漏りを補修するために屋根や外壁等の補修工事を行い，工事費用として200万円を支出した。	×
(3) 被告は，原告が必要費を支払うまで，乙建物の明渡しを拒絶する。	顕

3 抗弁3（留置権・有益費償還請求権―抗弁1及び再抗弁を前提とする予備的抗弁）

(1)ア 被告は，平成24年1月20日から同年2月15日までの間に，乙建物の1階部分の壁を撤去して，1階部分全体を店舗として使用できる構造に改築する工事をした。	○
イ この工事のために300万円を支出した。	×
(2) 前記1の工事により乙建物の価値が増加した。	×
(3) 原告は，本件口頭弁論期日において，被告が有益費として支出した額を償還する旨の意思表示をした。	顕

(4) 被告は，原告が前記3の支出額を支払うまで，乙建物の明渡しを拒絶する。	顕

再抗弁（抗弁1に対し）

1 被告は，平成24年1月20日から同年2月15日まで，乙建物の1階部分の壁を撤去し，1階部分全体を店舗として使用できる構造に改築する工事をした（以下，「本件工事」という。）。	○
2 原告は，被告に対し，平成24年12月1日送達の本件訴状をもって，本件賃貸借を解除する旨の意思表示をした。	顕

再々抗弁

1 再々抗弁1（承諾）

(1) 訴外Cは，原告のためにすることを示して，被告に対し，平成24年1月10日，本件工事をすることを承諾する旨の意思表示をした。	△
(2) 原告は，訴外Cに対し，前記1に先立ち，前記1の承諾の意思表示をすることについて代理権を授与した。	×

2 再々抗弁2（解除権の放棄）

原告は，被告に対し，被告が本件工事を行ったことを認識しながら，本件賃貸借における賃料の増額に応じるように求め，もって，解除権を放棄する旨の意思表示をした。	×

3 再々抗弁3（信頼関係不破壊の評価根拠事実）

(1) 原告は，被告に対し，被告が本件工事を行ったことを認識しながら，本件賃貸借について賃料の増額を求めた。	×
(2) 被告は，原告の先代である訴外Aから乙建物を賃借して以降，15年以上の長期間乙建物を借り受けていたもので，その間，賃借人としての義務を誠実に履行してきた。	×
(3) 被告は，訴外Cが原告の代理人であると信じていたもので，訴外Cの承諾を得て本件工事を行った。	△

| (4) 本件工事の内容は，乙建物の利便性を高めるためのもので，原告にとって利益となるものである。 | × |

　以上の整理を前提とすれば，本問は，Xの請求原因，Yの占有権原の抗弁，Xの保存義務違反に基づく無催告解除の再抗弁までの事実は，すべて当事者間に争いがないから，結局，本件訴訟では，Yの再々抗弁事実の存否，留置権の予備的抗弁事実の存否（Xの認否が否認《×》または不知《△》の事実）が争点ということになる。
　そして，これらの争点事実を立証するために，Yは，本件工事の請負契約書，領収書，本件工事後の乙建物の現状の写真，Yの陳述書等を書証として提出することが考えられ，人証としてY本人尋問の申請をすることになる。弁護士Cの証人申請も検討すべき事案であるが，CがYの主張に沿う証言をする可能性の有無を慎重に判断することになろう。

8 【問題(7)】本件賃貸借終了に基づく乙建物明渡請求権を訴訟物として訴訟を提起した場合の攻撃防御の構造

　本問で，Xは，所有権に基づく返還請求権としての乙建物明渡請求権を訴訟物として訴訟を提起しているが，本問の事実関係を前提とすれば，本件賃貸借終了に基づく目的物返還請求権としての乙建物明渡請求権を訴訟物として訴訟を提起することも可能であると考えられる。
　この場合の，攻撃防御の構造については，Xが請求原因として，前記占有権原の抗弁を構成する事実及び保管義務違反無催告解除の再抗弁を構成する事実を主張し，Yは，これに対して，前記再々抗弁を抗弁として主張するという構造になる。また，留置権の抗弁についても，そのまま抗弁として主張できると解される。

■■■

【解答例】
　前記7に記載した内容と同様である。

（木納敏和）

第11問
物権的請求権（建物明渡・消滅時効の援用）

次のYの居住する甲建物をAから譲り受けたXの言い分及びYの言い分を読んで，後記問題に解答しなさい。

《Xの言い分》

1　Yは，自らが所有する乙土地の上に，自宅として居住する目的で甲建物を建築する費用の一部とするために，平成8年10月30日にAから360万円（利息年8％，遅延利息年12％）を借り受け，同日その交付を受けた（以下「本件金銭消費貸借」という。）。

本件金銭消費貸借の条件は，次のようなものであった。

元本　　　：360万円
利息　　　：年利8％，遅延利息は年利12％
返済方法：Yは，同年11月から翌年10月30日まで，毎月末限り，元金均等で31万3,158円ずつ返済する。
特約　　　：Yが1度でも期日までに返済できないときは，当然に期限の利益を失う。

2　Yは，本件金銭消費貸借の担保のため，乙土地と建築した甲建物の所有権をAに移転することにし，Aに対し，売買を原因として平成8年10月30日付所有権移転登記を経由した。YとAとは，所有権登記移転後もYが本件甲建物に居住することを認める旨合意していた。

3　その後もYは甲に居住を続けたが，Yの勤務する会社の経営が思わしくなく，ボーナスの支払が極端に減額されるなどしたため，生活に窮するようになり，他にも借財があったため，Yは本件金銭消費貸借上の債務の返済を平成9年4月以降することができなくなったようである。

4　Aは，平成9年9月21日ころ担保権を実行することに決めたが，甲・乙不動産について，さしあたり，よい買い手が見つからなかった。そこで，Aは自身の娘婿であるXにこれらを贈与することを思い立った。AとXらは，Xの仕事の都合で離れた土地に暮らしているが，将来Xが家族と共にAの近隣に居住するための住宅にするために，甲建物は適当な物件だと考えたためである。Aはこの計画をXに話し，Xはこれに同意して，同月26日，甲建物と乙土地につき，AからX名義に贈与を原因とする所有権移転登記が経由した。

5　その際に，Aから聞いた説明では，甲・乙不動産は担保のためにAが譲り受けた

ものであり，債務が弁済されれば，Yに返却しなければならないものであるが，現状ではその弁済がないから，自由にこの土地を処分してよいとのことであった。

6　Xはこれまで甲建物を他に処分するもあてもなかったから，そのままYが居住するに任せ，特にYとは連絡をとっていなかった。しかし，Xが最近になって甲建物の所在地近くに転勤が決まり，是非甲建物に居住したいと考えるようになり，平成20年4月2日に，Yに対して甲建物の明渡しを請求した。ところが，Yは甲建物から立ち退く意思はないと返答してきた。そこで，甲建物の所有権に基づき，Yの立ち退きを求めたいと考えている。

7　Yは，仮に甲・乙不動産を手放すとしても，Aから本件金銭消費貸借上の債務を甲・乙不動産の価値から差し引いた金額について清算してくれなければ，立ち退くことはできないといっているようであるが，清算金はAが支払ったと聞いているし，仮に支払いがなかったとしても，ずいぶん以前の話であるから，Aが支払をする必要もないと考えている。

《Yの言い分》

　　私は，確かにAからお金を借りてその担保のために，持家である甲・乙不動産を譲渡しました。360万円の借金について，最初のうちはきちんと返済していたのですが，ほかの借財もあり，だんだんと滞るようになりました。ところが，Aは，特に私に借金の返済について督促することもなく，いきなり甲・乙不動産をXに贈与して，その上贈与を原因として所有権登記も移転していましたので，大変驚きました。そう言うことをするならすると言ってくれれば，こちらにもいろいろ手の打ちようがあったので，だまされた気持ちです。実は，平成10年の春頃，毎年Aから固定資産税の支払について連絡があったのですが，それがないので不審に思って問い合わせたところ，既にX名義となっていました。

　　しかし，乙土地は先祖伝来の土地で，甲建物はやっとの思いで建てた新築の家ですので，手放したくありませんでした。そこで，親戚にも頼み込んで元本と利息，遅延損害金等全額をかき集めて，Aに支払と登記の抹消を求めたところ，受け取らないので，そのままにしていました。その後，あらためてXから立ち退きを求められたので，平成20年4月4日，Aの居宅を訪ねて弁済金を受け取るよう言いましたが，どうしても受け取ってもらえないので，平成20年4月5日付けで，403万8,927円を供託所に供託しました。

　　それから，近隣の家屋の相場を聞いたところ，乙土地の広さと甲建物の築年数から言うと1,500万程度はするようです。ほかに担保がなかったから仕方がありませんが，300万円程度の借金のために1,500万円の家と土地をとられてしまうのに

は納得がいきません。仮に私が立ち退かなければならないとしても，この差額をAから支払ってもらうまでは，甲建物から出て行くつもりはありません。

確かにXは，甲・乙不動産の所有権の登記をしていますが，そもそも私が家に住んでいるのは知っていたはずですし，Aに登記があるというのも借金の担保のためだという事情も知っていたと思います。そんな家屋をもらうというのは，登記さえあれば勝てるだろうと踏んでのことだと思いますから，ますます２人で私をはめたのではないかと思います。もうそんなことがあってからずいぶん経つのに，今頃になって，言ってくることにも納得がいきません。だから，この家を立ち退くつもりはありませんし，少なくとも借金の返済にあてられた分の残りを返還してもらわなければ，立ち退くことはできません。

【問　題】
(1)　Xが，その言い分を前提にYを被告として民事訴訟を提起する場合の訴訟物を指摘したうえで，請求原因事実を指摘しなさい。
(2)　Yの言い分から考えられる抗弁，それに対するXの再抗弁と，それぞれにつき主張すべき要件事実を摘示して，その事実が必要となる理由を説明しなさい。

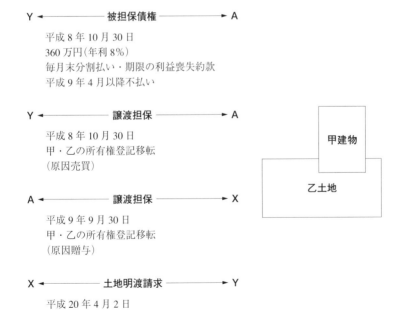

解説

1 問題の所在

本問は、甲建物の所有権を有すると主張するXから、同建物を占有するYに対する土地建物明渡請求の事案である。しかし、Xの所有権取得原因は、Aによる不動産譲渡担保の実行（処分清算）としてのXに対する贈与である。すなわち、XはAによる譲渡担保の私的実行の結果所有権を取得したのであって、Xは、Y・A間の事情である金銭消費貸借契約の締結と、その債権を担保するためにAからYに対してY所有の敷地乙と建築された甲建物の所有権が移転されたことを熟知しており、また、Yによる被担保債権の弁済が滞ったこと等をしりつつ、Aから乙土地・甲建物の贈与を受けて所有権を取得している。Xは、その所有権取得に基づき、当初の建物所有者であるYに対して建物の明渡しを求めているのである。

しかしながら、Yは、AからXへの甲建物の処分について不知であったこと、Aに対して弁済の提供をしたことを主張する。また、仮に明け渡さざるを得ないとしても、被担保債権300万円と甲・乙不動産の価値相当額1,500万円との差額の支払い求めている。この抗弁は、譲渡担保設定者の清算金支払請求権を被担保債権とする留置権の主張である。これに対し、Xは、Yの清算金支払請求権が既に消滅時効にかかっている旨、主張しているとみることができる。

Xからの明渡請求に対して、不動産を占有する元々の所有者であるY、換言すれば譲渡担保設定者は、どのような事実を抗弁として主張することができるか、またその抗弁に対して、Xがどのような事実を再抗弁として主張できるかが、本問では問われている。

以上の問題点については、不動産譲渡担保に関する最高裁の一連の判例法理の理解が不可欠である。

2 【問題(1)】甲建物の明渡請求訴訟の請求の趣旨と訴訟物

(1) 建物明渡請求に関する請求の趣旨

排他的支配権である物権が違法に侵害された場合、物権者はそれを排除することができ、これを「物権的請求権」と呼んでいる（安永正昭『講義 物権・担保物権』〔有斐閣・2008〕14頁）。所有権に基づく物権的請求権については、占有訴権における占有回収の訴え、占有保持の訴え、占有保全の訴えにそれぞれ対応して、①他人の占有によって物権が侵害されている場合の物権的返還請求権、②他人の占有以外の方法によって物権が侵害されている場合の妨害予防請求権、③物権侵害のおそれがある場

合の妨害予防請求権に分類される。

本問における甲建物の明渡請求訴訟は、他人Ｙの占有によって甲建物の所有権が侵害されている場合に認められるものであるから、この場合の訴訟物は、甲建物の所有権に基づく返還請求権としての不動産明渡請求権となる（類型別46頁）。

以上を前提とすると、

> **請求の趣旨**
> 被告は、原告に対し、別紙物権目録（省略）の甲建物を明け渡せ。

> **訴訟物**
> 所有権に基づく返還請求権としての建物明渡請求権　1個

として本件の請求は構成される。

(2) **請求原因の構造と発生事実**

(ア) **原告の所有と被告の占有**　所有権に基づく返還請求権を発生させる法律要件については、一般的に、①請求権者がその物の所有者であること、②請求の相手方が現に所有物に対する所有者の占有を妨げている者であること、③相手方がその物に対する正当な占有権原を有していないこと、と解されている（30講305頁）。

(イ) **被告の占有権原**　まず、③については、最判昭和35年3月1日（民集14巻3号327頁）は、原告から土地を使用貸借により借り受けたＢが建物を建て、自分はＢからその建物を賃借して土地を占有しているという事案につき、他人の不動産を占有する正権原があるとの主張については、その主張をする者に立証責任があるとしている。すなわち、この場合に民法188条の権利適法の推定は働かないのであって、他人の物の占有者は、原則として不法占拠となり、「被告に占有権原がない」という事実についての立証責任は原告Ｘにはなく、被告Ｙが「自らが正当な占有権原を有することを主張立証すべきであると解される（30講305-306頁、類型別47頁）。

(ウ) 以上によれば、請求原因事実は、①Ｘが甲建物を所有していること、②Ｙが現に甲建物を占有していること、だけで足りることになる。

(3) **原告Ｘの所有について**

①について、ＸとＹの関係は、もとＹが所有していた甲建物が譲渡担保を原因としてがＡが所有するに至り、さらにそのＡから贈与を受けたというものである。したがって、ＸがＹに対する関係で所有権を主張するためには、ＹからＡへの権利移転によるＹの所有権喪失と、さらにＡからＸへの甲建物の所有権取得移転の原因を示す必要がある。

ところで，AがYから甲建物の所有権の移転を受けたのは，YによるAのための譲渡担保の設定が原因である。不動産譲渡担保につき，判例は，「譲渡担保が設定された場合には，債権担保の目的を達するのに必要な範囲内においてのみ目的不動産の所有権移転の効力が生じるにすぎず，譲渡担保権者が目的不動産を確定的に自己の所有に帰させるには，自己の債権額と目的不動産の価額との差額との清算手続をすることを要し，他方，譲渡担保設定者は，譲渡担保権者が右の換価処分を完結するまでは，被担保債務を弁済して目的不動産を受け戻し，その完全な所有権を回復することができる」(最判平成5年2月26日民集42巻2号1653頁等)としており，Xの取得した甲建物の所有権が，返還請求権を発生させるにたる完全な所有権であるかが問題となる。

　この点につき，最判平成6年2月22日(民集48巻2号414頁)は，「不動産を目的とする譲渡担保契約において，債務者が弁済期に債務を弁済しない場合には，債権者は，右譲渡担保契約がいわゆる帰属清算型であると処分清算型であるとを問わず，目的物を処分する権能を取得するから，債権者がこの権能に基づいて目的物を第三者に譲渡したときは，原則として，譲受人は目的物の所有権を確定的に取得」するとしている。よって，本問において，原告Xは，①Aが，Yから貸金債権360万円を担保するために乙土地・甲建物の所有権の移転を受け，その登記を経由したこと，②被担保債権の弁済期とその経過，③譲渡担保権の実行として贈与を原因として乙土地・甲建物につき，AからX名義へ所有権移転登記が経由されたこと，の3点を，自己の所有権取得原因を基礎づける要件事実として主張する必要がある。

　具体的には，①につき，「平成8年10月30日，YはAから金360万円(利息年8％，遅延利息年12％)を借り受け(被担保債権の発生事実)，その債務を担保するため，乙土地・甲建物について，所有権を譲渡した」こと。②につき，弁済期は平成8年11月から平成9年10月30日までであり，平成9年4月以降，上記金銭消費貸借上の債務の返済がなされなくなったこと。その結果，期限の利益が喪失し，残債務全てにつき弁済期が到来し，履行遅滞に陥っていること。③については，平成9年9月26日付けで乙土地・甲建物の所有権移転登記がなされたことを指摘する必要がある。

　もっとも，以上の①から③までの事実については，Yは争っておらず，Xの所有権取得については権利自白が成立しているとみることができる。Yは，まず「確かにAからお金を借りてその担保のために，持ち家である甲を譲渡した」と認め，①について自白している。「60万円の借金のうち最初のうちはきちんと返済していたのですが，ほかの借財もありだんだん滞るようになりました」として，②についても自認している。加えて，「平成10年の春頃……問い合わせたところ，既にX名義となっていました」として，③についても認めているのである。乙土地・甲建物の

所有権の帰属について，相手方Ｙがこれを認めた以上，権利自白に係る所有権の証明を要さないという効力が認められる。したがって，原則として①から③までの事実について，Ｘが証明をする必要はない。

ただ，Ｙは以上の事実を認めつつ，後述するように，譲渡担保の受戻に係る清算金支払請求権に関する抗弁を主張しているから，Ｘが本件の事実的な背景を以上の①から③によって指摘をしておくことに意味がある。

(4) 被告Ｙの占有

(2)(ウ)②に関して，Ｘは，Ｙによる妨害状態として，Ｙが現在すなわち口頭弁論終結時において，当該不動産を占有していることを主張立証する必要がある。本問において，Ｙの占有についてＸ・Ｙ間に争いはなく，「占有」についても自白が成立しているとみることができる。したがって，Ｙの占有に関する主張としては，Ｘは単にＹが甲建物を占有していると摘示すれば足りるであろう。

以上を前提とした具体的な事実の摘示（「よって書き」を含む）は以下のとおりとなる。

請求原因

1　被告は，訴外Ａから，平成8年10月20日，360万円を，次の約定で借り受けた（以下，「本件金銭消費貸借」という。）。

　元本：360万円

　利息：年利8％，遅延損害利息は年利12％

　返済方法：被告は，同年11月から平成9年10月30日まで，毎月末限り，31万3,518円ずつ返済する。

　期限の利益喪失約款：一度でも期日までに返済できないときは，被告は期限の利益を失う。

2　被告は，訴外Ａとの間で，平成8年10月30日，本件金銭消費貸借上の債務を担保するため，甲建物を目的物として，譲渡担保設定契約を締結した（以下「本件譲渡担保設定契約」という。）。

3　被告は，本件譲渡担保設定契約当時，甲建物を所有していた。

4　被告は，平成9年4月30日，本件金銭消費貸借に基づく貸金債務の弁済を怠った。

5　訴外Ａは，原告に対し，平成9年9月26日，甲建物を贈与した。

6　被告は，甲建物を占有している。

7　よって，原告は，被告に対し，甲建物の所有権に基づき，甲建物の明渡しを求める。

＊ 上記4は，実務上の慣用であり，弁済をあくまでも抗弁と理解する場合には，平成9年4月30日の経過を主張することになる。

3 【問題(2)】 Yの抗弁事由とXの再抗弁事由の検討
(1) 請求原因に対する認否
Yは，請求原因1，2，3の各事実を認めている。
(2) Yの抗弁
(ア) 残債務の弁済の提供（受戻権の行使による所有権の回復）
Yは，Aに対し，被担保債務の弁済の提供をしたことを主張している。弁済の提供があれば，「債務者は，弁済の提供の時から，債務の不履行によって生ずべき一切の責任を免れる」（民492条）。よって，YがAによる不動産譲渡担保の私的実行までに弁済の提供をすれば，Yの債務不履行の状態は解消され，「被担保債務を弁済して目的不動産を受け戻し，その完全な所有権を回復することができる」（前掲最判平成6年2月26日等）。YがAから乙土地・甲建物の所有権を回復することは，訴訟物たるXの所有権と相容れない事実であるから，抗弁となる。

「弁済の提供は，債務の本旨に従って現実にしなければならない。」（民493条本文）。「弁済の場所」について，A・Y間では特段の約定はないから，債権者であるAの現在の住所がこれにあたる（民484条）。しかし，Yの主張によれば，Aは，Yの提供した元本と利息および遅延損害金の受領を拒絶したので，平成20年4月5日に，これらの金額を供託したという（民494条）。提供の相手方はAであるが，受領拒絶による供託は，Aとの関係では債務不履行の状態を解消することになる。

判例上，被担保債務の不履行後に債務を弁済して目的物の所有権を回復する法的地位を，「受戻権」という。YによるAに対する弁済の提供は，実質的にはこの受戻権行使による乙土地・甲建物の所有権回復の行為であると評価できる。受戻権行使についての要件事実は，被担保債務額の弁済ないし弁済の提供の事実を指摘すれば足りる。

抗弁
1 被告は，平成20年4月4日，訴外Aに本件金銭消費貸借に基づく貸金残債務ならびに平成9年4月30日から支払済みまでの年利12％の遅延損害金の合計403万8,927円を訴外A方に持参して，訴外Aに対して弁済の提供をした。
2 訴外Aは1の金員の受領を拒絶した。
3 被告は，平成20年4月5日，1の金員を供託所に供託した。

(イ)　**背信的悪意の抗弁**　　Yは，Xが，Yが不動産譲渡担保の設定後も甲建物に居住していることを知っていたこと，および，Aに所有権移転登記がなされているのも，YのAに対する債務を担保するためであったことを知りつつ，Aから贈与を受けて甲建物の明渡しを求めていると反論している。この主張は，「Xは，Yに登記がないことについて正当な利益を有する第三者にあたらない」との主張である。

　判例は，民法177条にいう「第三者」とは，「登記の欠缺を主張するにつき正当な利益を有する者」（大連判明治41年12月15日民録14輯1276頁）とし，物権変動があったことについての単なる悪意者も，この「第三者」に含まれるとしている（大判明治45年6月1日民録18輯569頁）。しかし，第三者が単なる悪意の程度を通り越し，極端に悪質・背信的であって，その第三者に相手方の登記の欠缺の主張を許すことが信義則に反するとみられるような場合，この第三者は「背信的悪意者」として，177条の第三者から排除される（最判昭和43年8月2日民集22巻8号1571頁，いわゆる「背信的悪意者排除論」，安永・前掲62頁以下参照）。Yによる上記の事実の指摘は，Aから贈与を受けたXが，この「背信的悪意者」にあたるから，Yの対抗要件の欠缺を主張する正当な利益を有しない，との主張である。なお，背信性は，いわゆる規範的要件である。

　被担保債務の不履行後に債務を弁済して目的物の所有権を回復する法的地位を，「受戻権」ということは既に述べたとおりである。判例では，譲渡担保設定者による受戻権行使の可否については，(ⅰ)譲渡担保権者による弁済期到来前の処分，(ⅱ)弁済期到来後受戻権行使前の処分，(ⅲ)弁済期到来後でかつ受戻権行使後の処分の3類型に分類され，設定者が第三者との関係で受戻権が対抗可能な時期が画されている（松岡久和・民商111巻6号（1995年）937頁，941頁，田高寛貴「私的実行型担保法規範の定立（4・完）」専修法学81号（2001年）12頁以下）。

　ところで，被担保債権の弁済期到来時に譲渡担保を実行する方法には，債権者が目的物の価額を適切に評価し，その評価額と被担保債権額との差額を清算金として譲渡担保設定者に返還するという方法（帰属清算）と，目的物を第三者に処分して，そこで得られた売買代金によって被担保債権の回収を図り，残金を設定者に返還するという方法（処分清算）とがある。最判昭和57年4月23日（金法1007号43頁）は，事案は不詳であるが，仮登記担保について清算義務を確立した最判昭和46年3月25日（民集25巻2号208頁）を引用して，「債務者は右債権（被担保債権を指す・筆者注）について清算がなされるまではこれを弁済して目的不動産を取り戻すことができるが，債権者が譲渡担保により目的不動産の所有権を取得したとして，右不動産の所有権を第三者に譲渡して所有権移転登記がされたときは，右清算がなされていない場合であっても，右不動産の所有権が譲渡担保権者を経て第三者に移転するものと解するのが相当である」と判示して，処分清算型の譲渡担保に関して，受戻権の存

続時期を明らかにしていた。他方で，最判平成6年2月22日（民集48巻2号414頁）は，(ii)の類型にあたる事案につき，「不動産を目的とする譲渡担保契約において，債務者が弁済期に債務の弁済をしない場合には，債権者は，右譲渡担保契約がいわゆる帰属清算型であると処分清算型であるとを問わず，目的物を処分する権能を取得するから，債権者がこの権能に基づいて目的物を第三者に譲渡したときは，原則として，譲受人は目的物の所有権を確定的に取得し，債務者は，清算金がある場合に債権者に対してその支払を求めることができるにとどまり，残債務を弁済して目的物を受け戻すことはできなくなるものと解する」として，さらにその理は譲渡担保権者からの譲受人が背信的悪意者であっても異ならないとした。また，(iii)の類型にあたる最判昭和62年11月12日（判時1261号71頁）は，「被担保債務の弁済による消滅後に譲渡担保目的不動産が第三者に譲渡された場合，第三者が背信的悪意者であれば，譲渡担保権設定者は不動産の回復を第三者に対抗することができる」とする。仮に，本問におけるYの弁済の提供がAからXへの贈与前であれば，この(iii)の法理が妥当し，YがXより先に所有権移転登記の抹消を経て登記名義を回復することにより，YはXに対して対抗できることになる。

つまり，現在の判例法理の下では，譲渡担保の私的実行につき，(ii)弁済期到来後受戻権行使前の処分の場合には，Xが背信的悪意者であってもYはこれを排除できないのに対し，(iii)弁済期到来後でかつ受戻権行使後の処分の場合には，Xが背信的悪意者であれば，たとえYより先に登記を経由したとしても，これに劣後することになるのである。

加えて，Yは，XがAから贈与を受けたのは，XがAと共謀してYを害する意図を持って行ったこと，および，Xは，平成9年9月26日に所有権移転登記を経由してから特にYと連絡を取ることなくYの占有に異議を唱えてこなかったにもかかわらず，平成20年4月2日になってYに対して建物乙の明渡しを求めてきたこと，を指摘する。これらの事情は，Xの背信性を根拠づける評価根拠事実である。

1　原告は，請求原因2に関する事実を知っていた。
2　原告が，請求原因2の事実知ったのは，原告が訴外Aより乙土地および甲建物について贈与を原因として所有権移転登記を経由した平成9年9月26日以前であった。
3　背信性の評価根拠事実
　(1)　原告は，請求原因2の各事実を知っていた。
　(2)　原告は，訴外Aと共謀して，被告を害する意図をもって無償で贈与を原因として甲・乙不動産を譲り受けた。

> (3) 原告は，平成9年9月26日付で甲・乙不動産につき，訴外Aから所有権移転登記を備えて以降，被告と連絡を取ることなく被告による甲建物の利用に異議を唱えてこなかった。
> (4) しかし，平成20年4月2日になって，急遽被告に対して乙土地の明渡しと甲建物からの退去を求めてきた。

　けれども，本問におけるYのAに対する弁済の提供は，平成20年4月5日付であり，AからYへの贈与を原因とする所有権移転登記が経由された平成9年4月26日より10年以上後であって，上記の類型では(ii)の類型に該当する。既に述べたように，前掲最判平成6年2月22日は，「不動産を目的とする譲渡担保契約において，債務者が弁済期に債務を弁済しない場合には，債権者は，右譲渡担保契約がいわゆる帰属清算型であると処分清算型であるとを問わず，目的物を処分する権能を取得するから，債権者がこの権能に基づいて目的物を第三者に譲渡したときは，原則として，譲受人は目的物の所有権を確定的に取得」するとしている。さらに，同判決によれば，甲・乙不動産は，Yによる受戻し以前に贈与によりAからXに移転しており，その移転登記は有効であって，仮にXがY側の上記の事情について背信性ある悪意者であったとしても，Xの確定的な所有権取得は揺るがないとされる。その理由として「けだし，そのように解さないと，権利関係の確定しない状態が続くばかりでなく，譲受人が背信的悪意者にあたるかどうかを確知し得る立場にあるとは限らない債権者に，不測の損害を被らせる恐れが生ずるからである」と。すなわち，不動産譲渡担保の私的実行の結果が，譲受人の背信性の有無によって覆る点を同判決は危惧しているのである。

　よって，本問において，Yの弁済の提供による受戻権行使の抗弁は，主張自体失当であるといえよう。

　　(ウ) **清算金支払請求権を被担保債権とする留置権の主張**　　Yは，仮に弁済の提供による受戻しの主張，ないしXが背信的悪意者であることが認められないとしても，被担保債権360万円等と乙土地・甲建物の価額約1,500万円の差額の支払を受けるまでは，甲建物の明渡しを拒絶する旨，主張している。この主張は，譲渡担保の目的不動産と被担保債務との差額につき発生する清算金支払請求権を被担保債権とする，留置権（民295条）の行使であるとみることができる。

　学説においては，帰属清算・処分清算の2類型は，受戻権の存続期間に違いをもたらすと考えられてきた。前者においては，既に債権を担保する範囲内で債権者に所有権が移転しており，完全に所有権を債務者から奪うにあたって清算金を支払うという約束をしているのだから，その約束が果たされる（清算金が支払われる）までは，

債権者は完全な所有権を取得できず，債務者等は受戻権を行使できる。他方で，処分清算型の場合，先に処分してから清算金を支払うということを設定者が容認しているのだから，第三者に対する処分がなされればその時点で受戻権が消滅する，というわけである(小山泰史「不動産譲渡担保」平井一雄＝清水元編『基本講座民法Ⅰ総則・物権』〔信山社・2011〕353頁)。

しかし，最判昭和62年2月12(民集41巻1号67頁)と前掲最判平成6年2月22日により，処分清算型・帰属清算型とで，受戻権の存続期間が異なるべきという学説の構想は，完全に排除されたと評価されている(道垣内弘人「最判平成6年2月22日判批」法協112巻7号（1995年）995頁，同「譲渡担保における受戻権の存続期間」法教167号（1994年）119頁)。結果として，両者の区別は，単に譲渡担保設定契約上の実行方法に関する当事者間の特約に過ぎず，同一の法理によって規律されるところとなった。帰属清算であれ，処分清算であれ，目的物が第三者に処分されてしまえば，後は清算金の支払の関係しか残らない。

ただし，清算金支払いの確保については，なお両者の区別は意味を持つ。帰属清算型については，最判昭和46年3月25日(民集25巻2号208頁)が，「この担保目的実現の手段として，債務者に対し右不動産の引渡ないし明渡を求める訴を提起した場合に，債務者が右清算金の支払と引換えにのみ認容されるべきもの」であるとして，譲渡担保権者の引渡請求と清算金の支払とを引換給付の関係に立たせることを示している。他方で，処分清算の場合は，譲渡担保設定者が第三者への処分が先になされることを許容しているのであるから，清算金の支払と不動産の引渡とは同時履行の関係に立たない。このとき，清算金支払についての譲渡担保設定者の保護は，清算金支払請求権を被担保債権として留置権が成立し，これをもって譲渡担保権者からの目的不動産譲受人に対して明渡しを拒絶することによって図られる(最判平成11年2月26日判時1671号67頁，最判平成9年4月11日集民183号241頁)。

本問では，譲渡担保権者AはXに対して譲渡担保目的不動産(乙土地・甲建物)を贈与により譲渡しているから，処分清算の事案である。よって，Yの抗弁は清算金支払請求権を被担保債権とする留置権の行使である。同時履行の抗弁権と異なり，物権である留置権は，登記を備えたXに対しても対抗可能である。このとき，Xは，留置権の負担から解放されるためには，第三者弁済をしてAに代わって清算金の支払をする必要がある(民執59条4項参照)。

民法295条によれば，留置権が成立するためには，①他人の物を占有していること，②「その物に関して生じた債権を有すること」，③被担保債権の弁済期が到来していること，④占有が不法行為によって始まったのではないこと，をYの側で主張・立証しなければならない(鎌田薫『民事法Ⅱ担保物権・債権総論（第2版）』〔日本評論社・2010〕

4-5頁)。このうち，①と③は，Xの請求原因について自白したことで足り，また④についても，Yは不動産譲渡担保設定後も占有の継続をAから許されたことについての，Xの言及に顕著な事実として現れている。したがって，本問でYが留置権の成立を主張するためには，実質的には，YのAに対する清算金支払請求権の成立を基礎づける間接事実の主張・立証に係っているといえる。

清算金支払請求権の発生要件は，
① 譲渡担保契約の成立，
② 被担保債務についての履行遅滞の発生，
③ 債権者による譲渡担保の実行，具体的には，処分清算型の場合は目的不動産の第三者への売却等による処分，帰属清算型の場合には評価計算

を意味する。本問において，これらの事実は，全てXの請求原因に関する主張において顕著な事実であり，Yが自認したことで既に要件は充足されている。よって，Yは，不動産譲渡担保の私的実行に係る甲・乙不動産に関する清算金支払請求権を取得しており，これを被担保債権として，Xに対し，留置権を行使することができるのである。

1　被告は，訴外Aから，平成8年10月20日，360万円を借り受けた（本件金銭消費貸借。）。
2　被告は，訴外Aとの間で，平成8年10月30日，本件金銭消費貸借を担保するため，甲建物につき，本件譲渡担保設定契約を締結した。
3　被告は，本件譲渡担保設定契約当時，甲建物を所有していた。
4　被告は，平成9年4月30日，本件金銭消費貸借に基づく貸金債務の弁済を怠った。
5　甲・乙不動産は 1,500 万円相当である。
6　被告は，甲建物を占有している。
7　被告は，上記甲・乙不動産の価格から本譲渡担保権の被担保債権額を控除した額，1,096万円の支払いを受けるまで，甲建物を留置する。

---

(3)　Yの抗弁に対するXの再抗弁・認否

(ア)'　Yの抗弁(ア)に対する認否・再抗弁　Yの抗弁(ア)については，「Xの言い分」の中では何も言及されていないから，XはこのYの抗弁については「不知」と答えると予想される。YによるAに対する弁済の提供についても何ら応接する箇所はない。また，Yの弁済の提供により乙土地・甲建物の所有権がYに回復されたとしても，既に甲・乙の所有権移転登記はXに経由されているから，Xとしては，い

わゆる「対抗要件具備による所有権喪失の抗弁」を主張する。すなわち，XがAによる不動産譲渡担保権の私的実行の結果所有権の移転を受け，Aからの所有権取得原因事実を主張立証する場合に，さらに対抗要件である登記も具備しているときは，これによりXが確定的に所有権を取得し，その結果としてYが所有権を喪失することになる。

これらの事実は，既にXの請求原因5に現れており，かつ，Yもこれらの事実については争っていない。

> 1 訴外Aは，原告に対し，平成9年9月26日，甲建物を贈与した。
> 2 訴外Aは，原告に対し，同月26日，甲建物につき，上記贈与を原因として，原告は所有権移転登記手続を了した。

　(イ)' **Yの抗弁(イ)に対する認否・再抗弁**　　Yの抗弁(イ)については，Xが，「Aから聞いた説明では，甲・乙は担保のためにAが譲り受けたものであり，債務が弁済されれば，Yに返却しなければならないものものであるが，現状ではその弁済がないから，自由に処分してよいと聞いている」と述べている箇所（Xの言い分5項）が重要である。すなわち，XはAからYへの甲・乙の譲渡が担保目的であることについては悪意であり，かつ，弁済期を経過済みであることについても認識があったことを認めている。また，Xは「これまで甲不動産を他に処分するあてもなかったから，そのままYが居住するに任せ，特にYとは連絡をとっていなかった」と自白している（Xの言い分6項）。そこで，Yの(イ)の背信的悪意の抗弁については，

> 1の事実は認める。
> 2の事実は否認する。
> 3(1)の事実は認める。
> 3(2)の事実は不知。
> 3(3)・(4)の事実は認める。

ということになる。背信性の評価根拠事実2については，争っているとみることができる。

　(ウ)　**清算金支払請求権についての再抗弁**　　Xはその「言い分」の7において，「清算金はAが支払ったと聞いているし，仮に支払がなかったとしても，ずいぶん以前の話であるから，Aが支払をする必要はないと考える」と述べている。

　この主張の前段は，譲渡担保設定者である債権者AがYに清算金を支払ったとの

主張である。後段は，清算金支払請求権が既に消滅時効にかかっており，消滅しているとの時効の援用であると考えられる。

消滅時効は権利の消滅原因の1つであり，その要件事実は，①権利を行使することができるようになったこと，②その時から一定の期間（時効期間）が経過したこと，③援用権者が相手方に対し時効援用の意思表示をしたこと，である（類型別34頁，30講332頁）。

①については，Aが平成9年9月26日，不動産譲渡担保の私的実行として，甲・乙不動産をXに贈与し，9月28日に所有権移転登記が経由された時点が，清算金支払請求権の発生時期であり，この時点以降もはやYは甲・乙不動産を受け戻すことはできず（前掲最判平成6年2月22日），直ちに清算金支払請求権が発生し，行使可能となる。②については，平成9年9月28日から10年の経過の事実を指摘すればよい。AのYに対する貸付は個人間の融資であるから，商事債権ではなく消滅時効の期間は10年である（民167条1項）。この場合，債権者Aが商人ではなく，Yも個人であることを指摘すれば足りる。また，②については，XがYに対して甲・乙不動産の明渡しを求めた平成20年4月5日の期日を指摘すれば，既に10年あまりが経過した事実を立証することができる。他方，③については，時効の援用の法的性質についての検討を要する。

時効の援用の法的性質につき，判例は，時効による債権消滅の効果は，時効期間の経過とともに確定的に生ずるものではなく，時効が援用されたときにはじめて確定的に生ずるものとされ（最判昭和61年3月17日民集40巻2号420頁），不確定効果説のうちの停止条件説に立つ。この見解によれば，時効の援用は，権利の得喪を確定させる実体法上の要件であり，時効によって不利益を受ける者に対する実体法上の意思表示である。本問においては，訴訟において消滅時効を援用をしているとみることができる。

他方で，時効の援用権者は「当事者」であって，判例によれば，「時効により直接利益を受ける者」とされている（大判明治43年1月25日民録16輯22頁等）。前掲最判平成11年2月26日は，「譲渡担保権者から被担保債権の弁済期後に譲渡担保権の目的物を譲り受けた第三者は，譲渡担保権設定者が譲渡担保権者に対して有する清算金支払請求権につき，消滅時効を援用することができるものと解するのが相当である」とした。その理由は，「右第三者は，所有権に基づき，目的物を占有する譲渡担保権設定者に対してその引渡しを求めても，譲渡担保権設定者が譲渡担保権者に対する清算金支払請求権を被担保債権とする留置権を主張したときには，無条件でその引渡しを受けることができず，また，留置権に基づく競売がされたときにはこれにより目的物の所有権を失うことがあるという制約を受けているが，清算金支払請

求権が消滅することにより目的物の所有権についての右制約を免れることができる地位にあり，清算金支払請求権の消滅によって直接利益を受ける者に当たるということができる」点に求める。また，「譲渡担保権設定者は，右第三者に対する行為により清算金支払請求権の消滅時効を中断する方法を有しないが，債務者である譲渡担保権者に対してその消滅時効を中断する措置を講ずれば，被担保債権の存続する限り目的物を留置し得るという留置権の性質上，右第三者に対してもその効力が及ぶことになるから，右のように解しても譲渡担保権設定者に不当に不利益を及ぼすものではない」点を挙げている。よって，本問において，XはYが行使する乙土地・甲建物に関して生じた清算金支払請求権が消滅時効にかかっていることを援用して，留置権の対抗を排除することができるのである。

1 訴外Aは，原告に対し，平成9年9月26日，甲建物を贈与した。
2 訴外Aは，原告に対し，同日，甲建物につき，上記贈与を原因とする所有権移転登記手続を了した。
3 平成19年9月28日は経過した。
4 原告は，被告の訴外Aに対する本件譲渡担保設定契約に基づく清算金支払債務につき，消滅時効を援用する旨の意思表示をした。

【解答例】
訴訟物，請求の趣旨，請求原因事実とそれに対する認否，抗弁事実とそれに対する認否，および再抗弁事実とそれに対する認否を整理すれば，以下のようになる。

1 訴訟物

所有権に基づく返還請求権としての建物明渡請求権　1個

2 請求の趣旨

1 被告は，原告に対し，別紙物権目録（省略）の甲建物を明け渡せ。
2 訴訟費用は，被告の負担とする。

3 請求原因事実とそれに対する被告の認否

1 被告は，訴外Ａから，平成8年10月20日，360万円を，次の約定で借り受けた（以下，「本件金銭消費貸借」という。）。 　元本　　：360万円 　利息　　：年利8％，遅延損害利息は年利12％ 　返済方法：被告は，同年11月から平成9年10月30日まで，毎月末限り，31万3,518円ずつ返済する。 　期限の利益喪失約款：一度でも期日までに返済できないときは，被告は期限の利益を失う。	○
2 被告は，訴外Ａとの間で，平成8年10月30日，本件金銭消費貸借を担保するため，甲建物を目的物として譲渡担保設定契約を締結した（以下「本件譲渡担保設定契約」という。）。	○
3 被告は，本件譲渡担保設定契約当時，甲建物を所有していた。	○
4 被告は，平成9年4月30日，訴外Ａに対する本件金銭消費貸借に基づく貸金債務の弁済を怠った。	○
5 訴外Ａは，原告に対し，平成9年9月26日，甲建物を贈与した。	○
6 被告は，甲建物を占有している。	○
7 よって，原告は，被告に対し，甲建物の所有権に基づき，甲建物の明渡しを求める。	争

4 抗弁事実とそれに対する原告の認否

抗弁Ⅰ（弁済の提供による受戻権行使）

1 被告は，訴外Ａに対し，平成20年4月4日，本件金銭消費貸借に基づく貸金残債務ならびに平成9年4月30日から支払済みまでの年利12％の遅延損害金の合計403万8,927円を，訴外Ａ方に持参して，弁済の提供をした。	不知
2 訴外Ａは，1の金員の受領を拒絶した。	不知
3 被告は，平成20年4月5日，1の金員を供託所に供託した。	○

抗弁 II（清算金支払請求権を被担保債権とする留置権の抗弁）

1 被告は，訴外Aから，平成8年10月20日，360万円を借り受けた（本件金銭消費貸借）。	○
2 被告は，訴外Aとの間で，平成8年10月30日，本件金銭消費貸借を担保するため，甲建物につき，本件譲渡担保設定契約を締結した。	○
3 被告は，本件譲渡担保設定契約当時，甲建物を所有していた。	
4 被告は，平成9年4月30日，前記1に基づく貸金債務の弁済を怠った。	○
5 甲・乙不動産は1,500万円相当である。	○
6 被告は，甲建物を占有している。	不知
7 被告は，上記甲・乙不動産の価格から本譲渡担保権の被担保債権額を控除した額，1,096万円の支払いを受けるまで，甲建物を留置する。	争

5 再抗弁

I 再抗弁（抗弁IIに対する消滅時効の援用）	
1 訴外Aは，原告に対し，平成9年9月26日，甲建物を贈与した。	○
2 訴外Aは，原告に対し，同日，甲建物につき，上記贈与を原因とする所有権移転登記手続を了した。	○
3 平成19年9月28日は経過した。	顕
4 原告は，被告の訴外Aに対する本件譲渡担保設定契約に基づく清算金支払債務につき，消滅時効を援用する旨の意思表示をした。	不知

（小山泰史）

第12問
所有権に基づく移転登記請求

次のようなX，Y及びZの言い分を前提に，後記問題に答えなさい。

《Xの言い分》

1　私の父Aは，賃貸アパート経営を行うための適当な土地を探していたところ，昭和62年5月15日，Bから甲土地（地目は畑）を紹介され，その勧めもあってこの土地を代金1,750万円で購入することにしたようです。

　Bの話によりますと，「Aが，昭和62年6月10日，甲土地の売買契約をするためにBの事務所を訪れたところ，Cが，甲土地の所有者Yの代理人であるとしてBの事務所に来ており，甲土地の権利証とYの印鑑登録証明書をAに提示したので，Aは，Cとの間で甲土地を1,750万円で売却する旨の売買契約をした。」とのことです。確かに，その際に，AとCとの間で作成された売買契約書があり，その売主欄に「Y代理人C」とのCによる署名押印があります。

2　その後，Aは，Yの代理人であるCに対し，代金1,750万円を支払ったのですが（C名義の領収書もあります。），甲土地の所有権移転登記については，甲土地の地目が畑であったため，Cから，農地法の地目変更許可がされるまで待って欲しいと言われ，Aにおいて何度もCに督促をしていたのですが，そのままになっていたということで，その後，Cは，平成14年3月20日に死亡してしまいました。

3　Aは，昭和63年6月3日，甲土地上に乙建物を建築し，A名義の建物保存登記をした上，同建物を，Dに対し，賃貸期間を同年7月1日から2年間，賃料月10万円の約定で賃貸しております。

4　その後，Aは，平成19年7月8日に死亡し，私が唯一の相続人としてAの権利義務を相続によって承継しております（乙建物については，同月20日に，X名義の相続を原因とする所有権移転登記を了しています。）。

5　Yは，甲土地の売買をCに委任したことはないと言っていますが，昭和62年6月1日に，BがYの自宅を訪れた際に，Bに対し，甲土地のことはCに任せていると言っていたそうです。

　また，Yは，1,800万円の貸金債務を負っているZに対し，平成23年9月21日，この債務の支払に代えて，甲土地を代物弁済した旨を主張して，同日付けで，その旨の移転登記手続をしていますが，これは，私からの権利主張を妨げようとして代物弁済を仮装したものに違いありません。そもそも，甲土地上には，昭和63年6月

以降，Aが所有する乙建物が建っており，Dが乙建物に「D工業」という看板を立てて，製品の販売等の営業を行っていたのですから，第三者が甲土地を長期間にわたって占有していたことを認識していたはずです。実際に，Zは前記移転登記を委任した司法書士に対し，私を相手に，乙建物収去及び甲土地の明渡しを求める訴訟を準備中であることを述べていたとのことで，この移転登記が，私に対する訴訟の準備としてされたことは明らかです。

6　以上のとおりですので，私は，甲土地（現況宅地）の所有権に基づき，Zに対して，所有権移転登記手続を求めたいと思います。

《Yの言い分》

1　私は，甲土地を所有していましたが，平成9年ころからの付き合いであるZから，平成17年4月1日，1,000万円を，弁済期を平成19年3月31日として借り受け，さらに，平成18年3月1日，800万円を，弁済期を平成19年4月30日として借り受けたのですが，支払ができなかったため，Zに対し，これらの貸金債務及び利息・遅延損害金債務の弁済に代えて，平成23年9月21日，甲土地の所有権を移転する旨の合意をし，同日，その旨の所有権移転登記手続をしています。

2　私は，Aと甲土地の売買をしたことも，Cに対してその売買について代理権を授与したこともありません。もちろん，Aから売買代金を受領したこともありません。

　なお，私は，甲土地の固定資産税の支払を続けてきたもので，AあるいはXがこれを支払ったことは一度もありません。

3　平成4年ころから，甲土地上に乙建物が建っていることは知っておりましたが，もともと甲土地はCに無償で貸していたもので，Cが乙建物を建築して使用しているものと思っておりました。

　Cが死亡した平成14年3月20日以降は，Cの家族（妻と子）が使用しているものと思っておりました。

4　平成23年11月ころ，乙建物の権利関係について調査をしたところ，Cやその家族ではないXが乙建物を所有していることを知りました。さらに調査をしたところ，Aとその子であるXが，昭和63年ころから甲土地上に乙建物を私に無断で建築して，甲土地を使用してきたことが判明しました。

　私は，このようなXを許すことができません。Xに対しては，少なくとも10年間にわたって甲土地を使用してきたのですから，不当利得返還請求権に基づき，1,200万円（月10万円の10年間）の支払を求めます。

《Zの言い分》
1　私は，平成9年ころからYと仕事の関係で付き合いをしておりますが，Yが仕事上の資金が必要であるというので，Yに対し，平成17年4月1日に1,000万円を，弁済期を平成19年3月31日として貸し付け，さらに，平成18年3月1日に800万円を，弁済期を平成19年4月30日として貸し付けました。
2　ところが，Yは，弁済期になってもこれらの債務の返済をしてくれないため，困っておりました。そうしたところ，私は，平成23年1月頃になって，軽い脳梗塞を発症し，健康上の不安を生ずるとともに，今後のことを今のうちにしっかりとやっておかなければならないと思ったのです。

　そこで，私は，Yに対して，1,800万円の貸金債務の弁済をするように求めたところ，Yから，甲土地の所有権を移転するので，これで勘弁して欲しいと言われました。私は，甲土地がどの程度の価値があるか分からなかったし，この土地を使用する目的も思い浮かばなかったのですが，Yに言われるままに，平成23年9月21日，甲土地の所有権の移転を受ける旨の合意をし，同日，その旨の所有権移転登記を了しています。
3　私は，以上のような経緯で，Yから甲土地を譲り受けたのですが，その当時，甲土地上に乙建物が建っていることは知りませんでした。

　その後，乙建物の存在を知り，このままでは甲土地を取得した意味がないと考えるようになりました。また，Xから，甲土地は自分の所有するものであるとして，所有権登記を移転するよう求められました。私としても，このまま引き下がる訳にはいきませんので，Xに対し，甲土地の所有権に基づき，乙建物の収去及び甲土地の明渡しを求めるとともに，乙建物を使用しているDに対し，乙建物から退去し，甲土地を明け渡すように求める訴訟を提起するつもりです。

【問　題】

(1)　Xが，その言い分を前提にZを相手に民事訴訟を提起する場合における請求の趣旨を記載せよ。
　その場合の訴訟物は何か。その個数及び併合態様を記載せよ。
(2)　Xが前問1で提起した訴訟の請求原因として主張すべき要件事実を指摘し，その理由を説明せよ。
(3)　前問2の請求原因に対し，Zの言い分から考えられる抗弁を指摘し，その要件事実とその事実が必要となる理由を説明せよ。
(4)　前問3の抗弁に対し，Xの言い分から考えられる再抗弁を指摘し，その要件

事実とその事実が必要となる理由を説明せよ。

(5) XのZに対する訴訟における争点を指摘し，これを立証するために考えられる証拠を指摘せよ。

(6) 問題1においてXが提起した民事訴訟において，Y及びZがそれぞれの言い分を前提にXを相手に民事訴訟を提起する場合，どのような手続によることになるか。

その場合の請求の趣旨及び訴訟物は何か。

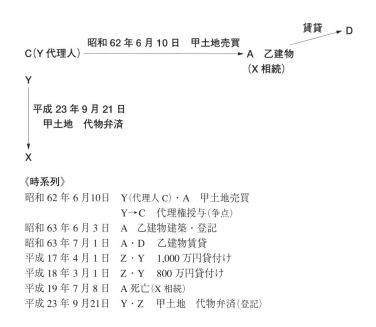

《時系列》
昭和62年6月10日　Y(代理人C)・A　甲土地売買
　　　　　　　　　Y→C　代理権授与(争点)
昭和63年6月3日　A　乙建物建築・登記
昭和63年7月1日　A・D　乙建物賃貸
平成17年4月1日　Z・Y　1,000万円貸付け
平成18年3月1日　Z・Y　800万円貸付け
平成19年7月8日　A死亡(X相続)
平成23年9月21日　Y・Z　甲土地　代物弁済(登記)

解　説

1　問題の所在

本問は，Yが所有していた甲土地が，Yの代理人であるとするCからAに，YからZに二重に譲渡され，YからZへの所有権移転登記がされている状態において，第1譲受人Aの相続人であるXが，自らが甲土地の所有者であることを理由として，第2譲受人であり登記名義人であるZに対し，所有権移転登記手続を求める訴訟を提起する事案である。

甲土地についてX名義の所有権移転登記を実現するには，Zに対し所有権移転登記の抹消登記手続請求訴訟を提起し，その勝訴判決によりYからZへの所有権移転登記を抹消するとともに，Yに対しYからAあるいはX名義への所有権移転登記手続を請求する訴訟を提起し，その勝訴判決に基づき移転登記手続をする方法等があるが，Xは，Zのみを被告として，ZからXへの移転登記を求める方法を選択している。

　XのZに対する訴訟では，所有権に基づく登記請求訴訟において，原告が請求原因として主張すべき事実や，自らが所有者であるとして請求を争う被告がどのような事実を抗弁として主張すべきか，それらの抗弁が主張された場合に，不動産物権変動の対抗要件である登記を具備していない原告がどのような再抗弁を主張することができるかが問題となる。そして，当事者双方の主張に対する相手方の認否から，争点として事実認定を要する事実を絞り込み，それに対する立証方法が検討されることになる。

　なお，二重譲渡の起点となる譲渡人は，いずれか一方への譲渡のみが有効であるとの立場に立つのが通常であるところ，YはCが自己の代理人であることを否定して，Xの所有を認めていない。このようなYが，Zへの譲渡前におけるXによる所有権侵害に関し請求を行う場合に利用できる訴訟手続や，被告であるZが所有権を主張して請求を行う場合に利用できる訴訟手続も問題となる。

2 【問題(1)】所有権移転登記を求める請求の趣旨と訴訟物
(1) 移転登記請求訴訟の請求の趣旨
(ア) 訴訟物に関する請求の趣旨
　登記請求訴訟は，登記権利者と登記義務者の共同申請により行うのが原則とされている不動産の権利に関する登記申請手続（不動産登記16条1項・60条）について，登記義務者の協力が得られない場合に，勝訴判決に基づき単独で登記申請を行うこと（同法63条）を目的とする。したがって，その請求の趣旨には，判決に基づき行うべき登記手続の内容が明示されている必要がある。

　移転登記請求においては，どの不動産に関する，どのような権利を，誰に移転することを求めるのかを特定するとともに，移転登記義務者である被告を特定することが必要である。なお，不動産登記簿に登記をするには登記原因を記載することが要求されており（同法59条3号），登記申請に当たっては登記原因を明らかにすることを要するため（同法25条8号・61条），移転登記請求においては，請求の趣旨において登記原因を明記する必要がある。

　Xは甲土地を所有していたYの代理人Cとの間で亡父Aが甲土地の売買契約を締

結したとの事実及びA死亡の事実を主張していることから，所有権取得原因として Y・A売買及び相続による承継取得を主張すると考えられるが，これはZからXに所有権を移転させる原因ではないから，XのZに対する移転登記の原因とすることはできない（上記1で言及したZに対する抹消登記請求訴訟とYに対する移転登記請求訴訟を提起する場合の後者における登記原因となる。）。もっとも，登記実務や裁判実務においては，Xの主張するような場合に，XがYに対する訴訟を提起せず，Zのみを被告として，ZからXへの移転登記手続請求をする方法でXの所有権を公示する方法が認められており，XとZとの間に，所有権を移転する実体上の原因が存在しないことから，実体上の所有権の所在と登記の表示を合致させるものとして「真正な登記名義の回復」を登記原因とすることが認められている。したがって，Xはこれを登記原因とする所有権移転登記を求めることを請求の趣旨とすることが考えられる。

次に，Xは亡父Aが昭和62年6月10日に甲土地を購入し，昭和63年6月3日以降同土地上に乙建物を所有してきた事実及びA死亡の事実を主張していることから，時効による原始取得を主張することが考えられるところ，時効の効果は起算点に遡るから（民144条），登記原因の日付は占有開始時となる。Xが短期取得時効を主張する場合でも，Xのみの占有では時効期間に足りないから，前主であるAの占有による時効取得を主張することになるが，甲土地のAへの引渡しの時期は明確ではないものの，Aの占有開始時は昭和62年6月10日とするのが相当であろう。したがって，Xは，「昭和62年6月10日時効取得」を登記原因とする所有権移転登記を求めることを請求の趣旨とすることが考えられる。

Xとしては，承継取得と時効取得のいずれによって請求が認容されてもよいと考えられるから，上記各請求の趣旨は選択的なものとなる。

なお，登記請求訴訟において被告に求め得るのは登記申請という意思表示をすることであって，登記官が行うべき登記自体を求めることはできないから「登記をせよ。」との請求の趣旨は相当ではなく，「登記手続をせよ。」とするのが正しい。

　(イ)　**付随的申立て**　原告代理人は，訴訟物に関する請求の趣旨のみではなく，付随的申立てとして，訴訟費用の裁判（民訴67条1項）の申立てを訴状の「請求の趣旨」に記載するのが通常である。

また，仮執行宣言を付することができる裁判の場合には，仮執行宣言を得られるように，その申立て（民訴259条）を行うべきであるが，意思表示をすべきことを債務者に命ずる判決は，その確定の時に意思表示をしたものと擬制される（民訴174条1項）のであり，仮執行宣言を付しても擬制の効果は生じないから，性質上，仮執行宣言を付することができないと解されている。

(2) 所有権に基づく移転登記請求の訴訟物
　(ｱ)　登記請求権　　登記請求権は，登記権利者が登記義務者に対し，登記官に対する登記申請という公法上の意思表示をすべきことを求める実体法上の権利であり，その類型として，物権的登記請求権（現在の実体的な物権関係と登記が一致しない場合に，その不一致を除去するために物権そのものの効力として発生するもの），債権的登記請求権（当事者間の合意の債権的効果として発生するもの）及び物権変動的登記請求権（物権変動の過程，態様と登記とが一致しない場合に，その不一致を除去するため，物権変動の過程を登記面に忠実に反映させるとの要請に基づいて認められるもの）を認めるのが一般的である。Xは甲土地の所有権に基づき所有権移転登記手続を請求しているので，物権的登記請求権に基づく請求となる。

　ところで，所有権に基づく物権的請求権としては，返還請求権，妨害排除請求権及び妨害予防請求権の3態様が認められるとされているところ，被告を権利者とする登記の存在が原告の所有権に対する占有以外の態様による妨害であるとして所有権に基づく登記請求を行う場合の訴訟物である物権的登記請求権は，このうち妨害排除請求権に含まれることになる。したがって，Xの提起した訴訟の訴訟物は「所有権に基づく妨害排除請求権としての所有権移転登記請求権」となる。

　(ｲ)　個数及び併合態様　　所有権に基づく物権的請求権が訴訟物である場合，訴訟物の個数は，侵害されている所有権の個数と所有権侵害の個数により定まるとされている。本問において侵害されているのは甲土地1筆についてのXの所有権であり，Zによる侵害態様は所有権移転登記という1個の侵害であるから，訴訟物の個数は1個である。請求の趣旨においては，登記原因が2つ主張されることになるが，これは攻撃方法としての請求原因が複数になることによるのであり，訴訟物の個数には影響しない。したがって，併合態様は問題とならない。

3　【問題(2)】所有権に基づく移転登記請求訴訟の請求原因
(1)　物権的登記請求権が訴訟物の場合の請求原因の枠組み

　本件の訴訟物である物権的登記請求権は，Xの甲土地の所有権が目的物の占有以外の態様であるZ名義の所有権移転登記の存在により侵害されていることに基づいて発生する。したがって，その発生原因である請求原因の要件事実は，①Xが甲土地を所有していること，②甲土地にZ名義の所有権移転登記が存在することである。

　なお，Xの甲土地所有と，Zの甲土地所有は一物一権主義の下では相容れないものであるから，Xが請求原因において自己の甲土地所有を主張立証した場合には，Z名義の所有権移転登記は実体に反するものとなるため，これと別に，請求原因においてZに登記保持権原がないことの主張立証を要するかは問題とならない。一般

論として，登記保持権原がないことの主張立証責任について付言すれば，所有権は物に対する直接的・排他的支配を可能とする権利であるから，所有物に対する円満な支配を妨げられている場合には，その排除を請求できるのが原則と解され，例外的に所有権に対する妨害とならない事由がある場合には，相手方において当該例外事由を主張立証すべきであると考えられる。この立場からは，被告に登記保持権原がないことは，請求原因の要件事実とはならない。

もっとも，請求原因の要件事実としてZ名義の所有権移転登記が存在することが主張立証されると，登記の推定力から，登記名義人に権利が存在すること（法律上の権利推定を認める立場）あるいは登記原因とされた事実の存在（法律上の事実推定を認める立場）が推定されることになり，登記保持権原についての上記主張立証責任が転換されるのではないかが問題となる。しかしながら，現在の不動産登記制度においては登記に公信力は認められておらず，登記による推定力は事実上のものにとどまると考えるのが一般的である。この考え方からは，主張立証責任が転換されることはない。

(2) 本問に即した検討
 (ア) 原告所有の要件について
  (a) **本問においてあり得る原告の所有権取得原因**　　上記2(1)(ア)で述べたように，Xの所有権取得原因としては，Y・A売買及び相続による承継取得ならびにAの占有による時効取得が考えられる。
  (b) **承継取得を主張する場合**
　　(i) 権利自白　　Xは，口頭弁論終結時点において，甲土地を所有していることが必要である。「所有していること」は，所有権取得原因事実により生じた法的効果であり事実ではないから，本来であれば，要件事実になり得るものではない。しかしながら，理論通りに所有権の来歴全てについて主張立証を要するとすることは不可能を強いるものであること，他方，所有権の概念は日常生活に溶けこんでおり，一般人にも理解可能であるから，所有権の存在自体に自白の成立を認めても不当な不利益が生じることはないと考えられるので，所有権については権利自白が認められている。

本問においては，X・Zともに，Xの主張する昭和62年6月10日のY・A売買までYが甲土地を所有していたことを認めているから，この時点のYの所有について権利自白が成立する（もっとも，Yが所有していた期間であれば，上記時点までのどの時点のYの所有について権利自白を成立させたとしても，実際には差し支えない。新問研111～112参照）。

　　(ii) 売買　　権利自白の成立するYから，Aに甲土地の所有権が移転する原因事実は売買であるから，Xは，売買契約の要素である目的物と代金額を含む売

買契約締結の事実を主張することになる (民555条)。
　法律行為の効果は，当事者にのみ帰属するのが原則であるが，本問では，Aとの売買契約締結のために行動したのはCであるため，その効果がYに帰属するための法的構成を主張する必要がある。

　　　　① 有権代理　　CがYの代理人であるとしてCの行為の効果が本人であるYに及ぶことを主張するためには，民法99条1項から①相手方Aと代理人Cとが売買契約を締結したこと (法律行為)，②①の際，代理人Cが本人Yのためにすることを示したこと (顕名)，及び③①の契約締結に先立って，本人Yが代理人Cに対し，①の契約締結についての代理権を授与したこと (代理権の発生原因事実) が必要である。

　　　　② 表見代理　　YがCに対し代理権を授与したことを争っており，Y作成の委任状の存在がうかがえず，自らの関与していないYによる代理権授与を立証することが容易ではないXとしては有権代理以外の構成を検討する必要がある。Xの言い分では，Cの基本代理権に該当する権限は主張されていないため，民法110条あるいは112条の表見代理の主張を構成することはできない。109条の授権表示については，まず，売買契約締結時にCがAに対し，甲土地の権利証とYの印鑑登録証明書を提示したことが問題となるが，Cによるこれらの所持がYの授権表示に該当すると解することは困難であろう。次に，Yが売買契約締結の直前にBに対し，甲土地のことはCに任せていると言ったことについては，Bが単なる仲介者でAの代理人ではないことから，Aに対する授権表示であると解することはできず，他に授権表示に該当するような事実は主張されていない。したがって，Xの言い分からは，表見代理によりYに売買契約の効果を帰属させるとの構成を採ることは困難である。

　　　　(iii) 相続　　有権代理による売買によりAが取得した甲土地の所有権がAからXに移転する原因は，相続である。相続により権利の承継の効果が生じるには，民法896条から，①相続の開始，②権利義務を承継する者が相続人であること，及び③承継するものが，被相続人の財産に属することが必要である。そして，①の要件については，同法882条から被相続人死亡の事実が，②の要件については，本件においては，同法887条1項から，XがAの子であることが必要となる。③については，Aが所有者Yと甲土地について売買契約を締結したとの事実により，甲土地の所有権がAに移転したことがあらわれており (民176条)，同事実の主張で足りる。なお，②に関し，Xが単独で相続したことまで主張立証すべきか争いがあるが，死亡による権利の承継の効果発生に必要最小限の事実を主張立証すれば足りると考えれば，相続人 (子) であることを主張立証することにより，承継の効果が発生するか

ら，他に相続人がいることは，権利の承継を部分的に障害するにすぎないと考えられる。そのため，他に相続人がいないことの主張立証は，不要であると解されるのが一般である。

(c) **時効取得を主張する場合** 　前記2(1)(ア)で述べたように，Aの占有開始時は昭和62年6月10日と解されるから，長期取得時効の場合は平成19年6月10日の経過により，短期取得時効の場合は平成9年6月10日の経過により時効期間が満了することになる。いずれの場合にも，Aの相続開始前に時効期間が満了する（なお，取得時効においては，任意に起算点を選択することは認められていない。）。

　　(i) **長期取得時効の要件事実** 　民法162条1項によると，「所有の意思をもって」「平穏に，かつ公然と」「他人の物」を20年間占有した者は，その物の所有権を取得できることになる。民法は同時に，186条1項で暫定真実の規定を設けていることから，Aが甲土地を占有していたとの事実が主張立証されると，当該占有は「所有の意思をもって」「平穏に，かつ公然と」された占有であると推定される。したがって，これらの要件は時効取得を主張する際の要件事実とはならず，占有者に所有の意思がないことや占有が強暴あるいは隠秘であることを時効取得の効果を争う者が主張立証することになる。また，判例は，自己の所有物も時効取得の対象となることを認めているから（最判昭和42年7月21日民集21巻6号1643頁），「他人の物」であることも時効取得を主張する際の要件事実とはならない。

　そうすると，20年間占有したことのみが残ることになるが，これについても，民法186条2項により，Aによる占有開始時の占有と時効期間満了時の占有の事実が立証されれば，両時点の間，Aの占有は継続したものと推定されることとなるから（法律上の事実推定），Xは，Aが20年間甲土地の占有を継続していたとの事実を主張立証する必要はない（もっとも，乙建物建築後の占有については，同建物の存在により占有の継続を認めることもできる。）。

　そして，時効は，当事者が援用しなければ，裁判所がこれによって裁判をすることができないから（民145条），Xによる時効援用の意思表示が必要である（時効の効力について，時効期間の満了のみでは確定的な効果は発生せず，当事者の援用を停止条件として効力が発生すると考える立場では，時効の援用は実体法上の意思表示となる。）。

　　(ii) **短期取得時効の要件事実** 　民法162条2項によると，時効期間を10年とする時効を主張するためには，上記(i)の長期取得時効の要件に加え，占有の開始時において善意であり，かつ過失がないことが必要である。このうち，「善意」の要件については民法186条1項により暫定真実とされているから，短期取得時効を主張する際の要件事実とはならない。これに対し，必ずしも占有の開始が引渡しによるものではない時効取得に関しては，同項に規定されていない無過失は推定され

ない。したがって，無過失の主張立証が問題となるところ，過失，無過失のような規範的要件については，それ自体が要件事実であるとする間接事実説と規範的要件を基礎付ける個々の具体的事実が要件事実であるとする主要事実説の考え方がある。要件事実の意義や相手方の防御の機会を保障する観点からは，主要事実説を採用することが相当であると考えられる。この場合，Xとしては，請求原因において，無過失についての評価根拠事実を主張すれば足り，これを争うZが抗弁において，無過失の評価障害事実を主張することになる。本件において考え得る評価根拠事実については，解答例を参照のこと。

　　　　(iii)　長期取得時効も短期取得時効も，Aの占有中に時効期間が満了するから，Xは，Aから時効を援用しうる地位を相続していることを併せて主張する必要があり，それにより，Xの時効援用の意思表示が法的効果を有することになる。相続の要件事実は，前記(b)(iii)参照。

　(イ)　**被告登記の要件について**　　物権的請求権は物権に対する妨害状態が存する限りその物権から不断に発生するものであるから，Z名義の登記による妨害は口頭弁論終結時において存在することが必要である。

　以上の検討に基づく，本問に即した具体的な要件事実は解答例を参照のこと。なお，各請求原因は選択的な攻撃方法となる。

4　【問題(3)】抗弁とその要件事実

(1)　総論

　所有権に基づく登記請求に対する抗弁としては，原告が登記の対象となる不動産について所有権を有していることを否定する効果を有するものと，原告が当該不動産の所有権を有していることを前提として，被告を権利者とする登記について原告に対抗できる登記保持権原があり所有権に対する妨害にはあたらないとの効果を有するものがあり得る。もっとも，本問のように，抹消を求められるのが被告名義の所有権移転登記である場合には，一物一権主義の下で原告と被告の当該不動産の所有権が両立することはあり得ない。したがって，抗弁事由としては，原告が登記の対象となる不動産について所有権を有していることを否定する効果を有するもののみを検討することになる。

　なお，【問題(2)】で検討したように，本件では請求原因が3つ構成できることになるが，請求原因2及び同3のいずれの時効の完成も，Zの所有権取得原因となる代物弁済よりも前となるから，Zは時効完成後の第三者となる。したがって，XとZは二重譲渡類似の関係に立ち，対抗要件の具備の先後によって甲土地の所有権の帰属が定まることになるので，承継取得に関する請求原因1に対する抗弁は，請求原

因2及び同3に対する抗弁にもなる。
(2) 対抗要件具備による所有権喪失の抗弁（抗弁Ⅰ）
(ア) 抗弁の法的効果
所有権に基づくXの請求に対し，Zは，甲土地の所有者はZであると主張しており，所有について権利自白の成立するYからの代物弁済による所有権取得とそれに基づく登記の具備を主張している。XとZは，Yを起点とする二重譲渡の関係（請求原因2及び3の場合は，二重譲渡類似の関係）に立ち，先に対抗要件である登記を具備した者が確定的に所有権を取得し，その反射的効果として，他方は所有権を確定的に失うことになる。したがって，Zが上記事実により対抗要件具備による所有権喪失の抗弁を主張することは，口頭弁論終結時においてXに甲土地の所有権が帰属しているとの効果の発生を障害し，訴訟物である物権的登記請求権の発生を障害する抗弁となる。

(イ) 代物弁済による権利移転の要件事実
民法482条は，代物弁済により債務消滅の効果が発生するための要件を規定しているところ，その要件は，①本来の債務の発生原因事実，②本来債務の弁済に代えて代物を譲渡するとの合意，のほか，「他の給付をした」との要件を満たすよう，代物の所有権（あるいは代物である権利自体）の債権者への移転のために，③債務者が，②の当時，代物を所有していたこと，及びその権利帰属が第三者から争われない状態に確定するために，④債権者が代物の権利移転について対抗要件を備えたことが必要であると解される（類型別113頁以下）。

代物弁済である以上，常に債務消滅の効果が生じることを要すると考える場合には，代物弁済により甲土地の所有権がYからZに移転したとの法的効果を要する本件においても，上記①から④までの要件の全てが必要となる。他方，判例（最判昭和57年6月4日判時1048号97頁）は，債務消滅の要件が充たされなくても，所有権移転の効果が発生することを認めており，その場合には，上記①から③までの要件が充たされれば所有権が移転すると解されている（民176条参照）。

(a) 本件における本来債務の発生原因事実
Zの言い分では詳細が不明であるが，Yの言い分では，貸金債務のほかに利息及び遅延損害金に言及されているため，YのZに対する本来債務は，ZがYに対し，平成17年4月1日に貸し付けた1,000万円，平成18年3月1日に貸し付けた800万円の各貸金元金の返還債務，約定の弁済期までの利息債務，約定の弁済期の翌日から代物弁済がされた日までの遅延損害金債務であると考えられる（裁判所としては，Zに対し，本来債務の内容について釈明を求めることになろう。）。YとZとの間で利息合意がされたとの事実は主張されていないため，民法の原則からは利息債務は発生しないが，YとZは仕事の関係の付き合いをしており，また上記各貸金はYの仕事上の資金として貸し付けられたものであると主張されている。そこで，Y及びZが商人（商4条）であることを基礎付ける

事実（これもZの言い分からは明確でないため，裁判所から釈明を求めることが必要である。）を要件事実として主張することにより，商法513条1項，商事法定利率（同法514条）による利息を請求できることになる。これにより遅延損害金も商事法定利率によることになる（民419条1項）。

なお，消費貸借契約（民587条）の成立のための要件事実に関し，弁済期の合意を契約の要素と解する貸借型理論を採用するか否かについては考え方が分かれ得る（類型別26頁以下，新問研38頁以下参照）。代物弁済合意のためには消費貸借契約の終了を必要としないが，上記のように遅延損害金債務も本来債務であると解すると，本件においては，その発生原因事実として，確定期限の合意及びその経過（民412条1項）を要することになるから，いずれの考え方によっても要件事実は同一となる。

　　(b)　**債務者による代物所有の要件**　　代物弁済の債務者であるYが昭和62年6月10日に甲土地を所有していたことは，請求原因事実1では主張されている。請求原因1では代物弁済に先立ちA及びXへの所有権移転原因となる事実が存在することも主張されているが，A及びXが対抗要件を具備したとの事実は主張されていないから，二重譲渡の第2譲受人であるZとの関係では，売買契約後もYは無権利者とは扱われないので，③の要件は上記事実で充足されている。

これに対し，請求原因2及び同3は，Aが甲土地の所有権を原始取得したとの主張であるため，Yの甲土地の所有が主張されていない。そこで，Zとしては，抗弁において，権利自白が成立している昭和62年6月10日のYの所有を主張することになる。

　　(ウ)　**対抗要件の具備**　　Zは，Yからの代物弁済を登記原因として所有権移転登記を具備しており，この事実を不動産物権変動の対抗要件具備として主張することになる（民177条）。この事実は，代物弁済による債務消滅効が発生するための要件④と同一であるから，代物弁済により権利移転効のみが発生することを肯定するか否かにかかわらず，この抗弁の要件事実は同一となる。

以上の検討に基づく，本問に即した具体的な要件事実は解答例を参照のこと。

(3)　**対抗要件の抗弁**（抗弁Ⅱ）

　　(ア)　**抗弁の法的効果**　　抗弁Ⅰでは，Zは甲土地の所有権が確定的に自己に帰属しているとの法的効果を主張して，Xの所有権に基づく請求を阻止することになるが，Zの抗弁としては，自身が所有権を有しているとまで主張しなくとも，XがZに対し所有権主張ができないとの効果を主張できれば，有効な抗弁となり得る。先にも述べたように，いずれの請求原因においてもAあるいはXが不動産物権変動の対抗要件を具備したとの事実は主張されていないから，Zは，自己が民法177条の「第三者」に該当することを主張すれば，対抗要件を具備しないXから甲土地の

所有権の取得を対抗されないことになる。すなわち，Xの所有権に基づく妨害排除請求権は，Xが対抗要件を具備するまで行使を阻止されることになる。

　(イ)　**対抗要件の抗弁の要件事実**　民法177条の「第三者」については，登記を経ていないことを主張する正当な利益を有する第三者のみがこれに該当するとの制限説に立つのが判例・通説であるから，この抗弁を主張しようとするZがこれに該当するための具体的な事実を要件事実として主張する必要がある。請求原因1に関し，二重譲渡の譲受人がこれに該当することは争いがないから，Zとしては，Yとの代物弁済の事実を主張することになる。また，請求原因2及び同3に関し，時効完成後に元の所有者から不動産の所有権を取得した者は「第三者」に該当するから，Zとしては同じく代物弁済の事実を主張することになる。

　これに加えて，所有権を主張する者が対抗要件を具備していないことも要件事実となるとの考え（事実抗弁説），所有権を主張する者が対抗要件を具備するまで所有権取得を認めないとの権利主張を必要とするとの考え（権利抗弁説）があるほか，上記事実のみで足りるとの考え（第三者抗弁説）も存在する（新問研74頁）。二重譲渡の譲受人のいずれもが登記を具備していない場合には，訴えた方が敗訴するとの考え方からすると，対抗要件を具備していないとの事実に立証責任を負担させる事実抗弁説は相当ではないと考えられる。その余の2説のいずれによるかは，訴訟において当事者に主張の明確化をどのように求めるかについての考え方によると思われる。

　(4)　**抗弁Ⅰと抗弁Ⅱの関係について**

　抗弁Ⅰ及び抗弁Ⅱはいずれもれる Zにとって有効な抗弁であるが，Zが所有権移転登記を具備している甲土地について，同時にAあるいはXが甲土地の所有権移転登記を具備することはあり得ないから，抗弁Ⅱに対し，Xによる対抗要件具備の再抗弁が主張されることはない。他方，Xは，Zの対抗要件具備手続の有効性を問題とする主張をしていないから，Zが対抗要件の有効性が問題となった場合に備えて，抗弁Ⅰに加え抗弁Ⅱを主張しておくべき必要性も生じていない。そうすると，実際には，抗弁Ⅰか抗弁Ⅱのいずれかを主張すれば足りることになる（問題(4)に関し後述するように，各抗弁に対する再抗弁も同一である。）。Zとしては，自己の所有権を主張する対抗要件具備による所有権喪失を選択する場合が多いであろう。

　(5)　**無過失の評価障害事実の抗弁—請求原因3に対して**

　請求原因3においては，無過失の評価根拠事実が要件事実となっているから，その評価障害事実は抗弁に位置づけられることになる。もっとも，Zの言い分からはこれに該当する具体的な事実が主張されていないため，本問の訴訟においては抗弁として構成されない。

5 【問題(4)】再抗弁とその要件事実

(1) 通謀虚偽表示の再抗弁（抗弁Ⅰ及び抗弁Ⅱに対し）

(ア) 再抗弁の法的効果 Xは，Zの主張する代物弁済はXからの権利主張を妨げようとして仮装したものに違いないと主張している（Xの言い分5項）。相手方と通じてした虚偽の意思表示は無効であるから（民94条1項），抗弁Ⅰ及びⅡで主張されたYとZとの代物弁済が通謀虚偽表示であれば無効となり，Zへの甲土地の所有権移転の効果は発生せず（抗弁Ⅰ），Zは民法177条の第三者に該当しない（抗弁Ⅱ）。したがって，代物弁済が通謀虚偽表示であるとの主張は，各抗弁の効果の発生を障害し，請求原因による所有権に基づく妨害排除請求権としての抹消登記請求権発生の効果を復活させる再抗弁となる。

(イ) 通謀虚偽表示の要件事実 通謀虚偽表示の意義については，当事者双方に効果意思がなく，そのことについて通謀があること，つまり，虚偽表示の無効を真意と表示の不一致（効果意思の欠缺）と理解する効果意思欠缺説が通説である。この考え方によれば，ZとYとの代物弁済が通謀虚偽表示であることの要件事実として，①代物弁済合意の申込みと承諾が真意ではないこと，②真意でないことについて通謀があることが必要となる。②の「通謀」が要件とされるのは，効果意思欠缺説であっても，表意者が虚偽の意思表示をするということを相手方が知っているという単なる悪意の関係または共同の認識ではなく，相手方との合意の関係が要件であると考えられるためである。

(2) 背信的悪意者の再抗弁（抗弁Ⅰ及び抗弁Ⅱに対し）

(ア) 再抗弁の法的効果 判例（最判昭和40年12月21日民集19巻9号2221頁，最判昭和43年8月2日民集22巻8号1571頁）は，民法177条の「第三者」につき，「実体上物権変動があった事実を知る者において，同物権変動についての登記の欠缺を主張することが信義に反するものと認められる事情がある場合には，かかる背信的悪意者は，登記の欠缺を主張するについて正当な利益を有しないとしている。この立場からは，Zが背信的悪意者であるとの主張立証がされれば，Zは上記「第三者」に該当しないことになり，ZとXは対抗関係に立たないことになるから，Zが登記を具備しても対抗要件を具備したことにならず，Xは登記なしに所有権の取得を対抗することができることになる。したがって，Zが背信的悪意者であるとの主張は，Zが対抗要件の具備により甲土地の所有権を確定的に取得したとの効果（抗弁Ⅰ）及びXが対抗要件を具備するまでZに対し所有権を対抗できないとの効果（抗弁Ⅱ）の発生を障害し，請求原因による所有権に基づく妨害排除請求権としての抹消登記請求権発生の効果を復活させる再抗弁となる。

(イ) 背信的悪意者の要件事実 背信的悪意者に当たると認められるための要

件は，①実体上物権変動があった事実を知る者であること（悪意），及び②当該物権変動についての登記の欠缺を主張することが信義に反すると認められる事情があること（背信性）である。

(a) **承継取得を内容とする請求原因1——抗弁——再抗弁の場合**　上記各要件は，対抗関係を生じさせる法律行為の時点において必要となるから，Zが，代物弁済当時，YからAへの甲土地売買を知っていたことが必要となる。Xの言い分からは，この事実を主張しているか明確ではないので，乙建物の存在や登記名義，乙建物のDによる使用状況等により，上記悪意を主張するかについては，裁判所から釈明を求めることが相当であろう。

背信性は，無過失と同様，規範的要件であり，Xは，再抗弁において，背信性の評価根拠事実を主張し，これを争うZが再々抗弁において，背信性の評価障害事実を主張することになる。

本件において評価根拠事実に該当しそうなものは，「Zは，司法書士に，Xに対し，乙建物収去及び甲土地明渡しを求める訴訟を準備中であると述べた」との事実のみであり，これのみでは背信性の認定は困難であることから，Xとしては背信性の評価根拠事実の主張を補充することが必要である。

(b) **時効取得を内容とする請求原因2及び同3——抗弁——再抗弁の場合**　時効取得後の第三取得者が背信的悪意者に当たる要件を示した最判平成18年1月17日民集60巻1号27頁は，取得時効の要件の充足が容易に認識・判断することができないものであることから，不動産の譲渡を受けた時点において，他者が多年にわたり当該不動産を占有している事実を認識していれば，悪意の要件を充足するとしている。そして，Xは言い分において，甲土地上に昭和63年6月以降，Aが所有する乙建物が建っていたこと，Dが乙建物に「D工業」の看板を立てて製品の販売等の営業を行っていたことを根拠に，第三者が甲土地を長期間にわたって占有していたことを認識していたはずであると主張していることから，時効取得の場合の背信的悪意者の悪意の事実は主張されている。

背信性の要件については，上記(a)と同様である。

6　【問題(5)】争点及び証拠

(1) 請求原因における争点及びそれに関する証拠

【問題(2)】で検討した請求原因事実のうち，当事者間に争いがあるのは，請求原因1の2，3，4の事実である（請求原因1の1は権利自白が成立しており，7の事実も争いがない。5及び6については，Zは明確に対応していないが，その言い分から争うものとはうかがわれない。仮に「不知」等とされたとしても，戸籍により容易に立証できるため争点とはならないと言って

よい。請求原因2及び同3のうち，不知と認否される可能性があるものも，事実認定における争点となるまでのものではない。）。

　請求原因1の2及び3については，Xの言い分から，AとCとの間で作成された売買契約書（「Y代理人C」との記載がある。）があるとうかがえるから，Xはこれを書証として提出することになる。A及びCの意思により売買についての処分証書である同契約書が作成されたことが認められれば，2及び3の事実は認定されることになろう。Zが同契約書の成立の真正を争った場合には，その真正を立証するための活動が必要となり，その際には，C名義の代金の領収書（Xの言い分2項）や代金の原資を示す資料等が証拠として提出されることになろう。

　4の代理権授与の事実は，売買契約書により立証できるものではなく，Y名義の委任状の存在はうかがわれない。A及びCが死亡しており，その供述等による立証ができない本件においては，売買契約に関与し，Yから甲土地のことはCに任せてある旨を聞いたBの陳述書の提出及び人証調べにより，YからCへの代理権授与を立証することが考えられる。Yについての人証調べも考えられるが，Yが代理権授与を否認していることからすれば，Zから代理権授与がなかったとの反証活動として証人申請がされ，立証責任を負うXとしては反対尋問を行うことになるのが通常であろう。請求原因においては，代理権授与の事実が最大の争点である。

　なお，Zからの反証活動としては，Yが甲土地の所有者としてZへの代物弁済まで継続して固定資産税を納付していたとの間接事実を立証するため，Yが支払った固定資産税の領収書を提出することや，乙建物の存在を認識しても異議を唱えなかったことが不自然ではないことを裏付けるため，Cに配偶者や子がいることを示す戸籍等を提出することが考えられる。

　請求原因3の3の無過失の評価根拠事実は立証を要するところ，(1)の売買については契約書を書証として提出することになり，(2)及び(3)については，契約に立ち会ったBの証人尋問が考えられる。

(2)　抗弁における争点及びそれに関する証拠

　抗弁Ⅰ，抗弁Ⅱともに，争点となり得るのは，1及び2の消費貸借契約の成立，5の代物弁済合意である（3の商人性を基礎付ける事実については，仮にXが「不知」等と争ったとしても，Zにおいて容易に立証できるであろうし，最低限貸金元金債務が存在すれば代物弁済の本来債務としては足りるから，争点とはならないと解される。4は公知の事実であり，6については「基づく」ことを除き争いがない。「基づく」か否かは，代物弁済合意の有無により定まることになるから，独立した争点とする必要はない。）。

　1及び2の消費貸借契約の成立に関しては，Y及びZ間で契約書が作成されていれば契約書が重要な証拠となり，現実にZからYに金員が交付されたことを示す預

金通帳や送金依頼書等の資料も重要である。また，Y及びZが商人であり，Yは仕事上の資金として借入れをしていることからすれば，YやZの業務に関する貸付金元帳，借入金元帳等の商業帳簿も証拠となることが考えられる。商業帳簿については，代物弁済時まで貸金債務が返済されていないこと（間接事実）を示す証拠ともなり得る。

5の代物弁済については，Zが代物弁済を原因として所有権移転登記を経ていることから，YとZとの間で代物弁済契約書が作成された可能性が高く，当該契約書が重要な証拠となる（YとZが代物弁済名目で所有権移転登記をしたことを認めるXの言い分からは，この契約書の成立の真正が争われる可能性は低い。）。

抗弁では，本来債務の発生原因事実について契約書等による立証がされれば，Xの関係しないところで行われた事実であるため，Xが反証活動を行うことは容易ではなく（反証活動の切掛けとなるような事情はXの言い分には表れていない。），抗弁事実が認められることになろう。

(3) 再抗弁における争点及びそれに関する証拠

(ア) **虚偽表示の再抗弁** 　Zは，Yとの代物弁済は有効であると主張しているのであるから，その無効原因となる虚偽表示の再抗弁の要件事実については当事者間に争いがあり，争点となる。これは，Y及びZの内心の問題であるから，Yに対する証人尋問，Zに対する本人尋問が立証活動の中心となろう。もっとも，立証責任を負うXからすれば，YやZに尋問でこれを認めさせることは困難であることから，甲土地の固定資産評価証明書等により甲土地の価値と貸金債務の額のバランスが取れているかや，代物弁済の前後にYやZが甲土地の使用者であるDに対し明渡しを請求したか否かをDの供述により明らかにするなど，間接事実からの立証が不可欠になろう。

(イ) **背信的悪意者の再抗弁** 　ここでも，Zの悪意という主観が争点となるので，立証活動の中心はZに対する本人尋問となるが，間接事実からの立証を工夫することが必要である。また，Zへの移転登記を行った司法書士の証人申請も考えられる。

7 **【問題(6)】　Y及びZのXに対する訴訟提起の手続等**
(1) Yの請求について

(ア) **手続**　Yは，Xに対し，10年間甲土地を使用し利益を得たことを理由として，1,200万円（月10万円×12か月×10年）の使用損害金を請求するとしている。Yは，Xの提起したZに対する訴訟の当事者ではない。そのようなYが，Xの提起した民事訴訟においてXを相手に民事訴訟を提起する方法は，独立当事者参加（民訴

47条）となる（補助参加〔同法64条〕では，民事訴訟を提起することにならないし，共同訴訟参加〔同法52条〕は「合一にのみ確定すべき場合」の要件を欠く。）。

　独立当事者参加は，「訴訟の結果によって権利が害されることを主張する第三者」か「訴訟の目的の全部若しくは一部が自己の権利であることを主張する第三者」が訴訟の当事者の双方または一方を相手方として行うことができる。XのZに対する訴訟において，Zが敗訴した場合には，Zは甲土地の所有権を取得できないことになり，代物弁済による債務消滅の効果は発生しなかったとして，本来債務の債務者であるYに対し同債務の弁済を求めることとなる。このように，YはXがZに対し提起した本件訴訟の結果によって権利が害されることを主張する第三者に該当する。したがって，Yは，Xに対する請求を立てることにより，独立当事者参加の申立てをすることができる。

　　(ｲ)　**請求の趣旨及び訴訟物**　　請求の趣旨は，「原告は，参加人に対し1,200万円を支払え。」となり，請求後の遅延損害金も請求する場合には「原告は，参加人に対し1,200万円及びこれに対する参加申立書送達の日の翌日から支払済みまで年5分の割合による金員を支払え。」となる。

　1,200万円を請求する訴訟物としては，不当利得返還請求権あるいは不法行為に基づく損害賠償請求権が考えられるが，Yの言い分からは，不当利得返還請求権が選択されている。遅延損害金部分は，履行遅滞に基づく遅延損害金請求権が訴訟物となる（Xが民法704条の悪意の受益者に該当する場合には，法定利息請求権も訴訟物として考えられる。）。

　(2)　**Zの請求について**

　　(ｱ)　**手続**　　Zは，Xに対し，乙建物の収去及び甲土地の明渡しを求めるとしている。Zは，Xの提起した訴訟の被告であるところ，このようなZがXから提起された民事訴訟において，Xを相手に民事訴訟を提起する方法としては，反訴（民訴146条）提起が考えられる。全く別の訴訟を提起し，Xの提起した訴訟と弁論を併合するとの裁判所の職権発動を促す方法も考えられるが，併合審理されるか否かについては保証がなく，Xが提起した民事訴訟を利用する方法としては相当ではない（これに対し，X・Z間の訴訟の当事者ではないDに対する乙建物からの退去，甲土地明渡しの請求は，反訴によることはできないから，別訴を提起して弁論併合の上申を行うしか方法がない。）。

　反訴としての訴え提起が認められるためには，「本訴の目的である請求又は防御の方法と関連する請求を目的とする場合」であることを要し，口頭弁論の終結に至るまでに，本訴の係属する裁判所に提起する必要がある。また，専属管轄の定めに反しないことや反訴の提起により著しく訴訟手続を遅滞させることにならないことが必要である（民訴146条1項）。

ZのXに対する請求は，Zが甲土地の所有権を有することを根拠として，所有権に基づく返還請求権に基づき（XとZとの間には，債権的な請求権を発生させる法律関係は存在しない。），甲土地上に乙建物を所有して同土地を占有しているXに，乙建物を収去して甲土地を明け渡すことを求めるものであるから，甲土地の所有権に基づく妨害排除請求権に基づき所有権移転登記の抹消登記請求をするXの本訴請求との関連性は認められる。

(イ) **請求の趣旨及び訴訟物** 請求の趣旨は，「反訴被告は，反訴原告に対し，別紙物件目録記載1の建物（乙建物）を収去して，同目録記載2の土地（甲土地）を明け渡せ。」となる。

所有権に基づく建物収去土地明渡請求の訴訟物については，判決主文に掲げられることになる建物収去請求が訴訟物となるか否かに関連し，考え方の対立があるが（類型別58頁以下参照），Zの甲土地所有権は，Xの乙建物所有による占有という1つの妨害行為により侵害されていると考えられ，物権的請求権について3類型に分類する立場（旧1個説）に立つと，建物収去請求部分は訴訟物ではなく，土地と別の不動産であるとされる建物に対する強制執行を可能とするために執行方法を明示したものに過ぎないことになる。この場合，訴訟物は，所有権に基づく返還請求権としての土地明渡請求権1個となる。

【解答例】
【問題(1)】

(XのZに対する訴訟の請求の趣旨)

> 1 被告（Z）は，原告（X）に対し，甲土地について，真正な登記名義の回復を原因とする所有権移転登記手続をせよ。
> 又は
>   被告は，原告に対し，甲土地について，昭和62年6月10日時効取得を原因とする所有権移転登記手続をせよ。
> 2 訴訟費用は被告の負担とする。

(XのZに対する訴訟の訴訟物)

> 所有権に基づく妨害排除請求権としての所有権移転登記請求権　1個

【問題(2)】

(XのZに対する訴訟の請求原因)

請求原因1（承継取得）

1　Yは，昭和62年6月10日当時，甲土地を所有していた。	○
2　Cは，昭和62年6月10日，Aに対し，甲土地を1,750万円で売った。	×（△）
3　Cは，2の際，Yのためにすることを示した。	×（△）
4　Yは，2の契約に先立ち，Cに対し，2の代理権を授与した。	×
5　Aは，平成19年7月8日，死亡した。	△（○）
6　原告はAの子である。	△（○）
7　甲土地には，被告名義の所有権移転登記が存在する。	○
8　よって，原告は，被告に対し，所有権に基づき，甲土地につき，真正な登記名義の回復を原因とする所有権移転登記手続を求める。	

請求原因2（長期取得時効）

1　Aは，昭和62年6月10日，甲土地を占有していた。	△
2　Aは，平成19年6月10日経過時，甲土地を占有していた。	△
3　Aは，平成19年7月8日，死亡した。	△（○）
4　原告はAの子である。	△（○）
5　原告は，平成○年○月○日，Zに対し，時効援用の意思表示をした。	○
6　甲土地には，被告名義の所有権移転登記が存在する。	○
7　よって，原告は，被告に対し，所有権に基づき，甲土地につき，昭和62年6月10日時効取得を原因とする所有権移転登記手続を求める。	

請求原因3（短期取得時効）

1　Aは，昭和62年6月10日，甲土地を占有していた。	△
2　Aは，平成9年6月10日経過時，甲土地を占有していた。	△
3　無過失の評価根拠事実 　(1)　Aは，昭和62年6月10日，Yの代理人であると称するCから，甲土地を1,750万円で買った。	×（△）
(2)　(1)の際，Aは，Cから甲土地の権利証とYの印鑑登録証明書を提示された。	△
(3)　(1)の際，甲土地の地目は畑であり，所有権移転登記について，AはCから農地法の地目変更許可がされるまで待って欲しいと言われた。	△
4　Aは，平成19年7月8日，死亡した。	△（○）
5　原告はAの子である。	△（○）
6　原告は，平成○年○月○日，Zに対し，時効援用の意思表示をした。	○
7　甲土地には，被告名義の所有権移転登記が存在する。	○
8　よって，原告は，被告に対し，所有権に基づき，甲土地につき，昭和62年6月10日時効取得を原因とする所有権移転登記手続を求める。	

理由については解説を参照。

【問題(3)】

（Zの抗弁）

抗弁Ⅰ（対抗要件具備による所有権喪失の抗弁）―請求原因1に対する場合

1　被告は，平成17年4月1日，Yに対し，1,000万円を，弁済期を平成19年3月31日として貸し付けた。	×（△）
2　被告は，平成18年3月1日，Yに対し，800万円を，弁済期を平成19年4月30日として貸し付けた。	×（△）
3　Yと被告が，平成17年4月1日当時，平成18年3月1日当時，いずれも商人であったことを基礎付ける事実（求釈明の結果，主張される具体的事実）	△
4　平成19年（3月31日，及び）4月30日は経過した。	顕
5　被告とYは，平成23年9月21日，Yの被告に対する上記1及び2の貸金返還債務，利息・遅延損害金債務の弁済に代えて，甲土地の所有権を移転することを合意した。	×
6　Yは，平成23年9月1日，被告に対し，上記5の代物弁済に基づき，甲土地について，所有権移転登記手続をした。	×

抗弁Ⅰ（対抗要件具備による所有権喪失の抗弁）―請求原因2及び3に対する場合

1　上記1から6までと同じ。	
2　Yは，昭和62年6月10日当時，甲土地を所有していた。	○

抗弁Ⅱ（対抗要件の抗弁）―請求原因1に対する場合

1　被告は，平成17年4月1日，Yに対し，1,000万円を，弁済期を平成19年3月31日として貸し付けた。	×（△）
2　被告は，平成18年3月1日，Yに対し，800万円を，弁済期を平成19年4月30日として貸し付けた。	×（△）
3　Yと被告が，平成17年4月1日当時，平成18年3月1日当時，いずれも商人であったことを基礎付ける事実（求釈明の結果，主張される具体的事実）	△
4　平成19年（3月31日，及び）4月30日は経過した。	顕

5　被告とYは，平成23年9月21日，Yの被告に対する上記1及び2の貸金返還債務，利息・遅延損害金債務の弁済に代えて，甲土地の所有権を移転することを合意した。	×
6　原告が所有権移転登記を具備するまで，原告の所有権取得を認めない。	

抗弁Ⅱ（対抗要件の抗弁）―請求原因2及び同3に対する場合

1　上記1から6までと同じ。	
2　Yは，昭和62年6月10日当時，甲土地を所有していた。	○

理由については解説を参照。

【問題(4)】

（Xの再抗弁）

再抗弁Ⅰ（通謀虚偽表示の再抗弁―抗弁Ⅰ及び抗弁Ⅱに対し）

被告とYは，抗弁Ⅰ及び抗弁Ⅱの5の代物弁済の際，いずれも代物弁済の合意をする意思がないのに，その意思があるもののように仮装することを合意した。	×

再抗弁Ⅱ（背信的悪意者の再抗弁～請求原因1に対する抗弁Ⅰ及び抗弁Ⅱに対し）

1　被告は，抗弁Ⅰ及び抗弁Ⅱの5の代物弁済の際，請求原因の売買の事実を知っていた。	×
2　（背信性の評価根拠事実）	

再抗弁Ⅱ（背信的悪意者の再抗弁～請求原因2及び同3に対する抗弁Ⅰ及び抗弁Ⅱに対し）

1　被告は，抗弁Ⅰ及び抗弁Ⅱの5の代物弁済の際，AあるいはDが甲土地を多年にわたし占有していることを知っていた。	×
2　（背信性の評価根拠事実）	

【問題(5)】

解答例については解説参照。

【問題(6)】

(Yの請求の趣旨)

　原告は，参加人に対し，1,200万円及びこれに対する参加申立書送達の日の翌日から支払済みまで年5分の割合による金員を支払え。

(Yの請求の訴訟物)

> 不当利得返還請求権　1個
> 履行遅滞に基づく遅延損害金請求権　1個
> 単純併合

(Zの請求の趣旨)

> 反訴被告は，反訴原告に対し，別紙物件目録記載1の建物を収去して，同目録記載2の土地を明け渡せ。

(Zの請求の訴訟物)

> 所有権に基づく返還請求権としての土地明渡請求権　1個

　手続については，解説参照。

(倉地真寿美)

第13問
抵当権に基づく抹消登記請求

次の内容のX，YおよびZの言い分を前提に，後記問題に答えなさい。

《X社の言い分》

1　当社は，建築用資材の卸売販売をしている株式会社です。当社は10年以上前からA株式会社との間で建築用資材の卸売販売を継続的に行ってきました。最初はきちんと支払を受けていましたが，途中から支払が滞るようになり，平成20年12月の段階で，その額が1,000万円（平成20年5月1日から同年11月末日までの未払分合計）に達しました。

2　そこで，当社はA社と協議し，この1,000万円の売掛金債権の弁済を平成21年12月末日まで猶予することとし，その代わりにこの売掛金についてA社の代表取締役であるBの自宅土地建物（以下，「B自宅不動産」という。）に抵当権を設定しました。これが平成20年12月20日のことです。

　A社の会社本社の土地建物がA社の所有でしたが，Y銀行やその他の金融機関の抵当権が設定されていて，到底，担保余力はありませんでした。これに対し，Bの自宅不動産についてはY銀行の第1順位の抵当権が存在するだけでした。Bの説明によれば，この抵当権はBが15年前に自宅を購入した際の住宅ローンであり，月々の支払が平成21年2月には完了するので，その段階で抵当権は抹消されるとのことでした。融資を受けた際にY銀行が発行した返済予定表を見せてもらいましたが，確かに平成21年2月25日に完済予定となっていました。

　このようなことでしたので，当社はA社に対する1,000万円の売掛金債権を被担保債権としてB自宅不動産に抵当権を設定したのです。

3　ところが，平成21年6月にB自宅不動産の登記の状況を調べましたところ，未だにY銀行のための抵当権設定登記が抹消されていませんでした。

　そこで，Bに事情を確認したところ，既に住宅ローンは完済したのだけれども，Y銀行は，A社に対する融資金が残っていることを理由に，この自宅についての抵当権の抹消に応じないとのことでした。B自宅不動産に対する抵当権はあくまでB個人の住宅ローン債権を被担保債権とするものですので，このようなY銀行の態度は，Bの言う通りだとすれば全く根拠のないものでした。

4　さらに，B自宅不動産には，庭に立派な石灯籠がありました。これは時価300万円程度はするものですが，平成21年6月にBの自宅を訪れたときにはこの石灯籠

がありませんでした。Bにそのことを確認したところ，石灯籠は自分の知人のZに預かってもらうこととなり，Zの自宅の庭に運び込んだとのことでした。その理由は，石灯籠についてもY銀行が関心を示し，これを売って融資金の返済に充てるようにとうるさいので，形のうえでは平成21年5月15日，Zに300万円で売ったことにし，同日，引渡しを完了したとの説明でした。あくまで形式だけのことであり，真正な売買ではないとのことでした。

　現在，Zはこの売買が真正なものであると主張しているらしいですが，Bの上記の説明と食い違うものであり，到底，信用できません。また，仮にZの言うとおりだったとしても，Zは石灯籠について抵当権の設定されている土地上に備え付けられたものであることを知って，これを購入したものだと思いますし，少なくともZは知るべきだったと思います。

5　結局，売掛金の弁済期である平成21年12月末日になった段階でも，B自宅不動産についてのY銀行の第1順位の抵当権設定登記は抹消されませんでした。また，石灯籠もZから返還されませんでした。B自宅不動産の価値は石灯籠を含め約2,000万円です。これに対し，Y銀行の住宅ローンの金額はB自宅不動産の登記事項証明書には2,300万円と記載されています。したがって，Y銀行の抵当権設定登記が抹消されないと，当社の抵当権実行の支障となる可能性があります。そこで，Yの抵当権設定登記はきちんと抹消してもらいたいと思っています。また，石灯籠についても担保価値の高いものですので，B自宅不動産内に戻させたいと思っています。

　そこで，当社としては，Y銀行に対し，B自宅不動産に対する抵当権設定登記の抹消登記手続を求める訴訟を提起する予定です。また，Zに対しても現在，Zが占有している石灯籠の返還を求めるため訴訟を提起する予定です。

《Y銀行の言い分》

1　当銀行は，かねてよりA社に対して事業資金を融資しており，現在もA社の本社不動産を担保に3,000万円を貸し付けています。しかし，その件はあくまでA社そのものの問題であり，今回のBの自宅不動産の担保の件とは無関係です。

2　当銀行は15年前にBから住宅ローンの申込みを受け，Bが購入する土地建物（以下，「B自宅不動産」といいます。）に抵当権を設定し，2,300万円を貸し付けました。これが平成6年2月1日のことです。返済期間は平成21年2月までの間の分割払であり，毎月25日にその月分の元金および年利1.2％相当の利息を支払うという内容です。その後，しばらくはBから約定通りの月々の支払を受けていましたが，10年前から支払が滞りだしました。そこで，支払条件を変更し，返済額を減額し，さらに

6年くらい前からは利息の支払のみを受けている状況です。したがって，現在もまだ1,000万円の残金が残っています。これを返済してもらわない限りはB自宅不動産の抵当権は抹消できません。

3　また，B自宅不動産内に立派な石灯籠があるとのことですが，確かにBの自宅を訪れたときにそのようなものがあったと記憶しています。しかし，当銀行がその石灯籠の件で何かをBに要請したことはありません。Bが何と説明したかは分かりませんが，当銀行はBの石灯籠には何の興味もありません。

4　仮にXが，B自宅不動産に対して有する当銀行の抵当権設定登記を抹消して欲しいのであれば，当銀行が有する1,000万円の貸付金残金を返済していただきたいと思います。

《Zの言い分》

1　Bと私は昔からの仕事仲間です。今回，私はBから会社の運転資金が必要であると頼まれて，Bの自宅敷地にあった石灯籠を平成21年5月15日，300万円で購入しました。その日のうちに，代金を支払い，この石灯籠をBの自宅から搬出し，既に私の自宅の庭に置いています。

2　Xはこの石灯籠について，抵当権の効力が及んでいると主張しているそうですが，私はXがBの自宅に抵当権を設定しているということは全く知りませんでした。そのような事実を一切，知ることなく石灯籠を購入したのです。

3　仮にXが私に対して石灯籠を返せとの訴訟を提起してくるのであれば，私は全面的に争います。Xが抵当権を有すること，その抵当権の効力が石灯籠に及ぶことはいずれも否定しますし，また，即時取得を主張するつもりです。

【問　題】

(1)　Xが，その言い分を前提にYを相手に民事訴訟を提起する場合，どのような内容の請求をすることになるか。請求の趣旨を記載せよ。

その場合の訴訟物は何か。

(2)　前記1を前提に，請求原因として主張すべき要件事実を指摘し，その理由を説明せよ。そのうえで，Yの言い分から考えられる抗弁を指摘し，その要件事実とその事実が必要となる理由を説明せよ。さらにXの言い分から考えられる再抗弁を指摘し，その要件事実とその事実が必要となる理由を説明せよ。

(3)　Xが，その言い分を前提にZを相手に民事訴訟を提起する場合，どのような内容の請求をすることになるか。請求の趣旨を記載せよ。

その場合の訴訟物は何か。

(4) 前記3を前提に，請求原因として主張すべき要件事実を指摘し，その理由を説明せよ。そのうえで，Zの言い分から考えられる抗弁を指摘し，その要件事実とその事実が必要となる理由を説明せよ。さらにXの言い分から考えられる再抗弁を検討し，その具体的な内容を説明せよ。

(5) 仮にXのZに対する訴訟がXの敗訴で終わった場合に，XはBに対して何らかの請求をすることが可能かについて検討しなさい。

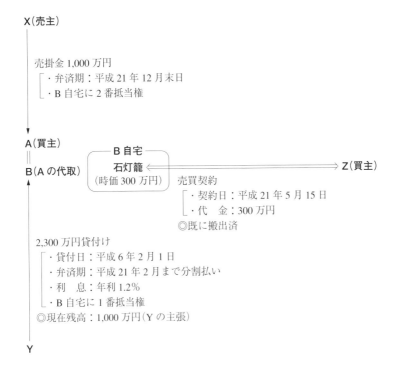

解　説

1　問題の所在

本問は，第2順位の抵当権者が1番抵当権者に対し，1番抵当権の消滅を理由に，自己の抵当権に基づいて，1番抵当権設定登記の抹消を求めた事案である。後順位

第13問　抵当権に基づく抹消登記請求　　*253*

抵当権者が先順位抵当権者に対し抵当権設定登記の抹消を求める場合の要件事実は何かが問われることとなる。

また，抵当不動産上の従物である動産を設定者が第三者に売却し，すでに搬出されている。それにより抵当権者は被担保債権全額の満足を得ることができない状況にある。そこで，抵当不動産上の従物に抵当権の効力が及ぶか，分離・搬出された場合の抵当権者と譲受人との調整をいかに図るべきか，抵当権者は譲受人に対しいかなる請求ができるかという実体法上議論が錯綜する問題を整理し理解しておくことがまずは重要である。そのうえで，こうした訴訟における要件事実を検討する必要がある。実体法上の解釈が要件事実にどのような影響を与えるかを検討することにより，翻って実体法上の議論に影響を与えることも皆無とはいえないので，そうした視点も踏まえて検討したい。

さらには抵当不動産上の従物を売却した抵当権設定者に対しどのような請求ができるか，その要件事実は何かを取り上げている。

2 【問題(1)】抵当権に基づく妨害排除請求訴訟の請求の趣旨と訴訟物

(1) 請求の趣旨

Xは，Yに対し，B自宅不動産に設定されたY名義の抵当権設定登記の抹消を求めている。物権を妨害している登記の除去を求める権利であるから，この妨害状態を明らかにするため妨害されている目的不動産と抹消を求める登記内容を特定しなければならない。抵当権設定登記の場合は，登記所，受付年月日，受付番号，登記の名称のほか，被担保債権の発生原因，債権額，利息，損害金，債務者，抵当権者等によって行う。通常は，これらの事項を別紙登記目録に記載して行うので，別紙登記目録は請求の趣旨の一部である。不動産の特定についても，土地については所在，地番，地目，地積等によって，建物については所在，家屋番号，種類，構造，床面積によって特定し，同様に別紙物件目録に記載して行う。

登記請求権は，公法上の意思表示を求める請求である。すなわち登記をするのは登記官であって当事者ではなく，Yは登記申請という意思表示をする義務を負う (不動産登記11条・60条・63条1項)。ただ，請求の趣旨においては，「抹消登記手続をせよ。」と記載するのが通例である。移転登記手続請求の場合は，誰に対し移転登記を行うかを明らかにするため，「原告に対し」と入れるのが通常であるが，抹消登記請求の場合は，現在ある登記を抹消してそれ以前の状態に戻すだけであるから，「原告に対し」との記載はしないのが通例である (新問題研究87頁)。

登記手続を命じる判決は，意思表示を命じる判決であるから，性質上仮執行宣言を付することができないとするのが通説である (10訂民事判決起案の手引29頁)。

請求の趣旨は以下のようになる。

> **請求の趣旨**
> 1 被告は，別紙物件目録（省略）記載の不動産について，別紙登記目録（省略）記載の抵当権設定登記の抹消登記手続をせよ。
> 2 訴訟費用は被告の負担とする。

(2) 訴訟物

1番抵当権が，被担保債権の弁済によって消滅した場合には，目的不動産の所有者はもとより2番抵当権者も，1番抵当権の権利名義人に対し，1番抵当権設定登記の抹消登記請求権を有する（大判大正8年10月8日民録25輯1859頁）。自己の抵当権に基づいて請求するので，物権的請求権である。物権的請求権を認めた民法上の明文はないが，所有権に基づく物権的請求権の場合は，占有訴権の分類に対応して，①他人の占有によって物権が侵害されている場合の返還請求権，②他人の占有以外の方法によって物権が侵害されている場合の妨害排除請求権，③物権侵害のおそれがある場合の妨害予防請求権に分類するのが司法研修所の立場である（類型別45頁）。抵当権に基づく物権的請求権の場合は，上記の分類によるかは明らかではないが，一応上記の分類に従えば，本件ではYの1番抵当権によってXの2番抵当権の順位上昇の権利が侵害されていて，他人の占有以外の方法によって物権が侵害されている場合であるので，妨害排除請求権ということになる。

さらに本件は登記請求権である。一般に登記請求権には，物権的登記請求権，物権変動的登記請求権，債権的登記請求権があるが，本件では，物権的登記請求権および物権変動的登記請求権が考えられる。しかし，物権変動的登記請求権は，物権的登記請求権の請求原因に加えて，1番抵当権が消滅したことを主張立証する必要があり，物権的登記請求権の請求原因を内包する関係にある。訴訟物が異なる場合は，内包関係（いわゆるa＋b）にあっても包含する訴訟物（物権変動的登記請求権）を選択することは許されるが，通常は請求原因を多く主張立証する必要がある訴訟物をあえて選択するメリットはない。したがって，通常は物権的登記請求権を選択して主張する場合が多いであろう。抹消の場合は，登記手続請求権とせず登記請求権とするのが実務の慣行であるので，これに従えば，本件の訴訟物は，「抵当権に基づく妨害排除請求権としての抵当権設定登記抹消登記請求権」となる。

3 【問題(2)】抵当権に基づく抵当権設定登記抹消登記請求訴訟の要件事実
(1) 請求原因

物権的登記請求権は、現在の実体的な物権関係と登記とが一致しない場合に、この不一致を除去するため物権そのものの効力として発生するものである（類型別65頁）。本件は、原告の抵当権に基づいて被告の抵当権設定登記の抹消を求めることから、

① 原告が目的不動産につき抵当権を有していること
② 被告名義の抵当権設定登記が存在すること

が必要である。

(ア) **原告が目的不動産につき抵当権を有していること** まず第1に物権的請求権であるので、原告が目的不動産につき、過去の一定時点で特定の物権を有することが必要である。権利の場合は、一旦発生した以上は特段の事情のない限り、現在も存続していると考えるのである。所有権の場合は過去のいずれかの時点で権利自白が成立するのが普通であるから、権利自白がいつの時点で成立するかが問題となるが、抵当権の場合は、抵当権設定行為によって抵当権を取得するのが通常であるため、そうした抵当権取得原因事実を主張立証する必要がある。抵当権の取得原因事実としては、

① 被担保債権の発生原因事実
② ①の債権を担保するためにその不動産につき抵当権設定契約を締結したこと
③ 設定者が②の当時その不動産を所有していたこと

が必要である。

①については、抵当権は担保物権であることから、附従性により被担保債権の発生が必要となる。本件は継続的な建築用資材の売掛代金の支払請求権であるから、目的物の所有権を移転することとその対価としての代金額の合意が本質である。継続的な契約であるから取引が複数あり、それらを特定するために実務においては売買の日付、目的物、数量等を記載した別紙商品目録を利用する。②については、抵当権の目的不動産、被担保債権を特定して抵当権設定の合意を行った旨が必要である。目的不動産については、登記されている場合は、登記の記載事項よって特定されるため、実務では別紙物件目録を利用する。③については、抵当権設定契約は所有権の交換価値を把握する物権契約であるから、目的不動産の所有者から設定を受ける必要があるために必要となる。所有権の取得原因事実が要件事実となるが、所有権については権利自白が認められるので、設定契約以前の時点で設定者が所有者であったことについて権利自白が成立する場合には、その時点で所有者であったと摘示すれば足りる。

①ないし③の事実によって，原告が過去のある一定時点で，抵当権の設定を受けたということがいえれば，特段の事情のない限り，現在も抵当権を有するといえる。なお，抵当権設定契約に基づき抵当権設定登記を具備したことを主張立証する必要はない。抵当権設定登記はあくまで対抗要件であり（民177条），特段の事情がない限り，登記がなくても物権的請求権を行使することは可能である。

　(イ)　**被告名義の抵当権設定登記が存在すること**　第2に，被告による妨害状態として，現在，被告名義の登記が存在していることが必要である。本件では，被告の登記は抵当権設定登記であるので，妨害状態としての登記の内容を明らかにするため，その登記の表示内容を具体的に主張する必要がある（類型別73頁）。実務においては，それを別紙登記目録によって特定し，その登記が目的不動産について存在していることが必要である。

　なお，妨害状態としての抵当権設定登記が正当な権原に基づかないことを請求原因で主張立証すべきか，正当な権原に基づくことが抗弁かについては，登記の推定力との関係で問題となる。学説は権利の所在自体又は登記原因として記載された権利取得原因事実が事実上推定される効力を認める見解が多く，判例も事実上の推定の効力のみを認めているとされる（最判昭和34年1月8日民集13巻1号1頁，最判昭和38年10月15日民集17巻11号1497頁など）。仮に法律上の推定だとすると，立証責任の転換が生じるため，請求原因で被告名義の登記の存在が現れるとそれが適法な権原に基づくものであると推定される。したがって原告は請求原因で，被告名義の登記が正当な権原に基づかないことをも主張立証すべきと考えられる。反対に事実上の推定と解すれば，立証責任の転換が生じないため，主張立証責任に影響を及ぼすことはない。物権という強力な権利に基づく請求であれば，権利者である原告に，被告の登記が正当な権原に基づかないことまで主張立証させるのは，物権的請求権を認めた法の趣旨に反することから，例外として被告に主張立証責任を負わせるべきである。被告の登記が正当な権原に基づかないことの立証が通常は困難であることからも，この結論は妥当である。

　請求原因は以下の通りとなる。

> **請求原因**
> ア　原告は，訴外Aに対し，平成20年5月1日から平成20年11月30日の間に，別紙商品目録記載の商品を代金合計1,000万円で売った。
> イ　原告と訴外Bは，平成20年12月20日，訴外Aのアの債務を担保するため，別紙物件目録記載の不動産（以下，「本件不動産」という。）に抵当権を設定するとの合意をした。

ウ　訴外Bは，イの抵当権設定契約当時，本件不動産を所有していた。
　エ　本件不動産について，現在，イの抵当権に優先する別紙登記目録記載の被告名義の第1順位の抵当権設定登記がある。

(2)　抗弁―抵当権設定登記保持権原

　Yは，本件の抵当権の被担保債権であるAに対する貸金債権が1,000万円残存しているため，抵当権設定登記を抹消することはできない旨を主張しており，これは抵当権設定登記の保持権原の抗弁と構成することができる。被告の登記がこれに符合する被告の実体的権利の取得を公示するものとして有効なものであることを主張することになる。抵当権設定登記の登記保持権原の抗弁としては，
　① 被担保債権の発生原因事実
　② ①の債権を担保するためにその不動産につき抵当権設定契約を締結したこと
　③ 設定者が②の当時その不動産を所有していたこと
　④ 請求原因の被告名義の登記が②の抵当権設定契約に基づくこと
が必要である。①ないし③については，請求原因の原告の抵当権取得原因において説明したところと異ならない。しかしながら，注意すべき点は，①被担保債権の発生原因事実については，登記保持権原の抗弁であるため，請求原因において摘示された被告名義の登記に表示された実体関係と一致する実体関係であることが原則として必要である。食い違いがある場合でも，一般的には権利の同一性を害さず，真実の権利関係を公示するに足りるものであると認められるときには，その登記は有効であると解されるから，被担保債権の発生原因事実としての消費貸借契約成立の日時が実際の契約成立の日時と食い違っていても，同一の消費貸借を表示するものである以上は，登記は有効とされる（最判昭和27年12月4日民集6巻11号1086頁，類型別74頁）。
　本件では，被担保債権は消費貸借契約に基づく貸金返還請求権である。いわゆる貸借型の契約であるため，その契約成立要件として弁済期（返還時期）の合意が契約成立のための本質であると考えれば，弁済期の定めが必要となる。なお，貸借型の契約でも返還の合意と弁済期の合意とを分けて考え，返還の合意は契約成立のための本質的要件であるが，弁済期の合意は成立要件ではなく，終了要件にすぎないと考える見解が主張されている（新問題研究38-40頁，46頁参照）。その見解に立てば，本件は消費貸借契約の終了原因は不要であるため，弁済期の合意は不要となる。
　④請求原因の被告名義の登記が②の抵当権設定契約に基づくことについては，多少難しい議論が存在するので，理解が重要である。抵当権設定登記が有効であるためには，その登記と上記②の実体関係との関連性が必要である。それに加えて，そ

の登記が手続的に適法にされたことが必要である。手続的適法性については，判例は偽造文書による登記申請の事案で，その登記の記載が実体的権利関係に符合し，登記義務者において登記申請を拒むことができる特段の事情がなく，かつ登記義務者においてその登記申請が適法であると信ずるにつき正当の事由があるときは登記義務者はその登記の無効を主張することができないと判示している（最判昭和41年11月18日民集20巻9号1827頁，最判昭和54年4月17日集民126巻579頁）。したがって，登記の手続的適法性が問題となる場合で，登記上利害関係ある第三者が存在しない場合は，(a)その登記が登記義務者の登記申請意思に基づくこと，または(b)登記申請時に登記義務者においてその登記を拒みうる特段の事情がなく，かつ，登記権利者においてその登記申請が適法であると信ずるにつき正当の事由があること，のいずれかを主張立証しなければならない。しかし，実体的権利関係で表見代理が主張されて争いがある場合などは，実体法上の争点とは別に登記の手続的適法性を争点とする場合はほとんどなく，通常は，その登記は②の抵当権設定契約に基づくと摘示すればよい（類型別75-76頁）。

　以上より，抗弁は以下のとおりとなる。

> **抗弁―抵当権設定登記保持権原**
> ア　被告は，訴外Bに対し，平成6年2月1日，2,300万円を，弁済期を同月から平成21年2月までの間，毎月25日限りの分割払いとし，これに対する年利1.2%の割合による利息を付加して支払うと定めて貸し付けた。
> イ　被告と訴外Bは，平成6年2月1日，訴外Bのアの債務を担保するため，本件不動産に抵当権を設定するとの合意をした。
> ウ　訴外Bは，イの抵当権設定契約当時，本件不動産を所有していた。
> エ　請求原因イの登記は，抗弁イの抵当権設定契約に基づく。

(3)　再抗弁―被担保債権に対する弁済

　XはBがAに対する住宅ローン債務をすべて完済していると主張している。これはYの抵当権の被担保債権の消滅によって附従性により抵当権も消滅したとの主張であり，再抗弁となる。

　弁済を主張するためには，
① 債務者（または第三者）が債権者に対し，債務の本旨に従った給付をしたこと
② ①の給付が当該債権についてなされたこと
が必要である。②については，弁済を主張する際には結び付きは不要であり，別口債権の存在を主張された場合にはじめて債権との結びつきを主張立証すれば足りる

とする不要説も存在する。しかし，給付がなされたことだけではその給付が何のためになされたか不明であるし，当該債権との結びつきを主張してその債権が消滅するという効果が発生すると考えられるため，結びつきを必要とする見解を前提とする。再抗弁は以下のとおりとなる。

> **再抗弁―弁済**
> ア　訴外Bは，被告に対し，遅くとも平成21年2月25日までには，抗弁アの消費貸借契約に基づく債務の履行として2,300万円を支払った。

4 【問題(3)】抵当権に基づく動産返還請求訴訟の請求の趣旨と訴訟物
(1) 請求の趣旨

XはZに対し，Bの自宅不動産に存在した時価300万円程度の石灯籠にも抵当権の効力が及ぶことを理由に石灯籠をB自宅不動産内に返還するよう求めている。こうした請求が認められるか，認められるとしてどのような請求ができるかが問題となる。

　(ア)　**抵当不動産の従物に抵当権の効力が及ぶか**　まずは，Xは後順位抵当権者であるから，石灯籠についての請求を行うには，石灯籠に抵当権の効力が及ぶ必要がある。石灯籠は目的不動産の「所有者がその物の常用に供するため，自己の所有に属する他の物を付属させた」(民87条1項) 場合のその「付属させた」物にあたることから，従物である (最判昭和44年3月28日民集23巻3号699頁)。そこで抵当権の効力が従物にも及ぶかを検討する。

　抵当権は本来不動産をその目的物とするが，抵当権の効力は抵当不動産に付加して一体となっている物 (付加一体物) に及ぶ (民370条) と規定されている。抵当権設定時あるいは設定後を問わず，従物にも抵当権の効力が及ぶとする結論自体には現在争いはないが，その理論的説明については見解が分かれ，判例もその根拠については明確ではない。87条2項により従物に抵当権の効力が及ぶとする見解は，「付加一体物」は附合物のみを指し，従物はこれに含まれないことを理由に，87条2項により効力が及ぶと説明する。これに対し，370条によって説明する見解は，「付加一体物」には附合物だけでなく従物も含まれる概念であるとする。370条説が多数説であるが，近時は各条文の沿革的な理由ではなく，370条の解釈問題として当事者意思の推定という視点から，社会通念上継続して収物の経済的効用を助けている附合物・従物には抵当権の効力を及ぼすのが妥当であるという理由から (道垣内弘人『担保物権法 (第3版)』〔有斐閣・2008〕138頁)，あるいは，370条はただし書があり特別規

定性が認められるので370条によるべきという理由から（平野裕之『民法総合3　担保物権法（第2版）』〔信山社・2009〕50頁），説明するのが妥当であろう。

　(イ)　**分離搬出後の動産に対する抵当権の効力**　次に従物たる石灯籠に抵当権の効力が及ぶとしても，抵当不動産から搬出されてしまった後も抵当権の効力が及ぶのかが問題となる。

　まずは従物が搬出された場合には抵当権者は第三取得者に対しては対抗力を失い，第三取得者は即時取得の要件を具備しなくても抵当権の負担のない所有権を取得するという説（対抗力説，我妻Ⅲ268頁）がある。この見解は抵当不動産上に存在する間は第三者に売却されても抵当権を対抗することができるが，抵当不動産から搬出されると抵当権は消滅しないが，対抗力を失い第三者に抵当権を主張することができないとする。これに対し，搬出後も抵当権の追及力は失われず，第三者が即時取得するまでは抵当権の効力が及んでいるとする説（即時取得説，星野・民法概論Ⅱ〔良書普及会・1981〕252頁）がある。第三者が抵当権の負担付きの所有権を承継取得するが，善意無過失の場合は，抵当権の負担のない所有権を原始取得するということであろう。なお工場抵当法5条2項は従物登記できる搬出された動産について第三者の即時取得を問題としている。この見解によれば搬出後も第三者が善意無過失でない限りは抵当権の効力が及ぶこととなる。

　対抗力の問題とする見解でも，近時は第三者の取引時点によって詳細に検討がなされている。搬出によって動産について抵当権の対抗要件は喪失したと考えるが，あくまで対抗の問題であることから，設定者や不法占有者に対しては対抗要件がなくても抵当権の効力が及ぶことを主張できる。動産を譲り受けた第三者に対しては，第三者が当該動産が抵当不動産上に存在する時点で譲り受けたときは，その取引の時点で抵当権の公示は存在するのであるから，第三者を保護する必要はなく，その後搬出され対抗要件を喪失した後もその動産に抵当権の効力が及ぶことを主張できると解すべきであろう。これに対し搬出後に譲り受けた第三者に対しては，すでに対抗要件を喪失した後の第三者であるから抵当権の効力が及ぶことを対抗できないと解すべきである（道垣内前掲181頁）。この見解を前提とすると，本件では，おそらく石灯籠が抵当不動産上に存在する時点でZが譲り受けていることから，その後搬出しても対抗問題ではZが負けることとなり，Xは石灯籠について抵当権の効力を対抗できる。なお，【問題(4)】で後述するようにZが抵当権の負担のない所有権を即時取得する可能性はある。

　(ウ)　**抵当権者のなしうる請求**　搬出された石灯籠に抵当権の効力が及ぶとしても，抵当権者は抵当権実行前にどのような請求ができるかが問題となる。抵当権は目的物の占有を移転することなく，所有者に使用・収益・処分権限を残存させた

ままにして，目的物の交換価値を把握する権利である。したがって，設定者は通常の使用の範囲内であれば抵当不動産の一部を処分することが許されるが，通常の使用・搬出の範囲を超える場合には分離・搬出物には抵当権に基づいて実行ができなくなるので，分離物からは優先弁済を受けることができなくなる。したがって，抵当権に基づく返還請求権が認められるかが問題となる。判例は工場抵当法により抵当権の目的とされた動産が，備え付けられた工場から抵当権者の同意を得ないで搬出された事案で，搬出された動産をもとの備付場所である工場に戻すことを求めることができるとしている（最判昭和 57 年 3 月 12 日民集 36 巻 3 号 349 頁）。

　本件では，X は Z に対し，抵当権設定者である B への石灯籠の返還を求めている。上記最判昭和 57 年の原判決は搬入を求めることができるとだけしたが，最高裁は，単なる搬入だけでなくものと備付場所に戻すことを認めた。原状回復としては搬入のみならず備付までも含むと解すべきであろう。（執行費用の範囲が異なってくる。民執 42 条参照）。

　以上より請求の趣旨は以下のようになる。

> **請求の趣旨**
> 1　被告は，原告に対し，別紙物件目録記載の石灯籠を，別紙物件目録記載の土地に搬入して備付せよ。
> 2　訴訟費用は被告の負担とする。

　なお，抵当権は占有を伴わない権利であるから，自己に対する引渡を請求することはできない。なお，この点については，抵当権の効力を実効あるものとするためには，抵当権設定者が搬入を拒んだ場合には，直接に抵当権者が自らへの引渡を請求しうると考える余地もある（道垣内前掲 181 頁）。このように考える場合の請求の趣旨は，「Z は，X に対し，別紙物件目録記載の石灯籠を引き渡せ」となる。

(2) 訴訟物

　抵当権に基づく請求であるから，物権的請求権であることは間違いない。物権的請求権は【問題(1)】で述べたように 3 類型に分類されるが，所有権に基づく場合と異なり，抵当権に基づいて原状回復請求として分離搬出された動産を抵当権設定者のもとへ返還せよと求める場合については，その法的性質について争いがある。返還請求権と考える立場（旧版注釈(9)44 頁［西沢修］），妨害排除請求権と考える立場（鈴木禄彌＝山野目章夫判タ 485 号 32 頁），用語の問題にすぎないとする立場（旧版注釈(6)39 頁［好美］），抵当権の特質に基づく特殊の請求権と解する立場（星野前掲 252 頁など）などがある。抵当権に基づく返還請求権の法的性質は返還，妨害排除，妨害予防という三

類型のいずれかに無理にあてはめるべきではなく，抵当権の特質に基づく特殊の請求権と解すべきであろう（詳細は最判解民昭和57年度227頁参照）。このように解すると返還か妨害排除かを明らかにする必要はないと考えられるので，訴訟物は，「抵当権に基づく物権的請求権としての動産搬入備付請求権」となると解される。

5 【問題(4)】抵当権に基づく動産返還請求訴訟の要件事実
(1) 請求原因

抵当権に基づく返還請求権であるので，原告が目的不動産につき抵当権を有していること，被告が現在目的物を占有していることが必要である。

まず物権的請求権であるので，原告が抵当不動産および石灯籠につき抵当権を有することが必要であり，抵当権取得原因事実として①被担保債権の発生原因事実，②①の債権を担保するためにその不動産につき抵当権設定契約を締結したこと，③設定者が②の当時その不動産を所有していたこと，が必要である。③については，本件不動産のみならず石灯籠に抵当権の効力が及ぶことが必要であり，そのためには本件石灯籠が本件不動産の従物であることを基礎づける事実が必要である。従物といえるためには，所有者が目的不動産の常用に供するために付属させたこと，目的不動産の所有者がその物を所有することが必要である。本件では，所有権設定者が抵当権設定契約当時本件土地を所有していたことに加え，設定者が抵当権設定契約当時石灯籠を所有していて，本件土地上に備え付けてあったことまで必要である。その他の点についての詳細はすでに【問題(2)】で述べたとおりである。

次に妨害状態として，被告が現在本件石灯籠を占有していることが必要である。被告の占有が正当な権原に基づくものでないことは請求原因ではなく，占有権原があることが被告の抗弁である。物権という強力な権利に基づく請求であれば，権利者である原告に，被告の占有が正当な権原に基づかないことまで主張立証させるのは，物権的請求権を認めた法の趣旨に反するからである。

分離・搬出により目的不動産の価値が減少し被担保債権の完済が受けられなくなることを必要とする見解もあるが，抵当権は抵当権の効力が及ぶ付加一体物を含む目的不動産全体の価値を把握する権利であるから（民372条・296条），この要件は不要であろう。以上より請求原因は以下のとおりとなる。

> **請求原因**
> ア　原告は，訴外Aに対し，平成20年5月1日から平成20年11月30日の間に，別紙商品目録記載の商品を代金合計1,000万円で売った。
> イ　原告と訴外Bは，平成20年12月20日，訴外Aのアの債務を担保するため，

別紙物件目録記載の本件不動産（以下，「本件不動産」という。）に抵当権を設定するとの合意をした。
　ウ　訴外Bは，イの抵当権設定契約当時，本件不動産を所有していた。
　エ　訴外Bは，イの抵当権設定契約当時，別紙物件目録記載の石灯籠（以下，「本件石灯籠」という。）を所有していて，本件石灯籠を本件不動産上に備え付けていた。
　オ　被告は，本件石灯籠を占有している。

＊1　本文に記載したとおり，分離・搬出により目的不動産の価値が減少し被担保債権の完済が受けられなくなることを不要とする見解に基づく整理である。なお，この見解による場合にも，従物が分離・搬出されたことにより目的不動産の価値が減少しても，なお，その残存価値から被担保債権の完済が可能な場合には，その事実を抗弁とすることは考えられる。これまで十分な検討はなされていないが，あくまで訴訟物が抵当権に基づく物権的請求権を根拠とするものである以上，被担保債権の完済が可能な事実は訴訟において何らかの形で斟酌されるべきであり，請求原因段階では不要と考えた場合にも，これを抗弁と理解することは合理性があると思料される。

＊2　この請求は，抵当権設定後であればいつでも可能であるのか，あるいは被担保債務の支払が遅滞し抵当権の実行が可能となった時期以降であることが必要となるか，さらには実際に抵当権が実行されたことを必要とするか，この点も見解が分かれるところである。抵当不動産について不法占拠者が存在するケースにおいて主に議論されているが（鎌田ほか編『民事法Ⅱ（第2版）』〔日本評論社・2010〕20頁以下），ここでも同様の議論が可能であり，仮に被担保債務の履行遅滞の事実あるいは抵当権の実行の事実が必要となるとの見解によるならば，その事実も請求原因として記載する必要が生じる。

(2) 抗弁―即時取得

　従物が抵当不動産から搬出された場合，抵当権者は原状回復を請求しうるかについては，【問題(4)】請求の趣旨で検討したとおり見解が分かれる。

　搬出後も即時取得するまでは抵当権の効力が及ぶとする見解を前提とすると，第三者が即時取得したことにより抵当権が消滅することとなるため，即時取得が抗弁となる。

　近時の対抗力説を前提としても，第三者が抵当権の負担のない所有権を即時取得することは考えられる。抵当不動産上に存在する限りは，占有改定による即時取得の成立を否定するのが判例であるので（最判昭和32年12月27日民集11巻14号2485頁，最判昭和35年2月11日民集14巻2号168頁），即時取得は成立しない。搬出後に現実の引渡を受けることにより，その時点での即時取得が成立する可能性はある。したがって，即時取得によって抵当権が消滅することとなるため抗弁となる。

　そこで即時取得の要件事実を検討する。即時取得の要件として民法192条は，取引行為により，平穏，公然，善意，無過失で，占有を取得したことが必要であると

規定する。このうち，平穏，公然，善意は，186条1項により推定されるため即時取得を主張する者が主張立証する必要はなく，その反対事実である強暴，隠秘，悪意が再抗弁となる。また，無過失については，188条により前主の占有が適法と推定されることから，それを信頼して取引行為を行った者は無過失であると推定されると解される（最判昭和41年6月9日民集20巻5号1011頁）。即時取得の成立を争う者が過失の評価根拠事実を再抗弁として主張立証すべきこととなる。

以上より，①取引行為，②基づく引渡のみが即時取得の要件事実となる。本問では，第三者Zが設定者Bとの間で石灯籠の売買契約を締結したこと，Bがそれに基づいて石灯籠をZに引き渡したこととなる。したがって，即時取得の要件事実は以下のとおりである。

> **抗弁―即時取得**
> ア　訴外Bは，被告に対し，平成21年5月15日，本件石灯籠を300万円で売却した。
> イ　訴外Bは，被告に対し，同日，アに基づき，本件石灯籠を引き渡した。

＊　なお，抵当不動産上から搬出されたら第三者には対抗できないとする従来の対抗力説を前提とすると，単に不法に搬出して占有している者に対しては返還請求できることになるが，設定者と取引行為を行い抵当不動産上から搬出された場合には，抵当権の対抗力喪失を主張しうるように思われる。この抗弁の内容は，通常の対抗要件の抗弁か，搬出による抵当権の効力消滅の抗弁かは考え方が分かれうると思われる。対抗要件の抗弁であると考えれば，①設定者と譲受人との間の動産の取引行為，②抵当不動産上からの搬出に加え，③抵当権者が対抗要件を具備するまでは権利者と認めない旨の権利行使（権利主張）が必要となると考えられる。これに対しては，抵当権者は不動産上に戻さない限り抵当権の対抗要件を備えることはできないから，実際は再抗弁は主張しえないことになろう。また，第三者は自己が搬出された動産について対抗要件を具備したことを主張立証して対抗要件具備による抵当権喪失の抗弁を主張することも考えられる。この場合は，上記①②に加え，③に代えて③'として基づく引渡が必要である。搬出による抵当権の効力消滅の抗弁と考えると上記①②で足りることになる。この場合抗弁事実は以下のとおりとなる。
　　ア　Bは，Zに対し，平成21年5月15日，本件石灯籠を300万円で売却した。
　　イ　本件石灯籠はアの売買契約に基づき同日本件不動産から搬出された。

(3) 再抗弁

(ア) 通謀虚偽表示　XはBからZへの石灯籠の売買は，あくまで形式的なもので真正な売買ではないと主張している。即時取得における取引行為は有効なものでなければならないから，当該取引行為が虚偽表示で無効（民94条1項）であることは再抗弁となる。

通謀虚偽表示の要件事実は，意思表示について真実そのような効果意思を有していなかったにもかかわらず，そうした意思があるかのように装うことを通謀したこ

とである。本問に即して言えば，以下のとおりである。

> **再抗弁―通謀虚偽表示**
> ア 訴外Bおよび被告は，抗弁アの本件石灯籠売却の際，いずれも売買する意思がないのに，その意思があるもののように仮装することを合意した。

(イ) **買主の悪意** 近時の対抗力説を前提とすれば，現実の引渡を受けた時に悪意であれば即時取得の成立を否定しうる。本問では悪意の再抗弁が考えられる。

即時取得の場合の善意は，動産の占有に公信力を認め前主の占有を信じて取引した者を保護する制度であるから，単に前主が無権利であることを知らなかっただけではなく，積極的に前主が権利者であると信じたことが必要である。そう解すると，悪意の内容は，悪意は善意とうらはらの関係にあるため，前主が権利者であることを疑っていた（半信半疑）を含む，前主が権利者であると信じていなかったこととなる。

ところで，前主が抵当権設定者の場合は，所有権者の場合と同様に考えることができるか。単に動産が存在する不動産につき抵当権が設定されていることを知らなかった場合が善意であると考えることも可能ではあろう。しかし，抵当権設定者は抵当権の負担付であるが所有権を有していることから，抵当権が設定されていることを知っていても，抵当権者の承諾を得て処分すると信じていた場合を善意と考える見解（平野前掲76頁，福岡高判昭和28年7月22日高民集6巻7号388頁），設定者は通常の使用収益に必要な範囲内であれば抵当不動産の付加一体物を処分することは可能であることから，譲受人が抵当不動産の通常の使用の範囲内であることにつき信じた場合でなければ善意とはいえないと解する見解（道垣内前掲181頁）などが主張されている。これらの見解を前提とすると，悪意の再抗弁としては，それぞれ譲受人が抵当権者の処分につき抵当権者の承諾を得ていることを疑っていたこと，譲受人が抵当不動産の通常の使用の範囲内であることを疑っていたこととなる。

本件では，Xは，Zが石灯籠について抵当権の設定されている土地上に備え付けられたものであることを知って購入した旨を述べている。この主張を上記のような悪意の意味での主張と解すれば，悪意の再抗弁と構成することも可能かもしれない。

(ウ) **過失の評価根拠事実** 本問では，Xは，Zが石灯籠について抵当権の設定されている土地上に備え付けられたものであることを少なくとも知るべきだった旨を主張している。過失の評価根拠事実が何かを考えるにあたってはさらに問題は複雑になる。

まず一般的な即時取得の過失については，前主の処分権原につき取得者に疑念が

生じなければならなかったという調査確認義務の存在，それが肯定されるとして取得者が正しい認識を得るために相当と認められる措置を講じなかった調査確認義務の懈怠であるとされる（類型別116頁）。ただし，筆者としては前主の処分権原につき取得者に疑念を持つべきような事実が存在し，調査確認義務が認められれば，特段の事情のない限り過失を認めてよく，調査確認義務を尽くした事実があればそれは特段の事情として過失を争う者が主張立証すべき過失の評価障害事実であると考えている。

　過失の対象はあくまで第三者が善意であったことについての過失であることが必要である。本問のように前主が抵当権設定者であった場合は，善意についてその内容をどう解するかはすでに検討したように考え方が分かれうるところである。

　善意の内容を，単に動産が存在する不動産につき抵当権が設定されていることを知らなかった場合が善意であると考えれば，当該不動産に抵当権が付されていることを疑わせるような事情が過失の評価根拠となるであろう。抵当権者の承諾を得て処分すると信じていたことと解すると，そのように信じたことについての過失となるし，善意を抵当権者の抵当不動産の通常の使用の範囲内であると信じたことと解すると，そのように信じたことについて過失が必要である。いずれにせよ，過失の評価根拠事実としては，そう信じることについて疑念を生じなければならなかったという調査確認義務を基礎づける事実が必要であり，それを前提とした調査確認義務の懈怠に該当する具体的事実が必要となろう。

6　【問題(5)】抵当権侵害による損害賠償請求訴訟

　Zに対する返還請求が棄却された場合，Xは，石灯籠に対する抵当権の効力を失わしめたBに対して，抵当権侵害を理由として損害賠償請求をすることが考えられる。訴訟物としては，不当利得返還請求権も考えられるが，不法行為に基づく損害賠償請求権を選択するのが通常であろう。

　不法行為に基づく損害賠償請求の請求原因としては，①権利侵害（違法性），②Bの故意・過失，③損害の発生と数額，④因果関係が必要である。

　抵当権侵害の場合は目的物の交換価値を把握する権利にすぎないから③損害の発生と数額について留意すべきである。分離・搬出が認められても，抵当不動産を競売して被担保債権全額を回収できれば抵当権侵害による損害が発生したとは言えないことから，分離・搬出により抵当権の不担保債権が回収されないことが必要である。損害額の算定時期については争いがあるものの，判例は抵当権の実行があったときはその時，実行前にあっては賠償請求権行使の時を標準とすべきとしている（大判昭和7年5月27日民集11巻1289頁）。これに対し，抵当権が実行されてはじめて損害の

有無・金額が確定するのであるから抵当権実行が必要であるとする見解に立つと，抵当権が実行されその結果が確定したことが要件事実としても必要となろう。

損害の発生と数額については，Xの言い分によると，抵当権実行前でも本件不動産の時価は石灯籠を含めて約 2,000 万円，石灯籠の時価は約 300 万円，XのAに対する被担保債権が 1,000 万円，Yの言い分によると，Yの1番抵当権の被担保債権の残額が約 1,000 万円とされている。Yの被担保債権額についてYの言い分を前提としても，Xは本来 1,000 万円全額の優先弁済を受けることができたこととなる。しかし，Zに対する返還請求が棄却されればXは 700 万円しか優先弁済を受けることができず，300 万円については，回収できないこととなるため，300 万円が損害となる。

その他の要件について本件に即していえば，BのZに対する石灯籠の売却行為により，Xの抵当権を侵害しているといえるので，権利侵害があるといえる。故意については，Xが本来配当を受けるべき被担保債権全額の配当を受けることができないことの認識ということになろう。不法行為における過失については，結果予見義務違反を前提とする結果回避義務違反と解されている。したがって，これらを基礎づける事実が必要である。過失については，石灯籠を売却したら本件不動産の交換価値が下落してXが本来配当を受けるべきところ受けることができないという結果を予見すべき義務を根拠づける事実が必要である。因果関係については，これらに該当する具体的事実を主張立証すれば因果関係の存在は基礎づけられるであろう。

【解答例】

【問題(4)】までの訴訟物，請求の趣旨，請求原因事実とそれに対する認否，抗弁事実とそれに対する認否および再抗弁事実とそれに対する認否を整理すれば以下のとおりとなる。

1 【問題(1)】

(1) 訴訟物

> 抵当権に基づく妨害排除請求権としての抵当権設定登記抹消登記請求権

(2) 請求の趣旨

> 1 被告は，別紙物件目録（省略）記載の不動産について別紙登記目録（省略）記載の抵当権設定登記の抹消登記手続をせよ。
> 2 訴訟費用は被告の負担とする。

2 【問題(2)】

(1) 請求原因事実とそれに対する認否

ア　原告Xは，訴外Aに対し，平成20年5月1日から平成20年11月30日の間に，別紙商品目録記載の商品を代金合計1,000万円で売った。	△
イ　X原告と訴外Bは，平成20年12月20日，訴外Aのアの債務を担保するため，別紙物件目録記載の不動産（以下，「本件不動産」という。）に抵当権を設定するとの合意をした。	△
ウ　X訴外Bは，イの抵当権設定契約当時，本件不動産を所有していた。	○
エ　本件不動産について，現在，イの抵当権に優先する別紙登記目録記載のY被告名義の第1順位の抵当権設定登記がある。	○

(2) 抗弁事実とそれに対する認否

抵当権設定登記保持権原	
ア　Y被告は，訴外Bに対し，平成6年2月1日，2,300万円を弁済期を同月から平成21年2月までの間，毎月25日限りの分割払いとし，これに対する年利1.2％の割合による利息を付加して支払うと定めて貸し付けた。	○
イ　Y被告と訴外Bは，平成6年2月1日，訴外Bのアの債務を担保するため，本件不動産に抵当権を設定するとの合意をした。	○
ウ　訴外Bは，イの抵当権設定契約当時，本件不動産を所有していた。	○
エ　請求原因イの登記は，イの抵当権設定契約に基づく。	○

(3) 再抗弁事実とそれに対する認否

弁済	
ア　訴外Bは，Y被告に対し，遅くとも平成21年2月25日までには，抗弁アの消費貸借契約に基づく債務の履行として2,300万円を支払った。	×

3 【問題(3)】

(1) 訴訟物

抵当権に基づく物権的請求権としての動産搬入備付請求権

(2) 請求の趣旨

> 1 Z被告は，X原告に対し，別紙物件目録記載の石灯籠を，別紙物件目録記載の土地に搬入して備付せよ。
> 2 訴訟費用は被告の負担とする。

4 【問題(4)】

(1) 請求原因事実とそれに対する認否

ア X原告は，訴外Aに対し，平成20年5月1日から平成20年11月30日の間に，別紙商品目録記載の商品を代金合計1,000万円で売った。	△
イ X原告と訴外Bは，平成20年12月20日，訴外Aのアの債務を担保するため，別紙物件目録記載の本件不動産（以下，「本件不動産」という。）に抵当権を設定するとの合意をした。	△
ウ X訴外Bは，イの抵当権設定契約当時，本件不動産を所有していた。	○
エ X訴外Bは，イの抵当権設定契約当時，別紙物件目録記載の石灯籠（以下，「本件石灯籠」という。）を所有していて，本件石灯籠を本件不動産上に備え付けていた。	○
オ Z被告は，本件石灯籠を現在、Zが占有している。	○

(2) 抗弁事実とそれに対する認否

即時取得	
ア 訴外Bは，Z被告に対し，平成21年5月15日，本件石灯籠を300万円で売却した。	×
イ 訴外Bは，Z被告に対し，同日，アに基づき，同日本件石灯籠をZに引き渡した。	×

(3) 再抗弁事実とそれに対する認否

通謀虚偽表示	
ア　訴外BおよびZ被告は，抗弁アの本件石灯籠売却の際，いずれも売買する意思がないのに，その意思があるもののように仮装することを合意した。	×

※悪意の再抗弁，過失の再抗弁については，省略した。

（田村伸子）

第14問
登記抹消（虚偽表示）

次のようなX理事長，Y及びBの言い分を読んで，後記問題に答えなさい。

《X理事長の言い分》

1　X病院は，昭和29年11月4日に設立された精神病院を経営する医療社団法人であって，X病院の甲土地・乙建物についてYを権利者とする後記4の登記が経由された当時，Aが理事長であった。X病院は，設立以来安定した経営をしてきており，金銭的なトラブルは全くなかった。後記4のとおりの根抵当権登記が経由された平成17年1月頃も，X病院の負債はある都市銀行からの2億5,000万円だけであり，収入は月額1億8,000万円で，経費を除くと黒字の状況であって，運転資金に窮している様な事情はなく，X病院に資金の借入れを要する事情はなかった。

2　Z株式会社は，不動産の売買・賃貸管理及びその仲介や，コンピューターのソフトウェア開発・販売並びに金銭貸付業を業とする株式会社である。

3　Yは，公認会計士二次試験に合格して会計監査に従事したことがあり，また，コンサルタント業などを営んだこともあるが，Z社の会長Bの友人であるCからAを紹介され，Aの懇請により，X病院の債務整理のために必要な資金を融通することとして，少なくとも合計9,600万円をAに交付しているということである。しかしX病院への入金は確認されていない。

4　X病院の所有する甲土地・乙建物には次の登記が経由されている。

(1)　Y名義の登記

　権利者をY，債務者をX病院，極度額を10億円とする平成17年1月20日付根抵当権設定登記（以下「本件根抵当権設定登記」という。）。

(2)　Z名義の登記

　Yの根抵当権設定登記につき平成17年11月20日付転根抵当付記登記

5　Yは平成16年11月頃，AからX病院の経営する病院の債務整理の依頼を受け，これを引き受けた。Aとの合意に基づき，その後，一部金として合計9,600万円を現にAに交付した（以下「本件融資」という。）。その際，YはAとの間で，X病院の債務整理のためにおこなわれる将来の追加融資分の返済総額とYの報酬を含めて，総計で4億5,000万円をX病院から受け取ることを合意していた。

6　そこで，Aは，X病院のためにすることを示して，Yとの間で，前記4億5,000万円を含むYのX病院に対する債権の担保のために，甲土地及び乙建物を目的物と

して本件根抵当権設定契約を締結し，さらに平成17年1月20日付で登記を経由した．

7　X病院にはA以外にも出資持分権者がいるにもかかわらず，Aは理事会の決議や社員総会決議を経ることなくからX病院名義で借り受けを行うと同時に，X病院の主要な財産であり活動の基盤である甲土地・乙建物に根抵当権を設定した．X病院の定款には，不動産の処分もしくは抵当権の設定等について理事会の決議が必要である旨の規定は確かに存在しないが，病院経営の基盤である不動産について重大な行為を行ったのであるから，少なくとも理事会に諮ることは当然だと考えている．

8　Z社は，Yからの要請に従い，平成17年6月ころ，Yの根抵当権を担保に，2億円をYに融資することとし，現に同年10月ころ1億5,000万円を交付して，同年11月20日付けでZ社の転根抵当権登記を経由するに至った．

9　AはX病院の理事長を務める傍ら，A個人としてD社を経営していたが，D社の経営は芳しくなくその負債総額はおおよそ30億円にふくらんで，A個人及びD社の資産には担保余力がない状態であった．AはYに個人的な借金で悩んでいることを相談していた．むしろAは主としてD社の債務の整理とD社のためにAがした個人保証の問題についてYに相談していたものであり，YはX病院の経営が順調だということはわかっていたはずである．

10　Aは，平成10年頃にもD社のためにX病院名義で，独断で保証をしたり債務を弁済したことがあり，そのことを巡って病院の院長を務めていたEとたびたび口論になって対立していた．AはそのときにもYに相談を持ちかけていたが，YはX病院は創業家の跡継ぎであるAが個人オーナーであるといってもよいのだから気にすることはないとアドバイスをしていた．

11　Yの根抵当権設定登記が経由されていることが発覚した平成17年4月頃，自らも理事であったEは他の病院理事と相談してAを理事長から解任しようとしていた矢先，突然社員総会が開催されAの娘であるFが理事長に選出された．そこで，EとX病院の監事であったGは同年5月12日にFの職務執行停止の仮処分を申請し，その登記が行われた後，理事長職務代行者Hは同年6月10日になって選任された．その後，平成17年8月に正式にEが理事長となって現在に至っている．

12　Yは，Z社から融資を受けるに際して，Z社の会長Bに対して，平成10年ころにAが独断で保証をしたり，返済したりということがあったことや，X病院の経営に関して事細かに説明したことがあり，Bは，その際X病院の甲土地・乙建物の登記簿謄本を確認し，甲土地及び乙建物の担保余力についても不動産鑑定結果を聞いたうえで，X病院とYの間で交わされた金銭消費貸借契約書を確認したが，Yとの契約の締結にあたってはA，F，HなどX病院関係者には特に問い合わせはしてい

なかった。

13　YからX病院に交付されたという本件融資にかかる9,600万円はX病院には入金されておらず，A及びD社の債務の弁済に充てられたことは，D社の債務がAへの交付が行われた平成16年の暮れころに1億円程度弁済されていることから明らかである。病院の経営状態，D社の経営状態を知悉していたYは，9,600万円がどのような使途に用いられるかは，当然わかっていたはずだと思う。

14　もともとYをAに紹介したのはAの古い友人であったBであり，YとBが頻繁に連絡を取り合っていたことからも，今回のX病院とYとの間の不透明な金銭のやりとりについてもBはYから説明を受けて知っていたはずである。少なくともBはX病院の経営状態が健全であることはわかっていたわけであるし，他方でAの個人会社Dが経営不振のために借財が膨らんでいることも知っていたのだから，高額な根抵当権の設定の経緯について疑いをもって，本件根抵当権が本当のものであるかX病院の他の理事者や事務方に問い合わせるなどの行動に出ていたはずである。また，YがZ社から融資を受けたのは，長年のつきあいにもかかわらず，初めてのことで，Yがそのような融資を受ける必要があるのかさえはっきりしていない。病院関係者に確認をとるという姿勢を見せていない以上Bも事情を知ったうえで転根抵当権を設定したのではないかと思うし，仮にそのような事情を知らなかったとしても，調査をおこなった以上，事情を知らなかったことに過失があるものと考えている。また，実際には1億円弱の金銭しか交付していないにもかかわらず，10億円を極度額とする根抵当権が設定されている点についても，当然不信をいだいてしかるべきであろう。

15　Y及びZ社は本件根抵当権設定登記及び転根抵当付記登記の抹消に応じてほしい。

《**Yの言い分**》

たしかに，X病院の経営は書類のうえでは健全でしたが，Aの個人会社D社は相当経営が行き詰まっていましたし，Aの個人資産とX病院の資産は，病院経営がいわゆる同族経営ですからはっきりと区別することはできないものと考えています。だから，全体としてみるとD社の債務の整理をするためにX病院の資産を使うことは十分に可能だと思います。

私は，確かに9,600万円をAに交付しましたが，これが最終的にどのように使われたのかははっきり知りません。しかし，先ほどから申し上げているとおりX病院の資産とAの個人資産には明確な区別はないと思っていますから，当時理事長であったAが融資を受けることを決めて，Aがそのお金を受け取ったんだから，根抵

当権はその担保として当然有効なものだと思っています。

　この根抵当権にZ社のために転根抵当権を設定したのは，全く私自身の都合です。X病院の経営は順調だし，甲土地及び乙建物の資産価値は50億を超えますから担保余力も十分あります。私自身の事務所の経営がかなり苦しくなったので，旧知のBに助けてもらったということで，AがX病院の理事長を解任されたというような事情はこのこととは全く関係ありません。

《Bの言い分》

　私は小規模ですが，貸金の専門業者として，営業してきました。Aとは古いつきあいで，AにYを紹介したのも私です。確かに，Yに融資をするのは初めてのことです。しかし本件転根抵当権を設定したのは，Yの経営が思わしくなく，急いで融資することが必要だったのと，担保価値が高いと見たからです。

　X病院の経営が順調だということはYがかなり詳細な資料を持ってきて説明してくれましたのでよくわかっていました。しかし，Aの個人会社の方が危ないと言うことについては，はっきり知りませんでした。

　いずれにしても，Aは当時理事長だったのだから，AがX病院を代表して，X病院が所有する不動産に設定した本件根抵当権設定契約も有効だと考えています。X病院の定款にはこうした不動産の処分について理事会の決議が必要だというような規定がないこともYと一緒に確認しましたし，根抵当権の登記の謄本はもちろんのことAとYとの間で交わされた本件根抵当権設定契約書の原本も見ましたので，もちろん根抵当権は有効なものだと思っています。いまさら私どもの転抵当権付記登記の抹消を要求されても応ずることはできません。

　私はX病院の内部でいろいろ問題が起きていることは有名な話でしたので噂では聞いていました。またYとは，長年のつきあいなので，今回の融資の話になる以前から，平成10年頃に，基本的には7，8年のいわゆる歴史的な事実として，AがD社のために独断でX病院を代表して，D社の債務を保証をしたり，D社の債務の弁済を返したりという動きがあって，Aが問題を起こした，それでX病院が負担する債務として，そういうものもあるということの説明は受けていました。Aが結局理事長を解任された話も知っています。

　しかし，今回の件が，そう言う昔の話と同じたぐいの話だとは思っていませんでした。それで，少なくとも根抵当権の登記簿や借用書の原本は確認したわけで，実際X病院の理事長だったAが，自らやったことですから，あらためて病院の別の関係者に問い合わせる必要もないと考えていました。実際にYが交付した金が1億円程度であるが，根抵当権の極度額が10億円になっているのも，今後長いつきあいに

なるのだろうくらいに考えていました。

　本件の根抵当権が無効なものだというのだったら，むしろ，すぐに新しい理事長さんの方で根抵当権の設定登記を抹消しておいてくれれば私たちもYに対して融資をするようなことはありませんでした。根抵当権は有効なものだと信じていて，登記も現にあったからこれを担保としてもらおうということになったので，今さらそんなことをいわれてもだまされたような気持ちです。

【問　題】

(1)　X病院が，その言い分を前提にY及びZ社を相手に民事訴訟を提起する場合の請求の趣旨を記載せよ。

　その場合の訴訟物は何か。

(2)　前記(1)を前提に請求原因として主張すべき要件事実を指摘し，その理由を説明せよ。

(3)　Y及びZ社の言い分から考えられる抗弁を指摘し，その要件事実とその事実が必要となる理由を説明せよ。なお，X法人には，一般法人法の適用があるものとする。

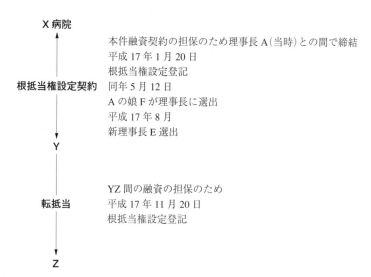

解説

1 問題の所在

本問において当事者が展開すべき主張の筋道としては、まずX病院が、甲土地・乙建物の所有権に基づく妨害排除請求として、本件根抵当権設定登記及び転抵当付記登記の抹消登記手続請求を行うのに対して、Y及びZ社が本件根抵当権ひいてはこれを目的として設定された本件転抵当権の有効性を主張してこれを拒み、これをうけてさらにXがそれらの無効を主張して争う、という流れになろう。そこで、本件根抵当権設定の効力が本問における主要な争点となる。

第1に、本件根抵当権設定当時においてAはXの理事長であったことから、一般社団法人の代表理事の権限が問題となる。Y及びZ社の側としては、代表理事の包括的代表権（一般法人77条4項）を根拠として、有権代理構成に立った抗弁内容を組み立て、要件事実を整理することが考えられる。

第2に、これに対してXは、(i)本件根抵当権設定はXの理事会の決議を経ずにAが専断的に行ったこと、(ii)Aは、もっぱらA自身及びその個人経営にかかるD社の利益を図る目的において本件根抵当権設定を行ったこと、といった事実に着目して、本件根抵当権ひいては本件転抵当権の無効を主張する旨の再抗弁を準備すべきことになる。ここでは、代表理事の権限に関する一般法人法の理解を前提としつつ、かかる代表者が法人の名で行った専断的行為の効力に関する判例法理を踏まえて、その法律構成及び要件事実並びにその主張立証責任の分配と、評価根拠事実と評価障害事実の分析をいかに行うかが焦点となる。

第3に、Z社については、自身の本件転抵当権の基礎となる本件根抵当権の有効性をYとともに争いつつ、仮に本件根抵当権が無効となった場合は本件転抵当権の有効性を独自に主張しなければならないため、第三者（転得者）保護の法律構成及びその要件事実について整理する必要があるとともに、Xとしてこれをいかに争うべきかについても問われる。

2 【問題(1)】抹消登記手続請求訴訟の訴訟物

本問におけるXの登記手続請求は、契約ないし有効な物権変動に基づく請求ではなく、不実登記の除去を目的とするものであるため、所有権の効力として認められている物権的登記請求権の行使に該当する。根抵当権は目的不動産の所有権に対する負担であり、根抵当権設定登記及び転抵当付記登記の存在は、目的不動産の所有権に基づく円満な支配の妨げとなりうる（30講327頁）。したがって、かかる物権的

登記請求権の性質は所有権に基づく妨害排除請求権であると解され，本問におけるXの抹消登記手続請求訴訟の訴訟物は，「甲土地および乙建物の所有権に基づく妨害排除請求権」としての，「Yに対する甲土地・乙建物上の本件根抵当権設定登記抹消登記手続請求権」及び，「Z社に対する甲土地・乙建物上の転抵当付記登記抹消登記手続請求権」となる。

3 【問題(2)】抹消登記手続請求訴訟の請求の趣旨と請求原因及び，Y・Z社が提出すべき抗弁内容と要件事実

(1) 請求の趣旨

訴訟物に関する上記の解説に従い，これを本問の事例に照らし合わせれば，請求の趣旨は以下の通りとなる。

> **請求の趣旨**
> 1　被告Yは，別紙物件目録（略）記載の甲土地及び乙建物について，別紙登記目録（略）記載の根抵当権設定登記の抹消登記手続をせよ。
> 2　被告Zは，別紙物件目録（略）記載の甲土地及び乙建物について，別紙登記目録（略）記載の転抵当付記登記の抹消登記手続をせよ。
> 3　訴訟費用は被告らの負担とする。

(2) 請求原因

所有権に基づく妨害排除請求権における請求原因の要件事実の基本型は，(i)原告が目的物の所有者であること，(ii)目的物に対する被告による侵害事実の存在，である。本問の事例にあてはめれば，(i)Xが甲土地・乙建物の所有者であること，(ii)甲土地・乙建物上にY名義の本件根抵当権設定登記及びZ名義の本件転抵当付記登記が存在すること（以下，「本件各登記」という），となる（30講31頁，327頁）。

なお，所有権に基づく妨害排除請求権の有無につき，目的物について被告が権原を有しているかどうかは，原告が主張立証すべき事実ではなく，被告の側から問題提起すべきことであるため，たとえば，占有による妨害が争われた場合，被告の側において占有権原の主張すなわち，占有正権原の抗弁を提出すべきこととなる（30講33頁）。

占有以外の態様による妨害についても同様であり，本件根抵当権の有効性は，これに対する登記保持権原の抗弁として，本件各登記が適法な権原に基づくものである旨をY及びZ社の側から主張して争うべき問題となる（30講327頁）。

> **請求原因**
> 1 原告は，甲土地及び乙建物を所有している。
> 2 甲土地及び乙建物につき，別紙登記目録（略）記載の被告Y名義の平成17年1月20日付根抵当権設定登記が存在する。（Yに対する請求）
> 3 甲土地及び乙建物につき，別紙登記目録（略）記載の被告Z名義の平成20年11月20日付転抵当付記登記が存在する。（Zに対する請求）

(3) Y・Z社が提出すべき抗弁内容と要件事実の検討

上記のようなXの請求に対して，Y及びZ社は，登記保持権原の抗弁として，甲土地・乙建物に存する本件各登記が適法な権原に基づく旨を主張すべきことになる。ここでは，これに対してさらにXがなすべき反論を踏まえながら，抗弁内容及び要件事実について検討する。本問においては，有権代理の主張及び，これに対してXが展開すべき再抗弁内容に留意されたい。

　(ア) **有権代理の主張—Y・Z社が提出すべき抗弁内容・要件事実**　本件根抵当権の設定が，その当時Xの理事長であったAによって行われたことから，Y・Z社が提出すべき登記保持権原の抗弁として第1に考えられるのが，有権代理の主張である。本件根抵当権設定行為においては「代表」形式がとられているが，要件事実の基本型としては，民法第99条に沿う点において，代理と代表とで異なるところはない。すなわち，(i)本件根抵当権設定契約の締結，(ii) (i)において，AがXのためにすることを示したこと（顕名），(iii)AがXの代表者であること（代理権〈代表権〉の存在）が基本型となる。本問の事例にあてはめると，以下のようになる。

> **有権代理の抗弁**
> 1 訴外Aは，被告Yとの間で，平成17年1月20日，原告の所有にかかる甲土地及び乙建物につき，権利者を被告Y，極度額を10億円とする根抵当権設定契約を締結した。
> 2 訴外Aは，1の根抵当権設定契約の際，原告のためにすることを示した。
> 3 原告は，1の根抵当権設定契約締結時，甲土地及び乙建物を所有していた。
> 4 訴外Aは，1の根抵当権設定契約締結時，原告の代表理事であった。
> 5 本件根抵当権設定登記は1に基づく。

なお，本件根抵当権設定に関するAの代理権（代表権）の有無については，AはXの代表理事であり，代表理事は，法人の業務について包括的な代表権を有することが法定化されているため（一般法人77条4項），これがY・Z社の主張においてAの権

限を根拠づける。
　そして，Z社は，本件転抵当付記登記の登記保持権原の抗弁として，Yが有する本件根抵当権を目的とする転抵当権設定が適法に行われた旨（民398条の11第1項ただし書）の主張をさらに付加することになる。

> 6　被告Yは，被告Zとの間で，平成20年11月20日，甲土地及び乙建物の上に被告Yが権利を有する根抵当権につき，権利者を被告Zとする転抵当権設定契約を締結した。
> 7　本件転抵当権設定登記は6に基づく。

　(イ)　Xの反論—再抗弁
　　(a)　**Aの代表権の範囲**　このような登記保持権原の抗弁，すなわち，Y・Z社による本件根抵当権及び転抵当権の有効性の主張に対して，Xは次のように争うことが考えられる。
　本件根抵当権設定がAによって行われたこと，その当時においてAがXの理事長であった事実については認めつつ，Xとしては，第1に，本件根抵当権設定はXの理事会の決議を経ずにAが専断的に行ったものである事実を上げて，それが権限外の行為であり，したがって，本件根抵当権及び本件転抵当権は無効である，と主張することが考えられる。
　そこで，本件根抵当権設定がAの権限の範囲に属する行為か否かが問われるところ，先に確認したように，代表理事は，「一般社団法人の業務に関する一切の裁判上又は裁判外の行為をする権限」を有している（一般法人77条4項）。
　もっとも，このような代表理事の包括的代表権に対しては，定款等によって制限を加えることができるが（一般法人77条5項），《X理事長の言い分》及び《Bの言い分》において示されているように，Xの定款には，不動産の処分または担保設定等につき，理事会の決議を要する旨の規定が存在しない。
　しかしながら，法人代表者の包括的代表権に対しては，定款等による内部的制限のみならず，法令上の制限の有無についても検討する必要があるところ，一般社団法人においては，株式会社における取締役会の権限（会社362条4項）にならい，法人の重要な業務執行の決定は理事会の法定決議事項とされており（一般法人90条4項），「重要な財産の処分及び譲受け」はこれに含まれる（同項1号）。
　そこで，Xの主要な財産であり活動の基盤である甲土地・乙建物に対する根抵当権設定は，これに該当するとして，Xは，理事会の決議を欠いた代表理事の専断的行為の効力という視点から，本件根抵当権及び転抵当権の有効性を争うことになる。

(b)　**理事会の決議を欠いた代表理事の専断的行為の効力**　　判例は，株式会社における取締役会の決議を欠いた代表取締役の専断的行為につき，取締役会の決議の欠如は，原則として代表行為の効力に影響しないが，決議がない旨につき相手方が悪意または有過失のときは，民法93条ただし書類推適用により，代表行為の無効を主張することができる，と解している（最判昭和40年9月22日民集19巻6号1656頁）。
　一般社団法人の代表理事が，理事会の決議を欠く専断的行為によって重要財産の処分を行った場合についても，かかる判例法理が妥当とするとすれば，本問では，Y・Z社の登記保持権原の抗弁（有権代理）に対して，Xが民法93条ただし書類推適用に基づく本件根抵当権及び転抵当権の無効を主張することが考えられる。
　(c)　**民法93条ただし書類推適用の要件事実**　　上記の法律構成につき，Xが主張立証すべき法律要件は基本的に以下のようになろう。
① 甲土地及び乙建物に対する本件根抵当権設定は，一般法人法90条4項1号所定の「重要な財産の処分」にあたる。
② 本件根抵当権設定につき，Xの理事会の決議を経ていない。
③ Yは，本件根抵当権設定時において，②につき知っていたかまたは，知らなかったことにつき過失がある。
　上記のような判例の立場に照らせば，Xによる民法93条ただし書類推適用の主張は，Y・Z社の登記保持権原の抗弁に対する再抗弁として行われるものとなろう。そして，Xが主張立証責任を負う要件事実のうち，③のうちの過失の存在は規範的要件であるため，《X理事長の言い分》《Yの言い分》《Bの言い分》の中から，主要事実としてXが摘示すべき評価根拠事実について，分析整理しておこう。
　第1に，Yは公認会計士としてXの債務整理を依頼されていた，という地位にあった。
　第2に，Yは，Xの経営状況が順調であり，資金調達ひいては本件根抵当権設定の必要がとくにない旨について知っていた。
　第3に，第2にもかかわらず，極度額が高額（10億円）に上る本件根抵当権設定が行われたことは極めて不自然である。
　第4に，Yは，本件根抵当権設定時においてAが経営する個人会社Dが多額の負債に苦しんでおり，過去においても（平成10年），AがDの利益のために専断的にXの名で保証ないし債務負担を行っていた経緯があった旨について知っていた。
　第5に，Yは，上記第4をめぐってAがXの他の理事Eと対立していた旨について知っていた。
　これらの事実を総合すれば，Yは，本件根抵当権設定はもっぱらA及びDの利益のために行われた旨について，少なくともその可能性が相当程度存する旨を認識し

ており、そうであるとすれば、本件根抵当権設定が、Xにおける理事会の決議を欠いてAが専断的に行った旨についても知っていたかまたは少なくとも、上記第4・第5の事実から、かかる決議の有無につき疑念を抱いて然るべきであり、Yの地位（上記第1の事実）に照らせば、他の理事への問い合わせ等により、本件根抵当権設定が理事会の決議を経ていない旨について容易に確認することができたにもかかわらず、これを怠ったことは過失にあたる。

なお、《Yの言い分》によれば、Yは、XはAの同族経営であり、Xの資産とAの個人資産との明確な区別がされていないことから、AがDの債務整理にXの資産を充てることも十分可能である旨の認識を有していた。このような事情はAの包括的代表権に対する信頼を根拠づけるものであり、理事会の決議の有無に関するYの調査確認義務を免除・軽減するものと評価する余地があるとすれば、Yはこれらを上記の要件事実③に関する評価障害事実として主張して争うことが考えられる。

もっとも、上記の事実は、本件根抵当権設定につきX内部において当然に適正な手続（理事会の決議）が履践されている旨の信頼を導く事情ではなく、反対に、Aが理事会に諮ることなく専断的に行った可能性が高い旨についてYが十分認識していたことを基礎づけるもの、と評価することもできよう。

　　　(d)　**代理権濫用の主張**　さらにXとしては、本件根抵当権設定がもっぱらA及びDの利益を図る目的で行われた事実に着目した上で、Aの代理権濫用にあたるとしてその無効を主張することも考えられる。代理人がもっぱら自己または第三者の利益を図る目的において、本人の名で代理行為を行った場合（代理人の権限濫用）につき、判例は、民法93条ただし書の類推適用により、相手方が代理人の濫用意図につき悪意有過失であったと認められるときは代理行為が無効となる、という法律構成を採用している（最判昭和38年9月5日民集17巻8号909頁、最判昭和42年4月20日民集21巻3号697頁）。

本問においてXが主張立証すべき実体法上の要件は、以下のようになる。
①　本件根抵当権設定は、AがもっぱらA及びDの利益を図るためにXの名において行われたものであること。
②　本件根抵当権設定時において、Yは、上記1につき知り、又は知ることができたこと。

Xは、これらを基礎づける評価根拠事実として、(i)Xの経営状況が順調であり、資金調達すなわち本件根抵当権設定の必要がとくになかったこと、(ii)(i)にもかかわらず、極度額が高額（10億円）に上る本件根抵当権設定が行われたことは極めて不自然であること、(iii)Aが経営する個人会社Dが多額の負債に苦しんでいたこと、(iv)本件融資に基づいてYがAに交付した金銭はXに入金されず、A及びDの債務弁済

に充てられたこと，(v)YはXの債務整理を委託された地位にあり，(iii)についてAから相談をうけていたことから，(i)〜(iv)につき知り，または少なくとも容易に知りうる地位にあったこと，を主張立証することが求められる。

　なお，(c)(d)ともに民法93条ただし書の類推適用に基づく主張であるが，法律構成が同じであっても，本件根抵当権設定につき，Xの理事会の決議の欠如という客観的事実を根拠とするか，あるいは，自己または第三者の利益を図るAの主観的意図を理由とするかによって，要件事実が異なる点に留意されたい。しかしながら，本問においては，Yの過失の認定をめぐる事実評価につき，概ね共通するといえよう。Aが本件根抵当権設定を理事会に諮らず専断的に行った主な動機が，Aが代表権を恣に濫用してもっぱら自己及びDの利益を図るためであった点に求められることに照らせば，理事会の決議の欠如に対する認識可能性と，自己またはDの利益を図る目的に対する認識可能性とが密接に関連すると評価しうるからである。

　(ウ)　**Z社の再反論―第三者（転得者）保護の法律構成**　　(イ)において，Xの再抗弁すなわち，民法93条ただし書類推適用が認められて本件根抵当権が無効となると，Xは，かかる権利を目的として設定されたZ社の本件転抵当権も無効である旨を主張しうることとなる。

　そこで，Z社としては，反論として，本件転抵当権の有効性を独自に主張する必要が生じる。この点につき，民法93条は第三者保護規定を有しないが，判例には，代理人の権限濫用における第三者保護につき民法94条2項の類推適用を認めたものがあり（最判昭和44年11月14日民集23巻11号2023頁），学説上も，民法94条2項類推適用によって第三者保護規定の欠缺を補充する法律構成が通説となっている（我妻Ⅰ288頁，幾代通『民法総則（第2版）』〔青林書院・1984〕242頁，四宮＝能見199頁，加藤雅信『新民法大系Ⅰ』〔有斐閣・2002〕247頁，近江幸治『民法講義Ⅰ（第6版補訂）』〔成文堂・2012〕191頁，佐久間毅『民法の基礎1（第2版）』〔有斐閣・2005〕117頁など）。

　なお，Z社による反論が予備的抗弁となるか再々抗弁となるかについては，2つの考え方があり得る。Z社の反論によってYの根抵当権が復活するのではなく，Z社とXとの間でのみZ社の転抵当権を有効なものと扱うに過ぎないと解するのであれば，Xによって主張された無効を覆滅するものではない。またこの主張はあくまでもZ社による無効主張との関係でのみ意味を持つから予備的抗弁と位置づけるべきだと考えられよう。これに対して，Z社の主張によってYの根抵当権が有効なものとなると解するのであれば，Z社の主張は，Xの主張する法的効果を覆滅するものであり再々抗弁と位置づけられることになる（所有権の場合の法定承継構成と順次取得構成を想起せよ）。転抵当の場合は，登記形式上Yの抵当権を有効とみることに親しむから，再々抗弁と考える方が適切と言えようか。

民法94条2項類推適用の要件に関する主張立証責任につき，判例は，94条2項における善意の主張立証責任は第三者の側にあるとの立場に立つ（最判昭和35年2月2日民集14巻1号36頁，最判昭和41年12月22日民集20巻10号2168頁）。同条1項＝権利障害規定＋2項＝例外規定という，法律要件分類説に立脚した立証責任の分配であると解される。この点にかんがみると，いわゆる「無権利の法理」〈無権利者からの譲受人は権利を取得することができない〉の例外規範として機能する94条2項類推適用についても同様に解すべきことになろう（大塚＝後藤＝山野目163頁［田高寛貴］）。

これに対して学説上は，実質的な利益衡量を立証責任に反映させて衡平を図る見地から，虚偽の外形を作出した本人の帰責性を重視して，本人の側に第三者の悪意に関する立証責任があるという理解も有力に提唱されている（我妻Ⅰ292頁，幾代前掲258頁，近江前掲202頁，大塚＝後藤＝山野目153頁・161頁［田高］，など）。また，虚偽の外観の存在から，第三者の善意につき事実上の推定を導く見方もある（四宮＝能見205頁，内田Ⅰ186頁，佐久間前掲124頁，河上正二『民法総則講義』〔日本評論社・2007〕332頁など）。さらに，直接適用の場合と類推適用の場合とで主張立証責任の所在を区別する見解もある（中舎寛樹「判批」私法判例リマークス31号〔日本評論社・2005〕8頁，大塚＝後藤＝山野目163頁［田高］）。

判例にしたがい，仮にＺ社に主張立証責任があると解すると，Ｙの悪意有過失を除く民法93条ただし書類推適用の要件事実に加えて，「本件転抵当権設定時において，本件根抵当権設定がＸの理事会の決議を欠くものであった旨につき，Ｚ社（会長Ｂ）が善意であったこと」を主張立証する必要がある。なお，債権法改正では，代理人の権限濫用において，本人自身が心裡留保を行っていない点にかんがみて，無重過失を要件とすべき旨の提案が行われている（民法（債権法）改正検討委員会編『詳解債権法改正の基本方針Ⅰ』〔商事法務・2009〕246頁）。

かかる善意（無重過失）要件につき，Ｚ社としては，(i)本件根抵当権の登記簿謄本と本件根抵当権設定契約書の原本を確認したこと，(ii)ＡはＸの理事長であり，かつ，不動産処分につき理事会の決議を要する旨の定款の規定が存在しないことを確認しており，本件根抵当権設定に関する理事会の決議の有無につき調査確認する必要はないと信じていたこと，(iii)本件根抵当権の極度額は10億円とされており，ＹがＡに交付した金額を大きく超過する額であるが，それはＸＹ間の取引関係の長期継続を予定しているためであり，本件根抵当権の有効性につきとくに疑念を抱く事情とは思わなかったこと，を評価根拠事実として主張することが考えられる。

これに対して，Ｘの側から，(i)ＢはＹから，Ｘの経営が順調である旨について聞いていたこと，(ii)Ｂは，過去において，ＡがＤのためにＸの名で債務負担を行い，Ｘで内紛が生じた事実が存した旨について知っていたこと，といった評価障害事実

を摘示し，極度額が高額に及ぶ本件根抵当権設定の有効性について疑念を抱くべきであったとして，Z社の悪意重過失を主張することが考えられる。

　もっとも，本件根抵当権設定についてAが理事会の決議を経ずに専断的に行った旨につき，Z社の悪意重過失が認められるというには，少なくとも，本件根抵当権設定時においてDが経営困難に陥っており，Aがその負債について悩んでいたことについてBが認識していた旨の主張立証を要するのではなかろうか。なお，代理権濫用においてXが為すべき主張も同様となろう。

4　債権法改正審議との関係

　法制審議会民法（債権関係）部会では，代理に関する規定の改正も検討対象とされた。従来，規律を欠いていた代理人の権限濫用についても独立の規定を設けることが審議され，平成26年8月に決定された「民法（債権関係）の改正に関する要綱仮案」（以下「要綱仮案」という）では，「代理人が自己又は第三者の利益を図る目的で代理権の範囲内の行為とした場合において，相手方が当該目的を知り，又は知ることができたときは，当該行為は，代理人を有しない者がした行為とみなす。」という規定を新設することが提案されている（要綱仮案第4の6）。したがって，民法93条ただし書の類推適用の必要はなくなる。

　なお，この場合の転得者の保護に関して，要綱仮案は特に規定を設けていない。この点は，新設される要綱仮案第4の6の規定に関する今後の解釈に委ねられることになる。

【解答例】

1　訴訟物

> 1　甲土地の所有権に基づく妨害排除請求権として，被告Yに対する甲土地上の本件根抵当権設定登記抹消登記手続請求権　1個
> 2　乙建物の所有権に基づく妨害排除請求権として，被告Yに対する乙建物上の本件根抵当権設定登記抹消登記手続請求権　1個
> 3　甲土地の所有権に基づく妨害排除請求権として，被告Zに対する甲土地上の本件転抵当付記登記抹消登記手続請求権　1個
> 4　乙建物の所有権に基づく妨害排除請求権として，被告Zに対する乙建物上の本件転抵当付記登記抹消登記手続請求権　1個

2 請求の趣旨

1 被告Yは，別紙物件目録（略）記載の甲土地及び乙建物について，別紙登記目録（略）記載の根抵当権設定登記の抹消登記手続をせよ。
2 被告Zは，別紙物件目録（略）記載の甲土地及び乙建物について，別紙登記目録（略）記載の転抵当付記登記の抹消登記手続をせよ。
3 訴訟費用は被告らの負担とする。

3 請求原因事実とこれに対する被告の認否

1 原告は，甲土地及び乙建物を所有している。	○
2 甲土地及び乙建物につき，別紙登記目録（略）記載の被告Y名義の平成17年1月20日付根抵当権設定登記が存在する。	○
3 甲土地及び乙建物につき，別紙登記目録（略）記載の被告Z名義の平成20年11月20日付転抵当付記登記が存在する。	○

4 抗弁事実とこれに対する原告の認否

1 原告は，被告Yとの間で，平成17年1月20日，原告の所有にかかる甲土地及び乙建物につき，権利者を被告Y，極度額を10億円とする根抵当権設定契約を締結した。	○
2 訴外Aは，1の根抵当権設定契約の際，原告のためにすることを示した。	不知
3 原告は，1の根抵当権設定契約締結時，甲土地及び乙建物を所有していた。	○
4 訴外Aは，1の根抵当権設定契約締結当時，原告の代表理事であった。	争
5 本件根抵当権設定登記は1に基づく。	

※Z社が1～3に付加すべき抗弁事実

6 被告Yは，被告Zとの間で，平成20年11月20日，甲土地及び乙建物の上に被告Yが権利を有する根抵当権につき，権利者を被告Zとする転根抵当権設定契約を締結した。	不知
7 本件転根抵当付記登記は6に基づく。	

5　再抗弁事実とこれに対する被告Yの認否

再抗弁・1（民法93条ただし書類推適用）

1　原告は，抗弁1につき，理事会において決議していない。	不知
2　被告Yは，本件根抵当権設定契約時において，1につき知っていた。	争

（2に換えて）

| 3　被告Yが，2を知らなかったことに過失があることを基礎づける評価根拠事実（時的要素は抗弁1の契約時点）
(1)被告Yは公認会計士として原告の債務整理を依頼されていた，という地位にあったこと。
(2)　被告Yは，原告の経営状況が順調であり，資金調達ひいては本件根抵当権設定の必要性がない旨について知っていたこと。
(3)　(2)にもかかわらず，極度額が高額（10億円）に上る本件根抵当権設定が行われたこと。
(4)　被告Yは，訴外Aが経営する個人会社訴外Dが多額の負債に苦しんでおり，過去においても（平成10年），訴外Aが訴外Dの利益のために専断的に原告の名で保証ないし債務負担を行っていた経緯があった旨について知っていたこと。
(5)　被告Yは，(4)をめぐって訴外Aが原告の他の理事訴外Eと対立していた旨について知っていたこと。
(6)　被告Yは，原告が理事会において決議を行ったか否かの問い合わせをしていないこと。 | |

再抗弁2―代理権の濫用

1　本件根抵当権設定は，訴外Aがもっぱら訴外A及び訴外Dの利益を図るために原告の名において行われたものであること。	不知
2　本件根抵当権設定時において，被告Yは，1につき知っていた。	×

（2に換えて）

| 3　被告Yが2を知らなかったことに過失があることを基礎づける評価根拠事実（時的要素は抗弁1の契約時である。）
(1)　被告Yは，原告の経営状況は順調であり，資金調達ひいては本件根抵当 | |

権設定の必要はなかったことを知っていた。
(2) (1)にもかかわらず，極度額が高額（10億円）に上る本件根抵当権設定が行われたこと。
(3) 被告Yは，訴外Aが経営する個人会社訴外Dが多額の負債に苦しんでいたことを知っていた。
(4) 被告Yは，本件融資に基づいて被告Yが訴外Aに交付した金銭は原告に入金されず，訴外A及び訴外Dの債務弁済に充てられたことを知っていた。
(5) 被告Yは公認会計士として原告の債務整理に従事しており，(3)について訴外Aから相談を受けていた。

6 再々抗弁と原告の認否
再々抗弁—民法94条2項類推適用

1 被告Z社の代表Bは，本件転抵当権設定時において，本件根抵当権設定が原告の理事会の決議を欠くものであった旨につき，善意であった。	×
2 本件転抵当権設定時において，本件根抵当権設定が原告の理事会の決議を欠くものであった旨につき，被告Z社の代表Bがこれを知らなかったことに過失がなかったことを基礎づける評価根拠事実（時的要素は，本件根抵当権設定時である。）	
(1) Bは本件根抵当権の登記簿謄本と本件根抵当権設定契約書の原本を確認した。	
(2) 訴外Aは原告の代表理事であり，不動産処分につき理事会の決議を要する旨の定款の規定が存在しないことを確認しており，本件根抵当権設定に関する理事会の決議の有無につき調査確認する必要はないと認識していたこと。	
(3) 本件根抵当権の極度額は10億円とされており，被告Yが訴外Aに交付した金額を大きく超過する額であるが，それは原告被告Y間の取引関係の長期継続を予定しているためであり，本件根抵当権設定に不自然な点はないと認識していたこと。	
(4) 本件根抵当権設定時に訴外Dが経営困難に陥っていたことについて知らなかったこと。	

※以上は，再々抗弁説に立った場合の整理である。　　　　　　（武川幸嗣）

第15問
時効取得と登記

次のような平成25年6月15日を現在とするX，Yの言い分を読んで，後記問題に答えなさい。

《Xの言い分》

1 Aは甲土地と甲土地上に立つ乙建物を所有していました（以下，甲土地及び乙建物を併せて「甲乙不動産」という。）。Aは平成4年2月ころ，恩人であったBが生活に困っているのを見かねて，Bに甲乙不動産の管理一切を任せることにし，不動産の管理のための費用は支払わないが，乙建物を賃借しているCが支払う家賃をBが受け取り，その中から甲乙不動産の管理に必要な費用を捻出し，また固定資産税を支払うなどするほか，残りの家賃収入はBの生活の足しにして良いと申し出ました。以上の事実は，Aの唯一の相続人であるWに問い合わせたところ，AがWに託した不動産関係の書類の中に，甲乙不動産についてAが書き残した覚え書きがあり，それによって確認することができました。この覚え書きはいまもWが保管しており，そこにはAとBの両者の署名押印がありました。

2 WがAの生前に聞いた話では，BはAの申出に対して感謝して，平成4年7月から，甲乙不動産の管理を行い，Cから毎月末賃料を受け取るとともに，年度末には固定資産税を支払い，必要な乙建物の修繕を行うなど，甲乙不動産の管理をおこなっていたようです。

3 Cが乙建物の老朽化を理由に平成10年10月になって乙建物から退去して以降は，B及びその妻Yは，空き家となった乙建物が損傷しないように，毎日窓を開けるなど管理していましたが，そのうち乙建物に家財を搬入してそこで寝泊まりをするようになったようです。その後，Bが平成15年5月10日に死亡したため，Bの唯一の相続人である妻のYが，ひとりで甲乙不動産に住んできたようです。AはYが乙建物に居住を始めたことを知ったが，特に異議を申し立てることはしなかったようです。平成17年10月頃，私は，甲土地と境界を接する丙土地を所有しているのですが，Yと相談して，甲土地と丙土地の境界に高さ2mの壁を建設して，その費用24万円も折半することにし，12万円はYが費用を負担しました。私はB，Y夫妻がそれ以前から長年甲乙不動産を管理していたことは知っていたため，特にそのことについては，疑問を持ちませんでした。

4 他方，Aも平成18年6月に死亡しました。Wは，相続後すぐに甲乙不動産の登

記名義を，相続を原因としてW名義に変更しました。
5　その後，平成19年4月頃，Yは800万円をかけて，乙の耐震性を増加させ，乙建物内部の水回りの工事を行い，廊下等をバリアフリーにするなど改修工事を行って，居住を続けていたようです。
6　一方，Wは平成24年12月になって，転勤で地方に赴任することが決まり，甲乙不動産を処分したいと考えるようになっていたところ，近隣の不動産価格が値上がりしてきたため，乙建物の隣地である丙土地に住む私に対して，甲乙不動産を売却する意思があることを伝えました。
7　私は，Yとの間で境界について一時話し合ったりして，Bが死亡する以前から，Yが乙建物に居住しており，Bが死んでからはひとりで居住していることも，よく知っていました。しかし，かねて角地である甲土地を購入すれば，丙土地とあわせて，資産価値も倍加すると考えていたところ，甲乙不動産の名義がWにあることに驚いたのですが，WからBが甲乙不動産を管理することになった経緯を聞いて納得し，よい話だと考えて，平成25年2月1日にWとの間で，甲乙不動産につき5,000万円で売買契約を締結し，同年2月14日に登記も経由しました。
8　平成25年5月になって，Yに登記簿謄本を見せ，Wから聞いたBが甲乙不動産を管理することになったいきさつを話したうえで，すぐにとは言わないが，いずれ乙建物から退去してほしいと申し向けたところ，Yは，そんな話はにわかに信じられないし，出て行くつもりもないこと，自分が死んでも長男がこの家を継ぐことになっているとの話でした。せっかく甲土地を購入したのに，使用できないのでは問題ですから，Yの退去を求めたいと思っています。

　Xの言い分に対して，Yは，平成25年6月15日，次のとおり，反論した。

《Yの言い分》
　Bからは，当時現金収入がなかったBを見かねたAの好意で甲乙不動産をAから譲り受けて，その家賃収入を生活費として良いことになったと聞いています。Aが若かったときに，Bが職を世話して，その後も何くれと無く面倒を見てきたことで，Aが今日の地位を築き，逆にBが事業に失敗してから恩返しに家をくれたんだとAには感謝してきました。AがなくなってWの代になってから，手のひらを返したように，あれはあげたものではなかったと言い出したようですが，信じられません。少なくとも，私はAとBが両者で署名捺印した文書など見たこともないし，Bは，Aからこの土地をもらったものだと思っています。
　私も亡くなったBも，前の店子だったCが出て行ってからは，乙建物に住んでき

ましたし，Ｂが亡くなってからは私１人になりましたが，乙建物にずっと住んできて，生活してきました。こんなに長年住んできたわけですから，当然この土地も家も私のものだと考えています。

そもそもＸは，ずいぶん以前に，土地の境界に一緒に壁を作ったこともあるくらいです。そして，お隣に住んでいたのですから，少なくとも私が長い間，この土地に住んで暮らしているのを知っていますし，当然Ｘ自身も，私の土地だと思っていたことと思います。いまさら土地の名義がＷさんにあったからと言って，自分が所有者になったと言ってきても受け入れることは到底できません。それに，Ｘは甲乙不動産を買ってからというもの，私に家賃を払えと言ってきて，この辺の相場の２倍近い値段をふっかけてきました。本当にいやな気持ちです。

私としては，ここから立ち退くつもりは全くありませんし，どうしても出て行けと言うのだったら，乙建物の改修費用に800万円ほどかかっています。この費用も支払ってほしいと思います。それが支払われるまでは出て行けと言われても納得がいきません。

　Ｙの言い分を聞いたＸは，Ｙの言い分に対して次のように述べた。

《Ｘの言い分２》

Ｙは，甲乙不動産をＡからもらったんだと言っているようですが，本当でしょうか。第一，固定資産税の納付通知書には，ＡやＷの名前が書いてあるんだから，自分のものだと思っていたのも不自然だし，登記を確認したり，譲ってもらったというなら登記も移してくれるようＡに頼むのが普通じゃないでしょうかね。それに，私は乙建物は結構きれいな状態だから，自分で使いたいと思っているんで，Ｙに貸すなんて言った覚えはありません。

乙建物自体の価値は，古い木造家屋だからほとんどないようなもんです。ただ，Ｙが耐震工事をしたみたいで，それで少しは値打ちがあるようですが，大体300万くらいだと不動産屋から聞いています。だから，工事費用に800万かかったからと言って，そのままそれを払えといわれても，支払うことはできません。

【問　題】

(1)　Ｘが，その言い分を前提にＹを相手に民事訴訟を提起する場合，訴訟物は何か。

(2)　前記1を前提に，請求原因として主張すべき要件事実を指摘し，その理由を

説明せよ。
　Yの言い分から考えられる抗弁を指摘し，その要件事実とその事実が必要となる理由を説明せよ。Xの言い分から考えられる再抗弁を指摘し，その要件事実とその事実が必要となる理由を説明せよ。

平成 4 年 7 月	A 所有の甲・乙の管理を B に委ね，賃借人 C から賃料を収受
平成 10 年 10 月	C 退去，その後 B・Y が乙建物に住居
平成 15 年 5 月 10 日	B 死亡，その後 Y のみで乙建物に住居
平成 18 年 6 月	A 死亡，相続人 W が，甲・乙の所有権移転登記を経由
平成 19 年 4 月	Y 乙の改装
平成 25 年 2 月 1 日	WX 間で，甲・乙の売買契約締結

解　説

1　問題の所在

　本問は，土地及び建物の所有者が，建物の占有者に対して，その明渡しを求める事案に関するものである。建物明渡請求訴訟において，原告は請求原因としてどのような事実を主張すべきか，これに対して被告の抗弁，さらには原告の再抗弁としてどのような主張が考えられるか，を検討することが求められている。具体的には，①不動産所有権の時効取得と登記，②所有権の時効取得における背信的悪意者排除論の適用，③他主占有権原または他主占有事情の証明による自主占有推定の覆滅，④相続を契機とする他主占有から自主占有への転換，並びに⑤留置権の成否等が問題となる。

　Yは，被相続人Bが前主Aから贈与された乙建物の所有権を，相続により包括承継したものと主張している。もっとも，BもYも乙建物の所有権移転登記を了しておらず，むしろXが登記名義を得ていることから，たとえY主張のとおり，XY間

が相続介在型二重譲渡の譲受人相互の関係にあったとしても，登記を備えていない第1譲受人Yは，登記を備えた第2譲受人Xに原則として優先することができない。つまり不動産登記法5条の特則あるいは背信的悪意者排除論が適用されるべき特別の事情が存在しない限り，YがXに対して自己の所有権取得を主張することはできない。本問において，AからBへの贈与が認定されたとしても，XがAからBへの所有権移転の事実を知っていたという事情はうかがわれないため，Yは登記なしにXに所有権の承継取得を対抗することができないのである。

そこで，Yとしては，前主Bの占有に自己固有の占有を併せて，乙建物の所有権を（長期）時効により取得したと主張することが考えられる。時効取得は原始取得と解されるところ，時効による所有権取得を第三者に対抗するために登記を必要とするかという問題点を併せて検討する必要がある。民法177条の「第三者」の範囲に関する判例準則をふまえて立論しなければならない。

また，仮に前主Bの占有が他主占有であった場合，Yは自己固有の占有に基づく短期取得時効を主張することも考えられる。その際には，相続を契機として，Yの占有が他主占有から自主占有に転換したものと認められるかどうかが問題となる。

さらに，Yは建物の改修費用の支払を求めるとともに，留置権の主張をしていると考えられる。以下，それぞれの問題点を，上記の順序にしたがって詳しくみてゆく。

2 【問題(1)】建物明渡請求訴訟における請求の趣旨と訴訟物

(1) 請求の趣旨と訴訟物

XがYに対して乙建物の明渡しを求める場合，その訴訟物と請求原因は何か。所有権に基づく物権的請求権は，その侵害の態様に応じて，物権的返還請求権，物権的妨害排除請求権，物権的妨害予防請求権の三種に分類される。本問では，Yは乙建物を占有することにより，Xの所有権を侵害するものとみられるから，Xは物権的返還請求権を行使して，建物の明渡しを求めることになる。物権的請求権の行使における訴訟物の個数は，返還請求の対象となる不動産の個数により決められる。よって本件の訴訟物は1個である。

> **請求の趣旨**
> 1 被告は，原告に対し，乙建物を明け渡せ。
> 2 訴訟費用は被告の負担とする。

次に，Xは請求原因において，どのような事実を主張立証する必要があるだろう

か。

　所有権に基づく返還請求権を発生させる実体法上の要件は，①請求権者がその物の所有者であること，②請求の相手方が現に所有物に対する所有者の占有を妨げていること，③相手方がその物に対する正当な占有権原を有していないこと，とされている。もっとも，これら実体法上の要件のすべてにつき，原告が主張立証責任を負うかどうかは，別途考察する余地がある。特に③に関して，物権的請求権を行使する者が，相手方が正当な占有権原を有していないことを主張立証すべきか，それとも相手方が正当な権原を有することを主張立証すべきなのか，が問題となる。

　結論からいえば，原告は，占有者である被告が正当な権原を有しないことを主張立証する必要はない。すなわち，所有権に基づく建物明渡請求の請求原因事実として，原告は，原告の所有と被告の占有の事実を摘示すれば足りる。その理由は次のとおりである。

　所有権とは目的物に対する全面的排他的支配権である。有体物の使用・収益・処分権限が統合された包括的な法的地位が所有権の特質であり，そのような全面的支配権としての所有権の特質に照らすと，所有権の行使を部分的に制約する制限物権や債権的権原が存在することは，現行民法の所有権秩序における原則的な支配形態に対する例外的な事態とみることができる。すなわち他者の占有権原の存在は，一般法としての物権的請求権規範にとっては特別の事態であり，そのような特別な事態の存在は，それを主張する相手方が主張立証すべきだと考えられる。また，占有権原が存在しないことの証明は一般的にきわめて困難である一方で，占有者が自己の占有権原の存在を証明することは比較的容易であり，当事者の実質的負担という観点からも妥当な考え方であるといえる。

(2)　Xの所有

　それでは，Xは，自己に乙建物の所有権が帰属することをどのようにして証明すべきか。かつて所有権の証明は悪魔の証明とも呼ばれていた。厳密にいうならば，前主から所有権を承継したという取得原因事実を摘示するだけでは，自己が所有権を取得したことの証明として十分ではない。すなわち，本問において，Xが自己の所有権取得を証明するためには，Wから乙建物の所有権を承継したこと，Wが相続によりAからその所有権を承継したこと，さらにAがその前主から承継したこと……というように権利の原始取得時点まで延々と前主を遡らなければならないはずである。しかし，所有権の帰属をめぐって紛争が生じた場合であっても，過去のある時点においてある者に目的物の所有権が帰属したことについては原告・被告間に争いがないことも少なくない。そこで，原告が主張する所有権の帰属関係を被告が認める陳述をした場合には，権利自白の成立を認めて，上記のような所有権取得原

因事実の来歴を逐一遡及する負担から原告を解放することが適当であると考えられる。すなわち、現在または過去の一定時点における原告の所有または過去の一定時点におけるその前主等の所有について権利自白が成立する場合には、原告は、原告またはその前主等の所有権取得原因となる具体的事実を主張立証する必要がない。そして、所有権についての権利自白は、現在から遡って直近の時点を捉えるべきであるとされている。

本件において、平成4年2月ころ、Xの前主であるAが乙建物を所有していたことをYも容認している。すなわち、この時点におけるYの権利自白が成立する。したがって、権利自白により、XはAのもと所有を主張することができる。そして、平成18年6月にAが死亡し、Wが単独で乙建物の所有権を相続し、Wからの所有権移転原因事実である平成25年2月1日付けのW・X間の売買契約の存在を証明することにより、Xは自己が所有権を取得した事実を基礎づけることができる。

このように、本件では、相続による包括承継が介在していること、また売買契約の本質的要素は、目的物と代金額の定めであるから、要件事実を摘示する際には、これらの点を具体的に記載する必要がある。

(3) Yの占有

物権的返還請求権を行使する際に証明すべき相手方の占有に関しては、いつの時点における占有を主張すべきかが問題となる。過去のある時点で物権的請求権が発生した事実を主張立証すれば、相手方がその消滅を抗弁として主張しない限り、口頭弁論終結時においても返還請求権が存在するという考え方（もと占有説）もありうるからである。しかし、物権的請求権は妨害の事実が存続する限り、不断に発生し続けるという実体法の理解との整合性に鑑みると、口頭弁論終結時に物権的請求権が発生するためには、その時点において妨害状態が現存することが時的要素として必要であると考えられる。それゆえに現に相手方がその物を占有していることを摘示すべきである（現占有説）。

ところで、占有は事実概念ではあるが、その存在は、所持の存在の認定を前提とし、所持の有無は社会通念に照らした一定の法的評価を経て決せられる。したがって、占有の事実につき当事者間に争いがある場合、占有の存在を主張するものは、その占有が自己占有か代理占有かを明らかにするための具体的事実を主張しなければならないが、占有について当事者間に争いがない場合には、概括的抽象的事実としての「占有」が存在することについて自白が成立したものと扱ってよい。本問において、Yは現在乙建物を占有していることを自白していると考えられるため、XがYの現占有を証明する必要はない。

以上をふまえると、Xが請求原因として記述すべき内容は、以下のとおりとなる。

請求原因

1　訴外Aは，平成4年2月ころ，乙建物を所有していた。
2(1)　訴外Aは，平成18年6月に死亡した。
　(2)　訴外Wは，訴外Aの唯一の相続人である。
3　訴外Wは平成25年2月1日，原告に対し，甲土地及び乙建物を代金5,000万円で売った。
4　被告は乙建物を占有している。

＊　本問において，XはYに建物からの退去のみを求めているから，請求原因事実としては，本来乙建物の売買を主張立証すれば足りるはずである。しかし，社会通念上，本件におけるWX間の売買契約は（たとえ目的物が2個の不動産であっても）あくまでも1個の（不可分な）契約として成立している。そうだとすると，請求原因事実を具体的に記載する際にも，代金額の定めと目的物いずれについても不可分一体のものとして扱われなければならない。

3　Yの抗弁事由の検討
(1)　取得時効と登記に関する判例準則

　Yは，前主BはAから乙建物を贈与されたものと考えて自主占有しており，かつBの死後はその占有を自分が承継し，現在に至るまで継続していると主張しているものとみられる。すなわち，長期取得時効によりYが乙建物の所有権を原始取得し，その反射として，Xは所有権を喪失したという主張が反論として考えられる。

　時効取得は原始取得とされているものの，時効完成時に原所有者から目的不動産を既に譲り受けていた者は，取得時効により権利を失うべきものとして，時効による物権変動の「当事者」に準ずる者として扱われる（大判大正7年3月2日民録24輯423頁）。すなわちこの譲受人に対して時効取得者は登記なしに所有権取得を対抗することができる。これに対して，時効完成後に原所有者から目的不動産を譲り受けた者は，時効によって反射的に権利を失うものではなく，時効による物権変動の「当事者」と類比することはできず，民法177条の「第三者」として扱われる（大連判大正14年7月8日民集4巻412頁，最判昭和41年11月22日民集20巻9号1901頁）。時効完成後に出現した利害関係人との関係では，占有者は時効による所有権取得につき先に登記を備えることで自己の権利を保全することが容易にできたにもかかわらず，それを怠ったのであるから，失権もやむをえないという実質的考慮に基づく。そして，時効完成時点を分水嶺とする「当事者」「第三者」区別論を意味あるものとするために，時効完成の時期は，必ず時効の基礎となる事実の開始した時点を起算点として決定すべきものであって，取得時効を援用する者が任意にその起算点を選択し，時効完成の時期を早めたり，遅らせたりすることはできないと解されている（最判昭和

35年7月27日民集14巻10号1871頁)。

　本問において，Xは時効完成後の平成25年2月1日にAの包括承継人であるWから甲乙不動産を買い受けており，時効完成後に出現した「第三者」であることが，請求原因事実において既に明らかになっている。上記の判例準則によれば，Yは登記なしに所有権取得を対抗することができない。したがって，Yは，抗弁として，長期取得時効の主張に加えて，Xが登記なしに所有権を取得することができる背信的悪意者に当たることまで証明しなければ，請求原因事実に対する反論としては，不十分であることになる。

　そこで，まず，長期取得時効の抗弁について検討した後（→(2)），引き続き，背信的悪意者の抗弁の検討（→(3)）に移ることにする。

(2) 長期取得時効の主張

　(ア) **取得時効の抗弁**　　取得時効の要件は，所有の意思をもって，平穏に，かつ公然と他人の物を占有することである（民162条）。

　　(a) **「他人の物」**　　自己の所有物につき時効取得を主張することは通常無意味であるため，「他人の物」であることが取得時効の要件とされている。もっとも，永続して占有する事実状態を一定の場合に権利関係にまで高めるという時効制度の趣旨は，所有権に基づいて不動産を永く占有する者についても同様に妥当すると考えられる。例えば，取得原因の登記を経由していない等のため所有権取得の立証が困難である場合，または所有権の取得を第三者に対抗することができない等の事情が存在する場合は，時効取得を主張することにも意味がある。実際，判例は，権利者から贈与を受けて目的不動産を時効取得した者が，時効完成前に同じ不動産に設定された抵当権が実行されて買受人となった者に対して，取得時効による所有権取得を容認し（最判昭和42年7月21日民集21巻6号1643頁），さらに不動産売買契約の当事者間において引渡しを受けた買主が代金を完済しないまま時効期間占有を継続した場合における買主による時効の援用をも容認している（最判昭和44年12月18日民集23巻12号2467頁）。このように，時効取得を主張する者は，自己の占有物が他人の物であることを主張立証する必要はないと解されている。

　　(b) **自主平穏公然占有の推定**　　つぎに，「所有の意思をもって，平穏に，かつ，公然と」占有することは暫定真実とされており，これらの事実も時効取得を主張する者の側が積極的に主張立証する必要はない（民186条1項）。暫定真実とは，ある法律効果を導くための主要事実として，a及びbという複数の事実が求められる場合において，aという事実があるならばbという事実が推定される，という構造をとる推定に関するルールの一種である。法律上の事実の推定の一形態ではあるが，関係する事実がすべて同一の法律効果に向けられている場合を指している点に特色

がある (30講328頁)。その結果，時効取得の成立を争う相手方が反対事実 (他主占有，強暴占有，隠秘占有) について主張立証責任を負う。

　(c) **占有継続の推定**　さらに，20年間の占有継続に関しては，時効の起算点となる過去のある時点と時効期間満了に必要な期間が経過した後のある時点の2点における占有の事実さえ主張立証すれば，その間の占有継続が法律上推定される (民186条2項)。これは法律上の事実推定としての性質を有する。したがって，占有の中止や奪取等による時効の中断事由については (民164条)，時効の成立を争う相手方が主張立証しなければならない。時効期間の計算においては，初日不算入が原則であるから (民140条本文)，時効期間は起算点の翌日から計算すべきことになる。このとき，占有者は自己の占有のみを主張してもよいし，自己の前主の占有を併せて主張することもできる (民187条1項)。もっとも，既に述べたとおり，時効の起算点を占有者が逆算して任意に選択することはできず，所有の意思をもって，平穏に，かつ公然と占有を始めた時点 (占有開始時) が起算点となる。

　本問において，Yが長期取得時効を主張する場合，自己の占有に前主Bの占有を併せて主張すべきことになる。すなわち，平成4年2月にBが占有していた事実と，Bの死亡によりYが単独でその占有を承継した事実に加えて，占有開始時から20年間が経過した時点以降に，甲乙不動産を占有していた事実を主張立証する必要がある。

　(d) **援用の必要性**　時効は当事者が援用しなければ裁判の基礎とすることができない (民145条)。援用の意義に関しては複数の考え方がありうるところ，援用の有無を問題にすることなく，時効完成時点の前後を基準として「当事者」「第三者」を区分する判例法の考え方は，援用の意義に関する確定的効果説と親和性があるようにも思われる (佐久間毅『民法の基礎1 (第3版)』〔有斐閣・2008〕419頁)。しかし，判例法上，たとえ時効が完成してもその実体法上の効果は不確定なものにとどまり，援用を停止条件として，完全な効果が発生するもの (不確定効果説・停止条件説) と考えられている (最判昭和61年3月17日民集40巻2号420頁)。すなわち時効の援用は，実体法上権利の得喪を確定させる実体法上の要件となるから，実体法上の意思表示として位置付けられることになる。

　以上の検討により，Yは，長期取得時効の抗弁として，次のように事実を摘示すべきことになる。

> **抗弁 I-1** (長期取得時効)
> 1　訴外Bは，平成4年7月1日当時，乙建物を占有していた。
> 2　訴外Bは，平成15年5月10日当時，乙建物を占有していた。

3(1) 訴外Bは，同日死亡した。
　(2) 被告は，訴外Bの配偶者である。
4　被告は，平成24年7月1日経過時，乙建物を占有していた。
5　被告は，平成25年6月15日，原告に対して時効援用の意思表示をした。

(イ)　背信的悪意の抗弁
　　(a)　背信的悪意者の意義　　上記のとおり，Xが民法177条の「第三者」にあたるとすれば，Yが所有権移転登記を備えたXに対して時効取得による所有権喪失の抗弁を出すことは主張自体失当となる。そこで，本問において，Xが民法177条の「第三者」性を否定されるべき個別的事情が存在しないかどうかを併せて検討する必要がある。

　民法177条の「第三者」とは，物権変動の当事者及び包括承継人以外のすべての者を意味するわけではなく，「登記欠缺を主張する正当の利益」を有する者に限られると解されている（大連判明治41年12月15日民録14輯1276頁）。「正当の利益」の有無は，第1次的には，その利害関係人が占める法的地位の客観的性質に従って抽象的に判断される。例えば目的不動産の譲受人，抵当権や地上権等の制限物権取得者，差押債権者，配当加入債権者，仮差押債権者，賃借人（最判昭和49年3月19日民集28巻2号325頁）等は「第三者」に含まれるが，不法行為者，無権利者，不法占拠者（最判昭和25年12月19日民集4巻12号660頁）は含まれない，というように，所定の法的範疇に属するかどうかにより形式的に振り分けが行われる。

　もっとも，上記の分類の結果，抽象的には「第三者」に含まれるとされた者であっても，次に，事案の具体的な事情，特にその利害関係人の主観的態様に照らして，例外的に「第三者」性を否定される場合がある。それが背信的悪意者排除論である。すなわち，「実体上物権変動があった事実を知る者において右物権変動についての登記の欠缺を主張することが信義に反すると認められる事情がある場合には，かかる背信的悪意者は，登記の欠缺を主張するについて正当の利益を有していないものであって，本条にいう「第三者」に当たらない」（最判昭和43年8月2日民集22巻8号1571頁）。

　背信的悪意者は，信義則違反を根拠として民法177条の「第三者」から除外される者として位置付けられる。同じく信義則違反を根拠に「第三者」から除外される例としては，通行地役権の承役地が譲渡された場合に，譲渡の時に，右承役地が要役地の所有者によって継続的に通路として使用されていることがその位置，形状，構造等の物理的状況から客観的に明らかであり，かつ譲受人がそのことを認識していたか又は認識することが可能であったときは」，譲受人の善意悪意を問わず，特段

の事情のない限り，地役権設定登記の欠缺を主張することにつき正当な利益のある「第三者」に当たらないとされたものがある（最判平成 10 年 2 月 13 日民集 52 巻 1 号 65 頁。承役地に設定された抵当権に基づく担保不動産競売による買受人に対して未登記通行権の対抗力を認めた最判平成 25 年 2 月 26 日民集 67 巻 2 号 297 頁も参照）。両者は類似した判断枠組みのように見えるが（安永正昭『物権・担保物権法』〔有斐閣・2009〕70 頁），互いに区別されるべき法理である。すなわち，背信的悪意者排除論は当該具体的第三者の個別事情（主観的態様）を斟酌して，第 2 次テストにおいて「第三者」から除外する法理であるのに対して，承役地譲受人に関する上記最判の準則は，同様に信義則違反を実質的根拠としつつも，あくまでも「第三者」の客観的分類による振り分け（第 1 次テスト）の段階で一定の範疇に属する承役地譲受人を除外しており，具体的な第三者の主観的態様を問題にしていない点において，構造上の違いがある（両判決の関係を含めた「登記欠缺を主張する正当の利益」概念全体との関係性については，山野目章夫『物権法（第 5 版）』〔日本評論社・2013〕51 頁を参照）。つまり問題とされている信義則違反の意味が同じでないことに注意する必要がある。

　　(b)　対抗要件具備による所有権喪失に対する抗弁としての背信的悪意者の抗弁　背信的悪意の抗弁とは，本来は，民法 177 条において物権変動の効力を主張しようとする者が対抗要件を具備していないため，「第三者」が登記の欠缺を槍玉に挙げて，その物権変動の効力を否定する（「対抗要件の抗弁」が問題となる）場面において，更にその「第三者」性をその主観的態様に照らして否定する場面で用いられる反論である。本問のように，時効取得者と時効完成後に登場して所有権移転登記を了した譲受人との関係でも，このような法理の適用が可能であるかは，問題となりうる。すなわち背信的悪意者の抗弁が本来想定している局面ではないため（山野目前掲 53 頁は，この点をふまえて，正確には「『対抗要件具備を主張することの背信性』の抗弁」と表現すべきだとする。），端的に民法 1 条 2 項を直截の根拠とする信義則違反の抗弁とすべきとする見解もある。しかし，上記最判も明示するように，背信的悪意者排除論は，客観的分類によれば「第三者」に該当する者の悪意と信義則違反を根拠として，実体法上取得した権利の行使を認めないという実質判断を行う場であって，対抗要件の抗弁及び所有権喪失の抗弁両方において共通に妥当する理論として位置付けることができる。民法 177 条は，登記をしないと物権変動を第三者に対抗できないというルールと共に，登記をすれば物権変動を第三者に対抗できる（確定的に物権変動の効果を享受できる）というルールを併せて規定するものであり（山本敬三『民法講義Ⅰ（第 3 版）』〔有斐閣・2012〕164 頁），両方の局面において，背信的悪意を理由とする再反論が可能であるというべきである（伊藤滋夫編『民事要件事実講座 4　民法Ⅱ』〔青林書院・2007〕18 頁〔德岡由美子〕）。

(c) **取得時効における背信的悪意者排除論** 上でみた背信的悪意者の定義によれば，時効による所有権取得を対抗する場面において，第三者が背信的悪意者とされるには，占有者が目的不動産を時効取得したことを知っており（悪意），かつ登記欠缺を主張することが信義に反する事情（背信性）が存在しなければならないことになりそうである。しかし，占有者の占有が時効完成期間を超えて継続していることや時効援用意思があることまで第三者が正確に認識していない限り，悪意要件を充足しないとすれば，取得時効の場面で背信的悪意者排除論が適用される余地が実質的に相当狭められることになる。このような結果は，特に善意占有者には時効完成後直ちに登記を備えることを期待することが事実上困難であるという事情をも考慮すると，必ずしも妥当なものとはいえないように思われる。

そこで，悪意要件の充足に関して，時効取得者としては，①第三者が「多年にわたる占有の継続の事実」を知っていることと，②登記欠缺を主張することが信義則に反すると見られる事情（背信性を基礎づける事情）の存在とを立証すればよく，取得時効が完成して占有者が時効取得した事実を当該第三者がすべて知っていることの立証までは要求されない，とされている（最判平成18年1月27日民集60巻1号27頁）（松並重雄・最判解民平成18年度290頁）。背信性の要件はいわゆる規範的要件であり，背信性の評価根拠事実はYが主張立証すべきことになる。学説には，長期間の占有継続を知りながら譲り受けることは，背信的悪意とみてよいとする見解（場合により重過失者を背信的悪意者と同等に扱ってよいとするものとして，広中俊雄『物権法（第2版増補）』〔青林書院・1987〕108頁）や，端的に「悪意」要件から「背信性」要素に重点を移動させ，信義則違反の問題に収斂させるべきだという見解も主張されている（加藤雅信『物権法（第2版）』〔有斐閣・2005〕121頁）。しかし，判例は，その内実を緩和しつつも，悪意要件を信義則違反とは区別されたものとして堅持している。

背信性の評価根拠事実の典型例としては，不動産登記法5条が適用される場合あるいはそれに準じる場合（最判昭和40年12月21日民集19巻9号2221頁，最判昭和43年11月15日民集22巻12号2671頁），先行する第1譲渡を承認しておきながら，自ら第2譲渡を受けた場合（最判昭和35年3月31日民集14巻4号663頁）のほか，第1買主に高値で売りつけて不当な利益を得る目的で売主から時価より安く買い受けた場合などが挙げられる（前掲最判昭和43年8月2日）。

(d) **本問へのあてはめ** 本問において，平成17年10月頃に，Xは，長年にわたって甲土地を管理してきたYと相談したうえで，丙土地との境界に共同で高さ2mの壁を建設している。これは，Yの言い分に見られるように，多年にわたって甲土地の占有を継続している事実をXが知っていたことを基礎づける事実として意味を持つ可能性がある。

背信性の評価根拠事実としては，Ｘが甲丙不動産を購入後，家賃として相場の２倍近い値段の支払を求めてきたことが挙げられる。これはＸが不当な利益を取得する目的を有することを兆表するものとみることができる。ちなみに，背信性の評価根拠事実は，第三者が目的不動産に法的な利害関係を持つに至った時点，すなわち譲渡契約締結時点までの事情のみならず，その後，登記欠缺を主張して，自己の権利を行使する時点までに生じた事情を広く取り込みうる。背信的悪意の抗弁は，民法 90 条違反に基づく譲渡契約の無効を主張するもの（最判昭和 36 年 4 月 27 日民集 15 巻 4 号 901 頁）ではなく，「第三者」が権利を取得していることを前提としつつ，信義則違反を理由に登記欠缺の主張を属人的に封ずる法理だからである（最判平成 8 年 10 月 29 日民集 50 巻 9 号 2506 頁）。

> **抗弁Ｉ-2**（背信的悪意）
> 1　原告の悪意
> 　　原告は，乙建物を買い受ける際に，訴外Ｂ及び被告が多年にわたって乙建物の占有を継続していたことを知っていた。
> 2　背信性の評価根拠事実
> 　　原告は，乙建物の購入後，家賃として相場の２倍近い値段の支払を求めるなど，不当な利益の取得を目的としていた。

(3)　短期取得時効の主張

(ア)　短期と長期の選択可能性

　次に，Ｙは，Ｂの死亡後，自己固有の占有を 10 年間以上にわたって継続しており，短期取得時効（民 162 条 2 項）の成立要件を充たしていると主張することが考えられる。同一の事実関係のもとで，長期取得時効及び短期取得時効の双方の成立要件を充足する場合，当事者は自己の選択にしたがっていずれを主張してもよいとされている（大判昭和 15 年 11 月 20 日新聞 4646 号 10 頁）。本問では，Ｙが長期取得時効を主張する場合にはＸが時効完成後の「第三者」となる一方，短期取得時効を主張すれば時効完成前の「当事者」となり，ＸＹ間が対抗関係に立つかどうかが，Ｙの主張の仕方いかんに左右されることになる。加えて長期間に及ぶ占有継続の事実に基づく利益を保護する時効制度の趣旨からすると，短期取得時効を主張したほうが長期取得時効を主張した場合よりも有利な結果となるという問題性を内包する（鎌田薫『民法ノート物権法①（第 3 版）』〔日本評論社・2007〕154 頁）。しかし判例はこのような結果を容認するものとみられる。

(イ)　**占有開始時における善意無過失**

　占有者が占有の開始時に善意無過失である場合は，時効期間は 10 年間に短縮される（民 162 条 2 項）。短期取得時効の要件

事実のうち，所有の意思，平穏かつ公然の占有，占有者の善意は，既に述べたとおり，民法186条1項の暫定的真実であるが，無過失は暫定的真実とならない（最判昭和46年11月11日判時654号227頁）。したがって，無過失の評価根拠事実についてはYが主張立証責任を負う。

　Yは，平成15年5月10日以降，自ら固有の占有を開始している。この場合，時効は平成25年5月に完成し，Xは時効完成前の「当事者」となるため，Yは時効取得を登記なしにXに対抗することができる。無過失の評価根拠事実として，かつてAが若い頃にBに世話になったことの恩返しとして，事業に失敗したBに甲乙不動産を好意で譲った旨をXはBから聞いており，乙建物を贈与される理由に相当程度の説得力があったことなどを摘示することが考えられる。

> **抗弁Ⅱ**（短期取得時効）
> 1　被告は，平成15年5月10日の時点で，乙建物を占有していた。
> 2　被告は，平成25年5月10日経過時，乙建物を占有していた。
> 3　被告は，占有開始につき，前主訴外Bから，若い頃世話をした恩返しとして，甲土地及び乙建物を訴外Aから譲り受けたという説明を受けており，乙建物の所有権が自己に属すると信ずることに過失がなかった。
> 4　被告は，平成25年6月25日，時効援用の意思表示をした。

(4)　留置権の主張

　仮に乙建物の所有権が認められないにしても，Yは，他人の物の占有者として，その物に関して生じた債権を有することから，留置権（民295条）を主張することが考えられる。物の保存のために支出した金額その他の必要費につき占有者は回復者に対して償還請求権を有する（民196条1項）。また，占有物の改良のために支出した金額その他の有益費については，その価格の増加が現存する場合に限り，回復者の選択に従い，支出額または増加額を償還させることができる（民196条2項）。

　本問において，Yは乙の改修費用として800万円出捐したと述べている。老朽家屋に対して法律上遵守を求められる一般的な耐震工事に支出した費用は必要費とみることができる余地があるため，本問において，Yは必要費の償還として800万円の支払を求めるとともに，乙建物につき留置権を主張しているものとみられる。他方で，Xは，Yの出費は有益費であり，乙建物の価値の増加分である300万円の償還に応じる旨応答している。

　なお留置権の抗弁は権利抗弁の性質を有するため，Yとしては，以下の事実を摘示すべきである。

抗弁Ⅲ （必要費償還請求権の留置権）	
1　平成 19 年 4 月，乙建物を保存するために耐震工事がなされた。	×
2　被告は，抗弁 1 の行為について 800 万円の費用を支出した。	×
3　被告は抗弁 1 の当時，乙建物を占有していた。	○
4　抗弁 2 の金員の支払を受けるまで乙建物を留置する旨の被告の権利主張	

4　再抗弁事由及び予備的抗弁事由の検討

上記Yの抗弁に対して，Xはさらにどのような反論をすることができるか。

(1)　長期取得時効の抗弁に対して

前主Aの占有については自主占有が推定される。これに対して，Xは，他主占有権原あるいは他主占有事情の存在を主張立証して，取得時効の成立を覆す主張をすることが考えられる。

(ア) **他主占有権原または他主占有事情の再抗弁**　占有の性質は，占有者の内心の意思ではなく，占有取得の原因たる事実を基準として外形的・客観的に定められる (最判昭和 45 年 6 月 18 日判時 600 号 83 頁)。Xは，生前にAB間で，BがAから甲乙不動産の管理権限を付与されて，家賃の収受を行い，そうした管理業務の委任に対する報酬として，家賃収入から管理費用・固定資産税の支払に充てる部分を控除した残額を受け取ることができるという旨の合意があったと主張している。これはAB間において甲乙不動産の管理を目的とする委任契約が締結されたこと，つまりBが他主占有権原に基づき乙建物を占有しているという主張であると考えられる。

仮にAB間でなされた合意を委任契約として性質決定することが難しければ，Xは，時効取得の成立を争うために，他主占有事情の存在を主張して，民法 186 条 1 項の推定を覆滅することもできる。すなわち，所有者であれば通常はとらない行動をとり，あるいは所有者であればすべきことをしていないなど，外形的・客観的にみて占有者が他人の所有権を排斥して占有する意思を有していなかったものと解される事情の存在を摘示すればよい (最判昭和 58 年 3 月 24 日民集 37 巻 2 号 131 頁)。一般的な取引においては，所有権取得を目的とする変動原因事実が存在する場合，登記を申請する行動に出るのが普通である。B及びYが登記を放置したことは，所有者であればすべきことを行っていないように思われる。この点，B及びYは，C退去後に乙建物に居住し始めて以降も，所有権移転登記手続をAまたはWに求めること

なく，固定資産税もA及びWの名義で支払ってきた。これらの事実は他主占有事情を基礎づける事実と評価することができよう。

> **再抗弁Ⅰ**（他主占有権原または他主占有事情の存在）
> 1　訴外Aと訴外Bは，請求原因1に先立って，甲土地及び乙建物につき，家賃の収受や納税をはじめとする管理業務を委託する契約を締結した。
> 2　訴外Aは訴外Bに対して，甲土地及び乙建物を再抗弁1の契約に基づき引き渡した。
> 3(1)　訴外Bは，請求原因2の時点で死亡した。
> 　(2)　被告は訴外Bの配偶者である。

　(ｲ)　**悪意の否認と背信性の評価障害事実の再抗弁**　次に，Xは，Yが乙建物を多年にわたって管理していた事実は認識していたとしても，多年にわたって占有していることまでは知らなかったとして，「悪意」要件を充足していないと反論することが考えられる。これは「悪意」を否認する趣旨の反論である。

　また背信性の主張に対して，Xは，背信性の評価障害事実を抗弁として主張することが考えられる。本問において，WX間で行われた甲乙不動産の売買は，もともと，平成24年12月にWが地方転勤に伴い，緊急に処分する必要性が生じたことに端を発するものであって，他方，Xはもともと甲土地に隣接する丙土地を所有し，角地である甲土地を取得することに合理的な理由があるうえ，代価5,000万円という特に廉価というわけでもない価格で購入したものであり，甲乙不動産の購入とそれに基づく所有権の主張は正当な権利行使に他ならず，背信性の評価を障害する方向に働く事実として摘示することができる。

> **再抗弁Ⅱ**（背信性の評価障害事実）
> 　甲土地及び乙建物の訴外Wから原告への売買は，訴外Wが緊急に両不動産を処分する必要性に原告が応えたものにすぎず，かつ原告が甲土地及び乙建物を取得する目的にも合理的理由があり，不当な廉価で行われているわけでもなく，背信性を基礎づける事情は認められない。

(2)　**短期取得時効の抗弁に対して**
　(ｱ)　**他主占有権原または他主占有事情の再抗弁**　(1)(ｱ)でみた長期取得時効に対してと同様に，ここでも，Yは他主占有権原または他主占有事情の再抗弁を提出することができる。Xは，前主Bの占有が他主占有であったと主張している。固

定資産税の納付通知書にはAやWが氏名が記載されており，B及びYが固定資産税を支払ってきたという事実は認められない。またXは乙建物は自分で使用するつもりであり，Yに貸した事実も否認している。YはBの他主占有を承継すべき立場にあり，そのままでは取得時効に必要な占有としての性質を備えていない。

　(イ)　**無過失の評価障害事実**　　占有開始時における善意無過失の主張に関して，本問においては必ずしも明らかではないが，例えば，生前にAがBに対して甲土地の返還を申し入れていたことをYが認識していた事実があった場合には，Xは，Yの有過失を主張することが考えられる。

> **再抗弁Ⅲ**（無過失の評価障害事実）
> 　訴外Aが訴外Bに対して甲土地及び乙建物の返還を申し入れていたことを被告が認識しており，乙建物の所有権を有していないことを知らなかったことにつき被告に過失があった。

　(ウ)　**占有の性質変更（他主占有から自主占有への転換）**　　また，(ア)の他主占有権原または他主占有事情の再抗弁を想定した予備的抗弁として，Yは，他主占有の自主占有への転換を主張することが考えられる。すなわち，占有者が「自己に占有をさせた者に対して所有の意思があることを表示」するか，「新たな権原によりさらに所有の意思をもって占有を始めた」（民185条）ということができれば，たとえBから承継した占有が他主占有であったとしても，相続を契機として，自主占有に性質が転じ，Yは自己固有の占有の効果として短期取得時効の成立を主張することができる。

　この点について，所有者から土地建物の管理委託を受け，建物の半分に居住し，他の半分の賃料を受領していた者が死亡した場合において，その相続人は，土地建物の占有を相続により承継しただけでなく，新たに土地建物を事実上支配することによりこれに対する占有を開始したものというべきであり，相続人に所有の意思があるとみられるときには，被相続人の死亡後，新権原により土地建物を自主占有するに至ったものと解される（最判昭和46年11月30日民集25巻8号1437頁）。

　そして，他主占有の相続人が独自の占有に基づく取得時効の成立を主張する場合において，当該占有が所有の意思に基づくものであるといいうるためには，取得時効の成立を争う相手方ではなく，占有者である当該相続人において，その事実的支配が外形的客観的にみて独自の所有の意思に基づくものと解される事情を証明する必要がある（最判平成8年11月12日民集50巻10号2591頁）。

　本問におけるYの主張は，Xが他主占有権原または他主占有事情の存在を証明し

たことによって覆滅した自主占有推定の効果をさらに覆して，民法186条1項を適用することを目的とするものではない。他主占有としての性質決定を受けた占有が自主占有に転換したことを主張するものである。いわばXの抗弁を前提とした上で，Yの占有が他主占有であると性質決定されたことを否定することなく，民法185条による占有の性質転換という新たな主張を付加するものと理解される。したがって，このYの反論はXの再抗弁に対する再々抗弁ではなく，Xの再抗弁を前提とした予備的抗弁として位置付けられる。

　Yは，自主占有事情として，具体的にどのような事実を主張立証すればよいか。既に述べたとおり，B及びYが乙建物の登記名義を取得しようとした形跡がないことは，一般的には他主占有事情として評価される可能性が高い。もっとも，登記名義人と占有者の間に特別な人的関係（親族［兄弟］の関係）がある場合には，所有権移転登記を求めていないという事実は，自主占有性を否定する方向に働く1つの判断材料に過ぎず，状況によっては自主占有性を肯定する妨げとはならないと解されている（最判平成7年12月15日民集49巻10号3088頁）。しかし，本問では，XY間は親族関係や特に親しい友人関係ではなく，近所の隣人関係を超える親密な関係性はうかがわれない。そうすると，本問において自主占有への性質転換を基礎づけうる事情としては，固定資産税の支払において実質的にB及びYが出捐してきたことと，Yが平成17年にXとの間で甲丙両土地の境界上に壁を建設し費用を折半したことなどを挙げるしかないであろう。

> **予備的抗弁Ⅰ**（他主占有から自主占有への転換）
> 1　被告の占有が他主占有から自主占有に転換したことを基礎づける事実
> 　(1)　被告は，平成15年5月10日，訴外Bの死亡後，新たに乙建物を事実上支配することにより，その占有を開始した。
> 　(2)　訴外B及び被告は，甲土地及び乙建物の固定資産税を支払ってきたうえ，平成17年10月頃，被告は隣地である丙土地の所有者である原告と境界に高さ2mの壁を建設して，費用を折半するなど，所有者であればなすべき行動をとってきた。
> 2　被告は，平成25年5月10日経過時，乙建物を占有していた。

(4)　留置権の抗弁に対して

　Xは，Yが行った耐震工事等にかかる出費は有益費であり，回復者として価値の増加分の償還を選択したから（民196条2項），800万円の償還請求には応じないと主張している。

【解答例】

訴訟物，請求の趣旨，請求原因事実とそれに対する認否，抗弁事実とそれに対する認否及び再抗弁事実とそれに対する認否を整理すれば，以下のとおりとなる。

1 訴訟物

所有権に基づく物権的返還請求権　1個

2 請求の趣旨

1　被告は，原告に対し，乙建物を明け渡せ。 2　訴訟費用は被告の負担とする。

3 請求原因事実とそれに対する被告の認否

1　訴外Aは，平成4年2月ころ，乙建物を所有していた。	○
2(1)　訴外Aは，平成18年6月に死亡した。	
(2)　訴外Wは，訴外Aの唯一の相続人である。	
3　訴外Wは，平成25年2月1日に，原告に対して，甲土地・乙建物を代金5,000万円で売った。	○
4　被告は乙建物を占有している。	○

4 抗弁事実とそれに対する原告の認否

抗弁Ⅰ—1（長期取得時効）	
1　訴外Bは，平成4年7月1日当時，乙建物を占有していた。	○
2　訴外Bは，平成15年5月10日当時，乙建物を占有していた。	○
3(1)　訴外Bは，同日死亡した。	○
(2)　被告は，訴外Bの配偶者である。	○
4　被告は，平成24年7月1日経過時，乙建物を占有していた。	○
5　被告は，平成25年6月15日，時効を援用する意思表示をした。	顕
抗弁Ⅰ—2（背信的悪意）	

1　原告は，乙建物を買い受ける際に，訴外B及び被告が多年にわたり乙建物の占有を継続していたことを知っていた。		×
2　原告は，乙建物の購入後，家賃として相場の2倍近い値段の支払を求めるなど，不当な利益の取得を目的としていた。		×
抗弁Ⅱ（短期取得時効）		
1　被告は，平成15年5月10日の時点で，乙建物を占有していた。		○
2　被告は，平成25年5月10日経過時，乙建物を占有していた。		○
3　被告は，占有開始につき，前主訴外Bから，若い頃世話をした恩返しとして，甲土地及び乙建物を訴外Aから譲り受けたという説明を受けており，乙建物の所有権が自己に帰属すると信ずることにつき過失がなかった。		×
4　被告は，平成25年6月25日，原告に対し時効援用の意思表示をした。		顕
抗弁Ⅲ（必要費償還請求権の留置権）		
1　平成19年4月，乙建物を保存するために耐震工事がなされた。[*1]		○
2　被告は，抗弁1の行為について800万円の費用を支出した。[*2]		△
3　被告は，抗弁1の当時，乙建物を占有していた。		○
4　抗弁2の金員の支払を受けるまで乙建物を留置する旨の被告の権利主張		

＊1・2　Xは，Yが出捐したという800万円は有益費であると主張し，自己が回復者として選択した価値の増加分にあたる300万円の償還にしか応じないと反論している。

5　長期取得時効の抗弁に対する再抗弁事実とそれに対する被告の認否

再抗弁Ⅰ（他主占有権原または他主占有事情）		
1　訴外Aと訴外Bは，請求原因1に先立って，甲土地及び乙建物につき家賃の収受や納税をはじめとする管理業務を委託する契約を締結した。		×
2　訴外Aは訴外Bに対して，本件甲土地及び乙建物を，再抗弁1の契約にもとづき引き渡した。		×

3(1) 訴外Bは請求原因2の時点で死亡した。	○
(2) 被告は訴外Bの配偶者である。	○

再抗弁Ⅱ（背信性の評価障害事実）	
1 甲土地及び乙建物の訴外Wから原告への売買は，訴外Wが緊急に両不動産を処分する必要性に原告が応えたものにすぎず，かつ原告が甲土地及び乙建物を取得する目的にも合理的理由があり，不当な廉価で行われているわけでもなく，背信性を基礎づける事情は認められない。	

再抗弁Ⅲ（無過失の評価障害事実）	
1 訴外Aが訴外Bに対して土地の返還を申し入れていたことを被告が認識しており，乙建物の所有権を有していないことを知らなかったことにつき被告に過失があった。	

6 再抗弁Ⅰを前提とするYの予備的抗弁

予備的抗弁Ⅰ（他主占有から自主占有への転換）	
1 被告の占有が他主占有から自主占有に転換したことを基礎づける事実	
(1) 被告は，平成15年5月10日，訴外Bの死亡後，新たに乙建物を事実上支配することにより，その占有を開始した。	○
(2) 訴外B及び被告は，甲土地及び乙建物の固定資産税を支払ってきたうえ，平成17年10月頃，被告は隣地である丙土地の所有者である原告と境界に高さ2mの壁を建設して，費用を折半するなど，所有者であればなすべき行動をとってきた。	○
2 被告は，平成25年5月10日経過時，乙建物を占有していた。	○

(石田　剛)

第16問
債権譲渡(1)

次の内容のＸ社及びＹの言い分を前提に，後記問題に答えなさい。

《Ｘ社の言い分》
1　当社は家電製品の部品を製造販売している株式会社です。
　今回，当社は昔からの知り合いであるＡに頼まれて，Ａが代表取締役をしているＢ株式会社に500万円を貸し付けました。Ｂ社は食品の卸販売会社です。お金を貸したのは平成21年3月10日のことです。なお，弁済期は1年先の平成22年3月10日の約束でした。
2　当社としても大切なお金を貸すわけですので，いくら知人からの依頼とはいえ，担保もとらずに融資をすることはできません。かといって，Ａの自宅やＢ社の本社建物などは全て銀行からの借入金の担保になっていました。そこで，Ｂ社が取引先であるＹ株式会社に対し有する売掛金債権を担保とすることにしました。この債権は，Ｂ社がＹ社に対し，平成21年3月1日から同22年2月28日までの間に冷凍食材を販売する売掛金の全てです。Ｂ社がＹ社に対し有する売掛金は順次，発生し，また，順次，決済されて行きますが，これまでの取引実績からいって，およそ700万円相当程度の債権は常時，存在しているとの説明でした。
3　以上のような経緯で，当社は，平成21年3月10日，Ｂ社との間で金銭消費貸借契約書と債権譲渡担保契約書を締結し，実際に500万円をＢ社に交付しました。ただし，ＡからＢ社の信用にかかわるので，Ｙ社への債権譲渡通知（内容証明郵便で送付することを考えていました）はすぐには出したくないと懇請されました。そこで，当社もそれを了解し，しばらく様子をみることにしました。実際にＢ社がＹ社宛に債権譲渡の事実を通知する内容証明郵便を送付したのは弁済期が経過した平成22年3月21日のことです。この内容証明郵便は翌22日にＹ社に届いています。この点は直接，Ａから報告を受け，また，内容証明郵便の控え及び3月22日配達を証明する配達証明書をＡからもらいましたので間違いありません。
　また，平成22年3月25日には私からＹ社代表者に電話をしました。その際にＹ社代表者から債権譲渡のことは了解したとの返事をもらっています。
4　上記のことからも明らかなとおり，平成22年3月10日になってもＢ社は返済をしませんでした。私がＡに事情を確認すると，業績が悪化し，返済資金の目処が立たないとのことでした。そこで，私が，それならＹ社に対して直接に売掛金を請

求すると話したところ，Aはそうしてもらってかまわないとのことでした。
5　現時点で，B社のY社に商品を販売したことによる売買代金残高の総額は653万円とのことです。これは平成22年1月1日から平成22年2月21日までの食材販売に関する代金で，弁済期は既に到来しているとのことでした。2月22日以降は，取引が全くなく，これ以上，債権額が増加する見込みはないとのことでもありました。22日以降，取引がなかった理由については特に聞いていません。
　以上の次第ですので，さっそくY社に対してこの売買代金債権の支払いを求める訴訟を提起したいと考えています。

《Yの言い分》
1　当社は弁当の製造販売をする株式会社です。
　当社は10年以上も前から，B社から冷凍食材を購入し弁当の材料にしてきました。ほぼ毎日，電話やファックスで発注し，支払いは1か月分の代金をまとめた請求書をB社が翌月15日までに送付してきて，当社がその領収書を受領したらさらにその翌月末までに銀行振込でB社に支払うというものです。
2　平成22年3月22日，B社から内容証明郵便が当社に届いたことは間違いありません。その内容は，平成21年3月1日から同22年2月28日までの間にB社が当社に対して冷凍食材を販売する結果，発生する代金債権全額をB社はX社に平成21年3月10日に譲渡したというものです。
　内容証明郵便の件について，その後，Aに確認しましたら，X社からお金を借りた関係で債権譲渡をしたとの説明でした。
3　当社は，平成21年12月分（平成22年2月末までに振り込む分）までの支払いは既にB社にしてあります。平成22年1月1日分以降の支払いはしていません。当社は2月21日までB社から食材を購入していました。ただ，2月7日以降，購入した冷凍エビはあまりにも小振りで，かつ，鮮度も悪くほとんど腐りかけの状態でした。そのため，弁当を購入した顧客からもクレームが付くような有り様でしたので，21日をもって全ての取引を中止しました。ですから，支払いを止めたのです。
　2月7日以降に購入した冷凍エビが上記のような内容であったことは，21日に取引を中止する旨をB社に通告した際に，その理由として伝えています。
4　1月分及び2月分としてB社からは653万円の請求書が送付されています。たしかに品質に問題がなければこの金額を当社が支払うべきことになります。しかし，前述のとおり2月7日以降に購入した冷凍エビに問題がありましたので，その分は減額をしてもらう必要があると考えています。そのまま653万円を支払うわけには行きません。減額分は300万円と考えています。

5 平成22年3月25日，X社代表者から電話があったのは事実です。B社からの内容証明郵便が届いているかとのお尋ねでしたので，届いていると返事しました。あくまで郵便が届いたという点について返事をしただけであり，それ以上のことは何も話していませんし，了解もしていません。

【問　題】

(1)　X社がその言い分を前提にYに対し訴訟を提起する場合，どのような内容の請求をすることになるか。請求の趣旨を記載せよ。
　その場合の訴訟物は何か。

(2)　前記(1)を前提に，請求原因として主張すべき要件事実を指摘し，その理由を説明せよ。

(3)　前記(2)を前提として，Yの言い分から考えられる抗弁を指摘し，その要件事実とその事実が必要となる理由を説明せよ。以下，再抗弁及び再々抗弁についても必要に応じて指摘し，その事実が必要となる理由を説明せよ。

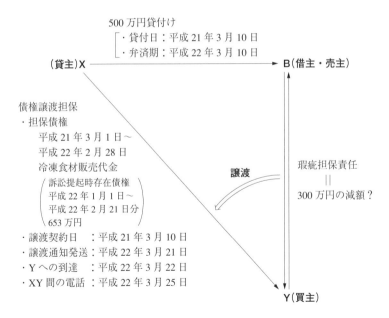

解説

1 問題の所在

本問は，譲受債権請求訴訟における，請求の趣旨の記載及び訴訟物並びに請求原因，抗弁，再抗弁及び再々抗弁の要件事実を問う設問である。

本問は，BのYに対する売掛金債権が，貸金の担保としてXに譲渡された事案である。しかし，債権譲渡の目的となった売掛金債権について，売買契約の目的物に瑕疵があり，YはこのXに主張したいと考えている。

このような事案において，Yに対して譲受債権請求訴訟を提起しようとするXは，訴訟物をどのように捉え，請求の趣旨をどのように記載すべきか，これが本問の【問題1】で問われている。

次に，【問題2】においては，貸金の担保として，売掛金債権の譲渡を受けたXが，譲受債権請求訴訟を提起する場合に請求原因事実として主張すべき要件事実は何かが問われている。また，本問の事案において，Yが主張する抗弁としては，どのようなものが考えられ，その場合の要件事実は何か，さらに，抗弁に対する再抗弁，再抗弁に対する再々抗弁としては，どのようなものが考えられ，その場合の要件事実は何か，この点について検討することが【問題3】において要求されている。

2 【問題(1)】譲受債権請求訴訟の請求の趣旨と訴訟物

(1) 売掛金請求に関する請求の趣旨

(ア) 主たる請求の請求の趣旨

(a) 本問において，XがYに対して請求する債権は，Bから譲り受けたBのYに対する継続的売買取引契約に基づいて発生した売掛金（売買代金債権）であって，金銭債権である。請求の趣旨の記載は，金銭債権を請求する場合の一般原則に従えば良い。

(b) 本問では，XのBに対する債権額は500万円であり，Bから譲り受けたBのYに対する債権は平成22年1月1日から同年2月21日までの食材販売に関する653万円の売買代金債権であるから，Xとしては，過剰な債権を譲り受けたことになり，不当利得の関係が生じる。しかしながら，これは，XとBの関係であって，XがBから譲り受けた債権全額を行使することについては，特に問題はない。Xは，Yに対して653万円を請求することになる。

(c) そこで，本問における主たる請求に関する請求の趣旨は，以下のようなものとなる。

> 被告は，原告に対し，653万円を支払え。

(イ) **附帯請求の請求の趣旨**
(a) 金銭債権については，附帯請求として，履行期後の遅延損害金を請求することが通例である。

BとYとの間の取引の約定は，「毎月末日締め切り，翌月末日までに銀行振込で支払う」というものであるから，平成22年1月1日から同月31日までの分については，同年3月末日が履行期ということになり，同年4月1日以降の遅延損害金を請求し得ることになる。また，平成22年2月1日から同月21日までの分の金額については，同年4月末日が履行期ということになり，同年5月1日以降の遅延損害金を請求し得ることになる。

ただし，本問において，Xとしては，1月分と2月分の各々の具体的な金額を知らないので，平成22年1月分の金額についても2月分と合わせ，同年5月1日以降の遅延損害金を請求することになろう。

(b) 遅延損害金率については，約定がなければ法定利率によることになり，BもYも株式会社であるから，BのYに対する売掛金債権は商行為によって生じた債権であって，その法定利率は年6分となる（商514条）。

(ウ) **請求の趣旨の記載** そこで請求の趣旨は以下のようなものとなる。

> **請求の趣旨**
> 1 被告は，原告に対し，653万円及びこれに対する平成22年5月1日から支払済みまで年6分の割合による金員を支払え。
> 2 訴訟費用は被告の負担とする。

(2) **訴訟物**
(ア) **主たる請求の訴訟物** 債権譲渡は，債権の同一性を変えることなく帰属主体を変更することを内容とするから，第三者から債権を譲り受けた者が，債務者を被告として当該債権の債権者として，その給付の実現を求める場合の訴訟物は，当該譲受債権の目的となった債権である。

それ故，本問におけるXのYに対する請求の訴訟物は，

> BY間の売買契約に基づく代金支払請求権

となる。

なお,「XのYに対する,BY間の売買契約に基づく売買代金請求権」とする見解もあるが,Xが債権の帰属主体となった経路,原因は,訴訟物を特定する要素とはならないとされている(類型別124頁)。
　(イ)　**附帯請求の訴訟物**　　附帯請求である遅延損害金請求の訴訟物は,

> 履行遅滞に基づく損害賠償請求権

となる。

3　【問題(2)】譲受債権請求訴訟の請求原因
(1)　譲受債権請求訴訟の請求原因事実
　債権の譲受人が譲り受けた債権の債務者に対してその債務の履行を請求するためには,請求原因として
　① 譲受債権の発生原因事実
　② 譲り受けた債権の取得原因事実
を主張立証する必要がある(類型別125頁)。
(2)　継続的売買契約取引に基づく売買代金請求訴訟の請求原因事実
　(ア)　**売買代金請求の要件事実**
　　(a)　本問において,XがBから譲り受けた債権は,BのYに対する継続的売買取引契約に基づいて発生した売買代金請求権である。
　売主が買主に対し,売買代金の支払を請求するには,請求原因として,
　①　BとYが売買契約を締結したこと
を主張立証しなければならない。
　そして,売買契約の要素は,民法555条の規定から,売買の目的物(財産権)と代金額(または代金額の決定方法の合意)と解されるから,これらについて具体的に主張立証する必要がある。
　　(b)　売買代金の支払時期や目的物の引渡時期は,いずれも売買契約の本質的要素ではなく,附款に過ぎないから,請求原因として主張立証する必要はない。
　また,民法は,他人物の売買も有効としているから(民560条),Bが目的物を所有していたことを主張立証する必要はない。
　さらに,BがYに目的物を引き渡したことも主張立証する必要はない。
　なお,売買契約の締結日は,売買契約の要件事実ではないが,売買を特定するために「時的因子」として記載すべき事実であると考えられている(30講163頁)。
　(イ)　**継続的売買取引の場合**　　本問において,XがBから譲り受けたBのYに

対する売買代金債権は，ＢＹ間の継続的な売買取引に基づいて発生している売買代金請求権である。

継続的な売買取引の場合，目的物を反復継続して売り渡し，代金は後日一定期間分をまとめて支払うことを合意した上で，個々の売買取引を行うのが通常である。それ故，取引の基本的な条項を合意する基本取引と個々の具体的な売買取引を主張立証することになる。

基本取引については，契約の当事者，供給目的物，継続期間等で特定する必要がある。

個別取引については，目的物，数量，代金額，発注日，納品日等で特定する必要があり，別表にして訴状に添付することが多い。

(3) 附帯請求（売買代金債務の履行遅滞に基づく損害賠償請求）をする場合の請求原因

(ｱ) 売主が買主に対し，附帯請求として，民法575条2項本文にいう利息の支払を請求する場合の請求原因は，民法575条2項本文の「利息」を遅延損害金と考えるか，法定利息と考えるかで異なってくるが，遅延損害金と解するのが多数説である（我妻栄V₂312頁，30講177頁）。

この立場に立つと，附帯請求の要件事実は，以下のとおりとなる。

① ＢとＹが売買契約を締結したこと
② 代金支払債務の履行期が経過したこと
③ ＢがＹに対して①の契約に基づき目的物を引渡したこと
④ 損害の発生とその数額

(ｲ) ③の点について，前述のとおり，主たる請求の関係では請求原因事実とはならないが，附帯請求の関係で請求原因事実となることに注意を要する。すなわち，民法575条2項により，売買契約においては引渡しの日から代金の利息（多数説はこれを遅延損害金と理解する。）を支払う義務を負うと定められている。よって，多数説を前提とする限り，附帯請求については「目的物を引き渡したこと」が要件事実として必要になる。双務契約一般については，同時履行の抗弁権の存在効果を失わせるために履行の提供の事実を，いわゆる「せりあがり」により請求原因事実として主張しなければならないとされる場合があるが，売買契約においては上記575条2項により履行の提供の事実では足りず，引渡しの事実が必要となることに留意すべきである。

(ｳ) ④の点については，金銭債務の不履行の場合，特約がなくとも，民法上当然に年5分の割合（民404条）による損害金を請求することができる（民419条1項本文）から，法定利率による損害金を請求する場合は，②の時期以降の期間の経過を主張立証すれば足りることになる。

また，商行為によって生じた債権については，商事法定利率年6分の割合による遅延損害金を請求することができる（商514条）。

商行為によって生じた債権とは，債権者または債務者の一方のための商行為である行為によって生ずることが必要であり，それで足りるとするのが判例（最判昭和30年9月8日民集9巻10号1222頁）である。

商事法定利率による遅延損害金を請求するときの要件事実は，

① 当該債権の当事者のいずれかが商人であること（商503条）

または

② 絶対的商行為もしくは営業的商行為による債権であること（商501条・502条）

である（30講407頁）。

本問で，Xは，

①' BもしくはYが売買契約締結当時，株式会社であったこと

または，本件代金債権がいわゆる投機購買の実行行為（商501条1号）により発生したものであることを示す事実として

②' Bが，売買契約締結当時，食品の販売を目的としていたこと

を主張しなければならない。

(4) 譲り受けた債権の取得原因事実

譲り受けた債権の取得原因事実に関しては，債権譲渡とその原因行為との関係が問題となる。すなわち，債権譲渡自体は債権の処分行為であるが，動産や不動産の譲渡と異なるところはないので，理論的には，債権の帰属主体を変更する効果を直接発生させる契約（準物権行為）と，債権の帰属主体を変更する義務（債務）を成立させる契約（債権行為）とを観念することができる。そこで，債権移転のために，原因行為である売買契約や贈与契約などの債権行為とは別個に，債権の移転自体を目的とする準物権行為としての処分行為が必要となるかが問題となるのである。

この点については，債権譲渡も，売買契約や贈与契約と同様，不要式の意思表示によって行われるのであるから，物権変動における物権行為の独自性の問題と同様に，独自性は否定すべきであり，債権の取得原因事実としては，その原因行為であ

る売買契約や贈与契約の事実のみを主張すれば足りる。そして，売買契約，贈与契約等を主張する場合には，その契約中の債権譲渡についての合意部分のみを取り出して主張することはできないと考えるのが多くの見解のようである（原因行為説。30講 385 頁，類型別 126 頁，問題研究 169 頁等）。

　これに対し，債権譲渡の場合は，準物権行為の独自性を肯定し，処分行為たる債権譲渡契約の成立でよく，単に債権の譲渡人と譲受人との間で債権譲渡契約が締結されたことを主張すれば足りるとする見解もある（処分行為説。倉田〔債権総論〕350 頁）。

　準物権行為の独自性を否定する見解は，社会的事実として「債権を譲渡する」だけの単純な合意は存在せず，必ずそれと不可分一体となっている合意が存在するのが通例であること，合意の一部だけ取り出して主張立証することを許すと，相手方に多大な負担を強いることになることを理由とする（30 講 385 頁）。

　しかしながら，債権の譲渡契約の本質的な部分は，債権の譲渡があったか否かであり，その原因行為の法的性質如何は，必ずしも本質的な要素とは言えないと考えられる。すなわち，譲渡の対象となった債権の債務者の関心事は，債権が譲渡されたのか否か，真の債権者は誰かであって，債権者と譲受人間の契約内容そのものではないはずであるし，他方債権の譲受人が債務者に対して請求するにあたって，自らが債権者となったことを主張立証すれば足り債権譲渡の原因行為の具体的な内容（例えば，贈与か売買か，幾らで購入したか等）を債務者に明らかにする必要はないと考えるのが通常である。とりわけ，債権譲渡の原因が売買である場合に，売買代金をあえて債務者に告知しなければならない理由は何らないし，債権譲渡登記においても，債権譲渡の原因は登記されるが，売買代金までは登記されない（動産・債権譲渡特例 8 条 2 項 3 号）。また，銀行等の金融機関が債権回収会社（いわゆるサービサー）に債権を譲渡する場合は，多数の債権を一括して譲渡し，その場合に売買代金としては総額のみを定め，個々の債権については，売買代金を付けない場合も多い。これらのことを考えると，債権譲渡においては，準物権行為の独自性を肯定し，債権の取得原因からその部分だけを抽出することも極めて意味があると思われる。なお，最判昭和 41 年 9 月 22 日民集 20 巻 7 号 1392 頁は，「債権譲渡」の事実が主要事実であり，債権譲渡の原因行為は，間接事実に過ぎないと判示しており，また，裁判実務上も，「債権を譲渡する旨の合意」が主張立証されれば，債権の取得原因（売買によってか贈与によってか，売買の場合は売買代金額）を主張していなくても，主張自体失当として請求が棄却されることはまずない。それ故，債権の取得原因の請求原因としては，単に債権の譲渡人と譲受人との間で債権譲渡契約が締結されたことを主張すれば足りると考えるべきである。

(5) 譲渡担保契約の要件事実

(ア) 多数説である原因行為説に立ち，債権の取得原因事実として，その契約中の債権譲渡についての合意部分のみを取り出して主張することはできないとする立場からすると，本問における債権の取得原因事実は，債権の譲渡担保契約であるから，この点を主張立証しなければならない。

譲渡担保とは，担保の目的物である財産権をいったん債権者に移転させ，債務者が債務を弁済したときに返還するという形式の物的担保であり，民法上の規定はないが取引慣行から生まれて，判例・学説により認められており，実務上重要な機能を営んでいる。

譲渡担保契約の要件事実は，
① 被担保債権の発生原因事実
② 譲渡担保設定者が譲渡担保権者との間で，①の債権を担保するために担保の目的物である財産権を移転することを約したこと

である。

(イ) 金銭債務の担保として将来発生する債権を一括して譲渡するいわゆる集合債権譲渡担保契約の問題点

(a) 本問において，XとB間の債権譲渡契約は，BのXに対する債務の担保として，BがYとの間において，将来発生する債権を一括して譲渡するというものであり，集合債権譲渡担保契約と呼ばれるものである。

(b) 大判昭和9年12月28日民集13巻23号2261頁は，将来発生すべき債権を目的とする債権譲渡契約の有効性を肯定し，その後の判例もひろくこれを認めている。この場合，譲渡を認め得るほどに客観的に内容を確定することができる将来債権と言えるかという点が問題とされていたが，最判平成11年1月29日民集53巻1号151頁は，「将来発生すべき債権を目的とする債権譲渡契約にあっては，契約当事者は，譲渡の目的とされる債権の発生の基礎を成す事情をしんしゃくし，右事情の下における債権発生の可能性の程度を考慮した上，右債権が見込みどおり発生しなかった場合に譲受人に生ずる不利益については譲渡人の契約上の責任の追及により清算することとして，契約を締結するものと見るべきであるから，右契約の締結時において右債権発生の可能性が低かったことは，右契約の効力を当然に左右するものではないと解するのが相当である。」旨判示し，債権発生の可能性の高低は，将来債権を目的とする債権譲渡契約の効力には影響を与えないと判示した。

次に，譲渡の目的となる債権が将来債権を含む流動的な債権の場合，目的物が特定されていると言えるか否かが問題となる。この点について，最判平成12年4月21日民集54巻4号1562頁は，「債権譲渡の予約にあっては，予約完結時において

譲渡の目的となるべき債権を譲渡人が有する他の債権から識別することができる程度に特定されていれば足りる。そして，この理は，将来発生すべき債権が譲渡予約の目的とされている場合でも変わるものではない。」旨判示し，債権譲渡の予約時に目的債権が具体的に特定されていなくても，予約完結時に譲渡の目的となるべき債権を譲渡人である債務者が有する他の債権から識別することができる程度に特定されていれば足りるとした。その上で，第三債務者，発生原因（特定の商品の売買取引）が特定されており，これらによって他の債権から識別ができる程度に特定されているといえるとした。また，最判平成13年11月22日民集55巻6号1056頁は，特定の要因として，「発生原因となる取引の種類」，「発生期間」を挙げ，集合債権譲渡担保契約の有効性を認めている。

(c) 本問において，債権譲渡の目的となった債権は，BとYとの間において，平成21年3月1日から平成22年2月28日までの1年間に発生する冷凍食材の売買代金債権であり，第三債務者及び発生原因は特定されていると言えるし，期間も1年間であるから，問題はないと言える。ちなみに，前記最判平成11年1月29日は，将来8年3か月にわたって発生すべき診療報酬債権の各月の一定額分の譲渡契約を有効であると判示している。

(6) 貸金返還請求権の要件事実

(ア) 譲渡担保契約の要件事実として，まず，「被担保債権の発生原因事実」を主張立証しなければならない。

本問の被担保債権は，XのBに対する金銭消費貸借契約に基づく貸金返還請求権である。

金銭消費貸借契約に基づく貸金返還請求権の発生原因事実は，
① 貸主が借主との間で金銭の返還の合意をしたこと
② 貸主が借主に対し，金銭を交付したこと
③ 貸主が借主との間で弁済期の合意をしたこと
である。

(イ) 消費貸借契約は，いわゆる貸借型の契約である。貸借型の契約は，一定の価値をある期間借主に利用させることに特色があり，契約の目的物を受け取るや直ちに返還すべき貸借は，およそ無意味であるから，貸借型の契約にあっては，返還時期の合意は，単なる法律行為の附款ではなく，その契約に不可欠の要素であると解すべきである(類型別27頁)。

したがって，消費貸借契約では，弁済期の合意は，単なる法律行為の附款ではなく，契約の本質的要素であり，契約成立の要件となる。

(ウ) なお，本問では，借主に対して消費貸借契約に基づく支払を請求している

事例ではないので，弁済期の到来は，要件事実とはならない。

(7) 本問に即して，具体的な事実を摘示すれば以下のとおりとなる。

請求原因

（債権の取得原因事実として，その契約中の債権譲渡についての合意部分のみを取り出して主張することはできないとする立場）

1 譲受債権の発生原因事実

(1) 訴外Bは，被告に対し，冷凍食材を，毎月末日締め切り，翌々月末日支払の約定で継続的に売り渡す旨の継続的売買取引契約（以下「本件継続的売買取引契約」という。）を締結していた。

(2) 訴外Bは，被告に対し，平成22年1月1日から同年2月21日までの間，別表（省略）記載のとおり合計653万円分の冷凍食材を販売し，これを引き渡した（以下，販売による代金債権を「本件売掛金債権」という。）。

(3) 平成22年4月30日は経過した。

2 本件売掛金債権の債権譲渡

(1) 被担保債権の発生原因事実

原告は，訴外Bに対し，平成21年3月10日，弁済期を平成22年3月10日と定めて，500万円を貸し付けた（以下，貸付けによる貸金債権を「本件貸金債権」という。）。

(2) 譲渡担保契約の締結

原告と訴外Bは，平成21年3月10日，本件貸金債権を担保するために，平成21年3月1日から平成22年2月28日までの間に，訴外Bと被告との間の本件継続的売買取引から発生する冷凍食材の売掛金債権を譲渡する旨の債権譲渡担保契約を締結し，もって，訴外Bは，原告に対し，本件売掛金債権を譲渡した（以下，「本件債権譲渡」という。）。

3 附帯請求につき，商事債権である事実を基礎づける事実

訴外Bまたは被告は，売買契約締結当時，株式会社であった。

4 よって，原告は，被告に対し，訴外Bと被告との間の売買契約に基づき，代金653万円及びこれに対する弁済期の後である平成22年5月1日から支払済みまで商事法定利率年6分の割合による遅延損害金の支払を求める。

（債権の取得原因事実として，その契約中の債権譲渡についての合意部分のみを取り出して主張することができるとする立場）

この立場は，債権の取得原因事実について，債権の譲渡の合意で足りる。

1　譲受債権の発生原因事実
(1)　訴外Bは，被告に対し，冷凍食材を，毎月末日締め切り，翌々月末日支払の約定で継続的に売り渡す旨の継続的売買取引契約（以下「本件継続的売買取引契約」という。）を締結していた。
(2)　訴外Bは，被告に対し，平成22年1月1日から同年2月21日までの間，別表（省略）記載のとおり合計653万円分の冷凍食材を販売し，これを引き渡した（以下，販売による代金債権を「本件売掛金債権」という。）。
(3)　平成22年4月30日は経過した。
2　本件売掛金債権の債権譲渡
　　原告と訴外Bは，平成21年3月10日，平成21年3月1日から平成22年2月28日までの間に，訴外Bと被告との間の本件継続的売買取引から発生する冷凍食材の売掛金債権の譲渡契約を締結し，もって，Bは，原告に対し，本件売掛金債権を譲渡した（本件債権譲渡）。
3　附帯請求につき，商事債権である事実を基礎づける事実
　　訴外Bまたは被告は，売買契約締結当時，株式会社であった。
4　よって，原告は，被告に対し，訴外Bと被告との間の売買契約に基づき，代金653万円及びこれに対する弁済期の後である平成22年5月1日から支払済みまで商事法定利率年6分の割合による遅延損害金の支払を求める。

4　【問題(3)】譲受債権請求訴訟の抗弁事由・再抗弁事由・再々抗弁事由の検討

(1)　Yの抗弁

Yの言い分から考えられる抗弁としては，①債務者に対する対抗要件の抗弁，②弁済その他の譲渡人に対して生じた事由についての抗弁等である。

以下，これらの抗弁及び抗弁毎に，再抗弁，再々抗弁を順次検討する。

(2)　抗弁Ⅰ（債務者対抗要件の抗弁）

(ｱ)　民法467条1項は，「指名債権の譲渡は，譲渡人が債務者に通知をし，又は債務者が承諾をしなければ，債務者その他の第三者に対抗することができない。」と規定している。

「対抗することができない」とは，債権の譲受人が債務者に対して債権を行使するための積極的要件ではなく，債務者において対抗要件が欠けていることを主張して，譲受人の債権行使を阻止することができるに過ぎないものと解されている（最判昭和56年10月13日集民134号97頁）。

債権譲渡における債務者に対する対抗要件に関する要件事実，主張立証責任の所在についても，民法177条等における対抗要件に関する要件事実，主張立証責任の所在と同様，第三者の側で対抗要件の欠缺を主張し得る正当な利益を有する第三者であることを主張立証し，かつ，対抗要件の有無を問題として，これを争うとの権利主張を要するとされる（権利抗弁説。前掲最判昭和56年10月13日）。

　債務者は，対抗要件の欠缺を主張するについて正当な利益を有することを根拠付けなければならないが，請求原因に現れた債権の発生原因事実により，債務者が正当な利益を有する第三者であることも現れる。他方で，被告が欠席している場合にも原告が請求原因としてその債権の譲り受けについて対抗要件を具備したことを主張しなければならないとすると，結果的に，通知または承諾が譲受債権を行使するための要件となってしまい妥当ではない。それ故，債務者は，債権者が通知をしたことまたは債務者が承諾をしたことを譲受人たる原告が主張立証しない限り，譲受人に対して弁済を拒絶することができるとの法的地位を与えるのが公平であり，債務者は抗弁としてこの権利主張をすれば足りることになる。

　(イ)　したがって，債務者は，債務者に対する対抗要件の抗弁として，
債権譲渡につき，譲渡人が通知をしまたは債務者が承諾しない限り譲受人を債権者として認めない
との権利主張をすることができる。

　(ウ)　本問に即して，具体的な事実を摘示すれば以下のとおりとなる。

> **抗弁Ⅰ**（対抗要件の抗弁）
> 　本件債権譲渡につき，訴外Bが通知をしまたは被告が承諾しない限り，原告を債権者として認めない。

(3)　抗弁Ⅰに対する再抗弁（債務者対抗要件具備の再抗弁）

　(ア)　Yの債務者対抗要件の抗弁に対し，Xは，再抗弁として，Xが債務者に対する対抗要件を具備したことを主張立証することができる。

　債務者に対する対抗要件は，譲渡人の債務者に対する通知，または，債務者の承諾である。

　(イ)　通知は債権譲渡以後にされたものでなければならないのに対し，承諾は債権譲渡の前後のいずれにされたものであるかは問わない（最判昭和28年5月29日民集7巻5号608頁）。

　通知をなすべき者は債権の譲渡人であり，譲受人はできない。譲受人は，譲渡人に代位して通知することも許されない（大判昭和5年10月10日民集9巻11号948頁）。

承諾は債権の譲渡人または譲受人のいずれかに対してすれば足りる（最判昭和49年7月5日集民112号177頁）。

(ウ) したがって、債務者対抗要件具備の再抗弁の要件事実は、
[A] 債権譲渡につき、それ以後譲渡人が債務者に対し譲渡の通知をしたこと
または
[B] 債権譲渡につき、債務者が譲渡人または譲受人に対し承諾したこと
である。

(エ) 本問に即して、具体的な事実を摘示すれば以下のとおりとなる。

抗弁Iに対する再抗弁（通知・承諾）

[A] 訴外Bは被告に対し、平成22年3月22日、本件債権譲渡につき、譲渡の通知をした（内容証明郵便による通知である。）。

または

[B] 被告は原告に対し、平成22年3月25日、本件債権譲渡につき、承諾した（架電をした際の口頭による承諾である。）。

---

(4) **抗弁II**（譲渡人に対して生じた事由についての抗弁）

(ア) 民法468条2項は、債権譲渡に関与しない債務者を保護するため、「譲渡人が譲渡の通知をしたにとどまるときは、債務者は、その通知を受けるまでに譲渡人に対して生じた事由をもって譲受人に対抗することができる。」と規定している。この点は、債務者が異議をとどめて譲渡を承諾した場合についても同様である。

このような譲渡人について生じた事由の典型例としては、債権の発生原因である契約の取消、解除、譲渡人に対する弁済、相殺等の債権の消滅事由などがある。

(イ) このような趣旨からすれば、債務者が譲渡人について生じた事由についての主張立証責任を負い（抗弁となる。）、譲受人がその事由の発生前に通知または承諾がされたことについての主張立証責任を負うことになる（再抗弁となる。）。

(ウ) 本問において、譲渡人に対して生じた事由として考えられる抗弁は、①Bが納品した冷凍エビが粗悪だったことに基づく代金減額の抗弁、②Bが納品した冷凍エビが粗悪だったことに基づく損害賠償請求権を自働債権とする相殺の抗弁の2つである。

(5) **抗弁IIに対する再抗弁I**（先立つ債務者対抗要件の再抗弁）

(ア) 民法468条2項の反対解釈から、債務者は譲渡の通知を受けた後に譲渡人に対して生じた事由をもって譲受人に対抗することはできないことになる。

それ故、譲受人は再抗弁として、

[A] 譲渡人に対して生じた事由に先立ち，債権譲渡につき，それ以後，譲渡人が債務者に対して譲渡の通知をしたこと
または
[B] 譲渡人に対して生じた事由に先立ち，債権譲渡につき，債務者が譲渡人または譲受人に対し承諾をしたこと
を主張立証することができる。

(イ) ただし，本問に即して言えば，Yの代金減額請求事由及び相殺の自働債権となる損害賠償請求債権は，いずれもBがYに通知をする前に生じていたのであるから，Xは，この再抗弁を主張し得ないことになる。

(6) 抗弁Ⅱに対する再抗弁Ⅱ（異議を留めない承諾の再抗弁）

(ア) 民法468条1項は，「債務者が異議をとどめないで前条の承諾をしたときは，譲渡人に対抗することができた事由があっても，これをもって譲受人に対抗することができない。」と規定している。

それ故，債務者の「譲渡人に対して生じた事由についての抗弁」に対し，譲受人は，再抗弁として，

譲渡人に対して事由が生じた後に，債権譲渡につき，債務者が異議をとどめないで承諾したこと

を主張立証することができる。

異議をとどめない承諾の主張立証責任については，承諾と異議をとどめなかったことが可分であるとして，譲受人は，再抗弁として承諾のみを主張立証すれば足り，債務者が再々抗弁として異議をとどめたことを主張立証すべきであるとも考えられる。しかし，異議をとどめない承諾の法的性質については，債務者が債権譲渡を承諾した際，その債権につき譲渡人に対して有する抗弁を留保しなかったことにより，抗弁喪失の効果が付与されたものと解され（最判昭和42年10月27日民集21巻8号2161頁），このような抗弁喪失の効果が認められる根拠は，単に承諾したことではなく，異議をとどめないで承諾したことに求められるというべきであるから，譲受人は債務者が異議をとどめないで承諾したことを主張立証すべきである（類型別130頁）。

(イ) 本問に即して，具体的な事実を摘示すれば以下のとおりとなる。

> 再抗弁Ⅱ（異議を留めない承諾）
> 被告は，原告に対し，平成22年3月25日，本件債権譲渡について異議をとどめないで承諾した。

(7) 再抗弁Ⅱに対する再々抗弁Ⅰ (悪意の再々抗弁)

(ア) 前掲最判昭和42年10月27日は,「民法468条1項本文が指名債権の譲渡につき債務者の異議をとどめない承諾に抗弁喪失の効果をみとめているのは,債権譲受人の利益を保護し一般債権取引の安全を保障するため法律が附与した法律上の効果と解すべきであつて,悪意の譲受人に対してはこのような保護を与えることを要しないというべきである」と判示し,債権譲受時に抗弁事由の存在について悪意の譲受人は,民法468条1項の保護を受けられないと判示している。

それ故,債務者は,譲受人の悪意を再々抗弁として主張立証することができる。

(イ) 譲受人の悪意の再々抗弁の要件事実は,

譲受人が債権を譲り受けた際,債務者の譲渡人に対して生じた事由を知っていたこと

である。

(ウ) 本問に即して,具体的な事実を摘示すれば以下のとおりとなる。

再抗弁Ⅱに対する再々抗弁Ⅰ (譲受人の悪意)
　原告は,本件債権譲渡の際,冷凍エビの品質が悪かったことを知っていた。

ただし,本問においては,XはBの債権者に過ぎず,Yがこの点を立証することは困難であろう。

(エ) なお,異議をとどめない承諾の再抗弁に対し,

譲受人が債権を譲り受けた際,債務者の譲渡人に対して生じた事由を知らなかったことにつき譲受人に過失があったことの評価根拠事実

が再々抗弁となるかについては,争いがある。

(8) 抗弁Ⅱ-1 (代金減額の抗弁)

(ア) 本問において,Yとしては,2月7日以降にBから購入した冷凍エビの品質が悪く,300万円分を代金から減額して貰う必要があると考えており,この事由を抗弁として主張することになる。

冷凍エビは不特定物であり,不特定物売買において,目的物が粗悪で債務の本旨に従った履行と言えない場合は,不完全履行となる。

不完全履行の効果として,損害賠償の請求及び解除をなし得る(我妻Ⅳ153頁)。本問のように追完が不能なときに,給付に代わる損害賠償を請求することができ,給付の全部に代わる損害の賠償を請求し得るか,または瑕疵に該当する損害の賠償を請求し得るだけかは,一部不能の場合と同一であり,給付が可分であるが可能な残部が僅少であって一部不能のために債権の目的を達し得ないときは,債権者は残部

の受領を拒絶して全部に該当する塡補賠償を請求することができるが，そうでない限り，不能の部分に該当する塡補賠償を請求し得るに止まると解されている（前掲我妻Ⅳ 153 頁，146 頁）。

この塡補賠償について，損害賠償請求と構成せずに代金減額請求をなし得るかが問題となるが，実質的には，損害賠償請求をして，それと相殺するのと異なるところはないし，商法 526 条 2 項は，商人間の売買において，代金の減額請求をなし得ることを前提として規定しており，そして，この規定は，商事売買が不特定物売買を主とする以上，不特定物売買についても適用されると考えられている（最判昭和 35 年 12 月 2 日民集 14 巻 13 号 2893 頁，鈴木竹雄『新版商行為法・保険法・海商法（全訂第 2 版）』〔弘文堂・1993〕21 頁，新版注釈 (14) 410 頁）ことからすれば，肯定すべきであろう。

(イ) 不完全履行に基づき損害賠償を請求する場合の要件事実は，
① 債務発生原因（契約の締結）
② 不完全な履行があったこと
　(i) 形式的に履行がなされたこと
　(ii) その履行が債務の本旨に従ったものでないこと
③ 損害の発生及びその額
である。

不完全履行に基づき代金減額を請求する場合の要件事実も同様に考えられるが，「損害の発生及びその額」については，「減額されるべき代金の額」となる。

(ウ) 以上を前提に，本問に即して，具体的な事実を摘示すれば以下のとおりとなる。

> 抗弁Ⅱ-1（代金減額の抗弁）
> 1　訴外Bが，平成 22 年 2 月 7 日以降，被告に納品した冷凍エビは，あまりにも小振りで，かつ，鮮度も悪くほとんど腐りかけの状態であった。
> 2　訴外Bが納品した冷凍エビの価値は，代金額よりも 300 万円低い金額であり，その分代金が減額される。

(9) 抗弁Ⅱ-1 に対する再抗弁Ⅰ

(ア) 不完全履行の抗弁に対する再抗弁としては，
［A］違法性阻却事由
［B］帰責性の不存在
を主張立証することができる。

帰責性の不存在については，債務者側に主張立証責任があるとするのが判例（履

行遅滞につき大判大正10年5月27日民録27輯963頁，履行不能につき大判大正14年2月27日民録4輯97頁，最判昭和52年3月31日集民120号341頁）及び通説である。

(イ) 本問において，X自身は，この債務の債務者ではないので，これらの事情が存在するかについては，Xの言い分からは不明である。

(10) 抗弁Ⅱ-1に対する再抗弁Ⅱ（商人間の売買につき検査通知義務違反）

(ア) 代金減額の抗弁に対する再抗弁としては，商法526条1項前段・2項前段の検査通知義務違反を主張立証し得る。

商法526条1項前段・2項前段は，「商人間の売買において，買主は，その売買の目的物を受領したときは，遅滞なく，その物を検査しなければならない。」「前項に規定する場合において，買主は，同項の規定による検査により売買の目的物に瑕疵があることまたはその数量に不足があることを発見したときは，直ちに売主に対してその旨の通知を発しなければ，その瑕疵または数量の不足を理由として契約の解除または代金減額若しくは損害賠償の請求をすることができない。」と規定している。判例は，この規定を民法の担保責任の特則としている（最判昭和35年12月2日民集14巻13号2893頁，新版注釈(14) 410頁）。

(イ) 商人間の売買につき検査通知義務違反の要件事実は，
① 売主と買主が当該売買契約締結時，いずれも商人であったこと
② 買主が売主から目的物を受領したこと及びその時期
③ 上記②の時期から相当の期間が経過したこと
である（要件事実(1) 189頁，岡口基一『要件事実マニュアル上巻（第2版）』〔株式会社ぎょうせい・2007〕495頁）。

商法526条2項前段の文言からすると，買主が通知を発しなかったことも再抗弁の一部として必要とするようにみえるが，この規定の趣旨は，買主が目的物の受領後，正常の取引慣行からみて検査及び通知を発するに必要な相当期間が経過したときは，権利関係を早期に確定させようとするところにある。したがって，その期間内に通知があれば，権利関係の確定を妨げ，権利保全のための義務を履行したと考えられるから，期間内に通知を発したことが買主の再々抗弁となるものであって，通知を発しなかったことは再抗弁の要件事実ではないと解すべきである（要件事実(1) 190頁）。

(ウ) 本問においては，B，Yとも商人であり，商人間の売買にあたるから，Xは，検査通知義務違反を再抗弁として主張立証することができる。

本問に即して，具体的な事実を摘示すれば以下のとおりとなる。

> **抗弁Ⅱ-1に対する再抗弁Ⅱ**（検査通知義務違反）
> ① 訴外Bと被告は，本件売買契約締結当時，いずれも株式会社であった。
> ② 被告は，平成22年2月7日から同月21日までの間，訴外Bから本件冷凍エビを受領した。
> ③ 上記②の時期から，相当の期間が経過した。

(11) 検査通知義務違反の再抗弁に対する再々抗弁

(ア) 前述した商法526条2項前段の規定及び同条3項に「前項の規定は，売主がその瑕疵又は数量の不足につき悪意であった場合には，適用しない。」と規定しているところから，売主が主張する買主の検査通知義務違反の再抗弁に対して，買主は再々抗弁として，以下の事由を主張立証することができる。

［A］買主が売主に対し，目的物を受領してから相当の期間が経過する前に，目的物に瑕疵または数量不足があることの通知を発したこと
［B］売主が，買主が目的物を受領してから相当の期間が経過する前に，目的物に瑕疵または数量不足があることを知ったこと

(イ) 上記［A］の点について，期間内に通知を発したことが買主の再々抗弁となるものであって，通知を発しなかったことは再抗弁の要件事実ではないことについては前述したとおりである。また，買主が検査をしたことは，要件事実ではない。検査をしなくても，何らかの方法で瑕疵または数量不足の存在を知ればよいし，通知を遅滞なく発したことが必要とされるだけだからである。

上記［B］の点について，売主の悪意については，一般に，目的物の引渡時に売主が瑕疵の存在，数量不足等を知っていることであると解されているが，売主が悪意であれば，買主は，通知を発しなくても権利行使をすることができるのであるから，売主の悪意と買主が通知を発することとは，いわば等価値であり，さらに，買主の通知は，相当期間内に発すれば足りると解されているから，売主が悪意になったのが上記の相当期間内であれば，買主が通知を発しない場合でも権利行使を認めても良いと考えられる。したがって，売主が悪意になった時期は，上記の相当期間経過前であれば良いとされる（要件事実(1)191頁）。

(ウ) Yの言い分によれば，2月7日以降に購入した冷凍エビの品質が悪く，瑕疵があったことは，21日に取引を中止する旨をYがB社に通告した際に，その理由として伝えている。そこで，本問では以下のような再々抗弁が想定される。

> **抗弁Ⅱ-1に対する再抗弁Ⅱに対する再々抗弁**（相当期間内の通知）
> 被告は，平成22年2月21日，訴外Bに対し，被告が平成22年2月7日から

同月21日までの間に訴外Bから受領した本件冷凍エビが，あまりにも小振りで，かつ，鮮度も悪くほとんど腐りかけの状態であったことを通知した。

(12) 抗弁Ⅱ-2（相殺の抗弁）

(ア) Yの言い分から，Yは，譲渡人に対して生じた事由についての抗弁として，冷凍エビの品質が悪く，弁当を購入した顧客からクレームがつき，営業上の損害を被ったとして，Bに対する損害賠償請求権を自働債権として，相殺の抗弁を主張することが考えられる。

Yの主張する損害賠償請求権は，「Bが納品した冷凍エビは，粗悪品であり，売買代金よりも300万円低い価値しか有しないものであったから，その分の損害を被った。」という内容となる。

なお，Yの主張としては，Bから納品された粗悪な冷凍エビを販売したため，顧客からクレームがつき，評判を落としたことにより売上高が減り，営業上の損害を被ったという主張をすることも考えられるが，本問における言い分からはそのような主張をしているとは考えられないので，その点は検討しないこととする。

(イ) 相殺の抗弁を主張する場合の要件事実は，

① 自働債権の発生原因事実

② 受働債権につき，被告が原告に対し一定額について相殺の意思表示をしたこと

である（類型別32頁）。

民法505条1項本文は，①及び②のほかに，「二人が互いに同種の目的を有する債務を負担する場合」及び「双方の債務が弁済期にあるとき」を要件として規定しているが，受働債権は，相殺の意思表示を受ける原告の請求原因により明らかであるし，債権の目的についても，自働債権の発生原因事実から明らかになるので，被告の抗弁としては，自働債権の発生原因事実だけで足りる。「弁済期」の点については，自働債権の発生原因事実が売買型の契約である場合は，弁済期の合意を主張する必要はないが（弁済期の合意が再抗弁となる。），自働債権の発生原因が貸借型の契約である場合は，自働債権の発生原因事実を主張立証することにより，弁済期の合意の事実が現れるので，被告は弁済期の到来も主張しなければならなくなる（類型別33頁）。

(ウ) 自働債権に何らかの抗弁権が付着していることが明らかな場合は，

③ 自働債権についての抗弁権の消滅原因事実

が要件事実となる。例えば，自働債権に同時履行の抗弁権が付着している場合，判例通説によれば，抗弁権の存在効果として相殺が許されないことになるから，同時履行の抗弁権の発生障害または消滅原因となる事実も併せて主張しなければならな

い（類型別 33 頁）。

(エ)　以上を前提に本問の具体的な事実に基づく抗弁事実を摘示すれば以下のとおりとなる。

> **抗弁Ⅱ-2**（相殺の抗弁）
> 1　訴外Bが，平成22年2月7日以降，被告に納品した冷凍エビは，あまりにも小振りで，かつ，鮮度も悪くほとんど腐りかけの状態でであった。
> 2　訴外Bが納品した冷凍エビの価値は，代金額よりも300万円低い金額であり，被告は，その分の損害を被った。
> 3　被告は，上記損害賠償請求権を自働債権とし，原告が請求する本件売掛金債権を受働債権として，対当額について相殺する旨の意思表示をする。

(13)　抗弁Ⅱ-2に対する再抗弁

(ア)　相殺の抗弁に対する再抗弁は，上記①の「自働債権の発生原因事実」に対する再抗弁であり，自働債権の障害・阻止・消滅の事由を主張立証することになる。

(イ)　本問においては，Yの損害賠償請求権についての障害・阻止・消滅の事由ということになるから，結局，代金減額請求の抗弁に対する再抗弁以下と同様になる。

5　債権法改正審議との関係

法制審議会民法（債権関係）部会においては，当初，債権譲渡法制について抜本的な改正をすることが検討されていた。その後，審議の過程において徐々に論点が絞り込まれ，平成26年8月に決定された「民法（債権関係）の改正に関する要綱仮案」（以下「要綱仮案」という。）では改正内容は限定されたものになっている。

将来債権譲渡について現行民法は規定を欠くが，要綱仮案では，未発生の債権でも譲渡が可能であること，その場合，譲受人が発生した債権を当然に取得することについての規律を設けている（要綱仮案第19の2(1)）。

また，異議なき承諾制度については，現行民法が抗弁権切断の効力を認めているが，これは債務者にとって予期しない効果を及ぼすものであり，債務者保護の観点から妥当でないとの意見が有力となった。そこで，要綱仮案では，現行民法468条1項を削除するものとし，「民法第467条第1項の規定による通知又は承諾がなされたときは，債務者は，その通知を受け，又はその承諾をした時までに譲渡人に対して生じた事由をもって譲受人に対抗することができる。」と規定している（要綱仮案第19の4(1)）。その場合に抗弁権の切断を実現するためには，別途，債務者の放棄の

意思表示が必要となる。

　さらに，債権譲渡と相殺の関係についても要綱仮案は明文の規定を設けることとしている。すなわち，債務者が，通知を受けまたはその承諾をした時(権利行使要件具備時と称される)より前に譲渡人に対する債権を取得していた場合には，譲受人に対し相殺をもって対抗することができると規定すると共に(要綱仮案第19の4(2)ア)，債務者が権利行使要件具備時より後に取得した譲渡人に対する債権であっても，その債権が，①権利行使要件具備時より前の原因に基づいて生じた債権，あるいは，②譲受人の取得する債権を生ずる原因である契約に基づいて生じた債権であるときは，相殺を対抗できるとしている(要綱仮案第19の4(2)イ)。

【解答例】

　訴訟物，請求の趣旨，請求原因事実とそれに対する認否，抗弁事実とそれに対する認否，再抗弁事実とそれに対する認否，再々抗弁事実とそれに対する認否を整理すれば，以下のとおりとなる。

1　訴訟物

> 主たる請求の訴訟物：訴外Bと被告間の売買契約に基づく代金支払請求権
> 附帯請求の訴訟物：履行遅滞に基づく損害賠償請求権

2　請求の趣旨

> 1　被告は，原告に対し，653万円及びこれに対する平成22年5月1日から支払済みまで年6分の割合による金員を支払え。
> 2　訴訟費用は被告の負担とする。

3　請求原因事実とそれに対する被告の認否
(債権の取得原因事実として，その契約中の債権譲渡についての合意部分のみを取り出して主張することはできないとする立場)

1　譲受債権の発生原因事実 (1)　訴外Bは，被告に対し，冷凍食材を，毎月末日締め切り，翌々月末日支払の約定で継続的に売り渡す旨の継続的売買取引契約(以下「本件継続的売買取引契約」という。)を締結していた。	○

(2) 訴外Bは、被告に対し、平成22年1月1日から同年2月21日までの間、別表（省略）記載のとおり合計653万円分の冷凍食材を販売し、これを引き渡した（以下，販売による代金債権を「本件売掛金債権」という。）。	*1 ×
(3) 平成22年4月30日は経過した。	○
2 本件売掛金債権の債権譲渡 (1) 被担保債権の発生原因事実 　原告は、訴外Bに対し、平成21年3月10日、弁済期を平成22年3月10日と定めて、500万円を貸し付けた（以下，貸付けによる貸金債権を「本件貸金債権」という。）。	△
(2) 譲渡担保契約の締結 　原告と訴外Bは、平成21年3月10日、本件貸金債権を担保するために、平成21年3月1日から平成22年2月28日までの間に、訴外Bと被告との間の本件継続的売買取引から発生する冷凍食材の売掛金債権を譲渡する旨の債権譲渡担保契約を締結し、もって、訴外Bは、原告に対し、本件売掛金債権を譲渡した（以下，「本件債権譲渡」という。）。	△
3 附帯請求につき、商事債権である事実を基礎づける事実 　訴外B又は被告は、売買契約締結当時、株式会社であった。	○
4 よって、原告は、被告に対し、訴外Bと被告との間の売買契約に基づき、代金653万円及びこれに対する弁済期の後である平成22年5月1日から支払済みまで商事法定利率年6分の割合による遅延損害金の支払を求める。	争

＊1　Yの認否としては、「冷凍食材の引渡自体は認め，653万円分の価値があったことは争う。」という答弁が正確な答弁と言いうるであろう。ただし，653万円分の冷凍食材自体の引渡は受けていないという点で，否認することもあろう。

（債権の取得原因事実として，その契約中の債権譲渡についての合意部分のみを取り出して主張することができるとする立場）

1 譲受債権の発生原因事実 (1) 訴外Bは、被告に対し、冷凍食材を、毎月末日締め切り、翌々月末日支払の約定で継続的に売り渡す旨の継続的売買取引契約（以下「本件継続的売買取引契約」という。）を締結していた。	○

(2) 訴外Bは、被告に対し、平成22年1月1日から同年2月21日までの間、別表（省略）記載のとおり合計653万円分の冷凍食材を販売し、これを引き渡した（以下，販売による代金債権を「本件売掛金債権」という。）。	×
(3) 平成22年4月30日は経過した。	○
2　本件売掛金債権の債権譲渡 　　原告と訴外Bは、平成21年3月10日、平成21年3月1日から平成22年2月28日までの間に、訴外Bと被告との間の本件継続的売買取引から発生する冷凍食材の売掛金債権の譲渡契約を締結し、もって、訴外Bは、原告に対し、本件売掛金債権を譲渡した（本件債権譲渡）。	△
3　附帯請求につき、商事債権である事実を基礎づける事実 　　訴外B又は被告は、売買契約締結当時、株式会社であった。	○
4　よって、原告は、被告に対し、訴外Bと被告との間の売買契約に基づき、代金653万円及びこれに対する弁済期の後である平成22年5月1日から支払済まで商事法定利率年6分の割合による遅延損害金の支払を求める。	争

4　抗弁事実とそれに対する原告の認否

抗弁Ⅰ（対抗要件の抗弁）

本件債権譲渡につき，訴外Bが通知をしまたは被告が承諾しない限り，原告を債権者として認めない。	

抗弁Ⅱ-1（代金減額の抗弁）

1　訴外Bが，平成22年2月7日以降，被告に納品した冷凍エビは，あまりにも小振りで，かつ，鮮度も悪くほとんど腐りかけの状態であった。	△
2　訴外Bが納品した冷凍エビの価値は，代金額よりも300万円低い金額であり，その分代金が減額される。	*2 △

　＊2　Xの認否としては、「冷凍エビの価値が代金額よりも300万円低い金額であることは不知。その分代金が減額されることは争う。」という答弁が正確な答弁と言いうるであろう。

抗弁Ⅱ-2（相殺の抗弁）

1　訴外Bが，平成22年2月7日以降，被告に納品した冷凍エビは，あまりにも小振りで，かつ，鮮度も悪くほとんど腐りかけの状態であった。	△
2　訴外Bが納品した冷凍エビの価値は，代金額よりも300万円低い金額であり，被告は，その分の損害を被った。	△
3　被告は，上記損害賠償請求権を自働債権とし，原告が請求する本件売掛金債権を受働債権として，対当額について相殺する旨の意思表示をする。	

再抗弁及び再々抗弁については本文中に示したとおりである。

(流矢大士)

第17問
債権譲渡(2)

　第16問において検討したX及びYの言い分に加え，次の内容のZの言い分，Yの追加の言い分を前提として，後記問題に答えなさい。

《Z社の言い分》

1　当社は中小企業に対する融資を行うことを専門とする株式会社です。
　今回，当社はB社から融資申込を受け総額で800万円を平成21年8月17日に融資しました。返済期間は平成22年3月末日の約束でした。そして，その担保としてB社が取引先に対し有する売掛金を担保としました。以前はB社から売掛金債権の譲渡を受け，その債権の債務者に対し譲渡通知書を内容証明郵便で送るという方法を取っていましたが，それですと二重に債権譲渡がなされたような場合にその優劣等が問題となることが多く，もっと確実な担保取得の方法を模索していました。そうしたところ，動産・債権譲渡特例法という法律があり，その法律で認められた債権譲渡登記を利用する方法が最近，比較的多く利用されていることを知りました。また，電子記録債権法という法律ができて，より安全確実な債権譲渡手続が可能になったことも聞きましたので，最近は専ら債権譲渡登記及び電子記録債権を併用する方法により担保を設定しています。2つの方法を併用しているのは，電子記録債権については将来債権を電子債権化することに困難が伴うからです。そこで，将来債権を担保に取る場合にはまず債権譲渡登記を行い，そのうえで，融資先の経営状態に悪化の兆しが現れたような場合には，その時点で既に発生している債権について電子記録債権化をして譲渡を受けるという方法を取らざるを得ないのが現状です。

2　今回のB社に対する融資においても，まず，金銭を貸し付けた平成21年8月17日の時点で，平成21年8月1日から同22年2月28日までの間にB社がY社に対して冷凍食材を販売する結果，発生する代金全額を当社に譲渡するという契約を締結し，それに基づき債権譲渡登記を行いました。なお，この場合，実際にY社に対し請求する場合には，さらに登記事項証明書を添付した譲渡通知書をY社に送付しなければなりませんが，これは弁済期を経過した平成22年4月1日に郵送し，翌日の2日にY社に配達されています。B社が弁済期である3月末日に支払いをしなかったためです。なお，Y社のほかにB社のD社に対する債権についても同様に債権譲渡を受け，譲渡登記のうえ同様の手続を行っています。

3　次に電子記録債権化の点ですが，今回のB社に対する融資についても，B社の資

金繰りが悪化していましたので、具体的にY社に対する売掛金とD社に対する売掛金を電子記録債権化して、その譲渡を受けました。まずB社とY社、D社との間でそれぞれの売掛金債権について電子記録債権法上の発生記録手続を取ってもらい、そのうえで、当社とB社との間で譲渡記録手続を取りました。平成22年3月15日に譲渡記録がなされています。Y社の関係での電子記録債権の内容は、B社のY社に対する平成22年1月1日分から2月21日分までの冷凍食材等の売掛債権債権653万円です。支払期日は平成22年4月30日としました。

たまたま平成22年4月2日にYの代表取締役から当社に電話がありましたので、電子記録債権を譲り受けていることは話しています。

4 Y社からの前述の電話は、購入した冷凍エビに品質不良があったので支払えない旨の連絡でした。しかし、それは当社には関係のないことです。電子記録債権の発生記録にもそのような問題があるというような記載は一切、ありません。

ともかくすみやかに支払いを受けたいと思っています。

《Yの追加の言い分》

1〜5は、第16問のYの言い分のとおり

6 さらに、平成22年4月2日、次のような手紙が郵送されてきました。差出人はZ社という株式会社で、手紙の内容は、平成21年8月1日から同年22年2月28日までの間にB社が当社に対して冷凍食材を販売する結果、発生する代金全額をZ社に譲渡するという債権譲渡登記がなされているので、その旨、登記事項証明書を添付して通知するというものでした。この手紙には実際に登記事項証明書が添付されており、確かに手紙の内容通りのことが記載されていました。譲渡登記日時は平成21年8月17日午後3時でした。この事実は認めざるを得ません。

7 この手紙を読んで私は直ちにZ社に電話しました。冷凍エビに品質不良があり請求どおりの支払いはできないことを伝えるためです。そうしたところ、Z社の担当者より、さらに別な事実を告げられました。それは、B社の当社に対する平成22年1月1日分から2月21日分までの代金債権について電子記録債権が発生しており、それをZ社が平成22年3月15日に譲り受け、同日付で譲渡記録手続も済んでいるので、支払いはZに対してするようにとのものでした。

8 確かに平成22年3月初め頃、Aから売掛金を電子記録債権にするので協力して欲しいと頼まれたことがありました。電子記録債権というのは何のことかよく分かりませんでしたが、パソコンで処理をするとか何とか言っていましたので、それならうちの従業員にCというパソコンに詳しい者がいるので、Cと打合せして適当にやっておいてくれと話したことがあります。CにもAの言うとおりにするようにと

指示をしておきました。

9　知り合いの弁護士に聞いたところ，当社がＢ社に対し負担している代金債務について別途，電子記録債権化されたものとのことでした。しかし，既に説明したようにこの債権はＸ社に譲渡されているものです。また，購入した冷凍エビに品質不良があったことも事実です。したがって，Ｚ社に対しても支払いはできないと考えています。電子記録債権については，当社の取引銀行から自動的に振込による支払が支払期限になされてしまうとのことでしたので，ただちに当社の取引銀行に連絡して振込を停止するように依頼し，了解を得ました。

【問　題】

(1)　Ｚ社が，その言い分を前提にＹに対し訴訟を提起する場合，どのような内容の請求をすることになるか，請求の趣旨を記載せよ。その場合の訴訟物は何か。

(2)　前記1を前提に，請求原因として主張すべき要件事実を指摘し，その理由を説明せよ。

(3)　前記2を前提として，Ｙの言い分から考えられる抗弁を指摘し，その要件事実とその事実が必要となる理由を説明せよ。また，再抗弁についても必要に応じて指摘し，その事実が必要となる理由を説明せよ。

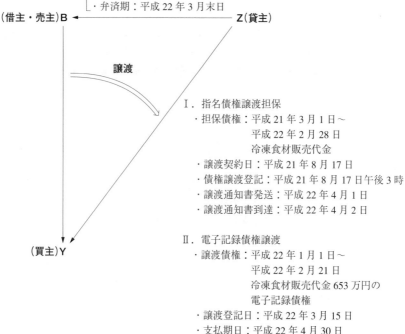

解　説

1　問題の所在

　本問は，前問に引き続き譲受債権請求訴訟における，請求の趣旨の記載及び訴訟物並びに請求原因，抗弁，再抗弁及び再々抗弁の要件事実を問う設問である。
　本問は，BのYに対する売掛金債権が，B→X，B→Zに，いずれも貸金の担保として，二重に譲渡された事案である。なお，B→Xへの債権譲渡については，BからYに対して確定日付ある証書による通知がなされており，B→Zへの債権譲渡については，債権譲渡登記がなされ，これについてZからYへ通知がなされている。また，債権譲渡の目的となっている売掛金債権については，電子記録債権が別途発生している。債権譲渡の対抗要件については，民法による規定の外，動産及び債権の譲渡の対抗要件に関する民法の特例等に関する法律（以下「動産・債権譲渡特例法」と

いう。）があり，その適用関係についても理解しておく必要がある。

さらに，本問はZが売掛金債権自体を譲り受けている外，売掛金債権に基づき発生した電子記録債権も譲り受けている事案であるので，両債権の行使方法，それぞれの債権の請求原因事実の記載方法を検討しなければならない。また，電子記録債権が発生している場合の被告側の抗弁として主張し得る事由についても検討することが必要とされる。電子記録債権法の基本的な事項について理解を深めておくことが重要である。

2 【問題⑴】譲受債権請求訴訟の請求の趣旨と訴訟物
(1) 売掛金請求に関する請求の趣旨
(ア) **主たる請求の請求の趣旨**　　本問において，ZがYに対して請求する債権としては，

①Bから譲り受けたBのYに対する継続的売買取引契約に基づいて発生した売掛金（売買代金債権）

②上記①を原因債権として，これに基づき電子記録債権化された債権

の2つが考えられる。

上記2つの債権は，いずれも金銭債権であるから，請求の趣旨の記載は，前問で検討したのと同様に，金銭債権を請求する場合の一般原則に従えば良い。

本事例に則して検討すれば，「被告は，原告に対し，653万円を支払え。」という内容になる。

(イ) **附帯請求の請求の趣旨**　　附帯請求の請求の趣旨についての説明も，前問において検討したとおりである。

なお，BのYに対する売掛金債権について電子記録債権化し，その譲渡記録については，支払期日が平成22年4月30日と定められているので，附帯請求の発生日は，平成22年5月1日となる。

それ故，本設問では，BのYに対する継続的売買取引契約に基づいて発生した売掛金（売買代金債権）を請求する場合とBのYに対する電子記録債権化した債権を請求する場合とで，変わらないことになる。

(ウ) **請求の趣旨の記載**　　そこで請求の趣旨は以下のようなものとなる。

（a）Bから譲り受けたBのYに対する継続的売買取引契約に基づいて発生した売掛金（売買代金債権）を請求する場合の請求の趣旨

請求の趣旨
1　被告は，原告に対し，653万円及びこれに対する平成22年5月1日から支

払済みまで年6分の割合による金員を支払え。
2 訴訟費用は被告の負担とする。
(ｂ) BのYに対する電子記録債権化した債権を請求する場合の請求の趣旨
請求の趣旨
1 被告は，原告に対し，653万円及びこれに対する平成22年5月1日から支払済みまで年6分の割合による金員を支払え。
2 訴訟費用は被告の負担とする。

(2) 訴訟物

(ア) BのYに対する継続的売買取引契約に基づいて発生した売掛金（売買代金債権）を請求する場合の訴訟物

(a) **主たる請求の訴訟物**　Bから譲り受けたBのYに対する継続的売買取引契約に基づいて発生した売掛金（売買代金債権）を請求する場合の主たる請求の訴訟物は，前問で検討したとおりであり，以下のようなものとなる。

> BY間の売買契約に基づく代金支払請求権

(b) **附帯請求の訴訟物**　附帯請求の訴訟物についても，前問で検討したとおりであり，以下のようなものとなる。

> 履行遅滞に基づく損害賠償請求権

(イ) BのYに対する電子記録債権化した債権を請求する場合の訴訟物

(a) **主たる請求の訴訟物**　BのYに対する電子記録債権化した債権を請求する場合の主たる請求の訴訟物は，以下のようなものとなる。

「BY間の電子記録債権支払請求権」

(b) **附帯請求の訴訟物**　BのYに対する電子記録債権化した債権を請求する場合の附帯請求の訴訟物については，通常の金銭債権の場合と変わるものではなく，以下のようなものとなる。

> 履行遅滞に基づく損害賠償請求権

3 【問題(2)】譲受債権請求訴訟の請求原因

(1) ZがBのYに対する継続的売買取引契約に基づいて発生した売掛金（売買代金債権）を請求する場合の請求の原因

(ア) ZがBのYに対する継続的売買取引契約に基づいて発生した売掛金（売買代金債権）を請求する場合の請求の原因は，XがBのYに対する継続的売買取引契約に基づいて発生した売掛金（売買代金債権）を請求する場合の請求の原因と同様である。

それ故，前問において，検討したことがそのまま当てはまる。

(イ) 本問に即して，具体的な事実を摘示すれば以下のとおりとなる。

請求原因Ⅰ
（債権の取得原因事実として，その契約中の債権譲渡についての合意部分のみを取り出して主張することができないとする立場）

1 譲受債権の発生原因事実
 (1) 訴外Bは，被告に対し，冷凍食材を，毎月末日締め切り，翌々月末日支払の約定で継続的に売り渡す旨の継続的売買取引契約（以下「本件継続的売買取引契約」という。）を締結していた。
 (2) 訴外Bは，被告に対し，平成22年1月1日から同年2月21日までの間，別表（省略）記載のとおり合計653万円分の冷凍食材を販売し，これを引き渡した（以下，販売による代金債権を「本件売掛金債権」という。）。
 (3) 平成22年4月30日は経過した。
2 本件売掛金債権の債権譲渡
 (1) 被担保債権の発生原因事実
　　原告は，訴外Bに対し，平成21年8月17日，弁済期を平成22年3月31日と定めて，800万円を貸し付けた（以下，貸付けによる貸金債権を「本件貸付債権」という。）。
 (2) 譲渡担保契約の締結
　　原告と訴外Bは，平成21年8月17日，本件貸付債権を担保するために，平成21年8月1日から平成22年2月28日までの間に，訴外Bと被告との間の本件継続的売買取引から発生する冷凍食材の売掛金債権を譲渡する旨の債権譲渡担保契約を締結し，もって，訴外Bは，原告に対し，本件売掛金債権を含む上記債権を譲渡した。
3 附帯請求につき，商事債権である事実を基礎づける事実
　　訴外Bまたは被告は，売買契約締結当時，株式会社であった。
4 よって，原告は，被告に対し，訴外Bと被告との間の売買契約に基づき，代金653万円及びこれに対する弁済期の後である平成22年5月1日から支払済みまで商事法定利率年6分の割合による遅延損害金の支払を求める。

（債権の取得原因事実として，その契約中の債権譲渡についての合意部分のみを取り出して主張することができるとする立場）

この立場は，債権の取得原因事実について，債権の譲渡の合意で足りる。
1　譲受債権の発生原因事実
　(1)　訴外Bは，被告に対し，冷凍食材を，毎月末日締め切り，翌々月末日支払の約定で継続的に売り渡す旨の継続的売買取引契約（以下「本件継続的売買取引契約」という。）を締結していた。
　(2)　訴外Bは，被告に対し，平成22年1月1日から同年2月21日までの間，別表（省略）記載のとおり合計653万円分の冷凍食材を販売し，これを引き渡した（以下，販売による代金債権を「本件売掛金債権」という。）。
　(3)　平成22年4月30日は経過した。
2　本件売掛金債権の債権譲渡
　　原告と訴外Bは，平成21年8月17日，平成21年8月1日から平成22年2月28日までの間に，訴外Bと被告との間の本件継続的売買取引から発生する冷凍食材の売掛金債権の譲渡契約を締結し，もって，訴外Bは，原告に対し，本件売掛金債権を譲渡した。
3　附帯請求につき，商事債権である事実を基礎づける事実
　　訴外Bまたは被告は，売買契約締結当時，株式会社であった。
4　よって，原告は，被告に対し，訴外Bと被告との間の売買契約に基づき，代金653万円及びこれに対する弁済期の後である平成22年5月1日から支払済みまで商事法定利率年6分の割合による遅延損害金の支払を求める。

　　(2)　ZがBのYに対する電子記録債権化した債権を請求する場合の請求の原因
　　㋐　Zの請求は，BのYに対する電子記録債権をBから譲り受けたというものである。
　電子記録債権を譲り受けたことに基づいてYに請求するための要件事実は，
　①　電子記録債権が発生したこと
　②　①の電子記録債権の債権者からこの債権を譲り受けたこと
である。
　　㋑　**電子記録債権発生の要件事実**　　電子記録債権とは，その発生または譲渡について，電子記録債権法の規定による電子記録（以下単に「電子記録」という。）を要件とする金銭債権であり（電子記録債権2条1項），電子記録債権の債務者となる者（電子記録義務者，本問ではY）と債権者となる者（電子記録権利者，本問ではB）の双方が電子債権記録機関に対して発生記録の請求を行い（電子記録債権5条1項），これを受けて電

子債権記録機関が記録原簿に電子記録を行う（電子記録債権7条1項）ことによって，発生記録が行われ，発生する債権である（始関正光・高橋康文編著『一問一答電子記録債権法』〔商事法務・2008〕70頁）。電子記録債権は，その発生の原因となった原因債権とはあくまで別個の債権であることに留意する必要がある。

したがって，電子記録債権の発生の要件事実は，

①電子記録債権の債務者となる者（電子記録義務者）と債権者となる者（電子記録権利者）の双方が電子債権記録機関に対して発生記録の請求を行ったこと

②これを受けて電子債権記録機関が記録原簿に電子記録を行ったこと

となり，また，発生記録の必要的記録事項としては，

　ⅰ　債務者が一定の金額を支払う旨（電子記録債権16条1項1号）
　ⅱ　支払期日（同2号）
　ⅲ　債権者の氏名または名称及び住所（同3号）
　ⅳ　債権者が二人以上ある場合において，その債権が不可分債権であるときはその旨，可分債権であるときは債権者ごとの債権の金額（同4号）
　ⅴ　債務者の氏名または名称及び住所（同5号）
　ⅵ　債務者が二人以上ある場合において，その債務が不可分債務であるときはその旨，可分債務であるときは債務者ごとの債務の金額（同6号）
　ⅶ　記録番号（同7号）
　ⅷ　電子記録の年月日（同8号）

があり，このうち電子債権記録機関がその職権で記録すべき事項である上記ⅶ，ⅷ以外の事項については，これらの事項のいずれかの記録が欠けているときは，電子記録債権は発生しないことなる（電子記録債権16条3項）ので，

③発生記録に上記ⅰないしⅵの記録がなされていること

となる。

(ウ)　電子記録債権の譲渡の要件事実

(a)　電子記録債権の譲渡方法　　電子記録債権も譲渡することができる。電子記録債権は，金銭債権の流通性を高めるために創設されたものであるし，電子記録債権法17条は，そのことを当然の前提として規定している。ただし，当事者が，譲渡を禁止する旨の特約をすることも可能であり，発生記録において譲渡記録の禁止または制限の記録がされている場合（電子記録債権16条2項12号・15号）には，その記録の内容に抵触する譲渡記録をすることはできない（電子記録債権18条4項）。万一，誤って，抵触する譲渡記録がされたときは，その譲渡記録は無効になると解される（前掲始関＝高橋編著90頁）。

電子記録債権を譲渡するには，譲渡記録をすることが必要である（電子記録債権17

条)。具体的には，電子記録債権の譲渡人となる者（電子記録義務者）と譲受人となる者（電子記録権利者）の双方が電子債権記録機関に対して譲渡記録の請求を行い（電子記録債権5条1項），これを受けて電子債権記録機関が電子記録を行う（7条1項）ことによって，譲渡記録が行われ，電子記録債権が譲渡されることになる。したがって，電子記録債権については，記録原簿への譲渡記録をもって電子記録債権の譲渡の効力要件となるとともに，これが対抗要件となる。

譲渡記録には，以下の事項を記録しなければならない（必要的記録事項）。
① 電子記録債権の譲渡をする者（電子記録債権18条1項1号）
② 譲渡人が電子記録義務者の相続人であるときは，譲渡人の氏名及び住所（電子記録債権18条1項2号）
③ 譲受人の氏名または名称及び住所（電子記録債権18条1項3号）
④ 電子記録の年月日（電子記録債権18条1項4号）

(b) **電子記録債権譲渡の要件事実** 以上のことから，電子記録債権の譲渡の要件事実は以下のとおりとなる。

①電子記録債権の譲渡人となる者（電子記録義務者）と譲受人となる者（電子記録権利者）の双方が電子債権記録機関に対して譲渡記録の請求を行ったこと（電子記録債権5条1項）。
②これを受けて電子債権記録機関が記録原簿に電子記録を行ったこと（7条1項）。
③譲渡記録に必要的記録事項が記録されていること。

(エ) **電子記録債権の譲渡担保**

(a) 電子記録債権は，金銭債権の取引の安全を確保することによって事業者の資金調達の円滑化等を図るために創設されたものであり，電子記録債権を活用して資金調達を行うための手法として，これを担保に供することができる。その方法としては，電子記録債権に質権を設定する方法と，電子記録債権を担保の目的で譲渡する譲渡担保による方法がある。

(b) 譲渡担保による場合には，譲渡記録（電子記録債権17条）をしなければならない。この譲渡担保の目的で行う譲渡記録の記録事項は，通常の譲渡目的で行う譲渡記録と同様である。

(c) **譲渡担保契約の要件事実** 譲渡担保契約の要件事実については，第16問において検討したとおりであり，
① 被担保債権の発生原因事実
② 譲渡担保設定者が譲渡担保権者との間で，①の債権を担保するために担保の目的物である財産権を移転することを約したこと
である。

(オ) **貸金返還請求権の発生原因事実** 本設問の被担保債権は，ZのBに対する消費貸借契約に基づく貸金返還請求権である。

消費貸借契約に基づく貸金返還請求権の発生原因事実についても第16問において検討したとおりであり，
① 貸主が借主との間で金銭の返還の合意をしたこと
② 貸主が借主に対し，金銭を交付したこと
③ 貸主が借主との間で弁済期の合意をしたこと
である。

(カ) 本問に即して，具体的な事実を摘示すれば以下のとおりとなる。

請求原因Ⅱ
（債権の取得原因事実として，その契約中の債権譲渡についての合意部分のみを取り出して主張することができないとする立場）

1　譲受債権の発生原因事実
(1)　訴外Bは，被告に対し，冷凍食材を，毎月末日締め切り，翌々月末日支払の約定で継続的に売り渡す旨の継続的売買取引契約（以下「本件継続的売買取引契約」という。）を締結していた。
(2)　訴外Bは，被告に対し，平成22年1月1日から同年2月21日までの間，別表（省略）記載のとおり合計653万円分の冷凍食材を販売し，これを引き渡した（以下，販売による代金債権を「本件売掛金債権」という。）。
(3)　平成22年4月30日は経過した。

2　1の債権の取得原因事実
(1)　被担保債権の発生原因事実
　原告は，訴外Bに対し，平成21年8月17日，弁済期を平成22年3月31日と定めて，800万円を貸し付けた（以下，貸付けによる貸金債権を「本件貸付債権」という。）。
(2)　電子記録債権の発生
　　①　訴外Bと被告は，平成22年3月頃，電子債権記録機関に対して，発生記録の請求を行った。
　　②　①を受けて，電子債権記録機関は，記録原簿に下記の事項を記録した（以下，この債権を「本件電子記録債権」という。）。
　　　ⅰ　被告は訴外Bに対して653万円を支払う。
　　　ⅱ　支払期日：平成22年4月30日
　　　ⅲ　債権者：B（Bの住所：○○）

iv　債務者：Y（Yの住所：××）
　(3)　譲渡担保の合意
　　　原告と訴外Bは，平成22年3月15日，本件貸付債権を担保するために，本件電子記録債権を訴外Bから原告に譲渡する旨の債権譲渡担保契約を締結し，以下の行為を行った。
　　①　訴外Bと原告の双方が電子債権記録機関に対して譲渡記録の請求を行った。
　　②　これを受けて電子債権記録機関は，記録原簿に以下の電子記録を行った。
　　　i　電子記録債権の譲渡をする者＝B
　　　ii　譲受人の氏名または名称及び住所＝Zの名称及び住所
　　　iii　電子記録の年月日＝平成22年3月15日
　(4)　附帯請求につき，商事債権である事実を基礎づける事実
　　　訴外Bまたは被告は，売買契約締結当時，株式会社であった。
　(5)　よって，原告は，被告に対し，本件電子記録債権支払請求権に基づき，653万円及びこれに対する弁済期の後である平成22年5月1日から支払済みまで商事法定利率年6分の割合による遅延損害金の支払を求める。

（債権の取得原因事実として，その契約中の債権譲渡についての合意部分のみを取り出して主張することができるとする立場）
1　譲受債権の発生原因事実
　(1)　訴外Bは，被告に対し，冷凍食材を，毎月末日締め切り，翌々月末日支払の約定で継続的に売り渡す旨の継続的売買取引契約（以下「本件継続的売買取引契約」という。）を締結していた。
　(2)　訴外Bは，被告に対し，平成22年1月1日から同年2月21日までの間，別表（省略）記載のとおり合計653万円分の冷凍食材を販売し，これを引き渡した（以下，販売による代金債権を「本件売掛金債権」という。）。
　(3)　平成22年4月30日は経過した。
2　本件電子記録債権の譲渡
　本件貸付債権
　(1)　電子記録債権の発生
　　①　訴外Bと被告は，平成22年3月頃，電子債権記録機関に対して，発生記録の請求を行った。
　　②　①を受けて，電子債権記録機関は，記録原簿に下記の事項を記録した

(以下，この債権を「本件電子記録債権」という。)。
 i 被告は訴外Bに対して653万円を支払う。
 ii 支払期日：平成22年4月30日
 iii 債権者：B（Bの住所：○○）
 iv 債務者：Y（Yの住所：××）
(2) 本件電子記録債権の譲渡
　原告と訴外Bは，平成22年3月15日，本件電子記録債権を訴外Bから原告に譲渡し，以下の行為を行った。
① 訴外Bと原告の双方が電子債権記録機関に対して譲渡記録の請求を行った。
② これを受けて電子債権記録機関は，記録原簿に以下の電子記録を行った。
 i 電子記録債権の譲渡をする者＝B
 ii 譲受人の氏名または名称及び住所＝Zの名称及び住所
 iii 電子記録の年月日＝平成22年3月15日
3　附帯請求につき，商事債権である事実を基礎づける事実
　訴外Bまたは被告は，売買契約締結当時，株式会社であった。
4　よって，原告は，被告に対し，本件電子記録債権支払請求権に基づき，653万円及びこれに対する弁済期の後である平成22年5月1日から支払済みまで商事法定利率年6分の割合による遅延損害金の支払を求める。

4 【問題(3)】譲受債権請求訴訟の抗弁事由・再抗弁事由の検討
(1) Yの抗弁
　Yの言い分から考えられる抗弁であるが，売買契約に基づく代金支払請求の場合には，前問において検討した，①債務者に対する対抗要件の抗弁，②弁済その他の譲渡人に対して生じた事由についての抗弁のほか，③債権が二重に譲渡されたことを前提として第三者に対する対抗要件の抗弁，④第三者の対抗要件具備による債権喪失の抗弁，⑤電子記録債権が別途存在することの抗弁等が考えられる。電子記録債権支払請求の場合には，⑥原因関係上の抗弁，⑦その他の人的抗弁が問題となる。
　以下において，上記③ないし⑦の抗弁と，それぞれの抗弁についての再抗弁を順次検討する。

(2) 売買契約に基づく代金支払請求(請求原因Ⅰ)に対する抗弁等
㋐ 抗弁Ⅰ(第三者対抗要件の抗弁)
(a) 本問において、Yのところには、BがXに対して債権を譲渡した旨のBからの債権譲渡通知とZがBから債権を譲り受けた旨のZからの通知が来ている。Yとしては、XとZのどちらに支払えば良いのかを決めなければならない。

民法467条2項は、「前項の通知又は承諾は、確定日付のある証書によってしなければ、債務者以外の第三者に対抗することができない。」と規定している。この規定から、指名債権の譲渡については、債務者以外の第三者に対する関係では、対抗要件として、債務者に対する通知または債務者の承諾が確定日付のある証書(民法施行5条)によってされることが必要である。

この規定は、債権が二重に譲渡された場合において、第三者に優先するための要件を規定した条文であるが、第三者に対する対抗要件の抗弁を債務者が抗弁として主張できるかが問題となる。

この点については、反対説もあるが、債権が二重に譲渡された場合において、いずれの譲渡についても単なる通知または承諾がされたにとどまる場合の各譲受人と債務者との関係については、各譲受人は互いに優先することができず、その結果、債務者はいずれの譲受人に対しても弁済を拒絶することができると解すべきであり、債務者としては、第三者に対する対抗要件の抗弁を主張することができる(我妻Ⅳ545頁、奥田452頁、類型別133頁、30項394頁)。

(b) 第三者対抗要件の抗弁を主張する場合の要件事実は、以下のとおりである。

①第三者が債務者から当該債権を取得したことについての取得原因事実

②[A] 上記債権譲渡につき、それ以後、譲渡人が債務者に対して譲渡の通知をしたこと

または、

[B] 上記債権譲渡につき、債務者が譲渡人または第三者に対し承諾したこと

③譲渡人から譲受人への債権譲渡につき、譲渡人が確定日付のある証書による譲渡の通知をしまたは債務者が確定日付ある証書による承諾をしない限り、譲受人を債権者と認めない(権利主張)

①の点について、債権の取得原因事実として、その契約中の債権譲渡についての合意部分のみを取り出して主張することができるとする立場からは、第三者が債務者から当該債権を取得した事実を主張すれば良いということになる。

②の点について、債権は債務者に対する権利であり、債権譲渡が行われてもなお債務者への対抗要件たる通知または承諾を欠く状態においては、債務者としては、

譲受人を債権者として取り扱う必要がなく，二重弁済の危険も生じないのであるから，債権譲渡が行われ，かつ，債務者対抗要件が具備された段階で初めて，物権変動の場合と同じように譲受人相互の優先関係が問題となるというべきであるから，Yが第三者に対する対抗要件の抗弁を主張する場合には，第三者が債権譲渡を受けたことについて債務者対抗要件を具備したことを主張立証する必要があると考えられ，上記②の事実を主張立証する必要がある（類型別133頁）。

(c) **第三者対抗要件の抗弁と債務者対抗要件の抗弁との関係**　第三者に対する対抗要件の抗弁における権利主張は，債務者に対する対抗要件の抗弁における債権譲渡の通知または承諾があるまで債権者と認めないとの権利主張に，通知または承諾に確定日付を具備することを求める権利主張を付加するものであるが，第三者対抗要件の抗弁は，債権が二重に譲渡された場合の優先関係を問題とするものであるのに対し，債務者対抗要件の抗弁は，債権の行使要件の存否を問題とするものであって，両者はその抗弁としての性格及び権利主張の内容を異にするから，両者は包含関係には立たない。したがって，両者の関係は，選択的な関係になる（類型別133頁）。

(d) 本問において，具体的な事実を摘示すれば，以下のとおりとなる。

抗弁Ⅰ（第三者対抗要件の抗弁）
1　訴外Bは，原告に対し，平成21年3月10日頃，平成21年3月1日から平成22年2月28日までの間に発生した訴外Bの被告に対する売掛金債権を譲渡した。[*1]
2　上記債権譲渡につき，訴外Bは，被告に対し，平成22年3月22日，譲渡の通知をした。
3　訴外Bから原告への債権譲渡につき，訴外Bが確定日付のある証書による譲渡の通知をしない限り，原告を債権者と認めない。

＊1　これは，債権の取得原因事実として，その契約中の債権譲渡についての合意部分のみを取り出して主張することができるとする立場からの事実摘示である。債権の取得原因事実として，その契約中の債権譲渡についての合意部分のみを取り出して主張することはできないとする立場からは，Xの当該債権の取得原因事実を主張立証しなければならず，BとXとの間の譲渡担保契約の締結及びその被担保債権の発生原因事実を主張立証しなければならないことになる。BとXとの債権譲渡に直接関係をしていないYからすれば，知り得ない事項であって，この点の主張を要求することはYに対して過大な負担を強いることになろう。

(イ)　**抗弁Ⅰに対する再抗弁（第三者に対する対抗要件具備）**

(a) 第三者対抗要件の抗弁に対しては，第三者に対する対抗要件を具備したことが再抗弁となる。

(b)　この場合の要件事実は，以下のとおりである。
[A] 譲渡人から譲受人への債権譲渡につき，それ以後，譲渡人が債務者に対し確定日付のある証書による譲渡の通知をしたこと
　または，
[B] 譲渡人から譲受人への債権譲渡につき，債務者が譲渡人または譲受人に対し確定日付のある証書による承諾したこと
となる（類型別134頁）。

　(c)　本問においては，BからZへの債権譲渡につき，平成21年8月17日午後3時付で債権譲渡登記がなされている。この債権譲渡登記と民法467条の規定による確定日付ある証書による通知または承諾との関係が問題となる。
　動産・債権譲渡特例法4条は，1項において，「法人が債権（指名債権であって金銭の支払を目的とするものに限る。以下同じ。）を譲渡した場合において，当該債権の譲渡につき債権譲渡登記ファイルに譲渡の登記がされたときは，当該債権の債務者以外の第三者については，民法第467条の規定による確定日付ある証書による通知があったものとみなす。この場合においては，当該登記の日付をもって確定日付とする。」と規定し，2項において，「前項に規定する登記（以下「債権譲渡登記」という。）がされた場合において，当該債権の譲渡及びその譲渡につき債権譲渡登記がされたことについて，譲渡人若しくは譲受人が当該債権の債務者に第11条第2項に規定する登記事項証明書を交付して通知をし，又は当該債務者が承諾をしたときは，当該債務者についても，前項と同様とする。」と規定している。
　動産・債権譲渡特例法は，法人のする債権の譲渡を円滑にするため，債権の譲渡の第三者対抗要件等に関する民法の特例として，法人がする金銭債権の譲渡について，登記をすることによって対抗要件を具備することを可能とするために制定された法律である（植垣勝裕編著『一問一答動産・債権譲渡特例法』商事法務3頁）が，この規定により，債権が二重に譲渡された場合における譲受人相互間の優劣について，それぞれの譲渡につき債権譲渡登記がされた場合には，登記の時間的先後によって優劣関係が決定され，債権譲渡登記と民法第467条の確定日付のある証書による通知とがされた場合には，登記がされた時と通知が到達した時の時間的先後によって優劣関係が決定されることになる。民法467条の規定による確定日付のある証書による「通知があった」と認められるためには，その通知が到達したことが必要であり，動産・債権譲渡特例法4条1項は，具体的には，債権譲渡登記がされた時に第三者対抗要件としての確定日付のある証書による通知が到達したものとみなす」ことを意味しているものである（前掲植垣編著49頁）。
　よって，この場合，債務者は，上記(b)項②の［A］または［B］に代えて，

> 上記債権譲渡につき，それ以後，債権譲渡登記がなされたこと

を主張立証することになる。
　　　(d)　本問に即して，具体的な事実を摘示すれば，以下のとおりとなる。

> **抗弁Ⅰに対する再抗弁**
> 1　訴外Bから被告への債権譲渡につき，平成21年8月17日午後3時に債権譲渡登記がなされた。

　　(ウ)　**抗弁Ⅱ（第三者対抗要件具備による債権喪失の抗弁）**
　　　(a)　民法467条2項の規定から，債務者の主張としては，債権が譲渡人から第三者にも二重に譲渡され，かつ，第三者が第三者に対する対抗要件を具備したことにより，譲渡人から譲受人への債権移転の効力は否定され，その結果として，譲受人が債権を喪失したとの債権喪失の抗弁を主張することが考えられる。
　この場合の要件事実は，
　①　譲渡人が第三者と間で同一債権につき債権譲渡の契約を締結したこと。
　②　[A] 上記債権譲渡につき，それ以後，譲渡人が債務者に対して確定日付のある証書による譲渡の通知をしたこと
　または，
　　　　[B] 上記債権譲渡につき，債務者が譲渡人または第三者に対し確定日付のある証書による承諾をしたこと
である（類型別134頁）。
　　　(b)　以上を前提として，本問に即して，具体的な事実を摘示すれば，以下のとおりとなる。

> **抗弁Ⅱ**（債権喪失の抗弁）
> 1　訴外Bは，原告に対し，平成21年3月10日頃，平成21年3月1日から平成22年2月28日までの間に発生した訴外Bの被告に対する売掛金債権を譲渡した。[*1]
> 2　上記債権譲渡につき，訴外Bは，被告に対し，平成22年3月22日，確定日付ある証書による通知をした。

　＊1　ここも抗弁Ⅰの場合と同様，債権の取得原因事実として，その契約中の債権譲渡についての合意部分のみを取り出して主張することができるとする立場からの事実摘示である。

(c) 前述のとおり，動産・債権譲渡特例法4条1項により，債権が二重に譲渡された場合における譲受人相互間の優劣について，債権譲渡登記と民法467条の確定日付ある証書による通知とがされた場合には，登記がされた時と通知が到達した時の時間的先後によって優劣関係が決定されることになる。

本問においては，BX間の債権譲渡について，Bから確定日付のある証書による通知がYに到達したのが平成22年3月22日であり，BZ間の債権譲渡について債権譲渡登記がなされた時は，平成21年8月17日午後3時であるから，XZ間においては，Zが優先することになる。したがって，抗弁Ⅳは成り立たない。

(エ) **抗弁Ⅴ（電子記録債権が別途存在することの抗弁）**

(a) 本問においては，「平成22年3月に，BのYに対する平成22年1月1日分から同年2月21日までの代金債権について，電子記録債権が発生しており，それがZに対して平成22年3月15日に譲渡がなされ，同日付で譲渡手続も済んでいる。」という事情がある。

電子記録債権法25条3項は，「電子記録債権等について支払をする者は，第1項第1号又は第2号に掲げる者に対し，当該支払をするのと引換に，同項第3号の承諾をすることを請求することができる。」と規定しており，Yとしては，この規定に基づき抗弁を主張することが考えられる。

(b) **電子記録債権と原因債権との関係**　電子記録債権は，その発生の原因となった原因債権とは別個の債権であり，原因債権の支払の手段として電子記録債権を発生させる場合であっても，当然に原因債権が消滅するものではない。そして，原因債権を消滅させるかどうか，原因債権を存続させるとして，原因債権と電子記録債権のどちらを先に行使しなければならないこととするかについては，法律上規定が設けられていないから，当事者間の自由な契約によって決定することが出来，当事者の意思が不明な場合には，以下のように取り扱われることになると考えられる。

まず，原因債権を消滅させるか否かについて，当事者の意思が不明である場合には，手形や小切手が発行された場合と同様に考え，電子記録債権は原因債権の支払のために発生させたもので，当該発生によっては原因債権は消滅しないと解される（手形に関する大判大正7年10月29日民録24輯2079頁参照）。

次に，原因債権と電子記録債権が併存する場合において，原因債権と電子記録債権のいずれを先に行使すべきかについて，当事者の意思が不明の場合には，例えば，口座間送金決済に関する契約に係る支払による旨の記録（電子記録債権16条2項1号）がされているときは，債務者としては電子記録債権を先に行使することを期待するのが通常であると言えること等から，電子記録債権を先に行使すべきとする意思で

あると解される（前掲始関＝高橋編著86頁）。

　ところで，原因債権の支払のために手形や小切手が交付された場合，原因債権の債務者は，手形・小切手の返還と引き換えに支払うべき旨の同時履行の抗弁をなし得るものであり（小切手につき，最判昭和33年6月3日民集12巻9号1287頁参照），原因債権と電子記録債権が併存し，かつ，原因債権を行使することが許容される場合において，債権者が原因債権を行使するときは，支払等記録をせずに原因債権を弁済してしまうと，その後に当該電子記録債権を取得した者から請求を受け，二重払いの危険が生じることから，債務者は，債務者が支払等記録の請求をすることについて債権者が承諾するのと引換えに支払う旨の抗弁（電子記録債権25条3項）を主張することができると解される（前掲始関＝高橋編著86頁）。

　この場合，債務者は，譲受人に対し，債権者が当該電子記録債権について債務者が支払等記録の請求をすることの承諾をすることができる地位（当該電子記録債権の債権者としての地位）を取得して当該承諾をするのと引換えでなければ支払わないと主張することになる（前掲始関＝高橋編著87頁）から，要件事実としては，以下のとおりとなる。

①当該原因債権については，電子記録債権が発生していること
②債務者は，債権者が，当該電子記録債権について債務者が支払等記録の請求をすることの承諾をすることができる地位（当該電子記録債権の債権者としての地位）を取得して当該承諾をするまで代金の支払を拒絶する。

　　(d)　本問に即して，具体的な事実を摘示すれば，以下のとおりとなる。

抗弁Ⅴ（電子記録債権が別途存在することの抗弁）
1　（当該原因債権については，電子記録債権が発生していること）
　(1)　被告と訴外Bは，平成22年3月頃，電子債権記録機関に対して，発生記録の請求を行った。
　(2)　(1)を受けて，電子債権記録機関は，記録原簿に下記の事項を記録した。
　　①　被告は訴外Bに対して653万円を支払う。
　　②　支払期日：平成22年4月30日
　　③　債権者：B（Bの住所：○○）
　　④　債務者：被告（被告の住所：××）
2　被告は，原告が，当該電子記録債権について被告が支払等記録の請求をすることの承諾をすることができる地位（当該電子記録債権の債権者としての地位）を取得して当該承諾をするまで代金の支払を拒絶する。

(オ)　抗弁Ⅴに対する再抗弁（支払等記録の承諾）
　　(a)　譲受人は，債務者の上記抗弁に対し，
　債権者は，当該電子記録債権について債務者が支払等記録の請求をすることの承諾をすることができる地位（当該電子記録債権の債権者としての地位）を取得して当該承諾をした
ことを再抗弁として主張立証することができる。
　　(b)　本問において，Ｚにこの事由は生じていないので，Ｚはこの再抗弁を主張することはできない。
(3)　電子記録債権支払請求（請求原因Ⅱ）に対する抗弁等
　Ｚが電子記録債権を行使してきた場合のＹの抗弁については，以下の点に注意しなければならない。
　(ア)　**債務者対抗要件の具備は抗弁とならないこと**　電子記録債権を譲渡するについては，譲渡記録が効力要件とされており（電子記録債権法17条），譲受人すなわち権利者が記録上明らかとなっている。電子記録債権の債権者は債権記録上に表示されるため，債務者は，当該債権記録の開示を求めること（電子記録債権87条）によって，いつでも債権者が誰であるかを把握することができ，効力要件とは別に債務者対抗要件を要求する必要はない。それ故，電子記録債権については，債務者対抗要件の具備は抗弁とならない。
　(イ)　**Ｙの原因関係上の抗弁**
　　(a)　前問の【問題(3)】において検討したとおり，本問において，ＹはＢから購入した冷凍エビに品質不良があった旨主張し，300万円の代金の減額を主張している。電子記録債権の譲受人であるＺが電子記録債権を行使してきた場合に，債務者であるＹは原因関係において生じた事由を抗弁として主張しうるかが問題となる。
　この点について，電子記録債権法20条は，「発生記録における債務者又は電子記録保証人（以下「電子記録債務者」という。）は，電子記録債権の債権者に当該電子記録債権を譲渡した者に対する人的関係に基づく抗弁をもって当該債権者に対抗することができない。ただし，当該債権者が，当該電子記録債務者を害することを知って当該電子記録債権を取得したときは，この限りでない。」と規定している。したがって，債務者は，電子記録債権の譲受人に対して，原則として，原因関係において生じた事由等の人的抗弁をもって対抗することはできない。この趣旨は，債務者が債権者に対して人的抗弁を有していたからといって，当該債権者から当該電子記録債権を譲り受けた新たな債権者（譲受人）にも当該人的抗弁を対抗できることとすれば，人的抗弁が債権記録には現れてこない抗弁である以上，当該譲受人は譲受けの時点で予測していなかった抗弁を債務者から対抗されることになり，電子記録債権の取引

の安全を害されることになるので,それを防ぐ趣旨であり,手形法17条の規定と同趣旨の規定である。

　　(b) **「害意」の主張立証責任**　この規定の趣旨からすれば,電子記録債権法20条1項ただし書の「害意」の解釈については,手形法17条ただし書についての解釈と同様に,「支払期日において債務者が抗弁を主張するのが確実であると認識しながら債権を譲り受けること」と解されることになると考えられる。また,この「害意」の主張立証責任については,電子記録債権法20条の趣旨からすれば,手形法17条の場合と同様,電子記録債権法20条1項本文は,原因関係上の抗弁のように当該抗弁の性質上元来第三取得者に主張できないものである場合は,その当然の事理を明白にしたものに過ぎず,したがって,この場合は,同条1項ただし書が一定の要件の下にその抗弁を第三取得者に主張することを許容した規定と解し,この種の抗弁を第三取得者に主張するには,始めから電子記録債権法20条1項ただし書の害意または一般的悪意を主張・立証しなければならないと考えられる（手形についての考えにつき,司法研修所編『約束手形金請求訴訟における要件事実とその立証（改訂版）』〔法曹会・1993〕122頁,伊藤滋夫総括編集『民事要件事実講座2　多様な事件と要件事実』〔青林書院・2005〕276頁参照）。それ故,債務者が抗弁として「害意」の主張立証責任を負い,債務者は,原因関係の不存在や電子記録債権外で生じた事由の存在と共に譲受人の害意を主張立証しなければならないと解される。

　　(c)　したがって,債務者が電子記録債権の譲受人に対して,原因関係上の抗弁を主張する場合の要件事実は以下のとおりとなる。
①原因関係の不存在や電子記録債権外で生じた事由の存在
②支払期日において債務者が抗弁を主張するのが確実であると認識しながら債権を譲り受けたこと
　　(d)　本問に即して,具体的な事実を摘示すれば以下のとおりとなる。

抗弁Ⅰ（原因関係上の抗弁）
1（電子記録債権外で生じた事由の存在）
　(1)　訴外Bが,平成22年2月7日以降,被告に納品した冷凍エビは,あまりにも小振りで,かつ,鮮度も悪くほとんど腐りかけの状態であった。
　(2)　訴外Bが納品した冷凍エビの価値は,代金額よりも300万円低い金額であり,その分代金が減額される。
2　(原告の害意)
　　原告は,被告が支払期日において抗弁を主張するのが確実であると認識しながら電子記録債権を譲り受けた。

(e) 本問において，この事情が存在するかについては，Y及びZの言い分からは不明である。

(ウ) 上記の外，人的抗弁を主張し得る場合
(a) 電子記録債権の譲渡については，前述のとおり，原則として，抗弁の切断が認められる（電子記録債権20条1項）が，前述のとおり，債権者に「害意」がある場合の外，以下の場合は，人的抗弁を主張し得る。

(b) **人的抗弁を切断しない旨の記録をした場合**（電子記録債権20条2項1号）
発生記録の当事者は，発生記録において抗弁の切断の規定を適用しない旨の記録をすれば（電子記録債権16条2項10号），譲渡人に対する抗弁をすべて譲受人に対抗することができる（電子記録債権20条2項1号）。
したがって，電子記録債権の債務者は，これらの定めを発生記録の時点で記録する（または，発生記録の後に変更記録によって発生記録を変更してこれらの定めを記録する。）ことにより，譲渡記録における譲受人にも，自己が譲渡人に対して有していた抗弁を対抗することができる。

(c) **特定の抗弁を留保する旨の記録をした場合**（電子記録債権16条2項11号）
電子記録債権を利用する当事者の事情によっては，全ての人的抗弁を対抗することができるようにすることまではしなくてよいものの，一定の抗弁事由については債務者が債権者や譲受人に対抗することができるようにしたいという場合もあり得る。そこで，電子記録債権16条2項11号は，債務者が発生記録において，債権者や譲受人に対抗することができる抗弁についての定めをすることを認めており，債務者は，この定めを発生記録に記録することによって，一定の抗弁事由を債権者及び譲受人に対抗することができる。
なお，この規定により記録することができるのは，「抗弁についての定め」であることから，記録の内容として，抗弁の原因となる法律関係を記録するだけでは足りず，当該抗弁の具体的な内容及び当該定めの具体的な内容（当該抗弁が対抗される要件等）が当該記録によって特定されている必要がある（前掲始関＝髙橋編著81頁）。

(d) **譲受人が支払期日以後に電子記録債権を譲り受けた場合**（電子記録債権20条2項2号）　手形における期限後裏書（手形20条1項）と同様に，支払期日を過ぎて電子記録債権を譲り受けようとする者は，通常の場合よりも注意深く債権を譲り受けるべきであり，通常の譲渡と同様の取引の安全を保護する必要性はないと考えられるので，支払期日以後にされた譲渡記録による譲受人には，人的抗弁切断の規定は適用されないものとされる（電子記録債権20条2項2号）。

(e) **電子記録債務者が個人**（個人事業者である旨の記録がされている者を除く。）**である場合**（電子記録債権20条2項3号）　電子記録債権を消費者が利用する場合にま

で取引の安全のための規定を適用するのは，消費者保護の観点から相当でないと考えられる。それ故，電子記録債務者が個人（個人事業者である旨の記録をしている者を除く。）である場合の電子記録債権については，当該電子記録債権を譲り受けた者に対して，人的抗弁の切断の規定は適用されない（電子記録債権20条2項3号）。なお，個人事業者である旨の記録がなされていても，真実は「消費者」（消費者契約2条1項に規定されている消費者をいう。）であるのに個人事業者である旨の記録がされたときは，当該記録は，その効力を有しない（電子記録債権16条4項）。

　　(f)　**これらの事由の主張立証責任**　これらの事由も電子記録債権法20条1項の例外として規定されていることからすれば，「害意」と同様，債務者が抗弁としてこれらの事由の主張立証責任を負い，債務者は，原因関係の不存在や電子記録債権外で生じた事由の存在と共にこれらの事由を主張立証しなければならないと解される。

　　(g)　したがって，債務者が電子記録債権の譲受人に対して，原因関係上の抗弁を主張する場合の要件事実は以下のとおりとなる。

　①原因関係の不存在や電子記録債権外で生じた事由の存在

　②人的抗弁を切断しない旨の記録の存在（特定の抗弁を留保する旨の記録の存在，譲受人が支払期日以後に電子記録債権を譲り受けたこと，電子記録債務者が個人（個人事業者である旨の記録がされている者を除く。）であること）

　　(h)　**本問における検討**　本問においては，これらの記録が発生記録に記載してある旨の事情は伺えないから，Yがこれらの抗弁を主張立証することはできないと考えられる。

5　債権法改正審議との関係

　法制審議会民法（債権関係）部会においては，現在の通知あるいは承諾を対抗要件とする規律（民467条）を改め，債権譲渡登記に対抗要件を一元化する案なども検討された。しかし，意見の一致を見ることが困難であったため，対抗要件制度については基本的に現行法を維持する方針となった。すなわち，平成26年8月に決定された「民法（債権関係）の改正に関する要綱仮案」（以下「要綱仮案」という。）では，467条2項は現行法通りとし，同条1項についても，「債権の譲渡（現に発生していない債権の譲渡を含む。）は，譲渡人が債務者に通知をし，又は債務者が承諾をしなければ，債務者その他の第三者に対抗することができない。」と規定することとし（要綱仮案第19の3），現行規定に将来債権に関する記述を盛り込むのみの改正にとどめる内容になっている。

【解答例】

訴訟物,請求の趣旨,請求原因事実とそれに対する認否,抗弁事実とそれに対する認否,再抗弁事実とそれに対する認否を整理すれば,以下のとおりとなる。

1 訴訟物

(1) 訴外Bの被告に対する継続的売買取引契約に基づいて発生した売掛金(売買代金債権)を請求する場合の訴訟物

> 主たる請求の訴訟物:訴外Bと被告間の売買契約に基づく代金支払請求権
> 附帯請求の訴訟物:履行遅滞に基づく損害賠償請求権

(2) 訴外Bの被告に対する電子記録債権化した債権を請求する場合の訴訟物

> 主たる請求の訴訟物:訴外Bと被告間の電子記録債権支払請求権
> 附帯請求の訴訟物:履行遅滞に基づく損害賠償請求権

2 請求の趣旨

(1) Bから譲り受けたBのYに対する継続的売買取引契約に基づいて発生した売掛金(売買代金債権)を請求する場合の請求の趣旨

> 1 被告は,原告に対し,653万円及びこれに対する平成22年5月1日から支払済みまで年6分の割合による金員を支払え。
> 2 訴訟費用は被告の負担とする。

(2) BのYに対する電子記録債権化した債権を請求する場合の請求の趣旨

> 1 被告は,原告に対し,653万円及びこれに対する平成22年5月1日から支払済みまで年6分の割合による金員を支払え。
> 2 訴訟費用は被告の負担とする。

3 請求原因事実とそれに対する被告の認否

(1) ZがBのYに対する継続的売買取引契約に基づいて発生した売掛金(売買代金債権)を請求する場合の請求の原因

(ア) 債権の取得原因事実として,その契約中の債権譲渡についての合意部分のみを取り出して主張することができないとする立場

1　譲受債権の発生原因事実 　(1)　訴外Bは，被告に対し，冷凍食材を，毎月末日締め切り，翌々月末日支払の約定で継続的に売り渡す旨の継続的売買取引契約（以下「本件継続的売買取引契約」という。）を締結していた。	○
(2)　訴外Bは，被告に対し，平成22年1月1日から同年2月21日までの間，別表（省略）記載のとおり合計653万円分の冷凍食材を販売し，これを引き渡した（以下，販売による代金債権を「本件売掛金債権」という。）。	*1 ×
(3)　平成22年4月30日は経過した。	○
2　本件売掛金債権の債権譲渡 　(1)　被担保債権の発生原因事実 　　原告は，訴外Bに対し，平成21年8月17日，弁済期を平成22年3月31日と定めて，800万円を貸し付けた（以下「本件貸付債権」という。）。	△
(2)　譲渡担保契約の締結 　　原告と訴外Bは，平成21年8月17日，本件貸付債権を担保するために，平成21年8月1日から平成22年2月28日までの間に，訴外Bと被告との間の本件継続的売買取引から発生する冷凍食材の売掛金債権を訴外Bから原告に譲渡する旨の債権譲渡担保契約を締結し，もって，訴外Bは，原告に対し，本件売掛金債権を含む上記債権を譲渡した。	△
3　附帯請求につき，商事債権である事実を基礎づける事実 　訴外B又は被告は，売買契約締結当時，株式会社であった。	○
4　よって，原告は，被告に対し，訴外Bと被告との間の売買契約に基づき，代金653万円及びこれに対する弁済期の後である平成22年5月1日から支払済みまで商事法定利率年6分の割合による遅延損害金の支払を求める。	争

　(イ)　債権の取得原因事実として，その契約中の債権譲渡についての合意部分のみを取り出して主張することができるとする立場

1　譲受債権の発生原因事実 　(1)　訴外Bは，被告に対し，冷凍食材を，毎月末日締め切り，翌々月末日支払の約定で継続的に売り渡す旨の継続的売買取引契約（以下「本件継続的売買取引契約」という。）を締結していた。	○
(2)　訴外Bは，被告に対し，平成22年1月1日から同年2月21日までの間，別表（省略）記載のとおり合計653万円分の冷凍食材を販売し，これを引き渡した（以下，販売による代金債権を「本件売掛金債権」という。）。	*1 ×
(3)　平成22年4月30日は経過した。	○
2　本件売掛金債権の債権譲渡 　　原告と訴外Bは，平成21年8月17日，平成21年8月1日から平成22年2月28日までの間に，訴外Bと被告との間の本件継続的売買取引から発生する冷凍食材の売掛金債権を訴外Bから原告に譲渡する旨の譲渡契約を締結し，もって，訴外Bは，原告に対し，本件売掛金債権を譲渡した。	△
3　附帯請求につき，商事債権である事実を基礎づける事実 　　訴外B又は被告は，売買契約締結当時，株式会社であった。	○
4　よって，原告は，被告に対し，訴外Bと被告との間の売買契約に基づき，代金653万円及びこれに対する弁済期の後である平成22年5月1日から支払済みまで商事法定利率年6分の割合による遅延損害金の支払を求める。	争

　(2)　ZがBのYに対する電子記録債権化した債権を請求する場合の請求の原因
　　㋐　債権の取得原因事実として，その契約中の債権譲渡についての合意部分のみを取り出して主張することができないとする立場

1　譲受債権の発生原因事実 　(1)　訴外Bは，被告に対し，冷凍食材を，毎月末日締め切り，翌々月末日支払の約定で継続的に売り渡す旨の継続的売買取引契約（以下「本件継続的売買取引契約」という。）を締結していた。	○

(2) 訴外Bは，被告に対し，平成22年1月1日から同年2月21日までの間，別表（省略）記載のとおり合計653万円分の冷凍食材を販売し，これを引き渡した（以下，販売による代金債権を「本件売掛金債権」という。）。	*1 ×
(3) 平成22年4月30日は経過した。	○
2　1の債権の取得原因事実 (1) 被担保債権の発生原因事実 　原告は，訴外Bに対し，平成21年8月17日，弁済期を平成22年3月31日と定めて，800万円を貸し付けた（以下，貸付けによる貸金債権を「本件貸付債権」という。）。	△
(2) 電子記録債権の発生	
①　訴外Bと被告は，平成22年3月頃，電子債権記録機関に対して，発生記録の請求を行った。	○
②　①を受けて，電子債権記録機関は，記録原簿に下記の事項を記録した（以下，この債権を「本件電子記録債権」という。）。 　ⅰ　被告は訴外Bに対して653万円を支払う。 　ⅱ　支払期日：平成22年4月30日 　ⅲ　債権者：B（Bの住所：○○） 　ⅳ　債務者：Y（Yの住所：××）	○
(3) 譲渡担保の合意 　原告と訴外Bは，平成22年3月15日，本件貸付債権を担保するために，本件電子記録債権を訴外Bから原告に譲渡する旨の債権譲渡担保契約を締結し，以下の行為を行った。 ①　訴外Bと原告の双方が電子債権記録機関に対して譲渡記録の請求を行った。 ②　これを受けて電子債権記録機関は，記録原簿に以下の電子記録を行った。 　ⅰ　電子記録債権の譲渡をする者＝B 　ⅱ　譲受人の氏名または名称および住所＝Zの名称及び住所 　ⅲ　電子記録の年月日＝平成22年3月15日	△

(4) 附帯請求につき，商事債権である事実を基礎づける事実 　訴外B又は被告は，売買契約締結当時，株式会社であった。	○
(5) よって，原告は，被告に対し，本件電子記録債権支払請求権に基づき，653万円及びこれに対する弁済期の後である平成22年5月1日から支払済みまで商事法定利率年6分の割合による遅延損害金の支払を求める。	争

　(イ)　債権の取得原因事実として，その契約中の債権譲渡についての合意部分のみを取り出して主張することができるとする立場

1　譲受債権の発生原因事実 　(1)　訴外Bは，被告に対し，冷凍食材を，毎月末日締め切り，翌々月末日支払の約定で継続的に売り渡す旨の継続的売買取引契約（以下「本件継続的売買取引契約」という。）を締結していた。	○
(2)　訴外Bは，被告に対し，平成22年1月1日から同年2月21日までの間，別表（省略）記載のとおり合計653万円分の冷凍食材を販売し，これを引き渡した（以下，販売による代金債権を「本件売掛金債権」という。）。	*1 ×
(3)　平成22年4月30日は経過した。	○
2　本件電子記録債権の譲渡 本件貸付債権 　(1)　電子記録債権の発生 　　①　訴外Bと被告は，平成22年3月頃，電子債権記録機関に対して，発生記録の請求を行った。	○
②　①を受けて，電子債権記録機関は，記録原簿に下記の事項を記録した（以下，この債権を「本件電子記録債権」という。）。 　　　i　被告は訴外Bに対して653万円を支払う。 　　　ii　支払期日：平成22年4月30日 　　　iii　債権者：B（Bの住所：○○） 　　　iv　債務者：Y（Yの住所：××）	○

(2) 本件電子記録債権の譲渡 　原告と訴外Bは，平成22年3月15日，本件電子記録債権を訴外Bから原告に譲渡し，以下の行為を行った。 　　① 訴外Bと原告の双方が電子債権記録機関に対して譲渡記録の請求を行った。 　　② これを受けて電子債権記録機関は，記録原簿に以下の電子記録を行った。 　　　ⅰ　電子記録債権の譲渡をする者＝B 　　　ⅱ　譲受人の氏名または名称および住所＝Zの名称及び住所 　　　ⅲ　電子記録の年月日＝平成22年3月15日	△
3　附帯請求につき，商事債権である事実を基礎づける事実 　訴外B又は被告は，売買契約締結当時，株式会社であった。	○
4　よって，原告は，被告に対し，本件電子記録債権支払請求権に基づき，653万円及びこれに対する弁済期の後である平成22年5月1日から支払済みまで商事法定利率年6分の割合による遅延損害金の支払を求める。	争

＊1　Yの認否としては，「冷凍食材の引渡自体は認め，653万円分の価値があったことは争う。」という答弁が正確な答弁と言いうるであろう。但し，653万円分の冷凍食材自体の引渡は受けていないという点で，否認することもあろう。

4　抗弁事実とそれに対する原告の認否

(1)　ZがBのYに対する継続的売買取引契約に基づいて発生した売掛金（売買代金債権）を請求する場合の請求原因に対する抗弁

抗弁Ⅰ（第三者対抗要件の抗弁）

1　訴外Bは，Xに対し，平成21年3月10日頃，平成21年3月1日から平成22年2月28日までの間に発生した訴外Bの被告に対する売掛金債権を譲渡した。[*2]	△
2　上記債権譲渡につき，訴外Bは，被告に対し，平成22年3月22日，譲渡の通知をした。	○
3　訴外Bから原告への債権譲渡につき，訴外Bが確定日付のある証書による譲渡の通知をしない限り，原告を債権者と認めない。	

第17問　債権譲渡(2)　　365

＊2 これは，債権の取得原因事実として，その契約中の債権譲渡についての合意部分のみを取り出して主張することができるとする立場からの事実摘示である。債権の取得原因事実として，その契約中の債権譲渡についての合意部分のみを取り出して主張することはできないとする立場からは，Xの当該債権の取得原因事実を主張立証しなければならず，BとXとの間の譲渡担保契約の締結及びその被担保債権の発生原因事実を主張立証しなければならないことになる。BとXとの債権譲渡に直接関係をしていないYからすれば，知り得ない事項であって，この点の主張を要求することはYに対して過大な負担を強いることになろう。

抗弁Ⅱ（電子記録債権が別途存在することの抗弁）

1 （当該原因債権については，電子記録債権が発生していること） 　(1)　被告と訴外Bは，平成22年3月頃，電子債権記録機関に対して，発生記録の請求を行った。	○
(2)　(1)を受けて，電子債権記録機関は，記録原簿に下記の事項を記録した。 　　①被告は訴外Bに対して653万円を支払う。 　　②支払期日：平成22年4月30日 　　③債権者：B（Bの住所：○○） 　　④債務者：被告（被告の住所：××）	○
2　被告は，原告が，当該電子記録債権について被告が支払等記録の請求をすることの承諾をすることができる地位（当該電子記録債権の債権者としての地位）を取得して当該承諾をするまで代金の支払を拒絶する。	

　(2)　ZがBのYに対する電子記録債権化した債権を請求する場合の請求原因に対する抗弁

抗弁Ⅰ（原因関係上の抗弁）

1（電子記録債権外で生じた事由の存在） 　(1)　訴外Bが，平成22年2月7日以降，被告に納品した冷凍エビは，あまりにも小振りで，かつ，鮮度も悪く，ほとんど腐りかけの状態であった。	△
(2)　訴外Bが納品した冷凍エビの価値は，代金額よりも300万円低い金額であり，その分代金が減額される。	＊3 △

＊3　Zの認否としては，「冷凍エビの価値が代金額よりも300万円低い金額であることは不知。その分代金が減額されることは争う。」という答弁が正確な答弁と言いうるであろう。

2　（原告の害意） 　　原告は，被告が支払期日において抗弁を主張するのが確実であると認識しながら電子記録債権を譲り受けた。	×

5　再抗弁事実とそれに対する被告の認否
上記(1)の抗弁Ⅰ（第三者対抗要件の抗弁）に対する再抗弁

1　Bから原告への債権譲渡につき，平成21年8月17日午後3時に債権譲渡登記がなされた。	○

（流矢大士）

第18問
債権者代位権

次の内容のＸ，Ｙ及びＺの言い分を前提に，後記の問題に答えなさい。

《Ｘの言い分》

1　私は，不動産のコンサルティング業を営んでいる友人Ｚから頼まれて平成18年6月1日に300万円を同人に貸し付けました。その際の約束では貸付期間は1年間であり，返済時に1割の利息を付けて返してくれるとのことでした。借用書にもその旨が書いてあります。

2　ところが，平成19年6月1日になっても，Ｚは貸したお金を返してくれませんでした。何度も催促しましたが，Ｚは，今はお金がないが間もなく大きな商談がまとまり入金があるといった話しを繰り返すばかりでした。

3　このようなことの繰り返しで，1円の返済も受けないまま平成20年になってしまったので，これ以上，猶予はできないと考え，1月3日にＺを私の自宅に呼び出し共通の友人であるＡにも立ち会ってもらい，今回ばかりは強く返済を迫りました。ただし，強くといってもあくまで常識の範囲内のことであり，犯罪になるようなことはしていません。

4　そうしたところ，Ｚはさすがに反省したのか，この1月3日のときには具体的な返済の話しをしてきました。Ｚの話しによれば，不動産業を営むＹ社に対し，土地を売りたいと考えているＢの情報を伝えた上で，いろいろ助言などを行っていたそうです。そして，こうした業務に関してＹ社との間でコンサルティング契約を締結しており，ＢとＹとの間で不動産売買契約が成立したら500万円の報酬をもらう約束になっていて，この報酬が入ったら，そのうちから，私への借金を返すつもりだったとのことでした。ところが，Ｙ社がなかなか報酬の支払いに応じないのでＺとしても困っていると打ち明けてくれました。Ｚの行っていたコンサルティング業務は，不動産の取引に必要な調査・確認作業をしたり，相手方の交渉に関する助言・助力をしたり，その他売買契約締結に関する諸作業に協力するという業務だと，Ｚは言っていました。

　いずれにしても，私は，ＺがＹ社から報酬を受け取れず困っているなら，私がＺの債権者として直接にＹ社に対して裁判を行ってコンサルティング報酬を請求する旨をＺに話したところ，Ｚもこれに特に異論は唱えませんでした。Ｚから，このような話を聞いた後，念のため，私の方で，知人を通して，ＢとＹとの取引状況を調

査したところ，BとYとの間には，私がZと話をした1月3日にはまだ取引は成立していなかったのですが，その後同年4月23日に不動産売買契約が成立したそうです。そこで早速，債権者代位訴訟に着手したいと思っています。

5　なお，1月3日の後もZは返済をせず，300万円の元金及び30万円の利息について私は1円も支払いを受けていません。私としては返済期を経過した後の遅延損害金の支払いも受けたいと考えています。遅延損害金については何も約束はしませんでしたが，当然の権利だと考えています。

《Y社の言い分》

1　当社は不動産の売買や仲介を行う株式会社です。

2　Zは以前に当社に勤務していた従業員でした。当社退社後は独立して不動産関係の仕事をしているようです。当社に有益な情報を持ってきてくれることがこれまでにも度々あり，その都度，なにがしかのお礼はしています。

3　今回もある土地を売りたいというBを紹介してくれました。平成19年3月15日のことだったと思います。面積の大きな土地でしたので，仮に売買がまとまったら500万円のお礼をするとの話しはしています。しかし，あくまでお礼であり，正式な仲介契約がZとの間で成立しているわけではありません。コンサルティング契約のようなものも成立していません。あくまで，口頭での話しです。

4　平成19年の11月くらいまでは，Zは何かと当社を訪れ経過を報告してくれました。上記土地売買の話しをまとめるために努力してくれているようでした。しかし，平成19年12月以降は全く姿を見せなくなりました。そのため，Bとの連絡も付かなくなり土地売買の話しもいったんは立ち消えになってしまいました。この時点でお礼の話しも消滅したと理解しています。

　たしか，平成20年1月10日頃のことだったと記憶していますが，偶然，Zと会いました。その際に，ZからBの土地取引の件が話題に出ましたので，その話しは立ち消えになったし，これに関してZにこれ以上，助力をお願いすることもないし，全ては白紙だと話しました。Zだって，そのことは覚えていると思います。

5　その後，当社自身の営業努力で再びBとの間でこの土地売買の話しが復活し，最終的に平成20年4月23日，当社はBからこの土地を1億円で購入することができました。

6　今回，突然，Zの債権者と称するXからZのコンサルティング報酬を支払えとの訴訟を提起されましたが，なぜXがこの訴訟を提起したのか理解できません。訴訟が提起された後に，久しぶりにZと連絡が取れました。Zの話しでは，ZはXに対して何らの債務も負担していないとのことです。ですから，XがZに対する債権者

であるとの主張は当社としては否認して争う方針です。
7 さらに，仮にXがZの債権者であったとしても，不動産取引がZの努力でうまく行った場合にはZに対しお礼を支払うと話したことはありますが，前述のとおりこれは正式な契約ではありません。また，Zは途中で投げ出して連絡すらしてこなくなったのであり，その後は当社の経営努力によりいったん立ち消えとなった不動産売却の話しが復活しただけのことですから，仮にZからの請求でも支払いをする必要はないと考えています。

《Zの言い分》
1 平成18年6月1日にXから300万円を借りたことは間違いありません。私は不動産の売買等のコンサルティングを行い収入を得ていますが，このところの不景気で収入が激減してしまい，以前から多少の面識があったXに借金を申し込んだのです。借金に応じてくれたのはよかったのですが，Xからは1か月あたり1割の利息を支払うことが条件だと言われました。法外な利息だとは思いましたが，他にお金を貸してくれるところがありませんでしたので，しかたなく条件を受け入れ300万円を借りました。
2 300万円を借りた際に，Xが用意してきた簡単な借用書に署名捺印しました。そこには300万円を借りたこと，返済期間は1年とすること，利息は1割であることが記載されています。利息に関しては1割という記載があるのみでしたが，これは前述のとおり1か月あたり1割の利息を支払うという意味です。
3 その後，平成18年6月末から平成19年5月末まで12回，毎月30万円ずつ，合計で360万円の利息を支払いました。この間，利息の支払いが精一杯で返済資金を蓄える余裕は全くありませんでした。ときには別の人から借金をして利息を支払ったこともありました。そこで，平成19年の6月になっても300万円の元金は支払えませんでした。
4 Xからはその後，何度も返済の催促がありましたが，到底，返済ができる状況ではありませんでした。また，ある人から，私が支払った利息は利息制限法に違反しており，これだけの金額を支払った以上，もう元金を支払う必要はないとの話しを聞きましたので，もう勘弁して欲しいという気持ちです。
5 平成20年1月3日にXに呼び出され，Xの自宅に行きました。そこには暴力団との付き合いも深いというAが同席しており，XとAの2人から返済を迫られました。今，考えても強迫だったと思っています。
　XとAから，いつお金が調達できるのかと繰り返し聞かれたものですから，しかたなくY社からコンサルティング契約の報酬として500万円が近日中に入る予定で

いることを話しました。もっとも，この話しは未だ確実なものではなく，私が紹介したBとY社との間の不動産売買契約が締結されることが条件となっていました。その売買契約が実際に締結されたか否かはY社と連絡をとることをXに禁止されてしまいましたので分かりません。ただ，平成20年1月のことでしたが，偶然，Y社代表取締役であるCと会いました。このときの立ち話しでは売買契約は成立しなかったと聞いています。

6 このような次第ですので，XがY社から支払いを受けることはできないと思います。仮にY社から500万円の支払いを受けることができるのであれば，それは私が受領すべき金銭であると考えています。XはY社に対し裁判を起こして支払いを請求すると言っていましたが，XがY社から支払いを受けることには納得が行きません。何としても阻止したいと考えています。

【問 題】

(1) Xの言い分を前提にXがYに対し訴訟を提起する場合，Xは具体的にどのような訴訟を提起することが考えられるか，また，その場合，どのような内容の請求をすることになるか。請求の趣旨を記載せよ。その場合の訴訟物は何か。

(2) Yの言い分及びZの言い分を前提とした場合，(1)の請求の趣旨に対するYの答弁の内容を検討せよ。また，その理由を記載せよ。

(3) 前記(1)を前提に，請求原因として主張すべき要件事実を指摘し，その理由を説明せよ。そのうえで，Y及びZの言い分から考えられる抗弁を指摘し，その要件事実とその事実が必要となる理由を説明せよ。

(4) ZがXY間の債権者代位訴訟に対して，どのような手続により関与することができるか，その内容を説明せよ。また，その場合の具体的な手続方法について検討せよ。

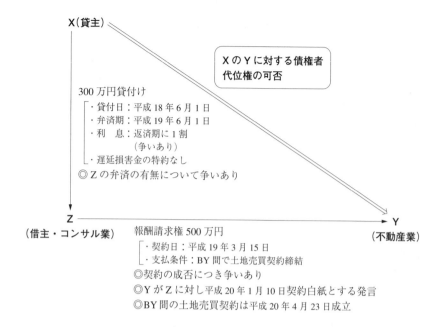

解説

1 問題の所在

　本問は，金銭を貸し付けている貸主Xが，自己の債権を回収する目的により，借主Zの第三者Yに対する債権につき，貸主自らが債権者代位訴訟を提起することにより第三者に対し請求しようという事案である。この場合の訴訟の目的である借主の第三者に対する債権は，不動産コンサルティング契約に基づく報酬請求権である。この請求に対し，コンサルティング契約の事務処理委託者Yは，貸付債権がすでに弁済されていること，コンサルティング契約の成立していないこと，あるいは成立していても報酬請求権がないことを主張して，争っている。

　想定されている訴訟が，債権者代位訴訟であることから，その請求の趣旨，訴訟物がまず問題となる。本問で問題になっているのは不動産取引に関わるコンサルティング契約である。不動産取引では，宅地建物取引業免許を有しない業者は不動産売買の仲介行為を直接行うことが出来ないため，コンサルティング業務を行うという契約内容にして，売買契約の成立をもって所定の報酬を受領するという取引類型があり，これが本問のコンサルティング契約である。コンサルティング契約に

おける役務提供者は，第三者との間で法律行為・事実行為を行うだけにはとどまらず，事務委託者に対し，売買契約に関して必要となる調査・確認作業をしたり，相手方の交渉に関する助言・助力をしたり，その他売買契約締結に関する諸作業への協力を行う。コンサルティング契約の法的性質については，典型契約の1つ，具体的には委任契約として考える余地もないわけではないが，委任契約類似の無名契約として把握するべき場合もあり，当該契約の法的性質が問題となる。現代社会においては，私立大学における在学教育，習い事の指導，保育，介護，エステの施術，情報の提供や助言，コンサルティングなど様々な役務の提供に関する契約があり，この中には民法典制定時には想定されていなかったものも含まれ，これらのすべてが委任契約の枠組みに必ずしもあてはまるわけではない。そこで，本問では，こうした現代的な役務提供契約の1つであるコンサルティング契約を素材にして，役務提供契約の法的性質について慎重に検討することが求められている。

2 【問題(1)】請求の趣旨と訴訟物

(1) 債権者代位訴訟の請求の趣旨

債権者は，自己の債権を保全するため，債務者に属する権利を代位行使することができる（民423条）。本件において，Xは，XのZに対する貸金債権を保全するため，Zのコンサルティング契約に基づくYへの500万円の報酬請求権の代位行使を求めている。よって，原告の被告に対する請求は，「被告は，原告に対し，500万円を支払え」という内容になる。

債権者代位訴訟において，債権者が，自己の金銭債権に基づき，債務者の第三債務者に対する金銭債権を代位行使する場合，自己の金銭債権額（被保全債権額）の範囲内での代位行使のみが認められる（最判昭和44年6月24日民集23巻7号1079頁）。債権者代位権は，債務者の責任財産保全のために認められる制度であるが，他人の財産管理への介入であるから，債権保全に必要な限度でのみ認められるべきだからである。よって，主文で被保全債権額が上限であることを明示しなければならないから，請求の趣旨で被保全債権額が示されることになる。では，本件では，被保全額はどのように表されるか。本問においては，Xの言い分によれば，XのZに対する貸金債権は300万円，貸付期間は1年間，利息は年1割であり，弁済期の平成19年6月1日の時点から一切，XはZから本件貸付金の支払いを受けていない。よって，XのZに対する債権は，300万円ならびにこれに対する平成18年6月1日から平成19年6月1日までの約定年1割の割合による利息及び平成19年6月2日から支払い済みまで約定の年1割の割合による遅延損害金となる。したがって，XのYに対する債権者代位訴訟の請求は，300万円とこれに対する平成18年6月1日から支払

い済みまで年1割の割合による金員の限度に限られる。

　さらに，民事訴訟法67条1項によって，訴訟費用の負担に関する裁判を終局判決において必ず言い渡さなければならないとされているので，請求の趣旨にも訴訟費用に関する記載が当然になされることになる。そこで，遅延損害金及び訴訟費用を加えた請求の趣旨は以下のようなものとなる。

> **請求の趣旨**
> 1　被告は，原告に対し，500万円を，原告の訴外Zに対する300万円及びこれに対する平成18年6月1日から支払い済みまで年1割の割合による金員の限度で支払え。
> 2　訴訟費用は被告の負担とする。

(2) 債権者代位訴訟の訴訟物

　債権者代位訴訟における訴訟物は，代位行使される債務者に属する権利である。そこで，本件の債権者代位訴訟の訴訟物は，ZのYに対するコンサルティング契約に基づく報酬請求権となる。

　本問のコンサルティング契約に基づく報酬請求権の実体法上の請求権の内容は何か。YZ間の不動産に関するコンサルティング契約の法的な性質が問題となる。

　Xの言い分によれば，YZ間の契約は，委託者Yが，Zに対し，Yが第三者Bから土地を買い受けるにあたり，売買契約締結について必要となる調査・確認作業，相手方の交渉に関する助言・助力，その他売買契約締結に関する諸作業への協力を行うというコンサルティング業務をYに提供することを委託する契約である。Yは，Zに対し，YB間の売買契約の代理や媒介行為自体の依頼はしてはいない。不動産の取引に関わる事務委託の契約としては，宅地・建物の売買を代理・媒介する行為を業として行う宅地建物取引業者（宅地建物取引業2条3項）との不動産仲介契約が典型的であって，この不動産仲介契約は，一般に委任契約の一種であるとされる（例えば山本Ⅳ-1契約720頁）。しかし，Xの言い分にあるコンサルティング契約は，不動産仲介契約と同じく不動産取引に関わる役務提供型の契約ではあるが，その内容は不動産仲介契約とは異なる。不動産取引の実務において，宅地建物取引業免許を有しない業者は，自ら不動産売買の仲介行為を直接に行うことが出来ないため，上で挙げたようなコンサルティング業務としての事務処理を提供するという内容の契約を締結し，事務処理による売買契約の成立という成果に基づいて所定の報酬を受領するという取引類型があるが，本件は，この取引類型に該当するのである。すなわち，YB間の不動産取引に関して，Yを事務処理委託者としZをコンサルティング業務

としての役務提供者とする，ＹＺ間の不動産のコンサルティング契約が成立し，Ｚのコンサルティング業務によりＹＢ間の売買契約が成立したという成果が達成したことに基づく報酬が支払われるという特約を当該コンサルティング契約に併せて締結したとみることができる。

　では，このようなＹＺ間のコンサルティング契約の法的性質はどのようなものか。まず，報酬の支払いのためには一定の成果達成を要する点で請負契約的性格を有する。しかし，請負契約の場合には仕事完成義務が発生するが，コンサルティング契約の場合には，仕事完成義務自体は発生しておらず，あくまで事務処理による成果が完成されたときに報酬が支払われることが特約で合意されていた場合に過ぎないのであって，請負契約そのものではない。では，コンサルティング業務という事務処理を委任する準委任契約と考えられないだろうか。不動産のコンサルティング契約は，経済的機能としては，不動産の仲介契約と共通する点がある。不動産の仲介契約は，他人間の法律行為の媒介をなす事を引き受ける契約であり，媒介は他人の間に立って両者を当事者とする法律行為の成立するように尽力する事実行為であるから，不動産仲介契約は，法律行為でない事務を委託する準委任の一種である。したがって，不動産のコンサルティング契約も，コンサルティング事務を委託する準委任契約の一種であるという評価の余地もある。他方，不動産の仲介契約が，仲介人が依頼者である委任者のために第三者である取引相手との間で事実行為をする契約であるのに対し，コンサルティング事務としての役務は，取引相手の紹介を契機として，委託者に対し，売買契約締結について必要となる調査・確認作業，相手方の交渉に関する助言・助力，その他売買契約締結に関する諸作業への協力を行うというコンサルティング業務を行うことを内容としており，少なくとも契約の内容としては，第三者である取引相手との間で事実行為を行うことを目的とするものではない。よって，不動産のコンサルティング契約は，受任者が委任者に代わり第三者との間に立って，事務処理を行うものではない点で，不動産の仲介契約とは異っている。

　委任の656条の起草時の議論では，当該規定は，第三者に対する対外的な法律行為以外の行為の委託が想定されていたが，冒頭に述べたように，現代社会においては，様々な役務の提供に関する契約が存在する。そこで第三者に対する対外的な法律行為以外の行為の委託でなくても，準委任契約を受け皿として用いる構成も有力である。しかし，役務提供契約の中には，民法の委任契約の諸規定，例えば，無理由解除を認めた651条が適用されるのに適さない役務提供契約もある。また，近時の最高裁判例として，在学契約に関して，大学は学生に対し大学の目的にかなった教育を提供する役務を負うと共に，これに必要な教育施設等を利用させるなどの債

務も負い，他方学生が大学に対して，これらに対する対価を支払う義務を負うことを中核的な要素とする有償双務契約としての性質を有する私法上の無名契約ととらえ，651条の適用を回避して，大学の任意解除権を否定するものがある（最判平成18年11月27日民60巻9号3437頁）。よって，準委任契約の定義について，法律行為以外の行為による役務提供契約をすべて含むとせず，民法656条の趣旨を受任者が委任者に代わって第三者との間に立って事務処理を行う場合に限定して捉えるべきであるとすれば，本コンサルティング契約は，準委任契約類似の無名契約と解するべきである。このように解することで，コンサルティング契約につき，基本的には委任契約の規定が適用されるものの，コンサルティング契約の性質に応じて，必要で合理的な場合には，委任契約の規定が排除されるという解釈が可能となるので，現行法を前提とすれば，もっとも適切な解釈であると考える。

　したがって，本問では，コンサルティング契約自体は準委任契約類似の無名契約であると考え，訴訟物は，ZのYに対する準委任契約類似の無名契約における事務処理報酬特約に基づく報酬請求権である（参照651条・648条1項）とするのが妥当と解する。仮に，コンサルティング契約を準委任契約であると考える場合には，訴訟物は，ZのYに対する準委任契約における事務処理報酬特約に基づく報酬請求権となる（651条・648条1項）。

　なお，債権者Xが債務者Zに対して有する金銭債権に基づきZの第三債務者Yに対する金銭債権を代位行使した場合には，直接債権者自身Xへの支払いを請求できる（大判昭和10年3月12日民集14巻482頁）。

訴訟物
準委任契約類似の無名契約における事務処理報酬特約に基づく報酬請求権

1個

---

3 【問題(2)】債権者代位訴訟の請求趣旨に対する被告の答弁について

　Yの言い分とZの言い分を前提にした場合，XのYに対する債権者代位訴訟におけるYの答弁内容としては，「原告の訴えを却下する」旨を求める場合と，「原告の請求を棄却する」旨を求める場合が考えられるので，以下，それぞれを検討する。

(1) 本案前の答弁

　Yの答弁内容としては，本案前の答弁として，原告Xが法定訴訟担当の当事者適格を有さないため，「原告の訴えを却下するとの判決を求める」という答弁が考えられる。

債権者代位訴訟の訴訟物は，代位行使される権利であり，本問では，ZのYに対する準委任契約類似の無名契約における事務処理報酬特約に基づく報酬請求権である。第三者であるXが，Zに帰属するZのYに対する報酬請求権につき，原告として訴訟追行権を認められるのは，民法423条に基づく。同法423条は，債権者は，自己の債権を保全するために，第三者に対して，その債務者が有する権利を債務者に代わって行使できると定める。Xは，直接Yに対して債権を有しないが，自己のZに対する貸金債権を保全する必要性のため，民法423条により，ZのYに対する報酬請求権についての管理処分権が与えられた結果，Zの債権者であるXが，債務者Zに代位して，Zの第三債務者Yに対する債権につき，Yを被告として給付訴訟を提起しうるのである。この債権者代位訴訟は，法定訴訟担当の一種であって，債権者代位訴訟において代位債権者が原告となりうるのは，債権者代位権という法律上の規定により債務者の管理処分権が債権者に移転し，債権者が当事者適格を取得したためである。したがって，債権者代位訴訟における債権者の当事者適格を基礎づけるのは，代位債権者の債務者に対する債権（被保全債権）の存在である。

　被保全債権は，Xの言い分によれば，問題⑴で述べたように，平成18年6月1日にXZ間で締結された消費貸借契約に基づきXからZへ貸し付けられた300万円ならびにこれに対する平成18年6月1日から平成19年6月1日までの約定年1割の割合による利息30万円及び平成19年6月2日から支払い済みまで約定の年1割の割合による遅延損害金であり，この被保全債権は一切弁済されていない。

　しかし，Y・Zの言い分を前提にした場合には，この被保全債権は弁済により消滅している。被保全債権の基礎となるXZ間の消費貸借契約の成立については，XがZに対し平成18年6月1日に消費貸借契約に基づき300万円を貸し付けたことにつき，XとY・Zの言い分に食い違いはない。他方，利息については，Xの言い分では年1割の利息であるのに対し，Zの言い分では月1割の利息である。仮に元本300万円に対し月1割の利息であれば，年換算の10.5割の部分は，利息制限法1条3号により無効な利息である。

　Zの言い分によれば，Zは，Xに対し，平成18年6月末から平成19年5月末まで12回，毎月30万円ずつ，合計で360万円の利息を支払っているので，Zの弁済により，被保全債権であるXのZへの貸付債権が消滅したかどうかが問題となる。Zは，360万円につき，元本300万円に対する月1割の利息として支払ったと述べているものの，Xの言い分とおり月1割の利息であるとすれば，元本300万円とこれに対する平成18年6月1日から平成19年6月1日までの約定年1割の割合による利息30万円の合計330万について，平成19年5月末までに支払済みであると評価でき，被保全債権は消滅している。

では，仮に本件貸付につき元本300万円の利息を月1割であるとXZ間の契約を解釈した場合には，被保全債権は消滅しているか。

元本300万円についての月1割の利息は，年換算で10.5割の超過利息である（利息制限1条3号）。債権者Zは，利息制限法を超過する利息を任意に支払っているが，超過利息相当分は無効であり，債務者が任意に支払ったときといえども，元本が存在する場合には民法491条の規定により元本へ充当される。なお，改正前の旧利息制限法は，1条2項で「債務者は前項の超過部分を任意に支払ったときは，同項の規定にかかわらず，その返還を請求することができない」と規定していた。XZ間の消費貸借契約の成立は平成18年6月1日であり，旧利息制限法の規定の適用の余地もあるが，仮に旧利息制限法が適用された場合であっても，判例により，制限超過利息を任意に支払った場合であっても，制限を超える部分は強行法である利息制限法により無効とされ，その部分の債務は存在せず，その部分の支払いは弁済の効力を生じないとし，債務者が利息，損害金と指定して支払っても，その指定は無意味であり，結局指定がないのと同一であって，元本が残存している場合には民法491条の適用により元本に充当されるとしていた（最判昭和39年11月18日民集18巻9月1868頁）。300万円元本については年1割5分の45万円を超える部分については無効であるから，ZがXに支払ったと主張する360万円から45万円を控除した315万円のうち300万円が元本に充当される結果，ZのXに対する元本債権も利息も支払い済みとなる（月に換算すると1分3厘を超える部分については無効であって，30万のうち3万7,500円を超える26万2,500円については無効であり，それぞれ毎月元本に充当されることになる）。したがって，XZ間の消費貸借契約の利息が月1割であるという約定であると評価したとしても，債権者代位訴訟の被保全債権であるXのZに対する貸金債権は弁済により消滅している。

以上より，Y・Zの言い分によれば，XのZに対する被保全債権は弁済により遅くとも平成19年5月末日には消滅したということになり，債権者代位訴訟における債権者の当事者適格を基礎付ける代位債権者の債務者に対する債権（被保全債権）が，債権者代位訴訟を提起する前に消滅した以上，Xは債権者代位訴訟の法定訴訟担当としての当事者適格を有さないことになる。

(2) 本案に対する答弁

Yの答弁内容としては，本案の答弁として，債権者代位訴訟の訴訟物であるZのYに対する準委任契約類似の無名契約における事務処理報酬特約に基づく報酬請求権が発生しないことを理由として，「被告は，原告の請求を棄却するとの判決を求める」というものも考えられる。Yの言い分によれば，債権者代位訴訟の訴訟物であるZのYに対する準委任契約類似の無名契約としてのコンサルティング契約における事

務処理報酬特約に基づく報酬請求権は，コンサルティング契約自体の不成立あるいは成立後の委任契約の終了のために存在しないため，請求の棄却を求めると考えられる。

したがって，本問では，訴えの却下を求めることと請求棄却を求めることのそれぞれの答弁が想定される。

4 【問題(3)】債権者代位訴訟の請求原因及び抗弁について

(1) 請求原因の基本形

債権者代位訴訟は，法定訴訟担当の1つである。法定訴訟担当の債権者代位訴訟の原告適格を基礎付ける要件事実としては，訴訟物たる権利としての代位されるべき債務者の権利の発生原因事実（及びそれが行使可能な状態にあること）に加えて，被保全債権の発生原因事実と保全の必要性（債権者の無資力）を主張することが必要となる（民423条）。したがって，債権者代位訴訟の請求原因の基本形は次のようになる。

(ア) 被保全債権の発生原因事実（一定の場合には期限の到来を含む）
(イ) 債務者の無資力
(ウ) 代位される権利の発生原因事実（一定の場合には期限の到来を含む）

(2) 被保全権利の発生原因事実

上で述べたように，債権者代位訴訟では，債権者Xの債務者Zに対する債権が存在しないときには，却下判決がされる。本件の被保全債権は，XのZに対する貸金返還請求権等である。XがZに対し貸金返還請求をする場合，請求原因は，①XがZとの間で金銭返還の合意をしたこと，②XがZに対し金銭を交付したこと，③XがYとの間で弁済期の合意をしたこと，④弁済期が到来したことである。

典型契約の定義規定であり契約の成立要件を定める規定は冒頭規定と一般に呼ばれている。冒頭規定が定める要件に該当する事実があるときに民法典が定める典型契約に基づく履行請求権が発生すると考えれば（冒頭規定説），民法587条において，消費貸借は，当事者の一方が種類，品質及び数量の同じものをもって返還することを約して相手方から金銭その他の物を受け取ることによって，その効力を生ずると定められていることから，上の①と②は権利発生根拠事実であって，消費貸借契約に基づく貸金返還請求権があると主張する側が，これらの事実を主張立証しなければならない。なお，消費貸借契約は，金銭その他の物を受け取ることによって効力を生じるとされるから要物契約であるが，事実摘示で貸し付けたと表現することで，①と②が含まれていると理解される。

では，③と④は，どうか。消費貸借契約は，相手方に金銭を貸したり物を貸したりするなど，相手方にこれを利用させることを内容とする，いわゆる貸借型と呼ば

れている契約である。貸借型の契約は，一定の価値をある期間借主に利用させることに特色がある。貸借型の契約においては返還時期（弁済期）の合意は，売買契約の場合のように法律行為の付款となるのではなく，その契約に不可欠な要素であり，成立要件として必ずその適示を要すると解するという立場もある（貸借型理論）。この立場によれば，③と④は，①と②と同様に契約の成立要件として，請求原因となる。これに対して，返済期限は契約の成立要件ではなくて返還請求をするための要件事実とする見解もあり，この見解によれば，③と④は，①と②と位置づけが異なることとなる。しかし，いずれの立場に立っても，貸金の返還を請求するためには，弁済期が到来していることが必要であるから，請求原因において，弁済期とその到来の主張が必要となる。

　続いて，XのZに対する利息契約に基づく利息請求権であるが，この利息は元本利用の対価であって元本債権に付従するので，利息は元本債権なしでは成立せず，利息請求権の要件事実としては，元本債権の発生原因事実が必要である。上に述べたように，本件では，①の元本債権の発生原因事実は，貸金返還請求権の請求原因事実として主張される。よって，加えて，②XがZとの間で，元本債権の発生原因事実の債務につき，約定の利息を支払う合意をしたこと，③①の後，一定期間が経過したことが必要である。

　さらに，遅延損害金請求権についてであるが，XがZに対する本件貸付にかかる遅延損害金を請求するには，Xは，請求原因事実として，①元本債権の発生原因事実，②弁済期が経過したこと，③損害の発生とその数額を主張立証することになる。遅延損害金も元本の存在を前提とするから，①の元本債権の発生原因事実が必要となるが，本件では，①の元本債権の発生原因事実は主張されている。②の弁済期の経過については，履行遅滞の発生要件は，債務の履行期限が経過したことであり，期限の定めがある場合には，期限の定めがあること及びその期限が経過したことが必要である（民412・415条）。③損害の発生とその数額については，特約がなかったとしても，金銭債務の特則で法定利率や約定利率によって損害賠償額が定められ，特約がなくても法定利率年5分（民404条）の割合による遅延損害金を請求することが出来る。本問では，遅延損害金につき法定利率を超える率の合意がされている場合に原告がこの損害金率による損害額を請求するときにあたり，XとZが法定利率を超える遅延損害金の利率の合意をしたことを主張立証すべきである（民420条1項）。遅延損害金の生じる期間は元本の返還をすべき翌日から元本が完済された日までであって，その始期から終期までの時の経過が要件である。始期については経過されていることは主張されているし，終期については口頭弁論終結後である「支払済みまで」となっているので主張することが出来ず，始期から終期までの経過について

は実務でも明示的に主張されることはない（類型別31頁，一審解説11頁）。

(3) 債務者の無資力

債権者代位権の行使においては，被保全債権の保全の必要性を基礎付ける事実が必要である（民423条）。具体的には被保全債権が金銭債権である場合には，債務者が無資力であること（Zの無資力）が必要となると解されている。この(2)と(3)との要件は，当事者適格に関する要件事実である。(3)につき，Xが主張立証責任を負う（最判昭和40年10月12日民集19巻7号1777頁）。

本件では，Zは，今はお金がないがまもなく大きな商談がまとまり入金があると繰り返しており，コンサルティング契約におけるYへの報酬請求権でXへの本件貸付の返済をしようとしていることから，Yに対する報酬請求権以外にはXのZへの貸付金を満足させるに足りる財産はないということをもって無資力を主張している。

(4) 代位される権利の発生原因事実

本件の代位される権利は，ZのYに対するコンサルティング契約における報酬特約に基づく報酬請求権である。コンサルティング契約とは，すでに述べたように，役務提供契約の一種であるが準委任契約そのものではなく，準委任契約類似の無名契約と考えられるのであって，コンサルティング契約の性質に反しない限り，その要件事実については，委任契約における要件事実と同様に考えればよい。

まず，代位される報酬請求権が発生するためには，コンサルティング契約の成立が必要であり，請求原因として，Yは，Zに対し，平成19年3月15日，コンサルティング業務をすることを委託し，Zはこれを承諾する準委任契約類似の無名契約を締結したことを主張立証しなければならないが，Xの言い分によれば，YZ間にコンサルティング契約が成立していることを主張している。これに対し，Yの言い分によれば，まず，従前からZはYに不動産関係の有益な情報を持ってきてくれることがあること，ZはYに対し平成19年3月15日ころ土地を売りたいというBを紹介したこと，YとBとの取引がまとまったら500万円のお礼をするとはいったがコンサルティング契約のようなものは成立していないことが述べられている。これらのYの言い分とは，Yは，YZコンサルティング契約の成立を否認しており，YZ間で法的な拘束力を有する契約は成立しておらず，YがZに伝えた500万円のお礼は，法的な拘束力のない，いわば徳義上の債務ないし義務であるということを主張していると評価できる。

次に，報酬請求権の発生である。委任契約は原則として無償であって，報酬には特約が必要とされる（民648条1項）。コンサルティング契約は，準委任契約類似の無名契約であるから，委任契約同様，報酬請求権の発生については報酬支払いの特約の成立が必要であり，請求原因事実として，報酬請求権の特約が必要となる。なお，

明示の特約がなくても，黙示の報酬特約（最判昭和37年2月1日民集16巻2号157頁）や慣習による報酬請求権が認められる場合もある。また，委任は要物契約でないから，有償委任においては，報酬の特約がなされたことにより，委任契約が成立したときに報酬請求権も成立するとみるべきである。この報酬請求権の成立時期については，本問のような請負的な成果型の準委任契約においては，成果発生時に発生するという見解もある。他方，判例は，仕事の完成を目的とする請負契約においても契約成立時説に立っており（大判昭和5年10月28日民集9巻1055頁），この判例の趣旨からすれば，本問のコンサルティング契約における報酬請求権は契約成立時に発生すると考えるべきである。よって，本問のコンサルティング契約に基づく報酬請求権は，平成19年3月15日に成立している。

　委任契約における報酬特約に基づく報酬請求権は，委任事務の履行を完了した後でなければ，これを請求できないと規定される（648条2項）。これは，役務提供契約における後払いの原則の委任の場面での適用規定である。ただし，後払いといっても，受任者が委任者に対する一切の義務を履行した後であることまでを要するという意味ではない（大判明36年10月31日民録9号1204頁）。

　さて，本問では，Xの言い分によれば，YZ間には，Zがコンサルティング契約に基づきコンサルティング業務を処理しYB間の売買契約が成立したときに500万円の報酬を受け取る特約が成立している。この特約によれば，本件コンサルティング契約の報酬の支払方法は，一定期間の役務の提供に対して割合に応じて報酬を支払うタイプではなく，事務処理による成果が達成されたときに500万円の報酬を受け取るという成果達成型の報酬を支払うタイプである。委任は，長期にわたる事務処理の継続後に報酬が支払われる場合が本来的な場合であって，事務処理が行われた限度で対価を認めてよく，民法648条2項及び3項は，このタイプの割合型の委任を想定している。他方，委任事務を処理したことによる成果に対して報酬を支払うという方式は，648条2項及び3項が想定する委任の方式ではないものの，委任における報酬支払い方式としてめずらしくない。こうした報酬支払い方式が採られている場合には，受任者が仕事の完成義務を負わない点で請負契約と異なるものの，労務を提供しただけでなくその結果として成果が生じて初めて報酬を請求することが出来る点で，報酬支払い方式に関しては請負契約に類似している。このように当事者が事務処理による成果に対して報酬を支払う方式をとる委任としては，例えば，弁護士に対する訴訟委任がされ，勝訴判決を得た場合には，一定の成功報酬を支払う旨の合意がされている場合や，契約の媒介を目的とする契約において，委任者と第三者との間に契約が成立した場合には，媒介者たる委任者が報酬を請求することができるとされている場合が該当する。本問のコンサルティング契約と類似する媒

介による仲介契約は，こうした委任の典型であって，648条2項本文の委任事務の完了は，事務処理による成果の達成であると解釈することができる。そこで，本問においても，こうした成果達成型の委任の請求原因と同様に，YZ間で締結された報酬特約は，ZのコンサルティングによりYBの不動産売買契約という成果が達成されたときに対価として500万円を支払うというものであり，事務処理の結果として成果が達成されたことが，請求原因として必要である。したがって，本問では，Zが不動産の売買契約締結に関して必要となる調査・確認作業，相手方の交渉に関する助言・助力，その他，売買契約締結に関する諸作業への協力した結果としてYB間の不動産の売買契約が締結されたことが，委任事務処理の完了となる。

以上に基づき，本問に即して，具体的な事実を摘示すれば以下の通りとなる。

請求原因

1 原告は，訴外Zに対し，平成18年6月1日，300万円を，弁済期を同年19年6月1日として，貸し付けた（以下，「本件貸付」という。）。
2 原告は，訴外Zとの間において，平成18年6月1日，上記1の貸金について，利息は年1割，支払期日を同年19年6月1日とする旨の合意をした。
3 同年19年6月1日は経過した。
4 訴外Zには，下記5記載の訴外Zの被告に対する準委任契約類似の無名契約における下記6の報酬特約に基づく報酬請求権以外に原告の本件貸付債権を満足させるに足りる財産はない。
5 被告は，訴外Zとの間で，平成19年3月15日，被告と訴外B間の不動産売買契約に関わるコンサルティング業務をすることを委託し，訴外Zはこれを承諾する準委任契約類似の無名契約を締結した。
6 被告は，訴外Zとの間で，上記5の準委任契約類似の無名契約において，係る事務処理の結果として被告と訴外B間の不動産売買契約が達成されたときに，その成果に対する対価として500万円を支払う旨を合意した。
7 上記5の準委任契約類似の無名契約に係る事務処理の結果，平成20年4月23日，YB間において不動産売買契約が締結された。
8 よって，原告は，被告に対し，訴外Zに代位して，訴外Zの被告に対する準委任契約類似の無名契約における報酬特約に基づき，報酬500万円について，委任事務処理報酬の内300万並びにこれに対する平成18年6月1日から平成19年6月1日までの約定年1割の割合による利息及び平成18年6月2日から支払済みまで約定の年1割の割合による遅延損害金（金員）の限度で，支払いを求める。

(5) 抗弁―本案前の抗弁としての被保全債権消滅の抗弁

　債権者代位権の被保全債権である権利が消滅すれば，債権者は法定訴訟担当の当事者適格が喪失するので，本案前の抗弁として被保全債権消滅の抗弁が考えられる。権利消滅の抗弁原因事実であるから，これが有利な主張となるY側に主張立証責任があり，Xの言い分にある被保全債権の存在を否定する本案前の抗弁となるわけである。

　Zは，Xから平成18年6月1日に借り受けた300万円について，翌月から月々30万円ずつ12回の平成19年5月末日に渡り計360万円を弁済したと主張している。この主張は，Xの主張通り元本300万円への利息が月1割であることを前提とすれば，ZのYに対する貸金債務は平成19年5月末日に消滅しているという主張であると評価できる。しかし，Zの主張は月1割の利息であるということを前提としているから，こちらを前提とすれば，上述のように，月1割の利息は利息制限法1条3号に反し利息制限法を超える部分は無効であるから，無効な部分については，利息への充当指定にかかわらず，元本に充当される結果，360万円の弁済により，債務は消滅している（民491条）。よって，いずれにしても，Y及びZの言い分から考えられる抗弁としては，一旦発生した貸金返還請求権が貸付金への弁済により消滅したことにより被保全債権が消滅したという抗弁であると評価できる。この弁済の要件事実は，判例によれば，ZがXに対し，債務の本旨に従った給付をしたこと，その給付がその債権についてされたことである（最判昭和30年7月15日民集9巻9号1058頁）。本問において，Yは，弁済の抗弁の要件事実として，Zは，Xに対し，本件貸金債務の履行として，360万円を支払ったと摘示すれば足りる（類型別9頁，問題研究52頁，新問研49頁）。

　以上に基づき，本問に即し，具体的な事実を摘示すれば以下の通りとなる。

> **抗弁Ⅰ**（本案前の抗弁としての被保全債権消滅の抗弁）
> 　訴外Zは，原告に対し，本件貸付債務の履行として，平成18年6月末から同19年5月までの間，毎月30万円を支払った。

(6) 抗弁―成果達成前の準委任類似の無名契約としてのコンサルティング契約の終了の抗弁

　Yの言い分4，5及び7によれば，Yは，Zに報酬支払債務を負わない理由として，Zは平成19年12月以降，Yのもとに訪れず，その後連絡も取れなくなったためYB間の土地取引の話も立ち消えになっていたこと（言い分4），平成20年1月10日頃YとZが偶然出会い，Yは，Bの土地取引について話題に出したZに対し，「その話

しは立ち消えになったし，これに関してZにこれ以上，助力をお願いすることもないし，全ては白紙だ」と告げたこと（言い分4），ならびにYの経営努力でいったん立ち消えとなった不動産売却の話が復活して平成20年4月23日にYB間で土地取引が成立したのであって，Zに報酬を支払う必要がないこと（言い分5, 7）を挙げている。これらは法的にどのような主張になるであろうか。

　仲介契約のような成果達成型の委任契約においては，成果達成前に中途で委任契約が終了した場合には，報酬請求権は行使できないのが原則である。成果達成型の委任契約においては，割合型の委任契約と異なり期間によって報酬が定められているわけではないから，成果が達成前に委任契約が終了したときには，割合的報酬は原則的に請求できないはずだからである。本件のYZ間のコンサルティング契約については，コンサルティング業務により不動産取引という成果が達成されたことを要求するタイプの契約であって，その性格を仲介契約類似の準委任契約類似の無名契約であると把握している。したがって，仲介契約における成果達成前の終了により報酬請求権が行使できないのと同様，本件コンサルティング契約についても中途で終了したことを主張することにより，500万円の報酬請求権の行使を妨げることができる。したがって，Yの上の言い分は，成果達成前の準委任類似の無名契約としてのコンサルティング契約の終了の抗弁である。

　では，コンサルティング契約の終了原因は何か。

　まず，YZ間の合意解約により契約が終了したということは考えられないか。Yの言い分によれば，平成20年1月10日頃，Yは，Zに対し，「これ以上，助力をお願いすることもないし，全ては白紙だ」と話したとあるが，Zがこれに対してどのように対応したか，例えばZがこれに応じたということについては，全く触れていない。したがって，YZ間で合意解約がなされたと考えるのは，難しい。仮に委託者との間の事務処理契約につき合意解約がなされた後に当事者間の直接取引で所期の目的を達成した場合には，報酬の有無も合意によって定められるか，もしくは合意がない場合で後から直接の取引によって所期の結果が得られたときであっても，受任者の今までの活動と取引成立という結果との間に相当因果関係が認められず，報酬請求権はないとみるべき場合が多いとされている（最判昭和39年7月16日民集18巻6号1160頁，新版注釈(16) 263頁）。

　次に，平成20年1月10日頃のYのZに対する話は，合意解約ではなく，YからZに対する一方的な解除権の行使であると考えるとしたらどうか。本件コンサルティング契約は，仲介契約と類似しており，準委任契約類似の無名契約であって，委任契約の規定については可能な限り適用すべきであるから，651条の無理由解除の規定についても準用されうる。なお，本件は，事務処理者Zの利益のために役務

提供契約がなされた場合であれば，Yが一方的に契約が解除できるかどうかが問題となるが，単に報酬をもらうだけでは受任者の利益のためになされた委任契約でないとされているから，準委任契約類似の無名契約である本件コンサルティング契約でも同様と考え（最判昭和56年1月19日民集35巻1巻1頁），Yの651条に基づく解除権の行使は認められると考えるべきである。なお，本件では，Yの解除は，Zが受任者の義務を怠ったことを原因とする債務不履行解除であると考える余地もあるが（民415条），Yの言い分ではZが受任者の義務を怠っていることについて明示されていないので，651条の解除であると解する方がよいと考えられる。

さて，委任の解約後に当事者の直接取引によって所期の目的を達成した場合に，報酬請求権は一切認められないか。直接取引で所期の目的を達成した場合には幾つかの類型があるが，①仲介人の不誠実な行為を理由として解約する場合，②報酬支払い義務を免れるため解約する場合，もしくは③交渉行き詰まりのためやむを得ず一方的に解約する場合が考えられる。本件は，Yの言い分では，Zは平成19年12月以降，Yの元に訪れず連絡も取れなくなったためYB間の土地取引の話も立ち消えになっていたので，平成20年1月10日頃にYがZに偶然会った折に，YのZへの解除権を行使したのであって，①の仲介人の不誠実な行為を理由として解約する場合，例えば仲介人が奔走義務に違反して無為に日を過ごした場合と考えられる。このような場合には，委任者には自由な解約権があるから，解約後に直接の取引をなしたとしても，信義則に基づき，報酬請求権を否認しまたは報酬請求額を調節すべきであるとされている（新版注釈(16) 263頁）。

また，③の仲介人の不誠実な行為ではなく仲介業者による交渉がいきづまったため，やむを得ず委任者が解約して，その後直接取引が成立した場合は，①の仲介人の不誠実な行為による解除の場面と区別することは実際上難しい。X側としては，Yが解除したとしても，事務処理者であるZの不誠実な行為を機縁としない委任者からの一方的な解除であるという主張も想定できる。仲介人に関する事案であるが，「結局，民法648条3項，641条の趣旨，取引上の信義則から相当の報酬を請求しうる。相当の報酬額の判定には，委託を受けた事情，目的不動産発見の難易，仲介に尽力した期間，その間の労力の程度，これが役だった委託者の利益，その他の諸事情を斟酌して決定する」のが妥当だとする下級審判決がある（広島高裁岡山支部判昭和33年12月26日高民集11巻10号753頁）。上のように，Xが，ZがYに対して民法648条3項・641条，信義則等から相当の報酬請求権を有するということを請求原因で主張していれば，これは，準委任契約類似の無名契約の報酬特約に基づく報酬請求権とは別個の民法648条3項・641条，信義則等から相当の報酬請求権の主張であって，このため，相当な報酬額が請求原因に表れている必要があると考えられる。し

かし，本件では，Xの言い分からは，このような主張がなされていると見ることは出来ない。

　仮に本件は②のYが報酬支払い義務を免れるために，Yが故意に一方的に解除して後で直接取引をした場合であるとすれば，どうか。本件のXの言い分では，このような主張は出ていないが，仮にXの言い分の中でこうした話（Yが故意に一方的に解除して後で直接取引をした）が出ているとすれば，①の仲介人の不誠実な行為による場合ではなく③の仲介業者による交渉がいきづまったため，やむを得ず委任者が解約した場合と同様に，Zの報酬請求権等の法律構成が問題になる。仲介契約の類型についてであるが，ZのYへの報酬請求権が認められるかどうかについては，見解が分かれている（新版注釈⑯264-265頁）。直接の因果関係が売買成立と斡旋との間に存しないから報酬請求権が認められないという下級審判決もあるが（東京地裁判昭和35年11月9日判時245号32頁，東京地裁判昭和36年5月31日判時264号23頁），報酬請求権を認めるという立場が通説であるとされる。ただし根拠は分かれている。停止条件の故意の妨害であると見る立場もあるが（最判昭和45年10月22日民集24巻11号1599頁），故意の妨害といっても，解約にいたる事情には種々ニュアンスの相違があるのに一律に条件成就の効果を与えてしまうことへの批判や，そもそも仲介人の媒介によって売買契約が成立したら報酬を支払うのは停止条件ではないとする批判もある。本件の準委任類似の売買契約についても，コンサルティング事務の処理による売買契約の成果の達成が停止条件であるかどうかが問題になるだろう。また，いつでも委任者は解除できる代わりに民法641条により損害賠償を請求できるという立場もある。

　結局，Yとしては，本件契約の特約に基づく報酬請求権の行使ができないことを主張するため，準委任契約類似の無名契約としてのコンサルティング契約が，事務処理による成果達成により終了する前に，651条の解除権行使により終了したという抗弁を行うことになる。成果達成により前に651条の解除権を行使したことについては，請求原因に成果達成の日付が出ているので，それより前に解除されたことが明らかにされなければならない。

　以上に基づき，本問に即して，具体的な事実を摘示すれば以下の通りとなる。

> **抗弁Ⅱ**（成果達成前の準委任類似の無名契約としてのコンサルティング契約の終了の抗弁）
> 　被告は，訴外Zに対し，平成20年1月10日頃，本件契約を解除した。

5 【問題⑷】債権者代位訴訟への債務者の関与

　債権者代位訴訟は，第三者である債権者の権利実現のために訴訟物の内容である

利益帰属主体本人の債務者の権利関係について，第三者が管理処分権を与えられて，これに基づいて民法423条により，債権者に訴訟担当が認められる場合である。判例によれば，債権者の管理処分権に基づく訴え提起により，債務者は以後，これを妨げる権利行使は出来ず，後訴は不適法却下される (大判昭和14年5月16日民集18巻557頁)。したがって，債務者であるZは，XY間の債権者代位訴訟が提起されたことにより，独立に後訴を提起することはできない。しかし，すでに述べたように，本件では，ZはXに対する自己の本件貸付債権は弁済により消滅していると主張しており，これはXが当事者適格を失っているという主張である。よって，債務者Zは，訴訟の目的物である報酬請求権の全てが自己の権利であるという主張をしており，この請求は，債権者代位訴訟と両立してない主張である。このように，第三者が積極的に訴訟の目的物の全部又は一部が自己の権利であると主張し，本訴請求と第三者の請求が両立しない場合には，その第三者は，第三者として，民事訴訟法47条後段の独立当事者参加 (権利主張参加) をすることができる。債務者Zは，債権者Xが，当事者適格代位原因である権利が不成立，消滅等で，代位権者が当事者適格を喪失したことを主張することで，債務者が代位権を争って訴訟に参加することになる (最判昭和48年4月24日民集27巻3号596頁)。

6 債権法改正審議との関係

(1) コンサルティング契約の法的性質と準委任契約類似の無名契約の位置付けについて

債権法改正の審議過程においては，委任とは別に，役務提供契約という契約類型を設けるという意見もあったものの，結局，平成26年8月に決定された「民法 (債権関係) の改正に関する要綱仮案」(以下「要綱仮案」という。) では，役務提供契約という契約類型を独立して設けることなく，準委任が役務提供を内容とする契約のうち他の典型契約に該当しないものの受け皿としての役割を果たすという現行法の理解を前提とすることにしている。そして，準委任に関する民法656条について，その内容を改正することも審議会の審議の過程では検討されたが，最終的には現行法のままとし改正の対象とはしていない。したがって，役務提供契約に関する規律は今回の債権法改正においては抜本的な変更は見られないこととなり，法律行為でない事務の委託について委任の規定を準用するという現行法の規律が引き続き適用されることになる。

(2) 成果達成型準委任ないし準委任類似の契約の中途終了の場合の報酬請求権について

現行民法では，648条2項及び3項は，割合型の委任契約を典型としており，成果

達成型の委任について適合した規定にはなっていない。すなわち，648条3項は，委任が受任者の責めに帰することができない事由によって履行の中途で終了したときは，受任者は，既にした履行の割合に応じて報酬を請求できると定める。この規定は，雇用や請負にはなく委任特有のものである。雇用は期間ごとに報酬を得るのが通常であるのに対し，委任は長期にわたる事務処理の継続後に支払われるのが通常だからであるということを背景とする。一方，請負は一定の結果の発生に対して報酬が支払われるものであり，割合報酬という考え方は委任の性質においてこそ適合するわけである。しかし，委任においても割合型ではなく，雇用型委任（私立学校長や会社の重役）や請負型の委任（不動産仲介業者）があり，前者は期間報酬，後者は仕事完成を条件とする一次的報酬を生ずるので，割合的報酬には適さないとされる。本件も，請負型の準委任に類似した事務処理契約である。

そこで，要綱仮案では，民法648条2項及び3項の規定が改められ，委任事務の処理が中途で不可能になった場合の報酬請求権の帰趨について，成果報酬型についても顧慮した規定が設けられている。すなわち，成果達成型の委任の報酬支払時期について請負に関する民法633条と同様に，成果の引渡しと同時に支払うものとし，この規律を同法第648条2項に付け加えることとしている。そして，委任者の責めに帰することができない事由によって成果を得ることができなくなったとき又は成果を得る前に委任が終了したときは，既にした委任事務の処理による結果のうち，可分な部分の給付によって委任者が利益を受けるときに限り，その部分を得られた成果とみなし，受任者は，委任者が受ける利益の限度において，報酬を請求することができる旨を民法648条3項に加えることとしている。

(3) 債権者代位権に関する改正の内容

法制審議会民法（債権関係）部会における審議の途中においては，債権者代位権の行使の範囲及びその方法について抜本的な改正を行うことが検討された。すなわち，代位債権者は自己の債務者に対する債権額（被保全債権額）に限定されることなく，代位行使に係る権利の全部を行使することができるとする旨や，代位債権者が相手方から金銭その他の物の引渡しを受けたときは，これを債務者に返還しなければならず，このとき，返還に係る債務を受働債権とする相殺はできないとする旨が検討された。しかし，これらの規律は結局，採用されることはなく，要綱仮案では，代位権行使の範囲は，「当該権利の目的が可分であるときは，自己の債権の額の限度においてのみ，当該権利を行使することができる。」（要綱仮案第15の3）と規律されている。また，相殺の可否についての規定は設けない方針となっている。

次に，債務者の処分権限との関係については，債権者が債権者代位権を行使した場合であっても，債務者は当該権利について，自ら取立てその他の処分をすること

を妨げられないと定めている（要綱仮案第15の5）。現在の判例法理（大判昭和14年5月16日民集18巻557頁）は前述のとおり債務者の処分権限を奪う効果を与えるが、これを過剰な効果と考えるものである。そこで、債権者代位権が行使されても債務者は自ら権利行使ができることになる。代位訴訟が既に提起されている場合には、重複訴訟の禁止（民訴142条）との関係から別訴提起は許されず、訴訟参加という方法を採ることとなるが、この場合、債務者は管理処分権を保持しているので共同訴訟参加が可能となる。

【解答例】

訴訟物、請求の趣旨、請求原因事実とそれに対する認否、抗弁事実とそれに対する認否及び再抗弁事実とそれに対する認否を整理すれば、以下の通りとなる。

1　訴訟物

準委任契約類似の無名契約における事務処理報酬特約に基づく報酬請求権 1個

2　請求の趣旨

1　被告は、原告に対し、500万円を、原告の訴外Zに対する300万円及びこれに対する平成18年6月1日から支払い済みまで年1割の割合による金員の限度で支払え。 2　訴訟費用は被告の負担とする。

3　請求原因事実とそれに対する被告の認否

1　原告は、訴外Zに対し、平成18年6月1日、300万円を、弁済期を同年19年6月1日として、貸し付けた（以下「本件貸付」という。）。	○
2　原告は、訴外Zとの間において、平成18年6月1日、上記1の貸金について、利息は年1割、支払期日を同年19年6月1日とする旨の合意をした。	不知
3　同年19年6月1日は経過した。	○

4　訴外Zには，下記5記載の訴外Zの被告に対する準委任契約類似の無名契約における下記6の報酬特約に基づく報酬請求権以外に原告の本件貸付債権を満足させるに足りる財産はない。	不知
5　被告は，訴外Zとの間で，平成19年3月15日，被告と訴外B間の不動産売買契約に関わるコンサルティング業務をすることを委託し，訴外Zはこれを承諾する準委任契約類似の無名契約を締結した。	×
6　被告は，訴外Zとの間で，上記5の準委任契約類似の無名契約において，係る事務処理の結果として被告と訴外B間の不動産売買契約が達成されたときに，その成果に対する対価として500万円を支払う旨を合意した。	×
7　上記5の準委任契約類似の無名契約に係る事務処理の結果，平成20年4月23日，被告と訴外B間において不動産売買契約が締結された。	×
8　よって，原告は，被告に対し，訴外Zに代位して，訴外Zの被告に対する準委任契約類似の無名契約における報酬特約に基づき，報酬500万円について，委任事務処理報酬の内300万円並びにこれに対する平成18年6月1日から平成19年6月1日までの約定年1割の割合による利息及び平成18年6月2日から支払済まで約定の年1割の割合による遅延損害金（金員）の限度で，支払いを求める。	争

4　抗弁事実とそれに対する原告の認否

抗弁Ⅰ（本案前の抗弁としての被保全債権消滅の抗弁） 　　訴外Zは，原告に対し，本件貸付債務の履行として，平成18年6月末から同19年5月までの間，毎月30万円を支払った。	×
抗弁Ⅱ（成果達成前の準委任類似の無名契約としてのコンサルティング契約の終了の抗弁） 　　被告は，訴外Zに対し，平成20年1月10日頃，本件契約を解除した。	不知

（山田八千子）

第19問
詐害行為取消権

次の内容のX及びYの言い分を前提に，後記問題に答えなさい。なお，事例1を検討する際には事例2のX及びYの言い分を考慮する必要はない。事例2を検討する際には事例1のX及びYの言い分を検討する必要はない。

《X社の言い分》
（事例1，2に共通の言い分）
1　当社は，企業向けの金融を行う株式会社です。この種の会社としては歴史のある方で既に40年以上の実績があります。
2　当社は，平成25年4月1日，建設業を行うA社に対し，弁済期を平成25年7月1日と定めて500万円を貸し付けました。A社とはこれまで取引の実績がなく，初めての融資でした。なお，後日の紛争を回避するために，A社に対するこの貸付けについては公証役場で金銭消費貸借契約公正証書を作成しています。この公正証書には当然のことながら，A社が不払いの場合にはA社は強制執行に服する旨が記載されています。

（事例1）
3　当社のA社に対する事前の資産調査の結果，A社はY銀行から既に1,000万円の融資を受けておりました。一方でA社には資産は全く存在しませんでした。ただし，A社は平成25年5月末にはBから受注していた建築工事が完成し，施主から1,000万円の建築請負代金を受領する予定とのことでしたので，この債権が唯一の資産ということになるかもしれません。
4　A社代表者Cはこの請負代金がBから入金次第，この代金で当社の借入金を返済することを言明したので，当社としては，A社の窮状も考慮し，上記のとおり500万円を貸し付けました。もっとも，この請負代金債権についてA社との間で債権質や債権譲渡担保を設定するようなことはしていません。あくまでCの言葉を信用して500万円を貸し付けたのです。
5　ところが弁済期である平成25年7月1日が到来しても，A社は弁済をしませんでした。Cにその理由を問いただしたところ，Bから確かに1,000万円の請負代金を受領したが，この金銭をもって，平成25年7月5日，Y銀行に対する借入金全額を返済してしまったとのことでした。
　当然，当社としてはCに対し，なぜ事前の約定に反してY銀行に対する返済を行っ

たのかを問いただしました。そうしたところ，Cは当社が金融会社であることに不快感を持ち，どうせ返済をするなら，むしろY銀行からの借入金の返済を優先しようと考えたようです。そのうえ，Y銀行に対し好意をもってもらおうと考え，CはY銀行担当者に対し，A社が当社から500万円を借り入れたこと，返済資金はBから受注した建築工事の完成による報酬1,000万円であること，この報酬以外には他にA社に財産はなく，Y銀行に借入金1,000万円を返済すれば，当社への返済はできなくなるがそれでもよいと考えていることを説明したそうです。そうしたところ，Y銀行担当者も当社への返済よりもまずY銀行への返済を行うべきと話したそうです。確かに当社が金融会社であり貸付金利が銀行のものより高率なことは事実ですが，利息制限法等には違反しておらず，そのような理由でA社が不快感を持ちY銀行と通じて当社への支払をしなかったことは許すことはできません。

6　A社が今後も経営を継続するためにはY銀行の協力が必要であり，そのために優先的にA社はY銀行に対し支払をしたなどとY銀行は説明しているようですが，そのような事実はないと思います。Y銀行が今後もA社に融資を継続するとは思えません。むしろ，A社が本当に経営を継続したいのであれば，当社のような会社との間の信頼関係を構築することが必要だと思います。

　以上の次第ですので，当社としては，すみやかにY銀行を被告として詐害行為取消訴訟を提起したいと考えています。

(事例2)

3　当社のA社に対する事前の資産調査の結果，A社の資産は本社土地建物(以下，「甲不動産」という。)のみでその評価額は合計で2,000万円でした。また，A社はY銀行から平成24年11月5日，1,000万円の融資を受けており，同日，この借入金を担保するためにA社は甲不動産についてA社を抵当権設定者，Y銀行を抵当権者とする抵当権を設定し，その旨の登記も完了していました。

　このY銀行の抵当権を考慮にいれても，まだ，甲不動産の担保余力はありますので，前述のとおり当社はA社に対し500万円を貸し付けたのです。なお，当社の貸付けの際には甲不動産に対して抵当権を設定するようなことはしておりません。

4　ところが，平成25年5月末に，甲不動産の登記簿上の記載を確認したところ，平成25年5月10日付で甲不動産についてA社からY銀行に代物弁済を登記原因として所有権移転登記手続がなされていることが判明しました。なぜ，このようなことをしたのかA社代表者のCに問いただしたところ，Cは当社の貸付金利が銀行の貸付金利より高いことを逆恨みしたようで，支払を拒絶し当社が貸付金回収のために甲不動産に対して強制執行を行うことを妨げるために代物弁済を行ったとのことでした。この一連の経緯はY銀行担当者も熟知しており，Y銀行担当者も賛成して

くれたとのことでした。

5　いずれにしても，このような代物弁済行為を許すわけには行きません。当社としてはY銀行を被告として詐害行為取消訴訟を提起して，この不動産についてなされたY銀行への所有権移転登記手続を抹消したいと考えています。

《Y銀行の言い分》

（事例1,2に共通の言い分）
1　当行は銀行業を営む株式会社です。多くの企業に対して融資を行っています。A社も当行が融資をしている融資先の一社です。Xという会社のことは知りません。
2　したがって，A社に対し，X社が500万円を融資したというような事実も一切，知りません。公正証書が作成されているかどうかも知りません。
（事例1に対して）
3　当行がA社に対し，1,000万円の融資をしたことは事実です。貸付日は平成24年7月5日のことです。返済期は1年後の平成25年7月5日の約定でした。
4　当行が，平成25年7月5日にA社から1,000万円の弁済を受けたことは事実です。ただし，あくまで貸付金の返済を受けただけのことです。融資金の返済を受けることは債権者として当然の行為であり，何ら問題はないと思料しております。弁済時のA社の財産状況についてですが，具体的なことは分かりませんでした。現在はA社の代表であるCから事情を聞きましたので，弁済資金であった1,000万円以外にはAにこれといった財産がなかったことは分かっています。しかし，弁済を受けたときにはそのような事実は分かりませんでした。
5　当行の融資の後にX社がA社に対し500万円を融資したことは，弁済を受けた後，しばらくしてからCに聞きました。また，弁済の資金がBから受領した報酬であること，このときA社には報酬以外には他に財産がなかったことも最近になってしりました。当行の担当者が，A社から弁済を受ける以前の時点において，X社から500万円を借り入れたこと，返済資金はBから受注した建築工事の完成による報酬1,000万円であること，この報酬以外には他にA社に財産はないことを聞かされた事実はありません。当行が弁済を受ければX社への返済ができなくなるなどという話も一切，聞いていません。ただし，常々，Cに対して，当行の担当者がA社の事業継続のためには当行の継続的な融資が重要であることを話していたことは事実です。ですから，A社の存続のためには当行から継続的な融資を受ける必要があることをCは熟知しており，会社の事業継続のために，まず当行の借入金を返済したのだと思います。このことは賢明な選択であり，当行としてもCの選択を評価しています。この点から考えてもA社の当行への弁済が詐害行為といわれるようなもの

ではないことは当然です。訴訟ではこの事実も指摘したいと思います。
（事例2に対して）
3　当行がA社の甲不動産に抵当権を設定して1,000万円を貸し付けた事実は認めます。当行がA社に1,000万円を貸し付けたのは平成24年11月5日のことです。返済期は6か月後の平成25年5月5日の約定でした。

　なお、甲不動産の時価相当額はせいぜいが貸付金額と同額の1,000万円であり、当行が1,000万円の貸付金の担保のために抵当権を設定している以上、余剰価値はありません。Xは2,000万円程度の価値があると主張しているそうですが、それは正確な評価とはいえません。

4　甲不動産について代物弁済を登記原因として所有権移転登記手続がなされ、現在、当行の所有名義となっている事実も認めます。A社が返済ができないというので、Cと相談し、平成25年5月10日に代物弁済を受けたのです。同日、その旨の所有権移転登記も行っています。なお、この際、Aの資産状況がどのようなものであったかについては具体的なことは知りません。現在は後にCから事情を聞きましたので、甲不動産以外にはAにこれといった財産がなかったことは分かっています。しかし、代物弁済を受けたときにはそのような事実は分かりませんでした。

5　Xの求める所有権移転登記の抹消登記手続に応じることはできません。本来はA社の債務不履行を理由にこの不動産について抵当権を実行してもよかったのですが、それでは時間がかかるので迅速な処理のために代物弁済を受けることにしたものです。Cもこれを納得していました。

　さらに、当行は代物弁済による所有権移転登記と同時に、甲不動産に対し設定していた抵当権設定登記を抹消しています。当行の所有となったのですから自らの不動産に対して抵当権を設定しておくというのはおかしな話しです。抹消登記は当然の取扱いです。よって、仮に、甲不動産についてA社から当行に対する所有権移転登記を抹消したら、当行は所有者でなくなってしまうのみならず、抵当権の実行もできないことになってしまいます。当行のA社に対する貸付金について当初は抵当権が設定されていたのに、その抵当権すら存在しない債権になってしまうのです。このような不合理な結論は容認することはできません。

■■■

【問　題】

　(1)　事例1の事案において、Xがその言い分を前提にYに対し詐害行為取消訴訟を提起する場合、どのような内容の請求をすることになるか。請求の趣旨を記載せよ。
　その場合の訴訟物は何か。

(2) 前記(1)を前提に，請求原因として主張すべき要件事実を指摘し，その理由を説明せよ。そのうえで，Yの言い分から考えられる抗弁を指摘し，その要件事実とその事実が必要となる理由を説明せよ。

(3) 事例2の事案において，Xがその言い分を前提にYに対し詐害行為取消訴訟を提起する場合，どのような内容の請求をすることになるか。請求の趣旨を記載せよ。

(4) 前記(3)を前提に，請求原因として主張すべき要件事実を指摘し，その理由を説明せよ。そのうえで，Yの言い分から考えられるYの反論を指摘し，それに対するXの再反論を検討しなさい。なお，その過程において，必要があればその要件事実とその事実が必要となる理由を説明せよ。

事例1

事例2

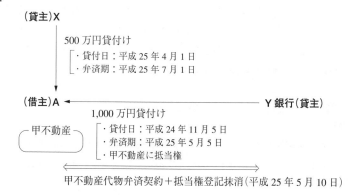

解説
1 問題の所在

本問においてXは、Aが行ったYへの弁済行為（事例1）及び甲不動産の代物弁済行為（事例2）に関して、Yを被告として詐害行為取消権訴訟を提起しようとしている。借入金の返済をすることは債務者としての義務的行為であり、本来、詐害行為には該当しない。例外的に詐害行為性が肯定されるのはどのような場合なのか、事例1においてはこの点を検討する必要がある。事例2については、代物弁済行為は義務的行為ではなくＡＹ間での新たな合意によってなされる財産処分行為であるが、併せて本来の債務の消滅原因となるという点において弁済と類似する状況がある。このような代物弁済行為についての詐害行為性をどのように考えるかが問題となる。なお、事例2では抵当権が設定されているという事実が詐害行為取消訴訟の遂行において、どのような影響を与えるのかについても検討する必要がある。

2 【問題(1)】弁済に対する詐害行為取消訴訟の請求の趣旨と訴訟物
(1) 詐害行為取消権の法的性質

詐害行為取消権の法的性質をどのようなものとして理解するか、この点が被告適格、請求の趣旨、訴訟物の理解に影響を与えることになる。形成権説、請求権説などの見解も存するが、重要なのは判例法理（大審院明治44年3月24日連合部判決民録17輯117頁）である折衷説（相対的取消説）と、近時、有力に主張されている責任説である。

折衷説（相対的取消説）は、詐害行為取消権行使の効果は訴訟当事者間において生じる相対的なものであり、訴訟に関与しない債務者等に対しては既になされた法律行為の有効性は保持されるという見解である。この立場からは一般的な取消しに関する訴訟とは異なり、取り消されるべき法律行為の当事者双方を被告にする必要はなく、受益者、転得者のみを被告とすれば足りるとされる。また、転得者が存在する場合に取消債権者がその転得者を被告として財産の返還を求めるか、あるいは受益者を被告として価額賠償請求をするかについても、取消債権者が任意に選択しうる。さらに法律行為の取消しのみを求めて詐害行為取消訴訟を提起することも許される。前掲大審院明治44年3月24日連合部判決がこれらの点を判示し、以後、現在に至るまで確固たる判例法理を形成している。ただし、学説には詐害行為取消権の効果との関係で相対的取消し構成は実態に合わないとして、判例法理を批判する見解が多く、この見解が後述する債権法改正作業に影響を与えている。

これに対し、責任説は、「詐害行為それ自体を相対的にではあれ取り消して無効と

する必要はなく，財産逸出に伴う責任的反射効のみを取消によって無効にすれば必要かつ十分であると説く」(下森定「詐害行為取消権に関する近時の学説展開と債権法改正」法学志林110巻3号 (2013年) 208頁) 見解である。責任的反射効とは，債務者の下から財産が逸出することに伴い生じる責任の消失を意味するが，責任説はこの責任的反射効を詐害行為取消判決によって無効にすると理解するのである。その結果，第三者へ逸出した財産について，物権的な取戻しを求めることはなく，強制執行忍容訴訟を別途要求したうえで第三者を執行債務者として強制執行を行うことで債権者は満足を得ることになる。第三者のもとでの強制執行という構成に違和感を覚える意見も存するが，近時，責任説への理解が深まり，学説上，支持者を増やしている。

(2) 請求の趣旨

判例法理である折衷説 (相対的取消説) によれば，詐害行為取消訴訟は，債務者がした詐害行為 (財産上の法律行為) を取り消し，逸出した財産の返還を求めることとなるから，請求の趣旨においても，その点が反映される。

本事例において問題となるのは，平成25年7月5日に行ったAのYへの借入金1,000万円の弁済行為である。請求の趣旨は本来であれば，この弁済行為を取り消す旨と弁済金1,000万円のAへの返還を求めるものとなるはずである。ただし，金銭の返還は受領を要するので，債務者が受領に協力しなければ返還が実現できない。そこで，判例法理は，逸出した財産が金銭あるいは動産の場合には，取消債権者 (詐害行為取消訴訟の原告) が直接に自己への引渡しを求めることを認めている (大判大正10年6月18日民録27輯1168頁)。もっとも，逸出した財産が金銭である場合，当該金銭が特定性を失うことなく，そのまま受益者のもとに保管されていることは稀な事態である。通常は受益者の有する他の金銭と混在してしまい，返還の対象となる金銭を特定することは困難と思われる。そこで，逸出した財産を特定できない場合には，取消債権者は価額賠償を訴訟において求めることになる。折衷説 (相対的取消説) においては，現物返還を求める場合と価額賠償を求める場合のそれぞれが，詐害行為取消訴訟の内容として想定されることになる。ただし，いずれの場合も弁済行為を取り消した上で，金銭の支払を求めることとなるため，請求の趣旨に大きな違いは生じない。

本事例においても，Yが特定性を維持したまま弁済金を保有しているとは考えにくく，特定性は失われていると思料されるが，その場合の請求の趣旨は以下のようなものとなる。

> **請求の趣旨**
> 1 訴外Aが被告に対して平成25年7月5日にした1,000万円の弁済を取り消

2　被告は，原告に対し，1,000万円を支払え。
　　3　訴訟費用は被告の負担とする。

　ちなみに，責任説を前提とした場合の請求の趣旨は，実例がないため必ずしも明確ではないが，受益者に対し現物返還を求める事案においては，①債務者と受益者と間の詐害行為(財産上の法律行為)を取り消す旨と，②当該詐害行為により逸出した財産に対して取消債権者が強制執行をすることができる旨(被告が強制執行を受忍しなければならない旨)，が請求の趣旨になるものと思料される。責任説では逸出財産の返還を求める必要がないこと，一方で被告に強制執行の忍容を命じる必要があることから，このような請求の趣旨が想定される。②は強制執行忍容訴訟などと表現される部分であり，責任説では，①の詐害行為取消訴訟に併せて②の強制執行忍容訴訟がなされるなどと説明されるところである。責任説の詳細は，高須順一「詐害行為取消権の法的性質に関する実証的検討（上）－責任説をめぐって」(NBL949号（2011年）11頁) を参照されたい。

　なお，責任説においても価額賠償請求権については，取消債権者の受益者・転得者に対する直接の請求権と理解することが一般的であり (高須順一「詐害行為取消権の法的性質に関する実証的検討（下）－責任説をめぐって」NBL950号（2011年）45頁)，この理解を前提とすれば，責任説に立っても，価額賠償を求める事案では請求の趣旨は詐害行為の取消しを求める旨と，原告たる取消債権者が被告である受益者・転得者に対し賠償金の支払を求める旨の記載となり，結果的に折衷説(相対的取消説)と同様の記載になる。

(3) 訴訟物

　詐害行為取消訴訟は，民法424条の詐害行為取消権の規定に基づき行われるものである。その内容は折衷説(相対的取消説)によれば，詐害行為を取り消す旨と逸出財産の返還を求める旨からなり，取消という形成権行使の部分と返還請求という請求権行使の部分からなる。また，価額賠償を求める場合には，これが返還請求に代わることになる。価額賠償の性質については学説上，不当利得返還請求と説明する見解が有力である (内田貴『民法Ⅲ（第3版）』〔東京大学出版会・2005〕327頁, 加藤=細野『要件事実の考え方と実務（第2版）』〔民事法研究会・2006〕301頁) ただし，折衷説(相対的取消説)におけるこの点の説明はあまり明確ではないと指摘されており (新版注釈(10)Ⅱ924頁)，訴訟物の検討においても不明確性を残す結果となっている。

　以上より，この場合の詐害行為取消権の訴訟物について，個別的な性質に着目し，現物返還を求める場合には，「詐害行為取消権に基づく(詐害行為の)取消権および(逸

出した財産の返還に関する）請求権」，価額賠償を求める場合には，詐害行為取消権に基づく（詐害行為の）取消権及び不当利得返還請求権，と理解することが可能となる（前掲加藤＝細野301頁，岡口基一『要件事実マニュアル第1巻（第4版）』〔ぎょうせい・2013〕515頁）。

しかし，折衷説（相対的取消説）を前提とする限り，取消権の行使と逸出財産の返還は共に詐害行為取消権の内容として一体として理解されるべきものである。そうであれば，訴訟物についても詐害行為取消権そのものと考えることが適切と思料される。現にそのような理解も有力になされている（「事実摘示記載例集」17頁（起案の手引），30講566頁）。この見解に基づけば，以下のとおりの理解となる。

> **訴訟物**
> 詐害行為取消権　1個

なお，責任説によれば，民法424条に基づく詐害行為取消訴訟そのものは，あくまで債務者の行った詐害行為を取り消すというものであり，形成権の行使と考える。そのうえで，強制執行の忍容は詐害行為取消訴訟と併せて行う強制執行忍容訴訟により実現されると考えることになる。

3 【問題(2)】弁済に関する詐害行為取消訴訟の請求原因と抗弁
(1) 請求原因の基本形
(ア) 基礎的事実　民法424条1項は，債権者は，債務者が債権者を害することを知ってした法律行為の取消しを裁判所に請求しうると規定している。したがって，まず，①債権者であること（被保全債権の発生原因事実）が請求原因として想定される。そして，詐害行為取消権の趣旨が債務者の責任財産の保全にある以上，この場合の債権者は，詐害行為が行われたときまでには債権を取得した者でなければならない。詐害行為後に債権者となった者は，既に詐害行為により財産が逸出した状態での債務者の責任財産を前提とすべきだからである。よって，詐害行為は取消しを求める債権者の債権が発生した後になされたものであることが請求原因においても明示される必要がある。

次に，債務者が債権者を害することを知ってした法律行為であることが条文上の要件となっている。この規律は，②債務者が債権者を害する法律行為をしたこと（詐害行為）と，③債務者がそのことを知っていたこと（債務者の悪意）の2つの事実に分けられる。さらに，この②の事実をより細分化すれば，債務者が法律行為を行ったこと（②-1）と，その法律行為が債権者を害すること（詐害性・②-2）に分けられる。詐害の事実は通常，債務者が無資力であることと説明される（無資力要件）が，一定の

行為類型においては，客観的要件のみならず主観的要件も取り込んだ評価規範となることは後述のとおりである。債務者の法律行為については，さらに民法424条2項が，財産権を目的としない法律行為については1項を適用しないと規定しているから，この場合の法律行為は財産権を目的とした法律行為に限定されると理解される。なお，2項が1項の例外を定めるような規定となっているが，詐害行為取消権はそもそもが債権者の強制執行を可能とするために債務者の責任財産を保全するための制度であるから，取消権行使の対象が債務者の財産法上の行為に限ることは本質的な事柄である。したがって，請求原因レベルにおいて，財産権を目的とした法律行為であることが要件となる。

これに対し，民法424条1項のただし書に記載される受益者，転得者の悪意は，これらの者の保護のための規律であり，詐害行為が成立する場合にも，取引の安全を図る観点から取消権の発生を妨げる事実である。そこで，まさにただし書として，受益者，転得者の悪意は抗弁事由とされる。

以上より，詐害行為取消権の基礎的な請求原因は次のようになる。
① 被保全債権の発生原因事実
②-1 債務者が上記①の債権発生後に財産権を目的とする法律行為を行ったこと
②-2 上記②-1が債権者を害すること
③ 上記②についての債務者の悪意

　(イ) **効果との関係で付加される事実**　上記に加え，折衷説（相対的取消説）に基づく場合，逸出財産の返還を求めることになるから，返還の対象となる事実を請求原因として主張する必要がある。たとえば，④受益者への不動産譲渡行為の取消しであれば詐害行為に基づく受益者への所有権移転登記の事実を，動産の譲渡であれば当該目的物の引渡しの事実を主張することになる。

責任説によれば，逸出財産の返還を求めることはせず，取消判決により単に責任的反射効を無効とするだけであるから，上記④の事実を主張する必要はない。

　(ウ) **価額賠償請求の場合に付加される事実**　価額賠償請求の場合には，逸出財産の返還を求めるわけではないので，上記(イ)の事実は主張の必要はない。これに代わって価額賠償を求める以上，⑤詐害行為により逸出した価額の主張が必要となる。

また，判例は後述するように現物返還が原則であり，価額賠償請求は現物返還が不可能または困難である場合に例外的に認められるとする。そこで，価額賠償請求を求める場合には，⑥現物返還が不可能または困難である事実を主張すべきである。この点は従来，意識的に議論されることは少なかったと思われるが，価額賠償請求の補充性を前提とする以上，要件事実として必要であり，かつ，現物返還を求める

か，あるいは価額賠償請求をするかは，原告が訴え提起段階において決する事柄である以上，請求原因事実と理解するのが妥当と解される。

なお，価額賠償請求は責任説を前提とした場合も認められる請求である。よって，上記⑤及び⑥の事実は折衷説（相対的取消説）のみならず，責任説でも必要となる。

　⑷　**折衷説（相対的取消説）を前提とした場合の基本形**　　以上㋐ないし㋒の理解を前提とした場合の詐害行為取消訴訟の請求原因事実の基本形は以下のとおりとなる。

①　被保全債権の発生原因事実
②-1　債務者が上記①の債権発生後に財産権を目的とする法律行為を行ったこと
②-2　上記②-1が債権者を害すること
③　上記②についての債務者の悪意
（現物返還を求める場合）
④　上記②に基づく所有権移転登記の事実あるいは引渡の事実等
（価額賠償を求める場合）
⑤　（上記④に代えて）上記②により逸出した財産の価額
⑥　現物返還が不可能または困難である事実

＊　上記は折衷説（相対的取消説）に基づく場合の請求原因事実である。責任説の場合には現物返還を求める場合に上記④の事実は不要となる。

(2)　**弁済行為の場合の請求原因**

　㋐　**相関関係説に基づく理解**　　本問で問題とされる債務者の行為は弁済である。弁済の法的性質については諸説あり，準法律行為説や事実行為説，さらには性質決定不要説などがある（詳細は，中田292頁）。そこで，詐害行為取消権行使の対象を厳密な意味での債務者の法律行為に限定すれば，弁済に関して詐害行為取消権の行使が認められるかが疑問となる。しかし，詐害行為取消権は債務者による責任財産の減少行為を問題とし，その回復をもたらす制度であるから，対象となる債務者の行為を必ずしも法律行為のみに限定する合理的根拠はない。そこで，この点は従来から厳密な意味での法律行為である必要はなく，債務者の行為であればよいとの理解がなされている。

むしろ問題となるのは，履行期になされる弁済については，そもそもが義務的行為であり，かつ，それによって債務が消滅する以上，責任財産の減少を問題とする余地はないのではないかという点である。詐害行為を専ら客観的要件と考え，責任財産の客観的減少をもって詐害行為と捉える立場からは，弁済行為について詐害行為取消権の対象とすることは困難となる。

しかし，このような理解は硬直的であり，義務的な弁済であっても，それが他の

債権者を専ら害するためになされるような場合には詐害行為の成立を認めるべきである。つまり，詐害性は，詐害行為取消権の客観的要件とされるが，行為者の主観も考慮のうえ行為の客観面との相関関係によって詐害性の有無が判断されることが一定の行為類型では存在するという理解である。いわゆる相関関係説と呼ばれる立場であり，判例，通説である。すなわち，財産の贈与行為のような典型的な財産減少行為にいついては，要件事実の整理は上記(1)に指摘したような基本形となるが，時価相当額での不動産売却行為のような一定の行為類型については，行為の客観面及び主観面を総合的に考慮し，詐害行為取消権の請求原因が想定されることになる。

弁済も，そのような行為類型のひとつであり，判例は従来から，債務者が債権者と通謀して他の債権者を害する意思（通謀的害意）で弁済したときは詐害行為になるとしている（最判昭和33年9月26日民集12巻13号3022頁）。債務者の単なる悪意では足りず，弁済を受領する受益者との間の通謀を要求するのである。特定の債権者（受益者）と示し合わせて他の債権者への弁済を困難にする趣旨でその債権者に弁済するような行為は，通常の弁済とは同視できないと考える結果である。

(イ) **具体的な請求原因**　この判例法理を前提とした場合，弁済を詐害行為として取消訴訟を提起する場合の請求原因事実は，以下のようになる。なお，以下では折衷説（相対的取消説）を前提として考える。

① 　被保全債権の発生原因事実
②-1　債務者が上記①の債権発生後に特定の債権者（受益者）に弁済したこと
②-2　上記②-1が債権者を害すること
③ 　上記②についての債務者と受益者の通謀的害意

なお，3(1)において整理した一般的な請求原因事実④ないし⑥については，この場合，独立に摘示する必要はないものと思われる。金銭債務について弁済行為がなされれば，それによって金銭授受の事実は当然に認められる。また，財産の価額は弁済額そのものであり，さらに現物返還が不可能，困難な事実も金銭の特質を考えれば格別の問題を生じないからである。

本問に即して，具体的な事実を摘示すれば以下のとおりとなる。

請求原因
1　原告は，訴外Aに対し，平成25年4月1日，弁済期を平成25年7月1日と定めて500万円を貸し付けた。
2　訴外Aは，被告に対し，平成25年7月5日，貸金債務につき，1,000万円を弁済した（以下「本件弁済行為」という。）。
3　訴外Aには，上記2の弁済当時，弁済資金とした1,000万円以外に見るべき

> 資産がなかった。
> 4　訴外Aと被告は，上記2の弁済の際，これによって原告への支払が不可能となることを互いに熟知しながら，原告が金融会社であることに不快感を持ち，支払をする必要はないなどと相談していたものであり，他の債権者を害する認識を通謀のうえ有していた。
> 5　よって，原告は，被告に対し，詐害行為取消権に基づき，上記弁済の取消しと1,000万円の支払を求める。

＊上記1については，金銭消費貸借契約に基づく貸金返還請求権の発生原因事実さえ主張すれば足り，履行期が到来している事実は主張する必要はない。

　なお，消費貸借契約の成立について弁済期の合意の事実を主張する必要があるか否かは，いわゆる貸借型理論の当否に関わる問題である（本書第3問の解説3(2)(イ)項参照）。

(3)　想定される抗弁

　(ア)　**Yの善意**　Yの言い分によれば，Yは，弁済を受ける当時，AがXから融資を受けていた事実を知らず，また，Aの財産状況も知らなかったというのであるから，Yに詐害行為についての認識を欠いていたと主張することになる。この主張は，詐害行為取消権の基本形の場合であれば，民法424条1項ただし書に規定する受益者の善意の主張として抗弁事由となる。

　しかし，本問では，弁済の詐害行為性が問題となっており，判例法理によれば通謀的害意の主張が請求原因段階で必要とされる行為類型である。したがって，Xの言い分は，むしろ，Xの請求原因のひとつである通謀的害意の事実に対する否認になると考えるべきである。よって，抗弁にはならない。

　(イ)　**事業継続の必要性**　Yの言い分によれば，事業継続のための弁済であった事実が指摘されている。このような事実があった場合には通謀的害意は否定されるとの指摘がある（潮見佳男『プラクティス民法　債権総論（第4版）』〔信山社・2012〕265頁）。また，裁判例においても通謀的害意の認定は厳格なものであり，単純な弁済の事案で詐害行為を認めた最上級審公刊裁判例は見当たらないとも指摘される（中田242頁）。通謀的害意の認定は厳格になされるとの立場を前提とすれば，本問においても通謀的害意が否定される余地がある。

　この場合の要件事実的整理であるが，通謀的害意の判断が，他の債権者が満足を受けられないことについての単なる認識を問題とするものではなく，他の事実と相まって一定の規範的評価を含むものであるとすれば，この要件は評価規範と理解される。そうだとすれば，事業継続のための弁済であったという事実は，被告が通謀

的害意の不存在を基礎付けるために主張する評価障害事実であり，抗弁であるというべきであろう。

具体的な抗弁事実は以下のようなものとなると思料される。

> **抗弁**（事業継続目的）
> 1　訴外Aが今後も事業を継続するためには，被告から融資を受ける必要があった。
> 2　本件弁済行為は，訴外Aが今後も被告から融資を受けることを可能とするために行われたものであった。

4　【問題(3)】代物弁済に対する詐害行為取消訴訟の請求の趣旨
(1)　相当価格をもってする代物弁済行為の詐害行為性

不動産の代物弁済は，債務者の財産処分行為という側面と，債権者に対する債務消滅行為としての性質を有するという側面がある。判例法理によれば，時価相当額による不動産処分行為については，不動産を消費，隠匿しやすい金銭に代えることは原則として詐害行為になるとしたうえで，その金銭を弁済の資金とするなどの「有用の資」に充てるなどの場合には例外的に詐害行為性が否定されるとする（大判明治44年10月3日民録17輯538頁）。これに対し，弁済行為については，上記**2**に記載したとおり判例は「通謀的害意」のある場合に詐害行為性を認める。いずれも相関関係説に立った判例であるが，その要件は異なっている。

相当価格をもってする代物弁済について，最判昭和48年11月30日民集27巻10号1491頁は，「債務超過の状態にある債務者が，他の債権者を害することを知りながら特定の債権者と通謀し，右債権者だけに優先的に債権の満足を得させる意図のもとに，債務の弁済に代えて第三者に対する自己の債権を譲渡したときは，たとえ譲渡された債権の額が右債権者に対する債務の額を超えない場合であっても，詐害行為として取消の対象になるものと解するのが相当」と判示している。弁済行為に準じて，「通謀的害意」の有無によって判断しており，ここでも相関関係説に従った判断が示されている。この判例法理を要件事実的にどのようなものとして理解すべきかについては後に検討する。

なお，債務者が特定の債権者に対し負担する債務の金額を上回る価値の財産を代物弁済の対象とする場合は，いわゆる過大な代物弁済であり，この場合には，通謀的害意が認められない場合でも，一般的な財産減少行為として，その要件のもとに過大な部分について詐害行為性が認められる。すなわち，仮に債務者と受益者との間に通謀的害意が認められるときには，過大な代物弁済行為が全体として詐害行為

になり取消の対象となるが，通謀的害意が認められない場合にも，財産減少行為としての詐害行為の事実と受益者の悪意が存在すれば，債務の金額を上回る価値の部分（過大の部分）について詐害行為が認められることになる。

(2) 抵当権が設定されている場合の詐害行為の範囲と取戻し方法

債務者のもとから逸出した不動産について予め抵当権が設定されていた場合には，その抵当権の被担保債権額部分については，抵当権者が当該不動産について優先弁済権を有している。そこで，この部分はその他の債権者に対する責任財産を構成するものではないから，詐害行為取消の対象にはならない。当該不動産の価値から抵当権によって担保された被担保債権額を控除した残額相当分についてのみが詐害行為取消権の対象となる。

この場合の取戻し方法としては，残額相当分の価額賠償となるのか，あるいは代物弁済の目的財産の現物返還なのかが問題となる。詐害行為取消権が債務者の責任財産を保全するための制度であり，そのために逸出した財産の返還を図る以上，現物返還が原則となる。価額賠償は現物返還が不可能または困難なときに例外的に認めるというのが判例（大判昭和 7 年 9 月 15 日民集 11 巻 1841 頁）である。もっとも，判例中には，現物返還を認めた場合には債務者及び債権者に不当な利益を与える結果になるような事案についても価額賠償を認めたものがある。本事例はその点を検討するものである。

すなわち，抵当権が設定されているケースのように詐害行為の全部を取消の対象とせず一部を取り消す場合の現物返還の可否であるが，現在の判例法理は，取消の対象が詐害行為の一部にとどまる場合であっても，返還を求める財産が不可分である以上，当該逸出財産そのものの全部返還（現物返還）を認めている（最判昭和 54 年 1 月 25 日民集 33 巻 1 号 12 頁）。いわゆる「一部取消プラス現物返還」原則説である。この立場によれば，抵当権が設定されている一筆の不動産を債務者が第三者に譲渡したような詐害行為類型でも現物返還を求めるべきことになる。

しかし，詐害行為の内容が債権者（抵当権者）への代物弁済である場合，抵当権は混同で消滅し，実務的取扱いにおいても，代物弁済による所有権移転登記手続と同時に抵当権登記は抹消されることが通例である。このケースにおいて，仮に現物返還構成に基づき所有権移転登記の抹消を認めると，債務者は抵当権の負担のない甲不動産を回復することとなり，代物弁済を受けた Y 銀行は代物弁済の効果を取り消され，かつ，有していたはずの抵当権すら失うことになる。一方で，取消債権者や債務者はいわゆる棚ぼたの利益を得るという状況が生じてしまう。

抵当権が復活すると考えるならば現物返還を認めても，この不都合は回避しうるが，抵当権付不動産が転得者に譲渡されており，その転得者を被告として詐害行為

取消訴訟を提起するような事案を想定すると，抵当権の消滅は受益者のもとで生じており，受益者に対しては詐害行為取消訴訟の判決の効果は及ばない以上，復活構成を採用することはできない。そこで，このような場合には，債務者及び債権者に不当な利益を与えるとして，「一部取消プラス現物返還」原則説においても，例外的に価額賠償を認めるべきとの解釈論が導かれる。判例も，最判昭和63年7月19日判時1299号70頁が，「その目的不動産が不可分のものであって，付着していた抵当権の設定登記等が抹消されているようなときには，逸出した財産自体を原状のまま回復することが不可能若しくは著しく困難であり，また，債務者及び債権者に不当な利益を与える結果になる」と判示して価格賠償によるべきことを明らかにしている。本問においても価額賠償が妥当となる。

以上のとおりとなるが，仮に抵当不動産が受益者のもとにとどまっており，転得者が現れていない場合に限定するならば，詐害行為取消訴訟において抵当権の復活を認めることは理論上，可能となってくる。そこで，学説中には，その場合に限り，抵当権の復活を前提とする現物返還を認めるべきとの見解がある（新版注釈(10)Ⅱ 912頁）。この見解を前提とすれば，本問題のケースでも，いわば特段の事由がある場合として，抵当権の復活を認めたうえで不動産の現物返還を認める余地が生じる。これを認める判例は未だ存在しないが，今後の検討課題として留意すべきであろう。

(3) 請求の趣旨

以上を前提に本問における請求の趣旨を検討する。

本問では，Xの言い分（事例2）の3項において，甲不動産の時価評価額が2,000万円であるとの記載があり，代物弁済の前提となったAのYに対する債務が1,000万円である以上，過大な代物弁済であることを前提とした主張が想定される。このとき，AY間に通謀的害意が認められれば，代物弁済行為そのものが全体的に詐害行為になると理解されている。そして，XはYとの通謀を確信している。したがって，本問においてXは代物弁済全部についてその取消を求めるものと思料される。逸出した甲不動産そのものの返還，つまり，代物弁済による所有権移転登記の抹消登記手続を請求することが想定される。

ただし，本事例ではさらに甲不動産に抵当権が設定されており，この抵当権によって担保されている債権額相当分については詐害行為は成立しない。残存する価値部分のみが詐害行為となる。しかし，この場合でも，現在の判例法理は上記昭和54年1月25日判決のとおり，不可分な財産全部に対する現物返還を認めるので，結果的に甲不動産について代物弁済による所有権移転登記の抹消登記手続を求め得ることに変わりはないことになる。

以上により，本事例の請求の趣旨は以下のようなものとなる。

請求の趣旨

1　訴外Ａが被告に対して平成25年5月10日にした甲不動産の代物弁済契約を取り消す。
2　被告は、甲不動産についてなされた別紙登記目録記載の所有権移転登記の抹消登記手続をせよ。
3　訴訟費用は被告の負担とする。

5　【問題(4)】代物弁済に対する詐害行為取消訴訟の請求の原因と想定される反論等

(1)　請求原因

　詐害行為取消権一般の請求原因は問題2(1)に記載したとおりである。民法424条が、「債務者が債権者を害することを知ってした法律行為」を取り消しうると規定しており、詐害行為性という客観的要件と債務者の悪意という主観的要件が導きだされるのである。ところが、問題2(2)や本問題で検討しているように、本旨弁済行為や債務額と同価値以下の財産をもってする代物弁済行為などの詐害性について判例は通謀的害意を要求し、主観的要件との相関が意識されている。過大な代物弁済において、その全部を取り消す場合にも、通謀的害意の存在が必要となる。このようなケースにおいては、詐害行為の存在という要件事実は債務者及び受益者等の主観をも取り込んだ規範的要件となっていることに注意する必要がある。

　そこで、詐害行為の存在を基礎付ける具体的事実（評価根拠事実）を請求原因として主張すべきことになり、当該事実を両立しながら詐害行為の不存在を基礎付ける具体的事実（評価障害事実）が抗弁となる。

　このように考えた場合の本問題における請求原因は以下のとおりとなる。

請求原因

1　原告は、訴外Ａに対し、平成25年4月1日、弁済期平成25年7月1日と定めて500万円を貸し付けた。
2　被告は、訴外Ａに対し、平成24年11月5日、弁済期を平成25年5月5日と定めて1,000万円を貸し付けた。
3　訴外Ａと被告は、平成25年5月10日、上記2の金銭消費貸借契約に基づく訴外Ａの借入金の弁済に代えて、甲不動産の所有権を移転することを合意した（以下「本件代物弁済契約」という）。
4　訴外Ａには、本件代物弁済契約当時、甲不動産以外に見るべき資産がなかっ

た。
5　訴外Aと被告は，本件代物弁済契約の際，これによって原告への支払が不可能となることを互いに熟知しながら，原告が金融会社であることに不快感を持ち，支払を拒絶し強制執行も免れようなどと相談していたものであり，原告を害する認識を通謀のうえ有していた。
6　訴外Aは，Yに対し，平成25年5月10日，本件代物弁済契約に基づき甲不動産について別紙登記目録記載のとおりの所有権移転登記を行った。
7　よって，原告は，被告に対し，詐害行為取消権に基づき，本件代物弁済契約の取消しと甲不動産についての所有権移転登記の抹消を求める。

＊　代物弁済契約については目的物の引渡（ないし移転登記）を契約成立の要件と考える要物契約説と，これを不要とする諾成契約説がある。判例は，最判昭和40年3月11日裁判集民事78号267頁，最判昭和57年6月4日判時1048号97頁，最判昭和60年12月20日判時1207号53頁などにおいて，諾成契約説と親和性のある立場を採用している。よって，諾成契約説を前提とすれば，移転登記の事実は詐害行為（代物弁済）の事実としては摘示する必要はない。ただし，抹消登記手続を求める前提として移転登記の事実を主張する必要があるので，その趣旨で上記6項の事実を摘示している。

(2)　想定される被告の反論

Yの言い分から想定されるYの反論としては，①甲不動産の時価評価額が1,000万円であり，同価値の代物弁済であり過大ではないことが考えられる。また，現物返還請求は許さないという趣旨で，②甲不動産に抵当権が設定されており，その旨の登記が存在していたにも関わらず，その登記が抹消されていること，の各主張が考えられる。以下，それぞれについて検討する。

なお，詐害行為取消権一般では，詐害行為の認識に関する受益者等の善意が抗弁となるが（民424条1項ただし書），本問題では受益者Yの悪意も当然に通謀的害意の主張に含まれていることは上記3(3)(ア)に述べたとおりである。さらに，仮に通謀の事実が認められない場合でも，債務者の悪意が認められる限りは過大な代物弁済部分について，判例が詐害性を肯定することも既に指摘したところである。

①　過大でないとの主張

判例法理を前提とする限り，債務額と同価値以下の財産を代物弁済とした場合には通謀的害意の存在が認められない限り詐害行為とはならない。判例は，詐害性の要件を規範的に捉え，金額レベルでの責任財産の減少のみならず，その他の一定の事実を考慮要素とする。原告は詐害性を基礎付ける事実として一定の事実（評価根拠事実）を主張する。これに対し，被告はその障害となる事実（評価障害事実）を主張しなければならない。通謀的害意の事実は過大であるか否かを問わず代物弁済行為の

詐害性を基礎付けるという点で評価根拠事実となる。これに対し，通謀の事実が認められない場合にも，過大である限り詐害性を肯定する判例法理を前提とすれば，代物弁済が過大でないとの事実は単なる債務者の悪意のみでは詐害行為にはならないという点で評価障害事実となる。よって，当該代物弁済が過大でないことが被告の抗弁事由となる。

具体的には以下のような事実の摘示となる。

抗弁 I（相当な代物弁済であること）
1 本件代物弁済契約当時，同請求原因 2 記載の被告の訴外 A に対する貸付金債権の残金は 1,000 万円であった。
2 甲不動産の時価相当額は 1,000 万円である。

---

② 抵当権設定登記が抹消されたとの主張

上記昭和 63 年 7 月 19 日判例の結論に従うかぎり，自らのために抵当権が設定されていた不動産を代物弁済として受領し，抵当権設定登記が抹消された場合には，取消債権者は価額賠償を求めるべきことになる。そこで，現物返還を求めてきた場合，上記事実は詐害行為取消による現物返還請求を妨げる抗弁事実となる（障害事由）。

具体的には以下のようなものとなる。

抗弁 II（抵当権設定登記が代物弁済により抹消されたこと）
1 訴外 A と被告は，平成 24 年 11 月 5 日，訴状請求原因 2 記載の訴外 A の債務を担保するため，甲不動産に別紙登記目録 1 記載のとおりの抵当権を設定するとの合意をした（以下「本件抵当権設定契約」という）。
2 訴外 A は，本件抵当権設定契約当時，甲不動産を所有していた。
3 本件抵当権設定契約に基づき甲不動産について，別紙登記目録記載 1 のとおりの抵当権設定登記手続がなされた。
4 上記 3 の抵当権設定登記は，平成 25 年 5 月 10 日，別紙登記目録記載 2 のとおりに抹消登記手続がなされた。

抗弁 II が認められれば，前記最判昭和 63 年 7 月 19 日判時 1299 号 70 頁に従う限り，現物返還は許されないことになる。この場合，原告は価額賠償請求に切り替えない限り請求が棄却されることになる。

なお，価額賠償請求への変更を訴えの変更手続と理解すべきか否かは，現物返還を求める詐害行為取消訴訟と価額賠償を求める詐害行為取消訴訟とが訴訟物を異に

すると考えるか否かによることとなる。価額賠償請求の法的性質について詐害行為取消権の行使そのものとは異なる請求と理解するならば（不当利得による悪意の受益者の返還義務に準じるという見解（前述の2(3)に引用した文献及び田中実「抵当権の設定が詐害行為とされる場合に生ずる諸問題」法学研究34巻2号（1961年）205頁）や，民法191条が規定する占有者の回復者に対する損害賠償義務に根拠があるとする見解（石坂・民法研究Ⅱ153頁）など），訴訟物は異なることになる。しかし，判例は価額賠償請求の性質について，上記のような格別の根拠を求めることをせず，詐害行為取消権の効果として認められると考えているようである（最判昭和35年4月26日民集14巻6号1046頁）。そうなると価額賠償請求への変更は，同一訴訟物内の請求原因レベルの問題であり，訴えの変更には該当しないと理解すべきであろう。

価額賠償を求める請求の趣意は，以下のようになる。

価額賠償を求める場合の請求の趣旨
1　訴外Aが被告に対して平成25年5月10日にした甲不動産の代物弁済契約を取り消す。
2　被告は，原告に対し，2,000万円を，原告の訴外Aに対する500万円の限度で支払え。
3　訴訟費用は被告の負担とする。

価額賠償を求める場合，その請求金額は取消債権者の債権額を超えることはできないとされている。

なお，抗弁Ⅱの主張がなされた場合にも，逸出不動産が受益者のもとにとどまり，転得者がいまだ現れていない場合には，例外的に抵当権の復活を認めた上で現物返還を行うべきとの見解が学説中に存在することは前述したとおりである。そこで，未だ裁判例は存在しないが，この見解を採用した場合には，価額賠償を求める必要はなく，原告はこのような特段の事情を再抗弁として主張すべきことになろう。具体的には以下のようなものとなると思われる。

抗弁Ⅱに対する再抗弁（特段の事情）
1　甲不動産は，現在も被告の所有である。

そして，以上のような再抗弁が提出され，これが認められた場合の判決の主文は以下のようなものとなると思われる。

判決主文

1 訴外Aが被告に対して平成25年5月10日にした甲不動産の代物弁済契約を取り消す。
2 被告は，甲不動産についてなされた別紙登記目録（省略）1記載の抵当権設定登記抹消登記の抹消回復登記手続をせよ。
3 被告は，甲不動産についてなされた別紙登記目録（省略）2記載の所有権移転登記の抹消登記手続をせよ。
4 訴訟費用は被告の負担とする。

6 債権法改正審議との関係
(1) 詐害行為取消権の法的性質と被告適格

法制審議会民法（債権関係）部会の審議によれば，詐害行為取消権については詳細な規定を設ける予定である。その場合の基本的観点は，従来の判例法理である折衷説（相対的取消説）を前提としながら，その問題点を個別に修正するという方向性（個別修正説）であり，当初，議論されていた責任説に基づく制度設計は，平成26年8月に決定された「民法（債権関係）の改正に関する要綱仮案」（以下「要綱仮案」という）では直接的には採用されてはいない。もっとも詐害行為を取り消したうえで，その後の手続は強制執行手続に委ねるという責任説的発想そのものが否定されたわけではない。

個別修正説に基づく改正として問題になったのが被告適格の規律である。平成25年3月に発表された「民法（債権関係）の改正に関する中間試案」（以下「中間試案」という）では従来の折衷説（相対的取消説）の特徴のひとつであった，被告は受益者もしくは転得者のみで足り，債務者を被告としないとの考え方を修正し，債務者も被告に加える旨が提案されていた（中間試案第15の1）。しかし，要綱仮案では，債務者を被告とすることは断念され，これに代わり，債権者は訴え提起後，遅滞なく債務者に対し訴訟告知をする旨の規律を設けることとされている（要綱仮案第16の7(4)）。

(2) 弁済行為に関する詐害行為取消権行使の要件

法制審議会民法（債権関係）部会では，詐害行為の成立要件に関して，財産減少行為についての一般的な要件を定めるのみならず，破産法上の否認権規定などを参考としながら個別の行為類型に応じた特別な要件規定を規律するとの方針が示されていた。

このうち，義務的行為として行われる弁済行為に関しては，「特定の債権者に対する担保の供与等の特則」に属する行為として，原則として，①当該行為が，債務者

が支払不能の時に行われたものであること、②当該行為が、債務者と受益者とが通謀して他の債権者を害する意図をもって行われたものであること、のいずれにも該当する場合に取消権行使が可能となると規律する（要綱仮案第16の4(1)）。

このような提案は、破産法162条1項1号の要件に、判例法理である通謀的害意の要件を付加したものであると理解されている。

(3) 代物弁済に関する詐害行為取消権行使の要件

要綱仮案では、まず、相当額をもってする代物弁済行為について、債務者の義務に属しない債務の消滅に関する行為であるとして、①当該行為が、債務者が支払不能になる前30日以内に行われたものであること、②当該行為が、債務者と受益者とが通謀して他の債権者を害する意図をもって行われたものであること、のいずれにも該当する場合に取消権行使が可能となると規律する（要綱仮案第16の4(2)）。

そして、過大な代物弁済について要綱仮案は、債務者がした債務の消滅に関する行為であって、受益者の受けた給付の価額が当該行為によって消滅した債務の額より過大であるものについて、詐害行為取消権の一般的成立要件（要綱仮案第16の1の規律）を満たせば、「その消滅した債務の額に相当する部分以外の部分」について、取消請求ができる旨を規定している（要綱仮案第16の5）。これは破産法160条2項と同趣旨の規定を設けるものである。

【解答例】

本問の各事例について、訴訟物、請求の趣旨、請求原因事実とそれに対する認否、抗弁事実とそれに対する認否を整理すれば、以下のとおりとなる。

◎事例1

1　訴訟物

> 詐害行為取消権　1個

2　請求の趣旨

> 1　訴外Aが被告に対して平成25年7月5日にした1,000万円の弁済を取り消す。
> 2　被告は、原告に対し、1,000万円を支払え。
> 3　訴訟費用は被告の負担とする。

3　請求原因事実とそれに対する被告の認否

1　原告は，訴外Aに対し，平成25年4月1日，弁済期を平成25年7月1日と定めて，500万円を貸し付けた。	△
2　訴外Aは，被告に対し，平成25年7月5日，貸金債務につき，1,000万円を弁済した（以下「本件弁済行為」という。）。	○
3　訴外Aには，上記2の弁済当時，弁済資金とした1,000万円以外に見るべき資産がなかった。	○
4　訴外Aと被告は，上記2の弁済の際，これによって原告への支払が不可能となることを互いに熟知しながら，原告が金融会社であることに不快感を持ち，支払をする必要はないなどと相談していたものであり，他の債権者を害する認識を通謀のうえ有していた。	×
5　よって，原告は，被告に対し，詐害行為取消権に基づき，上記弁済の取消しと1,000万円の支払を求める。	争

4　抗弁事実とそれに対する原告の認否

抗弁（事業継続目的） 1　訴外Aが今後も事業を継続するためには，被告から融資を受ける必要があった。	×
2　本件弁済行為は，訴外Aが今後も被告から融資を受けることを可能とするために行われたものであった。	×

◎事例2

1　訴訟物

詐害行為取消権　1個

　事例1の訴訟物と事例2の訴訟物は別個のものと考えるべきであろう。複数の詐害行為が存在する場合には，訴訟物たる詐害行為取消権も当該詐害行為毎と考えるべきだからである。

2　請求の趣旨

1　訴外Aが被告に対して平成25年5月10日にした甲不動産の代物弁済契約を取り消す。
2　被告は，甲不動産についてなされた別紙登記目録記載の所有権移転登記を

抹消せよ。
3 訴訟費用は被告の負担とする。

価額賠償に切り替えた場合の請求の趣旨

価額賠償を求める場合の請求の趣旨
1 訴外Aが被告に対して平成25年5月10日にした甲不動産の代物弁済契約を取り消す。
2 被告は，原告に対し，2,000万円を，原告のAに対する500万円の限度で支払え。
3 訴訟費用は被告の負担とする。

3 請求原因事実とそれに対する被告の認否

請求原因	
1　原告は，訴外Aに対し，平成25年4月1日，弁済期を平成25年7月1日と定めて500万円を貸し付けた。	△
2　被告は，訴外Aに対し，平成24年11月5日，弁済期を平成25年5月5日と定めて1,000万円を貸し付けた。	○
3　訴外Aと被告は，平成25年5月10日，上記2の金銭消費貸借契約に基づく訴外Aの借入金の弁済に代えて，甲不動産の所有権を移転することを合意した（以下「本件代物弁済契約」という）。	○
4　訴外Aには，本件代物弁済契約当時，甲不動産以外に見るべき資産がなかった。	○
5　訴外Aと被告は，本件代物弁済契約の際，これによって原告への支払が不可能となることを互いに熟知しながら，原告が金融会社であることに不快感を持ち，支払を拒絶し強制執行も免れようなどと相談していたものであり，原告を害する認識を通謀のうえ有していた。	×
6　訴外Aは，被告に対し，平成25年5月10日，本件代物弁済契約に基づき甲不動産について別紙登記目録記載のとおりの所有権移転登記を行った。	○
7　よって，原告は，被告に対し，詐害行為取消権に基づき，本件代物弁済契約の取消しと甲不動産についての所有権移転登記の抹消を求める。	争

4 抗弁事実とそれに対する原告の認否

抗弁Ⅰ（相当な代物弁済であること・詐害行為の存在に関する評価障害事実） 1　本件代物弁済契約当時，同請求原因2記載の被告の訴外Aに対する貸付金債権の残金は1,000万円であった。	×
2　甲不動産の時価相当額は1,000万円である。	×
抗弁Ⅱ（抵当権設定登記が代物弁済により抹消されたこと） 1　訴外Aと被告は，平成24年11月5日，訴状請求原因2記載の訴外Aの債務を担保するため，甲不動産に別紙登記目録1記載のとおりの抵当権を設定するとの合意をした（以下「本件抵当権設定契約」という）。	×
2　訴外Aは，本件抵当権設定契約当時，甲不動産を所有していた。	○
3　本件抵当権設定契約に基づき甲不動産について，別紙登記目録記載1のとおりの抵当権設定登記手続がなされた。	○
4　上記3の抵当権設定登記は，平成25年5月10日，別紙登記目録記載2のとおりに抹消登記手続がなされた。	○

（参考）

学説中に存在する抵当権復活構成を取った場合の抗弁Ⅱに対する再抗弁

抗弁Ⅱに対する再抗弁（特段の事情） 1　甲不動産は，現在も被告の所有である。

再抗弁が提出され，これが認められた場合の判決の主文の想定例

判決主文 1　Aが被告に対して平成25年5月10日にした甲不動産の代物弁済契約を取り消す。 2　被告は，甲不動産についてなされた別紙登記目録（省略）1記載の抵当権設定登記抹消登記の抹消回復登記手続をせよ。 3　被告は，甲不動産についてなされた別紙登記目録（省略）2記載の所有権移転登記の抹消登記手続をせよ。 4　訴訟費用は被告の負担とする。

（高須順一）

第20問
不法行為（交通事故）

次の内容のＸ，Ｙ及びＺの言い分を前提に，後記問題に答えなさい。

《Ｘの言い分》

1　私は，平成22年2月17日に交通事故で死亡したＡの長女です。父Ａと母Ｂとの間には，私の他に長男Ｃがいました。Ｃは私の兄にあたりますが，Ｄと平成11年5月5日に結婚した後，病気が原因で平成22年8月31日に亡くなりました。ＣＤの間には子どもはいません。Ｃが亡くなったあとＤとは，Ｃの遺産分割の件でトラブルとなり，現在は全く連絡も取れない状況です。また，母Ｂも平成17年に病死しております。

2　平成22年2月17日の交通事故の件について私が知っていることを話します。当日，父Ａは勤務先である市役所での勤務を終えて，帰宅途中でした。この日は家に早く帰る必要があったため，市役所の近くでＹの運転する個人タクシーに乗車したそうです。午後6時20分頃，法律市条文1丁目2番3号先路上にさしかかったところで，Ｙの運転するタクシーは，Ｚ運送株式会社の従業員であるＥが運転する普通貨物自動車と衝突し，大きく車輌が壊れ，乗車していた父Ａは死亡してしまいました。即死でした。なお，運転していたＹは大けがをしたものの，生命に別状はなく，現在は仕事に復帰しているとのことです。また，事故当時，Ｙが運転していたタクシーはＹの所有車輌だったそうです。

3　事故後，捜査にあたった警察官に聞いたところによると，Ｙはタクシーを運転し事故現場まで来ましたが，乗車予約の電話連絡が入り，そちらに気を取られて前方不注意だったそうです。そのため，道路を横断していたＦの発見が遅れ，慌ててハンドルを切って回避しようとして，反対車線を走行してきたＥ運転の貨物自動車と衝突したのでした。なお，この際，Ｅ運転の貨物自動車も制限速度を30km以上，オーバーしており，衝突を回避できなかったとのことです。

4　父Ａは，あと数年で市役所を定年退職するはずであり，定年後は好きな釣りでもしてのんびり暮らしたいと話していました。それができずに突然，人生に終止符を打たざるを得なかった父Ａの無念を考えると今回の事故について，中途半端な解決はできません。金銭でしか賠償を求めることができないのであれば，そうしたいと思っています。損害賠償額については，逸失利益が5,000万円，死亡に伴う慰謝料が2,600万円，葬儀費用200万円の合計7,800万円が適正額と考えています。

Yは父Aがシートベルトを着用していなかったと主張しているようですが，慎重な父Aがシートベルトをしていなかったとは思えません。警察の捜査では，シートベルト着用の有無は分からないとのことでしたが，私は父Aはシートベルトを着用していたと信じています。
　5　以上の次第ですので，私としては，Yに対し損害賠償請求訴訟を提起したいと考えています。なお，Dとは連絡を取っていませんし，これからも連絡を取るつもりはありません。ですから，今回の損害賠償の件について何も話していませんし，一緒に訴訟を提起するつもりもありません。

《Yの言い分》

　1　私がタクシーを運転していて交通事故を起こしたことは事実です。運転していたタクシー車輌は私が所有していたものです。また，事故直前にいつも予約をもらうお客さんのひとりから電話があり，その電話に気を取られたことも事実です。ただし，Xの言い分が全て正しいわけではありません。事故原因についてXの言い分とは異なる部分があります。
　2　そもそもAは乗車中，シートベルトをしていませんでした。乗車時に，私の方からシートベルトを着用するように要請しましたが，Aは着用しませんでした。この点にAに過失があると考えています。Aがシートベルトを着用していれば，死亡という結果は起きなかったのです。貨物自動車との衝突の際にAはシートベルトをしていなかったので，身体を投げ出され，死亡するに至ったのです。私はシートベルトをしていたために，そのようなことにならず，怪我だけですみました。Aの遺族であるXが私に対して訴訟を提起した場合には，この事実を主張する予定でおります。過失相殺割合ですが，A側の過失として3割の過失が存在すると考えています。
　3　また，衝突したE運転の貨物自動車についても問題があります。今回，私は確かに電話に気を取られ，道路を横断していたFの発見が遅れたのですが，一定の回避行動は取っています。ところが反対車線に侵入したことでE運転の貨物自動車と衝突してしまったのです。Eはこの道路の制限速度を30km以上もオーバーしていたとのことです。Eがスピード違反をしていなければ，衝突は回避できたはずです。この点はXに言ってもしかたのないことかもしれませんが，今後，私がEあるいはZ運輸株式会社との間で問題が生じるようであれば，この点をはっきりと主張するつもりでいます。私とEとの過失割合ですが，私が7割，Eが3割と考えています。
　4　以上の次第ですので，万一，私がXから損害賠償請求訴訟を提起された場合には争う所存です。また，訴訟において一定額の損害賠償責任が課され，これを支払うことを余儀なくされた場合には，今度は，EあるいはZ運輸株式会社に対して私が

求償権を行使し，訴訟を提起することになると思います。

《Zの言い分》
1　当社は貨物運送業を行う会社です。Eは当社従業員であり，貨物自動車の運転手です。
2　今回の事故について，E運転の貨物自動車が事故現場でY運転のタクシーと衝突したこと，また，衝突直前，Eが制限速度を30km，超えるスピードで運転していたことは，いずれも事実です。この点を指摘してYはEにも3割の過失があると主張しているようですが，当社としては今回の交通事故はあくまでYの前方不注意による運転が原因であり，Eに責任は全くないと考えています。
3　なお，仮にEに何らかの過失が認められるとしても，それはあくまでE個人の問題です。当社自身に過失がないことは明らかですので，E個人が責任を負うことがあるとしても，当社がその責任を引き受けなければならないということはありません。
4　以上の次第ですので，YがXに対して一定額の損害賠償金を支払ったとしても，当社に求償することはできないはずです。仮に訴訟になれば全面的に争う所存です。

【問　題】
　(1)　Xが，その言い分を前提にYを相手に民事訴訟を提起する場合，どのような内容の請求をすることになるか。請求の趣旨を記載せよ。なお，原告はXのみとする。
　　その場合の訴訟物は何か。
　(2)　前記(1)を前提に，請求原因として主張すべき要件事実を指摘し，その理由を説明せよ。そのうえで，Yの言い分から考えられる抗弁を指摘し，その要件事実とその事実が必要となる理由を説明せよ。
　(3)　仮に前記(1)，(2)の訴訟において，訴訟上の和解が成立し，平成23年6月11日，YがXに対し3,000万円の損害賠償請求金を支払ったとする。また，この和解においては，「原告はその余の請求を放棄する。」旨の条項が存在している。この場合において，平成23年7月29日，YはZに対して応分の責任として900万円の支払いを求めたが拒否されたため，訴訟によって解決を図ることとした。この場合の請求の趣旨を記載せよ。
　　その場合の訴訟物は何か。
　(4)　前記(3)を前提に，請求原因として主張すべき要件事実を指摘し，その理由を

説明せよ。

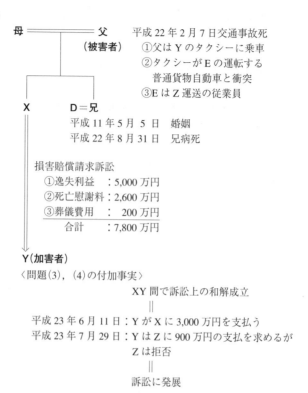

解 説

1 問題の所在

本問は，交通事故によって即死した被害者の相続人の1人が損害賠償の請求をする事案であり，個人タクシーの運転手の過失，衝突した対向車の運転手の過失が競合している事案である。また，被害者側のシートベルトを着用していなかったという過失も問題となっている。

交通事故の被害者が提起する損害賠償請求訴訟において，被害者の相続人が原告となる場合，原告としてはどのような請求権に基づいて請求をするのか，そしてその場合にはどのような事実を請求原因として主張すべきか，他方，被告となった者はどのような事実を抗弁として主張することになるか，これが本問の【問題(1)】【問

題(2)】で問われている。

次に,【問題(3)】【問題(4)】においては,交通事故の加害者の内の1人が被害者と和解した上,和解条項に基づいて賠償した場合,他の加害者に求償する訴訟における,請求の趣旨と請求の原因が問われている。この和解条項においては,「本件事故に関するその余の請求を放棄する。」という条項が入っており,この請求放棄条項が他の加害者に効力を及ぼすか否か,及ぼすとして求償できる金額は幾らかが問題となる。

2 【問題(1)】損害賠償請求訴訟の請求の趣旨と訴訟物
(1) 損害賠償請求に関する主たる請求についての請求の趣旨

(ア) 本問において,XがYに対して請求する債権は,交通事故に起因して発生した損害の賠償を求める債権であって,金銭債権である。請求の趣旨の記載は,金銭債権を請求する場合の一般原則に従えば良い。

(イ) 損害の内容について,Xは,①逸失利益5,000万円,②慰謝料2,600万円,③葬儀費用200万円の合計7,800万円が適正額であると考えている。なお,Xが訴訟を弁護士に依頼した場合は,弁護士費用として損害額の1割程度の金額を併せて請求することが多いが,本問ではこの点は考えないことにする。

(ウ) 本問におけるAの法定相続人は,XとCの相続人であるDの2人であり,その法定相続分は各2分の1となる。

相続財産中の可分債権は法律上当然分割され各共同相続人がその相続分に応じて権利を承継するとするのが判例(最判昭和29年4月8日民集8巻4号819頁)であり,Xが相続した金額は3,900万円ということになる。

後述するとおり,相続については,XがAの相続人であることだけを主張すれば足り,他に相続人がいることは抗弁であるとする立場(「非のみ説」)からすれば,他に相続人がいる事実は抗弁事由であるから,請求原因段階で,他に相続人がいることや法定相続分に言及する必要はない。それ故,損害額全額である7,800万円を請求することも考えられる。しかし,実体的にXに帰属している権利は3,900万円であるし,また相続関係の資料から他に相続人がいることは,容易に明らかになるから,とりあえず7,800万円の支払を求めて被告が抗弁を提出するのに委ねるというのも非現実的であり,また,無駄な訴訟費用を負担することになってしまう。

よって,Xとしては3,900万円を請求すべきである。

(エ) そこで,本問における主たる請求の請求の趣旨は,以下のようなものとなる。
「被告は,原告に対し,3,900万円を支払え。」

(2) 損害賠償請求に関する附帯請求の請求の趣旨

(ｱ) 請求の趣旨においては，附帯請求も忘れてはならない。

訴えを提起してから紛争が解決するまでには，相当の時間がかかるのが通常であり，その間の遅延損害金等の額は看過できない。また，和解交渉をする際の譲歩の材料としても活かせることもある。他方，附帯請求をしても訴訟費用に算入されない（民訴9条2項）ので，貼用印紙額が増えることもなく，請求することによる不利益はない。

(ｲ) 金銭債権については，附帯請求として，履行期後の遅延損害金を請求することになる。

不法行為に基づく損害賠償債務は，催告をまたず，損害発生と同時に遅滞に陥るとするのが判例の立場であり（最判昭和37年9月4日民集16巻9号1834頁），附帯請求の起算日は事故日となる。

ただし，自動車損害賠償責任保険（以下「自賠責保険」という。）から自動車損害賠償保障法（以下「自賠法」という。）16条の被害者請求手続により損害賠償額を受領した場合等損害の一部の賠償を得ている場合，最判平成16年12月20日（集民215号987頁）は，民法491条1項の法定充当の定めに従い，自賠責保険金等を，事故時から保険金等の受領日までの遅延損害金に充当することを是認しているので，附帯請求の請求の仕方については注意を要する。漫然と損害額の総額から入金分を控除するのではなく，入金日までの遅延損害金を計算して，それにまず充当する等できるだけ請求金額が大きくなる方法を選択すべきである。

(3) 請求の趣旨の記載

そこで請求の趣旨は以下のようなものとなる。

請求の趣旨
1　被告は，原告に対し，3,900万円及びこれに対する平成22年2月17日から支払済みまで年5分[*1]の割合による金員を支払え。
2　訴訟費用は被告の負担とする。

＊1　遅延損害金率については，後述するとおり訴訟物として運送契約に基づく損害賠償請求権を選択した場合は，運送に関する行為を営業として行えば営業的商行為になるから，商事債権となり，その場合の遅延損害金率は年6分となる。

(4) 主たる請求の訴訟物

(ｱ) 本問において，Xは，Yの運転する個人タクシーに乗車していたところ，Yの過失により惹起された事故によって生じた人身損害についての賠償を求めるも

のである。
　このような事案における原告の請求の実体法上の根拠としては，以下の3つが考えられる。
① 民法709条の一般不法行為にもとづく請求
　この場合の訴訟物は，「不法行為に基づく損害賠償請求権」となる。
② 自賠法3条に基づく請求
　自賠法3条本文は，「自己のために自動車を運行の用に供する者は，その運行によって他人の生命又は身体を害したときは，これによって生じた損害を賠償する責に任ずる。」と規定しており，被害者は，この規定に基づき損害賠償の請求をなし得る。
　この場合の訴訟物は，「自賠法3条に基づく損害賠償請求権」となる。
　なお，自賠法3条は，「他人の生命又は身体を害したときは」と規定しており，物損については，自賠法3条に基づいて請求することはできない。
③ 運送契約に基づく請求
　Aは，Yとの間で運送契約を締結し，YはAを安全に目的地まで運ぶ義務を負っていたにもかかわらず，Yの過失によりAを死亡させ，その義務を履行していないのであるから，Aの相続人Xは，Yに対し債務不履行責任を追及することもできる。
　この場合の訴訟物は，「運送契約に基づく債務の不履行による損害賠償請求権」となる。

　　(イ)　この3つの関係については，法上競合ではなく，請求権競合となるとするのが判例・通説であると言われている（吉田秀文＝塩崎勤編『裁判実務大系(8)　民事交通・労働災害訴訟法』〔青林書院・1985〕28頁，岡口基一『要件事実マニュアル下（第2版）』〔ぎょうせい・2007〕212頁）。
　不法行為責任を追及する場合，過失の主張立証責任を債権者が負うのに対し，自賠法3条に基づく責任を追及する場合や債務不履行責任を追及する場合は，帰責事由の不存在の主張立証責任を債務者が負うとされ，この点で自賠法3条に基づく責任の追及や債務不履行責任の追及の方が有利となる。
　他方，附帯請求について，不法行為責任を追及する場合や自賠法3条の責任を追及する場合は，損害の発生と同時に，なんらの催告をすることなく遅滞に陥るとされているのに対し，債務不履行責任の場合には，請求によって遅滞に陥るものとされる。
　また，前述のとおり，物損は，自賠法3条に基づいては請求できない。
　各請求権ごとのこれらの違いをよく理解して，適切な請求権を選択しなければならない。

(5) 附帯請求の訴訟物

附帯請求である遅延損害金請求の訴訟物は,「履行遅滞に基づく損害賠償請求権」となる。

3 【問題(2)前段】損害賠償請求訴訟における請求原因
(1) 民法709条の一般不法行為に基づく請求の請求原因

(ア) 不法行為に基づく損害賠償請求権の要件事実は,
① 権利侵害（保護法益とこれに対する加害行為）
② ①についての加害者の故意又は過失
③ 損害の発生とその数額
④ ①と③の因果関係
である。

(イ) ②の点について,「過失」とは,結果の発生を予見することが可能であったにもかかわらず,当該結果の発生を回避すべき措置を採らなかったことと解するのが判例（最判昭和57年9月7日民集36巻8号1572頁）であり,また,「過失」をいわゆる規範的要件として,過失を基礎づける具体的事実を主要事実と捉えて,弁論主義の適用を認める見解が一般である（要件事実(1)30頁）。

(ウ) ③の点について,「損害」が証明されても,「数額」（損害の金銭的評価）が証明できなかったときは,証明できなかった額は認容されないので,数額についても原告に立証責任があると解される。なお,個々の「損害」の項目（治療費,入院費,逸失利益,慰謝料など）は,主要事実だが,その評価自体は主要事実ではなく,その合計額についてだけ弁論主義の適用を認める立場が有力である（30講440頁）。

(エ) ④の点について,判例及び通説は,相当因果関係であるとして民法416条と同じ意味に解している（大判大正15年5月22日民集5巻386頁,最判昭和48年6月7日民集27巻6号681頁）。

(2) 相続の要件事実

(ア) 本問において,Xは被害者Aの相続人であり,相続の事実を主張立証しなければならない。

(イ) 民法896条本文は,「相続人は,相続開始の時から,被相続人の財産に属した一切の権利義務を承継する。」と規定しており,相続の効果を主張するためには,「相続人」であることと「相続の開始」,すなわち,被相続人の死亡を主張立証しなければならない。

「相続人」であることを主張立証するために,相続人の全部を主張し,他に相続人がいないことまで主張立証すべきだとする見解（いわゆる「のみ説」）と,相続人である

ことだけを主張立証すれば足り，他に相続人がいることは抗弁に回るとする見解（いわゆる「非のみ説」）が対立しているが，非のみ説が実務であり，通説である（「事実摘示記載例集」5頁（起案の手引））。

(ウ) 「相続人」であることを主張立証するためには，結局，以下の事実を主張立証することになる。

　　(a) 配偶者が相続する場合　　相続を主張する者が，「被相続人の配偶者であること」が要件事実であり（民890条前段），それで足りる。

　　(b) 子が相続する場合　　相続を主張する者が，「被相続人の子であること」が要件事実であり（民887条1項），それで足りる。

　　(c) 直系尊属が相続する場合　　この場合は，相続を主張する者が，「被相続人の直系尊属であること」だけでは足りず，「民法887条の規定により相続人となるべき者がないこと」も要件事実となる（民889条1項1号）。

　　(d) 兄弟姉妹が相続する場合　　この場合は，相続を主張する者が，「被相続人の兄弟姉妹であること」だけでは足りず，「民法887条の規定により相続人となるべき者がないこと」も要件事実となる（民889条1項2号）。

(3) 本問に即して一般不法行為に基づく請求をする場合の具体的な事実を摘示すれば，以下のとおりとなる。

請求原因

1　事故の発生
　　訴外Aは，被告の運転する車両に乗車していたところ，被告は，訴外Eの運転する車両との間で下記交通事故（以下「本件事故」という。）を発生させた。
(1)　日時：平成22年2月17日午後6時20分頃
(2)　場所：法律市条文1丁目2番3号先路上（以下「本件事故現場」という。）
(3)　被告の運転していた車両：業務用自動車（タクシー）
　　　　　　　　　運転者：被告
　　　　　　　　　同乗者：訴外A
(4)　訴外Eの運転していた車両：普通貨物自動車
　　　　　　　　　運転者：E
(5)　態様：被告が本件事故現場にさしかかったところ，被告は，道路を横断していた訴外Fを発見し，訴外Fとの衝突を避けようとして慌ててハンドルを切り，反対車線に入った。そこで，反対車線を走行してきた訴外Eが運転する上記車両と衝突した。
2　被告の過失（被告に過失があることを基礎づける評価根拠事実）

本来，自動車を運転する者は，運転中，自動車の運転に集中すべきであって，運転をしながら電話による通話をしてはいけない注意義務を負っている。しかるに，被告は，上記注意義務を怠り，自動車の運転中に電話をし，自動車の運転に集中しなかった。
　また，自動車の運転中にやむをえず電話に出た場合は，前方を注視し，道路を横断する者の動向や周囲の安全に注意して運転する義務を負っている。しかるに，被告は，上記注意義務を怠り，漫然と運転をし，前方を注視していなかったため，道路を横断していた訴外Fの発見が遅れ，慌ててハンドルを切って，反対車線に侵入した。
　これらの注意義務違反の結果，被告は，反対車線を走行して来たEが運転する車両に衝突させた。
3　訴外Aの死亡と原告の相続
　(1)　本件事故により訴外Aは，即死した。
　(2)　原告は，Aの子である。
4　損害の発生
　訴外Aは，本件事故により以下の損害を被った。
　①　逸失利益：5,000万円
　②　慰謝料　：2,600万円
　③　葬儀費用：　200万円
5　結論
　よって，原告は，被告に対し，不法行為による損害賠償請求権に基づき，7,800万円の内金3,900万円[*1]及びこれに対する不法行為発生の日である平成22年2月17日から支払済まで民法所定の年5分の割合による遅延損害金の支払を求める。

＊1　非のみ説からすれば，「XはAの子」だけを言えば足りることになる。ただ，本問においては，Xは法定相続分に基づいた請求をしているので，具体的な請求金額は損害金全額の2分の1相当額となり，非のみ説を取ることとの関係で疑問となりうる。一部請求と構成することで一応の説明は可能であり，上記記述も一部請求構成に依拠している。ただ，実務的な感覚からすれば，原告の法定相続分が2分の1であることを摘示して請求金額が3,900万円となることを記載することも一つのあり方と思料される。

(4)　自賠法3条に基づく請求の請求原因

　(ｱ)　**基本形**　　自賠法3条本文は，「自己のために自動車を運行の用に供する者は，その運行によって他人の生命又は身体を害したときは，これによって生じた損害を賠償する責に任ずる。」と規定しており，自賠法3条に基づき損害賠償を請求

する場合の要件事実は，
　①　被告の運行供用者たる地位の取得原因事実
　②　当該自動車の運行により原告の生命または身体が害されたこと
　③　損害の発生とその数額
　④　②と③の因果関係
である。
　(イ)　①の点について，自賠法3条は，責任主体を「自己のために自動車を運行の用に供する者」に限定しており，その点が要件事実となる。
　「自己のために自動車を運行の用に供する者」（運行供用者）とは，自動車の使用についての支配権（運行支配）を有し，かつ，その使用により享受する利益（運行利益）が自己に帰属する者を意味する（二元説。最判昭和43年9月24日集民92号369頁）。
　「運行支配」の帰属がいかなる場合に肯定されるかについては，「自動車の運行について指示，制御をなし得べき地位」と捉えられ，「社会通念上，自動車の運行に対し支配を及ぼすことのできる立場にあり，運行を支配制御すべき責任があると評価される場合」として理解されている（前掲裁判実務大系(8)54頁）。
　「運行利益」の内容については，客観的外形的考察を許し（最判昭和46年7月1日民集25巻5号727頁），必ずしも現実的・具体的利益の享受を必要としない。
　(ウ)　「運行供用者性」について，請求原因で，どの程度の事実の主張立証が必要かについては争いがある。
　　(a)　**抗弁説**　　自賠法3条の責任主体の要件を基礎づける事実は，多岐に渡り，しかもその大半は加害者側の事情であることから，原告にそのすべてにつき主張立証責任を負わせるのは，迅速な被害者救済を目的とした自賠法の趣旨から妥当でない。そこで，「運行供用者」を法的地位と捉え，所有権，賃借権等本来権利の内容として当該車両の運行支配を包含する地位の取得原因事実を請求原因事実とすれば足りるとする見解であり，通説的な見解である。
　この法的地位の障害・喪失原因事実が抗弁となる（具体的事実を抗弁に回すことから抗弁説と呼ばれる。）。
　なお，自動車の所有関係及び使用関係については，自動車登録ファイルを閲覧したり，登録事項証明書を取得することにより判明する。
　　(b)　**請求原因説**　　当該運行につき，被告が運行支配及び運行利益を有したことを請求原因事実とする見解である。この見解によれば，自動車の所有者と運転者との人的関係，自動車の日常の運転状況，自動車の管理状況等の自賠法3条の責任主体の要件を基礎づける事実が請求原因となる。
　(エ)　②の点について，「運行」とは，「人又は物を運送するとしないとにかかわ

らず，自動車を当該装置の用い方に従い用いること」（自賠2条2項）である。

「運行」について，判例は，走行装置に限らず，クレーンなど，当該車の固有の装置を操作することをすべて含むという固定装置説にたつ（最判昭和52年11月24日民集31巻6号918頁等）と言われている。これに対し，「当該装置」を「自動車そのもの」と読み替える車自体説も主張されている。この説は，固定装置説では，なにが固定装置かという問題が残り，また，例えば，荷積み・荷下ろし中の事故や駐停車中の事故に対応できないことを理由としている（岡口前掲215頁）。

(5) 本問に即して自賠法3条に基づく請求をする場合の具体的な事実を摘示すれば，以下のとおりとなる。

請求原因

1　事故の発生　前記のとおり
2　責任原因（被告が運行供用者に該当すること）
　被告は，被告車を所有し，これを自己のため運行の用に供していた。
3　訴外Aの死亡と原告の相続　前記のとおり
4　損害の発生　前記のとおり
5　結論
　よって，原告は，被告に対し，自動車損害賠償保障法3条による損害賠償請求権に基づき，7,800万円の内金3,900万円及びこれに対する本件事故発生の日である平成22年2月17日から支払済みまで民法所定の年5分の割合による遅延損害金の支払を求める。

---

(6) 運送契約に基づく債務の不履行による損害賠償をする場合の請求原因

　(ア)　**基本形**　債務不履行に基づく損害賠償請求権の要件事実は，
① 　債務の発生原因事実
② 　①の債務につき債務不履行の要件事実
③ 　損害の発生とその数額
④ 　②と③の因果関係
である。

　(イ)　①の点について，本問は，運送契約に基づく請求であるから，AとYが運送契約を締結した事実を主張立証することになる。
　運送契約締結の要件事実としては，
① 　運送者が乗客を特定の区間運送することを合意したこと
② 　乗客が運送者に運賃を支払うことを合意したこと

である。

(ウ) ②の点について，不完全履行の場合は，「履行が不完全であること」が要件事実となる。不完全履行とは，形式的に履行はなされたが，それが債務の本旨に従っていない場合をいう。

(7) 本問に即して運送契約の債務不履行に基づく請求をする場合の具体的な事実を摘示すれば，以下のとおりとなる。

請求原因

1　運送契約の締結
　　訴外Aは，被告との間で平成22年2月17日，被告の運転する自動車に訴外Aを乗車させ，市役所の近くから自宅まで送り届け，その対価として，訴外Aが被告に対して移動した距離に応じて発生する運賃を支払う旨の運送契約を締結した。
2　事故の発生　前記のとおり
3　責任原因（被告の債務不履行）
　　被告は，訴外Aを自宅まで事故を起こさずに死亡させることなく安全に送り届ける義務を負っていたにもかかわらず，これを怠った。
4　訴外Aの死亡と原告の相続　前記のとおり
5　損害の発生　前記のとおり
6　結論
　　よって，原告は，被告に対し，訴外Aと被告間の運送契約による損害賠償請求権に基づき，7,800万円の内金3,900万円及びこれに対する本訴状送達の日の翌日から支払済みまで商事法定利率年6分の割合による遅延損害金の支払を求める。

4　【問題(2)後段】損害賠償請求訴訟における抗弁

(1)　民法709条の一般不法行為に基づく請求に対する抗弁

(ア)　過失の評価障害事実

　　(a)　前述のとおり，過失については評価根拠事実が主要事実と解されるので，評価根拠事実と両立し，かつ「過失がある」との規範的評価の成立を妨げるような事実（評価障害事実）が抗弁となる。
　　本問においても，Yとしては，自己に「過失がある」との規範的評価の成立を妨げるような事実（評価障害事実）を抗弁として主張することが考えられる。ただし，本問において，Yは自己の過失割合を7割と認めているので，過失を全く否定する答

弁をしない可能性もある。

　　(b)　本問に即して，Yの主張する過失の評価障害事実を具体的に摘示すれば，以下のとおりとなる。

> **抗弁 I**（過失の評価障害事実）
> 　被告は，本件事故現場に差し掛かった際，訴外Fを発見し，訴外Fとの衝突を回避するために，反対車線に進入したが，訴外Eは，反対車線を制限速度を30km以上も超過して走行しており，そのため，被告は訴外Eと衝突してしまった。訴外Eが制限速度を遵守していれば，被告は訴外Eと衝突することはなかった。

　(イ)　**過失相殺**
　　(a)　民法722条2項は，「被害者に過失があったときは，裁判所は，これを考慮して，損害賠償の額を定めることができる。」と規定している。
　この規定から，被告は抗弁として「原告に「過失がある」との規範的評価の成立を根拠づける具体的事実（評価根拠事実）」を抗弁として主張立証することができる。
　　(b)　過失相殺の抗弁における要件事実は，「被害者の過失」であり，被害者の過失を基礎づける具体的事実（評価根拠事実）が主要事実となる。
　過失相殺に関しては，裁判所の職権ですることができ，弁論主義の適用を否定していると解する立場もあるが（最判昭和41年6月21日民集20巻5号1078頁参照），被害者の過失はその者に不法行為による損害賠償請求権が発生したことを前提として，これを数額的に少なくするための要件であり，加害者に有利な事情であるから，被害者に過失があることを示すべき事実についての加害者の主張責任は肯定すべきである。
　　(c)　具体的な過失割合の主張は不要である（大判昭和3年8月1日民集7巻9号648頁）。ただし，裁判所の全くの自由裁量ではなく，裁量権の逸脱とされる場合もある（最判平成2年3月6日集民159号213頁）。なお，実務的には具体的な過失割合についても主張することが通常である。
　　(d)　本問に即して，Yの主張する過失相殺の抗弁事実を具体的に摘示すれば，以下のとおりとなる。

> **抗弁 II**（過失相殺）
> 　被告は，訴外Aが乗車した際，訴外Aに対しシートベルトを着用するよう依頼した。しかるに，訴外Aは，乗車中，シートベルトを着用しなかった。シー

トベルトを着用していれば，被告が訴外Eと衝突した際，Aは，身体を投げ出されずに済み，死亡することはなかった。訴外Aには3割の過失が存在する。

(2) 自賠法3条に基づく請求に対する抗弁
 (ア) 自賠法3条ただし書による免責
  (a) 自賠法3条ただし書は，「ただし，自己及び運転者が自動車の運行に関し注意を怠らなかったこと，被害者又は運転者以外の第三者に故意又は過失があったこと並びに自動車に構造上の欠陥又は機能の障害がなかったことを証明したときは，この限りでない。」と規定している。したがって，この事由が抗弁事由となる。
  (b) この要件事実は，
  ① 運行供用者及び運転者がいずれも自動車の運行に関し注意を怠らなかったこと
  ② 被害者または運転者以外の第三者に故意または過失があったこと
  ③ 自動車に構造上の欠陥または機能の障害がなかったこと
である。
  なお，①～③のうち具備されていない要件がある場合は，そのことが当該事故発生と相当因果関係がない旨を主張立証することになる。
  (c) 本問において，Yの具体的な主張として考えられる主張は，前述した「過失の評価根拠事実」とほぼ同様になる。ただし，Yは言い分の中で，自己の過失が7割であることを認めているので，この抗弁は主張しないと考えられる。
 (イ) その他の抗弁　　自賠法3条に基づく請求に対する抗弁として考えられる主張としては，
  ① 運行供用者の地位の喪失（運行供用者たる地位の取得原因事実が請求原因事実であると考える抗弁説では，運行供用者たる地位の喪失を基礎づける事実が抗弁事実となる。）
  ② 他人性の欠如（被害者が，自賠法3条の規定する「他人」に当たらないこと）
等が考えられる。
  また，過失相殺，好意同乗等一般不法行為に基づく請求に対する抗弁も抗弁事由となる。

(3) 運送契約に基づく債務の不履行による請求に対する抗弁
 (ア) 帰責性の不存在
  (a) 債務不履行責任の場合は，帰責事由の不存在の主張立証責任を債務者が負うとするのが判例通説である（倉田〔債権総論〕65頁）。
  (b) 本問において，Yの具体的な主張として考えられる主張は，前述した「過失の評価根拠事実」とほぼ同様になる。ただし，Yは言い分の中で，自己の過失が7割であることを認めているので，この抗弁は主張しないことも考えられる。

(イ) 過失相殺
　　(a)　民法418条は，「債務の不履行に関して債権者に過失があったときは，裁判所は，これを考慮して，損害賠償の責任及びその額を定める。」と規定しており，債務者は過失相殺を抗弁として主張し得る。
　　(b)　被害者に過失があった場合，不法行為責任においては，債務者の賠償責任まで免除することはできず，また過失相殺をするか否かは裁判所の裁量による（民722条2項）とされるのに対し，債務不履行責任においては，債務者の賠償責任の免除が可能であると共に賠償額の減額は必要的である（民418条）。この点において，規定上不法行為責任の方が被害者に有利であると思われるが，実務上は差のない取り扱いがなされているといわれている（前掲裁判実務大系(8)32頁）。
　　(c)　過失相殺の要件事実は，
　債権者の過失を基礎づける評価根拠事実
である。
　本問における，過失相殺の具体的な主張については，前述した，不法行為の場合の過失相殺の主張と同様である。

5　【設問(3)】求償金請求訴訟の請求の趣旨と訴訟物
(1)　共同不法行為者に対して，求償する場合の請求の趣旨
　(ア)　本問における分析
　　(a)　本問における，Yの主張は，YがFとの衝突を回避するため反対車線に侵入した際，Eは，反対車線を制限速度を30km以上超過して走行しており，そのためYはEとの衝突を避けられなかったものであり，Eの速度超過がなければ，Eとの衝突は回避でき，Aを死亡させることはなかったから，Aを死亡させたことについてはEにも3割の過失があるというものである。そして，EはZの被用者であるから，Zは使用者責任（民715条）に基づき賠償責任を負うというものである。
　　(b)　不法行為者間に主観的な連絡がない場合でも，客観的に関連共同性が認められる場合，すなわち，複数の不法行為者が客観的にみて一体ないし不可分の損害を被害者に与え，各不法行為と結果との間に相当因果関係が認められる場合には，民法719条1項前段の共同不法行為が成立する。それ故，Aを死亡させたことについて，YとEに過失がある場合は，YとEは共同不法行為者として，民法719条に基づき損害賠償義務を負うことになる。
　　(c)　共同不法行為者間の賠償義務について，民法719条は「各自が連帯してその損害を賠償する責任を負う。」と規定しているが，通説及び判例はこれを不真正連帯債務と解した上で（最判昭和57年3月4日集民135号269頁），債務者の1人が弁済

した場合には，他の不法行為者に対する求償権の行使を認め，その場合の負担割合は，過失割合に従って定められるべきであるとしている。

そして，本問のように，被用者と第三者の共同不法行為につき，第三者が被害者に対して損害賠償金を支払った場合には，第三者から使用者に対して求償することを認めている（最判昭和63年7月1日民集42巻6号451頁）。

しかしながら，被害者が共同不法行為者の1人に対して損害賠償の支払を求めた訴訟において，共同不法行為者間の過失割合が認定されたとしても，使用者の過失自体は認定されていないのであるから，被害者に損害を賠償した共同不法行為者は，使用者に対して求償できないのではないかが問題となる。そして，この点について，前掲最判昭和63年7月1日は，「被用者がその使用者の事業の執行につき第三者との共同の不法行為により他人に損害を加えた場合において，右第三者が自己と被用者との過失割合に従って定められるべき自己の負担部分を超えて被害者に損害を賠償したときは，右第三者は，被用者の負担部分について使用者に対し求償することができるものと解するのが相当である。」と判示し，使用者に対してその内部的法律関係に応じて求償できることを認めた。使用者責任を認めた民法715条1項の趣旨からすれば，被用者が使用者の事業の執行につき第三者との共同の不法行為により他人に損害を与えた場合には，使用者と被用者とは一体をなすものとみて，上記第三者との関係においても，使用者は被用者と同じ内容を負うべきものと解されるからである。

　(イ)　本問において，YがZに対して請求する債権は，Xに支払った和解金について，負担部分を超えて免責を得たことを理由とする求償権であって，金銭債権である。請求の趣旨の記載は，金銭債権を請求する場合の一般原則に従えば良い。

　YはZに対して，3,000万円の内，Eの過失割合3割に相当する900万円を請求するのであるから，本問における主たる請求の請求の趣旨は

「被告は，原告に対し，900万円を支払え。」という内容になる。

　(ウ)　**附帯請求の請求の趣旨**

　Yは，附帯請求として，YがZに履行を請求した日の翌日からの遅延損害金を請求できる。

　不真正連帯債務者間の求償権の法的性質については，不当利得返還請求権と解される（内田Ⅱ500頁，524頁）。本問の不当利得返還請求権は，期限の定めのない債務であるから，催告によって遅滞に陥り，その翌日からの遅延損害金を請求することができる（民412条3項）。遅延損害金の利率は，年5分である。なお，不真正連帯債務については，連帯債務に関する民法442条2項も適用されない。

　それ故，本問における附帯請求は，「平成23年7月30日から支払済みまで年5分

の割合による金員」ということになる。

(エ) そこで請求の趣旨は以下のようなものとなる。

> **請求の趣旨**
> 1　被告は，原告に対し，900万円及びこれに対する平成23年7月30日から支払済みまで年5分の割合による金員を支払え。
> 2　訴訟費用は被告の負担とする。

(2) 訴訟物

前述したとおり，不真正連帯債務者間の求償権の法的性質については，不当利得返還請求権と解される。したがって，求償金請求訴訟の主たる請求の訴訟物は，「不当利得に基づく利得返還請求権」となる。

また，附帯請求である遅延損害金請求の訴訟物は，「履行遅滞に基づく損害賠償請求権」となる。

6　【設問(4)】求償金請求訴訟の請求原因
(1) 基本形

(ア)　**連帯債務者間の求償金請求権の要件事実**　民法442条は，「連帯債務者の1人が弁済をし，その他自己の財産をもって共同の免責を得たときは，その連帯債務者は，他の連帯債務者に対し，各自の負担部分について求償権を有する。」と規定している。この規定から，連帯債務者が他の連帯債務者に対して求償権を行使する場合の要件事実は，

① 原告と被告間の連帯債務関係の発生原因事実
② 原告が弁済その他自己の財産をもって共同の免責を得たこと
③ 被告の負担部分

となる。

そして，②の点について，連帯債務者の1人が一部でも弁済すれば，たとえ自己の負担部分を超えていなくても，負担部分の割合で求償することができるとするのが通説・判例（大判大正6年5月3日民録23輯863頁）である。

(イ)　**不真正連帯債務者間の求償金請求権の要件事実**　不真正連帯債務者が他の不真正連帯債務者に対して求償権を行使する場合は，民法442条は直接には適用されない。

この場合の要件事実については，以下のとおりと考えられる。

まず，上記①の原告と被告間の不真正連帯債務関係の発生原因事実が必要となる。

次に，上記②の点については，
　A説：負担部分を超えて賠償することを要するとする説
と
　B説：負担部分以下の賠償でもよいとする説
が対立しているが，前掲最判昭和63年7月1日は，「被用者と第三者との共同不法行為により他人に損害を加えた場合において，第三者が自己と被用者との過失割合に従って定められるべき自己の負担部分を超えて被害者に損害を賠償したときは，第三者は，被用者の負担部分について使用者に対し求償することができる。」と判示し，A説の立場を採ることを明らかにし，最判平成3年10月25日民集45巻7号1173頁もこれを踏襲している。
　したがって，不真正連帯債務者が他の不真正連帯債務者に対して求償権を行使する場合は，
　② 原告が弁済その他自己の財産をもって共同の免責を得たこと
　③ 原告が得た共同の免責が，自己の負担部分を超えていること
が必要となり，求償できる金額を明らかにするために
　④ 原告と被告の負担割合
が必要となる。

(2) 請求放棄条項と「共同の免責」との関係

　(ア) 本問において，YはXとの間の訴訟（以下「第1訴訟」という。）において訴訟上の和解を成立させ，その和解に基づいてXに3,000万円を支払ったものであるが，この和解においては，「Xはその余の請求を放棄する。」旨の条項が入っている。Yが他の不真正連帯債務者であるZに対して求償をするためには，「共同の免責」を得ていることが必要となるが，Xの「請求放棄」がZにも及ぶか否かが問題となる。

　(イ) 連帯債務については，債権者が連帯債務者の1人に対してその債務を免除した場合には，求償の循環を避けるため，その債務者の負担部分について他の債務者も債務を免れるものとされている（民437条）。
　不真正連帯債務の場合，債権者が共同不法行為者の1人に対して免除をした場合，その意思表示が他の共同不法行為者に対してどのような効力を及ぼすかについては，
　A説：不真正連帯債務についても民法437条の適用を認め，絶対的な効力を生じるとする絶対的効力説
　B説：不真正連帯債務については，民法437条の適用を認めず，免除の効力は，他の不真正連帯債務者には一切及ばないとする相対的効力説
　C説：債権者（被害者）の意思を重視し，被害者が損害賠償額が減額されるのを知りながら紛争の一体的解決を図るために共同不法行為者の1人と和解した

ような場合には絶対的効力を認めるが，損害賠償額の減額までは念頭におかずに和解した場合には相対的効力しか認めないとする折衷説が対立している。

この点について，最判平成10年9月10日民集52巻6号1494頁は，「甲と乙が負担する損害賠償債務は，いわゆる不真正連帯債務であるから，甲と被害者との間で訴訟上の和解が成立し，請求額の一部につき和解金が支払われるとともに，和解調書中に「被害者はその余の請求を放棄する」旨の条項が設けられ，被害者が甲に対し残債務を免除したと解し得るときでも，連帯債務における免除の絶対的効力を定めた民法第437条の規定は適用されず，乙に対して当然に免除の効力が及ぶものではない。しかし，被害者が，右訴訟上の和解に際し，乙の残債務をも免除する意思を有していると認められるときは，乙に対しても残債務の免除の効力が及ぶものというべきである。」と判示しており，不真正連帯債務の場合には民法437条の規定は適用されないことを前提とし，被害者の意思を検討して，他の不真正連帯債務者に対して絶対的効力が及ぶ場合を認めている。

そして，この最判は，他の不真正連帯債務者に対する債務免除の意思表示の到達や免除の意思表示を受けた不真正連帯債務者の意思表示の受領権限を問題とせずに，被害者が，他の不真正連帯債務者に対する残債務をも免除する意思を有していると認められるときは，他の不真正連帯債務者に対して免除の効力が及ぶとするものである。

(ｳ) もっとも，和解の効力は，原則として当事者間にのみ生ずるものであり，それ以外の者に効力が及ぶとすることは，被害者にとって不利益を及ぼすことになるから，被害者に不意打ちを与えないように注意する必要がある。それ故，被害者が，他の不真正連帯債務者に対する残債務をも免除する意思を有していると認められるかどうかは，厳格に解し，例えば，債権者が債務者の1人に債権証書を返還した場合や和解条項内においてその旨を明示している場合等，その意思を明確に認定することができる場合に限られると思われる。

(3) 求償金額の決定

(ｱ) 次に，第1訴訟の和解の効力が，他の不真正連帯債務者に対しても及ぶ場合において，不真正連帯債務者間の負担部分をどのようにして算定するかが問題となる。

この点については，

A説：第2訴訟（不真正連帯債務者間の求償金請求訴訟）の裁判所の認定した不真正連帯債務者間の責任割合と被害者の損害額を基準として，不真正連帯債務者間の負担部分を定めるとする説

この説によれば，本問において，第2訴訟の裁判所が被害者Xの損害額を3,900万円と認定し，また，YとZの過失割合を7対3と認定した場合は，Yの負担部分は，3,900万円×0.7＝2,730万円，Zの負担部分は，3,900万円×0.3＝1,170万円となり，YがZに求償し得る額は，3,000万円－2,730万円＝270万円ということになる。

　B説：被害者の現実の損害額（第1訴訟の和解における不真正連帯債務者の1人の支払額）と不真正連帯債務者間の責任割合を基準として，不真正連帯債務者間の負担部分を定めるとする説

　この説によれば，本問において，第2訴訟の裁判所がYとZの過失割合を7対3と認定した場合は，Yの負担部分は，3,000万円（Yが現実に支払った金額）×0.7＝2,100万円，Zの負担部分は，3,000万円×0.3＝900万円となり，YがZに求償し得る額は，3,000万円－2,100万円＝900万円ということになる。

　(イ)　この点について，前記最判平成10年9月10日は，「被害者が，右訴訟上の和解に際し，乙の残債務をも免除する意思を有していると認められるときは，乙に対しても残債務の免除の効力が及ぶものというべきである。そして，この場合には，乙はもはや被害者から残債務を訴求される可能性はないのであるから，甲の乙に対する求償金額は，確定した損害額である右訴訟上の和解における甲の支払額を基準とし，双方の責任割合に従いその負担部分を定めて，これを算定するのが相当であると解される。」と判示し，B説に立つことを明らかにしている。

　免除の効力が他の不真正連帯債務者に及ぶとすると，他の不真正連帯債務者は，もはや被害者から残債務を訴求される可能性はない。そうすると，第1訴訟の和解における不真正連帯債務者の支払額をもって被害者の損害が確定したものとし，これを基準に求償関係を定めるのが，合理的であり，かつ，当事者間の公平に合致すると考えられる。他方，この場合にもなお総損害額を基準として求償金額を定めるとなると，第1訴訟において総損害額を確定させておくことが望まれるが，それは，第1訴訟の当事者にその点の確定を強要する結果となり，不合理かつ不経済な事態を招いてしまう。さらに，総損害額の確定が第2訴訟によることになるとすると，先に和解・示談をして損害賠償金を支払った者が損をする場合も生じ得ることになるから，そのことを慮って，加害者が和解・示談に応じなくなる事態を招きかねない。それは，被害者救済という面からも問題が生ずる。よって，B説が妥当である。

　(ウ)　交通事故における不真正連帯債務者間の負担については，結局のところ加害者相互間の過失割合如何によることになる。この点については，過失相殺における取り扱いと同様の取り扱いになり，求償を主張する者は，他の加害者の過失を基礎づける具体的事実の主張立証のみで足り，その過失を斟酌すべき旨の主張や具体

的な過失割合の主張は不要である。ただし，実務的には具体的な過失割合についても主張することが通常である。

　(エ)　本問において，Xが，Zに対する残債務をも免除する意思を有していると認められれば，総損害額は，Yが支払った3,000万円と確定し，それについてのYの負担部分は，3,000万円×0.7＝2,100万円，Zの負担部分は，3,000万円×0.3＝900万円となり，YがZに求償し得る額は，3,000万円－2,100万円＝900万円ということになる。

(4)　使用者責任の要件事実

　(ア)　本問において，YはZがEの使用者であり，民法715条の使用者責任に基づき，ZがEの不法行為に対して責任を負うことを根拠として，Zに求償金の請求をすることになる。

民法715条に基づく損害賠償請求における要件事実は，
① 原告の権利または法律上保護される利益の存在
② ①に対する被用者の加害行為
③ ②に対する被用者の故意または過失
④ 損害の発生及び額
⑤ ②と④の因果関係
⑥　A　被告が事業のために②の行為者を使用していたこと（民715条1項）
または
　　B　被告が事業のために②の行為者を使用している者に代わって事業を監督していたこと（民715条2項）
⑦ ②が⑥の事業の執行につきなされたこと
である。

　(イ)　本問に即して使用者責任に基づく請求をする場合の具体的な事実を摘示すれば，以下のとおりとなる。
①ないし⑤については，一般の不法行為の場合と同じである。
⑥に該当する事実として，
「被告は，運送事業を遂行するために，Eを雇用していた。」
と主張することになる。
⑦に該当する事実として，
「Eは，被告の運送事業のために，普通貨物自動車を運転していた。」
と主張することになる。

(5)　本問におけるYの請求原因事実

本問に即して，具体的な請求原因事実を摘示すれば，以下のとおりとなる。

請求原因

1　（原告と被告間の不真正連帯債務関係の発生原因事実）

事故の発生

訴外Aは，原告の運転する車両に乗車していたところ，原告が訴外Eの運転する車両との間で下記交通事故（以下「本件事故」という。）を発生させたため，事故当日に死亡した。

(1)　日時：平成22年2月17日午後6時20分頃
(2)　場所：法律市条文1丁目2番3号先路上（以下「本件事故現場」という。）
(3)　原告の運転していた車両：業務用自動車（タクシー）
　　　　　　　　運転者：原告
　　　　　　　　同乗者：訴外A
(4)　　Eの運転していた車両：普通貨物自動車
　　　　　　　　運転者：訴外E
(5)　態様：原告が本件事故現場にさしかかったところ，原告は，道路を横断していた訴外Fを発見し，訴外Fとの衝突を避けようとして慌ててハンドルを切り，反対車線に入った。そこで，反対車線を走行してきた訴外Eが運転する上記車両と衝突した。

2　原告と訴外Eの過失割合

　原告が訴外Fとの衝突を回避するため反対車線に侵入した際，訴外Eは，反対車線を制限速度を30km以上超過して走行しており，そのため原告は訴外Eとの衝突を避けられなかった。

　訴外Eの速度超過がなければ，訴外Eとの衝突は回避でき，訴外Aを死亡させることはなかったから，訴外Aを死亡させたことについては訴外Eにも3割の過失がある。

3　被告の使用者責任
(1)　被告は，運送事業を遂行するために，訴外Eを雇用していた。
(2)　訴外Eは，被告の運送事業のために，普通貨物自動車を運転していた。

4　原告が弁済その他自己の財産をもって共同の免責を得たこと
(1)　原告は訴外Xから，損害賠償請求訴訟を提起され，その訴訟において，「原告がXに3,000万円を支払うこと。Xはその余の請求を放棄すること。」を内容とする和解が成立した。
(2)　訴外Xは，上記和解において，原告の支払により，本件事故によって被った損害についての紛争を全て解決する意思を有しており，被告の残債務をも

免除する意思を有していた。
　(3)　原告は，上記和解に基づき，平成23年6月11日，訴外Xに対し，3,000万円を支払った。
5　原告が得た共同の免責が自己の負担部分を超えていること及び原告と被告の負担割合
　　訴外Eには，本件事故について，3割の過失が存在し，本件事故における原告と訴外Eの過失割合は，7対3である。
　　原告の負担部分は，3,000万円×0.7＝2,100万円であり，原告が訴外Xに対して支払った賠償金は，原告の負担部分を900万円超過している。
6　よって，原告は，被告に対し，不当利得による利得返還請求権に基づき，900万円及びこれに対する平成23年7月30日から支払済みまで民法所定の年5分の割合による遅延損害金の支払を求める。

7　債権法改正審議との関係

　法制審議会民法（債権関係）部会における債権法改正審議は契約法理に関する検討が中心であり，不法行為に関する規定は時効の規律に関するものを除き，改正は予定されていない。したがって，本問の検討にあたり債権法改正審議との関係を意識する必要性は低い。唯一，留意しなければならないのは不真正連帯債務の取扱いである。
　平成26年8月に決定された「民法（債権関係）の改正に関する要綱仮案」（以下「要綱仮案」という。）では，連帯債務の意義について，現行民法432条を改め，「債権の目的がその性質上可分である場合において，法令の規定又は当事者の意思表示によって数人が連帯して債務を負担するときは，債権者は，その連帯債務者の一人に対し，又は同時に若しくは順次に全ての連帯債務者に対し，全部又は一部の履行を請求することができる。」（要綱仮案第17の1）と規定することとなっている。法令の規定に基づく連帯債務の存在が明示されている。また，連帯債務に関して絶対効を認めている現行民法434条ないし439条の規定を改め，「連帯債務者の一人について生じた事由は，民法第435条，第436条第1項及び第438条に規定する場合を除き，他の連帯債務者に対してその効力を生じない。ただし，債権者及び他の連帯債務者の一人が別段の意思を表示したときは，当該他の連帯債務者に対する効力は，その意思に従う。」（要綱仮案第17の2(5)）と規定している。免除については絶対効から相対効を原則とする取扱いに改正されることになる。
　そして，連帯債務者間の求償関係については，現行民法442条第1項を改め，「連

帯債務者の1人が弁済をし，その他自己の財産をもって共同の免責を得たときは，その連帯債務者は，その免責を得た額が自己の負担部分を超えるかどうかにかかわらず，他の連帯債務者に対し，その免責を得るために支出した金銭その他の財産の額のうち各自の負担部分について求償権を有する。ただし，当該財産の額が共同の免責を得た額を超える場合には，その免責を得た額のうち各自の負担部分に限る。」（要綱仮案第17の4(1)ア）と規定する。また，連帯債務者の1人に対する免除については，現行民法437条を削除したうえで，債権者と連帯債務者の1人との間に債務の免除があった場合においても，他の連帯債務者は，免除があった連帯債務者に対し，弁済の場合に準じて求償の請求ができる旨が規定されることになる（要綱仮案第17の2(3)）。

そこで，共同不法行為者の損害賠償債務も新たな規律に基づく連帯債務として処理されることとなる。真正な連帯債務とは区別される不真正連帯債務の存在という現行法における理解が見直される可能性がある。

【解答例】
1 【問題(1)】
(1) 請求の趣旨

> 1 被告は，原告に対し，3,900万円及びこれに対する平成22年2月17日から支払済みまで年5分※の割合による金員を支払え
> 2 訴訟費用は被告の負担とする

との判決並びに仮執行の宣言を求める。

※ 訴訟物として運送契約に基づく損害賠償請求権を選択した場合は，遅延損害金は年6分となる。

(2) 訴訟物
(ア) 主たる請求
① 民法709条の一般不法行為にもとづく請求の場合

> 不法行為に基づく損害賠償請求権　1個

② 自賠法3条に基づく請求の場合

> 自賠法3条に基づく損害賠償請求権　1個

③ 運送契約に基づく請求の場合

運送契約に基づく債務の不履行による損害賠償請求権　1個

(イ) 附帯請求

履行遅滞に基づく損害賠償請求権　1個

2 【問題(2)前段】損害賠償請求訴訟における請求原因とそれに対する被告の認否
A：民法709条の一般不法行為に基づく請求の場合

1　事故の発生 　　訴外Aは，被告の運転する車両に乗車していたところ，被告は，訴外Eの運転する車両との間で下記交通事故（以下「本件事故」という。）を発生させた。 (1)　日時：平成22年2月17日午後6時20分頃 (2)　場所：法律市条文1丁目2番3号先路上（以下「本件事故現場」という。） (3)　被告の運転していた車両：業務用自動車（タクシー） 　　　　　　　　　　運転者：被告 　　　　　　　　　　同乗者：訴外A (4)　　Eの運転していた車両：普通貨物自動車 　　　　　　　　　　運転者：訴外E (5)　態様：被告が本件事故現場にさしかかったところ，被告は，道路を横断していた訴外Fを発見し，訴外Fとの衝突を避けようとして慌ててハンドルを切り，反対車線に入った。そこで，反対車線を走行してきた訴外Eが運転する上記車両と衝突した。	○
2　被告の過失（被告に過失があることを基礎づける評価根拠事実） 　　本来，自動車を運転する者は，運転中，自動車の運転に集中すべきであって，運転をしながら電話による通話をしてはいけない注意義務を負っている。しかるに，被告は，上記注意義務を怠り，自動車の運転中に電話をし，自動車の運転に集中しなかった。	×

また，自動車の運転中にやむをえず電話に出た場合は，前方を注視し，道路を横断する者の動向や周囲の安全に注意して運転する義務を負っている。しかるに，被告は，上記注意義務を怠り，漫然と運転をし，前方を注視していなかったため，道路を横断していた訴外Fの発見が遅れ，慌ててハンドルを切って，反対車線に侵入した。	×
これらの注意義務違反の結果，被告は，反対車線を走行して来た訴外Eが運転する車両に衝突させた。	×
3　Aの死亡と原告の相続	
(1)　本件事故により訴外Aは，即死した。	○
(2)　原告は，訴外Aの子である。	△
4　損害の発生 　　訴外Aは，本件事故により以下の損害を被った。 　　①逸失利益：5,000万円 　　②慰謝料　：2,600万円 　　③葬儀費用：　200万円	△
5　結論 　　よって，原告は，被告に対し，不法行為による損害賠償請求権に基づき，7,800万円の内金3,900万円及びこれに対する不法行為発生の日である平成22年2月17日から支払済みまで民法所定の年5分の割合による遅延損害金の支払を求める。	争

B：自賠法3条に基づく請求の場合

1　事故の発生　前記のとおり	
2　責任原因（被告が運行供用者に該当すること） 　　被告は，被告車を所有し，これを自己のため運行の用に供していた。	○
3　訴外Aの死亡と原告の相続　前記のとおり	
4　損害の発生　前記のとおり	

5 結論 　よって，原告は，被告に対し，自動車損害賠償保障法3条による損害賠償請求権に基づき，7,800万円の内金3,900万円及びこれに対する本件事故発生の日である平成22年2月17日から支払済みまで民法所定の年5分の割合による遅延損害金の支払を求める。	争

C：運送契約に基づく請求の場合

1 運送契約の締結 　訴外Aは，被告との間で平成22年2月17日，被告の運転する自動車に訴外Aを乗車させ，市役所の近くから自宅まで送り届け，その対価として，訴外Aが被告に対して移動した距離に応じて発生する運賃を支払う旨の運送契約を締結した。	○
2 事故の発生　前記のとおり	
3 責任原因（被告の債務不履行） 　被告は，訴外Aを自宅まで事故を起こさずに死亡させることなく安全に送り届ける義務を負っていたにもかかわらず，これを怠った。	○
4 訴外Aの死亡と原告の相続　前記のとおり	
5 損害の発生　前記のとおり	
6 結論 　よって，原告は，被告に対し，訴外Aと被告間の運送契約による損害賠償請求権に基づき，7,800万円の内金3,900万円及びこれに対する本訴状送達の日の翌日から支払済みまで民法所定の年5分の割合による遅延損害金の支払を求める。	争

3 **【問題(2)後段】**抗弁事実とそれに対する原告の認否
(1) 民法第709条の一般不法行為に基づく請求に対する抗弁
抗弁Ⅰ　過失の評価障害事実

被告は，本件事故現場に差し掛かった際，訴外Fを発見し，訴外Fとの衝突を回避するために，反対車線に進入したが，訴外Eは，反対車線を制限速度を30km以上も超過して走行しており，そのため，被告は訴外Eと衝突してしまった。	△

訴外Eが制限速度を遵守していれば，被告は訴外Eと衝突することはなかった。	争

抗弁Ⅱ　過失相殺

被告は，訴外Aが乗車した際，訴外Aに対しシートベルトを着用するよう依頼した。しかるに，訴外Aは，乗車中，シートベルトを着用しなかった。	△
シートベルトを着用していれば，被告が訴外Eと衝突した際，訴外Aは，身体を投げ出されずに済み，死亡することはなかった。	争
訴外Aには3割の過失が存在する。	争

(2) 自賠法3条に基づく請求に対する抗弁

抗弁Ⅰ　自賠法第3条ただし書による免責 　　　　前記過失の評価障害事実とほぼ同じ 抗弁Ⅱ　過失相殺 　　　　前記過失相殺の抗弁と同じ

(3) 運送契約に基づく債務の不履行による請求に対する抗弁

抗弁Ⅰ　帰責性の不存在 　　　　前記過失の評価障害事実とほぼ同じ 抗弁Ⅱ　過失相殺 　　　　前記過失相殺の抗弁と同じ

4　【問題(3)】について
(1) 請求の趣旨

1　被告は，原告に対し，900万円及びこれに対する平成23年7月30日から支払済みまで年5分の割合による金員を支払え 2　訴訟費用は被告の負担とする

との判決並びに仮執行の宣言を求める。

(2) 訴訟物
（ア） 主たる請求

| 不当利得に基づく利得返還請求権　1個 |

（イ） 附帯請求

| 履行遅滞に基づく損害賠償請求権　1個 |

5 【問題(4)】
不真正連帯債務者間の求償金請求訴訟における請求原因とそれに対する被告の認否

1 （原告と被告間の不真正連帯債務関係の発生原因事実） 　事故の発生 　　訴外Aは，原告の運転する車両に乗車していたところ，原告が訴外Eの運転する車両との間で下記交通事故（以下「本件事故」という。）を発生させたため，事故当日に死亡した。 (1)　日時：平成22年2月17日午後6時20分頃 (2)　場所：法律市条文1丁目2番3号先路上（以下「本件事故現場」という。） (3)　原告の運転していた車両：業務用自動車（タクシー） 　　　　　　　　運転者：原告 　　　　　　　　同乗者：訴外A (4)　訴外Eの運転していた車両：普通貨物自動車 　　　　　　　　運転者：訴外E (5)　態様：原告が本件事故現場にさしかかったところ，原告は，道路を横断していた訴外Fを発見し，訴外Fとの衝突を避けようとして慌ててハンドルを切り，反対車線に入った。そこで，反対車線を走行してきた訴外Eが運転する上記車両と衝突した。	○
2　原告とEの過失割合	
原告が訴外Fとの衝突を回避するため反対車線に侵入した際，訴外Eは，反対車線を制限速度を30km以上超過して走行していた。	○
そのため原告は訴外Eとの衝突を避けられなかった。	争

訴外Eの速度超過がなければ，訴外Eとの衝突は回避でき，訴外Aを死亡させることはなかったから，訴外Aを死亡させたことについては訴外Eにも3割の過失がある。	争
3　被告の使用者責任	
(1)　被告は，運送事業を遂行するために，訴外Eを雇用していた。	○
(2)　訴外Eは，被告の運送事業のために，普通貨物自動車を運転していた。	○
4　原告が弁済その他自己の財産をもって共同の免責を得たこと	
(1)　原告は訴外Xから，損害賠償請求訴訟を提起され，その訴訟において，「原告がXに3,000万円を支払うこと。Xはその余の請求を放棄すること。」を内容とする和解が成立した。	△
(2)　訴外Xは，上記和解において，原告の支払により，本件事故によって被った損害についての紛争を全て解決する意思を有しており，被告の残債務をも免除する意思を有していた。	△
(3)　原告は，上記和解に基づき，平成23年6月11日，訴外Xに対し，3,000万円を支払った。	△
5　原告が得た共同の免責が自己の負担部分を超えていること及び原告と被告の負担割合	
訴外Eには，本件事故について，3割の過失が存在し，本件事故における原告と訴外Eの過失割合は，7対3である。	争
原告の負担部分は，3,000万円×0.7＝2,100万円であり，原告が訴外Xに対して支払った賠償金は，原告の負担部分を900万円超過している。	争
6　よって，原告は，被告に対し，不当利得による利得返還請求権に基づき，900万円及びこれに対する平成23年7月30日から支払済みまで民法所定の年5分の割合による遅延損害金の支払を求める。	

（流矢大士）

第21問
不法行為（名誉毀損）

次の内容のＸ，Ｙ及びＺ社の言い分を前提に，後記問題に答えなさい。

《Ｘの言い分》

1　私は，平成22年4月10日に発生した殺人事件の件で，警察から嫌疑をかけられ，同年7月1日に逮捕されました。その後，殺人罪の容疑で起訴され，東京地方裁判所で裁判を行いました。真実を明らかにして欲しいとの私の願いもむなしく，平成22年12月6日，東京地方裁判所で有罪の判決が言い渡されました。ただちに，これを不服として控訴をしており，現在，東京高等裁判所において審理中です。

2　この事件の件で，評論家として有名なＹが，Ｚ社が発行する新聞の平成22年8月2日の夕刊に寄稿記事を掲載しました。その内容は，別紙（省略）のようなものです。ひと言でいえば，私が殺人事件の真犯人であるとの前提のもと，裁判員制度のあり方や死刑廃止論の是非を論じるというものです。Ｙさんは以前から死刑廃止論者として有名な方ですので，その主張は驚く必要はありませんが，私がどうしても許せないのは，この寄稿記事の中で私を真犯人扱いしている点です。これは私の名誉を侵害するものであり，有罪判決が確定するまでは無罪の推定が働くことを無視するものです。そこで，Ｙを相手に私の名誉を毀損したことを理由に不法行為に基づく損害賠償請求訴訟を提起したいと考えています。請求金額は弁護士費用も含めて550万円が適当と考えています。

3　また，この記事を掲載したＺ社の責任も看過することはできません。Ｚ社にも同様の損害賠償責任があると思います。今回，Ｙを相手に訴訟を提起しますが，これとは別にＺ社に対しても不法行為に基づく550万円の支払いを求める損害賠償請求訴訟を提起したいと考えています。

《Ｙの言い分》

1　私が，Ｚ社が発行する平成22年8月2日付の全国紙に別紙（省略）のような内容の記事を寄稿したことは間違いありません。

2　しかし，私がこの記事を寄稿したのは，Ｘを真犯人と決めつけてのことではありません。私は以前から死刑制度に対して疑問を有していました。さらに現在，行われている裁判員裁判のもとにおいては，一般市民が死刑の是非を判断するという重大な選択を迫られることになりますので，このようなことが果たして妥当なのか否

かを社会に問うことを希望していました。Xの今回の事件はそのようなことを検討するうえでの具体例として適当と考えたのです。
3 したがって、私はXの名誉を毀損しようなどという意図は全くありませんでした。また、Xとは特別の利害関係はなく、個人的に悪い感情を有していたというような事情も全くありません。Xを誹謗中傷するために今回の記事を書いたなどということも、もちろんありません。純粋に死刑制度や裁判員裁判の是非を世に問うのが目的です。
　表現にも注意してあくまで私の意見として記事を書いています。記事を書くにあたっては関係各位に直接、私が取材して得た資料と、A通信社の警察担当の記者が警察発表の内容を提供してくれましたので、その資料とを利用しています。本来であればXについても直接、取材をしたかったのですが、Xは逮捕され、勾留中でしたので、取材は不可能でした。
4 なお、私が記事を書いた後のことですが、平成22年12月6日、東京地方裁判所でYに対する殺人罪の有罪判決が言い渡されています。現在、まだ控訴中ですが、少なくとも第1審の裁判所においてYの有罪が認定されたということは、無実を前提とするXの今回の損害賠償請求訴訟における主張の法的根拠を失わせるものだと思います。
5 そもそも、日本国憲法で認められた表現の自由というものがあり、私には意見表明の自由があります。このようなケースにおいて私が損害賠償責任を負わされるのは納得が行きません。徹底的に争う覚悟です。

《Z社の言い分》

1 当社は、Z社新聞の名称で朝刊、夕刊を発行している新聞社です。当社の発行するZ社新聞はいわゆる全国紙で日本全国で販売されています。
2 当社が、平成22年8月2日付Z社新聞の夕刊に別紙（省略）のようなYの寄稿記事を掲載したことは間違いありません。今回、この記事がXの名誉を侵害したとして、Xが当社に対しても損害賠償請求訴訟を提起するとのことですが、当社としては全面的にこれを争う方針です。その理由はまず第1には、既にYの言い分として示されているところと同じですので、Yの言い分をそのまま援用させていただきます。
3 そのうえで、さらにもう1点、主張したい事実があります。実は、このYの寄稿記事は当社が直接にYに作成を依頼したものではありません。わが国を代表する通信社であるA通信社がYに記事作成を依頼したものです。当社は従来からA通信社との間で記事の配信を受けることの契約を結んでおり、今回のYの寄稿記事もその

ひとつでした。ですから、当社としては、万一、Yの寄稿記事がXの名誉を毀損するものであり不法行為が成立するというのであれば、それは記事を配信したA通信社が負担すべきものと考えています。この点を訴訟で主張したいと考えています。
4 ちなみに、今回の記事についてはA通信社の配信記事である旨の表示は新聞紙上では特にしていません。しかし、このような扱いは特にめずらしいことではなく、当社のみならず他の新聞社でも通常、行われていることです。

【問　題】

(1) Xが、その言い分を前提にYを相手に民事訴訟を提起する場合、どのような内容の請求をすることになるか。請求の趣旨を記載せよ。
　その場合の訴訟物は何か。

(2) 前記(1)を前提に、請求原因として主張すべき要件事実を指摘し、その理由を説明せよ。そのうえで、Yの言い分から考えられる抗弁を指摘し、その要件事実とその事実が必要となる理由を説明せよ。

(3) Xが、その言い分を前提にZ社を相手に民事訴訟を提起する場合、どのような内容の請求をすることになるか。請求の趣旨を記載せよ。
　その場合の訴訟物は何か。

(4) 前記(3)を前提に、請求原因として主張すべき要件事実を指摘し、その理由を説明せよ。そのうえで、Z社の言い分から考えられる抗弁を指摘し、その要件事実とその事実が必要となる理由を説明せよ。

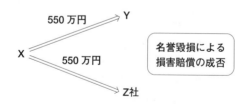

平成22年 4 月10日：殺人事件発生
平成22年 7 月 1 日：Xが殺人罪容疑で逮捕(その後、起訴)
平成22年 8 月 2 日：YがZ社発行の新聞に記事寄稿
平成22年12月 6 日：東京地裁でXに有罪判決(現在、控訴中)

解説

1 問題の所在

本問は，新聞の寄稿記事による名誉毀損に基づく損害賠償請求の事案である。名誉毀損にいう名誉とは，人の品性，徳行，名声，信用等の人格的価値について社会から受ける客観的評価のことをいうが（最判昭和61年6月11日民集40巻4号872頁），名誉感情はこれに含まれない（最判昭和45年12月18日民集24巻13号2151頁）。民事の不法行為法における名誉毀損の概念は，刑法における名誉毀損罪の名誉概念よりも広いとされており，事実の摘示のみならず，意見ないし論評の表明によるもの（大判明治43年11月2日民録16輯745頁）や，推論を紹介する内容の記事によるもの（最判平成10年1月30日判時1631号68頁）も民法上の名誉毀損に該当する。事実の摘示による名誉毀損なのか，それとも意見ないし論評表明による名誉毀損なのかは，表現の自由との衡量の視点で問題となる。そもそも意見ないし論評表明による名誉毀損による損害賠償を認めることが表現の自由の過度な侵害になるのではないか，また意見ないし論評表明による名誉毀損を認める場合の基準は何かということが問題になるわけである。また，事実摘示による名誉毀損の場合には，表現の自由との衡量の視点から，摘示された事実が真実であったり，真実でなかったとしても真実であると信じるべき相当な理由があったりしたときには，名誉毀損の成立が阻却される。意見ないし論評表明による名誉毀損の場合においても，事実摘示における真実性・相当性の抗弁と同様，名誉毀損の成立を阻却する抗弁が認められるか，その内容が問題となる。

本問では被告は2名であり，1名は新聞に寄稿記事を掲載した執筆者であり，1名は寄稿記事を掲載した新聞社である。新聞社については，定評のある通信社から配信を受けた記事をそのまま掲載したものであり，いわゆる配信性の抗弁が，その成否を含め，問題となる。

2 【問題(1)】訴訟の請求の趣旨と訴訟物

(1) 請求の趣旨

本問では，Xは，Yに対し，Yの寄稿記事により名誉が侵害されたことによる損害の賠償請求訴訟を提起しようとしており，Xは，Yに対し，民法710条の名誉を侵害されて被った精神的損害の賠償を求めて，不法行為に基づく損害賠償請求訴訟を提起すると考えられる（民709条）。よって，請求の趣旨の記載は，「被告は，原告に対し，550万円を支払え。」という内容になる。そして，付帯請求としての遅延損

害金に関する請求の趣旨であるが，不法行為に基づく損害賠償請求権は，発生と同時に履行期が到来する（最判昭和37年9月4日民集16巻9号1834頁，最判平成7年7月14日交通民集28巻4号963頁）。よって，遅延損害金請求の始期は損害発生日である。また，Xは，慰謝料に加えて，損害費目として，弁護士費用も求めているが，弁護士費用についても損害は不法行為時に発生したものとして，不法行為時から履行遅滞になる（最判昭和58年9月6日民集37巻7号901頁）。なお，遅延時期は個々の損害費目ごとに異なるものではないとされている（前掲最判平成7年7月14日）。よって，Z社の発行する新聞にYの寄稿記事が掲載された平成22年8月2日より，民法404条の民事法定利率年5分の割合による遅延損害金の支払いを請求することになる。

さらに，民事訴訟法67条1項によって，訴訟費用の負担に関する裁判を終局判決において必ず言い渡さなければならないとされているので，請求の趣旨にも当然に記載されることになる。そこで，訴訟費用を加えた請求の趣旨は以下のようなものになる。

請求の趣旨
1 被告は，原告に対し，550万円及びこれに対する平成22年8月2日から支払済みまで年5分の割合による金員を支払え。
2 訴訟費用は被告の負担とする。

---

(2) 訴訟物

Xは，Yに対し，Xの名誉が侵害されたことによる損害の賠償請求訴訟を提起しようとしている（民709条・710条）。よって，訴訟物は，「不法行為責任に基づく損害賠償請求権」である。また，付帯請求である遅延損害金請求の訴訟物は，「履行遅滞に基づく損害賠償請求権」である。

訴訟物
（主たる請求）
不法行為責任に基づく損害賠償請求権　1個
（付帯請求）
履行遅滞に基づく損害賠償請求権　1個

---

3 【問題(2)】請求原因と被告の答弁の内容
(1) 請求原因について

名誉毀損の不法行為に対する救済方法としては，損害賠償に代え，またそれとと

もに謝罪広告のような名誉回復に適当な処置を求めることができるが、本件でXが求めているのは損害賠償である（民709条）。709条に基づく損害賠償訴訟の請求原因事実としては、①原告が一定の権利または保護法益を有すること、②①の権利または保護法益に対する被告の加害行為、③被告に②についての故意または過失（過失の評価根拠事実）、④損害の発生及び額、⑤②と④との間の因果関係が必要である。名誉とは、前述したように、人がその品性・徳行・名声・信用その他の人格的価値について社会から受ける客観的評価をいう。よって、名誉毀損における保護法益は、被害者の社会的評価であり、それを低下させることが加害行為となる。自分自身の人格的な価値について自らが有している主観的な評価の侵害だけでは、名誉毀損と評価するには十分ではないと解されている（前掲最判昭和45年12月18日）。そこで、名誉毀損に基づく損害賠償請求訴訟の請求原因事実としては、①被告が原告の社会的評価を低下させるような事実を流布したこと、②①についての被告の故意または過失（過失の評価根拠事実）、③①により被告の社会的評価が低下したこと、④損害の発生及び額、⑤③と④との間の因果関係となる。

　①の社会的事実を低下させる事実の流布については、人の社会的評価を低下させる行為であったか否かの判断基準時は、行為時の平成22年8月2日である。新聞記事、テレビのようなマスメディアによる名誉毀損の場合、社会的評価を低下させる行為かどうかは、一般読者または視聴者の普通の注意と読み方を基準として判断すべきである（最判昭和31年7月20日民集10巻8号1059頁）。社会的評価の低下の有無は、当該行為時に社会から受けていた評価を考慮すべきである（大判明治8年12月8日民録11輯1665頁）。本件では、Xは、刑事事件で嫌疑をかけられて逮捕されて起訴された者であるが、問題文の「真実を明らかにして欲しいという私の願いもむなしく」とあるので否認していると考えられる。Xが真犯人であると記載することは社会的評価を低下させる行為であると判断される。問題文からは寄稿記事掲載時に起訴されていたかどうかは明らかではないが、起訴段階において無罪推定が働いているわけであるから、仮に起訴されていたとしてもこれをもって真犯人であるとされることが社会的評価を低下しないという判断とはならない。

　②の故意、過失については、寄稿した記事内に原告を真犯人であるという記載をしたことで認められる。もっとも、本問のように特定の事実を起訴とする意見ないし論評の表明による名誉毀損について、その行為が公共の利害に関する事実に係り、その目的が専ら公益を図ることにあって、表明にかかる内容が人身攻撃に及ぶなど意見ないし論評としての域を逸脱したものではない場合に、行為者において意見等の前提としている事実の重要な部分を真実と信ずるにつき相当な理由があるときは、その故意または過失は否定される（最判平成9年9月9日民集51巻8号3804頁）。この点

は，被告の抗弁で問題となる。

　③については，真犯人であると表現された者が，その後に有罪判決を受けたとしても，そのことによって既に発生した損害賠償請求権が消滅するわけではない（最判平成9年5月27日民集51巻5号2025頁）ただし，真実性の抗弁により損害賠償請求権の発生そのものが否定されるか否かの判断にあたり，表現行為時には存在していなかった後の有罪判決を証拠として利用しうるか否かは別問題である。この点について，最判平成14年1月29日判時1778号49頁は，「摘示された事実が客観的な事実に合致し真実であれば，行為者がその事実についていかなる認識を有していたとしても，名誉毀損行為自体の違法性が否定されることとなるから，裁判所は，口頭弁論終結時において，摘示された事実の重要な部分が真実であるかどうかを客観的に判断すべきであり，その際に名誉毀損行為の時点では存在しなかった証拠を考慮することも当然に許される。」と判示している。

　④については，名誉毀損による損害は，被害者がその事実を知らなくても，これを掲載した新聞が発行されて，読者が読むことができることになったときに発生するから（前掲最判平成9年5月27日），本件の損害発生時は，記事の掲載された平成22年8月2日である。ただし，前述したように，慰謝料算定の基準時は，口頭弁論終結時であるから，そのときまでに生じた諸般の事情が考慮され，平成22年12月6日に東京地方裁判所で有罪の判決が言い渡された事実は慰謝料の額に反映されうる（前掲最判平成9年5月27日）。

　損害賠償請求権は，上記の通り，その発生と同時に遅滞に陥るから，附帯請求の要件事実として，主請求の要件事実に加えるものはない。

　以上，本問に即して，具体的な事実を摘示すれば以下の通りになる。

請求原因

1　原告は，平成22年4月10日に発生した殺人事件（本件事件）について，平成22年8月2日，訴外Z社が発行する新聞の夕刊において，原告が本件事件の犯人であるという事実を前提とする死刑制度の是非等について意見を表明する被告による別紙（省略）記載のとおりの寄稿記事（以下，「本件寄稿記事」という。）が掲載され，その結果，被告の社会的評価が低下した。

2　原告は，上記名誉毀損行為により，精神的損害及び弁護士費用を含む損害を被り，その損害額は合計550万円になる。

3　よって，原告は，被告に対し，不法行為による損害賠償請求権に基づき，550万円及びこれに対する不法行為発生の日である平成22年4月10日から支払済みまで民法所定の年5分の割合による遅延損害金の支払いを求める。

(2) 抗弁について―公正な論評法理に基づく抗弁

　名誉毀損においては，憲法上保証された表現の自由（憲 21 条）と社会的評価としての名誉の保護との衡量が問題になり，表現の自由を保障するための被告の抗弁が認められる。名誉毀損における抗弁としては，事実摘示による名誉毀損の場合には真実性・相当性の抗弁が，特定の事実を基礎として意見ないし論評の表明による名誉毀損をおこなう場合には公正な論評の法理の抗弁が，それぞれ認められる。

　まず，真実の事実の摘示による名誉毀損については，被告の抗弁としては，真実性の抗弁及び相当性の抗弁が認められている（最判昭和 41 年 6 月 23 日民集 20 巻 5 号 1118 頁）。真実性の抗弁が認められる場合には違法性が阻却され，相当性の抗弁が認められる場合には責任が阻却される。他方，特定の事実を基礎としての意見ないし論評の表明による名誉毀損の場合には，公正な論評の法理による抗弁が認められ，意見ないし論評の前提としている事実が重要な部分において真実である場合には違法性が阻却され（最判昭和 62 年 4 月 24 日民集 41 巻 3 号 490 頁，最判平成元年 12 月 21 日民集 43 巻 12 号 2252 頁），意見ないし論評の前提としている事実が重要な部分について真実であると信じるにつき相当な理由がある場合には責任が阻却されるとされる（前掲最判平成 9 年 9 月 9 日）。

　Y の言い分によれば，本件における Y の寄稿記事は，死刑制度の是非をめぐるものであり，内容としては，死刑制度についてかねてから疑問を有している Y が，裁判員裁判の元で一般市民が死刑の是非を判断するという重大な選択を迫られることが妥当かどうかを社会に問う意見表明ないし論評であって，X についての記載（平成 22 年 4 月 10 日に発生した殺人事件について Y が犯罪人（真犯人）であるという事実）は，この意見表明の具体例であるということである。また，Y の言い分では，「あくまで私の意見として記事を書いています」ともある。よって，これらのことから，Y の寄稿記事による X に対する名誉毀損に対する抗弁は，事実の摘示による名誉毀損に対する抗弁である真実性・相当性の抗弁ではなく，意見の表明による名誉毀損に対する抗弁である公正な論評の法理に基づくものと解される。

　Y の主張は，寄稿記事が意見表明に過ぎないということであるから，そもそも，意見の表明が名誉毀損となるかということ自体が，一応問題とはなる。意見には意見で対抗すべきであって，意見によって名誉が毀損されたとしても裁判所に法的な救済を求めることが許されるべきではないとも考えられるからである。しかし，意見にも様々な性質があるから，意見というラベルを貼ることによって名誉毀損による責任を全面的に免除するのは適切ではない（潮見佳男『不法行為法　I（第 2 版）』184 頁〔信山社・2009〕）。そこで，学説においては，「意見に対して名誉毀損責任を問いうるのは，意見の表明の前提として事実の言明が存在する場合であり，その場合にも名

誉毀損責任を問いうるのは，その前提とされている事実の言明に限られる」と論じられている(松井茂紀「意見による名誉毀損と表現の自由」民商法雑誌113巻3号327頁以下(1995年))。

　判例においては，前述したように，「ある事実を基礎としての意見ないし論評の表明」による名誉毀損にあっては，公正な論評法理による抗弁が認められる。すなわち，「ある事実を基礎としての意見ないし論評の表明」による名誉毀損にあっては，その行為が公共の利害に関する事実にかかり，かつ，その目的がもっぱら公益を図ることにあった場合に，「意見ないし論評の前提としている事実」が重要な部分について真実であることの証明があったときには，人身攻撃に及ぶなど意見ないし論評としての域を逸脱したものではない限り，その行為は違法性を欠くとされる。また，真実であることの証明がない場合であっても，行為者においてその事実を真実と信ずるについて相当な理由があれば，その故意または過失は否定される。

　公正な論評法理(特定の事実を基礎としての意見ないし論評の表明による名誉毀損の場合)に基づく抗弁事実としては，①公共の利害に関する事実に係ること，②専ら公益を図る目的でなされたこと，③意見ないし論評の前提としている事実が重要な部分において真実であること，または，意見ないし論評の前提としている事実が重要な部分について真実であると信じるにつき相当な理由があること，④意見ないし論評としての域を逸脱していないことであるとされる(前掲最判平成9年9月9日)。

　①公共の利害に関する事実に係ることについては，公訴が提起されていない犯罪行為は，公共の利害に関する事実の典型的な行為である。本件では新聞記事が掲載された平成22年4月22日において公訴が提起されているかどうかは明らかではないものの，本寄稿記事の前提事実の公共の利害に関する事実に係る行為である。また，意見の表明，論評自体は，客観的に妥当な意見であるとか，社会的に一般に支持を受けるものでなくてよい。この①の事実は，多くの場合，請求原因の①の主張に表れることになるので，表れているときには改めて抗弁として主張立証する必要はない。本件では，Yが殺人事件で嫌疑をかけられて逮捕されていることが表れているので，この事実について重複して抗弁で記載する必要はない。

　②専ら公益を図る目的でなされたことについては，主要な動機が公益を図る目的でされたことであれば足りる。Yの言い分では，死刑制度に疑問を有する立場から裁判員制度の下で一般市民が死刑の是非を判断することが妥当かどうかを社会に問うということが，Yの意見表明の目的であって，このような目的は専ら公益を図る目的でなされたものと評価できる。

　③摘示された事実の重要な部分が真実であるか，または摘示された事実の重要な部分が真実であると信じるについて相当な理由があることについては，摘示された

事実の重要な部分はYが犯罪人であるということである。本件では，摘示された事実としてのYの犯罪事実は，東京地方裁判所では認められているが東京高等裁判所で審理中である。この有罪判決が高等裁判所あるいは最高裁判所において確定した場合には，前記最判平成14年1月29日により，真実であることを証明しうる。したがって，被告は真実であることを証明し，違法性を欠くとの抗弁を提出する余地がある。また，これが証明できない場合を考慮し，摘示された事実が真実であると信ずるについて相当な理由があるという抗弁も主張すべきであろう。後者の相当な理由があるかどうかについては，事実の摘示による名誉毀損の場合の相当性の抗弁における相当性について，取材対象の信頼度，裏付け調査の有無，記事掲載の迅速性の要請，取材の信頼度に応じた記事として掲載したか等の事情を勘案して判断されるべきである（最判平成11年10月26日民集53巻7号1313頁）。また，意見ないし論評による名誉毀損と事実を摘示しての名誉毀損の場合との対比については，「仮に右意見ないし論評の前提としている事実が真実であることの証明がないときにも，事実を摘示しての名誉毀損における場合と対比すると，行為者において右事実を真実と信ずるについて相当の理由があれば，その故意又は過失は否定されると解するのが相当である」と考えられる（前掲最判平成9年9月9日）。したがって，意見ないし論評による名誉毀損の有無の判断基準については，事実の摘示による名誉毀損の場合の相当性の抗弁における基準に準じて，考えられるべきである。そこで，本件であるが，Yの言い分では，Yは，関係各位に直接，Xが取材して得た資料ならびにA通信社の警察担当の記者による警察発表の内容に基づいて，Xが犯罪人であると信じたものである。よって，これらの事実が，意見ないし論評の前提としている事実が重要な部分について真実であると信じるにつき相当な理由があることを基礎づける事実となる。問題文においては，取材対象は関係各位とされているだけであるから，その信頼度につき明らかではないものの，裏付け取材をおこなっていたということで相当な理由を基礎付ける事実として挙げることができる。また，警察発表の内容は，警察のその公的機関の性格から信頼度が高いといってよいし，A通信社の警察担当の記者から間接的にYが取得しているとしても，警察担当の大手通信社の記者が警察発表の内容を偽るとは通常考えづらく（問題文でも前提とされていない），仮に捏造していたとしても，Yが警察発表の内容と信じたことは相当な理由を一定程度基礎づける事実となろう。他方，相当性の有無は行為時を基準にされるから，寄稿記事掲載の後である平成22年12月6日にYが東京地方裁判所で有罪の判決が言い渡されたことは，相当な理由があることを基礎づける事実とならない。

④意見ないし論評としての域を逸脱していないことについては，意見や論評が，悪意に基づくものや個人攻撃を目的とするものの場合には許されないとされる。個

人攻撃がおこなわれたものであっても，個人攻撃的な意見ないし論評をする必要性の有無も総合して判断すべきである（東京地判平成21年1月28日判時2036号48頁）。Yの言い分において，YがXとの間に特別の利害関係はなく個人的にも悪い感情をいだいていないことが悪意に基づくものや個人攻撃を目的とするものではないことを基礎づける事実となる。また，死刑制度の是非を問う等の本件寄稿記事の目的にとっては，Xの事件は検討素材として適切であるということも，本件の意見ないし論評をする必要性を基礎づけるといえる。

以上，本問に即して，具体的な事実を摘示すれば以下の通りになる。

> **抗弁Ⅰ**（公正な論評法理に基づく真実性の抗弁）
> 1　被告は，専ら，死刑制度の是非ならびに裁判員制度のもとにおいて一般市民が死刑の是非という重大選択をおこなうことの妥当性について問題を提起する目的に基づいて，本件寄稿記事を作成した。以上の通り，本件寄稿記事は，公共の利害に関する事実について，専ら公益を図る目的で掲載されたものである。
> 2　寄稿記事の意見表明の前提としている事実の重要な部分である「Xが本件殺人事件の犯人であること」については真実である。
> 3　被告は，原告に対し，個人的な利害関係も悪感情もなく，本件寄稿記事は，意見ないし論評としての域を逸脱しておらず，本件記事の中で本件事件について触れることは1の目的にとって必要である。
>
> **抗弁Ⅱ**（公正な論評法理に基づく相当性の抗弁）
> （抗弁1の1，3は抗弁Ⅱでも同様）
> 2　寄稿記事の意見表明の前提としている事実の重要な部分である「Xが本件殺人事件の犯人であること」について，被告はこれを真実と信じ，かつ，真実であると信じたのは，関係各位に直接取材して得た資料ならびに訴外A通信社の警察担当の記者を通して入手した警察発表の内容という相当な理由に基づいている。

4　【問題(3)】
(1)　請求の趣旨

本問では，Xは，Z社に対し，Z社が発行する新聞に記載されたYの寄稿記事により名誉が侵害されたことによる損害の賠償請求訴訟を提起しようとしている。したがって，XのZ社に対する請求は，2【問題(1)】におけるXのYに対する訴訟と基

本的に同一であって，請求の趣旨の記載は，「被告は，原告に対し，550万円を支払え。」という内容になる。付帯請求としての遅延損害金に関する請求の趣旨ならびに訴訟費用の負担に関する裁判についても同様である。

そこで，訴訟費用を加えた請求の趣旨は以下のようなものにとなる。

請求の趣旨

1　被告は，原告に対し，550万円及びこれに対する平成22年8月2日から支払済みまで年5分の割合による金員を支払え。
2　訴訟費用は被告の負担とする。

---

(2) 訴訟物

Xは，Z社に対し，Xの名誉が侵害されたことによる損害の賠償請求訴訟を提起しようとしている（709条・710条）。よって，訴訟物は，2【問題(1)】と同様，「不法行為責任に基づく損害賠償請求権」である。また，付帯請求である遅延損害金請求の訴訟物は，「履行遅滞に基づく損害賠償請求権」である。

5 【問題(4)】
(1) 請求原因

XのZ社に対する名誉毀損に基づく損害賠償訴訟における請求原因についても，3【問題(2)】と同様に考えられるから，名誉毀損に基づく損害賠償請求訴訟の請求原因事実としては，①被告が原告の社会的評価を低下させるような事実を流布したこと，②①についての被告の故意または過失（過失の評価根拠事実），③①により被告の社会的評価が低下したこと，④損害の発生及び額，⑤③と④との間の因果関係となる。

①の被告が原告の社会的評価を低下されるような事実を流布したこと，つまりZ社がXの名誉を毀損する行為をしたという事実については，Z社は発行する新聞にYの寄稿記事を掲載したことにより名誉侵害行為をしたものである。②③④⑤については，3【問題(2)】と同様であると考えられる。

以上，本問に即して，具体的な事実を摘示すれば以下の通りになる。

請求原因

1　原告は，平成22年4月10日に発生した殺人事件（本件事件）について，平成22年7月1日に被疑者として逮捕され，殺人罪の容疑で起訴された。被告は，平成22年8月2日，被告が発行する新聞の夕刊において，原告が本件事件の

犯人であるという事実を前提として死刑制度の是非等について意見を表明する執筆者Xによる寄稿記事（以下「本件寄稿記事」という。）を掲載し，その結果，被告の社会的評価が低下した。
2　原告は，上記名誉毀損行為により，精神的損害及び弁護士費用を含む損害を被り，その損害額は合計550万円になる。
3　よって，原告は，被告に対し，不法行為による損害賠償請求権に基づき，550万円及びこれに対する不法行為発生の日である平成22年4月10日から支払済みまで民法所定の年5分の割合による遅延損害金の支払いを求める。

(2)　抗弁について─公正な論評法理に基づく抗弁

　Z社は，Yの言い分にある公正な論評法理に基づく相当性の抗弁を援用しているので，当該抗弁については，基本的に3【問題(2)】と同様である。
　本問に即して，具体的な事実を摘示すれば以下の通りになる。

抗弁Ⅰ（公正な論評法理に基づく真実性の抗弁）
1　本件寄稿記事の執筆者である訴外Yは，専ら，死刑制度の是非ならびに裁判員制度のもとにおいて一般市民が死刑の是非という重大選択をおこなうことの妥当性について問題を提起する目的に基づいて，本件寄稿記事を作成し，被告がこれを掲載したものである。以上の通り，本件寄稿記事は，公共の利害に関する事実について，専ら公益を図る目的で掲載されたものである。
2　本件寄稿記事の意見表明の前提としている事実の重要な部分である「Xが本件殺人事件の犯人であること」については真実である。
3　訴外Yは，原告に対し，個人的な利害関係も悪感情もなく，本件寄稿記事は，意見ないし論評としての域を逸脱しておらず，本件寄稿記事の中で本件事件について触れることは1の目的にとって必要である。

抗弁Ⅱ（公正な論評法理に基づく相当性の抗弁）
（抗弁Ⅰの1，3は抗弁Ⅱでも同様）
2　本件寄稿記事の意見表明の前提としている事実の重要な部分である「Xが本件殺人事件の犯人であること」について，訴外Yは，真実であると信じ，かつ，真実であると信じたのは，関係各位に直接取材して得た資料ならびに訴外A通信社の警察担当の記者を通して入手した警察発表の内容という相当な理由に基づいている。

(3) 抗弁—配信サービスの抗弁

Z社の言い分では，Z社は，A通信社と記事の配信サービスを受ける契約を締結し，当該配信サービス契約に基づき，A通信社からの配信記事であるYの寄稿記事を変更せずに掲載したものであって，Z社には不法行為に基づく損害賠償責任がないという抗弁がされている。これは，どのような趣旨の抗弁と理解されるべきであろうか。

信頼のある通信社からの配信記事をそのまま掲載した場合には，その配信記事により社会的評価の低下を招いたとしても一定の場合には不法行為に基づく損害賠償責任が免れるという抗弁は，いわゆる配信サービスの抗弁と呼ばれ，アメリカ法において認められている。このアメリカ法において認められる配信サービスの抗弁 (wire service defense) とは，掲載記事中で配信元が明らかにされているという前提の下で，信頼性のある通信社の配信に基づく新聞記事については，裏付け取材をしなくても，真実を伝えるものであると信じるについて相当の理由があるとする抗弁であるとされる（潮見前掲182頁）。このような報道システムは，地方の報道機関が物理的，経済的及び人的制約を越えて世界的ないし全国的事件等を報道することを可能にするものであり，報道の自由に資するという評価ができるからである。日本においても，同様の趣旨で，下級審の判決例で正確性ないし信頼性があることについて定評のある通信社の配信ニュースに基づいて，新聞記事を作成して掲載する場合，その配信ニュース内容が社会通念上不合理なもの，あるいはその他の情報に鑑みてこれを虚偽であると疑うべき事情がない限り，その真実性を確認するために裏付け取材をする注意義務はないものと解すべきであり，報道機関には真実を伝えるものであると信ずるについて相当な理由があり，過失がないものというべきであるとする裁判例がある（東京高判平成7年12月25日判タ923号219頁，前田陽一「配信サービスと掲載責任の法理」判タ940号81頁）。ここでいう定評のある通信社とは，通信社自体が配信ニュースの真実性について責任を負っていて裏付け取材を不要とする前提の下に報道してよいものと評価されているような通信社を意味している。よって，「通信社が真実でない配信ニュースを報道機関に提供したため，地方の報道機関が事実を誤った報道をして特定人の名誉を毀損する結果を生じさせたとしても，そのような場合，被害者は，通信社に対し不法行為責任を追及することができるものと解されるから，裏付け取材等をしなかった地方の報道機関の不法行為責任を否定しても被害者の救済に欠けることがない」として，配信サービスの抗弁を認められたのである（前掲東京高判平成7年12月25日）。

他方，最高裁の判例においては，この配信サービスの抗弁は，一般的には定評があるとされる通信社から配信された記事に基づくものであるという理由によっては，

記事を掲載した新聞社において配信された記事に摘示された事実を信ずるについての相当の理由があると認めることはできないというべきであるとして否定されている（最判平成14年1月29日民集56巻1号185頁，最判平成14年3月8日集民206号1頁［前掲東京高判平成7年12月25日の上告審］)。なお，アメリカ法においては，配信サービスの抗弁については，前述の通り，掲載記事中で配信元が明らかにされているといることが必要とされているが，前掲東京高判平成7年12月25日の事実関係では，配信元は明らかになっていない。Z社の言い分では，Z社新聞の記事内にはA通信社の配信記事である旨が表示されておらず，このような取扱は一般的であるとされている。この点つまり配信元が明らかになっていない点が配信サービスの抗弁の成否に与える影響については，名誉毀損を主張する原告の立場を鑑みれば，記事の内容自体や記事を掲載した加盟社の規模などから掲載記事が通信社からの配信記事に基づくものであると推認できる可能性がある場合を除けば，掲載記事に明示されていない免責事由により新聞社の損害賠償責任が否定されるのは，原則的には適切ではないという評価もある（前掲最判平成14年3月8日の多数意見中の裁判官福田博及び同亀山継夫意見）。

以上のように，配信性の抗弁については，抗弁が認められるかどうか，認められる場合の要件について賛否があることに留意しながら，本問に即して，具体的な事実を摘示すれば以下の通りになる。

抗弁Ⅲ（配信サービスの抗弁）
1 本件寄稿記事の執筆者である訴外Yは，原告と配信サービス契約を締結している訴外A社の依頼により，専ら，死刑制度の是非ならびに裁判員制度のもとにおいて一般市民が死刑の是非という重大選択をおこなうことの妥当性につき問題を提起する目的に基づいて，本件寄稿記事を作成し，訴外A社がこれを配信し，被告が掲載したものである。以上の通り，本件寄稿記事は，公共の利害に関する事実について，専ら公益を図る目的で掲載されたものである。
2 訴外A社は，我が国を代表する通信社であり，世界的にその配信記事に対する信頼性は極めて高い。このような通信社が配信した記事は，一見して明らかに不合理な点がない限り，配信を受けた被告がその内容につき裏付け取材を行うことなく，その内容が真実であり取材も適正になされたと信じても，被告が本件記事を信ずるについて相当な理由があると解するべきである。

【解答例】

　XのYに対する訴訟ならびにXのZ社に対する訴訟について，訴訟物，請求の趣旨，請求原因事実とそれに対する認否，抗弁事実とそれに対する認否を整理すれば，以下の通りとなる。

1　XのYに対する訴訟

(1)　訴訟物

(主たる請求) 不法行為責任に基づく損害賠償請求権　1個
(付帯請求)　　履行遅滞に基づく損害賠償請求権　1個

(2)　請求の趣旨

1　被告は，原告に対し，550万円及びこれに対する平成22年8月2日から支払済みまで年5分の割合による金員を支払え。
2　訴訟費用は被告の負担とする。

(3)　請求原因事実とそれに対する被告の認否

1　原告は，平成22年4月10日に発生した殺人事件(本件事件)について，平成22年8月2日，訴外Z社が発行する新聞の夕刊において，原告が本件事件の犯人であるという事実を前提とする死刑制度の是非等について意見を表明する被告による別紙(省略)記載のとおりの寄稿記事(以下「本件寄稿記事」という。)が掲載され，その結果，被告の社会的評価が低下した。	×
2　原告は，上記名誉毀損行為により，精神的損害及び弁護士費用を含む損害を被り，その損害額は合計550万円になる。	×
3　よって，原告は，被告に対し，不法行為による損害賠償請求権に基づき，550万円及びこれに対する不法行為発生の日である平成22年4月10日から支払済みまで民法所定の年5分の割合による遅延損害金の支払いを求める。	争

(4) 抗弁事実とそれに対する原告の認否

抗弁Ⅰ（公正な論評法理に基づく真実性の抗弁）

1　被告は，専ら，死刑制度の是非ならびに裁判員制度のもとにおいて一般市民が死刑の是非という重大選択をおこなうことの妥当性につき問題を提起する目的に基づいて，本件寄稿記事を作成した。以上の通り，本件寄稿記事は，公共の利害に関する事実について，専ら公益を図る目的で掲載されたものである。	×
2　本件寄稿記事の意見表明の前提としている事実の重要な部分である「Xが本件殺人事件の犯人であること」については真実である。	×
3　被告は，原告に対し，個人的な利害関係も悪感情もなく，本件寄稿記事は，意見ないし論評としての域を逸脱しておらず，本件記事の中で本件事件について触れることは1の目的にとって必要である。	×

抗弁Ⅱ（公正な論評法理に基づく相当性の抗弁）

（抗弁1の1，3は抗弁Ⅱでも同様）	×
2　本件寄稿記事の意見表明の前提としている事実の重要な部分である「Xが本件殺人事件の犯人であること」について，被告はこれを真実と信じ，かつ，真実であると信じたのは，関係各位に直接取材して得た資料ならびに訴外A通信社の警察担当の記者を通して入手した警察発表の内容という相当な理由に基づいている。	×

2　XのZ社に対する訴訟

(1) 訴訟物

（主たる請求）不法行為に責任に基づく損害賠償請求権
（付帯請求）　履行遅滞に基づく損害賠償請求権

(2) 請求の趣旨

1　被告は，原告に対し，550万円及びこれに対する平成22年8月2日から支払済みまで年5分の割合による金員を支払え。
2　訴訟費用は被告の負担とする。

(3) 請求原因事実とそれに対する被告の認否

1　原告は，平成22年4月10日に発生した殺人事件（本件事件）について，平成22年7月1日に被疑者として逮捕され，殺人罪の容疑で起訴された。被告は，平成22年8月2日，被告が発行する新聞の夕刊において，原告が本件事件の犯人であるという事実を前提として死刑制度の是非等について意見を表明する執筆者訴外Yによる寄稿記事（以下，「本件寄稿記事」という。）を掲載し，その結果，被告の社会的評価が低下した。	×
2　原告は，上記名誉毀損行為により，精神的損害及び弁護士費用を含む損害を被り，その損害額は合計550万円になる。	×
3　よって，原告は，被告に対し，不法行為による損害賠償請求権に基づき，550万円及びこれに対する不法行為発生の日である平成22年4月10日から支払済みまで民法所定の年5分の割合による遅延損害金の支払いを求める。	争

(4) 抗弁事実とそれに対する原告の認否

抗弁Ⅰ（公正な論評法理に基づく真実性の抗弁）

1　本件寄稿記事の執筆者である訴外Yは，専ら，死刑制度の是非ならびに裁判員制度のもとにおいて一般市民が死刑の是非という重大選択をおこなうことの妥当性につき問題を提起する目的に基づいて，本件寄稿記事を作成し，被告がこれを掲載したものである。以上の通り，本件寄稿記事は，公共の利害に関する事実について，専ら公益を図る目的で掲載されたものである。	×
2　寄稿記事の意見表明の前提としている事実の重要な部分である「Xが本件殺人事件の犯人であること」については真実である。	×
3　訴外Yは，原告に対し，個人的な利害関係も悪感情もなく，本件寄稿記事は，意見ないし論評としての域を逸脱しておらず，本件記事の中で本件事件について触れることは1の目的にとって必要である。	×

抗弁Ⅱ（公正な論評法理に基づく相当性の抗弁）

（抗弁1の1，3は抗弁Ⅱでも同様）	
2　本件寄稿記事の意見表明の前提としている事実の重要な部分である「Xが本件殺人事件の犯人であること」について，訴外Yは，真実であると信じ，かつ，真実であると信じたのは，関係各位に直接取材して得た資料ならびに訴外A通信社の警察担当の記者を通して入手した警察発表の内容という相当な理由に基づいている。	×

抗弁Ⅲ（配信サービスの抗弁）

1　本件寄稿記事の執筆者である訴外Yは，原告と配信サービス契約を締結している訴外A社の依頼により，専ら，死刑制度の是非ならびに裁判員制度のもとにおいて一般市民が死刑の是非という重大選択をおこなうことの妥当性について問題を提起する目的に基づいて，本件寄稿記事を作成し，訴外A社がこれを配信し，被告が掲載したものである。以上の通り，本件寄稿記事は，公共の利害に関する事実について，専ら公益を図る目的で掲載されたものである。	×
2　訴外A社は，我が国を代表する通信社であり，世界的にその配信記事に対する信頼性は極めて高い。このような通信社が配信した記事は，一見して明らかに不合理な点がない限り，配信を受けた被告がその内容につき裏付け取材を行うことなく，その内容が真実であり取材も適正になされたと信じても，被告が本件記事を信ずるについて相当な理由があると解するべきである。	×

（山田八千子）

第22問
不法行為（説明義務違反）

次のＸ，Ｙ，Ｚの言い分を読んで，後記問題に答えなさい。

《Ｘの言い分》

1　私は，Ｙから本件建物及びその敷地である本件土地を平成22年8月1日，代金3,500万円で買い受け，同年8月10日付けで登記を経由しました。

2　私には，妻と幼い子供3人がおり，本件建物を購入して，平成22年8月10日には，代金の全額と仲介手数料175万円あまりを支払って，そののち引渡しを受け，平成22年8月22日に，家族と共に本件建物の状態を見るために，同建物を訪れたところ，隣家に住むＡから「おまえらの子供，うるさい」と言われ，「おまえらもＹのように，追い出してやるわ」と言うや，ステレオの音量をあげ，大きくするとともに，本件建物を目がけてホースで放水し，本件建物内部を水浸しにしたため，警察官を呼ぶ騒ぎとなりました。

3　上記の出来事の後，再び同年8月末に，本件建物を訪れましたが，Ａが同様の行為に及んだため，本件建物では平穏に生活することはできないと考えて，本件建物での居住をあきらめました。

4　私は，本件建物及び本件土地を購入するにあたって，Ｙのほかに，不動産仲介を業とする株式会社Ｚの従業員であるＢと，本件建物を同年6月30日及び7月10日の2度にわたって内覧しましたが，その際にはＡは苦情を申し立てるなどの行為をおこないませんでしたので，そのような事情があることには気づきませんでした。

5　私は，売主であるＹに対して，同年7月10日に本件建物を内覧した際に，「同じ子供を持つ親としてどうしても聞いておきたいのですが，近隣の環境に問題はありませんか，暴走族が走り回ったりすることはありませんか」と尋ねたのに対し，Ｙは「そういうことはありません」とのお話でした。

6　また，Ｙは，Ａから平成17年3月頃，「子供がうるさい。黙らせろ。」と苦情をいわれ，洗濯物に水をかけられたり，泥を投げられたりしたことがあったし，そのことで自治会長や警察にも相談をしたこと，1階のＬＤＫ部分のサッシ窓をその後二重サッシの防音窓にしたこと，以前に本件建物の購入を希望してＹのもとを訪れた人に，上記のことを話したところ，本件建物の購入を断られたことについても，私に対して一切の話がありませんでした。

7　またＹが，本件建物1階西側の和室を居室に利用しないで，箪笥置き場にしてい

たことが不自然に思われたので，その理由を尋ねたところ，本件隣人が子供の声をうるさがり，攻撃してくるという本当の理由を説明せず，かえって「風呂場が近いから。」と説明されました。Bもそのことは知っていたようですが，Yがそのように答えるのを，黙って横で聞いているだけで，特になんの補足説明や訂正もありませんでした。またY自身も本件建物を売却しようとしたのは，真実には隣人のAが原因であるのに，そのことを説明したこともありません。

8　YはZ社と平成22年5月2日，本件建物及び本件土地の仲介契約を結ぶ際に，隣人であるAが，生活音に対しての苦情が激しく，Aは近隣の他の住民ともトラブルを起こしていて，Yとその家族や近隣住民は，Aとの接触をできるだけ避けるなど神経を遣っていたことをZ社の従業員でBと同じ営業所に勤務するCに説明していたようです。そして，平成22年6月10日ころ，Cが本件建物購入希望者で内覧を希望した別の顧客Dを，本件建物に案内した際に，Aが「うるさい」とDに対して，大声を上げたため，Dが購入を断念したということがありました。それで，本件売買契約につき仲介を担当することになったBに対して，Cは，Dの件及びYとの仲介契約締結に際してYが行った説明を購入希望者に伝えるようBにメモを交付するとともに，Bは売買契約の仲介に際して，買主に対して説明を行う重要事項説明書のうち「その他買主に説明すべき事項」の「その他」欄には「西側隣接地の住人の方より，騒音等による苦情ありました。」と記載しました。

9　売買契約締結直前に，Bが上記重要事項説明書の「その他」欄を読み上げましたので，私の方からどういうことか事情を説明して欲しいといいました。すると，同席していたYが，子供が庭で遊んでいたら本件隣人からうるさいと言われたことがあること，またAのことを考えて子供部屋を2階の東側にしたこと，時折Aからじっと見られることがあったので目隠しのための波板を設置したこと，それ以降はAから怒られたことがなく，風呂でうるさくしていたり，子供をプールで遊ばせても特段苦情を言われたことがなかった，との説明があり，今は特に問題ないという話でした。

10　私が内覧した際に，CはBに対して，Dの件及びYが当初行っていた説明について，BからXに説明したかを確認していたそうですが，BはCに対して，契約前までには伝えると答えたものの，実際には，私に対して，この事情についての説明は行われませんでした。

11　本件土地建物については，近隣の環境に問題がないことを理由に購入することを決めた以上，隣人Aの問題があることがわかっていれば本件土地建物を購入しようとしたかどうかわかりませんし，少なくとも購入するとしても，このような金額で購入しようとは思わなかったと思います。実際，このような事情をお話しして，

あらためてこの家がいくら位するか鑑定してもらったところ，2,500万円くらいだという結果が出ています。そこで，差額の1,000万円を賠償してもらいたいと考えています。

《Yの言い分》

1　Aと私の間でトラブルがあったことは認めます。ただ，隣人とのトラブルについては，主観的な見方が避けられませんから，それについて指摘，言及すること自体がその表現方法等によってはプライバシーその他の人格権の侵害にもなりかねないおそれがあると考えました。したがって，仮に最低限の言及，告知をすべきであるとしても，せいぜい事実の外形的，概括的趣旨を伝えれば十分であり，こちらとしては十分に説明を行ったと考えています。

2　Xの言い分のうち5についてはそのように答えたことは認めます，しかし，その答えは，本件土地建物の近隣の住環境一般について答えたものであり，Xが暴走族の走り回ることを特に心配して質問されたので，そのようなことはないと返事をしただけで，隣人Aの苦情について聞かれているとは考えていませんでした。

3　Xが6でおっしゃっていることについては，認めます。しかし，7でおっしゃっているような事実はなかったと思います。西側の部屋を箪笥部屋にしたのは，その部屋の採光に問題があって暗いので，使用していなかったに過ぎません。また，本件建物を売却することに決めたのは，不況のために住宅ローンの支払いが困難になってきたので，売却して借金を返そうと決めたことが原因で，隣人のAが原因というわけではありません。

4　Xが9でおっしゃっていることについては，認めます。ですが，波板の設置については，「隣人」が原因であると述べただけで，「視線が気になる」とは述べていません。

5　隣人Aの問題があるからと言って，現に私たち家族は本件建物を売却するまでは，ここに居住してきたのだから，客観的にみて，本件土地建物の購入をしなかったとはいえないと思いますし，住宅価格は適正なもので，AがいるからといってYが言うような値段にはならないと思います。

《Zの言い分》

1　隣居住者の状況は，宅地建物取引業法35条により宅地建物取引業者が説明義務を負う重要事項にあたらないと考えています。近隣居住者の状況は，原則として個人のプライバシーに関する事項であり，その調査，報告は容易でなく法的にも問題があるから，不動産売買に際し近隣居住者の生活態度を説明しなかったとしても，

それが直ちに仲介業者としての説明義務に違反することにはならないからです。

2　また，Xが6でおっしゃっていることについては，そのような事実があったことを知りませんでした。また，箪笥部屋として使用している西側の部屋については，Bも，Yから「部屋の採光に問題があるから」とだけ説明を受けて，そのように認識していました。

3　CがBに対して，Dの件及びYとの仲介契約締結に際してYが行った説明を，購入希望者に伝えるようBにメモを交付するとともに，Bは売買契約の仲介に際して，買主に対して説明を行う重要事項説明書のうち「その他買主に説明すべき事項」の「その他」欄には「西側隣接地の住人の方より，騒音等による苦情ありました。」と記載したことについては，認めます。

4　その他，住宅の状況については，Yに直接説明してくれるように依頼しており，Zとして，Aについて知り得た情報でXに対して，説明していない事実はありません。また，Aの問題があるとしても，本件土地建物の価格は，1割程度しか下がらないと思います。

■■■■　　　　　　　　　　　　　　　　　■■■■

【問　題】

(1)　Xが，Yに対して説明義務違反を根拠として損害賠償請求することは可能であるか検討し，これを請求する場合の訴訟物と請求原因事実として主張すべき要件事実を指摘しなさい。

(2)　Xが，Zに対して説明義務違反を根拠として損害賠償請求をすることは可能であるか検討して，これを請求する場合の訴訟物と請求原因事実として主張すべき要件事実を指摘しなさい。

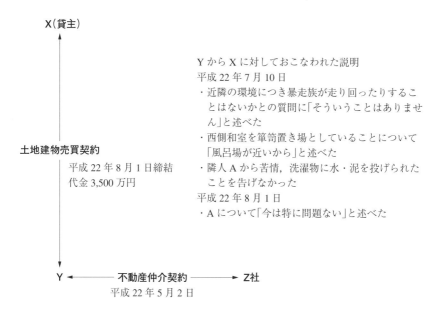

解説

1 問題の所在

投資取引ならびに消費者契約を中心として，契約締結の交渉過程において，一方当事者から他方当事者に対する説明義務もしくは情報提供義務が問題とされ，その違反の効果として損害賠償が観念されてきた。

本問においては，相手方が契約を締結するか否か，するとしてどのような内容でするかを決定するについて重要な事項について説明ないし情報を提供する義務が問題となっている。いわゆる固有の意味での説明義務である（潮見佳男『不法行為法Ⅰ（第2版）』〔信山社・2011〕139頁）。

契約をするか否か，どのような内容で契約をするかについては，契約自由の原則，したがって私的自治の原則が妥当する。そのため契約締結にとって有意味な情報は自らが収集し，その結果については自己決定の裏面である自己責任原則が妥当するが，説明義務違反は一定の範囲において，この原則を修正することで自己決定の基盤を整備するものである。

こうした説明義務については主として投資勧誘の事例を中心として多数の下級審

判決が出されており，最高裁判決も，契約準備段階において交渉に入った者同士の間では，誠実に交渉を続行し，一定の場合には重要な情報を相手方に提供すべき信義則上の義務を負い，この義務に違反した場合はそれによって相手方が被った損害を賠償すべき義務を負う旨の判断を示している。

* 最判平成15年12月9日民集57巻11号1887頁，最判平成16年11月18日民集58巻8号2225頁，最判平成18年6月12日判タ1218号215頁。

本問においては，この説明義務違反を根拠として損害賠償請求がおこなわれているが，その相手方は，まず契約の相手方（Y）である。この場合，契約交渉の中でどのような事情があれば，説明すべき義務が生ずるのかを検討しなければならない。

さらに，相手方が売却の仲介を依頼した不動産業者（Z）に対しても損害の賠償がおこなわれている場合，この者に対して責任を追及するためには，どのような事情が重要となるかも検討する必要があるだろう。

2 【問題(1)】について
(1) 説明義務違反の法的構成

契約交渉過程における説明義務違反について，学説も判例と同様に，契約締結上の過失の一類型ととらえて，損害賠償を認めてきた。もっとも，その責任の法的性質については多種多様な見解が主張されており，今日においても論争が続いている状況にある。伝統的な通説は，ドイツ法の契約締結上の過失責任における議論を引き継いで，これを契約責任と構成してきた（例えば，我妻V₁38頁）。契約交渉過程における当事者の間では，相手方の利益を保護するために信義則上の特殊な信頼関係が形成されるがゆえに，契約責任もしくは契約責任類似の責任と構成する見解はなお有力な状況にある。

他方で，ドイツ法において契約締結上の過失責任が契約責任と構成されてきたのは，ドイツ不法行為法の構成要件が極めて厳格であるためであり，そうした状況にないわが国の民法の下では契約責任と構成すべき事情がないことを根拠として，不法行為責任として検討すれば足りるという見解も有力に主張されている（例えば，潮見前掲160頁）。

一方裁判例においては，どのような判断が下されてきたか。この問題については，必ずしも確立した判例法理があるとは言えない状況にある。

下級審判決例においては，この問題を不法行為と構成して賠償責任を肯定するものが大勢を占めてきたが，最高裁も従来から，不法行為責任を認めた原審の判断を是認したものは複数あったものの，契約責任に基づく損害賠償責任について正面から論じたものはなかった。しかし，近時，金融商品の勧誘に関する事例について，

相手方の説明義務違反があったため，契約を締結するか否かに関する判断を誤って契約の締結に至り，それにより損害を被ったという事例について，債務不履行責任ではなく不法行為責任のみを認めた最高裁判決が出された。この判決は，「契約の一方当事者が，当該契約の締結に先立ち，信義則上の説明義務に違反して，当該契約を締結するか否かに関する判断に影響を及ぼすべき情報を相手方に提供しなかった場合には，上記一方当事者は，相手方が当該契約を締結したことにより被った損害につき，不法行為による賠償責任を負うことがあるのは格別，当該契約上の債務の不履行による賠償責任を負うことはないというべきである。」とし，その理由として，「一方当事者が信義則上の説明義務に違反したために，相手方が本来であれば締結しなかったはずの契約を締結するに至り，損害を被った場合には，後に締結された契約は，上記説明義務の違反によって生じた結果と位置付けられるのであって，上記説明義務をもって上記契約に基づいて生じた義務であるということは，それを契約上の本来的な債務というか付随義務というかにかかわらず，一種の背理であるといわざるを得ないからである。契約締結の準備段階においても，信義則が当事者間の法律関係を規律し，信義則上の義務が発生するからといって，その義務が当然にその後に締結された契約に基づくものであるということにならないことはいうまでもない。」(最判平成 23 年 4 月 23 日民集 65 巻 3 号 1405 頁) と述べた。

この判決の厳密な意義については，今後の判例の蓄積と学説の分析に委ねざるを得ないが，既に従来から，説明義務違反の態様には多様なものがあって，その中に，①適切な情報を得ていれば締結しなかったであろう契約を締結した場合と，②適切な説明がおこなわれていたとしても，当該契約を締結していたであろうが，不適切な説明のためにその契約から期待された結果を得ることができなかった場合があり，①の場合には，説明義務は契約の成立に向けられており不法行為責任を導くのに対して，②の場合は，債務不履行責任を導くことが指摘されていた (横山美夏「契約締結過程における情報提供義務」ジュリ 1094 号 130 頁)。

伝統的な通説は，契約締結前に契約の目的物である機械の説明を誤った場合，契約締結上の過失責任を承認して，契約責任が生ずるとしてきたが (我妻V₁ 41 頁)，契約締結上の過失として観念されてきたこのような場合についてまで，上記平成 23 年判決が，契約責任構成を否定する趣旨でないことは，判旨からも明らかである。最高裁判決には，売買契約締結の交渉過程において，マンションの防火戸の使用方法について，適切な説明をおこなわなかったという事例につき，売主に「本件売買契約上の付随義務として，上記電源スイッチの位置，操作方法等について説明すべき義務があったと解される」(最判平成 17 年 9 月 16 日判時 1912 号 8 頁) として，債務不履行責任を認めた例がある。

平成23年判決が契約責任としての説明義務違反の成立を否定するのは，少なくとも適切な情報を得ていれば契約を締結しなかったであろう契約に限られるものであって，不法行為責任の成立を否定するものではない。

本問の場合，Xの主張からは，適切な説明がおこなわれたのであれば契約を締結しなかったことがうかがわれるが，学説上の契約締結上の過失に関する契約責任構成も契約責任が認められることを承認するのであって，積極的に不法行為責任を排斥するものではないから，以下では不法行為構成に従って請求原因事実を整理することにする。

(2) 一般不法行為の訴訟物と請求の趣旨

不法行為訴訟の訴訟物は，不法行為に基づく損害賠償請求権である。また，遅延損害金を請求する場合，催告を待たず不法行為の時から当然に遅滞の責に任ずる（最判昭和37年9月4日民集16巻9号1834頁）。したがって，訴訟物と請求の趣旨は本問の場合次のようになる。

> **訴訟物**
> 不法行為に基づく損害賠償請求　1個
> 履行遅滞に基づく損害賠償請求権　1個

> **請求の趣旨**
> 　被告は，原告に対し，1,000万円及びこれに対する平成22年8月2日から支払済みまで年5分の割合による金員を支払え。

(3) 請求原因事実

不法行為の一般的請求原因事実は，通説的理解によれば，民法709条の定める不法行為の成立要件に対応する形で，次のように事実を主張することが必要であると解されている。

① 原告が一定の権利あるいは保護法益を有すること
② ①の権利あるいは保護法益に対する被告の加害行為
③ ②について，被告の故意又は過失があることを基礎づける事実
④ 原告に損害が発生したこと及びその数額
⑤ ②の加害行為と④の間に因果関係があること

　㋐　**本問における保護法益**　　取引的不法行為がおこなわれた場合には，具体的な権利ないし法益の侵害がないまま財産的損害だけが生ずると理解されてきた。これを総体財産の減少ないし純粋経済損失と呼ぶ。

このように考えると，仮にこの場合，不法行為に基づく損害賠償請求権の成立を認めるなら，権利ないし保護法益の侵害のないままに不法行為の成立を認めることになり，上に見た条文上の請求原因事実との整合性が問われることになる。そこで伝統的通説は，権利侵害ないし保護法益の侵害要件は，客観的な違法性の問題と読替え，侵害行為（ここでは取引）の非難可能性だけで違法と評価されるのだから，具体的な権利ないし法益の侵害がなくとも行為態様それ自体の非難可能性によって，この要件が充たされるとするのである。例えば，これに属する古典的な例は，詐欺行為による取引行為であるが，この場合具体的な権利ないし法益の侵害はないが，当該詐欺行為の態様が刑罰法規や公序良俗違反を構成するとき，違法性を帯びると考えることになる。

伝統的な枠組みで考察する場合には，本問のような説明義務違反に基づく取引的不法行為の場合は，契約交渉過程における説明義務に反する勧誘行為は，説明義務に違反するがゆえに違法と評価されることになる。そこで，具体的な状況下において信義則上の説明義務違反を基礎づける事実とその懈怠を主張することで，上記請求原因事実の家，①②が主張されたことになろう。

(イ) **説明義務違反の基礎付け**　判例及び学説の大勢は，取引的不法行為における説明義務の根拠を信義則に求めるが，その具体的要件が何であるかについて，現在のところ確立した理解が提示されている状況ではなく，これを抽象的に定式化した判例も示されていない。

しかし，説明すべき義務が信義則上認められるためには，①当該事項が相手方にとって重要であり，②そのことを自らも認識しているのでなければ，説明義務は生じないと考えられる。さらに，下級審判例の大勢は，③自らの当該事項について現に情報を有していたか，容易に入手し得たこと，④その情報を説明する必要があることを理解していた事情をあげ，これを判定することが多い（沈黙による詐欺を認める前提としての情報提供義務に関するものであるが佐久間『民法総則（第3版）』173頁がこれを指摘する。）。

本問においてもこうした事情を摘示して請求を基礎づけることになろう。

(ウ) **具体的な主張**　以上を前提に，本問の場合における請求原因事実を具体的に整理すれば，次のようになる。

請求原因

1　原告は，被告から，平成22年8月1日，本件建物及び本件土地を，代金3,500万円で買った（以下「本件売買契約」という。）。

2(1)　被告は，同年7月10日に原告が本件建物を内覧した際に，原告から「同

じ子供を持つ親としてどうしても聞いておきたいのですが，近隣の環境に問題はありませんか，暴走族が走り回ったりすることはありませんか」と尋ねられて，静謐な住宅環境が原告にとって，重要であることを知った。

(2) 本件建物及び本件土地の隣人訴外Aは，平成17年3月頃，被告に対して「子供がうるさい。黙らせろ。」と苦情を言い，洗濯物に水をかけたり，泥を投げられたりしたことがあり，被告は，そのことで自治会長や警察にも相談をしたこと，1階のLDKの部分のサッシ窓をその後二重サッシの防音窓にするなど，本件売買契約当時，静謐な住環境にないことを認識していた。

(3) 被告は，上記(2)の事情について，同年7月10日に，原告に対し，「そういうことはありません」と虚偽の説明をし，事実を明確に告げなかった

(4) 被告は，同年8月1日，原告に対し，「子供が庭で遊んでいたらAからうるさいと言われたことがあること，またAのことを考えて子供部屋を2階の東側にしたこと，時折Aからじっと見られることがあったので目隠しのための波板を設置したこと，それ以降はAから怒られたことがなく，風呂でうるさくしていたり，子供をプールで遊ばせても特段苦情を言われたことがなかった」との説明し，「今は特に問題ない」との虚偽の説明をおこなった。

3 本件土地建物は上記(2)の事情を考慮すると，2,500万円程度の価値であり，本件売買代金額3,500万円との差額である1,000万円の損害が生じた。

4 よって，原告は，被告に対し，不法行為による損害賠償請求権に基づき，1,000万円及びこれに対する不法行為発生の日である平成22年8月1日から支払済みまで，民法所定の年5分の割合による遅延損害金の支払を求める。

3 【問題(2)】について

(1) 宅建業者の一般的注意義務

【問題2】においては，Yから本件土地建物の売却に関する仲介の委託を受けたZに対する損害賠償請求が問題とされている。

この請求も，契約締結過程における説明義務の違反が問題となっているが，そもそもXとZとの間には，契約関係がないから，契約上の請求権は問題となり得ない。Zは，Yとの間では媒介委託を受ける契約を締結しているから準委任契約が成立し，Yに対して善管注意義務を負う（幾代通＝広中俊雄編『注釈民法(16)』〔有斐閣・1989〕231頁以下）が，XとZはそのような関係にはない。

しかし，宅建業を営むZは，宅建業法31条によって，「取引の関係者」に対して誠実義務を負う旨規定しており，宅建業法上の誠実義務は依頼者に対するもの関係

でだけ生ずるものではないことを規定している。

そして，宅建業者は，この宅建業法上の義務を基礎として，一般的な私法上の義務をも負うものと考えられており（最判昭和36年5月26日民集15巻5号1440頁），通説も，その義務違反は不法行為責任の基礎となると理解している。

(2) Zの説明義務の根拠

以上のように解することができるとしても，Zは説明義務としては，具体的にどのような義務を負うことになるだろうか。宅建業法は，その35条1項において説明義務の内容を列挙している。しかし，目的不動産の隣人の態様については，この説明すべき事項の中に列挙されていない。ただ，同法の47条1号は，「重要な事項について，故意に事実を告げず，または不実のことを告げる行為」を禁止事項としており，35条1項の義務は最小限告知すべきものを定めているに過ぎないと考えられる（石川博康「売主および仲介業者の説明義務と隣人に関する事情——大阪高判平成16.12.2をめぐって」NBL804号21頁）。

もっとも，何が重要な事項であるかは，具体的な売買当事者によって変化しうるし，すべての点について詳細な調査をしなければ説明義務違反が生ずると考えることもできない。したがって，以上のように宅建業法上の一般的義務がZには課されているとしても，上記義務の具体的内容については，取引の相手方が説明義務を負う場合と同様に，①当該事項が相手方にとって重要であり，②そのことを自らも認識しているのでなければ，説明義務は生じないと考えられる。さらに，下級審判例の大勢は，③自らの当該事項について現に情報を有していたか，容易に入手し得たこと，④その情報を説明する必要があることを理解していたとの事情のもとで，具体的な事項につき説明すべきであったかどうかを決するべきであろう。

以上のように考えると，XがZに対して，説明義務違反に基づく不法行為責任を問う場合には，説明義務の根拠として，以上の①〜④に加えて，Yの委託を受けてZが宅建業者として本件売買契約を仲介したことを主張することになる。

(3) 請求原因事実

以上を踏まえて，具体的に請求原因事実を整理すれば，次のようになる。

> 1　原告は，訴外Yから，平成22年8月1日，本件建物及び本件土地を，代金3,500万円で買い受けるにあたって（以下「本件売買契約」という。），被告は訴外Yの委託を受けて，本件売買契約を仲介した。
> 2(1)　被告は，訴外Yから，平成22年5月2日，隣人である訴外Aによる生活音に対する苦情が激しく，訴外Aは近隣の他の住民ともトラブルを起こしていて，Yとその家族や近隣住民は，訴外Aとの接触をできるだけ避けるなどの

神経を遣っていたことの説明を受け，そのことを認識していたうえ，平成22年6月10日ころ，被告の従業員Cが本件建物購入希望者で内覧を希望した訴外Dを本件建物に案内した際に，Aが「うるさい」とDに対して，大声を上げたため，訴外Dが購入を断念したということがあった。
(2) Cは，Bに対し，本件建物につき，Dの件及びYとの仲介契約締結に際して訴外Yが行った説明を，購入希望者に伝えるようにとのメモを交付するとともに，Bは，売買契約の仲介に際して，買主に対して説明を行う重要事項説明書のうち「その他売主に説明すべき事項」の「その他」欄に，「西側隣接地の住人の方より，騒音等による苦情ありました。」と記載した。
3 本件土地建物は上記2(1)の事情を考慮すると，2,500万円程度の価値であり，本件売買代金額3,500万円との差額である1,000万円の損害が生じた。

【解答例】
◎XからYに対する損害賠償請求
1 訴訟物

不法行為に基づく損害賠償請求　1個
履行遅滞に基づく損害賠償請求権　1個

2 請求の趣旨

被告は，原告に対し，1,000万円及びこれに対する平成22年8月2日から支払済みまで年5分の割合による金員を支払え。

3 請求原因

1　原告は，被告から，平成22年8月1日，本件建物及び本件土地を，代金3,500万円で買った（以下「本件売買契約」という。）。	○
2(1)　被告は，同年7月10日に原告が本件建物を内覧した際に，原告から，「同じ子供を持つ親としてどうしても聞いておきたいのですが，近隣の環境に問題はありませんか，暴走族が走り回ったりすることはありませんか」と尋ねられて，静謐な住宅環境が原告にとって，重要であることを知った。	×

(2)　本件建物及び土地の隣人訴外Aは，平成17年3月頃，被告に対して「子供がうるさい。黙らせろ。」と苦情を言い，洗濯物に水をかけたり，泥を投げられたりしたことがあり，被告は，そのことで自治会長や警察にも相談をしたこと，1階のＬＤＫの部分のサッシ窓をその後二重サッシの防音窓にするなど，本件売買契約当時，静謐な住環境にないことを認識していた。	○
(3)　被告は，上記(2)の事情について，同年7月10日に，原告に対し，「そういうことはありません」と虚偽の説明をし，事実を明確に告げなかった	×
(4)　被告は，同年8月1日，原告に対し，「子供が庭で遊んでいたらAからうるさいと言われたことがあること，またAのことを考えて子供部屋を2階の東側にしたこと，時折Aからじっと見られることがあったので目隠しのための波板を設置したこと，それ以降はAから怒られたことがなく，風呂でうるさくしていたり，子供をプールで遊ばせても特段苦情を言われたことがなかった」との説明し，「今は特に問題ない」との虚偽の説明をおこなった。	×
3　本件土地建物は上記2(2)の事情を考慮すると，2,500万円程度の価値であり，本件売買代金額3,500万円との差額である1,000万円の損害が生じた。	×
4　よって，原告は，被告に対し，不法行為による損害賠償請求権に基づき，1,000万円及びこれに対する不法行為発生の日である平成22年8月2日から支払済みまで，民法所定の年5分の割合による遅延損害金の支払を求める。	争

◎XからZに対する損害賠償請求

1　訴訟物

不法行為に基づく損害賠償請求　1個
履行遅滞に基づく損害賠償請求権　1個

2　請求の趣旨

　被告は，原告に対し，1,000万円及びこれに対する平成22年8月2日から支

第22問　不法行為（説明義務違反）

払済みまで年5分の割合による金員を支払え。	

3　請求原因

1　原告は，訴外Yから，平成22年8月1日，本件建物及び本件土地を，代金3,500万円で買い受けるにあたって（以下「本件売買契約」という。），被告は訴外Yの委託を受けて，本件売買契約を仲介した。	○
2(1)　被告は，訴外Yから，平成22年5月2日，隣人である訴外Aによる生活音に対する苦情が激しく，訴外Aは近隣の他の住民ともトラブルを起こしていて，訴外Yとその家族や近隣住民は，訴外Aとの接触をできるだけ避けるなどの神経を遣っていたことの説明を受け，そのことを認識していたうえ，平成22年6月10日ころ，被告の従業員Cが本件建物購入希望者で内覧を希望した訴外Dを本件建物に案内した際に，Aが「うるさい」と訴外Dに対して，大声を上げたため，訴外Dが購入を断念したということがあった。	×
(2)　Cは，Bに対し，本件建物につき，訴外Dの件及びYとの仲介契約締結に際してYが行った説明を，購入希望者に伝えるようにとのメモを交付するとともに，Bは，売買契約の仲介に際して，買主に対して説明を行う重要事項説明書のうち「その他買主に説明すべき事項」の「その他」欄に，「西側隣接地の住人の方より，騒音等による苦情ありました。」と記載した。	○
3　本件土地建物は上記2(2)の事情を考慮すると，2,500万円程度の価値であり，本件売買代金額3,500万円との差額である1,000万円の損害が生じた。	×
4　よって，原告は，被告に対し，不法行為による損害賠償請求権に基づき，1,000万円及びこれに対する不法行為発生の日である平成22年8月2日から支払済みまで，年5分の割合による遅延損害金の支払を求める。	争

（大中有信）

第23問
財産分与請求権

次の内容のXとYの言い分を前提に，後記問題に答えなさい。

《Xの言い分》

1　私は，平成8年11月3日にYと婚姻し，私とYは，Yが借りたアパート（自宅）で生活をするようになりました。

2　Yは，もともと私と結婚するまでは会社勤めをしていたのですが，結婚後は私の父Aが経営しているラーメン店「いけ麺大王」原宿店で働き始め，月30万円の給料を得ていました。

　私も，ときどきは店に出て，お客さんの注文を聞いたり，ラーメンを出したりといった手伝いをしており，給料として月10万円を受け取っております。

3　その後，平成13年になって，Aは，「いけ麺大王」代々木上原店を出店し，Yを同店の店長に採用し，このときから，Yの給料は月50万円になりました。

4　私たち夫婦の家計は，すべて私が管理しており，私の給料はもちろん，Yの給料も同人の小遣い分として1か月20万円を差し引いた残額は私名義の銀行口座に預け替えて管理していました。

5　ところが，Yは，平成21年に入ったころから，前記代々木上原店の従業員であるB女と交際するようになり，まもなく，不貞関係となりました。また，私に対して暴言を吐いたり，暴力をふるうなどの行為をするため，私たち夫婦は不仲となっていきました。

6　私は，そのような夫婦関係に耐えられなくなり，平成22年2月14日，Yに対し，離婚を求めました。Yは，私が本気で離婚を望んでいることを感じたのか，財産の清算をどうするんだと言ってきました。

　このころ，夫婦の財産としては，私名義の銀行口座に約1,500万円，Y名義の銀行口座に約500万円がありました。

　Yは，離婚の原因が自分にあると考えたのか，財産は「全部お前にやる。」と言い出しました。私は，金額が大きく後でもめるのも嫌だったので「そういう訳にはいかない。」と述べたところ，「それなら半分は置いていけ。」と言われました。私は不貞や暴力などの責任もとってもらいたかったため，「そんなには置いていけない。」といって議論になりましたが，最終的には，私が1,500万円の預金のうち200万円を置いていくことになりました。

7　私は，翌日（同月15日），離婚を考え始めた昨年中に区役所から交付を受けていた離婚届用紙に署名押印し，その後，Yにも署名押印を求めたところ，同人もこれに署名押印しました。
8　私は，Yが署名押印した離婚届を，同月16日に区役所に提出し，その足で自宅に戻って居間の机の上に200万円を置きました。そして，速やかに自宅を出てYと別居し，実家に帰りました。
9　Yは，離婚後も，Aが退職し経営する前記代々木上原店に勤務していましたが，平成23年8月ころに，自分でラーメン店を経営するようになりました。また，同年10月，B女と婚姻し，同女との間に子が生まれました。
　すると，突然，同年12月に入って，私を相手に，家庭裁判所に対し，財産分与の調停を申し立ててきたのです。
　しかし，Yとは，離婚届を提出する2日前の平成22年2月14日に，私が，Yに対して財産分与として200万円を支払って，離婚に伴う一切の紛争を解決することで合意が成立しており，実際に，私は，Yに対して200万円を交付しています。それが，今ごろになって財産分与の申立てをするのは不当です。
10　実際に，200万円の財産分与は，婚姻期間中に形成した財産であるAの店で働いて得た収入に対する私の貢献度がYよりも高いこと，離婚の原因がYの不貞行為や私に対する暴言・暴力にあることから相当な金額であり，Yも納得していたはずです。
11　私は，このようなYの請求が許せませんので，地方裁判所に対し，Yを相手に，財産分与請求権の不存在確認の訴訟を提起します。

《Yの言い分》

1　Xの言い分のうち，1から4については認めます。また，私が平成22年2月15日に離婚届に署名押印し，Xが同月16日に離婚届を区役所に提出して離婚が成立したこと，離婚当時における婚姻期間中の形成財産がX名義の銀行預金が約1,500万円，私名義の銀行預金が約500万円であったこと，離婚後も，Aが経営するラーメン店（代々木上原店）で勤務したが，平成23年8月ころに，自分でラーメン店を経営するようになったこと，また，同年10月には，B女と婚姻し，同女との間に子が生まれたこと，同年12月に入って，Xを相手に，家庭裁判所に対し，財産分与の調停を申し立てたことは，その通りです。
2　しかし，私は，Xとの間で，平成22年2月14日に，財産分与に関する合意をした事実はありません。その日に，Xから離婚したいと言われたことはその通りですが，私は，いつものことで本気ではないと思っていました。

そもそも，私は，その当時，B女と不貞関係にあった事実はありませんし，Xに対する暴言や暴力もありません。夫婦の財産形成において，自分よりXの方が貢献度が高いということは，Xと私の給料の額を比較しても，認められないことは明らかです。そして，このような存在しない事実を前提に私が財産分与の協議に応じることはあり得ません。したがって，200万円程度の金額で財産分与の合意をするはずがありません。

3　私は，離婚成立後，速やかに財産分与の請求をしたかったのですが，そのころは，Xの父であるAの経営するラーメン店で働いていたことから，生活資金にも困る状態ではなかったこともあって，請求を見合わせていたのです。
　以上のとおりですから，Xの請求は理由がありません。

【問　題】

(1)　Xが，その言い分を前提にYを相手に民事訴訟を提起する場合，どのような内容の請求をすることになるか。請求の趣旨を記載せよ。
　その場合の訴訟物は何か。

(2)　前記1を前提に，請求原因として主張すべき要件事実を指摘し，その理由を説明せよ。

(3)　Yの言い分から考えられる抗弁を指摘し，その要件事実とその事実が必要となる理由を説明せよ。

(4)　Xの言い分から考えられる再抗弁を指摘し，その要件事実とその事実が必要となる理由を説明せよ。

(5)　XのZに対する民事訴訟において争点を指摘し，これを立証するために考えられる証拠を指摘せよ。

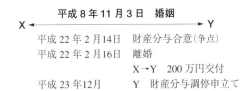

解　説

1　はじめに

(1)　事案の概要

　本問は，原告が，元夫である被告との間で，離婚の際，「原告が被告に対し200万円の財産分与を行うことをもって当事者間の離婚に伴う一切の紛争を解決すること」を合意した（以下「本件清算合意」という。）にもかかわらず，被告から財産分与調停を申し立てられたとして，被告に対し，離婚に伴う財産分与請求権が存在しないことの確認を求めたのに対し，被告は本件清算合意の存在を否認して，原告の請求を争っている事案である。

　以上のように，本件清算合意の有無が争点となる事案である。要件事実学習のポイントは，財産分与請求権の成立要件及び同請求権が，消滅するための要件をどのように考えるか，である。財産分与請求権の具体的権利性に関する解釈が前提となる。要件事実の分析，整理が，まさに，実体法の解釈によって導びかれることをダイナミックに感じる問題である。

(2)　財産分与請求権の概要

　民法768条は，協議離婚をした夫婦間で財産の分与の請求を行うこと（離婚給付という。）ができることとし，その分与の決定を当事者の協議あるいは家庭裁判所の審判に委ねている（裁判上の離婚にも準用される（民771条））。民法768条3項は，家庭裁判所が決定する際の考慮要素として「当事者双方がその協力によって得た財産の額その他一切の事情」を挙げるのみであり，この一般的，抽象的な文言から財産分与の基準を具体的に導くことはできない。本条の解釈に当たっては，財産分与の法的性質の議論にも関わり，財産分与制度の沿革や立法の経緯を理解することが重要である。ここでは，本問の検討に必要な範囲で説明することとしたい。

　㋐　まず，財産分与請求権の法的性質については，①夫婦共同生活中に形成した実質的共有財産の清算（清算的要素），②離婚後の生活についての扶養（扶養的要素），③離婚の原因を作った有責配偶者に対する損害賠償（慰謝料的要素）の3要素から構成されると一般に解されている。このうち，①の清算的要素が財産分与の中心的な要素であることは現在異論のないところである。また①の分与の基準としては，婚姻後に形成した財産について，特段の事情がない限り，双方の貢献度（寄与）を平等と推定するという考え（いわゆる2分の1ルール）によって分与を決定しているのが現在の家庭裁判所の実務である。

　本問では，原告は，200万円について，共有財産について原告の貢献度が高いこと，

でき，債権者が主張する債務額が不明確な場合については，債務額を明示しない訴えも適法であると解するのが相当である（最判昭和40年9月17日民集19巻6号1533頁は，請求の趣旨及び請求の原因のみならず一件記録をも精査して債務総額を確定し，当該債権額から債務者自認にかかる一定金額を控除した債務残額について明確に判断すべきであるとして，債務の上限を明示しない消極的確認訴訟も適法であると解している。また，交通事故訴訟などでは，請求の趣旨に債務額を明示しない訴えも重要な紛争解決手段として機能している。）。

本問については，平成22年2月16日に届け出た当事者間の離婚に伴う財産分与請求権にかかる債務であり，他の債務と明確に区別することができ，被告は具体的な財産分与の額を主張していない。

したがって，債務額を具体的に明示しないことが許容されると解するのが相当であり，請求の趣旨は，前記のとおりとなる。

なお，債務不存在の確認のみを求める申立ての場合，債務の存在が認められれば請求棄却の判決となり，一部認容判決がされることはない。

3 【問題(2)】請求原因の検討

> **請求原因**
> 1 被告は，平成23年12月，○○家庭裁判所に原告を相手方として，離婚に伴う財産分与調停を申し立て，財産分与請求権があると主張している。
> 2 よって，原告は，被告に対し，被告の原告に対する離婚に基づく財産分与請求権が存在しないことの確認を求める。

(1) 債務不存在確認訴訟（消極的確認訴訟）については，一般的には，実体法上の債務者が原告，債権者が被告となり，債権の発生原因事実は，被告である債権者が抗弁として主張立証する必要があるとされている（ただし，請求の特定のためには，原告において可能な範囲で債務を特定することが望ましい。）。

また，確認の訴えは，権利関係の存否を観念的に確定することを通じて紛争を解決すると同時に，将来の派生的紛争を予防しようとするものであるから，権利の強制的実現の裏打ちがない。しかも，その対象は理論的には無限定である。そのため，当該紛争について，権利の確認という紛争解決手段が有効適切に機能するかという実効性及び解決を必要とする紛争が現実に存在するかという現実的必要性の観点を吟味・検討することによって，紛争解決にとって無益な確認の訴えを排斥して，制度効率を維持ないし高める必要がある。

このような観点から，確認の訴えについては，訴訟要件として，確認の利益が存

在する必要があるとされ，原告が提示した訴訟物たる権利関係について，確認判決をすることが，原告の権利または法律的地位に対する現在の不安・危険を除去するために，必要かつ適切な場合に確認の利益が認められると解されている。

以上によると，原告が主張すべき請求原因の基本形は，

> ある権利または法律関係について当事者間に争いがあること

となり，本問についての具体的な事実は前記のとおりである（30講571頁以下）。

(2) 債務不存在確認訴訟において，実体法上の債権者である被告から，債務者である原告に対し，当該債務にかかる給付請求が反訴として提起され，給付を命じる判断がされた場合，債務不存在確認訴訟の本訴は，訴えの利益がなくなり却下されることになる。本問において，財産分与の審判がされた場合，本訴は，訴えの利益がないとして却下されることになるのか，財産分与の審判に判決同様の実質的確定力（いわゆる既判力）が認められるかに関して問題となる。

乙類審判事項（別表第二事件）が家事審判事項とされている趣旨は，当事者間の衡平ないし合目的性の理念を基準として，裁判所が自由な裁量に基づいて具体的妥当な処理のために，一定の権利ないし法律関係の設定，変更を命ずることによって，当事者間の紛争を規整することにあるとされている。また，実体法規も，民事訴訟事件のように，抽象的に定められた法規を大前提とし，具体的事実を小前提としてされる判断作用の結果を宣言するという性質ないし構造（いわゆる権利判定の仕組み）にはなっていない。これらのことから家事審判の効力については判決と同様の実質的確定力（いわゆる既判力）を認めることはできないと解されている（裁判所職員総合研修所監『家事審判法実務講義案（6訂再訂版）』〔司法協会・2009〕136頁）。

本問の財産分与請求権は，一見すると，民事訴訟における給付訴訟の対象と類似しているが，民法768条3項は，その文言上，過去の一定時点における事実から権利の発生を導く構造にはなっておらず，その根本は非訟事件である。

したがって，当事者間に財産分与の審判がされたとしても，審判に既判力が認められない以上，訴えの利益は存在すると考えられる。

4 【問題(3)】抗弁の検討

> **抗弁**（折衷説による整理）
> 1 原告と被告は，平成8年11月3日，婚姻の届出をした。
> 2 原告と被告は，平成22年5月16日，離婚の届出をした。

(1) 債務不存在確認訴訟では，被告である債権者が債権の発生原因事実を抗弁として主張立証する必要がある。被告は，民法768条に基づく財産分与請求を主張している。財産分与請求権の成立（具体的権利性）については，同条の解釈に関し，前記1(2)(イ)のとおりの対立がある。この点，③の折衷説により，協議または審判によらなければ現実的・具体的財産分与請求権は認められないとすると，そもそも，請求が裁判所の処理に適する具体的な権利関係の存否の主張であること，という訴えの一般的な要件を満たさず，訴えの利益が否定されるのではないかとの疑問も生じる。

しかし，給付の訴えとは異なり，強制執行による権利の実現が予定されていない債務不存在確認訴訟において，協議または審判によって具体的内容が形成されるまでは，訴訟による解決を図ることができないと解するのは債務者に酷な場合もあろう。

(2) 本問では，訴えの利益を認め，折衷説によって抗弁事実を整理すると，民法768条1項により，被告が抗弁として主張すべき財産分与請求権の発生原因事実の基本形は，

1 原告と被告が婚姻したこと
2 原告と被告が協議上の離婚をしたこと

であり，本問についての具体的な事実は前記のとおりである。

* なお，折衷説のうち，財産分与の意思が離婚者の一方から他方に対して表示されたときに財産分与請求権が発生するとの立場によれば，上記1及び2に加えて
「3 夫婦の一方から他方に対し財産分与の意思表示がされたこと」
を主張立証する必要がある。ただし，同事実は，確認の利益に関する事実として，既に請求原因事実で主張されていることが多い。）

5 【問題(4)】再抗弁の検討

再抗弁
原告と被告は，平成22年2月14日，原告が被告に対して財産分与として200万円を分与して，離婚に伴う一切の紛争を解決することを合意した。

(1) 再抗弁とは，抗弁事実による法律効果の発生を障害・消滅・阻止する法律効果を定める法規の要件に該当する事実である。

原告は，本件清算合意をしたから，被告の財産分与の申立ては不当であると主張している。そこで，本件清算合意の存在は，訴訟法上，どのような意味をもつか，

財産分与の具体的権利性に関する前記の議論に関連する問題である。

この点，前記1(2)(イ)の③折衷説によれば，財産分与請求権は，協議または審判により，未定的なものから既定的な請求権に形成されることになる。本問では，抗弁により発生が基礎付けられた未定的な財産分与請求権は，本件清算合意(協議)により既定的な財産分与請求権に転化した上で消滅することになる。そうすると被告は，本件清算合意に基づく既定的な具体的財産分与請求権を主張することはもちろん，その合意に基づかない未定的な財産分与請求権を主張することもできなくなると解される。

以上によれば，本件清算合意は，抗弁事実による法律効果(財産分与請求権の発生)を消滅させる事実として機能するので，訴訟法上，再抗弁として位置づけられる。

なお，本件清算合意は，200万円の財産分与のほかに債権債務がないことを合意するものであり，このうち，債権債務がないことという合意部分のみを取り出して整理することはできない。法律行為の成立に当たる事実は不可分であるからである。

(2) また，「原告は，被告に対し，平成22年2月16日，本件清算合意に基づき200万円を分与した。」という事実は，訴訟上，どのような意味をもつか(再抗弁になるか)が問題となる。

抗弁事実は，離婚に基づく財産分与請求の発生原因事実であり，被告は，200万円の財産分与請求権の発生原因事実(本件清算合意)を抗弁として主張しているわけではない。そうすると，抗弁事実による法律効果を排斥するためには，本件清算合意をした事実をもって，必要，十分であり，Xが，本件合意に基づいて200万円を分与したことは，本件清算合意の存在を裏付ける間接事実の1つであると解するのが相当である。

仮に，被告が，本件清算合意に基づく200万円の財産分与請求権を併せて主張するのであれば，その主張は予備的抗弁となり，その場合には，原告が本件財産分与に基づき200万円を分与したことは予備的抗弁に対する再抗弁として機能することになる。本問では，原告が200万円を分与したことは当事者間に争いがないから，被告がこのような主張をしていると合理的に解釈することはできない。

6 【問題(5)】争点と証拠の検討

(1) 要件事実レベルの争点は，再抗弁事実としての本件清算合意の有無であり，その余の事実には争いがない。したがって，原告は本件清算合意の存在について裁判官に確信を抱かせるための立証活動を行い(本証)，これが奏功しないかぎり，請求は認められない。被告は，裁判官の心証を動揺させ真偽不明に追い込むための立証活動を行い(反証)，これが奏功すれば敗訴を免れることができる。

(2) 本件清算合意に関する書面は作成されておらず，直接的な裏付けとなる書証はなさそうである。原告は，間接事実を積み上げて立証努力をすることになる。本問は，夫婦間の合意であり，書面を作成しなかったことがおよそ不自然であるとまでは言えないことから，書面がないことをもって，直ちに勝敗を左右するとは言えず，間接事実の分析が重要になると考えられる。

本件清算合意の存在を裏付ける間接事実としては，①本件合意当時の事情（200万円という分与額の相当性に関する事情）として，ア　共有財産は，被告が原告の父Aの店で働いて得た収入であり，原告の方が共有財産に対する貢献度が高いこと（→前記1(2)(イ)でいう清算的財産分与における2分の1ルールは妥当しない。），イ　離婚の原因が被告の不貞であること（→200万円は慰謝料の支払義務を考慮した金額である。），ウ　婚姻中原告に対する暴言，暴力があったこと（→イと同じ。），②本件合意後の事情（本件清算合意を前提とした行動）として，ア　原告は，被告に対し，200万円を置いて家を出たこと，イ　被告は，200万円を受け取った後，原告に対し，何らの異議も唱えず，費消していること，ウ　被告は，離婚後1年10か月後まで，何ら財産分与の請求をしていないことが挙げられる。

これに対し，被告は，①のアについては，原告の父Aの経営する店で稼働して収入を得ていたことを認めた上で，給料は被告の方が上であるとして原告の貢献度が高いことを争い，イ及びウの事実を否認している。また，②の各事実をいずれも認めた上で，原告の父Aの店で稼働していたため，生活資金に困ることはなく請求を見合わせていたにすぎないとして争う態度を示している。

したがって，事実レベルの争点は，①のイ及びウである（他は評価レベルの問題である）。立証としては，不貞に関する調査会社の調査報告書，暴力に関する診断書，写真等の提出が考えられ，その他，本件清算合意の存否を含めて，双方の本人尋問を行うことになろう。

■■■

【解答例】

訴訟物，請求の趣旨，請求原因事実とそれに対する認否，抗弁事実とそれに対する認否及び再抗弁事実とそれに対する認否は，以下のとおりとなる。

1　訴訟物

離婚に基づく財産分与請求権　1個

2 請求の趣旨

1 原・被告間に，当事者間の離婚に基づく被告の原告に対する財産分与請求権が存在しないことを確認する。 2 訴訟費用は被告の負担とする。

3 請求原因

1 被告は，平成23年12月，○○家庭裁判所に原告を相手方として，離婚に伴う財産分与調停を申し立てた。	○
2 よって，原告は，被告に対し，被告の原告に対する離婚に基づく財産分与請求権が存在しないことの確認を求める。	

4 抗弁

（折衷説による整理） 1 原告と被告は，平成8年11月3日，婚姻の届出をした。	○
2 原告と被告は，平成22年5月16日，離婚の届出をした。	○
3 （請求原因1と同じ）4(2)＊参照	○

5 再抗弁

原告と被告は，平成22年2月14日，原告が被告に対して財産分与として200万円を分与して，離婚に伴う一切の紛争を解決することを合意した。	×

(本多智子)

事　項　索　引

あ行

明渡し ……………………………………… 191
異議を留めない承諾 …………………… 326
委任状 ……………………………………… 70
請負契約 ………………………………… 109
請負代金 ………………………………… 108
受戻権 …………………………………… 214
訴えの提起 ………………………………… 31
運行供用者 ……………………………… 427
運行支配 ………………………………… 427
運行利益 ………………………………… 427
運送契約 ………………………………… 423
営業的商行為 ……………………………… 74
役務提供契約 …………………………… 373
援用 ………………………………… 221, 298
乙類審判事項 …………………………… 488

か

害意 ……………………………………… 357
解除 ……………………………………… 116
価額賠償 ………………………………… 398
価額賠償請求（権）………… 399, 401, 410
確定期限 ………………………………… 18
確定日付ある証書 ………………… 340, 350
確認の訴え ……………………………… 487
瑕疵 ……………………………………… 114
貸金返還請求（権）………………… 28, 32
瑕疵修補請求 …………………………… 115
瑕疵修補に代わる損害賠償 …………… 119
家事審判事項 …………………………… 485
瑕疵担保責任 …………………………… 114
過失 ……………………………………… 424
過失相殺 …………………………… 430, 432
過失割合 ………………………………… 430
可分債権 ………………………………… 421
間接事実説 ……………………………… 235

き

期限 ………………………………………… 65
　――の猶予 ……………………………… 75

帰属清算（型）…………………… 212, 218
規範的要件 ………………………… 132, 161
基本書証 …………………………………… 42
基本代理権 ………………………………… 75
客観的瑕疵 ……………………………… 115
求償 ……………………………………… 433
求償金請求訴訟 …………………… 432, 434
給付危険 …………………………………… 9
供託金還付請求権 ………………………… 94
供託金の還付 ……………………………… 93
共同の免責 ……………………………… 435
共同不法行為 …………………………… 432
強迫 ……………………………………… 37
金銭消費貸借契約 ………………………… 54

け

契約上の地位の移転 ……………………… 88
契約締結上の過失責任 ………………… 472
原因行為説 ……………………………… 319
原因債権 …………………………… 354, 355
検査通知義務違反 ……………………… 329
現占有説 ………………………………… 295
現物返還 ………………………………… 398
現物返還請求 …………………………… 410
権利抗弁 ………………………………… 303
権利抗弁説 ………………………… 238, 324
権利自白 ………………… 172, 194, 232, 294
権利主張参加 …………………………… 388
牽連性 …………………………………… 16
牽連性原則 ………………………………… 15

こ

公正な論評（法理）……………… 455, 456, 460
口頭の提供 ……………………………… 12
コンサルティング契約 …… 372, 373, 374, 381
　――の終了 …………………………… 384

さ

債権者主義 ………………………………… 9
債権者代位訴訟 …………………… 372, 378
債権譲渡 ………………………………… 318

事項索引　　*493*

債権譲渡登記	340, 352
債権喪失の抗弁	353
債権的登記請求権	231, 255
債権発生の可能性	320
再抗弁	266
――悪意の――	266
催告	74
財産分与	484
財産分与請求権	484, 485
債務者対抗要件	323, 351
――の抗弁	351
債務者対抗要件具備の再抗弁	324
債務者の悪意	400
債務者の無資力	381
債務不存在確認訴訟	487, 488, 489
債務不履行責任	473
詐害行為取消権訴訟	397
詐害性	400
錯誤	36
錯誤無効	36
差押え	63
暫定真実	234, 297
暫定的真実	303

し

時効援用	221, 234
時効完成後の第三者	235
時効取得	230
時効により直接利益を受ける者	221
仕事の完成	109, 110
持参債務	11
事実抗弁説	238
自主占有事情	307
自働債権	331
自動車損害賠償責任保険	422
自賠法3条	426
――ただし書	431
支払等記録	356
社会的評価	453
集合債権譲渡担保	87
集合債権譲渡担保契約	320
重大な過失	161
重複訴訟の禁止	390
修補請求権	114

主観的瑕疵	115
受働債権	331
取得時効と登記	296
主要事実説	235
受領遅滞	15
種類物の特定	11
準委任契約	375, 476
準消費貸借	28
準消費貸借契約	32
純粋経済損失	474
償還請求権	303
承継取得	230
条件	65
条件期限	65
商行為	318
使用者責任	433, 438
状態債務論	90
使用貸借	170
使用貸借契約の終了原因	176
譲渡記録	356
譲渡担保契約	320
消費貸借	50
情報提供義務	471
消滅時効	210
処分行為説	319
処分証書	41, 162
処分清算（型）	212, 218
所有権に基づく物権的請求権	231
所有権に基づく返還請求権	294
所有権に基づく妨害排除請求権	278
真実性の抗弁	454
人身損害	422
真正な登記名義の回復	230
人的抗弁を切断しない旨の記録	358
信頼関係破壊	140, 176

せ

制限種類物	8
清算金	218
清算金支払請求権	210
責任説	397, 399
絶対的商行為	19, 74
説明義務	471
説明義務違反	467, 472

せり上がり	111, 178
占有継続	298
占有権原	130, 174

そ

増加保管費用	9
相関関係説	402, 405
相殺	38, 50, 54, 118
——の抗弁	41, 331
相殺予約	55, 62
相続放棄	152
総体財産の減少	474
相対的取消説	397
送付債務	11
即時取得（説）	261, 264, 265
即時取得の過失	266
訴状の送達	74
訴訟費用	32, 374
損益相殺	40, 57
損害	424
損失と利得	44

た

対価危険	11
代金減額請求	328
対抗要件の抗弁	238
対抗力説	261
第三者抗弁説	238
貸借型	33, 195, 258, 321, 379, 300
貸借型理論	59, 237
代償請求権	21
代表理事	279
代物弁済	54, 236, 405, 406
——の法的性質	60
代理権	75, 154
代理権授与	72
——の事実	241
——の表示	77
代理権授与行為	157
代理権濫用	282
諾成的消費貸借契約	54, 56
他主占有権原	304, 305
他主占有事情	304, 305
宅建業者	476

建物明渡請求（権）	129, 190
建物建築請負契約	108
建物収去土地明渡	171
短期取得時効	230, 302

ち

遅延損害金	17, 112, 315
遅延損害金請求権	380
長期取得時効	234, 297
調達義務	9
賃貸借契約の終了原因	175
賃貸人の交代	87
賃料不払い	127

つ

追認	158
追認拒絶	75
通謀虚偽表示	239
通謀的害意	403, 404, 408, 409

て

停止条件説	221
抵当権取得原因事実	256
抵当権侵害	267
抵当権設定登記	254
抵当権設定登記保持権原	258
抵当権に基づく妨害排除請求訴訟	254
抵当不動産の従物	254, 260
電子記録債権	340, 344, 354, 355
——の譲渡	345
——の譲渡担保	346
電子記録債権法	341
電子債権記録機関	346
転得者	406

と

登記	
——の推定力	232
——の手続的適法性	259
登記原因	229
登記請求権	231, 254
登記請求訴訟	229
動機の錯誤	161

事項索引　　495

登記保持権原	231, 235
——の抗弁	258, 278
動産・債権譲渡特例法	87, 352
同時履行関係	118
同時履行の抗弁権	19
時的因子	316
特定の抗弁を留保する旨の記録	358
独立当事者参加	242, 388
土地建物明渡請求	210
取立債務	11

な行

二段の推定	163
のみ説	173, 196, 424

は

背信行為	140
配信サービスの抗弁	461
背信的悪意	215, 299
——の抗弁	300
背信的悪意者の再抗弁	239
売買代金債務の履行遅滞	317
売買代金請求	13
白紙委任状	71
反訴	43, 243
反訴請求	44

ひ

引渡請求	8
必要費	303
必要費償還請求権	197, 198
非のみ説	173, 196, 421, 425
被保全債権	377
——消滅の抗弁	384
評価根拠事実	132, 161
評価障害事実	135, 162
表現の自由	451

ふ

付加一体物	260
不確定効果説	221
不確定効果説・停止条件説	298
不完全履行	34
不真正連帯債務	432, 433, 436

附帯請求	19, 112, 315, 422, 423
物権的請求権	255, 293
物権的登記請求権	255, 277
物権的返還請求権	193
物権変動的登記請求権	231, 255
不動産譲渡担保	210
不動産仲介契約	374
不当利得返還請求（権）	44, 136
不特定物売買	34
不法行為責任	473
不利益陳述	180
分離搬出後の動産	261

へ

併存的債務引受	88, 153
弁済の提供	128

ほ

妨害状態としての登記の内容	257
報告証書	41
報酬請求権	385, 386, 387
法定決議事項	280
法定承継	91
法定訴訟担当	62, 377, 379
法定追認	39
冒頭規定説	10, 379
法律行為の付款	65
保管義務違反	38
保証契約	72, 154
保証債務	72, 160
——履行請求権	152
保存義務違反	200

ま行

抹消登記手続請求訴訟	229
民法93条ただし書類推適用	281
民法94条2項類推適用	283
無過失の主張立証	235
無権代理行為	72
——の追認	157
無権代理人	154
無権利の法理	284
無資力要件	400
無断転貸借	127

無理由解除	385	要物契約	54
名誉（毀損）	451	用法遵守義務	200
免除	437		
免責的債務引受	88, 153		

や行

有益費	133, 303
——の償還請求権	134, 197
有権代理の主張	279
有用の資	405
譲受債権請求訴訟	314, 340
譲受人の悪意の再々抗弁	327

ら行

履行遅滞	19
履行の提供	112
履行不能の抗弁	9
利息請求権	380
利息制限法	378
留置権	134, 197, 198, 210, 303
連帯債務	153
論評表明	451

事項索引　　*497*

【編著者紹介】 （2015年1月1日現在）

高須　順一（たかす・じゅんいち）　担当：第6問，第19問
法政大学大学院法務研究科教授・弁護士
1982年に法政大学法学部を卒業し，1986年に司法修習生（40期），1988年に弁護士登録（東京弁護士会）。1990年法政大学法学部兼任講師，2004年4月より現職。2009年から法務省法制審議会民法（債権関係）部会幹事。
『ロースクール民事法』（酒井書店・2009），『民法（債権法）改正を問う―改正の必要性とあるべき姿―』（酒井書店・2010），「詐害行為取消権の法的性質に関する実証的検討(上)(下)―責任説をめぐって」（NBL949号，950号・2011），「債権法改正作業と濫用的会社分割」（商事法務『濫用的会社分割』所収・2013），『民法から考える民事執行法・民事保全法』（商事法務・2013）ほか。

木納　敏和（きのう・としかず）　担当：第10問
東京地方裁判所部総括判事
1983年に司法試験に合格，1984年に司法修習生（38期）に採用され，1986年に判事補任官（名古屋地裁）。その後，東京地裁判事補，旭川地家裁判事補，千葉地裁判事，山形地家裁米沢支部長の各勤務を経て，2001年に東京地裁判事，2002年から司法研修所教官（民事裁判教官）。2006年に横浜地裁判事となり，2010年4月より現職。2009年6月から約1年間，横浜国立大学法科大学院の非常勤講師を務め，同年10月から，法政大学法科大学院教授（非常勤）を兼任する。
コンメンタール「エッセンシャル民事保全法」（3か条担当，判例タイムズ社・2008），「保証契約の書面性（民法446条2項）をめぐる実務的問題に関する一考察」（下森定先生傘寿記念論文集「債権法の近未来像」，酒井書店・2010），「国立司法学院（フランス）との協力に関する協約書の調印の経緯について」（司法研修所論集117・2007）ほか。

大中　有信（おおなか・ありのぶ）　担当：第1問，第5問，第22問
同志社大学司法研究科教授
1990年に京都大学法学部を卒業，京都大学法学研究科博士課程，京都大学法学部助手を経て，1996年に大阪国際大学法政経学部専任講師，1999年より法政大学法学部助教授，2004年に法政大学法務研究科教授，2011年4月より現職。ベルリン大学法学部客員教授(2003年)，ウィーン大学法学部客員教授(2008年)，ケルン大学客員研究員(2008年から2010年)。司法試験考査委員（2012年，2013年，2014年）。
『ドイツ民法典編纂と法学』（共著，九州大学出版会・1999），Wandlungen oder Erosion der Privatautonomie?,（共著・2007），Die österreichischen Einflüsse auf die Modernisierung des japanischen Rechts.,（共著・2008），『ヨーロッパ私法の現在と日本法の課題』（共著，日本評論社・2011），『法学講義民法1総則（第2版）』（共著，悠々社・2007）ほか。

【著者紹介】 （50音順）

石田　剛（いしだ・たけし）　担当：第15問
大阪大学大学院高等司法研究科教授（法学博士）
1990年に京都大学法学部を卒業し，同年同大学大学院博士前期課程に進学，1992年法学修士。1995年4月から1996年3月まで京都大学大学院法学研究科，1996年4月から2007年9月まで立教大学法学部，2007年10月から2011年3月まで同志社大学大学院司法研究科で勤務した後，2011年4月より現職。
「債権譲渡禁止特約の研究」（商事法務・2013）。共著『民法Ⅱ物権』（有斐閣・2010）ほか。

倉地　真寿美（くらち・ますみ）　担当：第12問
東京地方裁判所部総括判事
1989年に神戸大学法学部を卒業し，同年に司法修習生（43期）。1991年に大阪地裁判事補。2006年に司法研修所教官。2010年より東京地方裁判所判事。同年4月から3年間，中央大学法科大学院特任教授。2015年から現職。

小山　泰史（こやま・やすし）　担当：第7問，第11問
上智大学法学部教授
1988年に金沢大学法学部を卒業し，立命館大学法学部教授を経て，2013年に上智大学法学部教授（法学博士）。
『流動財産担保論』（成文堂・2009年），平井一雄・清水元編著『基本講座民法1（総則・物権）』（信山社・2011年）第22講「不動産譲渡担保」（342～358頁）・第23講「集合動産・集合債権の譲渡担保」（359～386頁）ほか。

田村　伸子（たむら・のぶこ）　担当：第13問
創価大学法科大学院准教授・弁護士
1994年創価大学法学部卒業，1996年司法修習生（50期），1998年弁護士登録（東京弁護士会）。2003年から法科大学院要件事実教育研究所研究員，2006年創価大学法科大学院講師，2013年より現職
『要件事実小辞典』（部分執筆，青林書院・2011）ほか。

德増　誠一（とくます・せいいち）　担当：第2問，第9問
司法研修所教官
1993年に中央大学法学部を卒業し，1995年に司法修習生（49期），1997年に東京地方裁判所判事補。2007年4月に東京高等裁判所判事。2012年4月から中央大学法科大学院特任教授。2014年8月より現職。
『カナダ・オンタリオ州における医事関係訴訟の実情』判例タイムズ1238号117頁（2007），『民事実務研究Ⅴ』（共著，判例タイムズ社・2013）ほか。

流矢　大士（ながれや・ひろし）　担当：第16問，第17問，第20問
弁護士
1984年に慶應義塾大学法学部法律学科を卒業し，1986年に司法修習生（40期），1988年4月に東京弁護士会に登録すると共に赤坂裕彦法律事務所に勤務，1997年4月に流矢大士法律事務所開設，2008年4月に平山・流矢法律事務所を開設。2011年4

月から 3 年間司法研修所教官（民事弁護教官）。
「二重起訴と相殺の抗弁」（伊東乾教授古稀記念論文集「民事訴訟の理論と実践」所収，慶應通信・1991），「民事訴訟法辞典」（部分執筆，信山社出版・2000）ほか。

本多　智子（ほんだ・ともこ）　担当：第 8 問，第 23 問

東京家庭裁判所判事

1996 年日本大学法学部卒業。1998 年司法修習生（52 期）。2000 年判事補任官（千葉地方裁判所）。2002 年大津地方・家庭裁判所判事補，2005 年裁判所職員総合研修所教官，2008 年東京地方裁判所判事，2010 年那覇地方・家庭裁判所平良支部，2012 年 4 月から現職。2008 年 4 月から 2010 年 3 月まで東洋大学法科大学院で派遣教官。

「家事調停の一般的な審理〜夫婦関係調整（離婚）調停を中心に〜」法曹時報第 66 巻第 5 号ほか。

本間　佳子（ほんま・よしこ）　担当：第 3 問

創価大学法科大学院教授・弁護士

1983 年に中央大学法学部を卒業し，1989 年に司法修習生（43 期），1991 年に弁護士登録。2004 年 4 月から 2 年間中央大学法科大学院特任講師，2006 年 4 月から 1 年間同特任教授。2009 年 4 月から現職。

「処分権主義違反と控訴の利益―最判平成 24 年 1 月 31 日集民 239 号 659 頁，裁時 1548 号 2 頁を題材として―」（創価ロージャーナル Vol.7・2014），「権利能力なき社団の当事者適格について―最判平成 23 年 2 月 15 日を題材として―」（創価ロージャーナル Vol.6・2013）ほか。

武川　幸嗣（むかわ・こうじ）　担当：第 4 問，第 14 問

慶應義塾大学法学部教授

1989 年慶應義塾大学法学部卒業。1994 年慶應義塾大学大学院法学研究科博士後期課程修了。現職は慶應義塾大学法学部教授。

主著として，共著『ハイブリッド民法　債権各論』（法律文化社・2007），共著『コンビネーションで考える民法』（商事法務・2008），共著『民法 II 物権』（有斐閣・2010）ほか。

山田　八千子（やまだ・やちこ）　担当：第 18 問，第 21 問

中央大学法務研究科教授・弁護士

中央大学法学部法律学科を卒業し，1986 年に司法修習生（40 期），1988 年に弁護士登録（東京弁護士会），1990 年に中央大学大学院博士前期課程を修了し（法学修士），1990 年に東洋大学法学部専任講師，1995 年に同大学助教授，2004 年に中央大学法務研究科助教授，2008 年に中央大学法務研究科教授。

『自由の契約法理論（法哲学叢書 9）』（弘文堂・2008），「法哲学的視点からの要件事実論」伊藤滋夫編『要件事実論と基礎法学』（日本評論社・2010）ほか。

編著者紹介

高須　順一（法政大学大学院法務研究科教授・弁護士）
木納　敏和（東京地方裁判所部総括判事）
大中　有信（同志社大学司法研究科教授）

事案分析　要件事実——主張整理の基礎

2015(平成27)年2月15日　初版1刷発行

編著者	高須順一・木納敏和・大中有信
発行者	鯉渕　友南
発行所	株式会社 弘文堂　101-0062　東京都千代田区神田駿河台1の7 TEL 03(3294)4801　振替 00120-6-53909 http://www.koubundou.co.jp
装　幀	水木喜美男
印　刷	三美印刷
製　本	井上製本所

© 2015 Printed in Japan
JCOPY 〈(社)出版者著作権管理機構　委託出版物〉
本書の無断複写は著作権法上での例外を除き禁じられています。複写される場合は、そのつど事前に、(社)出版者著作権管理機構（電話 03-3513-6969、FAX 03-3513-6979、e-mail : info@jcopy.or.jp）の許諾を得てください。
また、本書を代行業者等の第三者に依頼してスキャンやデジタル化することは、たとえ個人や家庭内の利用であっても一切認められておりません。

ISBN978-4-335-35613-1

━━━━━ 演習ノートシリーズ ━━━━━

法律の修得のためには、事例演習は不可欠です。本シリーズでは、学習者が楽しく自学自習できるよう、様々な工夫を凝らしました。身近にある事例を長文の［設問］にし、この［設問］について解答を作成してから［解説］を読むと、基礎知識が着実に定着し、事例にあてはめ運用する力が備わります。［設問］に対応した［解答例］、進んだ学習のための［関連問題］も付いた、充実の演習書！

租税法演習ノート
……租税法を楽しむ21問 ［第3版］
佐藤英明=編著／岡村忠生・渋谷雅弘・髙橋祐介・谷口勢津夫・増井良啓・渡辺徹也=著
2800円

知的財産法演習ノート
……知的財産法を楽しむ23問 ［第3版］
小泉直樹・駒田泰土=編著／鈴木將文・井関涼子・奥邨弘司・上野達弘・宮脇正晴=著
3000円

倒産法演習ノート
……倒産法を楽しむ22問 ［第2版］
山本和彦=編著／岡正晶・小林信明・中西正・笠井正俊・沖野眞已・水元宏典=著
3200円

労働法演習ノート
……労働法を楽しむ25問
大内伸哉=編著／石田信平・魚住泰宏・梶川敦子・竹内（奥野）寿・本庄淳志・山川和義=著
3200円

刑法演習ノート
……刑法を楽しむ21問
只木誠=編著／奥村丈二・北川佳世子・十河太朗・髙橋直哉・安田拓人・安廣文夫・和田俊憲=著
3000円

民法演習ノートⅢ
……家族法21問
窪田充見・佐久間毅・沖野眞已=編著／磯谷文明・浦野由紀子・小池泰・西希代子=著
3200円

━━━━━ 弘文堂 ━━━━━

＊定価(税抜)は、2014年1月現在のものです。